Roman Léandre Schmidt

Lettre internationale

Roman Léandre Schmidt

Lettre internationale

Geschichte einer europäischen Zeitschrift

Wilhelm Fink

Gedruckt mit Unterstützung des Förderungsfonds Wissenschaft der VG WORT

Umschlagabbildung:
Ausschnitt aus dem von Jiří Kolář gestalteten Titelblatt
von *Lettre internationale* (Paris), 1, 1984.

Bibliografische Information der Deutschen Nationalbibliothek

Die Deutsche Nationalbibliothek verzeichnet diese Publikation in der Deutschen Nationalbibliografie; detaillierte bibliografische Daten sind im Internet über http://dnb.d-nb.de abrufbar.

Internet: www.fink.de

Einbandgestaltung: Evelyn Ziegler, München
Printed in Germany
Herstellung: Brill Deutschland GmbH, Paderborn

ISBN 978-3-7705-6051-6

Inhalt

Einleitung

L'Europe/sans provincialisme/sans ghetto/
sans arme

Eigenwerbung des Lettre-*Netzwerks*

Lettre internationale war eine politisch-literarische Zeitschrift, deren erste Ausgabe im Juni 1984 in Paris erschien. Sie wurde von dem tschechischen Publizisten und Intellektuellen Antonin Liehm gegründet, der in der französischen Hauptstadt im Exil lebte. Hörte er das Wort „Lettre", so dachte er an die Korrespondenzen der Aufklärung, an Diderot und Voltaire. Das war Antonin Liehm für den Titel seiner Zeitschrift gerade recht:

> Le titre s'inspirait de la tradition du Siècle des lumières ; il s'agissait de la lettre comme genre littéraire, à l'instar de celles qu'écrivaient à cette époque Voltaire ou Diderot.[1]

Zeitgleich mit der Pariser Ausgabe erschien in Rom, in italienischer Sprache, das erste Heft von *Lettera Internazionale*. Im Jahr darauf konnten spanische Leser die Madrider *Letra Internacional* kaufen. Weitere drei Jahre später, im Sommer 1988, folgte eine Berliner Edition („Die ‚verspätete Nation' hat auch hier etwas länger gebraucht als andere", konstatierten die Herausgeber im Gründungs-Editorial). Anders als in den romanischen Sprachen hörte sich „Internationaler Brief" allerdings keineswegs nach Aufklärung an. Verloren wären auch die Anklänge an „*les lettres*" („Connaissances que procure l'étude des livres. La république des lettres", definiert der *Littré*).[2] „Internationaler Brief" klang nach grenzüberschreitender Postsendung, sicherlich eine unentbehrliche Grundvoraussetzung für das Vorhaben, doch in Form und Gehalt unterhalb des Anspruchs, den man sich gesetzt hatte. Deshalb, und um den klanglichen Bezug zu den anderen Ausgaben nicht zu verlieren, gab sich die deutsche den etwas sperrigen Titel *Lettre International,* unter dem sie bis heute erscheint.

Paris hatte eine lange Tradition als Foyer für wissenschaftliche, ästhetische und politische Debatten von übernationaler Bedeutung. Die französische Hauptstadt war, wie die Literaturkritikerin Pascale Casanova schreibt, das Zentrum der „Répu-

1 LIEHM, Antonin J.: „*Que faire ?*", in: FAŁKOWSKI, Wojciech und Antoine MARÈS (Hrsg.): *Intellectuels de l'Est exilés en France*, Paris: Institut d'études slaves 2011, S. 63–68, hier S. 66–67.

2 Eintrag „Lettre", in: *Dictionnaire de la langue française, par E. Littré*, Paris: Hachette 1874. Digitalisierte Ausgabe unter http://gallica.bnf.fr/ark:/12148/bpt6k5460034d/f291.image.

Abb. 1: Antonin Liehm (rechts, im Tennis-Outfit) mit Ludvík Vaculík

blique mondiale des lettres".[3] Doch selbst dort bedeutete die Veröffentlichung von *Lettre internationale* 1984 in vielerlei Hinsicht ein Novum. Es gab politisch-literarische Zeitschriften diverser Gruppen, Strömungen und Zirkel, die mit Talent und Wagemut um die Gunst der Leserschaft buhlten; es gab literarische Avantgardeblätter, die sich programmatisch gegen den Geist der Zeit und oft auch ihre eigenen Leser positionierten; es gab hochtrabende gelehrte Schriften; es gab die herkömmliche Qualitätspresse von *Le Monde* bis zum *Figaro* und die Publikumspresse. Was es nicht gab, war ein genuin europäisches Forum in der Form eines transnationalen Netzwerks aus verschwisterten Publikationen in ganz Europa („vom Atlantik bis zum Ural", so Antonin Liehms verschmitzte Anleihe am gaullistischen Europabild). Gelänge es, die besten Essays, die talentiertesten Stimmen, die rücksichtslosesten Analysen und elegantesten Reportagen in einer Collage für eine möglichst große Leserschaft in Beziehung zu setzen und zugänglich zu machen, dann, so Antonin Liehms Hoffnung, hätten Europas Intellektuelle ein wirksames Instrument, um der Teilung des Kontinents in Ost und West, Nord und Süd, Zentrum und Peripherie, wenigstens auf ihrem eigenen Terrain entgegenzuwirken. Für diese Idee gab es Vorbilder und Vorläufer, aber in der europäischen Publizistik um 1980 nichts Vergleichbares.

3 Casanova, Pascale: *La république mondiale des lettres*, 2., überarb. Aufl., Paris: Seuil 2008.

Zwischen 1984 und 1993 konnte dieser wahrhaft europäische, multilinguale Kommunikationszusammenhang etabliert, ausgebaut und aufrechterhalten werden. Dann musste Antonin Liehm das Erscheinen der Pariser Ausgabe einstellen, und das *Lettre*-Netzwerk löste sich weitgehend auf. Die Lücke, die es ließ, wurde seither nicht gefüllt: Dass sie sich von selber schloss und das offiziell wiedervereinigte Europa eines transnationalen Forums wie *Lettre* schlicht nicht mehr bedurfte, wäre eine elegante und beruhigende Erklärung – doch so ist es nicht.

1. Erkenntnisinteresse und Fragestellung

Die Geschichte der Europazeitschrift *Lettre internationale* wird an dieser Stelle erstmals ausführlich erzählt. Allerdings sei der ungeduldige Leser gewarnt: Die Vorgeschichte bis zur erfolgreichen Gründung ist lang – so lang, dass ihre Rekonstruktion mehr als die Hälfte des Buchs in Anspruch nehmen wird. Wenn, wie hier geschehen, ein Hauptakteur erst im fünften Kapitel auftritt, ist entweder herausragendes schriftstellerisches Talent angezeigt – oder jedenfalls eine Erklärung.

Die Erklärung liegt im doppelten Erkenntnisinteresse, aus dem die Studie hervorging. Einerseits sollten Geschichte, Programmatik und *modus operandi* von *Lettre internationale* behandelt werden. Über den „zeitschriftenbiographischen" Aspekt hinaus war dem Autor jedoch daran gelegen, die Arbeit so zu konzipieren, dass sie als Beitrag zur transnationalen Intellektuellen- und Publizistikforschung auch übergreifende Fragen dieser beiden relativ jungen Forschungsfelder berührt.[4]

Zu diesem zweiten Punkt sei ein persönliches Wort gestattet. Ich habe in den vergangenen Jahren, vor und während der Arbeit an dieser Studie, als Projektmanager und später Redakteur für zwei Medien gearbeitet, die man – weil sie Zeitschriften sind, die aus anderen Zeitschriften kompiliert werden – vielleicht als „Metapublikationen" bezeichnen könnte:[5]

- *Eurozine* ist ein Verbund von inzwischen über 80 politisch-literarischen Zeitschriften aus ganz Europa, die zu einem jährlichen Herausgebertreffen zusammenkommen und als Mitglieder von mehreren „Serviceangeboten" profitieren. Im Wiener Büro gehen Beiträge der Partnerzeitschriften ein, die in Auswahl auf der Website *eurozine.com* wiederveröffentlicht und dafür ins Englische übersetzt

4 Begriffe wie inter-/transnational, Intellektueller, Kommunikationsraum, Öffentlichkeit und Publizistik sind zunächst im landläufigen Sinne zu verstehen und werden im nachfolgenden Kapitel definiert.

5 Im Interesse journalistischer wie akademischer Transparenz sei ergänzt, dass ich außer den nachfolgend beschriebenen journalistischen Erfahrungen punktuell auch für die Berliner Ausgabe von *Lettre International* tätig war: 2005-2006 im Rahmen des Studiums und noch einmal 2008 als Projektassistent für die Jubiläumsausgabe zum 20jährigen Bestehen der deutschen *Lettre*.

werden. Darüber hinaus tritt *Eurozine* über diese Website in letzter Zeit verstärkt als eigenständige Publikation in Erscheinung.[6]

- Die Pariser Wochenzeitschrift *Courrier international,* wo ich von 2009 bis 2012 als Redakteur im Feuilleton tätig war, erstellt eine Auswahl von Artikeln lokaler und nationaler Tageszeitungen und Magazine aus der ganzen Welt. Ins Französische übersetzt und redaktionell aufbereitet erscheint diese internationale Presseschau für eine große (und relativ junge) Leserschaft. Sofern die – zu meiner Zeit – 52 Journalisten und 13 Übersetzer bei ihrer Arbeit unvoreingenommen und transparent vorgingen, spiegelten sich auf den Seiten von *Courrier international* Tendenzen und Entwicklungen der nationalen Presselandschaften.[7]

Beide Metapublikationen – *Courrier international* im Bereich der auflagenstärkeren Qualitätspresse, *Eurozine* auf dem Feld der politisch-literarischen Zeitschriften – boten privilegierte Aussichtspunkte.[8] Vor allem eine zentrale These der akademischen Debatte zur Medien- und Kommunikationsgeschichte fand sich im beruflichen Alltag bestätigt: Massenmediale Öffentlichkeiten waren in Europa seit dem frühen 19. Jahrhundert im Wesentlichen nationalstaatlich verfasst – und sie sind es bis heute. Die ganz überwiegende Mehrheit der maßgeblichen Zeitschriften, Tageszeitungen, Radio- und Fernsehsender und Online-Medien agieren innerhalb nationalstaatlich organisierter Kommunikationsräume: Sie richten sich an ein nationales Publikum, und sie tun es in der jeweiligen Landessprache. Das gilt für konservative wie progressive Publikationen, kritisch-investigative wie apologetische, gute wie schlechte. Damit soll nicht geleugnet werden, dass es zwischen diesen Akteuren Austauschprozesse, Dialoge und Kooperationen gab und gibt. Auch die steigende Bedeutung einiger weniger globaler „Erstinformationsstellen" für transnationale

---

6 Eine aktuelle Mitgliederliste von *Eurozine* findet sich unter: http://www.eurozine.com/journals, Stand vom 9. August 2013. Die einzige dem Autor bekannte wissenschaftliche Auseinandersetzung mit dem Netzwerk ist HAUSWEDELL, Tessa: „*Writing the New European Identities? The Case of the European Cultural Journal Eurozine*", in: BONDEBJERG, Ib (Hrsg.): *Media, democracy and European culture*, Bristol: Intellect 2008, S. 237–252.

7 Das kann selbstverständlich nur ein Ideal sein. In Ermangelung einer unabhängigen Forschungsliteratur zu *Courrier International* sei auf den Jubiläumsband der Zeitschrift verwiesen (dessen Titel bereits anzeigt, dass es der Zeitschrift wenigstens teilweise auch darum zu tun ist, korrektiv in die französische Öffentlichkeit einzugreifen): ANDRÉ, Catherine (Hrsg.): „*Courrier international" 1991-2011, une contre-histoire. 20 ans d'actualité vue d'ailleurs*, Paris: Flammarion/Courrier international 2010. Belegschaftsgröße nach Angaben des Geschäftsführers von *Courrier international* in einer Mail vom 2. September 2013 (seither wurde ein Teil der Redaktion entlassen). Die vertriebene Auflage liegt bei etwa 200.000 Exemplaren pro Woche. (Office de justification des tirages, Stand 2012, http://www.ojd.com/adherent/1661).

8 In seinem Berliner „Grundcolloquium" notierte Harry Pross zum Verhältnis zwischen journalistischer Praxis und Publizistik als Wissenschaft: „In der publizistischen Aktion verbinden sich Technik *und* Theorie und bleiben dabei, was sie sind. […] Es gibt keine Information, die nur Wissen, nur Theorie wäre, wie es keine geben kann, die nur Technik, Kunst, Handwerk ist." Pross folgerte: „Es ist deshalb vergeblich, Publizistik studieren zu wollen, ohne die Geschicklichkeit sich anzueignen, die publizistische Aktion ermöglicht. Das bloße Kennen ihrer Faktoren läßt nicht einmal deren Beschreibung zu, wenn die Technik dazu fehlt." PROSS, Harry: *Publizistik : Thesen zu einem Grundcolloquium*, Neuwied u. Berlin: Luchterhand 1970, S. 118–119.

Eliten (und Journalisten aller Länder) – allen voran der internationalen Edition der *New York Times* als Nachfolgerin der *International Herald Tribune* – ist eine Tatsache. Die wohlwollende Sondierung dieses Kommunikationsraums, der in den Zuständigkeitsbereich der Präfixe „inter-", „trans-" und „supra-" fällt, sollte indes nicht blind machen für eine schlichte Tatsache: Die Öffentlichkeit der Massenmedien ist eines der Gesellschaftssysteme, das bis zum heutigen Tag am konsequentesten entlang einer nationalstaatlich definierten Matrix von „Inland" und „Ausland" operiert. Mehr noch: Indem sie so arbeiten, nehmen die Medien Einfluss auf die Raumwahrnehmung ihrer Leser – auf die sogenannten „Mental Maps"[9] – und perpetuieren die kommunikative Schließung der nationalstaatlichen Öffentlichkeiten.[10]

Über diesen „nationalen Normalfall" der Kommunikation (in Europa!) und seine Geschichte wird seit den 1980er Jahren eine lebhafte Debatte geführt, die im neuen Jahrtausend noch einmal an Dynamik hinzugewonnen hat. Wie immer, wenn der so unverzichtbare wie umkämpfte Grundbegriff der „Öffentlichkeit" im Hintergrund steht, gehen dabei empirisch-deskriptive und demokratietheoretisch-normative Aspekte bunt durcheinander. Unter den zahlreichen Arenen und Nebenschauplätzen, auf denen Einzelaspekte des Verhältnisses von Medien, Öffentlichkeit und Nation in der Moderne verhandelt werden, gibt es interessanterweise einen, der äußerst wenig Beachtung findet. *Was,* fragte sich der Autor, *sagt der „nationale Regelfall" medienvermittelter Öffentlichkeit im 19. und 20. Jahrhundert eigentlich über die „übernationalen Ausnahmen" aus?* Diese Frage führte auf das bisher schlecht ausgeschilderte Terrain einer *Geschichte transnationaler publizistischer Initiativen im Zeitalter der Nationalstaaten.*

Ausgangspunkt für weitere Überlegungen und Recherchen war sodann der Entschluss, die Protagonisten dieser Initiativen nicht als Sonderlinge des historischen Prozesses auszuklammern, sondern sie ernst zu nehmen. Wer sich dazu entschied, jenseits der etablierten – und das hieß eben primär nationalen – Diskurse zu agieren, wird dafür triftige Gründe gehabt haben. Schließlich war es kein Geheimnis, dass der Versuch, übernationale Kommunikationsräume *dauerhaft* zu etablieren – und gar in Medien zu institutionalisieren – nervenaufreibend, teuer und oft genug vergeblich war. Zwar haben, wie die neuere historische Forschung zeigt, Ereignisse in der europäischen Geschichte immer wieder zur Formierung temporärer transnationaler Kommunikationsräume beigetragen (Das Erdbeben von Lissabon 1755, die Französische Revolution 1789, der Europäische Völkerfrühling, der Mai 1968); bisweilen schufen sich die (nationalen) Medien ihre (transnationalen) Ereignisse oder Pseudo-Ereignisse auch gleich selbst („Tour de France", „Eurovision").[11] Des-

9 SCHENK, Frithjof Benjamin: *„Mental Maps. Die Konstruktion von geographischen Räumen in Europa seit der Aufklärung"*, in: *Geschichte und Gesellschaft 28/3* (2002), S. 493–514.

10 Zu diesen und den im nachfolgenden Absatz angeführten Gedanken siehe ausführlicher den weiteren Verlauf der Einleitung sowie die Kapitel 1 und 6.

11 Zu transnationalen Medienereignissen siehe die Arbeiten im Rahmen des gleichnamigen Giessener Forschungsbereichs. Für einen Überblick mit weiterer Literatur zu „Europäischen Medienereignissen" siehe BÖSCH, Frank: *„Europäische Medienereignisse"*, in: *EGO (Europäische Geschichte Online)* (03.12.2010), http://www.ieg-ego.eu/de/threads/europaeische-medien/europaeische-

sen unbeschadet ist jedoch den Historikern Martin Schulze Wessel und Jörg Requate zuzustimmen, wenn sie schreiben: „Grundsätzlich [...] scheint zu gelten, dass europäische Öffentlichkeit in Ereignissen entsteht, aber auch an diese gebunden bleibt. Dies bedingt ihre Fragilität und Kurzlebigkeit."[12] Es macht einen Unterschied, ob man ereignisbezogen über den Tellerrand blickt, oder ob mediale Strukturen institutionalisiert werden, die *qua Design* die nationalstaatliche Perspektive perforieren, dezentrieren und überschreiten.

Was die Viabilität solcher Unternehmungen angeht, darf eine Bemerkung des *Spiegel*-Herausgebers Rudolf Augstein in seiner Branche bis zum heutigen Tag als *common sense* gelten: Dem protokollierenden Schriftsteller Uwe Johnson zufolge hatte Augstein 1962 bei einer internen Aussprache zu dem Plan einer wöchentlichen Literaturzeitung aus seinem Hause den Anwesenden mitgeteilt, „[e]r misstraue leider grundsätzlich der Internationalität bei einem solchen Vorhaben[...]"[13]

Und doch kam es immer wieder zu Gründungsversuchen. Die spannende Frage ist: warum? Ausnahmen sind erklärungsbedürftig. Welche Gründe, welche Motive hatten die Protagonisten transnationaler publizistischer Initiativen, der verlegerischen Vernunft zu trotzen und sich auf das Abenteuer einzulassen? Oder blieb ihnen vielleicht gar keine Wahl? Als Forschungsfragen formuliert: *Aus welchen historischen Konstellationen heraus sind transnationale publizistische Vorhaben im Zeital-*

medienereignisse (abgerufen am 26.08.2013). Spezifischer zu „1848" siehe LANGEWIESCHE, Dieter: *„Kommunikationsraum Europa: Revolution und Gegenrevolution"*, in: LANGEWIESCHE, Dieter (Hrsg.): *Demokratiebewegung und Revolution 1847 bis 1849 : internationale Aspekte und europäische Verbindungen*, Karlsruhe: G. Braun 1998, S. 11–35. Zu „1968" siehe GILCHER-HOLTEY, Ingrid: *„Der Transfer zwischen den Studentenbewegungen von 1968 und die Entstehung einer transnationalen Gegenöffentlichkeit"*, in: KAELBLE, Hartmut, Martin KIRSCH und Alexander SCHMIDT-GERNIG (Hrsg.): *Transnationale Öffentlichkeiten und Identitäten im 20. Jahrhundert*, Frankfurt/Main; New York: Campus 2002, S. 7–33.

12 REQUATE, Jörg und Martin SCHULZE WESSEL: *„Europäische Öffentlichkeit: Realität und Imagination einer appellativen Instanz"*, in: REQUATE, Jörg und Martin SCHULZE WESSEL (Hrsg.): *Europäische Öffentlichkeit : transnationale Kommunikation seit dem 18. Jahrhundert*, Frankfurt/Main; New York: Campus 2002, S. 11–39, hier S. 17. Die Forschung zu transnationalen Ereignissen wurde maßgeblich geprägt von Klaus Eder, der optimistischer ist, was das Entwicklungspotential themenspezifischer transnationaler Kommunikationsräume angeht. Allerdings interessiert sich der Soziologe Eder eher für Transformationsprozesse der gegenwärtigen europäischen Gesellschaften als für deren Geschichte. Auch kommen seine Beispiele größtenteils aus der Erfahrungswelt sozialer Bewegungen und von „Erregungsöffentlichkeiten". Wenigstens im Feld politisch-literarischer Debatten muss man institutionalisierte transnationale Foren auch heute noch mit der Lupe suchen. EDER, Klaus: *„Zur Transformation nationalstaatlicher Öffentlichkeit in Europa"*, in: *Berliner Journal für Soziologie 10/2* (2000), S. 167–184; EDER, Klaus: *„Europa als besonderer Kommunikationsraum"*, in: *Berliner Journal für Soziologie 17/1* (2007), S. 33–50.

13 Wiedergabe nach Uwe Johnsons Bericht über ein Treffen am 1. Oktober 1962 zwischen Augstein, Siegfried Unseld, Walter Boehlich, Günter Grass, Martin Walser und ihm selbst. Auszugsweise wiederabgedruckt im Apparat zum Briefwechsel zwischen JOHNSON, Uwe und Siegfried UNSELD: *Der Briefwechsel*, hrsg. v. Eberhard FAHLKE und Raimund FELLINGER, Frankfurt: Suhrkamp 1999, S. 236–237. Die Literatur-Zeitung kam übrigens, nicht zuletzt wegen der „Spiegel-Affäre", auch in ihrer „nationalen" Form nicht zu Stande, gehörte aber zum Planungsumfeld, aus dem das *Kursbuch* hervorging. Siehe dazu ausführlich MARMULLA, Henning: *Enzensbergers Kursbuch : eine Zeitschrift um 68*, Berlin: Matthes & Seitz 2011.

ter der Nationalstaaten entstanden? Worum ging es den Akteuren und was stand für sie auf dem Spiel?

Eine befriedigende Antwort auf diese Fragen muss sich auf empirisches Material stützen können, das nur aus der Rekonstruktion konkreter Initiativen und ihres Entstehungskontexts zu gewinnen ist. Vor diesem Hintergrund wurde die vorliegende Studie in Angriff genommen.

2. Aufbau des Buchs

Das erste Kapitel vollzieht in einem historischen Abriss die Entwicklung medienvermittelter, transnationaler Kommunikationsräume in Europa nach, platziert darin die Sozialfigur des Intellektuellen und stellt auf diese Weise einen historisch-analytischen Bezugsrahmen für die nachfolgende Studie bereit.

Im zweiten Kapitel (→ „Das Prager Modell") führt die Spur der Entstehungsgeschichte von *Lettre internationale* ins Prag der 1960er Jahre. Obwohl letztlich erst 1984 und in Paris gegründet, war das europäische Zeitschriftennetzwerk ein spätes (und durchaus selbständiges) Kind des „Geistes von Prag", jenes langen politischen und kulturellen Ringens um einen „Dritten Weg" zwischen Kapitalismus und Staatssozialismus, dem im August 1968 mit der Niederschlagung des „Prager Frühlings" ein vorläufiges Ende bereitet wurde. Antonin Liehm war – lange bevor er im Exil *Lettre internationale* gründete – einer der wichtigsten Journalisten des Prager Reformkommunismus. Sein Berufsweg in der kommunistischen Kulturpublizistik zwischen 1948 und 1968 steht im Zentrum des Kapitels. Ein besonderes Augenmerk gilt dabei der Frage, wie es zur Herausbildung eines „Prager Modell der Publizistik" als dem Versuch kam, den Liberalismus der Ersten tschechoslowakischen Republik aus den 1920er Jahren mit den Idealen einer sozialistischen Kulturpolitik zu vereinbaren.

Dem Netzwerk reformkommunistischer Intellektueller und ihren Versuchen, in den 1970er Jahren übernationale publizistische Strukturen aufzubauen, widmet sich das dritte Kapitel (→ „Exportversuche"). Es lenkt den Blick auf ein zu diesem Zeitpunkt bereits weitgehend marginalisiertes Milieu, das zwischen den Antikommunisten des „Kongresses für kulturelle Freiheit" und den offiziellen Strukturen der weltkommunistischen Bewegung mit Mühe versuchte, für die eigenen Überzeugungen ein Sprachrohr zu schaffen. Im Zentrum der Rekonstruktion stehen weiterhin Antonin Liehm, nun im Exil, und seine Kontakte zu häretischen Intellektuellen am Rande der kommunistischen Parteien Italiens und Österreichs, vor allem aber Frankreichs. Doch die aussichtsreichste Initiative zur dauerhaften Vernetzung dieses Milieus im Medium einer Zeitschrift kam, wie zu zeigen sein wird, aus Deutschland und mit Günter Grass von einem Außenstehenden. Dies ist der wenig bekannte Gründungskontext der politisch-literarischen Zeitschrift *L 76* – auch er ist Gegenstand des dritten Kapitels.

Letztlich waren die Voraussetzungen zur Institutionalisierung dieses transnationalen Kommunikationsraums jedoch nicht im Deutschland der 1970er, sondern im Frankreich der 1980er Jahre gegeben. Im vierten Kapitel (→ „Publizistik als Kunst des rechten Augenblicks") wird argumentiert, dass dafür eine breitere Allianz aus „alten Reformkommunisten", „neuen Dissidenten" und langgedienten wie frischbekehrten antitotalitären Linken und Liberalen verantwortlich war. Diese neue Konstellation wäre undenkbar gewesen ohne die Entwicklungen in Mittel- und Osteuropa in der zweiten Hälfte der 1970er Jahre. Die volle Schlagkraft der „antitotalitären Front" auf der Pariser Bühne erklärt sich gleichwohl erst aus der Überlagerung der internationalen politischen Prozesse mit der lokalen Rekonfiguration des intellektuellen Feldes und seiner Medien in der französischen Hauptstadt.

Durch die Verbindung der Analyse zu den Prager und Pariser Netzwerken in den Kapiteln 2-4 mit der anschließenden Studie zur Europa-Zeitschrift *Lettre internationale* in den Kapitel 5-6 soll auf einige selten beachtete Kontinuitätslinien zwischen der intellektuellen Konstellation der 1960er und jener der 1980er Jahre hingewiesen werden: Zwar wurde das realpolitische Scheitern des Reformkommunismus und der „Ideen von Prag" häufig konstatiert, nicht zuletzt von den Beteiligten selbst. Doch ihre Geschichte endete nicht mit der Marginalisierung im historischen Prozess „um 1968". Das Engagement von Antonin Liehm in den 1970er und vor allem den 1980er und frühen 1990er Jahren zeigt vielmehr exemplarisch, dass ehemalige Reformkommunisten – in Zusammenarbeit mit anderen Milieus – aktiv an der Konstruktion eines transnationalen intellektuellen Kommunikationsraums in Europa beteiligt waren. Im Fall von Antonin Liehm hatte die Kontinuität seines Engagements gleichwohl einen Bruch zur Voraussetzung: Von entscheidender Bedeutung für den Start von *Lettre internationale* war, so das Argument im vierten und fünften Kapitel, dass er nicht mit eigenen Texten und Positionen in der „Europacollage" sichtbar wurde, die er vierteljährlich zusammenstellte: *Lettre internationale* reüssierte als fraktionsübergreifendes, qualitativ unanfechtbares Forum für den Dialog unter Intellektuellen verschiedener Sprache, Herkunft und Gesinnung. Dass Antonin Liehms Herz weiterhin links schlug, war den Beiträgern bekannt und blieb auch den Lesern der Zeitschrift kaum verborgen. Doch im Unterschied zu den publizistischen Versuchen der 1960er und 1970er Jahre war *Lettre internationale* keine „Strömungszeitschrift" mehr. Wäre das Copyright auf dieses Motto nicht bereits vergeben, so dürfte man von *Lettre* vielmehr behaupten, in ihr würden Verbindungen angezeigt statt Richtungen vorgegeben.[14]

Der ausführlichen Darstellung der Pariser Ausgabe von *Lettre internationale* dient das fünfte Kapitel (→ „Eine neue Karte zur Alten Welt"). Die programmatischen Leitideen und ihre verlegerische Umsetzung sind dort ebenso Thema wie der intellektuellengeschichtliche Kontext der Mitteleuropa-Debatte und der finanzielle und infrastrukturelle Möglichkeitsraum des ambitionierten Zeitschriftenvorhabens. Seine Erweiterung über die Pariser Ausgabe hinaus ist Gegenstand des sechsten Kapitels, das der Analyse des länderübergreifenden *Lettre*-Netzwerks gewidmet

14 Eher vielleicht als im *Kursbuch*, dessen Herausgeber Hans Magnus Enzensberger freilich die Urheberschaft an dem Ausspruch zukommt.

ist (→ „Europa à la Lettre"): Hier werden zunächst das Europabild und die Konzeption des Netzwerks im Kontrast zu anderen Vorhaben wie *Le Monde diplomatique* diskutiert, wobei entlang des Redaktions-Modells „50/25/25" vor allem aufgezeigt wird, wie ein Beitrag zur Entprovinzialisierung nationalstaatlicher Öffentlichkeiten in Europa aussehen könnte, bei dem lokale Präferenzen und historisch gewachsene Rezeptionskontexte berücksichtigt und respektiert werden. Auf das idealtypisch nachgezeichnete Modell folgt sodann ein kurzer Einblick in die konkrete Entwicklung und den Alltag des Netzwerks, gegliedert in eine erste Phase, vor 1989, und eine zweite, danach. Das Kapitel schließt mit einem Schlaglicht auf das wiedervereinte und teilweise renationalisierte Europa der 1990er Jahre, in dem die Pariser *Lettre* 1993 ihr Erscheinen einstellen musste – obwohl sich, das wäre die These, ihre historische Aufgabe keineswegs erübrigt hatte.

3. Quellenlage

Zu *Lettre internationale* wurde bisher so gut wie nichts von wissenschaftlicher Substanz veröffentlicht. Ausnahmen sind ein auf einem Gespräch mit Antonin Liehm basierender Essay,[15] einige Anmerkungen im Rahmen größerer Arbeiten zu presse- und intellektuellengeschichtlichen Fragen[16] sowie die Abschlussarbeit von Catherine Geoffroy, einer Absolventin eines Masterstudiums in Kulturmanagement an der Universität Grenoble II aus dem Jahre 1988.[17] Mehr Beachtung (und Bewunderung) hat *Lettre*, naturgemäß, von Kollegen und Konkurrenten der politisch-li-

15 JULIAN, Robert: „*Lettre Internationale: An Essay in European Journalism*", in: *Salmagundi 92* (1991), S. 179–187.

16 So hat die Literatursoziologin Ioana Popa *Lettre* einige wenige, aber präzise Seiten in ihrer umfassenden Analyse zu „Übersetzungspraktiken in autoritären Kontexten" gewidmet: POPA, Ioana: *Traduire sous contraintes: Littérature et communisme, 1947-1989*, Paris: CNRS 2010, S. 504–507.

17 GEOFFROY, Catherine: „*La Lettre Internationale: une revue européenne*", D.E.S.S. (Master), Grenoble: Université des Sciences Sociales Grenoble II 1988, http://www.enssib.fr/bibliotheque-numerique/documents/63600-la-lettre-internationale-une-revue-europeenne.pdf (abgerufen am 12.09.2014). Geoffroy hat im ersten Teil ihrer Arbeit versucht, den *modus operandi* von *Lettre internationale* als europäischer Zeitschrift zu rekonstruieren und sich im zweiten Teil mit der Behandlung von „Europa" im Korpus von *Lettre* beschäftigt. Leider stützt sich der erste Teil der Arbeit fast ausschließlich auf je ein Interview mit Antonin Liehm und mit Paul Noirot und weist, gerade mit Blick auf den intellektuellengeschichtlichen Kontext, zahlreiche Fehleinschätzungen und Ungenauigkeiten auf. Der zweite Teil, zu Europapositionen in *Lettre*, leidet unter dem für „Forumszeitschriften" wie *Lettre* problematischen Versuch, aus der Inhaltsanalyse einzelner Texte auf die Natur der Zeitschrift schließen zu wollen (siehe dazu Kapitel 5.4). Aus den genannten Gründen konnte Geoffroys Arbeit in der vorliegenden Studie nur sehr punktuell berücksichtigt werden.

terarischen Presse erfahren,[18] wo auch einige längere Gespräche mit Antonin Liehm über seine Unternehmung erschienen sind.[19]

Eine quellengestützte Arbeit zu Vorgeschichte und Geschichte der Zeitschrift lag bisher nicht vor – das Privatarchiv von Antonin Liehm und das Verlagsarchiv von *Lettre internationale* konnten erstmals gesichtet und ausgewertet werden.[20] Eine wichtige Einschränkung darf dabei indes nicht verschwiegen werden: Der Autor spricht kein Tschechisch und war in dieser Hinsicht auf Übersetzungen und Hinweise von Kollegen und Freunden angewiesen.[21] Trotz der Hilfestellungen gilt somit: Eine umfassende Arbeit „aus tschechischer Perspektive" steht weiterhin aus.[22] Das gilt insbesondere für die Auswertung der umfangreichen – teils privaten, teils beruflichen – Korrespondenz zwischen Liehm und verschiedenen Prager Intellektuellen und, später, Exilaktivisten. Glücklicherweise (für den Autor) hat Antonin Liehm den Großteil seiner Korrespondenz *nach* 1969 in Französisch, Englisch oder Deutsch verfasst. Nach der Sichtung wurde das Privatarchiv, Liehms Wunsch folgend, an das „Institut Mémoires de l'Edition Contemporaine" (IMEC) in Caen übergeben, wo es gegenwärtig inventarisiert wird.[23] Ein signifikanter Teil des *Verlags*archivs der französischen Ausgabe von *Lettre internationale* war bereits zu einem früheren Zeitpunkt dem tschechischen Exilfonds in den „Archives et musée de la littérature" der Brüsseler Bibliothèque Royale anvertraut worden. Auch dieser Bestand ist bisher nicht inventarisiert, konnte aber erstmals eingesehen und ebenfalls berücksichtigt werden. Eine Erschließung bereitet der tschechische Übersetzer Jan Rubeš für die kommenden Jahre vor.

Die beiden Archive müssen, auch zusammengenommen, leider als doch recht lückenhaft gelten: Zu zahlreichen wichtigen Entscheidungen im Vorfeld der Zeit-

18 HOWARD, Dick: *„La Lettre Internationale"*, in: *Telos 63* (1985), S. 177–178; BANU, Georges: *„La Lettre internationale, une entente intellectuelle"*, in: *Atelier du roman 64* (2010), S. 99–104.

19 Dazu zählen LIEHM, Antonin J. und Anne LAURENT: *„La Lettre internationale ou le rêve européen d'Antonin Liehm"*, in: *La Revue des revues 2* (1986), S. 39–42; LIEHM, Antonin J., Edgar ACEVEDO und Pierre LIPSCHUTZ: *„L'Europe des Lettres. Entretien avec Antonin Liehm, directeur de la Lettre Internationale"*, in: *Drôle de vie (Genf) 4* (1990), S. 4–6; LIEHM, Antonin J. und Ulrike ACKERMANN: *„Lettre Internationale – ein europäisches Projekt. Gespräch mit Antonin Liehm"*, in: *Die Neue Gesellschaft/Frankfurter Hefte 7* (1992), S. 619–630; LIEHM, Antonin J. und Antoine DE BAECQUE: *„Entretien avec Antonin J. Liehm"*, in: *Cahiers du cinéma 455/456* (1992), S. 66–68; LIEHM, Antonin J. und Roman SCHMIDT: *„Enzyklopädist des Internationalen. Ein Gespräch mit Antonin Liehm"*, in: *Sens public* (2007), http://www.sens-public.org/spip.php?article492&lang=fr (abgerufen am 11.01.2013).

20 Siehe das Quellenverzeichnis für einen vollständigen Überblick der verwendeten Archive.

21 Für Ratschläge und Übersetzungshilfe möchte ich mich herzlich bei Alena Wagnerová (Saarbrücken), Marek Sečkař (Brno), Francis Raška, Lenka und Zdeněk Fučík und Martina Buláková (alle Prag) bedanken. Die Verantwortung für die Übersetzungen aus dem Tschechischen liegt selbstverständlich bei mir.

22 Einen Anfang hat allerdings Kamila Trojanová im Rahmen ihrer publizistikwissenschaftlichen Diplomarbeit an der Karls-Universität Prag gemacht: TROJANOVÁ, Kamila: *„Kulturní publicista A. J. Liehm"*, Diplomarbeit, Prag: Karls-Universität 2013, https://is.cuni.cz/webapps/zzp/detail/104288/ (abgerufen am 23.12.2014).

23 Das Archivsigel dort wird „LIT" lauten; für eine erste Beschreibung siehe http://www.imec-archives.com/fonds/lettre-international-antonin-liehm/ (Stand: 16.10.2015)

schriftengründung konnten keine Spuren im Archiv gefunden werden; Rechnungen und Buchhaltungsdokumente waren nur sehr vereinzelt vorhanden und unsystematisch. Hinzukam, dass Faxe – ab der zweiten Hälfte der 1980er Jahre gerade im internationalen Austausch ein äußerst beliebtes Kommunikationsmittel – inzwischen unleserlich wurden und damit für den Historiker ebenso verloren gingen, wie die unzähligen Telefonate, aus denen der redaktionelle Alltag bestand. So musste das Bild entscheidend vervollständigt werden durch Gespräche oder Korrespondenzen mit insgesamt etwa 25 Beteiligten und außenstehenden Beobachtern. Antonin Liehm selbst stand mehrfach in Paris für Gespräche zur Verfügung, nach seinem Umzug nach Prag im Frühjahr 2013 auch in der neuen alten Heimat noch einmal. Auch mit mehreren ehemaligen oder gegenwärtigen Herausgebern anderer Ausgaben von *Lettre internationale* wurden Interviews geführt.[24]

Systematisch ausgewertet wurden die Jahrgänge 1984-1993 der französischen *Lettre internationale*. Ein Register war nicht aufzutreiben und wurde deshalb erstellt.[25] Der Untersuchungszeitraum erklärt sich aus der Editionsgeschichte der Zeitschrift: Die französische Ausgabe musste, wie erwähnt, 1993, nach neun Jahren und 37 Heften, eingestellt werden. Es gab allerdings zwei Nachfolgeprojekte: Zunächst das von Freunden und Lesern erstellte *Bulletin de Lettre internationale*, das in 14 Ausgaben zwischen 1994 und 1999 als, qualitativ durchaus hochwertiger, „Platzhalter" im Hinblick auf eine mögliche Renaissance der Zeitschrift erstellt wurde. Dem *Bulletin* folgten schließlich tatsächlich vier Ausgaben einer *Nouvelle Lettre internationale* (1999-2000), die jedoch nicht an frühere Erfolge anknüpfen konnte.[26] Diese Nachfolgeprojekte wurden punktuell berücksichtigt, sind aber nicht im eigentlichen Sinne Thema der vorliegenden Studie. Gleiches gilt für die deutschen, italienischen und spanischen Ausgaben, die gleichwohl – im Hinblick auf das übernationale *Lettre*-Netzwerk – mit ihren Gründungsgeschichten in den Kapiteln 5 und 6 Erwähnung finden.[27] Ebenfalls eingesehen, aber nur schlaglichtartig in Kapitel 6 berücksichtigt, wurden alle weiteren nationalen Editionen.[28]

Was die Vorgeschichte und die sozial-, kultur- und im engeren Sinne ideengeschichtlichen Kontexte der Studie angeht, so stand selbstverständlich eine umfassende Sekundärliteratur zur Verfügung. Sie ist zu Eingang jedes Kapitels erwähnt, ebenso wie der Hinweis auf weitere Archive, sofern diese für Teilaspekte konsultiert wurden. Dies betrifft vor allem die Zeitschrift *L 76*, für deren Rekonstruktion in

24 Siehe das Quellenverzeichnis für eine vollständige Liste der Gesprächspartner.

25 Dieses Register konnte, ebenso wie seine statistische Auswertung, aus Platzgründen nicht in die Druckfassung übernommen werden. Die Daten können in der Hochschulschrift an den Bibliotheken von Sciences-Po Paris und der Universität Bielefeld eingesehen (http://www.sudoc.fr/1926 94685) oder über den Autor bezogen werden.

26 Siehe Anhang 4 für ein Schaubild zum Editionsverlauf der Pariser *Lettre internationale*.

27 Mit der deutschen *Lettre International* beschäftigte sich, aus kommunikationspraktischer Perspektive, eine studentische Projektgruppe an der UdK Berlin, an der der Autor beteiligt war: HOEGEN, Sara u. a.: *„Friedrichstraße/Ostsee für Lettre International"*, Diplomkommunikationsprojekt, Berlin: Universität der Künste 2006, http://primo.kobv.de/UDK:udk_aleph000294328 (abgerufen am 14.10.2014).

28 Siehe Kapitel 6.2 für einen Überblick der verschiedenen Editionen.

Kapitel 3 sich der Nachlass von Günter Grass im Archiv der Akademie der Künste in Berlin als entscheidend erwies.

* * *

Was mit der vorliegenden Studie für *Lettre internationale* versucht wurde, ließe sich für andere Medienprojekte wiederholen. Schritt um Schritt könnte auf diese Weise ein *Archiv transnationaler publizistischer Initiativen* und des in ihnen gespeicherten Erfahrungswissens entstehen.[29]

Ein solches Vorhaben würde von der gegenwärtigen Konjunktur transnationaler Fragestellungen in den Geistes- und Sozialwissenschaften profitieren – und wäre doch ein Sonderfall, denn hier ist nicht nur die Fragestellung des Historikers eine transnationale, sondern auch die Programmatik der Akteure selbst. Das muss durchaus nicht von sämtlichen Untersuchungsgegenständen einer „transnationalen Geschichtswissenschaft" verlangt werden, die im engeren Sinne zunächst einmal die Art und Weise bezeichnet, wie Geistes- und Sozialwissenschaftler ihrem Untersuchungsgegenstand gegenübertreten – unabhängig davon, wie sich die analysierten Akteure selbst zur nationalstaatlichen Ordnung verhalten. Transnationale Geschichte ist, wie der Berliner Historiker Kiran Klaus Patel formuliert hat, zunächst eine „Perspektive".[30] Etwas zugespitzt: Die transnational orientierte Geschichtswissenschaft hat mit der erheblichen Aufgabe zu ringen, den „methodologischen Nationalismus" (Ulrich Beck) der eigenen Disziplin zurückzuschrauben und sich den Themen der historischen Forschung mit geänderter Optik erneut zuzuwenden.[31] Demgegenüber genösse der Chronist transnationaler publizistischer Initiativen das Privileg, sich nur mit solchen Vorhaben zu befassen, die von den Akteuren selbst in programmatischer Weise übernational gedacht und angelegt wurden. Man darf

29 Es sei an dieser Stelle erlaubt, auf einen früheren „Baustein" hinzuweisen, der sich mit einem so ambitionierten wie utopischen Zeitschriftenplan aus den frühen 1960er Jahren beschäftigt: SCHMIDT, Roman: *Die unmögliche Gemeinschaft: Maurice Blanchot, die Gruppe der rue Saint-Benoît und die Idee einer internationalen Zeitschrift um 1960*, Berlin: Kadmos 2009.

30 PATEL, Kiran Klaus: *Nach der Nationalfixiertheit : Perspektiven einer transnationalen Geschichte ; Antrittsvorlesung, 12. Januar 2004, Humboldt-Universität zu Berlin, Philosophische Fakultät I, Institut für Geschichtswissenschaften*, Berlin: Humboldt-Univ. 2004.

31 Zum „methodologischen Nationalismus" siehe BECK, Ulrich und Edgar GRANDE: „*Jenseits des methodologischen Nationalismus : aussereuropäische und europäische Variationen der Zweiten Moderne*", in: *Soziale Welt : Zeitschrift für sozialwissenschaftliche Forschung und Praxis 61/3–4* (2010), S. 187–216. Auf die besondere Rolle der Historiker verweist Ron Robins in einer Überblicksdarstellung, denn: „From its very inception in the mid 19th century and through the first half of the 20th century, the modern discipline of history cultivated a comfortable, perhaps incestuous relationship with the nation state." ROBINS, Ron: „*Historians and the nation state*", in: IRIYE, Akira und Pierre-Yves SAUNIER (Hrsg.): *The Palgrave dictionary of transnational history*, Basingstoke; New York: Palgrave Macmillan 2009, S. 486–493, hier S. 486. Ein vielversprechendes Beispiel für eine geänderte Optik, die gleichwohl die bestehenden Öffentlichkeitsstrukturen nicht einfach ausklammert, ist die „*histoire croisée*" im Anschluss an WERNER, Michael und Bénédicte ZIMMERMANN: „*Vergleich, Transfer, Verflechtung. Der Ansatz der Histoire croisée und die Herausforderung des Transnationalen*", in: *Geschichte und Gesellschaft 28/4* (2002), S. 607–636.

vermuten, dass sie der nationalgeschichtlich operierenden „Zeitungswissenschaft" früherer Epochen allein schon deshalb durch die Maschen gefallen sind.

Sofern es noch gestattet ist, aus der Geschichte lernen zu wollen, sei für die Gegenwart hinzugefügt, dass die mangelnde Bekanntheit der *historischen* Akteure des transnationalen Kommunikationsraums ein Hindernis in der aktuellen Debatte über die *gegenwärtigen* (oder herbeigesehnten, *künftigen*) „Europäischen Medien" sein kann. Viel wäre gewonnen, wenn in den europapolitischen Sonntagsreden zu diesem Thema die Dominanz des „Wünschenswerten" etwas zurückträte zugunsten der Erfahrungen von Akteuren, die in der Vergangenheit bereits den Schritt in die Praxis getan haben. Initiativen zu einem Erfahrungsaustausch zwischen Forschung und Praxis über die Gelingensbedingungen transnationaler Kommunikation wurden in „politiknäheren" Bereichen bereits angestoßen, etwa zwischen *public relations*-Praktikern, EU-Institutionen und Kommunikationswissenschaften.[32] Im Bereich des „geistigen Europa" – dem transnationalen Kommunikationszusammenhang zwischen intellektuellen Öffentlichkeiten und ihren Medien – fehlt eine vergleichbare Arbeitsebene leider bisher.

Wahr bleibt aber auch, dass Anschauung ohne Begriffe blind ist und Einzelfallanalysen zum 20. Jahrhundert die Auseinandersetzung mit größeren historischen Zusammenhängen nicht ersetzen können. Deshalb – ehe im 2. Kapitel der Bericht im Prag der Nachkriegsjahre einsetzt – zunächst, wie angekündigt, ein historischer Überblick zur Evolution transnationaler Kommunikationsräume in Europa.

---

32 Siehe zum Ertrag dieser Initiative die Beiträge im Sammelband von BAERNS, Barbara und Juliana RAUPP (Hrsg.): *Information und Kommunikation in Europa: Forschung und Praxis = Transnational communication in Europe: Practice and research*, Berlin: Vistas 2000.

Kapitel 1
Publizistik und Grenzüberschreitung. Ein historischer Abriss zu transnationalen Kommunikationsräumen in Europa

Wie haben sich medienvermittelte Kommunikationsräume in Europa seit der frühen Neuzeit entwickelt? Welcher Zusammenhang besteht zwischen dieser Entwicklung und der Sozialfigur des Intellektuellen? In welchen Situationen kommt die Traditionslinie des kosmopolitischen und internationalistischen Denkens ins Spiel, und wie übersetzt sie sich in konkrete publizistische Projekte?... Das Ziel dieses Kapitels ist es, diese Fragen in einem historischen Abriss zu behandeln und damit zugleich einen historisch-analytischen Bezugsrahmen für die nachfolgende Studie bereitzustellen. Es liegt in der Natur diachroner Darstellungen, dass sie den behandelten Epochen letztlich nicht gerecht werden können. Für eine eingehendere Schilderung der jeweiligen Kommunikationsverhältnisse sei daher auf die verwendete Literatur aus der Kommunikations- und Intellektuellengeschichte sowie der Nationalismusforschung verwiesen.[1] Das gilt selbstredend auch für die historischen Grundbegriffe, die in diesem Kapitel *en passant* definiert werden.

1. La République des Lettres. Publizistik im Zeitalter des „pränationalen Kontinentalismus"

Nach dem Ende des Dreißigjährigen Krieges konsolidierte sich in der zweiten Hälfte des 17. Jahrhunderts unter den Gelehrten Europas ein Kommunikationsraum, der, obgleich noch lange Zeit der älteren Tradition des Gelehrtenbriefes verpflichtet, in zunehmendem Maße von einem neuen Medium geprägt wurde: Dies war die periodisch erscheinende wissenschaftliche Zeitschrift. Gottfried Wilhelm

1 Medienhistorische Überblicksdarstellungen, die für eine transnationale Kommunikationsgeschichte einschlägig sind, finden sich bei: KOCH, Ursula E.: „*Bausteine zu einer europäischen Kommunikationsgeschichte. Acht Jahrhunderte Deutschland und Frankreich: Vorbild, Gegner, Partner*", in: ERBRING, Lutz (Hrsg.): *Kommunikationsraum Europa*, Konstanz: Ölschläger/UVK 1995, S. 253–290; MATTELART, Armand: *L'histoire de l'utopie planétaire*, Paris: La Découverte 2000; REQUATE, Jörg: „*Öffentlichkeit und Medien als Gegenstände historischer Analyse*", in: *Geschichte und Gesellschaft 25/1* (1999), S. 5–32. Zur Entwicklung in Deutschland siehe WILKE, Jürgen: *Grundzüge der Medien- und Kommunikationsgeschichte*, 2., überarb. Aufl., Stuttgart: UTB 2008. Epochen- und themenspezifische Literaturangaben im weiteren Verlauf dieses Kapitels.

Leibniz etwa, der mit rund 20.000 Briefen an 1300 Personen in 16 Ländern die wohl umfangreichste Gelehrtenkorrespondenz des 17. Jahrhunderts hinterließ, machte nach der Gründung der Zeitschrift *Acta Eruditorum* im Jahre 1682 begeistert von der neuen Möglichkeit Gebrauch, mit Hilfe der periodischen Presse auf effiziente Weise einen größeren Gelehrtenkreis simultan ansprechen zu können.[2] Die „Ephemeriden" – so der zeitgenössische Ausdruck – erlaubten die Formierung eines permanenten Diskussionszusammenhangs unter Gelehrten von verschiedenem Rang und Status, über weite Distanzen und Landesgrenzen hinweg. Das hatte im polyzentrischen deutschen Reich natürlich besondere Relevanz. Entscheidend unterstützt wurde diese Entwicklung von der etwa zeitgleich verlaufenden Verstetigung des europäischen Postsystems.[3]

Mit Sprachproblemen hatte die „République des Lettres" – wie sich die Mitglieder dieser Kommunikationsgemeinschaft bereits selbst nannten – nicht zu kämpfen: Latein war die etablierte *lingua franca* für gelehrte Kommunikation.[4] Die *Acta Eruditorum*, in Leipzig veröffentlicht, erschienen ebenso selbstverständlich noch in Latein wie Leibniz' frühe Schriften. Der Universalgelehrte bevorzugte für den grenzüberschreitenden Austausch allerdings bereits, darin dem Geist der Zeit folgend, das Französische, das sich Ende des 17. Jahrhunderts sukzessive als Korrespondenzsprache auf dem Kontinent durchsetzte.[5] In französischer Sprache erschien schon seit 1665 in Paris das *Journal des sçavans*, das Leitmedium der Gelehrtenrepublik. 1684 kamen die *Nouvelles de la République des Lettres* dazu – Pierre Bayle, ein französischer Hugenotte, der sich als Religionsflüchtling in den niederländischen Generalstaaten niedergelassen hatte, gab sie dort für eine länderübergreifende Leserschaft heraus.[6]

Welchem Leitbild folgte der Austausch unter den Mitgliedern der „République des Lettres"? Der Historiker Lucian Hölscher notiert, ihr Ziel sei es gewesen, „in der Verbindung von weltmännischer Lebensart mit den anerkannten Qualitäten wissenschaftlicher Kritik die gebildete Welt über ständische und nationale Grenzen

---

2 Für die Angaben zu Leibniz' zum UNESCO-Weltdokumentenerbe zählendem Briefwechsel siehe das Leibniz-Archiv der Niedersächsischen Landesbibliothek Hannover: http://www.nlb-hannover.de/Leibniz/Leibnizarchiv/Korrespondenz (Stand: 27. August 2013).

3 BEHRINGER, Wolfgang: *Im Zeichen des Merkur : Reichspost und Kommunikationsrevolution in der Frühen Neuzeit*, Göttingen: Vandenhoeck & Ruprecht 2003.

4 Aus einer breiten Literatur zur Einführung in die „République des Lettres" siehe BOTS, Hans und Françoise WAQUET: *La République des lettres*, Paris; Brüssel: Belin ; De Boeck 1997, hier v.a. Kap. 5. Zu den Kommunikationsnetzen der République des Lettres siehe die Aufsätze in BOTS, Hans und Christiane BERKVENS-STEVELINCK (Hrsg.): *Les grands intermédiaires culturels de la république des lettres : études de réseaux de correspondances du XVIe au XVIIIe siècles*, Paris: Champion 2005.

5 Was Leibniz nicht davon abhielt, in Vorwegnahme der Aufklärer des 18. Jahrhunderts, auch dem deutschen Publikum auf die Sprünge zu helfen – siehe seine Schrift „Ermahnung an die Teutsche, ihren Verstand und Sprache besser zu üben, samt beigefügtem Vorschlag einer Teutschgesinnten Gesellschaft" von 1697. SCHIEWE, Jürgen: *Öffentlichkeit: Entstehung und Wandel in Deutschland*, Paderborn: F. Schöningh 2004, S. 36–38.

6 Zu Pierre Bayle und den wegweisenden *Nouvelles de la République des Lettres* siehe das Standardwerk von LABROUSSE, Elisabeth: *Pierre Bayle*, Den Haag: M. Nijhoff 1963.

hinweg zu vereinen."[7] Die ideengeschichtliche Traditionslinie, die am engsten mit den genannten Tugenden in Verbindung steht, ist die des Kosmopolitismus. Eine kosmopolitische Gesinnung gehörte wesentlich zum Weltbild des Gelehrten um 1700.[8] Zwar hatte auf *politischer* Ebene mit dem Westfälischen Frieden von 1648 bereits die Karriere des Nationalstaats als Ordnungsprinzip begonnen – doch so schwer es später im Europa des 19. und 20. Jahrhunderts fiel, sich eine Welt *jenseits* des nationalen Paradigmas vorzustellen, so gering war der Einfluss dieser Idee noch auf das Selbstverständnis der „République des Lettres". Ihr Wahrnehmungs- und Handlungsraum gehörte zur Welt eines „pränationalen Kontinentalismus" (Abram de Swaan).[9]

Freilich darf „pränational" nicht mit „konfliktfrei" verwechselt werden: Seit Diogenes aus Sinope – der Legende nach der erste *kosmopolitês* – Alexander dem Großen beschied, er möge ihm aus der Sonne gehen, stand kosmopolitisches Denken ganz allgemein für eine reflexive, problemöffnende Haltung zur Welt. Das Selbstverständnis des Kosmopoliten ist ein kritisch-rationalistisches und in dieser Hinsicht barg auch das vornationale Zeitalter hinreichend Konfliktpotential für die Auseinandersetzung zwischen den Gelehrten und der Obrigkeit. Ein Zensursystem war bereits Mitte des 15. Jahrhunderts, wenige Jahre nach der Erfindung der Druckerpresse durch Johannes Gutenberg, fast überall in Europa in Kraft – quasi zeitgleich mit der Erfindung der Massenkommunikation begann mithin ihre Verrechtlichung.[10] Als sich die Schriftkommunikation im 16. und 17. Jahrhundert ausweitete, verschärfte sich ihre Kontrolle. Das galt in besonderem Maße im zentralistischen Frankreich, aber auch in anderen Ländern. Autoren und Verleger mussten ihren Wohnsitz deshalb häufig nach der Liberalität der Autoritäten in Stadt und Hof wählen – und wechseln, wenn sich die Verhältnisse geändert hatten. Den Untertanen von Ludwig XIV. blieb oft nur das Exil jenseits der Landesgrenzen. Auf diese Weise begründeten Amsterdam, Rotterdam und Leiden im späten 17. Jahrhundert ihre lange Tradition als tolerante Verlagsorte für eine europäische Publizistik: in französischer Sprache, aber außerhalb des Zugriffs der französischen Krone.[11]

7 HÖLSCHER, Lucian: „*Öffentlichkeit*", in: BRUNNER, Otto, Werner CONZE und Reinhart KOSELLECK (Hrsg.): *Geschichtliche Grundbegriffe; historisches Lexikon zur politisch-sozialen Sprache in Deutschland*, Bd. 4, Stuttgart: Klett-Cotta 1978, S. 413–467, hier S. 432.

8 SCHLERETH, Thomas J.: *The cosmopolitan ideal in Enlightenment thought, its form and function in the ideas of Franklin, Hume, and Voltaire, 1694-1790*, Notre Dame: University of Notre Dame Press 1977; THIELKING, Sigrid: *Weltbürgertum : kosmopolitische Ideen in Literatur und politischer Publizistik seit dem achtzehnten Jahrhundert*, München: Fink 2000.

9 DE SWAAN, Abram: „*Pour une sociologie de la société transnationale*", in: *Revue de synthèse 119/1* (1998), S. 89–111, hier S. 96.

10 WILKE, Jürgen: „*Zensur und Pressefreiheit*", in: *EGO (Europäische Geschichte Online)* (18.04.2013), http://www.ieg-ego.eu/de/threads/europaeische-medien/zensur-und-pressefreiheit-in-europa/juergen-wilke-zensur-und-pressefreiheit (abgerufen am 06.09.2013); WILKE: *Grundzüge der Medien- und Kommunikationsgeschichte*, S. 35.

11 Hierzu und zu den Publikationsstrategien frankophoner Kosmopoliten siehe EISENSTEIN, Elizabeth L.: *Grub Street abroad : aspects of the French cosmopolitan press from the age of Louis XIV to the French Revolution*, Oxford; New York: Clarendon Press 1992. Zu Publizistik und Zensur unter

Kurz: Den kosmopolitischen Gelehrten des 17. Jahrhunderts waren die Autoritäten aus verschiedensten Gründen ein *ennui*, allen voran aus religiösen. Sie lebten und bewegten sich in einer Welt voller Grenzen und Beschränkungen, und doch dominierte keine ihre Identität – oder auch nur ihre kommunikative Praxis – in der Weise, wie es der Nationalstaat und seine Institutionen (Staatsbürgerschaft; *éducation nationale*) später vermochten. Die Mitglieder der Gelehrtenrepublik waren in ihrer Mehrheit Untertanen in Monarchien, doch sie traten zueinander in Beziehung als Angehörige einer Republik.[12] Ihr Selbstverständnis hat Pierre Bayle idealtypisch formuliert, als er die *Nouvelles de la République des Lettres* auf die folgende Programmatik verpflichtete:

> [Il] ne s'agit point ici de Religion; il s'agit de Science; on doit donc mettre bas tous les termes qui divisent les hommes en différentes factions, et considérer seulement le point dans lequel ils se réünissent, qui est la qualité d'Homme illustre dans la République des Lettres. En ce sens-là tous les Sçavans se doivent regarder comme frères ou comme d'aussi bonne maison les uns que les autres.[13]

Der Historiker Kirill Abrosimov resümiert:

> Das Ideal der autonomen, staatliche und konfessionelle Grenzen transzendierenden Gemeinschaft der Gelehrten beruhte [...] auf den Normen der Unparteilichkeit, des uneigennützigen Erkenntnisgewinns, der Höflichkeit im persönlichen Umgang sowie des reziproken Wissensaustauschs (*communicatio*) zum Wohle der Menschheit.[14]

Soweit das Ideal. Von entscheidender Bedeutung für die weitere Entwicklung transnationaler publizistischer Initiativen ist nun, welchen *Gebrauch* spätere Epochen von der Kommunikationsgemeinschaft aus der Zeit des „pränationalen Kontinentalismus" gemacht haben. Hierzu merkt Abrosimov an, die République des Lettres habe „bis ins späte 18. Jahrhundert den identifikatorischen Bezugs- und Wirkungsrahmen für Literaten und Wissenschaftler" gebildet.[15] Mit anderen Worten: Eben weil die Gelehrtenrepublik um 1700 von den politischen und ideologischen Modernisierungsprozessen noch kaum betroffen war, die zunächst die Intelligenz und letztlich auch „peasants into Frenchmen"[16] verwandeln würden, konnten ihr wissenschaftlicher Universalismus und ihr kosmopolitisches Kommunikationsideal den Intellektuellen späterer Epochen als Referenz dienen.

---

besonderer Berücksichtigung subversiven Schrifttums zudem die Studie von DARNTON, Robert: *The literary underground of the Old Regime*, Cambridge, Mass.: Harvard University Press 1982.

12 BOTS/WAQUET: *La République des lettres*, S. 23.

13 Pierre Bayle, zitiert nach HÖLSCHER: *„Öffentlichkeit"*, S. 433.

14 ABROSIMOV, Kirill: *„Die Genese des Intellektuellen im Prozess der Kommunikation: Friedrich Melchior Grimms ‚Correspondance littéraire', Voltaire und die Affäre Calas"*, in: *Geschichte und Gesellschaft 33/2* (2007), S. 163–197, hier S. 167.

15 Ebd.

16 So der Titel der berühmten Studie von WEBER, Eugen: *Peasants into Frenchmen : the modernization of rural France, 1870-1914*, Stanford: Stanford University Press 1976.

Reicht die Spur dieser Bezugnahmen nur bis ins späte 18. Jahrhundert, um dann, im nationalen Tamtam der Revolutionskriege, für immer unterzugehen?[17] In der Tat verschoben sich die Machtverhältnisse – in der Intelligenz wie der Gesellschaft insgesamt – sukzessive zu Ungunsten der Werte der Républiqué des Lettres. Damit veränderte sich auch der Status derjenigen Stimmen, die im 19. und 20. Jahrhundert weiterhin an das kosmopolitische Kommunikationsideal à la Pierre Bayle anzuknüpfen suchten. Sie wurden im historischen Prozess der Nationalisierung des Kontinents marginalisiert und repräsentierten nunmehr eine Minderheit in der Intelligenz. Unter der entscheidenden Bedingung, dass man die Marginalisierung dieser Traditionslinie und ihrer Protagonisten berücksichtigt, scheint es gleichwohl möglich, die Spur positiver Bezugnahmen an das Kommunikationsideal der République des Lettres über das Aufklärungszeitalter hinaus und bis in die Gegenwart des ausgehenden 20. Jahrhunderts zu verfolgen.

Kirill Abrosimov verweist auf einen Fall, in dem ein prominenter Intellektueller seine Zeitgenossen explizit dazu aufforderte, wieder am Projekt der Gelehrtenrepublik anzuknüpfen.[18] Dies ist Pierre Bourdieus Aufruf aus dem Jahr 1989 zur Gründung einer „Internationale der Intellektuellen."[19] Bourdieu sah ihre Organisierung als besonders dringlich an, denn die mühsam erkämpfte Autonomie des intellektuellen Feldes – wie noch zu zeigen sein wird eine entscheidende Etappe für die Entwicklung kritischer Öffentlichkeit – sei durch ökonomische und nationale Interessen anderer Akteursgruppen (Politiker, „Experten", Journalisten) bedroht. Die Verteidigung der „Republik der Künstler, Schriftsteller und Gelehrten"[20] war für Bourdieu die notwendige Voraussetzung dafür, dass sich Intellektuelle weiterhin im Namen des Universellen engagieren können, denn es gelte: „[...] the defense of the universal presupposes the defense of the defenders of the universal."[21] Der „Korporatismus des Universellen", wie Bourdieu diese Form intellektueller Selbstverteidigung in Anknüpfung an die Gelehrtenrepublik provokativ nannte, war also für ihn eine notwendige Voraussetzung für wissenschaftlichen Internationalismus – aber im Zeitalter des nationalen Paradigmas konnte sie keine hinreichende mehr sein. Dies machte der Soziologe in einem anderen Vortrag aus dem Jahre 1989 deutlich (er war den „sozialen Bedingungen für die internationale Zirkulation des Wissens" gewidmet):

> On croit souvent que la vie intellectuelle est spontanément internationale. Rien n'est plus faux. La vie intellectuelle est le lieu, comme tous les autres espaces sociaux, de nationalismes et d'impérialismes et les intellectuels véhiculent, presque autant que les autres, des préjugés, des stéréotypes, des idées reçues [...] Tout cela me fait penser que

17 Dies suggerieren die Schlussworte von EISENSTEIN: *Grub Street abroad : aspects of the French cosmopolitan press from the age of Louis XIV to the French Revolution*, S. 160–163.

18 ABROSIMOV: „*Die Genese des Intellektuellen*", S. 167.

19 BOURDIEU, Pierre: „*The Corporatism of the Universal: The Role of Intellectuals in the Modern World*", in: *Telos 81* (1989), S. 99–110, hier S. 107.

20 Ebd., S. 103.

21 Ebd.

> l'instauration d'un véritable internationalisme scientifique qui, à mes yeux, est le début d'un internationalisme tout court, ne peut pas se faire toute seule.[22]

Damit nationale Wissenskulturen und die resultierenden Missverständnisse nicht zum Kommunikationsabbruch führen, forderte Bourdieu die systematische Zusammenarbeit von Wissenschaftlern in gemeinsamen, länderübergreifenden Forschungsprogrammen. Sein Modell war die *Encyclopédie* von Diderot und D'Alembert: „What must be invented today," sagte er im bereits zitierten Aufruf, „are forms of organization which permit the creation of a voice for a *large collective of intellectuals*, combining the talents of the ensemble of specific intellectuals. Excellent models for this already exist in the past (e.g. the Encylopedists)."[23] Für die Verständigung mit einer breiteren, transnationalen Öffentlichkeit entwickelte Pierre Bourdieu, zusammen mit Partnern in Italien, Deutschland und Großbritannien, ab Oktober 1989 das mehrsprachige Zeitschriftennetzwerk *Liber – revue européenne des livres*.[24]

An Bourdieus Reaktualisierungsversuch zeigt sich ein *modus operandi*, der als ein Leitmotiv der Geschichte transnationalen intellektuellen Engagements gelten kann: Das (teilweise idealisierte) Narrativ der République des Lettres – ergänzt um jenes des Zeitalters der Aufklärung – diente Intellektuellen späterer Epochen als regulative Idee, an der sich die Verhältnisse in der „nationalfixierten" Gegenwart messen lassen mussten. Die Organisation eigener publizistischer Strukturen auf übernationaler Ebene kann vor diesem Hintergrund als Versuch gewertet werden, jene Handlungsautonomie (zurück) zu gewinnen, die den beteiligten Akteuren im zunehmend vermachteten nationalen Rahmen verwehrt wurde.

Der Gebrauch, den spätere Epochen vom pränationalen Kommunikationsideal der Gelehrtenrepublik machten, darf indes nicht über die tatsächlichen Verhältnisse im ausgehenden 17. Jahrhundert hinwegtäuschen. Die *historische* République des Lettres war in mindestens zweifacher Hinsicht stark limitiert: Sie betraf, erstens, nur einen äußerst kleinen Kreis von Gelehrten, der sich – Pierre Bayles Wünschen zum Trotz – allein schon wegen der nötigen finanziellen und intellektuellen Ressourcen kaum erweitern ließ. Sie war, zweitens, in entscheidender Weise inhaltlich begrenzt, denn die Debatten, die in ihren Periodika im besten kosmopolitischen Sinne zum Wohle der Menschheit geführt wurden, betrafen ausschließlich den Bereich der Wissenschaften. Eben weil alle Themen vermieden wurden, die, in Pierre Bayles oben zitierten Worten, die „Menschheit in verschiedene Gruppen teilen", nämlich Religion und Politik, kann man beim vornationalen Kommunikationsraum der Gelehrtenrepublik des 17. Jahrhunderts von Öffentlichkeit im modernen Verständnis kaum sprechen. Jedenfalls dann nicht, wenn sie in einem emphatischen Sinne jenes Forum bezeichnen soll, auf dem, in Jürgen Habermas' klassischer Formulierung, „die zum Publikum versammelten Privatleute sich an-

22 BOURDIEU, Pierre: „*Les conditions sociales de la circulation internationale des idées*", in: *Romanistische Zeitschrift für Literaturgeschichte 14/1* (1990), S. 1–10, hier S. 2.

23 BOURDIEU: „*The Corporatism of the Universal: The Role of Intellectuals in the Modern World*", S. 108.

24 Siehe dazu im weiteren Verlauf des Kapitels.

schickten, die öffentliche Gewalt zur Legitimation vor der öffentlichen Meinung zu zwingen."[25] Die Vorbereitung und Begleitung dieses Prozesses leistete erst die Aufklärungspublizistik des 18. Jahrhunderts.

2. Die Reibung der Geister. Aufklärung, Medienwandel und die Geburt des Intellektuellen

> Es verhält sich mit der Publizistik wie mit dem Ackerbau: Kunz und Heinz säen, und die Erde gibt das Gedeihn. Warum schlug, zum Exempel, die Aufklärung nicht fort, als die Aretin, die Hutten, die Erasme journalisierten? Sind wir etwa bessere Bauern? – Weil die Ernte noch nicht reif war. Es war eine gewisse Gährung und Reibung der Geister nötig, um das Licht, welches in unseren Köpfen und Herzen glühet, zu entzünden. Diese Gährung ist das Werk der Natur der Zeit und des Publikums.
>
> *Der Aufklärungsjournalist Wilhelm Ludwig Wekhrlin, 1791.*[26]

Die Aufklärungspublizistik bezog sich auf das Ideal der République des Lettres, doch sie tat es vor dem Hintergrund einer sozialen und kommunikativen Welt, die sich bereits in den Jahrzehnten vor den politischen Umwälzungen der Französischen Revolution stark verändert hatte. Dies galt, kommunikationshistorisch betrachtet, zunächst in quantitativer Hinsicht: „Expansion und Diversifikation" beschreiben für den Pressehistoriker Jürgen Wilke die Makrotendenzen der Medienentwicklung im 18. Jahrhundert.[27] Es gab mehr Pressetitel, die sich in größeren Auflagen und höheren Seitenzahlen an ein breiteres und heterogeneres Publikum wandten. So wurden für das alte deutsche Reich Ende des 18. Jahrhunderts mehr als 200 Zeitungen mit einer Gesamtauflage von über 300.000 Exemplaren gezählt. Da viele in Lesegesellschaften zur Einsicht auslagen, vorgelesen und weitergereicht wurden, kann man von etwa zehn Lesern pro Exemplar, also drei Millionen Zeitungslesern ausgehen (bei einer Bevölkerung von ungefähr 20 Millionen im deutschen Reich).[28]

---

25 HABERMAS, Jürgen: *Strukturwandel der Öffentlichkeit: Untersuchungen zu einer Kategorie der bürgerlichen Gesellschaft [1962]*, 1., um ein Vorwort erg. Aufl., Frankfurt: Suhrkamp 1990, S. 84.

26 zitiert von BÖDEKER, Hans Erich: *„Aufklärung als Kommunikationsprozeß"*, in: *Aufklärung 2/2* (1988), S. 89–111, hier S. 106.

27 WILKE: *Grundzüge der Medien- und Kommunikationsgeschichte*, S. 78–153, für das Zitat S. 151.

28 Zahlen und Angaben des Zeitungsforschers Martin Welke, zitiert bei KOCH: *„Bausteine zu einer europäischen Kommunikationsgeschichte. Acht Jahrhunderte Deutschland und Frankreich: Vorbild, Gegner, Partner"*, S. 256.

Zum quantitativen Zuwachs kam die typologische Ausdifferenzierung hinzu: Das heute vertraute Spektrum von regionaler bis zu globaler Berichterstattung aus allen Lebensbereichen entwickelte sich in darauf spezialisierten Medientypen. Die in der Einleitung erwähnte Rolle der verlässlichen transnationalen „Erstinformationsstelle" erfand nicht etwa erst die *Herald Tribune*: In der zweiten Hälfte des 18. Jahrhunderts erfüllte die in Leiden veröffentlichte, frankophone Zeitung „*Gazette de Leyde*" diese Funktion (ihr offizieller Titel war: *Nouvelles extraordinaires de divers endroits*).[29] Etienne Luzac und sein Neffe Jean, einflussreiche Journalisten hugenottischen Ursprungs und nacheinander die Herausgeber der *Gazette de Leyde*, kümmerten sich nicht sonders um Lokales (zwischen 1772 und 1797 überschritt der „niederländische" Anteil ihrer Zeitung nie mehr als 12,7% der Artikel[30]) – ihr Interesse wie das der Käufer der rund 4000 offiziell gedruckten Exemplare galt internationalen Nachrichten.[31] Dass die Berichte aus den „holländischen Gazetten" (von denen es mehrere gab) auch vor Frankreichs Grenzen nicht haltmachten und zu allem Überfluss die Entwicklungen im Reiche Ludwigs XV. schonungslos wiedergaben, störte vor allem den dortigen – sonst in vielerlei Hinsicht durchaus „aufklärungsfreundlichen" – Chefzensor Malesherbes: „The gazettes of Amsterdam and Utrecht circulate all over Europe, set fire to the kingdom, and are constantly giving foreigners an impression of our difficulties that can only be disadvantageous to the state," beschwerte er sich in einem geheimen Memorandum von 1759.[32] Im einsetzenden Zeitalter der öffentlichen Meinung hatte Frankreich sozusagen ein „Imageproblem" – Malesherbes empfahl angesichts dieser Zustände, weniger Zeit auf die zunehmend aussichtslosen und unpopulären Zensurversuche zu verwenden und die ausländischen Journalisten lieber gleich zu bestechen.[33] Keine Frage: Hier dachte ein moderner Geist.

Das unbestrittene Leitmedium der intellektuellen Entwicklung im 18. Jahrhundert war jedoch die Zeitschrift. Die Zeitungen lieferten die Nachrichten, aber die Zeitschriften stifteten Kommunikationsgemeinschaften.[34] Vor allem Deutschland lag im „Journal-Fieber". Der Bibliothekswissenschaftler Joachim Kirchner konnte hier für die Zeit vor 1700 immerhin rund 70 Zeitschriften recherchieren; doch fünfzig Jahre danach waren es bereits 300 bis 400, weitere dreißig Jahre später über 1000; bis Ende des Jahrhunderts soll es in Deutschland über 3500, allerdings oft

29 Siehe zur faszinierenden Geschichte der *Gazette de Leyde* die Studie von POPKIN, Jeremy D.: *News and politics in the age of revolution : Jean Luzac's Gazette de Leyde*, Ithaca: Cornell University Press 1989.

30 Ebd., S. 88.

31 Die Auflagenhöhe betrifft das Jahr 1785. Es gab jedoch zahlreiche inoffizielle Nachdrucke in anderen europäischen Städten. Ebd., S. 48, 120–126.

32 Malesherbes, zitiert und übersetzt von Popkin ebd., S. 39.

33 Ebd.

34 Das ist, bis zum heutigen Tag, eine ihre Hauptaufgaben, wie die französische Intellektuellenhistorikerin Jacqueline Pluet-Despatin argumentiert hat. PLUET-DESPATIN, Jacqueline: „*Une contribution à l'histoire des intellectuels: les revues*", in: MICHEL TREBITSCH und NICOLE RACINE (Hrsg.): *Sociabilités intellectuelles : lieux, milieux, réseaux*, Paris: Institut d'histoire du temps présent 1992, S. 125–136.

sehr kurzlebige, Zeitschriften gegeben haben.[35] Dabei bedeutete die Diversifikation des Marktes, dass neben die Wissenschaftskommunikation in universalgelehrter Tradition nun verschiedene Fachzeitschriften der einzelnen Disziplinen traten. Darüber hinaus gab es Zeitschriften für die Literatur, das Theater, die Künste und solche zur Unterhaltung. Über Fragen von Tugend und Moral verständigte sich das aufsteigende Bürgertum in England und Deutschland mit Vorliebe in den zahlreichen „Moralischen Wochenschriften" (*Tatler* und *Spectator* in England, die *Discourse der Mahler*, *Der Patriot* und viele weitere in Deutschland).[36] Indem sie das Gespräch der Gesellschaft über sich selbst ermöglichten, standen die Zeitschriften des 18. Jahrhunderts in ihrer großen Diversität, explizit oder implizit, im Dienste der Aufklärung – nicht nur der Intelligenz, sondern auch des Volkes.[37] Sie waren das „Medium der Aufklärung" *par excellence*.[38]

Aufklärung als Kommunikationsprozess

Die quantitative Ausweitung und Generalisierung der Kommunikationsnetze über den engen Kreis der Gelehrten des 17. Jahrhunderts hinaus hatte weitreichende, qualitative Konsequenzen. In den Worten des Historikers Hans Erich Bödeker: „Erst die Verknüpfung der Kommunikation zu diskursiven überörtlichen Netzen, zur Institutionalisierung der Öffentlichkeit ermöglichte Aufklärung als kulturellen Prozeß."[39]

Auf die Gefahr hin, allzu Bekanntes zu referieren, sei der entscheidende Zusammenhang zwischen Öffentlichkeit und gesellschaftlicher Aufklärung erinnert, wie ihn Immanuel Kant am wirkmächtigsten in seiner Zeit und für die Nachwelt formuliert hat. Kant verstand Vernunft als ein Vermögen, das zwar jedem Menschen gegeben sei, das aber erst im Austausch mit anderen aktualisiert werden könne. Wie der Königsberger Philosoph in seinem berühmten Essay zur „Beantwortung der Frage: Was ist Aufklärung?" schrieb – und 1784 dem (allerdings wohl bereits aufgeklärten) Publikum der *Berlinischen Monatsschrift* mitteilte –, sei es unwahrscheinlich, dass sich ein Einzelner im Alleingang aus dem liebgewonnenen „Gängelwagen" der Bevormundung löse. „Daß aber ein Publikum sich selbst aufkläre", gab Kant zu bedenken, „ist eher möglich; ja es ist, wenn man ihm nur Freiheit läßt,

---

35 Zahlen von Joachim Kirchner, zitiert bei WILKE: *Grundzüge der Medien- und Kommunikationsgeschichte*, S. 95.

36 Ebd., S. 95–106.

37 Ebd., S. 112.

38 RAABE, Paul: *„Die Zeitschriften als Medium der Aufklärung [1974]"*, in: RAABE, Paul (Hrsg.): *Bücherlust und Lesefreuden : Beiträge zur Geschichte des Buchwesens im 18. und frühen 19. Jahrhundert*, Stuttgart: Metzler 1984, S. 106–116.

39 BÖDEKER: *„Aufklärung als Kommunikationsprozeß"*, S. 102.

beinahe unausbleiblich."[40] Anders gesagt: Selber denken macht klug, doch der Weg dorthin ist ein kollektiver. Aufklärung bleibt an Kommunikation gebunden.[41]

Historisch führte dieser Emanzipationsprozess, wie Jürgen Habermas gezeigt hat, vom Publikum als Adressaten obrigkeitlicher Anweisungen (der ursprünglichen Bedeutung des Wortes *publicum/öffentlich*) zum kritisch-räsonierenden Publikum, zunächst auf dem Gebiet der ästhetisch-literarischen Kritik, dann in sämtlichen Fragen von öffentlichem Interesse.[42] Die Forderung des Bürgertums als Trägerschicht dieser Entwicklung: Dass es der Gesellschaft möglich sein müsse, die allgemeinen Gesetze und Bestimmungen auf deren Vernünftigkeit – für die Aufklärungsphilosophie gleichbedeutend mit Sittlichkeit – hin zu überprüfen. Was von allgemeinem Belang war, war dem Prinzip der „Publizität" zu unterstellen – es musste, in heute geläufigeren Worten, dem Licht der Öffentlichkeit standhalten können.[43] Zwischen Staat und Gesellschaft trat, *kritisch vermittelnd*, die Sphäre der Öffentlichkeit. Dazu Lucien Hölscher:

> ‚öffentlich' bezeichnet seitdem [der zweiten Hälfte des 18. Jahrhunderts, RLS] nicht nur den Geltungsbereich staatlicher Autorität, sondern zugleich den geistigen und sozialen Raum, in dem diese sich legitimieren und kritisieren lassen muß. Die seither stets mögliche kritische Frage, ob die öffentliche Ordnung des Staats tatsächlich der durch die Vernunft, die öffentliche Moral bzw. die gesellschaftlichen Bedürfnisse vorgeschriebenen ‚natürlichen' Ordnung entspricht, bedient sich der Mehrdeutigkeit des Wortes ‚öffentlich', im Sinne von ‚offensichtlich' und ‚staatlich', um daraus die Forderung nach ihrer Harmonisierung abzuleiten.[44]

Dass eine *Harmonisierung* der divergierenden Interessen des Staates und der verschiedenen in der Öffentlichkeit engagierten Individuen und Gruppen durch „öf-

40 KANT, Immanuel: *„Beantwortung der Frage: Was ist Aufklärung? [1784]"*, in: KANT, Immanuel: *Was ist Aufklärung? : ausgewählte kleine Schriften*, hrsg. v. Ernst CASSIRER und Horst D. BRANDT, Hamburg: F. Meiner Verlag 1999, S. 20–27, hier S. 21.

41 BÖDEKER: *„Aufklärung als Kommunikationsprozeß"*.

42 HABERMAS: *Strukturwandel der Öffentlichkeit*, S. 86–121. Hier S. 116: „Der Prozeß, in dem die obrigkeitlich reglementierte Öffentlichkeit vom Publikum der räsonierenden Privatleute angeeignet und als eine Sphäre der Kritik an der öffentlichen Gewalt etabliert wird, vollzieht sich als Umfunktionierung der schon mit Einrichtungen des Publikums und Plattformen der Diskussion ausgestatteten literarischen Öffentlichkeit."

43 Der deutsche Begriff „Öffentlichkeit" ersetzte den älteren, noch von Kant verwendeten, der „Publizität" erst im frühen 19. Jahrhundert (HÖLSCHER: *„Öffentlichkeit"*, S. 446–448.). Eine publizistikgeschichtlich interessante Abweichung vom Prinzip der Öffentlichkeit sind die Geheimkorrespondenzen des 18. Jahrhunderts, allen voran Melchior Grimms an einen zur Geheimhaltung verpflichteten Subskribentenkreis versandte *Correspondance littéraire*. Sie verdeutlicht die historisch wichtige Rolle des Geheimen als Raum freigeistigen Denkens. Siehe dazu ausführlich ABROSIMOV: *„Die Genese des Intellektuellen"*; ABROSIMOV, Kirill: *„Französische Aufklärer auf der Suche nach einer ‚Weltliteratur'. Zur Kooperation zwischen dem ‚Journal étranger' und der ‚Correspondance littéraire' von F. M. Grimm"*, in: EIBACH, Joachim und Horst CARL (Hrsg.): *Europäische Wahrnehmungen 1650-1850: interkulturelle Kommunikation und Medienereignisse*, Hannover: Wehrhahn 2008, S. 207–228. Allgemeiner zur historischen Genese des Verhältnisses von Öffentlichkeit und Geheimnis: HÖLSCHER, Lucian: *Öffentlichkeit und Geheimnis : eine begriffsgeschichtliche Untersuchung zur Entstehung der Öffentlichkeit in der frühen Neuzeit*, Stuttgart: Klett-Cotta 1979.

44 HÖLSCHER: *„Öffentlichkeit"*, S. 438.

fentlichen Vernunftgebrauch" (Deliberation) möglich sei, ist eine Annahme, aus der der Idealismus des Aufklärungszeitalters spricht.[45] Man muss sie nicht bedingungslos teilen, um die zentrale Bedeutung von Öffentlichkeit anzuerkennen: Ob konsensorientiert und räsonierend oder antagonistisch und konfliktuell, Öffentlichkeit übernimmt, wie die Politologen Friedhelm Neidhardt und Jürgen Gerhards mit systemtheoretischer Nüchternheit formulieren, in der Moderne die Funktion eines „intermediären Verhandlungssystems" zwischen Staat und Gesellschaft.[46] Im Kontext der vorliegenden Arbeit soll sie – in diesem Sinne, aber etwas weniger nüchtern – verstanden werden als der Raum, der es Individuen erlaubt, ihren Interessen und Meinungen eine Stimme zu verleihen, Kritik zu äußern, sich untereinander zu verständigen und, gegebenenfalls, mit Forderungen an die politischen Institutionen heranzutreten.[47] So gefasst wird unmittelbar ersichtlich, weshalb „Öffentlichkeit" für moderne, demokratisch verfasste Gesellschaften unabdingbar ist – und auch erst in diesen wirklich zu sich selbst findet.

Von entscheidender Bedeutung dafür, dass sich diese kritische Öffentlichkeit institutionalisieren konnte, war, wie erwähnt, die Kommunikationsrevolution, die mit periodisch erscheinenden Zeitungen und Zeitschriften einherging.[48] Die von ihnen etablierten Kommunikationsräume ermöglichten den kontinuierlichen Erfahrungsaustausch über Distanzen hinweg, die Verständigung über Ereignisse und die Herausbildung gemeinsamer Interpretationsmuster, die wiederum kollektives Handeln erleichterten.

---

45 Nach der Veröffentlichung von Jürgen Habermas' wegweisender Studie setzte bekanntlich eine rege Debatte über die Öffentlichkeitstypen ein, die vernachlässigt werden, wenn der bürgerlich-liberale Typ – wie ihn Habermas rekonstruiert hatte – in allzu zentrale Stellung rückt (proletarische/plebejische Öffentlichkeiten; feminine/feministische...). Siehe die Beiträge in CALHOUN, Craig (Hrsg.): *Habermas and the public sphere*, Cambridge, Mass.: MIT Press 1992. Für eine frühe Kritik „von links" siehe NEGT, Oskar und Alexander KLUGE: *Öffentlichkeit und Erfahrung: zur Organisationsanalyse von bürgerlicher und proletarischer Öffentlichkeit*, Frankfurt am Main: Suhrkamp 1972.

46 In der kybernetischen Terminologie von Gerhards und Neidhardt: „Öffentlichkeit bildet ein intermediäres System, dessen politische Funktion in der Aufnahme (Input) und Verarbeitung (Throughput) bestimmter Themen und Meinungen sowie in der Vermittlung der aus dieser Verarbeitung entstehenden öffentlichen Meinungen (Output) einerseits an die Bürger, andererseits an das politische System besteht." NEIDHARDT, Friedhelm und Jürgen GERHARDS: *„Strukturen und Funktionen moderner Öffentlichkeit. Fragestellungen und Ansätze"*, in: MÜLLER-DOOHM, Stefan und Klaus NEUMANN-BRAUN (Hrsg.): *Öffentlichkeit, Kultur, Massenkommunikation : Beiträge zur Medien- und Kommunikationssoziologie*, Oldenburg: BIS 1991, S. 31–89, hier S. 34–35.

47 Dies ist selbstverständlich keine Definition, die den Konnotationshof des Begriffs „Öffentlichkeit" erschöpfend abbildet. Öffentlichkeit ist ja deshalb im Sinne Reinhart Kosellecks ein Grundbegriff, weil er umstritten und mehrdeutig ist. Er bewahrt in sich die Spur der Auseinandersetzungen um seine Bedeutung. Durch die Spannung zwischen den in ihm aufscheinenden unterschiedlichen Bedeutungen kommt, wie Lucian Hölscher formuliert, „ein dem Begriff eigentümliches Problembewusstsein" zum Ausdruck. HÖLSCHER: *„Öffentlichkeit"*, S. 413.

48 Sie ergänzten die örtlich gebundenen Kommunikationsräume der Cafés, Salons, Vereine, Lesegesellschaften und politischen Clubs sowie die älteren Kommunikationsmedien Brief und Buch.

Der Intellektuelle avant la lettre

In den medienvermittelten Debatten, die dem Prozess der Formierung einer kritischen Öffentlichkeit vorausgingen und ihn begleiteten, traten in der zweiten Hälfte des 18. Jahrhunderts neue Akteure an die Stelle des „Gelehrten“ des 17. Jahrhunderts: Die *philosophes* und *hommes de lettres* des Aufklärungszeitalters beschränkten sich nicht mehr auf die Kommunikationsgemeinschaft der Gelehrtenrepublik, auf die sie sich gleichwohl weiterhin bezogen, sondern wandten sich zunehmend an die im Entstehen begriffene Öffentlichkeit.

Sich „an die Öffentlichkeit wenden“ heisst jedoch auch, sich um Verständlichkeit bemühen: „Wer die Laienorientierung des Öffentlichkeitssystems nicht beachtet, kommt nicht an“, konstatieren Gerhards und Neidhardt für die Gegenwart des 20. Jahrhunderts.[49] Das wusste bereits Kant, wie man am vergleichsweise eingängigen Sprachgebrauch in seinen für die Leserschaft der *Berlinischen Monatsschrift* bestimmten Aufsätzen unschwer feststellen kann.[50] Darüber hinaus – und das ist entscheidend – hieß verständlich schreiben seit dem 18. Jahrhundert zunächst und zuvorderst: in der Landessprache zu schreiben.[51] Die Periodika der deutschen Aufklärung sind, anders als die der Gelehrtenrepublik, auf Deutsch (Wielands *Der Teutsche Merkur*, Nicolais *Allgemeine Deutsche Bibliothek*, Schlözers *StatsAnzeigen*). Benedict Anderson hat diese Gemeinschaft der durch die gemeinsame Schriftsprache verbundenen Leser den „embryo of the nationally imagined community“ genannt[52] – keine unproblematische Entwicklung, aber doch auch keine, die *per se* in Widerspruch zur kosmopolitischen Traditionslinie der Gelehrtenrepublik treten musste. Jedenfalls lag in ihr die Bedingung dafür, dass, obgleich weiterhin Elitenkommunikation – „Öffentlichkeit“ war im Verständnis der meisten *philosophes* auf das „aufgeklärte“, lesende und schreibende, Publikum beschränkt[53] –, die Aufklärungspublizistik doch bereits ein Lesepublikum von weit größeren Dimensionen erreichte als es die lateinischen und französischen Ephemeriden des 17. Jahrhunderts je vermocht (und beabsichtigt) hatten.[54] In ökonomischer Hinsicht eröffnete

49 NEIDHARDT/GERHARDS: „*Strukturen und Funktionen moderner Öffentlichkeit. Fragestellungen und Ansätze*“, S. 46.

50 Es ist wohl kein Zufall, dass Kant seine bis zum heutigen Tag einflussreichsten und wirkmächtigsten Ideen in der Form von öffentlichen Interventionen in Zeitschriften vorbrachte – darunter „Idee zu einer allgemeinen Geschichte in weltbürgerlicher Absicht“, „Beantwortung der Frage: Was ist Aufklärung?“ und „Was heißt: sich im Denken orientieren?“

51 Für die Ausführungen zum Zusammenhang von Sprache und Nation stütze ich mich in dieser Arbeit vor allem auf BAGGIONI, Daniel: *Langues et nations en Europe*, Paris: Payot & Rivages 1997.

52 ANDERSON, Benedict: *Imagined Communities: Reflections on the Origin and Spread of Nationalism [1983]*, 3., überarb. Aufl., London: Verso 2006, S. 44.

53 Kant und die meisten Aufklärer des 18. Jahrhunderts unterschieden scharf zwischen den Meinungen des Volkes, der *plebs*, der *multitude* – und der Sphäre der „Öffentlichkeit“. Siehe dazu CHARTIER, Roger: *Les origines culturelles de la Révolution française*, Paris: Seuil 1990, S. 32–52.

54 Keine Regel ohne Ausnahme: Die so berühmten wie kurzlebigen *Monatsgespräche* des Frühaufklärers Christian Thomasius erschienen bereits von 1688-1690 monatlich in etwa 3000 Exemplaren in deutscher Sprache.

sich Autoren dadurch die Perspektive, sich sukzessive vom Patronagesystem zu lösen und ein Leben als freier Schriftsteller auf dem Markt zu erwägen, selbst wenn das bis ins 19. Jahrhundert hinein eine seltene Ausnahme blieb.

Entgrenzt wurden nicht nur der Adressatenkreis, sondern auch das Themenspektrum und der Gegenstandsbereich der Publizistik: Teils von den Gelehrten selbst vorangetrieben, teils – wie in den radikalen Broschüren des „literarischen Untergrunds" (Robert Darnton) im vorrevolutionären Frankreich – von der lesenden Bevölkerung weit über die Forderungen der *philosophes* nach „englischen Verhältnissen" hinausgetragen, kam es in der zweiten Hälfte des 18. Jahrhunderts zur *Politisierung der Aufklärung*.[55] Die Beschränkung des Kommunikationsraums auf den Bereich wissenschaftlicher und ästhetischer Abhandlungen war nicht mehr zeitgemäß. Der Germanist Ernst Osterkamp hat in einem Artikel zu den Zeitschriftengründungen „um 1800" argumentiert, dass der entscheidende Grund für das Scheitern von Friedrich Schillers *Horen* letztlich weniger im übersteigerten Anspruch ihres Herausgebers lag als in dessen Weigerung, Religion und Politik in seiner Zeitschrift zum Thema zu machen und damit den Bedürfnissen der „lesenden Nation" zu entsprechen.[56] Der Philosoph und Publizist Friedrich Heinrich Jacobi – zusammen mit Christoph Martin Wieland der Gründungsherausgeber des *Teutschen Merkur* – warnte Schiller 1794 brieflich: „Diese Einschränkung, im strengsten Sinne genommen, wäre zu hart für den Philosophen, der es in vollem Ernste ist; denn worauf kann dieser sich am Ende überall beziehen wollen, wenn nicht auf Staatsverfaßung und Religion?"[57] Das Bedürfnis der Öffentlichkeit nach Meinungsaustausch über die Fragen von allgemeinem Interesse – etwa über die Ereignisse im revolutionären Frankreich – ließ sich am Ende des 18. Jahrhunderts nur noch um den Preis der kommerziellen Bedeutungslosigkeit ignorieren.[58] Umgekehrt füllte die seinerzeit meistgelesene Tageszeitung der Welt, der *Hamburgische*

---

55 BÖDEKER, Hans Erich: „*Journals and Public Opinion: the Politicization of the German Enlightenment in the Second Half of the Eighteenth Century*", in: HELLMUTH, Eckhart (Hrsg.): *The Transformation of Political Culture: England and Germany in the Late Eighteenth Century*, London: German Historical Institute 1990. Zum „literarischen Untergrund" siehe DARNTON: *The literary underground of the Old Regime*; CHARTIER: *Les origines culturelles de la Révolution française*, S. 86–115.

56 OSTERKAMP, Ernst: „*Neue Zeiten – neue Zeitschriften. Publizistische Projekte um 1800*", in: *Zeitschrift für Ideengeschichte 1/2* (2007), S. 62–78, hier S. 66–67.

57 zitiert bei ebd., S. 67.

58 Was die Frühromantiker, wie Osterkamp erinnert, freilich nicht weiter störte. Im Gegenteil: Ein Jahrzehnt lang entstanden ihre Publikationen – vom *Athenäum* der Schlegels bis zu Hölderlins *Iduna*-Plan – demonstrativ in Abgrenzung zu den Interessen der politisierten Öffentlichkeit. Doch auch die Freunde des Kunstschönen gaben ihren wenig zeitgemäßen Plan im Kontext der Befreiungsbewegung gegen die napoleonische Besatzung auf. „Der über ein Jahrzehnt hinweg unternommene Versuch, Politik und Staatsreligion aus den Zeitschriften als dem Medium der Reflexion ihrer Zeit auszuschließen, hatte sich für immer erübrigt", bilanziert Osterkamp. Ebd., S. 78.

unpartheyische Correspondent, die Seiten seiner etwa 25.000 Exemplare gleich kolonnenweise mit Nachrichten aus Paris.[59]

Ein wichtiger Aspekt der Politisierung der europäischen Öffentlichkeiten war, dass die Forderung nach allgemeiner Meinungs- und Pressefreiheit zum Anliegen einer größeren Zahl von Menschen wurde – ohne allerdings zu schnellen Erfolgen zu führen. Einzig England genoss bereits seit 1695 weitgehende Pressefreiheit, blieb damit jedoch die große Ausnahme. Auf dem Kontinent wurde sie, fast ein Jahrhundert später, feierlich in Artikel 11 der Erklärung der Menschen- und Bürgerrechte vom 26. August 1789 proklamiert, doch der Kampf um ihre Durchsetzung hielt das gesamte 19. Jahrhundert hindurch an (in Deutschland wurde 1874 das erste langlebigere Pressegesetz verabschiedet; das in Frankreich immer noch gültige stammt von 1881).[60] Die Angst vor dem gedruckten Wort, so scheint es, lässt das Personal von Staatskanzleien und Ministerialbürokratien über die Jahrhunderte, politischen Systeme und Landesgrenzen hinweg zusammenrücken. Im 2. Kapitel werden die Prager Journalisten und Schriftsteller in ihrem Kampf gegen die drastische Zensur in der sozialistischen Tschechoslowakei begleitet – über 300 Jahre nachdem John Milton 1644 in seinem Traktat *Areopagitica* die Argumente der Zensoren der Lächerlichkeit preisgegeben und den allgemeinen gesellschaftlichen Nutzen von Meinungs- und Pressefreiheit bewiesen hatte.

* * *

Mit der beschriebenen Herausbildung einer kritischen Öffentlichkeit einerseits und den freigeistigen *philosophes* und *hommes de lettres* andererseits, waren im ausgehenden 18. Jahrhundert die sozialen und kommunikativen Voraussetzungen für die charakteristische Form der Intervention gegeben, die man mit der Figur des *Intellektuellen* verbindet. Die Historikerin Ingrid Gilcher-Holtey knüpft seinen Auftritt auf der Bühne der Geschichte an fünf Bedingungen:

> 1.) an die Existenz von ‚Kulturproduzenten' – Künstlern, Schriftstellern, Wissenschaftlern –, die vom Zwang, ihre Feder dem Meistbietenden zu verkaufen und sich damit in den Dienst der Macht zu stellen [...] relativ freigesetzt sind; 2.) an die Entstehung eines literarischen Marktes, d.h. an das Aufkommen eines Verlags- und Zeitschriftenwesens; 3.) an die Alphabetisierung weiter Kreise der Bevölkerung; 4.) an die Säkularisierung sowie 5.) an die Entstehung einer von staatlichen Interventionen relativ freigesetzten Öffentlichkeit.[61]

59 So die Historikerin Ursula Koch in ihrem Überblick. KOCH: „*Bausteine zu einer europäischen Kommunikationsgeschichte. Acht Jahrhunderte Deutschland und Frankreich: Vorbild, Gegner, Partner*", S. 264–265.

60 SCHNEIDER, Franz: „*Presse, Pressefreiheit, Zensur*", in: BRUNNER, Otto, Werner CONZE und Reinhart KOSELLECK (Hrsg.): *Geschichtliche Grundbegriffe; historisches Lexikon zur politisch-sozialen Sprache in Deutschland*, Bd. 4, Stuttgart: Klett-Cotta 1978, S. 899–927; WILKE: „*Zensur und Pressefreiheit*".

61 GILCHER-HOLTEY, Ingrid: „*Prolog: Eingreifendes Denken*", in: GILCHER-HOLTEY, Ingrid: *Eingreifendes Denken : die Wirkungschancen von Intellektuellen*, Weilerswist: Velbrück Wissenschaft 2007, S. 7–14, hier S. 14.

In diesem Sinne verstanden, gibt es gute Gründe dafür, die Genese des Intellektuellen bis in die Zeit der beschriebenen Transformationen in der zweiten Hälfte des 18. Jahrhunderts zurückzuverfolgen – und ihn nicht erst 1898 auftreten zu lassen, dem Jahr als die Intellektuellen in der Dreyfus-Affäre ihren Namen erhielten.[62] Tatsächlich hatte Emile Zolas berühmter Artikel *J'accuse!*, in dem sich der Großschriftsteller für das Justizopfer Alfred Dreyfus – und gegen den Antisemitismus – öffentlich einsetzte, bereits einen weniger bekannten historischen Vorläufer im Jahre 1762: Im antiprotestantischen Klima der Stadt Toulouse war der protestantische Tuchhändler Jean Calas vor Gericht ohne Beweise des Mordes an seinem Sohn schuldig gesprochen und zum Tode verurteilt worden.[63] Das angebliche Mordmotiv: Der Sohn habe Katholik werden wollen, der Vater versucht, ihn daran zu hindern. Die Hinrichtung wurde vollstreckt. Für die moralische und juristische Rehabilitierung des Justizopfers Jean Calas und seiner Familie engagierte sich daraufhin kein Geringerer als Voltaire. Seine Kampfmittel waren zunächst Briefe an andere *philosophes* und einflussreiche Bekannte, schließlich jedoch eine öffentliche Schrift („Le Traité sur la tolérance"), mit der er den Fall der Familie Calas auf die Ebene einer gesellschaftlichen Wertedebatte hob.[64] Die Intervention Voltaires erfolgte aus Anlass eines Einzelfalls, doch im Namen universeller Prinzipien.

Das tut der Intellektuelle seither: Er nutzt die Öffentlichkeit, um in ihr im Interesse übergeordneter Werte kritisch zu intervenieren. Die Königsdisziplin des intellektuellen Engagements sind die Affären vom Typ „Calas" oder „Dreyfus" – selbstlose Verteidigungen eines Opfers der Staatsmacht durch eine angesehene Person des öffentlichen Lebens, und zwar im Namen universeller Prinzipien. Doch daneben gibt es zahlreiche weitere, weniger singuläre und spektakuläre Formen intellektuellen Engagements. Immer jedoch gilt, was der Soziologe M. Rainer Lepsius dem Intellektuellen 1964 ins Stammbuch schrieb:

62 Die französische Intellektuellengeschichte neigt dazu, die „Geburtsstunde der Intellektuellen" (Christophe Charle) mit der Erfindung des Wortes *intellectuel* als Schimpfwort der *antidreyfusards* für die Verteidiger des Hauptmanns zusammenfallen zu lassen (so etwa in JULLIARD, Jacques und Michel WINOCK (Hrsg.): *Dictionnaire des intellectuels français : les personnes, les lieux, les moments*, 2., erw. Aufl., Paris: Seuil 2002.) Versteht man den Intellektuellen jedoch als einen Sozialtypus, der im oben ausgeführten Sinne in der Öffentlichkeit interveniert, so lässt sich für die Existenz eines Intellektuellen *avant la lettre* seit der Mitte des 18. Jahrhunderts argumentieren. In diesem Sinne u.a. TREBITSCH, Michel: *„Avant-Propos : La chapelle, le clan et le microcosme"*, in: MICHEL TREBITSCH und NICOLE RACINE (Hrsg.): *Sociabilités intellectuelles : lieux, milieux, réseaux*, Paris: Institut d'histoire du temps présent 1992, S. 11–21. Für einen ausführlichen Überblick zu den unterschiedlichen und wechselnden Formen, in denen die Sozialfigur des Intellektuellen in Frankreich aufgetreten ist, siehe die Studie von SUNTRUP, Jan Christoph: *Formenwandel der französischen Intellektuellen: eine Analyse ihrer gesellschaftlichen Debatten von der Libération bis zur Gegenwart*, Münster: Lit-Verlag 2010.

63 Zur Calas-Affäre siehe ausführlich GILCHER-HOLTEY, Ingrid: *„,Don Quichote des Malheureux': Voltaire und die Affäre Calas [1997]"*, in: GILCHER-HOLTEY, Ingrid: *Eingreifendes Denken : die Wirkungschancen von Intellektuellen*, Weilerswist: Velbrück Wissenschaft 2007, S. 15–38; GILCHER-HOLTEY, Ingrid: *„Nachwort"*, in: VOLTAIRE: *Die Affäre Calas : Über die Toleranz*, hrsg. v. Ingrid GILCHER-HOLTEY, Berlin: Insel Verlag 2010, S. 250–294; ABROSIMOV: *„Die Genese des Intellektuellen"*.

64 GILCHER-HOLTEY: *„Voltaire und die Affäre Calas"*, S. 31–33.

> Intellektuelle sind, soziologisch gesehen, […] nicht Leute mit irgendwelchen persönlichen Eigenschaften, sondern Leute, die etwas Bestimmtes tun. Was sie treiben, ist Kritik. Kritik ist der Beruf des Intellektuellen.[65]

Es ist entscheidend, die Sozialfigur des Intellektuellen, wie Lepsius sie beschrieb – und wie sie auch im Rahmen der vorliegenden Arbeit verstanden werden soll –, von der Intelligenz als sozialer Schicht zu unterscheiden. Intellektueller sein bedeutet keine Klassenzugehörigkeit, ist auch kein Beruf, sondern meint, eine bestimmte Rolle in der Öffentlichkeit einnehmen. Man ist nicht Intellektueller wie man Lehrer, Mechaniker oder Unternehmensberater ist, und man ist auch nicht bereits deshalb Intellektueller, weil man Schriftsteller, Journalist oder Hochschullehrer ist. Niemand ist dauerhaft Intellektueller, sondern nur unter der Bedingung, sein Renommee kritisch in die Öffentlichkeit einzubringen. In den Worten des französischen Schriftstellers Maurice Blanchot, der sich im 20. Jahrhundert im Kontext des Algerienkriegs für ein Recht auf (Ver-)Weigerung engagierte:

> Depuis qu'ils portent ce nom, les intellectuels n'ont rien fait d'autre que de cesser momentanément d'être ce qu'ils étaient (écrivains, savants, artistes) pour répondre à des exigences morales, à la fois obscures et impérieuses, puisqu'elles étaient de justice et de liberté.[66]

Von Anfang an war die Sozialfigur des Intellektuellen mithin an eine Praxis der öffentlichen Kritik gebunden. Dafür bedurfte sie eines von Fremdbestimmung relativ freien Raums (Gilcher-Holteys „5. Kriterium"), der historisch erst aus den beschriebenen sozialen, politischen und medialen Transformationen ab Ende des 18. Jahrhunderts in Europa entstehen konnte – und seitdem konstant verteidigt werden will. Verteidigt werden muss er vor allem gegenüber der Intelligenz selbst: Wie die Auseinandersetzung mit der Generation von Prager Reformkommunisten im folgenden Kapitel zeigen wird, konnte es dort erst dann, in den 1960er Jahren, zu einer Renaissance der Sozialfigur des Intellektuellen kommen, als sich Kulturschaffende gegen die stalinistische Interpretation des Intellektuellen als „Ingenieur der Seele" zur Wehr setzten und sich daran machten, den Beruf der Kritik auch „im Sozialismus" auszuüben.[67]

---

65 Lepsius, zitiert bei JURT, Joseph: *„Les intellectuels': ein französisches Modell"*, in: HANUSCHEK, Sven, Therese HÖRNIGK und Christine MALENDE (Hrsg.): *Schriftsteller als Intellektuelle : Politik und Literatur im Kalten Krieg*, Tübingen: Niemeyer 2000, S. 103–133, hier S. 106.

66 BLANCHOT, Maurice: *„Les intellectuels en question"*, in: *Le Débat 29* (1984), S. 3–28. Zur Frage, wie Maurice Blanchot versuchte, sein antikoloniales Engagement in transnationales publizistisches Handeln zu übersetzen siehe MARMULLA, Henning: *„Internationalisierung der Intellektuellen? Möglichkeiten und Grenzen einer ‚communauté internationale' nach dem Algerienkrieg"*, in: GILCHER-HOLTEY, Ingrid (Hrsg.): *Zwischen den Fronten : Positionskämpfe europäischer Intellektueller im 20. Jahrhundert*, Berlin: Akademie Verlag 2006, S. 179–200; SCHMIDT: *Die unmögliche Gemeinschaft.*

67 Dass Stalins „Ingenieure der Seele" nicht als Intellektuelle gelten können, da ihnen die für diese Sozialfigur konstitutive kritische Distanz zur Macht abgeht, argumentiert auch VAISSIÉ, Cécile: *„Entre ‚ingénieurs des âmes', ‚intelligent' et ‚dissidents'. Y a-t-il des intellectuels en Russie soviétique ?"*,

Läuft ein solches Verständnis des Intellektuellen nicht Gefahr, ihn zu entpolitisieren? Nur, wenn das Politische (*le politique*) mit der Politik (*la politique*) verwechselt wird. Politische Akteure sind Intellektuelle nicht durch die Teilhabe an den institutionalisierten Formen von Politik – sie können, im hier diskutierten strengen Sinne, weder Politiker noch Aktivisten sein und sich letztlich auch nicht, etwa im Gramsci'schen Verständnis, „organisch" als Teil einer politischen Fraktion verstehen. Es kann für den Intellektuellen kein glückliches Verschmelzen mit einer Ideologie oder einer Klasse geben, auch wenn, wie der Wissenssoziologe Wolf Lepenies argumentiert hat, diese melancholische *conditio* ihn dafür anfällig macht, sein Heil in der Utopie zu suchen.[68] In jedem Fall agieren Intellektuelle also nicht politisch dadurch, dass sie sich einer bestimmten *cause* verschreiben, sondern weil sie, einerseits, Kontingenz- und Alteritäts-Erfahrungen vermitteln (darin Künstlern ähnlich), andererseits, indem sie Kritik an Partikularinteressen und vermachteten Strukturen üben und auf diese Weise, in einem advokatorischen Sinne, die Gesellschaft verteidigen (darin moralischen Autoritäten ähnlicher). Entscheidend ist, dass sie dabei immer auf eigene Rechnung handeln. Der französische Intellektuellenhistoriker Michel Trebitsch hat den Intellektuellen und sein „metapolitisches" Wirken deshalb der Figur des „Anderen" angenähert:

> L'intellectuel ne se définit comme tel que parce qu'il intervient dans le champ du politique, mais d'une manière fondamentalement symbolique et ‚méta-politique'. En ce sens, on en revient à des considérations assez classiques depuis Sartre: l'intellectuel, défini par sa fonction critique, s'affirme comme *l'autre*, l'autre de l'Etat, l'autre du pouvoir, l'autre du sacré, l'autre de l'orthodoxie et de toute orthodoxie.[69]

Es sollte ersichtlich geworden sein, dass die Sozialfigur des Intellektuellen und die Sphäre der Öffentlichkeit auf komplexe Art miteinander verwoben und wechselseitig aufeinander angewiesen sind: Im Medium der Öffentlichkeit finden die Kämpfe um die Durchsetzung anderer Teilungsprinzipien der Welt statt – nicht nur für Pierre Bourdieu eine Schlüsselfrage des Emanzipationsprozesses; der Intellektuelle übt hier mit seinem metapolitischen Handeln eine Wächterfunktion aus, indem er durch seine Interventionen immer wieder vergegenwärtigt, dass die Aufteilung der Welt nicht naturwüchsig ist, das heisst auch anders möglich wäre;[70] doch damit der Intellektuelle diese Funktion ausüben kann, braucht er eine „robuste" Öffentlichkeit. Die Öffentlichkeit muss den Intellektuellen tragen können, und damit sie es kann, muss sie verdichtet, man könnte auch sagen wehrhaft, jedenfalls mit unab-

---

in: LEYMARIE, Michel und Jean-François SIRINELLI (Hrsg.): *L'histoire des intellectuels aujourd'hui*, Paris: Presses universitaires de France 2003, S. 363–378, hier S. 369.

68 LEPENIES, Wolf: *Qu'est-ce qu'un intellectuel européen ? : Les intellectuels et la politique de l'esprit dans l'histoire européenne. Chaire européenne du Collège de France, 1991-1992*, Paris: Seuil 2007.

69 TREBITSCH, Michel: *„L'Histoire des intellectuels en France: Nouvelles approches"*, in: BEILECKE, François und Katja MARMETSCHKE (Hrsg.): *Der Intellektuelle und der Mandarin : für Hans Manfred Bock*, Kassel: Kassel Univ. Press 2005, S. 23–48, hier S. 48.

70 GILCHER-HOLTEY, Ingrid (Hrsg.): *Zwischen den Fronten : Positionskämpfe europäischer Intellektueller im 20. Jahrhundert*, Berlin: Akademie Verlag 2006, S. 15.

hängigen Institutionen ausgestattet sein. Voltaire war finanziell unabhängig und konnte sich den riskanten Luxus leisten, sich „in Dinge einzumischen, die ihn nichts angehen" (um Sartres berühmte Definition des Intellektuellen aufzugreifen). Doch selbst Voltaire zeichnete den *Traité*, anders als Zola sein *J'accuse!*, noch nicht namentlich.[71] So dauerte es bis weit ins 19. Jahrhundert, ehe die Öffentlichkeiten Europas kritische Intellektuelle in signifikanter Zahl und sozialer Diversität hervorbrachten – die Autonomie des intellektuellen Feldes schien damit weniger prekär und weniger abhängig vom Engagement einzelner herausragender Persönlichkeiten.

Dieser Emanzipations- und Demokratisierungsprozess fand (wenn auch nicht zeitgleich und auf die gleiche Weise) auf dem ganzen Kontinent statt, wurde aber zunehmend als je nationaler Kampf geführt und auch so wahrgenommen.[72] Die Vorstellung der „Nation als Normalform von Geschichte und Gesellschaft" – so der Soziologe Bernhard Giesen[73] –, setzte sich im 19. Jahrhundert erfolgreich gegen ältere Vergemeinschaftungsformen durch. Das über Jahrhunderte hinweg kultivierte Kommunikationsideal einer République des Lettres wurde marginalisiert und wich der Realität eines Systems nationaler Delegierter, die sich im Rahmen der internationalen Beziehungen in großer Zahl auf akademischen Kongressen, politischen Konferenzen und in ökonomischen wie technologischen Leistungsschauen jeder Art gegenübertraten – und dabei einander doch im Grunde fremd blieben.

Als sich nach dem Ersten Weltkrieg die Granden der Wissenschaft und des Geisteslebens – von Albert Einstein und Marie Curie zu Henri Bergson und Salvador de Madariaga – unter der Ägide des Völkerbunds in der „Kommission für internationale geistige Zusammenarbeit" zusammenfanden, versuchten sie unter großen Mühen (und letztlich vergebens) ihren jeweiligen Landsleuten eine Kommunikationspraxis als Beitrag zum Weltfrieden nahezubringen, die Kollegen früherer Jahrhunderte noch als große Selbstverständlichkeit betrachten durften.[74] Angesichts dieser Entwicklung bilanzieren Jörg Requate und Martin Schulze Wessel in ihrem historischen Überblick zur europäischen Öffentlichkeit:

---

71 GILCHER-HOLTEY: „*Voltaire und die Affäre Calas*", S. 31, 37; ABROSIMOV: „*Die Genese des Intellektuellen*", S. 196.

72 „La vie culturelle de l'Europe n'échappe pas au jeu complexe de grandes évolutions, qui passent au-dessus des frontières nationales. Au-delà du génie propre à chaque Etat, il est donc possible de distinguer de grandes tendances qui traversent tout le continent. Mais en même temps, l'Europe du XIXe siècle vit à l'heure des cultures nationales." CARON, Jean-Claude und Michel VERNUS: *L'Europe au XIXe siècle : des nations aux nationalismes, 1815-1914*, Paris: A. Colin 1996, S. 265.

73 GIESEN, Bernhard: *Die Intellektuellen und die Nation : eine deutsche Achsenzeit*, Frankfurt am Main: Suhrkamp 1993, S. 11.

74 Zur „Commission internationale de coopération intellectuelle" als weitgehend vergessener Vorläuferin der UNESCO siehe ausführlich die Studie von RENOLIET, Jean-Jacques: *L'Unesco oubliée : la Société des nations et la coopération intellectuelle, 1919-1946*, Paris: Publications de la Sorbonne 1999.

> [Es] lässt sich argumentieren, dass es seit dem ausgehenden 18. Jahrhundert bei einer Zunahme der internationalen Kommunikation zu einer Enteuropäisierung der Kommunikationsstrukturen gekommen ist.[75]

Wie kann das sein? Zur „Nationalisierung" von kommunikativer Praxis und Wahrnehmung seit dem 19. Jahrhundert und den Konsequenzen für transnationales publizistisches Handeln einige weitere Überlegungen.

3. Demokratisierung und Nationalisierung. Öffentlichkeit im 19. Jahrhundert

Die Skizze zur Evolution des Verhältnisses von Intellektuellen, medienvermittelten Öffentlichkeiten und der Existenz transnationaler Kommunikationsräume seit der frühen Neuzeit verkompliziert sich nachhaltig für das „lange 19. Jahrhundert" (Eric Hobsbawm), im Zeitraum nach der Französischen Revolution, den napoleonischen Kriegen und dem Wiener Kongress.[76] Gerade wenn es, wie in dieser Überblicksdarstellung, darum gehen soll, die problematischen Aspekte des „Nationalisierungsprozesses" der europäischen Kommunikationsstrukturen herauszuarbeiten – schließlich sollten die Motivlagen von Intellektuellen ernst genommen werden, die sich in späterer Zeit gegen eben diesen Prozess engagiert haben –, gilt es der steten Versuchung zu widerstehen, dabei den nationalstaatlich verfassten Kommunikationsräumen eine einseitig negative Rolle zuzuschreiben.

Kosmopolitismus, Patriotismus, Nationalismus

Festzuhalten bleibt zunächst, dass die historische Figur des Patrioten nicht unvereinbar war mit der des Kosmopoliten.[77] Mit Blick auf den Patriotismus der deutschen Aufklärer des ausgehenden 18. Jahrhunderts spricht Bernhard Giesen zum Beispiel von einer zwar prekären, aber letztlich doch gelungenen Verbindung zwischen „uni-

---

75 REQUATE/SCHULZE WESSEL: *„Europäische Öffentlichkeit"*, S. 22.

76 Für einen Überblick zum Verhältnis der Intellektuellen zur deutschen Nation siehe GIESEN: *Die Intellektuellen und die Nation.* Zu Europa insgesamt CHARLE, Christophe: *Les intellectuels en Europe au XIXe siècle. Essai d'histoire comparée*, Paris: Seuil 1996. Eine europäische Geschichte des 19. Jahrhunderts, die den Nationalisierungsprozess der Öffentlichkeiten ins Zentrum stellt und kritisiert, findet sich bei den französischen Historikern CARON/VERNUS: *L'Europe au XIXe siècle.*

77 Die Forschungsliteratur zu den in diesem Abschnitt berührten Fragen ist kaum zu überschauen. Mir haben vor allem zur Orientierung gedient: THIELKING: *Weltbürgertum*, S. 24–83; GIESEN: *Die Intellektuellen und die Nation.* Als instruktiver Überblicks-Essay zudem KOCKA, Jürgen: *„Die Ambivalenz des Nationalstaats – Zur Zukunft einer europäischen Staatsform"*, in: DELGADO, Mariano und Matthias LUTZ-BACHMANN (Hrsg.): *Herausforderung Europa : Wege zu einer europäischen Identität*, München: C.H. Beck 1995, S. 28–50.

versalistischer Öffnung" und „partikularistischer Abschließung".[78] Charakteristisch für den *„aufgeklärten, ‚kosmopolitischen' Patriotismus"*[79] war, so Giesen, dass seine Verfechter sich zwar einem partikularen Gemeinwesen besonders verbunden fühlten, diese Bindung jedoch zugleich als universellen Teil der menschlichen Bedingung verstanden, was sich insgesamt als kommunikationsförderlich erwiesen habe. Zudem sei der kosmopolitische Patriot nicht bedingungslos dem eigenen Vaterland zugewandt, sondern nur sofern dieses dem Aufklärungsprozess eine Heimat biete:

> Vor allem aber darf und kann der aufgeklärte Kosmopolit nur jenem Gemeinwesen patriotisch verbunden sein, das selbst die Ideale der Aufklärung, der Vernunft und der Toleranz verwirklicht. Patriotismus stellt also die Bindung an ein besonderes Gemeinwesen her, die für politisches Handeln im Hinblick auf aufklärerisch-universalistische Ideale unerläßlich ist und erst die politische Verwirklichung der Aufklärung ermöglicht.[80]

Weil auch eine „Menschheitssehnsucht" (Peter Coulmas[81]) wie das Weltbürgertum letztlich nur in historisch und räumlich spezifischen Formen existiert und vor dem Hintergrund konkreter Bedürfnisse und Beschränkungen immer wieder reaktualisiert werden muss, konnten sich die Anhänger patriotischer Reformbewegungen, so sie denn wollten, im besten Sinne als Kosmopoliten verstehen. Sie handelten in einem räumlich begrenzten Kontext, ohne jedoch die übernationalen Verbindungen des aufklärerischen Kommunikationszusammenhangs zu kappen. Im Gegenteil: Wie im folgenden Kapitel am Beispiel der Prager Intellektuellen der 1960er Jahre vorgeführt werden wird, war Provinzialismus dem aufgeklärten Patrioten schon allein deshalb ein Ärgernis, weil er die Entwicklung des eigenen Landes hemmte. Die tschechoslowakische Öffentlichkeit an übernationale Diskurse wiederanzuknüpfen hielten die reformkommunistischen Intellektuellen nicht nur für ihre aufklärerisch-humanistische, sondern auch ihre patriotische Pflicht. Das Beispiel zeigt, dass der kosmopolitische Patriotismus in der Traditionslinie der Aufklärung auch in der zweiten Hälfte des 20. Jahrhunderts noch zum Repertoire intellektuellen Engagements zählen konnte und für Reaktualisierungen bereitstand.[82] Repräsentativ war er für die zweite Hälfte des „langen" 19. Jahrhunderts und das „kurze" 20. Jahrhundert indes nicht mehr.[83]

---

78 GIESEN: *Die Intellektuellen und die Nation*, S. 124. Siehe auch THIELKING: *Weltbürgertum*, S. 24–38.

79 GIESEN: *Die Intellektuellen und die Nation*, S. 126.

80 Ebd.

81 COULMAS, Peter: *Weltbürger. Geschichte einer Menschheitssehnsucht*, Reinbek bei Hamburg: Rowohlt1990. Siehe für einen kommunikations- und ideengeschichtlichen Parforceritt durch die historischen Formen dieser Sehnsucht auch die faszinierende Synthese von MATTELART: *L'histoire de l'utopie planétaire*.

82 Dazu ausführlicher das nachfolgende Kapitel („Das Prager Modell").

83 In wieweit es heute zu einer Renaissance der Figur des „cosmopolitan patriot" (Kwame Anthony Appiah) kommen wird, ist Gegenstand einer umfangreichen, wenn auch lange Zeit primär an nordamerikanischen Universitäten beheimateten, Debatte. Siehe in diesem Sinne APPIAH, Kwame Anthony: *„Cosmopolitan Patriots"*, in: *Critical Inquiry 23/3* (1997), S. 617–639.

Die Tendenz ging vielmehr dahin, die dem kosmopolitischen Patriotismus noch inhärente Spannung zwischen „universalistischer Öffnung“ und „partikularistischer Abschließung“ zu Gunsten der exkludierenden Momente der Identitätskonstruktion aufzulösen. An dieser Entwicklung, die den Nationalismus charakterisiert, hatte die Intelligenz als soziale Schicht erheblichen Anteil. Die „Erfindung der Nation“ (Benedict Anderson) als der Ineinssetzung von „Staat = Nation = Volk“[84] (man könnte ergänzen = Sprache), war, wie zahlreiche kritische Analysten des Nationalismus gezeigt haben, die Leistung von Bildungseliten aus der ersten Hälfte des 19. Jahrhunderts.[85] Zwar vermochte die bürgerliche Intelligenz auf diese Weise, aus modernisierungstheoretischer Perspektive betrachtet, ein effektives Gegennarrativ zum (anationalen) dynastischen Prinzip der alten Welt zu etablieren.[86] Doch die Geister, die sie rief, wurde sie nicht mehr los.

Nimmt man, der Studie von Bernhard Giesen und seiner Terminologie folgend, weiterhin den deutschen Fall in den Blick, so wurde dort der „patriotische Code“ der Aufklärer vom „transzendenten Code“ der Frühromantiker um 1800 abgelöst.[87] Sie stellten sich die Nation bereits nicht mehr im Modus eines partikularisierten moralischen Universalismus vor, sondern als „Gral“, das heisst als individuelle, nicht kommunizierbare Qualität, die ihren Träger – das vagabundierende Künstlerindividuum – vom gemeinen Volke eben gerade unterscheiden sollte.[88] Diese elitäre Innerlichkeit wurde allerdings in den Befreiungskriegen unter der Napoleonischen Besatzung schnell zu Gunsten einer Umarmung der „Nation in Waffen“ aufgegeben:[89] Wie Ernst Osterkamp exemplarisch am Vergleich von Schillers *Horen* mit dem ab 1808 von Heinrich von Kleist und Adam Müller herausgegebenen *Phöbus* vorführt, ging die nachholende Politisierung der romantischen Kunst-Publizistik mit Nationalisierung und Militarisierung einher.[90] Die Anzeige des *Phöbus* pries den kämpferischen „Charakter unserer Nation“ und stellte „Kraft, Klarheit und Tiefe, die alten, anerkannten Vorzüge der Deutschen“ heraus.[91] Die Schriftsteller und Publizisten der Romantik übten, wenn auch widerwillig, den Schulterschluss mit enttäuschten Bildungsbürgern und entdeckten, angesichts der imperialistischen Entwicklung der französischen (Staats-)Nation, die Superiorität der eigenen, im Werden begriffenen, deutschen (Kultur-)Nation.

84 Hobsbawm, Eric J.: *Nationen und Nationalismus : Mythos und Realität seit 1780 [1990]*, München: dtv 1996, S. 34, und passim.

85 Um nur einige der bedeutendsten Arbeiten zu nennen: Hobsbawm, Eric J.: *Nations and Nationalism since 1780: Programme, Myth, Reality*, 2. Aufl., Cambridge University Press 1992; Breuilly, John: *Nationalism and the state*, 2. Aufl., Chicago: University of Chicago Press 1994; Gellner, Ernest: *Nations and Nationalism [1983]*, 2. Aufl., Cornell University Press 2008; Anderson: *Imagined Communities*.

86 Zum Übergang vom dynastischen Prinzip zum modernen Nationalstaat siehe die Kapitel 2 und 3 in Anderson: *Imagined Communities*.

87 Giesen: *Die Intellektuellen und die Nation*, S. 102–129.

88 Ebd., S. 130–159.

89 Ebd., S. 159–162; Osterkamp: *„Neue Zeiten – neue Zeitschriften. Publizistische Projekte um 1800“*.

90 Osterkamp: *„Neue Zeiten – neue Zeitschriften. Publizistische Projekte um 1800“*, S. 77–78.

91 zitiert nach ebd., S. 77.

Im Vormärz schwang das Pendel weg vom aggressiven, anti-französischen Nationalismus und hin zu einem revolutionären Patriotismus, der die nationalen Energien gegen die restaurative Ordnung zu mobilisieren versuchte. Giesen sieht hier den „demokratischen Code" der Nation am Werk.[92] In den progressiven Intellektuellengruppen des Völkerfrühlings – in der von Guiseppe Mazzini geprägten Sammlungsbewegung des Jungen Europa und unter den Frühsozialisten zum Beispiel – vermählten sich Elemente des alten kosmopolitischen Patriotismus der Aufklärung mit einem neuen, akuten Europabewusstsein und einer weltlichen, kämpferischen Einstellung zu sozialem Wandel.[93] Doch die Revolution in Schwarz-Rot-Gold blieb bekanntlich ohne den erhofften Erfolg. Sein Engagement gegen das „alte offizielle Deutschland, das verschimmelte Philisterland" bezahlte nicht nur Heinrich Heine selbst, sondern auch Ludwig Börne, Moses Hess, Karl Marx und viele weitere mit der teils freiwilligen, zumeist unfreiwilligen Exilierung in Paris, London oder Brüssel.[94] Die Anliegen dieser ersten „Internationale der Exilierten" aus den 1830er und 1840er Jahren wurden zwar, wie Christophe Charle notiert, in späteren Jahrzehnten partiell in der Arbeiterbewegung und ihren übernationalen Organisationen aufgegriffen, aber nicht von der Intelligenz.[95] Nicht die demokratische Codierung des Nationalgefühls setzte sich durch, sondern das nationalliberale Establishment – der Nationalismus wurde im Kaiserreich zur Staatsräson.

Den Moment, an dem die (noch) herrschenden Dynastien das in den bürgerlich-nationalen Bewegungen etablierte neue Paradigma übernahmen und in mehreren Ländern Europas zur Regierungspolitik aus- und umbauten, bezeichnet Benedict Anderson, eine Formulierung des Historikers Seton-Watson aufgreifend, als den Beginn der Epoche des „offiziellen Nationalismus".[96] Es zeigte sich, dass die „imagined community" der Nation eine passable Antwort auf das Problem der Regierbarkeit moderner Gesellschaften bot: Urbanisierung und Industrialisierung hatten Protest und Unruhe in der zweiten Hälfte des 19. Jahrhunderts in ungekanntem Ausmaß angefeuert; wachsende soziale Ungleichheit bei steigender Alphabetisierung warf das Problem der Regierbarkeit in neuer Schärfe auf… Das Nationalgefühl erwies sich vor diesem Hintergrund als effektiver Kitt, der Kohäsion und Sozialintegration sicherstellte, erlaubte es doch, Konflikte von einem inneren auf einen äußeren Feind zu kanalisieren. Das Ergebnis dieser Dynamik ist

92 GIESEN: *Die Intellektuellen und die Nation*, S. 163–199. Siehe auch CHARLE: *Les intellectuels en Europe au XIXe siècle. Essai d'histoire comparée*, S. 113.

93 THIELKING: *Weltbürgertum*, S. 48–68. Zum europäischen Kommunikationsraum in den Revolutionen von 1848 siehe LANGEWIESCHE: *„Kommunikationsraum Europa: Revolution und Gegenrevolution"*.

94 Heine, zitiert nach GIESEN: *Die Intellektuellen und die Nation*, S. 184. Zu den Exilerfahrungen und ihrem Einfluss auf das Denken von Heine, Marx und Mickiewicz siehe KRAMER, Lloyd S.: *Threshold of a new world: intellectuals and the exile experience in Paris, 1830-1848*, Ithaca: Cornell University Press 1988.

95 CHARLE: *Les intellectuels en Europe au XIXe siècle. Essai d'histoire comparée*, S. 113.

96 ANDERSON: *Imagined Communities*, S. 83–111. „Romanovs discovered they were Great Russians, Hanoverians that they were English, Hohenzollerns that they were Germans – and with rather more difficulty their cousins turned Romanian, Greek, and so forth." Ebd., S. 86.

bekannt: Die Nationalismen verstärkten sich gegenseitig – der deutsche den französischen, der französische den deutschen...[97] Die Geschichte der europäischen Nationenordnung in der zweiten Hälfte des langen 19. Jahrhunderts wurde geprägt von Chauvinismen, Provinzialismen und Nationalismen, mit dem Ersten Weltkrieg als ihrem katastrophalen Paroxysmus.

Aus dem Sieg der schließenden gegenüber den öffnenden Kräften im historischen Prozess des *nation-building* folgt allerdings keineswegs die Notwendigkeit, sämtliche Akteure in den nationalen Öffentlichkeiten – oder gar Europas Bevölkerungen insgesamt – landstrichweise zu überzeugten Nationalisten zu erklären. Ein kommunikationstheoretischer Blick auf den selben Zeitraum soll helfen, einen solchen Kurzschluss zu verhindern, indem er in stärkerem Maße den systemischen Dynamiken der Entwicklung massenmedial vermittelter Öffentlichkeit im 19. Jahrhundert Rechnung trägt.

Die Nationalisierung der Kommunikation und die Prekarisierung des transnationalen Kommunikationszusammenhangs

Die Crux bei der „Nationalisierung der Wahrnehmung“ in den europäischen Öffentlichkeiten ist, dass es für diesen Prozess, aus kommunikationstheoretischer Perspektive betrachtet, gar keines generalisierten, programmatischen Nationalismus bedurfte. Zum Problem wurde dem transnationalen Kommunikationszusammenhang kein ostentativer Kommunikationsabbruch zwischen den Völkern Europas – dies hieße vergessen, dass sich das Phänomen des „pränationalen Kontinentalismus“ nur auf eine Elite beschränkt hatte. Zum Problem wurde vielmehr eine übermächtige, nationale Konkurrenz. Die „nationale Öffentlichkeit“ setzte sich erfolgreich als Organisationsmatrix des öffentlichen Diskurses durch, weil in ihr die Auseinandersetzungen zwischen *allen* gesellschaftlichen Schichten und Gruppen stattfinden konnten. Insofern die Idee der politisch fungierenden Öffentlichkeit an das Prinzip der Volkssouveränität gebunden war, und, wie beschrieben, kritisch-vermittelnd auf das politische System einwirken und es überwachen sollte, gab es gute Gründe, die Energien auf die Zustände im eigenen Land zu konzentrieren.[98] Die „deutsche Nation“ funktionierte kommunikativ ja nicht nur deshalb, weil man sich, in nationalistischer Manier, gegenseitig der Überlegenheit deutschen Weins und deutscher Frauen über alles in der Welt vergewissern konnte, sondern weil sie – über die wie immer problematische, postulierte Einheit von Staat, Nation und Volk – auch der Adressat für die Forderungen nach politischen und sozialen Rechten war, vom Wahlrecht über Presse- und Meinungsfreiheit bis hin zur Renten-, Kranken- und Arbeitslosenversicherung. Sofern und sobald es die Zensur zuließ (in Deutschland

97 CARON/VERNUS: *L'Europe au XIXe siècle*, S. 438.

98 Eine Verteidigung des Nationalstaats aus diesen demokratietheoretischen Gründen findet sich im Werk von Ralf Dahrendorf, so in DAHRENDORF, Ralf: *„Die Sache mit der Nation“*, in: *Merkur 44/500* (1990), S. 823–834.

gelang es der alten Ordnung mit den Karlsbader Beschlüssen von 1817 und dem Außerkraftsetzen der Verfassung von 1848, den technologischen wie sozialen Modernisierungsprozess bis ins Kaiserreich hinein zu retardieren), verliefen Debatten zu den großen Fragen der Zeit – aber auch den kleinen Problemen des Alltags – in nationalen Diskursarenen, und zwar vermittelt und verstärkt durch das System der Massenmedien.[99]

Die Entfesselung massenmedialer Kommunikation trug ebenso entscheidend zur Demokratisierung des Medienzugangs bei, wie sie, *nolens volens*, nationale Rezeptionsmuster prägte und perpetuierte. Die programmatische Idee der Öffentlichkeit, wie sie die Denker des 18. Jahrhunderts in den Journalen der Aufklärung „in weltbürgerlicher Absicht" entwickelt hatten, realisierte sich in der zweiten Hälfte des 19. Jahrhunderts als bunte, nationale Wirklichkeit.[100] Erstmals in der Geschichte waren Zeitungen und Zeitschriften keine Eliteprodukte mehr, sondern erreichten, in Nord- und Westeuropa, alle Schichten der Gesellschaft. *Soziologisch* hatte dies die Existenz eines alphabetisierten Publikums zur Voraussetzung. *Technologisch* vorangetrieben wurde die Entwicklung von den ersten signifikanten Verbesserungen der Drucktechnik seit Gutenberg – der Schnellpresse zu Beginn des 19. Jahrhunderts und dem Rotationsdruck in seiner zweiten Hälfte.[101] Um 1850 konnten bereits beachtliche 6.000 Exemplare pro Stunde gedruckt werden, um 1900 erlaubte der Rotationsdruck die Konstruktion von Druckstraßen mit einer stündlichen Leistung von 70.000 Exemplaren.[102] Die Stückkosten sanken entsprechend, die Zeitungslektüre generalisierte sich und wurde, ein Jahrhundert nach Hegel, tatsächlich zum Morgengebet des modernen (Stadt-)Menschen.

In Frankreich erzielte *Le Petit Journal* – eine an die breiten Volksschichten gerichtete, zunächst weitgehend unpolitische Abendzeitung, die sich den *faits divers* des städtischen Lebens widmete – bereits 1869 eine Tagesauflage von 340.000 Exemplaren.[103] *Le Petit Parisien*, der sich am Modell des populären *Petit Journal* orientierte und es (auch politisch) radikalisierte, erreichte 1902 eine Auflage von über 1 Million.[104] Insgesamt brachte es die Tagespresse in Frankreich um 1900 auf 10 Millionen Exemplare – in einem Land mit 20 Millionen erwachsenen Einwohnern. Der französische Historiker Christophe Charle spricht nicht von ungefähr von einem weitgehend saturierten Markt und einem Höhepunkt des „Jahrhunderts der Presse".[105]

---

99 Für Deutschland liefert Jürgen Wilke eine ausführliche Darstellung der Medienentwicklung im 19. Jahrhundert, der hier weiterhin gefolgt wird. WILKE: *Grundzüge der Medien- und Kommunikationsgeschichte*, S. 154–302. Im Überblick in WILKE, Jürgen: *„Auf dem Weg zur Großmacht': Die Presse im 19. Jahrhundert"*, in: WIMMER, Rainer (Hrsg.): *Das 19. Jahrhundert : sprachgeschichtliche Wurzeln des heutigen Deutsch*, Berlin; New York: W. de Gruyter 1991, S. 73–94.

100 SCHIEWE: *Öffentlichkeit: Entstehung und Wandel in Deutschland*, S. 193.

101 WILKE: *Grundzüge der Medien- und Kommunikationsgeschichte*, S. 156–159.

102 CHARLE, Christophe: *Le siècle de la presse : 1830-1939*, Paris: Seuil 2004, S. 138.

103 Ebd., S. 103.

104 Ebd., S. 311.

105 Ebd., S. 137.

Weniger sensationell, aber nicht grundlegend anders, stellte sich das Bild auch in Deutschland dar. Die populären Genres des ausgehenden 19. Jahrhunderts wurden landesweit in ungekannten Auflagen gelesen: Die berühmteste Vertreterin der illustrierten Familienblätter, die *Gartenlaube*, erreichte 1867 eine wöchentliche Auflage von 210.000 Exemplaren.[106] Neben dieser vordergründig unpolitischen Massenpresse existierte weiterhin die Tagespresse und, wo es die Zensur erlaubte, zudem ab den 1860er Jahren die Parteipresse.[107] Der Ausdifferenzierungsprozess des 18. Jahrhunderts setzte sich auf potenzierter Auflagenskala fort, um zur Jahrhundertwende in Nord- und Westeuropa im Wesentlichen die Konturen der nationalen Presselandschaften zu gewinnen, die uns noch heute vertraut sind. Für Publizisten bedeutete die Existenz einer massenmedial vermittelten, nationalen Öffentlichkeit, dass sie auf kommerziellen Erfolg und Einfluss hoffen durften. Anders als zu Zeiten der Humanisten und der Aufklärer war der Journalismus im Jahrhundert der Presse ein Beruf, von dem sich leben ließ.[108]

Kurzum: In der zweiten Hälfte des 19. Jahrhunderts kam es, aus soziologischen wie technologischen Gründen, zu einer extremen Verdichtung der nationalen Kommunikationsräume. Dies hatte systemische Konsequenzen für die europäische Kommunikationskultur, die unter Bezugnahme auf Karl W. Deutschs bis heute fruchtbare Überlegungen beleuchtet werden können.[109] Die bisher verfolgte intellektuellenhistorische Perspektive wird so entscheidend ergänzt und vervollständigt. Deutsch – übrigens nicht von ungefähr ein in den USA lehrender, tschechischer Soziologe deutscher Zunge – versuchte, den Gründen für die so theoretisch unplausible wie empirisch siegreiche Idee der modernen Nation weniger durch eine Analyse der nationalistischen Ideologie als über eine Untersuchung der Kommunikationsverhältnisse auf die Spur zu kommen. Sein Ausgangspunkt war, Vergemeinschaftung zunächst ganz allgemein über das Kriterium der Verdichtung des Kommunikationsflusses zu fassen. Eine gemeinsame Sprache spielte dabei oft eine entscheidende Rolle, war aber letztlich weder eine notwendige noch eine hinreichende Bedingung. Deutschs Absicht war es, letztlich ein Modell zu entwickeln, mit dem sich nicht nur die historischen Formen des Nationalismus rekonstruieren ließen, sondern auch Voraussagen über Entwicklungen und Gelingensbedingungen nationaler Bewegungen in beschränktem Rahmen möglich würden.[110] Im hier

---

106 WILKE: *Grundzüge der Medien- und Kommunikationsgeschichte*, S. 241.

107 WILKE: *„Die Presse im 19. Jahrhundert“*.

108 Siehe ausführlich REQUATE, Jörg: *Journalismus als Beruf: Entstehung und Entwicklung des Journalistenberufs im 19. Jahrhundert : Deutschland im internationalen Vergleich*, Göttingen: Vandenhoeck & Ruprecht 1995. Für Frankreich siehe CHARLE: *Le siècle de la presse : 1830-1939*, S. 143–155; CHARLE: *Les intellectuels en Europe au XIXe siècle. Essai d'histoire comparée*, S. 164–172.

109 Einschlägig sind im hier diskutierten Kontext vor allem DEUTSCH, Karl W.: *Nationalism and Social Communication : An inquiry into the foundations of nationality*, 2. Aufl., Cambridge, Mass.: M.I.T. Press 1966. Sowie DEUTSCH, Karl W.: *Nationalism and its alternatives*, New York: Knopf 1969. Zum Verhältnis von Kommunikationsverdichtung und (transnationaler) Öffentlichkeit siehe auch die Diskussion bei BRÜGGEMANN, Michael u. a.: *„Transnationale Öffentlichkeit in Europa: Forschungsstand und Perspektiven“*, in: *Publizistik 54/3* (2009), S. 391–414, hier S. 394.

110 DEUTSCH: *Nationalism and Social Communication*, S. 86–106.

vorliegenden Kontext muss glücklicherweise nur ein „Abfallprodukt“ seines umfangreichen Forschungsprogramms interessieren, nämlich zwei systemische Konsequenzen, wie sie aus der Verdichtung von Kommunikationsräumen resultierten:

- Erstens: Wie der Berliner Soziologe Klaus Eder zusammenfasst, nahm Deutsch an, dass sich mit zunehmender Kommunikationsdichte mittelbar auch die sozialen Beziehungen zwischen den Kommunikationsteilnehmern verdichteten.[111] Mit anderen Worten: Die Arbeiterbewegung konnte zwar von einem analytischen Standpunkt aus formulieren, der deutsche Proletarier habe mit einem französischen mehr gemein als mit seinem deutschen Vorgesetzten, doch je erfolgreicher die „Erfindung der Nation“ de facto war, um so abstrakter wurde diese Klassenanalyse gegenüber der nationalen Lebenswelt. Einmal erfolgreich etabliert, plausibilisierte sich die Kommunikationsgemeinschaft der Nation sukzessive selbst.[112]

- Die zweite, korrelative, Überlegung: Die Verdichtung der Kommunikation innerhalb des Kommunikationsraums des modernen Nationalstaats bewirkte nicht nur eine Verdichtung der sozialen Beziehungen zwischen ihren Mitgliedern, sondern ging auch einher mit einem wachsenden Kommunikationsgefälle gegenüber ihrem „Außen“.

Es kam, um das kybernetische Vokabular der Zeit aufzugreifen, zu einer systemischen Schließung der nationalen Kommunikationsräume, die sich sukzessive voneinander „abkoppelten“. Aus systemtheoretischer Perspektive gilt es, diesen Prozess nicht normativ misszuverstehen: Schließung und Autopoiesis werden als notwendige Charakteristika für das Funktionieren eines Systems verstanden. In der europäischen Kommunikationsgeschichte war für diesen konkreten „Abkopplungsprozess“ indes sehr wohl ein Preis zu zahlen. Denn der Effekt des nationalen Paradigmas in Europa war – wie Ernest Gellner zu argumentieren nicht müde wurde –, dass es die Kommunikationsteilnehmer tendenziell von der kognitiven Bürde entband, sich mit dem „Außen“ ihrer Nation auseinanderzusetzen.[113] Das Ergebnis: *Innerhalb* der Grenzen des nationalen Kommunikationsraums homogenisierten sich die kulturellen Referenzen – *jenseits* der Grenzen stieg der zur Verständigung nötige Aufwand an symbolischen *und* ökonomischen Ressourcen an.

Es wäre die Aufgabe von Eliten gewesen, ihr höheres symbolisches wie ökonomisches Kapital zu investieren, um das systemische Auseinanderdriften der nationalen Kommunikationsräume zu verhindern. Das geschah jedoch nur in sehr be-

---

111 EDER: *„Europa als besonderer Kommunikationsraum“*, S. 38.

112 In diesem Sinne auch die klassische „Definition“ von Hugh Seton-Watson: „Thus I am driven to the conclusion that no ‚scientific definition‘ of a nation can be devised; yet the phenomenon has existed and exists. All that I can find to say is that a nation exists when a significant number of people in a community consider themselves to form a nation, or behave as if they formed one.“ SETON-WATSON, Hugh: *Nations and States: An Enquiry into the Origins of Nations and the Politics of Nationalism*, Boulder: Westview Press 1977, S. 5.

113 GELLNER: *Nations and Nationalism.*

grenztem Maße, nicht zuletzt deshalb, weil die Intelligenz als soziale Schicht einer der größten Nutznießer der neuen Kommunikationsordnung war. An die Stelle einiger weniger Gelehrter oder *philosophes* traten einerseits die Journalisten, andererseits viele Spezialisten, oft aus bürgerlichem Hause, die an den Hochschulen, Akademien, nationalen Forschungszentren, in Ingenieurbüros und Kunstakademien von der Förderung der Künste, des Ingenieurgeistes und der Wissenschaften im 19. Jahrhundert profitierten, und zugleich, wenn schon nicht ideologisch so doch wenigstens lebensweltlich, eingespannt wurden ins nationale Projekt.[114] Der harte, programmatische Nationalismus war nur die ideologische Spitze eines ganz alltäglichen „epistemischen Nationalismus", wie ihn die bürgerlichen Wissenschaften (Nationalökonomie, nationale Philologien, Preußische Historikerschule) seit dem ausgehenden 19. Jahrhundert sozusagen werksseitig eingebaut hatten.[115]

Auf den grenzüberschreitenden Verkehr *zwischen* den nationalen Öffentlichkeiten spezialisierten sich Akteure, die das *Inter*-nationale in hoch kodifizierter Form als Sondergeschäft aus dem Alltag auszugliedern und getrennt zu institutionalisieren (und zu finanzieren) suchten. Es etablierte sich eine Praxis, die, allen politischen und medialen Transformationen des 20. Jahrhunderts zum Trotz, bis zum heutigen Tag an Gültigkeit kaum eingebüßt hat: Das Nationale wurde die Sache von Allen, das Übernationale die Domäne von Experten.

Ein sprechendes Beispiel aus dem Feld der Pressegeschichte war die Etablierung der Nachrichtenagenturen. Zu ihrer Berichterstattungspraxis notieren Jörg Requate und Martin Schulze Wessel:

> Die Nachrichtenagenturen führten [...] zwar rein quantitativ zu einer Zunahme des internationalen Nachrichtenverkehrs. Diese Nachrichten gingen jedoch gleich durch mindestens zwei, wenn nicht sogar drei oder vier nationale Filter: den der Nachrichtenagentur, die die Nachricht verschickte, möglicherweise zusätzlich der Nachrichtenagentur, von der diese Agentur abhängig war, dann der Nachrichtenagentur der jeweiligen anderen Länder, die sich überlegen konnten, ob sie die Nachricht weitergaben oder nicht und schließlich der Zeitungen, die auch noch einmal mit Blick auf ihre Leserschaft entschieden, welche internationale Nachricht möglicherweise für sie interessant sein konnte.[116]

Ein Teil dieses problematischen Filtereffekts kam dadurch zustande, dass die drei in Europa dominanten Agenturen – Wolff's Telegraphisches Bureau (WTB, der Vorläufer der dpa), Havas (der Vorläufer von afp) und Reuters – 1870 einen Kartellvertrag abgeschlossen hatten, der ihnen exklusive Berichterstattungsräume zusicherte. Die amerikanische AP stieg in dieses System ein, das über 60 Jahre lang, bis

---

114 „The progress of schools and universities measures that of nationalism, just as schools and especially universities became its most conscious champions [...]", notiert HOBSBAWM, Eric J.: *The Age of Revolution, 1789-1848 [1962]*, New York: Vintage Books 1996, S. 135.

115 Zur Nationalisierung des Wissens und zum „epistemischen Nationalismus" siehe ausführlich WAGNER, Peter: *Sozialwissenschaften und Staat: Frankreich, Italien, Deutschland 1870-1980*, Frankfurt; New York: Campus Verlag 1990.

116 REQUATE/SCHULZE WESSEL: *„Europäische Öffentlichkeit"*, S. 27.

1934, gültig blieb.[117] Wenigstens die Depeschen von Havas und WTB hatten offiziösen Charakter. Beim WTB hatte Bismarcks Staatsministerium 1869 als Gegenleistung für eine Subventionierung gar die Vorab-Einsichtnahme ins Nachrichtenmaterial erwirkt und sorgte für die bevorzugte Behandlung von Staatsdepeschen.[118] Diese wurden dann, wie von Requate und Schulze Wessel beschrieben, gegebenenfalls noch einmal von den Empfängermedien im Hinblick auf das je nationale Publikum und seine Relevanzkriterien gefiltert. Damit soll gesagt sein: Das Anwachsen auch des *inter*nationalen Kommunikationsvolumens im späten 19. Jahrhundert war kein ausreichender Faktor, um die massive Tendenz der Nationalisierung der Wahrnehmung, die Abkopplung der Öffentlichkeiten gegeneinander, zu kompensieren. Übereinander-Reden ist nicht dasselbe wie Miteinander-Reden.

Vereinfacht zusammenfassen lassen sich die auf den vorangegangenen Seiten skizzierten, komplexen Konsequenzen der außerordentlichen Verdichtung von Kommunikationsinfrastrukturen in den Grenzen nationaler Öffentlichkeiten vielleicht wie folgt: Sie erzeugten einen Tunnelblick.[119] Die Demokratisierung und Generalisierung des Austauschs *innerhalb* der nationalen Öffentlichkeiten gingen nicht einher mit der Verdichtung des länderübergreifenden Gesprächs *nach entnationalisierten Kriterien*, wie es seit den Zeiten der République des Lettres und der Aufklärung gängige Praxis gewesen war. Im Gegenteil: Dieser ressourcenintensive Bereich wurde in die Hände von nationalen Experten und *inter*-nationalen Gremien übergeben. Ihr „Internationalismus" meinte jedoch zuvorderst den technischen und juristischen Regelungsbedarf, der aus der Verdichtung des zwischenstaatlichen Handelsverkehrs resultierte (bis zum Ersten Weltkrieg blieb dies denn auch konsequenterweise die dominante Semantik des Begriffs „Internationalismus").[120] So wichtig solche Normierungs- und Standardisierungsprozesse für die Expansion und Konsolidierung einer globalen Wirtschaftsordnung waren – einen funktionierenden transnationalen Kommunikationszusammenhang unter staatsfernen, unabhängigen Geistern (geschweige denn Europas Bevölkerungen insgesamt) konnten und wollten internatio-

117 WILKE: *Grundzüge der Medien- und Kommunikationsgeschichte*, S. 245–247.

118 Ebd., S. 246.

119 Die Politologie spricht – nicht schön aber plastisch – vom Problem der „nationalstaatlichen Versäulung" von Kommunikation.

120 Eine Definition von Internationalismus in diesem Sinne findet sich bei dem Baseler Medienwissenschaftler Markus Krajewski: „Unter Internationalismus lässt sich ein Diskurs der Vernetzung und Standardisierung von administrativen, verkehrstechnischen und wissenschaftsorganisatorischen Maßnahmen fassen, die sich im Zuge der Weltausstellungen ab 1851 ausgehend von Europa auf die ‚zivilisierte' Welt der ‚Kulturnationen' zu erstrecken beginnen. Im Gegensatz zur ungleich älteren abendländischen Debatte des Kosmopolitismus, die sich von Platon über die Aufklärung bis ins 19. Jahrhundert tradiert, konzentriert sich der Internationalismus weniger auf idealistische Lebenskonzepte als denn auf medientechnische Optimierungen." KRAJEWSKI, Markus: *Restlosigkeit : Weltprojekte um 1900*, Frankfurt am Main: Fischer Taschenbuch Verlag 2006, S. 314. Zur historischen Semantik des Internationalismus siehe FRIEDEMANN, Peter und Lucian HÖLSCHER: *„Internationale, international, Internationalismus"*, in: BRUNNER, Otto, Werner CONZE und Reinhart KOSELLECK (Hrsg.): *Geschichtliche Grundbegriffe; historisches Lexikon zur politisch-sozialen Sprache in Deutschland*, Bd. 3, Stuttgart: Klett-Cotta 1982, S. 367–397, hier S. 395.

nale Experten-Netzwerke nicht ersetzen.[121] Im Ergebnis hatten die schließenden, partikularistischen Tendenzen in den durchnationalisierten, massenmedial vermittelten Öffentlichkeiten des 19. und 20. Jahrhunderts vergleichsweise leichtes Spiel.

4. Gegenprogramme. Der Internationalismus, sein Scheitern und die Strategien transnationaler Publizistik im „Zeitalter der Extreme"

Der steile Aufstieg der Nationenform als dominantes Teilungsprinzip (nicht nur) der kommunikativen Welt blieb freilich nicht ohne Widerspruch. Die noch im Spannungsfeld von Patriotismus und Kosmopolitismus zu situierenden Versuche aus den 1830er Jahren waren bereits erwähnt worden. Als sich das Nationalgefühl jedoch im Stadium des „offiziellen Nationalismus" seiner progressiven Dimension entledigt hatte, formierte sich mit dem *Internationalismus* der Arbeiterbewegung ein weniger konzilianter Rivale, der nunmehr antagonistisch auf den Nationalismus bezogen war.[122] Nicht zuletzt dank seiner Institutionalisierung in der Internationalen Arbeiterassoziation ab 1864, vor allem jedoch in der sozialistischen Zweiten Internationale ab 1889, wurde er zum bedeutendsten Versuch, ein politisches Gegenprogramm zum nationalen Paradigma zu etablieren. Wie der Historiker John Schwarzmantel notiert: „Socialist internationalism can be considered as historically the main challenger to nationalism, being its main rival in the field of political ideologies and in terms of movements inspired by those ideologies".[123] Was bei dieser Frontstellung auf dem Spiel stand, hat Pierre Bourdieu in einem Beitrag zur Struktur des politischen Feldes formuliert:

> Wenn das von mir vorgeschlagene Teilungsprinzip von allen anerkannt wird, wenn mein *nomos* zum universellen *nomos* wird, wenn alle die Welt so sehen, wie ich sie sehe, dann habe ich die ganze Kraft der Personen, die meine Sicht teilen, hinter mir. ‚Proletarier aller Länder, vereinigt euch!' ist eine politische Erklärung, die besagt, daß

121 Siehe zum Internationalismus von Experten in Forschung, Technologie, Recht, Ökonomie und weiteren Wissenschaftsbereichen in der zweiten Hälfte des 19. Jahrhunderts, neben der zitierten Arbeit von Krajewski, die Sammelbände von RODOGNO, Davide, Bernhard STRUCK und Jakob VOGEL (Hrsg.): *Shaping the Transnational Sphere: Experts, Networks and Issues from the 1840s to the 1930s*, New York: Berghahn Books 2014 und CHARLE, Christophe, Jürgen SCHRIEWER und Peter WAGNER (Hrsg.): *Transnational intellectual networks : forms of academic knowledge and the search for cultural identities*, Frankfurt; New York: Campus 2004. Der Geschichte des wissenschaftlichen Internationalismus, vor allem in der Form internationaler Kongresse, widmet sich RASMUSSEN, Anne: *„L'internationale scientifique (1890-1914)"*, Dissertation, Paris: E.H.E.S.S. 1995.

122 Einen guten Überblick zu den Charakteristika des Internationalismus der Arbeiterbewegung gibt HOBSBAWM, Eric J.: *„Working-class internationalism"*, in: HOLTHOON, F. L. van und Marcel van der LINDEN (Hrsg.): *Internationalism in the Labour Movement, 1830-1940*, Leiden: E.J. Brill 1988, S. 1–16. Breiter angelegt und mit weiterer Literatur ist SCHWARZMANTEL, John: *„Nationalism and Socialist Internationalism"*, in: BREUILLY, John (Hrsg.): *The Oxford Handbook of the History of Nationalism*, Oxford: Oxford University Press 2013, S. 635–654.

123 SCHWARZMANTEL: *„Nationalism and Socialist Internationalism"*, S. 635.

> das Prinzip der Teilung in Nationalitäten an Bedeutung verliert gegenüber dem Prinzip der Internationalität, das über alle Grenzen hinweg Reiche und Arme einander gegenüberstellt.[124]

Im Zentrum steht hier die Frage der Deutungsmacht. Diese sprachen schon Karl Marx und Friedrich Engels, die von Bourdieu zwischen den Zeilen mit dem berühmten Schlusssatz aus dem Kommunistischen Manifest zitiert werden, der Idee der Nation keineswegs ab. Es lohnt daran zu erinnern, dass sie ihren Aufruf zur Vereinigung des Proletariats an eine Bewegung richteten, die selbst bereits nurmehr in Reaktion auf das nationale Zeitalter zu verstehen war: „Whatever sense is given it, the meaning of internationalism logically depends on some prior conception of nationalism, since it only has currency as a back-construction referring to its opposite", schreibt denn auch Perry Anderson, der Herausgeber der *New Left Review*, einleitend in seinem kleinen „Leitfaden" des Internationalismus.[125] Man mag bedauern, dass das nationale Paradigma nicht einmal ein Jahrhundert gebraucht hatte, um den weltlichen Erben des kosmopolitischen Kommunikationszusammenhangs in die Rolle eines nicht nur etymologisch, sondern auch epistemisch abgeleiteten „Herausforderers" zurückzustufen. Für Marx und Engels lagen die Dinge gleichwohl anders. Denn zunächst einmal bedeutete die Dynamik kapitalistischer Nationalstaaten für die Verfasser des Kommunistischen Manifests – darin mit den Philosophen des bürgerlichen Liberalismus einig – einen großen Fortschritt gegenüber der feudalistisch-dynastischen Ordnung. Vor allem jedoch würden, so hatten Marx und Engels im Manifest erklärt, erst auf diese Weise überhaupt die Bedingungen für eine neuerliche Überschreitung der bürgerlichen Ordnung geschaffen: „Die Waffen, womit die Bourgeoisie den Feudalismus zu Boden geschlagen hat, richten sich jetzt gegen die Bourgeoisie selbst".[126] Der sozialistische Internationalismus war, anders als der Kosmopolitismus, keine Tugendlehre mehr, sondern eine politische Kampfansage. Seine Trägergruppe sollten nicht mehr Gelehrte oder *philosophes* sein, auch nicht die bürgerliche Intelligenz, die sich ohnehin mehrheitlich der nationalen Idee verschrieben hatte, sondern die Arbeiterklasse. Ihr Internationalismus würde zwar in der Nationenordnung gründen („Obgleich nicht dem Inhalt, ist der Form nach der Kampf des Proletariats gegen die Bourgeoisie zunächst ein nationaler"[127]) – doch nur, um die Nation zu *überschreiten* und an die Stelle ihres *nomos* zunächst den Klassenkampf zu setzen, bis endlich der der Nationenform inhärente Antagonismus aufgehoben sei, denn:

> In dem Maße, wie die Exploitation des einen Individuums durch das andere aufgehoben wird, wird die Exploitation einer Nation durch die andere aufgehoben. Mit dem

---

124 BOURDIEU, Pierre: *Das politische Feld : zur Kritik der politischen Vernunft*, Konstanz: UVK 2001, S. 51.

125 ANDERSON, Perry: *„Internationalism: A Breviary"*, in: *New Left Review 14* (2002), S. 5–25, hier S. 5.

126 MARX, Karl und Friedrich ENGELS: *Manifest der Kommunistischen Partei [1848]*, Stuttgart: Reclam 1969, S. 26.

127 Ebd., S. 32.

> Gegensatz der Klassen im Innern der Nation fällt die feindliche Stellung der Nationen gegeneinander.[128]

Vor diesem Hintergrund ist Perry Andersons Definition des Internationalismus als Praxis der Überschreitung zu verstehen:

> Historically, the term [internationalism] may be applied to any outlook, or practice, that tends to transcend the nation towards a wider community, of which nations continue to form the principal units.[129]

Im Moment der Überschreitung unterschied sich der sozialistische Internationalismus von anderen, im strengeren Sinne *inter*-nationalen, „Internationalismen", deren primäres Ziel eben gerade die Stabilisierung, Perpetuierung und Perfektionierung des nationalen Prinzips war. Dies galt insbesondere für das frühe System der internationalen Organisationen, das nach dem Ersten Weltkrieg im Wilsonismus seine bekannteste ideologische Grundlegung fand und im Völkerbund institutionalisiert wurde. Hier sei eine Anmerkung zur Terminologie eingeschoben: Weil die Dimension des „hindurch, quer durch, hinüber" oder gar des „jenseits" und des „über ... hinaus" eben nicht, wie etwa der Wilsonismus, zum Bereich des *inter-* zählt, sondern eigentlich dem Präfix *trans-* vorbehalten bleibt, läge es wohl im Interesse terminologischer Klarheit, den *sozialistischen* Internationalismus als einen *Transnationalismus* zu bezeichnen. Dann wenigstens, wenn transnational so definiert wird, wie es Hartmut Kaelble stellvertretend für eine *transnationale* Geschichtswissenschaft getan hat:

> Es zeichnet [sich] jedoch trotz vieler Unschärfen eine Art Konsens darüber ab, dass als transnational zunächst ganz allgemein all diejenigen Interaktionen zwischen Individuen, Gruppen, Organisationen und Staaten bezeichnet werden können, die über Grenzen hinweg agieren *und dabei gewisse über den Nationalstaat hinausgehende Strukturmuster ausbilden.*[130]

Das beträfe, gewendet auf die Frage nach den Trägern solcher Interaktionen, auch publizistische Projekte und intellektuelle Initiativen späterer Jahre, die, wie das „Internationale Parlament der Schriftsteller" und *Lettre internationale*, zwar das Internationale im Namen trugen, dabei jedoch das Transnationale, „den nationalen Bezugsraum übersteigende", programmatisch im Schilde führten.[131] Da sich die Geschichte jedoch nicht an den Duden gehalten hat und keine „Transnationale" je

128 Ebd., S. 40.

129 ANDERSON: „*Internationalism: A Breviary*", S. 6.

130 KAELBLE, Hartmut, Martin KIRSCH und Alexander SCHMIDT-GERNIG: „*Zur Entwicklung transnationaler Öffentlichkeiten und Identitäten im 20. Jahrhundert. Eine Einleitung*", *Transnationale Öffentlichkeiten und Identitäten im 20. Jahrhundert*, Frankfurt/Main; New York: Campus 2002, S. 7–33, hier S. 9. (Herv. durch mich, RLS)

131 Ohne normative Auszeichnung lassen sich „transnationale Öffentlichkeiten" aus kommunikationswissenschaftlicher Perspektive „[...] als Räume der Verdichtung von Prozessen öffentlicher, medial vermittelter politischer Kommunikation begreifen, die den nationalen Bezugsraum übersteigen." BRÜGGEMANN u. a.: „*Transnationale Öffentlichkeit in Europa*", S. 395.

das Menschenrecht erkämpfen wollte, geht dem Transnationalen die Gravitas eines historischen Grundbegriffs ab.[132] In diesem Buch steht deshalb *trans-* wo möglich und *inter-* wo nötig, um nicht zu philiströs daherzukommen. Noch hat die falsche Vorsilbe keinen daran gehindert, unter dem Banner des Internationalen auf die *Überschreitung* der „imagined community" der Nation hinzuwirken.

Soweit zur Terminologie. Was den im Kommunistischen Manifest angekündigten, historisch bedeutendsten Versuch einer solchen „Überschreitung" angeht, so setzten seine Theoretiker Karl Marx und Friedrich Engels an entscheidender Stelle auf Hilfestellung durch die Dynamik der kapitalistischen Expansion selbst. Wie Eric Hobsbawm erinnert, teilte der sozialistische Internationalismus mit anderen Theorien sozialer Evolution aus dem 19. Jahrhundert noch die Überzeugung, dass sich menschliche Gesellschaften vom Kleinen zum Großen entwickeln würden.[133] In einer berühmten Passage des Manifests hieß es:

> Das Bedürfnis nach einem stets ausgedehnteren Absatz für ihre Produkte jagt die Bourgeoisie über die ganze Erdkugel. Überall muß sie sich einnisten, überall anbauen, überall Verbindungen herstellen.
> Die Bourgeoisie hat durch die Exploitation des Weltmarkts die Produktion und Konsumption aller Länder kosmopolitisch gestaltet. Sie hat zum großen Bedauern der Reaktionäre den nationalen Boden der Industrie unter den Füßen weggezogen. […]
> An die Stelle der alten, durch Landeserzeugnisse befriedigten Bedürfnisse treten neue, welche die Produkte der entferntesten Länder und Klimate zu ihrer Befriedigung erheischen. An die Stelle der alten lokalen und nationalen Selbstgenügsamkeit und Abgeschlossenheit tritt ein allseitiger Verkehr, eine allseitige Abhängigkeit der Nationen voneinander. *Und wie in der materiellen, so auch in der geistigen Produktion.* Die geistigen Erzeugnisse der einzelnen Nationen werden Gemeingut. Die nationale Einseitigkeit und Beschränktheit wird mehr und mehr unmöglich, und aus den vielen nationalen und lokalen Literaturen bildet sich eine Weltliteratur.[134]

Es kam aber anders in der geistigen Produktion als in der materiellen. Trotz der „allseitigen Abhängigkeit der Nationen voneinander", trotz ökonomischer Globalisierung und „kosmopolitischer" Konsumption, wurde „die nationale Einseitigkeit und Beschränktheit" keineswegs „mehr und mehr unmöglich". Schon gar nicht wurde das alternative Teilungsprinzip der Internationalität in der europäischen Geschichte des 20. Jahrhunderts als *nomos* wirkmächtig. Vielmehr trat das genaue Gegenteil ein: „Nationalität" setzte sich gegenüber dem transnationalen Teilungsprinzip „arm/reich" selbst in der Avantgarde der Arbeiterbewegung durch, unter den Mitgliederorganisationen der sozialistischen „Zweiten Internationale", die da-

132 Die Historikerin Susan Zimmermann plädiert aus ähnlichen Gründen für die Beibehaltung des „Internationalismus" als Terminus auch dort, wo „transnational" beginnt, sich in der Literatur durchzusetzen. Siehe ZIMMERMANN, Susan: „*International – transnational. Forschungsfelder und Forschungsperspektiven*", in: UNFRIED, Berthold, Jürgen MITTAG und Marcel VAN DER LINDEN (Hrsg.): *Transnationale Netzwerke im 20. Jahrhundert: historische Erkundungen zu Ideen und Praktiken, Individuen und Organisationen = Transnational networks in the 20th century: ideas and practices, individuals and organizations*, Wien: Akademische Verlagsanstalt 2008, S. 27–46.

133 HOBSBAWM: „*Working-class internationalism*", S. 6.

134 MARX/ENGELS: *Manifest der Kommunistischen Partei*, S. 23–24 [Herv. durch mich, RLS].

rüber zerbrach.[135] Im August 1914 entschied die SPD als größte Arbeiterpartei der Welt zu Gunsten des „Burgfriedens", stimmte für die Kriegskredite und unterstützte so die Kriegsanstrengungen des deutschen Reichs. Im Palais Bourbon zogen die französischen Sozialisten gleich und schlossen sich einstimmig der „Union sacrée" an. „Cette guerre européenne est la plus grande catastrophe de l'histoire, depuis des siècles, la ruine de nos espoirs les plus saints en la fraternité humaine", notierte der pazifistische Schriftsteller Romain Rolland unter dem Datum des 3.-4. August 1914 in seinem Kriegstagebuch.[136]

Im Blutbad des Ersten Weltkriegs verlor die Arbeiterbewegung ihre Unschuld. Die Unfähigkeit ihrer übernationalen Institutionen, das konstitutive Prinzip der internationalen Solidarität intern aufrechtzuerhalten, geschweige denn es politisch durchzusetzen, zeigte in brutaler Schärfe, dass Europa ein Problem mit der Nation hatte, welches sich nicht von selbst erledigen würde. Die althergebrachte Minimalanforderung an eine kosmopolitische Gesinnung wäre gewesen, im Falle eines Zielkonflikts zwischen nationalem Interesse und übernationalen Wertvorstellungen zu Gunsten der letzteren zu entscheiden.[137] Doch das war nicht geschehen. So hatte das Drama von 1914 sowohl die Schwindsucht des alten, kritisch-rationalistischen Kosmopolitismus vergegenwärtigt als auch das Scheitern der allzu mechanistischen Hoffnung, die Tugendlehre vom Kopf auf die solideren Füße eines Klasseninteresses stellen zu können. In Teilen der sozialistischen Bewegung kam es darüber zu einer verschärften Grundlagendebatte, die hier angemessen zu behandeln kein Raum ist.[138] Eine Erkenntnis einte die übernational gesinnten Intellektuellen jedoch unbeschadet der Position, die sie in den Auseinandersetzungen zur „nationalen Frage" einnahmen: Vom Pazifismus eines Romain Rolland bis zum revolutionären Internationalismus à la Henri Barbusse, von der internationalistischen Hardlinerin Rosa Luxemburg bis zu den kosmopolitischen Gelehrten der „Kommission für internationale geistige Zusammenarbeit"... Sie alle mussten sich ihre Marginalisierung im historischen Prozess eingestehen, und zwar sowohl in der breiteren Öffentlichkeit als auch innerhalb des intellektuellen Feldes.

* * *

135 Der Geschichte der Zweiten Internationale als der wichtigsten Institution des Arbeiter-Internationalismus hat der rumänisch-französische Historiker Georges Haupt sein Lebenswerk gewidmet. Zum Scheitern der Internationale siehe u.a. HAUPT, Georges: *Socialism and the Great War; the collapse of the Second International*, Oxford: Clarendon Press 1972.

136 ROLLAND, Romain: *Journal des années de guerre 1914-1919 : notes et documents pour servir à l'histoire morale de l'Europe de ce temps*, Paris: Albin Michel 1952, S. 32–33.

137 NUSSBAUM, Martha C.: *„Patriotism and Cosmopolitanism"*, in: *Boston Review* (11.1994), http://bostonreview.net/BR19.5/nussbaum.php (abgerufen am 02.01.2013).

138 Für eine wissenschaftliche Diskussion der Positionen sei verwiesen auf den Sammelband von HOLTHOON, F. L. van und Marcel van der LINDEN (Hrsg.): *Internationalism in the Labour Movement, 1830-1940*, Leiden: E.J. Brill 1988.

Eine gewisse Randständigkeit bildete mithin die charakteristische Ausgangsposition für transnationale intellektuelle Initiativen im „kurzen 20. Jahrhundert" von 1914-1989. Das galt *a fortiori* für den Bereich der Publizistik. Denn beim Versuch, die Notwendigkeit eines transnationalen Kommunikationszusammenhangs nicht nur programmatisch einzufordern und punktuell zu zelebrieren,[139] sondern im redaktionellen Alltagsgeschäft ins Werk zu setzen, waren Publizisten sofort mit den infrastrukturellen *Konsequenzen* der Verdichtung und systemischen Schließung der nationalen Kommunikationsräume konfrontiert. Diese ließen sich – anders als die ideologische Natur der „Erfindung der Nation" – nicht einfach argumentativ dekonstruieren. Zwar weiß die moderne Grenzforschung, dass Grenzen zunächst nicht mehr als mentale Konstrukte von Politikern, Juristen und Intellektuellen waren.[140] Doch am Schalter von Postangestellten und Zollbeamten wurde die Grenze ein Stück harte Wirklichkeit, und ihre Überschreitung kostete den Intellektuellen als Publizisten (im besten Fall) Geld: Porto, Einfuhrsteuern, erhöhte Distributionskosten, womöglich zudem Urheberrechtsabgaben und Lizenzgebühren. Hinzu kam, dass Relevanzkriterien, Geschmack und Reputation seit dem 19. Jahrhundert aus den zuvor analysierten Gründen stark nationalkulturell geprägt wurden, was internationalistisch orientierten Akteuren auf dem Pressemarkt einen Wettbewerbsnachteil gegenüber anderen bescherte, die sich in der Regel auf ihre jeweilige nationale Öffentlichkeit als richtende Instanz des kulturellen, wissenschaftlichen und politischen Lebens verließen und auf diesen Distributionsraum beschränkten. Und schließlich war da noch das „Problem" der europäischen Sprachenvielfalt, wie ein Blick in den Alltag (und in die Bilanzen) internationaler Zeitschriftennetzwerke zeigt. Übersetzungen sind teuer und mit reinem „Durchübersetzen" war und ist es im zerklüfteten Kommunikationsraum Europa nicht getan.[141] Doch ohne Übersetzung bleibt Internationalismus eine elitäre Phrase. Erst in der Kombination der programmatischen „Software-Aspekte" internationalistischen Denkens und Fühlens mit der in akademischen Kontexten zu selten berücksichtigten „Hardware" – der für das Gelingen übernationaler Kommunikation nötigen Ressourcen und Infrastrukturen – entsteht ein plausibles Porträt der Herausforderungen, denen sich transnationale Publizistik gegenübersah.

Welches Versprechen konnte sie angesichts dieser Widrigkeiten dann überhaupt noch bereithalten? Für den ganz überwiegenden Teil der Medien wird die Antwort lauten müssen: kein sonderlich großes. Was die Ausnahmen betrifft, so seien zum Abschluss dieses Überblicks stichpunktartig sechs (einander nicht ausschließende!) Modi publizistischer Grenzüberschreitung genannt, die dem Autor, ebenso wie die

139 Anhand des Stuttgarter Kongresses der Zweiten Internationale gibt Kevin Callahan ein instruktives Beispiel zu den Problemen beim Versuch, „Internationalismus" aufzuführen. CALLAHAN, Kevin: „*„Performing Inter-Nationalism" in Stuttgart in 1907: French and German Socialist Nationalism and the Political Culture of an International Socialist Congress*", in: *International Review of Social History 45/1* (2000), S. 51–87.

140 Siehe zum Beispiel BAUD, Michiel und Willem Van SCHENDEL: „*Toward a Comparative History of Borderlands*", in: *Journal of World History 8/2* (1997), S. 211–242.

141 Siehe dazu ausführlicher die Diskussion in Kapitel 6.

ihnen entsprechenden Motivlagen, für das 20. Jahrhundert charakteristisch scheinen. Dieser Katalog ist als unabgeschlossen zu verstehen und kann nicht mehr sein als eine erste Anregung für ein Archiv transnationaler publizistischer Initiativen, wie es in der Einleitung skizziert wurde.

1. Strategische Internationalisierung als Kampf um Autonomie.

Nicht von ungefähr haben sich, historisch betrachtet, oft diejenigen Akteursgruppen besonders um den transnationalen Kommunikationsraum verdient gemacht, die in ihren je nationalen Kontexten keine Stimme hatten – oder jedenfalls keine ausreichend starke, um ihre Interessen gegen dominante Gruppen zu verteidigen. Jörg Requate und Martin Schulze Wessel haben am Beispiel der Appelle an die europäische Öffentlichkeit die „kompensatorische" Qualität transnationaler Initiativen seit der Hugenotten-Verfolgung betont, und Sigrid Thielking hat ähnliche Motive im Kontext des Kosmopolitismus jüdischer Intellektueller nachvollzogen.[142] In Kapitel 3 und 4 wird zu zeigen sein, dass es auch für die transnationalen Zeitschriftenprojekte reformkommunistischer Intellektueller aus den 1960er und 1970er Jahren sinnvoll sein kann, sie in diesem Licht zu betrachten. Zu einem gewissen Grad war der transnationale Kommunikationszusammenhang mithin oft auch ein kompensatorischer Identitätsraum, und zwar trotz seiner realgeschichtlichen Prekarisierung im 19. und 20. Jahrhundert.

Diesen Gedanken weitertreibend wäre zu vermuten, dass der Rückgriff auf konsequent übernationale Programmatiken und Strategien immer dann besonders dringlich und unausweichlich erschien, wenn der Leidensdruck unter dem nationalen Paradigma hoch war. Dabei kann „Leidensdruck" im Extremfall für physische Repression und Verfolgung stehen, er kann aber auch „nur" die Erfahrung von Heteronomie meinen. Letzteres traf auf jene Akteure der Gelehrtengemeinschaft zu, die auch im 20. Jahrhundert weiterhin am Kommunikationsideal der République des Lettres festhalten wollten. Wie an früherer Stelle erwähnt, zählen Pierre Bourdieus Interventionen aus der zweiten Hälfte der 1980er und den 1990er Jahren sicherlich zu den am stärksten theoretisch ausformulierten Versuchen, den erlittenen Autonomieverlust der Gelehrten durch eine Strategie der Internationalisierung zu kompensieren: „L'international est en effet un recours contre les pouvoirs temporels nationaux, surtout dans les situations de faible autonomie", schrieb Bourdieu in diesem Sinne in *Science de la science et réflexivité*, der veröffentlichten Fassung seines letzten Vortragszyklus am Collège de France (2000/2001).[143] Pascale Casanova, die diese Passage zitiert, argumentiert überzeugend, dass die von Bourdieu 1989 lancierte (aber seit 1985 geplante) mehrsprachige Zeitungsbeilage

142 REQUATE/SCHULZE WESSEL: *„Europäische Öffentlichkeit"*, S. 14–15; THIELKING: *Weltbürgertum*, S. 13–15, und passim.

143 zitiert nach CASANOVA, Pascale: *„La revue Liber. Réflexions sur quelques pratiques de la notion d'autonomie relative"*, in: PINTO, Louis, Gisèle SAPIRO und Patrick CHAMPAGNE (Hrsg.): *Pierre Bourdieu, sociologue*, Paris: Fayard 2004, S. 413–429, hier S. 415.

Liber als Versuch gewertet werden kann, die theoretischen Erkenntnisse zur Funktion des Internationalen als *recours* auch jenseits der Sphäre gelehrter Kommunikation zum Einsatz zu bringen.[144] Galt die Zeitschrift *Actes de la recherche en sciences sociales* noch in erster Linie dem Austausch innerhalb der *scientific community*, so planten Bourdieu und sein Team mit *Liber* nicht weniger als ein internationales „Kampfinstrument" zur Verteidigung der Autonomie des intellektuellen Feldes insgesamt.[145] Bedroht sah Bourdieu diese Autonomie vor allem vom Journalismus, gegen dessen Logik (aber mit dessen Hilfe!) er sein Zeitschriftennetzwerk zunächst gleichsam als „trojanisches Pferd" ins Rennen schickte. Der Coup glückte, doch von Dauer war er nicht.[146] Nichtsdestotrotz: Die Organisation auf übernationaler Ebene kann einen Ausweg aus der Heteronomie im Nationalen darstellen. Sie weist, allerdings zu hohen Kosten, einen Weg ins Offene.

2. Jolifanto bambla ô falli bambla. Anti-Nationalismus als ernstes Spiel.

Der Kampf marginalisierter Akteure um Anerkennung und Selbstbestimmung ist eine wichtige Motivlage für transnationales Engagement, aber es ist nicht die einzige. Dada bleibt das beste Beispiel für den gänzlich anders gelagerten Versuch, eine explizit *anti*-nationale künstlerische Praxis zu etablieren. Sie nahm ihren Ausgang nicht als rationalistische Analyse einer strukturellen Bedrohung der intellektuellen Autonomie, sondern als viszerale Reaktion auf den Ersten Weltkrieg. In scharfer Abgrenzung gegenüber der Aussöhnung der italienischen Futuristen und eines signifikanten Teils der deutschen Expressionisten mit der Nation einerseits, aus „Ekel vor der albernen verstandesmäßigen Erklärung der Welt"(Hans Arp) andererseits, suchten die Dadaisten nach Formen, die sich der Verwurzelung in Sprache und Nationalkultur entzogen.[147] Der anarchische Internationalismus von dada machte keine Kompromisse und brauchte keine Alliierten. Er beugte sich nicht dem Realitätsprinzip. Texte erschienen in verschiedenen Städten unübersetzt oder bedurften der Übersetzung erst

144 Casanova weist auf die Häufung des Begriffs *recours* im (Spät-)werk von Bourdieu hin, wenn es ihm darum ging, die Funktion des Internationalen zu bestimmen. Der Begriff lässt sich nur schlecht übersetzen, meint er doch sowohl den „Ausweg aus" als auch den strategischeren „Rückgriff auf". Er scheint mir in diesem Changieren recht adäquat den semi-autonomen Handlungsraum von Intellektuellen überhaupt zu spiegeln, die von Bourdieu bekanntlich als „dominés parmi les dominants" identifiziert wurden.

145 CASANOVA: „*La revue Liber. Réflexions sur quelques pratiques de la notion d'autonomie relative*", S. 417. Siehe zu *Liber*, neben Casanovas Aufsatz, auch CHIARLONI, Anna: „*‚Liber' – Bourdieus Netzwerk zwischen Ost und West. Ein Werkstattbericht*", in: HUGET, Holger, Chryssoula KAMBAS und Wolfgang KLEIN (Hrsg.): *Grenzüberschreitungen : Differenz und Identität im Europa der Gegenwart*, Wiesbaden: VS Verlag für Sozialwissenschaften 2005, S. 133–138; MOUFFOK, Linda: „*Pierre Bourdieu et l'Europe*", Masterarbeit, Paris: Universität Paris I (Sorbonne) 2005. Siehe auch die weiteren Anmerkungen in den Kapiteln 5 und 6 zu Parallelen und Unterschieden zwischen *Lettre internationale, Liber* und *Le Monde diplomatique.*

146 Siehe Kapitel 5 zur Problematik transnationaler Zeitschriftenvorhaben, die auf etablierten, nationalen Medien „Huckepack" zu reiten versuchen.

147 Siehe dazu die faszinierenden Studie von PUCHNER, Martin: *Poetry of the revolution : Marx, manifestos, and the avant-gardes*, Princeton: Princeton University Press 2006, Kap. 8.

gar nicht mehr, wie im Fall der Lautgedichte von Hugo Ball. Von publizistikgeschichtlich entscheidender Bedeutung war, dass es Picabia mit *391,* Tzara mit *dada* und Heartfield, Grosz und Haussmann mit *der dada* glückte, dem Neben-, Über-, Durch- und Gegeneinander von aufgesammelten Ideen eine adäquate Form zu geben: In der *Collage* kam der radikale, egalisierende Internationalismus von dada zur Aufführung.[148] Im schamlosen Kopieren, Collagieren, Kommentieren und Ridikülisieren nationaler Traditionen und Kulturdenkmäler entluden sich die Idiosynkrasien der Dadaisten gegen bürgerliches Pflichtgefühl und das Pathos des Nationalismus. Dada hatte den deutschen Michel herausgefordert, ihm die Hosen runtergezogen und war auf seinem Holzpferdchen davongeritten, ehe er eingeholt werden konnte. (*der dada* brachte es auf drei Ausgaben; Picabia, der über erhebliche private Mittel verfügte, hörte nach 19 Ausgaben auf. Den Lagerbestand an verbliebenen Exemplaren von *391* steckte er 1922 bei seinem Wegzug aus Paris in Brand.[149])

3. Revolution als Heimat und Beruf.

> Denn hier scheiden sich die Wege: der breite der Kautsky, Bernstein, Südekum, Scheidemann, Ebert – und der schmale, der zum Ziel führt. Der Arbeiter hat kein Vaterland; er kämpft, wenn er dieses ‚Vaterland' verteidigt, einzig und allein für den Wechsel seiner Ausbeuter, und im großen ganzen kann ihm gänzlich gleichgültig sein, unter welcher Fahnenfarbe er ausgenutzt wird.
>
> *Kurt Tucholsky.*[150]

Auch bei einem Teil der politischen Avantgarde bewirkte das Trauma von 1914 eine Radikalisierung des Internationalismus. Für den Versuch, die weltkommunistische Bewegung auf eine konsequent denationalisierte revolutionäre Praxis zu verpflichten und jedem Arrangement mit bürgerlich-nationalen Bewegungen abzuschwören, stehen exemplarisch Leben und Werk von Rosa Luxemburg: „Entweder bleibt die Internationale ein Haufen Trümmer auch nach dem Kriege, oder ihre Auferstehung beginnt auf dem Boden des Klassenkampfes, aus dem sie allein ihre Lebenssäfte zieht", schrieb sie im Leitartikel zur ersten Ausgabe der von ihr und Franz Mehring herausgegebenen Zeitschrift *Die Internationale* (der publizistischen

---

148 Vgl. Kapitel 5 zur Bedeutung der Collage-Form für *Lettre internationale.*

149 Siehe die Einleitung von Michel Sanouillet zur kommentierten Facsimile-Ausgabe von PICABIA, Francis: *391, revue publiée de 1917 à 1924 (Réédition intégrale),* hrsg. v. Michel SANOUILLET, Paris: Terrain vague : Losfeld/Pierre Belfond 1975, S. 8–16, hier S. 15. Die Druckauflage von *391* lag zwischen 400 und 1000 Exemplaren pro Ausgabe.

150 Aus der Rezension des Buchs *Gegen den Strom* zu Zeitdokumenten der Jahre 1914-16. Von Tucholsky unter dem Pseudonym Ignaz Wrobel im April 1926 in der *Weltbühne* veröffentlicht. Digitale Fassung unter http://www.textlog.de/tucholsky-gegen-den-strom.html.

Keimzelle des Spartakusbundes).[151] Luxemburgs Lebenswandel war die beste Illustration ihrer theoretischen Überzeugungen, gehörte sie doch, wie Eric Hobsbawm betont hat, zu jener „[...] minority of genuinely transnational cadres, whose nationality of origin was of merely biographical interest[...]“[152] Gleich in welchem Land die Revolution möglich schien, Luxemburg brachte sich mit gleichem Eifer ein. Was hingegen dem Prozess der Weltrevolution im Wege stand oder ihn aufzuhalten drohte, stieß auf ihre Verachtung – und sei es das Selbstbestimmungsrecht Polens.[153] „She,“ notierte ihr Biograph J. P. Nettl, „more than any other Marxist, succeeded in transposing her loyalties from *nation* to *class* – intact.“[154] Die Luxemburg eigentümliche Spannung zwischen szientistischer Orthodoxie und der immer wieder durchscheinenden Persönlichkeit (gepaart mit ihrem tragischen Schicksal) mag die große Anziehungskraft der „roten Rosa“ auf internationalistische Intellektuelle späterer Jahrzehnte erklären. Nichtsdestotrotz: Die historischen Ereignisse haben ihre Analysen zur nationalen Frage fast immer widerlegt.[155] Luxemburg hatte den Habitus einer denationalisierten Berufsrevolutionärin – die Arbeiterklasse hatte ihn nicht. Die revolutionäre Spontaneität und die Verschärfung des Klassenkampfes, auf die Luxemburgs Analysen setzten, ließen auf sich warten, und die Ausweitung der Revolution über Russland hinaus fand nicht statt.

Vor dem Hintergrund dieser realgeschichtlichen Situation zeigte sich die Doktrin des proletarischen Internationalismus von ihrer repressiven Seite. Lenin baute die kommunistische Dritte Internationale (Komintern) zur hierarchischen „Weltpartei“ aus und verfolgte die konsequente Zentralisierung ihrer Entscheidungsstrukturen (der sogenannte „demokratische Zentralismus“). Nationale Mitgliederorganisationen wurden – bis hin zu deren Publikationen – nach bolschewistischem Vorbild umstrukturiert und zentral mit Informationen versorgt: Auf theoretischer Ebene durch das mehrsprachige Theorie-Organ *Kommunistische Internationale*, auf dem Gebiet der Nachrichtenlage ab 1921 bis zum Ausbruch des Zweiten Weltkriegs durch die bis zu achtsprachige *Internationale Presse-Korrespondenz* (*Inprekorr*).[156]

In einer zweiten drastischen „Anpassungsleistung“ angesichts des Ausbleibens von Revolutionen in Westeuropa erklärte Stalin mit der Theorie des „Sozialismus in einem Land“ die Sowjetunion zum Garanten der Revolution und ihre bedingungslose Verteidigung zur ersten Pflicht der Kommunisten aller Länder.[157] Diese Erwartungshaltung erstreckte sich, wie im nachfolgenden Kapitel am tschechoslo-

151 LUXEMBURG, Rosa: *„Der Wiederaufbau der Internationale“*, in: *Die Internationale; Zeitschrift für Praxis und Theorie des Marxismus 1/1* (1915), S. 4–15, hier S. 10.

152 HOBSBAWM: *„Working-class internationalism“*, S. 12.

153 Siehe dazu ausführlich das Nachwort zur „nationalen Frage“ in der wegweisenden Biographie von NETTL, J. P.: *Rosa Luxemburg*, London; New York: Oxford U.P. 1969, hier v.a. S. 500-519.

154 Ebd., S. 518.

155 KOŁAKOWSKI, Leszek: *Main currents of Marxism: its rise, growth, and dissolution*, Oxford: Oxford University Press 1978, S. 429.

156 Zur *Inprekorr* siehe die Studie ihrer ehemaligen Mitarbeiterin KOMJÁT, Irén: *Die Geschichte der Inprekorr : Zeitung der kommunistischen Internationale (1921-1939)*, Frankfurt am Main: Marxistische Blätter 1982.

157 Ich folge hier SCHWARZMANTEL: *„Nationalism and Socialist Internationalism“*, S. 646–650.

wakischen Beispiel Thema sein wird, im Kontext des Schdanowismus auch auf Künstler und Intellektuelle. Unter Kommunisten, die bereit waren, die Loyalität zur UdSSR als Bedingung der Möglichkeit des proletarischen Internationalismus zu akzeptieren, und diesen Widerspruch zu rationalisieren, zu sublimieren oder einfach zu ignorieren, hielt sich ohne Frage ein transnationaler Kommunikationsraum, der sich oppositionell zu den je nationalkulturell geprägten Öffentlichkeiten in Europa positionierte. Doch nur um den Preis der Bindung an die UdSSR wurde das publizistische Netzwerk der weltkommunistischen Bewegung mit Ressourcen versorgt. Es bot eine Alternative zum nationalen Paradigma, aber mit der „Freiheit des Andersdenkenden" – jenem anderen Anliegen von Rosa Luxemburg – hatte dieser Internationalisierungs-Modus nicht mehr viel gemein. Vielmehr kann die Entwicklung der Komintern als Warnung davor dienen, den Vorsilben *inter-* und *trans-* eine intrinsisch emanzipatorische Funktion zuzuschreiben. (In dieser Hinsicht empfiehlt sich ein Blick auf den aus der Mode gekommenen Konkurrenten *pan-*.[158])

4. Die verbindende Kraft eines übernationalen Anliegens.

Es gab und gibt weiterhin auch außerhalb des Sonderfalls der kommunistischen Bewegung publizistische Strukturen, die von einer verbindenden Idee von genuin transnationalem Charakter getragen werden. Der Grundkonsens muss stark genug sein, um Akteure verschiedener nationaler Herkunft und unterschiedlicher Sensibilität für die Mitarbeit gewinnen zu können. Das Anliegen muss allgemein genug sein, um eine signifikante länderübergreifende Leserschaft zu finden, und doch so spitz, dass noch ein gemeinsamer „issue-bezogener" Referenzrahmen vorausgesetzt werden darf. Im Kontext des Kalten Krieges gelang dies den Zeitschriften des Kongresses für kulturelle Freiheit (CCF), dem sicherlich bedeutendsten europäischen Netzwerk liberaler Anti-Kommunisten aus den 1950er und 1960er Jahren.[159] Meines Erachtens funktioniert es, heutzutage, auch im Netzwerk von *Le Monde diplomatique*, dort unter dem Banner des Altermondialismus.[160] Auch für diese beiden Initiativen gilt jedoch, dass erst erhebliche Mittel „von dritter Seite" es erlaubt haben, die Internationalisierung zu institutionalisieren und damit über ereignisbezogene Kooperation hinaus zu verstetigen.[161]

158 SNYDER, Louis L.: *Macro-nationalisms : a history of the pan-movements*, Westport: Greenwood Press 1984.

159 Zum CCF siehe Kapitel 3, dort auch weitere Literatur.

160 Siehe Kapitel 6 für eine ausführlichere Diskussion.

161 Im Fall des CCF waren es, bekanntlich, CIA-Mittel; im Fall von *Le Monde diplomatique* in erster Linie die testamentarische Schenkung des Breslauer Juden, Widerstandskämpfers und späteren Lateinamerika-Freundes Günter Holzmann, der dem Freundeskreis der Zeitschrift 1996 etwa 5 Millionen Francs (damals knapp 1,5 Mio. DM) vermacht hat (siehe http://www.monde-diplomatique.fr/1996/02/A/5285).

5. Die unzeitgemäße Nische der „cosmopolis littéraire".

Quer zur dominanten Form der Nationalliteratur etablierte sich, vor allem in der Zwischenkriegszeit, im Feld der literarischen Avantgarde eine fragile „Cosmopolis littéraire" (R.M. Albérès), mit Paris als ihrem Zentrum.[162] Sie hatte ihre eigenen Gesetzmäßigkeiten und Konsekrationswege, die von der nationalstaatlichen Ordnung zwar durchzogen, aber nicht völlig determiniert wurden, wie Pascale Casanova in ihrer Studie zur „République mondiale des Lettres" gezeigt hat.[163] Ein gutes Beispiel aus dem Bereich der Publizistik geben die Zeitschriften *Commerce* (Paul Valéry, Valery Larbaud) in Frankreich (1926-1932) und, viele Jahre später, *Botteghe Oscure* in Italien (1948-1960) ab. *Botteghe Oscure* zahlte hohe Honorare und veröffentlichte seine Beiträger unübersetzt auf Italienisch, Französisch, Englisch, Deutsch und Spanisch. Ein gewisses Dandytum war dem Milieu des literarischen Kosmopolitismus mit seiner Faszination für Reisen, Sprachen und Fremdheit immer eigen. Bisweilen führte es zu einer *désinvolture* gegenüber Verteilungskämpfen um ökonomisches und symbolisches Kapital, die sich zum reaktionären Elitismus auswachsen konnte (man denke an Paul Morand).[164] In anderen Fällen nährte es eine Sorge um die literarische Welt und einen zeitlosen Humanismus, so bei Marguerite Caetani, deren Wille und beträchtlichen Mitteln *Commerce* und *Botteghe Ocscure* ihre Existenz verdankten.[165]

6. Das Gespräch wieder anknüpfen.

Für den Versuch, den abgerissenen Faden des Gesprächs unter Europas Intellektuellen – vor allem aber nicht nur diesseits und jenseits des Eisernen Vorhangs – wieder anzuknüpfen, stand das Zeitschriftennetzwerk von *Lettre internationale*. Den unterschiedlichen nationalkulturellen Traditionslinien und Referenzsystemen suchte man Rechnung zu tragen, indem weitgehend autonome Ausgaben in den jeweiligen Landessprachen gegründet wurden. *Lettre* begann mit dem, was da war, und machte sich daran, durch einen Korpus an gemeinsamen Initiativen, Anliegen und, entscheidend, Texten, die auseinanderdriftenden Kommunikationsräume wieder

162 ALBÉRÈS, René Marill: *L'aventure intellectuelle du XXe siècle: panorama des littératures européennes, 1900-1959*, 2., erg. Aufl., Paris: Albin Michel 1959, S. 142.

163 CASANOVA: *La république mondiale des lettres.*

164 Interessant zu analysieren wäre in diesem Zusammenhang das Projekt einer „Europäischen Literaturunion" aus dem Jahre 1928, die unter Federführung des Avantgardisten und pro-europäischen Faschisten Ernesto Giménez Caballero geplant war und die seine Zeitschrift *Gaceta Literaria* (Madrid) mit *La Fiera litteraria* (Rom), *Die literarische Welt* (Berlin) und den *Nouvelles littéraires* (Paris) zusammengebracht hätte. Siehe dazu die knappe Anmerkung bei TREBITSCH, Michel: *„Die Intellektuellen und die Europaidee im 20. Jahrhundert"*, in: DEUTSCH-FRANZÖSISCHES INSTITUT (Hrsg.): *Frankreich-Jahrbuch 1998 : Politik, Wirtschaft, Gesellschaft, Geschichte, Kultur [Schwerpunkt : Intellektuelle in der französischen Gesellschaft]*, Opladen: Leske + Budrich 1998, S. 121–132, hier S. 129.

165 Zum Leben von Marguerite Caetani siehe den Essay von BAROLINI, Helen: *„The Shadowy Lady of the Street of Dark Shops"*, in: *VQR – The Virginia Quarterly Review 74/2* (1998), http://www.vqronline.org/essay/shadowy-lady-street-dark-shops (abgerufen am 25.02.2014).

stärker überlappen zu lassen. Das war gemessen an den internationalistischen Standards von dada oder Rosa Luxemburg ein dezidiert reformistisches Programm. Aber es machte Sinn. *Lettre* wurde eine wegweisende Europa-Zeitschrift und dank ihrer Schwesterausgaben zu einem Netzwerk, das, allen Schwächen zum Trotz, bis zum heutigen Tag in Europa seines gleichen sucht. Dazu, und wie es dazu kam, nun ausführlich.

Kapitel 2
Das Prager Modell. Kulturjournalismus und Reformkommunismus (1945-1968)

> Die freie Presse ist [...] das verkörperte Vertrauen eines Volkes zu sich selbst, das sprechende Band, das den Einzelnen mit dem Staat und der Welt verknüpft [...] Sie ist die rücksichtslose Beichte eines Volkes vor sich selbst, und bekanntlich ist die Kraft des Bekenntnisses erlösend. Sie ist der geistige Spiegel, in dem ein Volk sich selbst erblickt, und Selbstbeschauung ist die erste Bedingung der Weisheit.
>
> *Karl Marx, Debatten über Preßfreiheit und Publikation der Landständischen Verhandlungen, 1842*

> Pravda vítězí (Die Wahrheit siegt)
>
> *Jan Hus, wiederaufgegriffen von T. G. Masaryk. Staatsmotto der Tschechoslowakei*

Die junge tschechoslowakische Republik, die von den Westmächten im Münchner Abkommen vom September 1938 den Nationalsozialisten gegen ein Jahr Frieden überlassen wurde, war zu diesem Zeitpunkt seit zwanzig Jahren eine parlamentarische Demokratie, mit einer legalen Kommunistischen Partei seit 1921, einer leistungsfähigen Industrie und einer organisierten Arbeiterschaft.[1] Sie hatte eine aktive künstlerische Avantgarde, die unter anderem an der surrealistischen Bewegung teilhatte und die im Austausch mit den europäischen Metropolen stand.[2] Sie hatte eine auflagenstarke und weitgehend freie Presse, gleichermaßen international orientiert, deren Flaggschiff die liberale Tageszeitung *Lidové noviny* („Volkszeitung") war. In ihrem Herausgeberkreis saßen so maßgebliche Schriftsteller und Intellektu-

---

1 Ich folge in der Darstellung der politischen Entwicklung in der Tschechoslowakei im Wesentlichen den Analysen von H. Gordon Skilling und Vladimir Kusin in ihren bis heute unverzichtbaren Arbeiten: KUSIN, Vladimir V.: *The intellectual origins of the Prague spring; the development of reformist ideas in Czechoslovakia, 1956-1967*, London: Cambridge University Press 1971; SKILLING, Harold Gordon: *Czechoslovakia's interrupted revolution*, Princeton: Princeton University Press 1976. Eine kritischere Einschätzung der Ersten Republik findet sich bei ORZOFF, Andrea: *Battle for the castle. The myth of Czechoslovakia in Europe, 1914-1948*, New York: Oxford University Press 2009.

2 TIPPNER, Anja: *Die permanente Avantgarde? Surrealismus in Prag*, Köln; Weimar; Wien: Böhlau 2009.

elle wie Karel Čapek, die der Idee verpflichtet waren, ambitionierte Publizistik einer möglichst großen Leserschaft zugänglich zu machen. An der Spitze der Republik stand bis 1935 ihr Gründer Tomáš Garrigue Masaryk, ein humanistischer Philosoph, der Ansehen in weiten Teilen der Bevölkerung genoss. Zwischen West und Ost, zwischen Reformismus und Konservatismus, multinational-autoritärem Erbe des Kaiserreichs und nationalistisch-demokratischer Gegenwart des Masarykismus nahmen die Dinge ihren mitteleuropäischen Lauf.

Die deutsche Besatzung und der anschließende Krieg beendeten diese Entfaltung eines jungen souveränen Nationalstaats im Herzen Europas. Drei Jahre nach der Befreiung durch die Rote Armee übernahm die Kommunistische Partei der Tschechoslowakei (KSČ) unter der Führung von Klement Gottwald die Macht. Die Zeit der problematischen „*cohabitation*" der Kommunisten mit Edvard Beneš, dem Masaryk-Protégé, Leiter der Exil-Regierung in London und Präsidenten der Tschechoslowakei von 1935-1938 und 1945-1948, war vorbei. Die Tschechoslowaken fühlten sich von den Westmächten verraten und in ihrem Misstrauen gegenüber Deutschland nur allzu bestärkt. Die politische Basis für eine multikulturelle Lösung der Nationalitätenfrage schwand, die Kommunisten unterstützten Beneš' Vertreibungspolitik im Interesse einer slawischen Nation. Auch gab es, anders als in Polen oder Ungarn, keine negativen historischen Erfahrungen mit Russland. So kam es, dass ein großer Teil der Bevölkerung, vor allem aus der jungen Generation der nach 1918 Geborenen, euphorisch den Beginn einer neuen, sowjetischen Epoche begrüßte.[3] Und es war dies, wie der Erzähler in Milan Kunderas Roman *Le livre du rire et de l'oubli* den Lesern im Westen später in Erinnerung rief, die „bessere" Hälfte der tschechoslowakischen Bevölkerung:

> Les gens étaient enthousiasmés par la Russie qui avait chassé les Allemands, et comme ils voyaient dans le parti communiste tchèque son bras fidèle, ils ont transféré sur lui leurs sympathies. Ce qui fait que lorsque les communistes se sont emparés du pouvoir en février 1948, ce n'est ni dans le sang ni par la violence, mais salués par la joyeuse clameur d'environ la moitié de la nation. Et maintenant, faites attention : cette moitié-là, qui poussait des cris de joie, était plus dynamique, plus intelligente, meilleure.[4]

1. Was ist ein sozialistischer Intellektueller? (1948-1956)

Nach der Machtübernahme im Februar 1948 machte die KSČ die Verspätung, mit der die Tschechoslowakei in den Orbit der Sowjetunion eingetreten war, durch exemplarische Orthodoxie wett. Der Kulturbetrieb wurde „sowjetisiert", die Brücken zur kulturellen und intellektuellen Tradition aus Masaryks Erster Republik

3 Für einen Bericht aus erster Hand siehe KOHOUT, Pavel: *Aus dem Tagebuch eines Konterrevolutionärs*, Luzern; Frankfurt a.M.: C.J. Bucher 1969.

4 KUNDERA, Milan: *Le livre du rire et de l'oubli [1978]*, überarb. und korr. Aufl., Paris: Gallimard 1985, S. 21.

abgebrochen und ihre Institutionen durch Organisationen nach sowjetischem Vorbild ersetzt. Vormals autonome Publikationen wurden in die Herausgeberschaft von Verbänden und Parteigliederungen überführt, das Privateigentum an Pressetiteln war ab 1945 verboten. So auch im Fall von *Lidové noviny*, dem Herzstück der Vorkriegspresse: Die Zeitung wurde 1948 zunächst dem tschechoslowakischen Schriftstellerverband (SČSS) überantwortet, dann mit der bis dahin ebenfalls unabhängigen, kommunistischen Debatten-Zeitschrift *Kulturní politika* („Kulturpolitik") fusioniert. Diese Publikation musste ihrerseits 1952 das Erscheinen zu Gunsten einer neugegründeten Wochenzeitung des Schriftstellerverbandes, *Literární noviny* („Literaturzeitung"), einstellen.[5] *Literární noviny* war in Name und Konzept eine Kopie der russischen *Literaturnaja Gazeta* („Literaturzeitung"), der Wochenschrift des *sowjetischen* Schriftstellerverbandes seit 1929.

Der interessierten Öffentlichkeit in Westeuropa ist *Literární noviny* heute, wenn überhaupt, als Plattform der Reformkommunisten aus den 1960er Jahren in Erinnerung geblieben.[6] Doch in den ersten Jahren ihrer Existenz war sie eine stalinisti-

---

5 Zu den Etappen der Geschichte von *Literární noviny* siehe die Dissertation von Rudolf Vilem Perina, später ein amerikanischer Diplomat und US-Botschafter in Moldawien. PERINA, Rudolf Vilem: „*Intellectuals and political change in Czechoslovakia : a history of Literární Noviny and its contributors, 1952-1969*", Dissertation, New York: Columbia University 1977.

6 Zu den Begriffen „Reformkommunismus" und „Revisionismus": Im kommunistischen Sprachgebrauch der Zeit dominierte, zumeist pejorativ verwendet, der Begriff des Revisionismus. Im Deutschen verwies er zu Beginn des 20. Jahrhunderts zunächst auf die sog. „Revisionismusdebatte", die in der sozialistischen Bewegung nach Engels Tod einsetzte (Bernstein vs. Luxemburg bzw. Kautsky). Eine Renaissance erlebte der Revisionismus-Diskurs im Prozess der innerparteilichen Entstalinisierung der kommunistischen Parteien nach 1956, ein Prozess, dem auch die hier dargestellten Akteure und Entwicklungen zugehören. Ganz allgemein lässt sich mit dem polnischen Philosophen Leszek Kołakowski in seinem Standardwerk zu den Strömungen des Marxismus festhalten: „Revisionists were not people who abandoned Marxism completely or had never been Marxists, but those who sought to modify the traditional doctrine or who held that some of its essential features were no longer applicable in the present state of society." KOŁAKOWSKI: *Main currents of Marxism*, S. 433.
Für einen Überblick zu diesen Debatten siehe die Arbeit der Göttinger Sozialhistorikerin GREBING, Helga: *Der Revisionismus: von Bernstein bis zum „Prager Frühling"*, München: Beck 1977. Dort wird auch deutlich, dass terminologische Verwirrung den Revisionismusbegriff von Anfang an begleitete. Grebing selbst versuchte noch eine Abgrenzung zwischen Revisionismus (in der Linie Bernsteins) und Reformkommunismus. Letzterer wird eingegrenzt auf eine Strömung *innerhalb* der weltkommunistischen Bewegung, die versucht habe, „unter Rückbezug auf die ursprüngliche Konzeption von Marx und Engels eine auf allgemeine Strukturveränderung und spezifische Rahmenbedingungen antwortende Reform des Stalinschen Kommunismus-Modells theoretisch und praktisch [zu] vertreten" (Ebd., S. 279.) Das war, wie zu zeigen sein wird, in Prag in den 1960er Jahren der Fall. Allerdings verwendete zum Beispiel Leszek Kołakowski genau in diesem Sinne den Begriff des Revisionismus (KOŁAKOWSKI: *Main currents of Marxism*, S. 1156.) Den wiederum wollte Grebing Akteuren vorbehalten, die aus der weltkommunistischen Bewegung ausscherten (etwa Kołakowski selbst)... Derlei Abgrenzungen und Auseinandersetzungen mögen in der animierten Theoriedebatte Mitte der 1970er Jahre noch angezeigt gewesen sein, erscheinen heutzutage jedoch nachrangig gegenüber der Tatsache, dass der Begriff des Revisionismus – immer schon der Tendenz nach ein Schimpfwort für Abweichler – längst nicht mehr zu retten ist. Er wurde inzwischen durch den rechten Geschichtsrevisionismus – Holocaustleugnung, Kriegsschulddebatte, etc. – so weitreichend überlagert, dass es kaum möglich ist, ihn noch in einem

sche Publikation. Als Produkt des prosowjetischen Ummodelns der tschechoslowakischen Presselandschaft folgte die Zeitschrift der „*Schdanowschtschina*“, der gegen „Formalismus“ und „Kosmopolitismus“ orientierten literaturpolitischen Doktrin von Andrei Schdanow, dem für Kulturfragen zuständigen Mitglied im Politbüro der KPdSU. Intellektueller im kritisch-distanzierten Sinne hatte der Schriftsteller als „Ingenieur der Seele“ (Stalin) spätestens seit dem Ersten Allunionskongress der Sowjetschriftsteller 1934 nicht mehr zu sein. Dort hatte Schdanow verkündet, die Aufgabe des Schriftstellers bestehe darin, „die werktätigen Menschen ideologisch umzuformen und zu erziehen“.[7] Wie die französische Politologin Frédérique Matonti gezeigt hat, war der Schdanowismus in seiner zweiten Phase, während des Kalten Krieges, dann nochmals verschärft worden: Zur politischen Orthodoxie (nach dem alten Motto „Wer nicht für uns ist, ist gegen uns“) gesellte sich ein moralistischer Rigorismus, in dessen Folge eine wachsende Zahl an Büchern als „dekadent“ verbannt wurde, darunter das Werk von Franz Kafka.[8]

Im Fahrwasser der russischen hatte die tschechoslowakische Presse in der ersten Hälfte der 1950er Jahre einen deontologischen und professionellen Tiefpunkt zu verzeichnen.[9] Dies betraf sowohl Form, Qualität und Inhalt der Berichterstattung selbst, als auch die presserechtlichen Rahmenbedingungen: 1953 wurde erstmals seit der Ausrufung der Republik – sieht man von der Besatzungszeit ab – eine systematische Vorzensur eingeführt. Kein Artikel konnte mehr ohne Imprimatur erscheinen. Die Öffentlichkeit erfuhr offiziell erst dreizehn Jahr später von dieser massiven Einschränkung der ihr in der Verfassung garantierten Pressefreiheit, da die Zensur per Geheimdekret angeordnet worden war.

Eine Generation junger, ambitionierter, oft kommunistischer Schriftsteller und Journalisten – jene, die im Februar 1948 den Beginn einer neuen Epoche gefeiert hatten – verdiente sich in diesen Jahren die Sporen. Dazu zählten Dušan Hamšík (*1930), Ivan Klíma (*1931), Alexandr Kliment (*1929), Pavel Kohout (*1928), Milan Kundera (*1929), Ladislav Mňačko (*1919), Jiří Pelikán (*1923), Jan Procházka (*1929), Jan Skácel (*1922), Josef Škvorecký (*1924), Ludvík Vaculík (*1926).[10] Dazu zählte auch Antonin Liehm, der fast vier Jahrzehnte später *Lettre*

---

neutralen Sinne zu verwenden. In dieser Arbeit steht daher – außerhalb von Zitaten – ausschließlich der Begriff Reformkommunismus.

7 Siehe dazu ausführlich Vaissié: „*Entre ‚ingénieurs des âmes', ‚intelligent' et ‚dissidents'*“, S. 366.

8 Dazu und zur kommunistischen Literaturpolitik im Allgemeinen Matonti, Frédérique: *Intellectuels communistes: essai sur l'obéissance politique. La nouvelle critique, 1967-1980*, Paris: La Découverte 2005, S. 167–201. Siehe auch die literarische Bearbeitung der Problematik in Westerman, Frank: *Engineers of the soul : in the footsteps of Stalin's writers*, London: Harvill Secker 2010.

9 Für die Details dieser Entwicklung in der tschechoslowakischen Presse siehe die Studie von Frank Kaplan und das Manuskript der Doktorarbeit von Madeleine Korbel Albright, der späteren US-Außenministerin: Kaplan, Frank L.: *Winter into spring : the Czechoslovak press and the reform movement, 1963-1968*, Boulder; New York: East European Quarterly 1977; Albright, Madeleine Korbel: „*The Role of the Press in Political Change: Czechoslovakia 1968*“, Dissertation, New York: Columbia University 1976.

10 In dieser Generation ist unter den Schriftstellern und Journalisten keine Frau auszumachen, die es über die Landesgrenzen hinaus zu Prominenz gebracht hätte. Die Inhaltsverzeichnisse der Periodika wie auch die Fotos von Kongressen zeugen von einem männerdominierten Diskurs, der

internationale gründete. Sein Weg steht im Zentrum dieses und des folgenden Kapitels. Für Um-, Seiten- und Abwege ist allerdings leider ebenso wenig Raum wie für das kollektive Porträt seiner, in den 1920er Jahren geborenen, Generation von Intellektuellen. Wie bereits erwähnt, wäre dem Autor eine solche Darstellung aufgrund fehlender Tschechischkenntnisse auch kaum möglich gewesen. Vorgelegt wird also keine Biographie – weder von Antonin Liehm, noch von seiner Generation; doch die wesentlichen Entwicklungen sollen soweit rekonstruiert werden, wie es zum Verständnis der *publizistischen Implikationen*, zunächst innerhalb, dann außerhalb der Tschechoslowakei, nötig ist. Denn was im Verlauf dieses Kapitels als das „Prager Modell der Publizistik" Kontur gewinnt, geht auf Protagonisten aus Liehms Generation zurück. Ihr Lebensweg – oder präziser: ihr *itinéraire* – musste allein schon deswegen interessieren. Wenn dabei historische Schlüsselmomente und zentrale Fragen der Geschichte linker Intellektueller in der zweiten Hälfte des 20. Jahrhunderts *en passant* auftauchen und mitverhandelt werden, so war dies ein erwünschter Nebeneffekt, der dem Leser hoffentlich angenehm ist.

* * *

Der für die Zwecke dieses Buchs hilfreiche Begriff des *itinéraire* stammt aus der französischen Intellektuellenforschung im Umfeld der Historiker Jean-François Sirinelli und Michel Trebitsch. Michel Grunewald und Hans Manfred Bock haben ihn in Deutschland eingeführt. Der *itinéraire* – Lebensweg, Marschroute, Reiseplan auf Deutsch – bezeichnet „die politisch-kulturelle Entwicklung der Mitglieder einer aus demselben Sozialisationskontext hervorgegangenen Gruppe oder Generation".[11]

Aus dieser Definition wird deutlich, dass es irreführend wäre, den *itinéraire* im Sinne einer rein individuellen biographischen Entwicklung zu deuten. Der Begriff steht konsequenterweise selten allein, sondern ist als Teil einer Trias zu begreifen, zu der auch die Generationszugehörigkeit (*génération*) und die Formen der intellektuellen Vergemeinschaftung und ihre Kommunikationsnetze (*sociabilité intellectuelle*) zählen.[12]

---

freilich kein Spezifikum der Tschechoslowakei ist. Im Film waren Regisseurinnen wie Vera Chytilová (*1929) und Ester Krumbachová (*1923) präsenter. Die Schriftstellerin Věra Linhartová (*1938) gehört politisch wie generationell bereits zum Havel-Kreis.

11 GRUNEWALD, Michel und Hans Manfred BOCK: *„Zeitschriften als Spiegel intellektueller Milieus. Vorbemerkungen zur Analyse eines ungeklärten Verhältnisses"*, in: GRUNEWALD, Michel und Hans Manfred BOCK (Hrsg.): *Le milieu intellectuel de gauche en Allemagne, sa presse et ses réseaux (1890-1960) = Das linke Intellektuellenmilieu in Deutschland, seine Presse und seine Netzwerke (1890-1960)*, Bern: Peter Lang 2002, S. 21–32, hier S. 29.

12 SIRINELLI, Jean-François: *Génération intellectuelle : khâgneux et normaliens dans l'entre-deux-guerres*, Paris: Fayard 1988, S. 9–19; BOCK, Hans Manfred: *„Der Intellektuelle und der Mandarin? Zur Rolle des Intellektuellen in Frankreich und Deutschland"*, in: DEUTSCH-FRANZÖSISCHES INSTITUT (Hrsg.): *Frankreich-Jahrbuch 1998 : Politik, Wirtschaft, Gesellschaft, Geschichte, Kultur [Schwerpunkt : Intellektuelle in der französischen Gesellschaft]*, Opladen: Leske + Budrich 1998, S. 35–51; TREBITSCH: *„L'Histoire des intellectuels en France: Nouvelles approches"*.

Trebitsch betont – an Sirinellis von Karl Mannheim inspiriertem Generationsbegriff anknüpfend[13] –, dass „Generation" im hier interessierenden Sinne mindestens zwei Dimensionen hat: Erstens ist eine generationsspezifische Prägung gemeint, die zumeist aus einem einschneidenden Ereignis resultiert – Trebitsch nennt Krieg, Revolution, nationale oder soziale Krise.[14] Für „Liehms Generation" kann dieser „*événement fondateur*" in der Besatzungszeit durch Nazideutschland und der Befreiung durch die UdSSR gesehen werden. Zweitens bedeutet Generation aber auch, sich selbst als solche wahrzunehmen, Referenzen zu teilen und sich auf diese Weise von anderen Generationen abzugrenzen. Anders als im landläufigen Gebrauch muss dabei nicht unbedingt eine ganze Alterskohorte gemeint sein. Sirinelli verwendet den Generationsbegriff für Teilgruppen, etwa wenn er in seiner Studie zu den *itinéraires* der Studenten der *Ecole normale supérieure* aus den 1920er Jahren die generationsspezifische Prägung dieser Kulturelite herausarbeitet.[15] Nichtsdestotrotz geht es um die *systematische* Analyse des Spektrums unterschiedlicher Reaktionen, die eine Generation oder eine klar definierte Teilgruppe von ihr (etwa ein Abschlussjahrgang) auf ein prägendes Ereignis zeigt. Derlei konnte (und musste) in der vorliegenden Arbeit nicht geleistet werden. Im strengen Sinne ist also nicht „Liehms intellektuelle Generation" Gegenstand dieses Kapitels – denn dazu würden auch Nicht-Kommunisten, Anti-Kommunisten und unpolitische Zeitgenossen zählen –, sondern nur die für die Genese des „Prager Modells" relevante Teilgruppe: Jene in den 1920er Jahren geborenen, kommunistischen Intellektuellen, die, wie noch darzustellen sein wird, in den 1950er Jahren dann „durch den Stalinismus gingen". Rudolf Vilem Perina nennt sie, mit Blick auf die Redaktion von *Literární noviny*, die „postwar radicals".[16] Vor dem Hintergrund der prägenden Erfahrung von Besatzung und Stalinismus gaben sie, auf der Suche nach reformkommunistischen Alternativen, ihren publizistischen Projekten ab den 1960er Jahren jene charakteristischen Züge, die ich in der Folge als die des „Prager Modells" bezeichnen werde.

An dieser Stelle kommt mit der *sociabilité intellectuelle* die dritte Dimension des zitierten intellektuellengeschichtlichen Analysemodells zum Tragen. Denn *sociabilité intellectuelle* beschreibt die Formen der intellektuellen Vergemeinschaftung, innerhalb derer der *itinéraire* einer intellektuellen Generation oder einer ihrer Teilgruppen verläuft. Nach Sirinelli ist diesen Strukturen gemein, dass man sich aus freien Stücken entscheidet, zu ihnen zu gehören, sie bilden ein „Groupe(ment) permanent ou temporaire, quel que soit son degré d'institutionnalisation, auquel on choisit de participer".[17] Dazu zählen literarische Gesellschaften, Clubs, Cafés,

13 Sirinelli, Jean-François: *Générations intellectuelles : effets d'âge et phénomènes de génération dans le milieu intellectuel français*, Paris: Centre national de la recherche scientifique 1987 (Les cahiers de l'IHTP 6); Sirinelli, Jean-François: „*Génération et histoire politique*", in: *Vingtième Siècle. Revue d'histoire 22* (1989), S. 67–80.

14 Trebitsch: „*L'Histoire des intellectuels en France: Nouvelles approches*", S. 29.

15 Sirinelli: *Génération intellectuelle.*

16 Perina: „*Intellectuals and political change in Czechoslovakia*", S. 332 und passim.

17 Sirinelli: *Génération intellectuelle*, S. 12.

Kongresse, vor allem jedoch Zeitschriften.[18] Die historische Herausbildung dieser Orte im Kontext der bürgerlichen Öffentlichkeiten war bereits im vorangegangenen Kapitel beleuchtet worden. Mit Blick auf die osteuropäische Konstellation in der zweiten Hälfte des 20. Jahrhunderts muss gleichwohl präzisiert werden, dass dort die Angehörigkeit zu den verschiedenen Instanzen des intellektuellen Lebens, etwa dem Schriftstellerverband, keine Frage der freien Wahl war. Diese Mitgliedschaften war vielmehr die Bedingung, um den Beruf öffentlich ausüben zu dürfen. Dadurch wird das Konzept der *sociabilités* nicht nutzlos, aber seine Rolle verschiebt sich: In „autoritären Kontexten" – wie die französische Soziologin Ioana Popa diese Öffentlichkeiten treffend bezeichnet[19] – sind die *sociabilités* gleichsam eine Ebene tiefergelegt: Binnendynamiken, Strömungen und Debatten, die „zwischen den Zeilen" geführt werden, gewinnen in den nach sowjetischem Muster strukturierten Öffentlichkeiten an Bedeutung – und die formelle Zugehörigkeit zu einer Organisation verliert tendenziell an Aussagekraft.[20]

Das mit *itinéraire*, generationellem Einfluss und Vergemeinschaftungsformen konturierte Modell hat den Vorteil, einen adaptiven, flexiblen Analyserahmen bereitzustellen. Dieser ist, wie Sirinelli formuliert hat, *„à géométrie variable"*.[21] Seine Präsenz verhindert, dass die Narration in eine kontextlose Ideengeschichte oder einen individualistischen Biographismus abgleitet. Nichtsdestotrotz liegt die Stärke des Ansatzes auf der Mikroebene. Insofern er politischen Differenzen, Aspirationen, moralischen Erwägungen, Freund- und Feindschaften, Vorstellungs- und Trugbildern großen Raum zubilligt, etabliert er die Geschichte der Intellektuellen, darauf hat Sirinelli hingewiesen, als eine Schule der Komplexität.[22] Allerdings birgt die Entscheidung für den *itinéraire* – wie jede Narration – das Risiko, „vom Begriff zur Metapher zu schlittern".[23] Darauf sei hingewiesen, ausgeräumt ist der Einwand nicht.

Als Korrektiv auf der Makroebene bietet sich Pierre Bourdieus feldtheoretische Intellektuellensoziologie an. Seit seinen ersten, eigenen Veröffentlichungen zu dieser Frage, ist Bourdieus Ansatz verschiedentlich weiterentwickelt worden und hat in Soziologie und Geschichtswissenschaft zu einer beachtlichen Zahl von Forschungsgruppen und Einzelveröffentlichungen geführt, ohne die gerade die *trans-*

18 Zu Zeitschriften als Orten intellektueller Vergemeinschaftung siehe PLUET-DESPATIN: *„Une contribution à l'histoire des intellectuels: les revues"*.

19 POPA: *Traduire sous contraintes.*

20 Siehe zu den Charakteristika der „sowjetischen Ordnung von Öffentlichkeiten" auch RITTERSPORN, Gábor T., Malte ROLF und Jan C. BEHRENDS: *„Von Schichten, Räumen und Sphären: Gibt es eine sowjetische Ordnung von Öffentlichkeiten?"*, in: RITTERSPORN, Gábor T., Malte ROLF und Jan C. BEHRENDS (Hrsg.): *Sphären von Öffentlichkeit in Gesellschaften sowjetischen Typs : zwischen partei-staatlicher Selbstinszenierung und kirchlichen Gegenwelten*, Frankfurt am Main: Lang 2003, S. 389–421.

21 zitiert nach TREBITSCH: *„L'Histoire des intellectuels en France: Nouvelles approches"*, S. 31.

22 siehe RIOUX, Jean-Pierre und Jean-François SIRINELLI (Hrsg.): *Pour une histoire culturelle*, Paris: Seuil 1997, S. 433–442.

23 TREBITSCH: *„L'Histoire des intellectuels en France: Nouvelles approches"*, S. 36.

nationale Intellektuellengeschichte deutlich schlechter aufgestellt wäre, als sie es inzwischen ist.[24]

Was die nachfolgende Studie angeht, so wurde im Sinne eines Methodenpragmatismus – der mit Jacques Revel in den „Jeux d'échelles" die Antwort auf manches historiographische und narratologische Problem sieht[25] – entschieden, der Narration zwar in der Regel Vorrang einzuräumen. Von Zeit zu Zeit schien es jedoch hilfreich, die Brennweite zu ändern, um den strukturierenden Rahmen der Ereignisse gegenwärtig zu halten, da das Handeln von Intellektuellen letztlich immer erst vor dem Hintergrund des jeweiligen „Raumes des Möglichen" (Bourdieu) intelligibel wird.[26] Es erschien dem Autor durchaus möglich und produktiv, diese beiden – von ihren Protagonisten ursprünglich teils gegeneinander gerichteten und entwickelten[27] – Stränge der französischen Intellektuellensoziologie bzw. -historiographie, am konkreten Untersuchungsgegenstand miteinander zu „versöhnen".

Wo einsetzen? Der *itinéraire* jener Gruppe kommunistischer Intellektueller, die in den 1960er Jahren für die reformkommunistische Publizistik in der Tschechoslowakei verantwortlich zeichneten, begann für die meisten von ihnen im kulturgesättigten bürgerlichen Mittelstand der Ersten Republik. Antonin Liehms Jugend, Studienzeit und frühe Berufserfahrungen sind in dieser Hinsicht typisch.[28]

* * *

24 Siehe vor allem die Ergebnisse des Forschungsverbunds „Pour un Espace des Sciences Sociales Européen" (ESSE) in den Sammelbänden: SAPIRO, Gisèle (Hrsg.): *L'espace intellectuel en Europe. De la formation des Etats-nations à la mondialisation, XIXe-XXIe siècle*, Paris: La Découverte 2009; GILCHER-HOLTEY (Hrsg.): *Zwischen den Fronten*; BOSCHETTI, Anna (Hrsg.): *L'espace culturel transnational*, Paris: Nouveau monde éditions 2010.

25 REVEL, Jacques: *Jeux d'échelles : la micro-analyse à l'expérience*, Paris: Gallimard 1996.

26 BOURDIEU, Pierre: *Les règles de l'art : genèse et structure du champ littéraire*, Paris: Seuil 1998, S. 150 und passim.

27 dazu BEILECKE, François: „*Netzwerke und Intellektuelle. Konzeptionelle Überlegungen zur politischen Rolle eines zivilgesellschaftlichen Akteurs*", in: BEILECKE, François und Katja MARMETSCHKE (Hrsg.): *Der Intellektuelle und der Mandarin : für Hans Manfred Bock*, Kassel: Kassel Univ. Press 2005, S. 49–65, hier S. 58.

28 Die nachfolgenden biografischen Informationen zu Antonin Liehm stützen sich auf mehrere ausführliche Gespräche, die ich zwischen 2006 und 2013 mit Antonin Liehm geführt habe; zudem auf die Auswertung seines Privatarchivs; auf seine auf Tschechisch erschienenen autobiografischen Notizen (LIEHM, Antonin J.: *Minulost v prítomnosti*, Brno: Host 2002.); auf Angaben zu seinen Exilerfahrungen (LIEHM, Antonin J.: „*Mon exil: de Prague à Paris via New-York*", in: ASSOCIATION POUR LE DÉVELOPPEMENT DE L'HISTOIRE ET DE LA RECHERCHE EN AUVERGNE (Hrsg.): *Le Migrant : France, terre de migrations internes, terre d'immigration : actes du colloque d'Aurillac, 5-7 juin 1985*, Aurillac: Editions Gerbert 1985, S. 143–150.); und auf verschiedene Einträge in Lexika und Periodika (etwa BLAHA, Jaroslav: „*Antonin Liehm*", in: *Le Courrier des pays de l'Est 1058/6* (2006), S. 94–96.). Hilfreich war auch das 25-seitige Manuskript eines unveröffentlichten Gesprächs von Antonin Liehm mit der niederländischen Schriftstellerin und Journalistin Aafke Steenhuis (zugänglich im Archiv AJL/LI, IMEC). Ich selbst habe darüber hinaus Gespräche mit Personen aus Antonin Liehms persönlichem Umfeld geführt sowie mit Freunden, Mitarbeitern und Bekannten. Für eine vollständige Liste der Interviews sei auf das Quellenverzeichnis verwiesen.

Antonín Liehm wurde am 2. März 1924 in Prag in ein bürgerlich-konservatives Elternhaus geboren. Seine Mutter, Marie Langerová, war eine Hausfrau. Sein Vater ein prominenter Prager Rechtsanwalt namens Antonín, dessen Vater ebenfalls Antonín hieß. Um der Verwirrung ein Ende zu bereiten, etablierte sich für den jüngsten Liehm der Beiname „Jaroslav". In Paris angekommen ließ er den Akzent auf dem Antonín fallen, ein paar Jahre später, in den USA, blieb vom Beinamen nur noch das obligatorische Mittelinitial *à l'américaine*. Doch einstweilen lebte der spätere „Antonin J. Liehm" als Antonín – für seine Freunde: Tonda – in Prag.

Dort wuchs er in geordneten Verhältnissen auf. Die Familie gehörte zur katholischen Minderheit, war deshalb jedoch nicht weniger patriotisch. Man gab sich frankophil – keine Ausnahme im bürgerlich-nationalen Milieu der Zwischenkriegszeit – und weltgewandt. Der Vater vermittelte Antonin als Aushilfe an die französische Buchhandlung von Prag, auf dass er sein Französisch aufbessere und nicht in den Straßen der besetzten Stadt herumstrolche. Tschechisch war seine Muttersprache, Deutsch die erste Fremdsprache in der Schule. Etwas Englisch durfte er sich über Privatstunden aneignen, doch erst im New Yorker Exil in den 1970er Jahren lernte Liehm das fließende Amerikanisch, das er auch heute noch spricht. Russischkenntnisse erwarb er sich (im Modus des „learning by doing") zunächst als Übersetzer während seiner Armeezeit und verbesserte sie, wiederum in den USA, im Gespräch mit den russischen Exilierten in New York. Fünf linguistische und geographische Räume, in denen sich später der wesentliche Teil seines politischen und publizistischen Wirkens abspielte.

Zur deutschen Sprache – um von der Nation gar nicht erst zu sprechen – hatte Antonin Liehm als Jugendlicher in Prag kein gutes Verhältnis. Das änderte sich erst, als er sich mit dem wenig älteren Kanzleigehilfen seines Vaters anfreundete. Kurt Gütig, so sein Name, war ein deutschsprachiger Jude, der 1938 aus dem Sudetenland vertrieben wurde und nach Prag kam. Zwei Jahre lang unterrichtete er Antonin in deutscher Literatur und Sprache und begeisterte den Jungen aus katholischem Hause für die deutsch-jüdische Geschichte seiner Heimatstadt. Von Kurt Gütig lernte er, dass Deutsch mehr ist als die Sprache der Besatzer. Die haben es Gütig nicht gedankt: 1942 wurde er deportiert und in verschiedenen Lagern interniert. 1945 kam er auf einem Todesmarsch ums Leben.[29]

1943 machte Antonin Liehm sein Abitur in Prag. Direkt anschließend war er „im Totaleinsatz", wie die Zwangsarbeit im „Protektorat Böhmen und Mähren" von den jungen Mobilisierten genannt wurde. Durch Beziehungen gelang es dem Vater allerdings, Antonin zur Arbeit in den Betrieb eines tschechischen Großgutsbesitzers zu schicken und damit seinen Einsatz in der deutschen Kriegswirtschaft zu verhindern. Das Kriegsende erlebte der 21jährige in der Schweizer Rotkreuzmission in Prag, wo er 1945 aushalf, während er die Befreiung der Stadt abwartete.

Politisch hatte sich Liehm zu diesem Zeitpunkt bereits vom bürgerlichen Patriotismus des Elternhauses gelöst. Der nationale Weg, für den die Generation seines

29 Die Angaben zu Kurt Gütig stützen sich auf ein Gespräch mit Antonin Liehm vom 28. September 2012.

Vaters stand, hatte, so Antonin Liehms damalige Einschätzung, zu nichts geführt als der Niederlage von 1938. Seine Sehnsüchte galten fortan dem proletarischen Internationalismus. 1944 war er, vermittelt über Kollegen im landwirtschaftlichen Betrieb, in die Kommunistische Partei der Tschechoslowakei eingetreten. Doch bereits als Schüler in Prag hatte er den kommunistischen Regisseur, Komponisten und Schriftsteller Emil František Burian (1904-1959) kennengelernt und als Aushilfe in dessen Theater D34, oder D38, oder D39 gearbeitet... In bester Avantgarde-Tradition wechselte die Ziffer mit jeder Saison, das „D" stand für *divadlo*, tschechisch für Theater. Auch Burian wurde von den Nationalsozialisten deportiert, zuerst nach Theresienstadt, später war er in Dachau und Neuengamme inhaftiert. Er zählte zu den wenigen Überlebenden dieses Lagers. Einer seiner Retter war Antonin Liehm, der während seiner Arbeit in der Rotkreuzmission mithalf, den äußerst geschwächten Burian in Deutschland aufzuspüren und im Mai 1945 nach Prag zurückzubringen.[30]

Nach der Befreiung der Stadt durch die Rote Armee begann Antonin Liehm sein Studium am Institut für Politik- und Sozialwissenschaft der Karls-Universität. Noch im selben Jahr machte ihn Burian zum verantwortlichen Redakteur der neugegründeten politisch-literarischen Wochenzeitung *Kulturní politika*.[31] Liehm war erst 21 Jahre alt. Während seiner dreijährigen Anstellung kam er in Kontakt mit Schlüsselfiguren der tschechischen Avantgarde aus der Zeit der Ersten Republik, mit denen sich Burian weiterhin umgab, auch wenn seine zunehmend dem sozialistischen Realismus verpflichteten Agit-Prop-Inszenierungen auf Widerstand im Freundeskreis der Vorkriegsjahre stießen. Im Beirat von *Kulturní politika* lernte Liehm Adolf Hoffmeister kennen, eine zentrale Person des kommunistischen Kulturlebens – Schriftsteller, Dichter, Illustrator, und in diesen Jahren (1948-1951) Botschafter der Tschechoslowakei in Paris. Liehms älterer Co-Redakteur und langjähriger Mentor, Stanislav Budín, war während der Ersten Republik Chefredakteur der kommunistischen Tageszeitung *Rudé právo* gewesen. Als überzeugter Kommunist aber ebenso überzeugter Antistalinist hatte er keinen leichten Stand. Die Kriegsjahre hatte Budín in den USA verbracht, in der politischen Situation der Tschechoslowakei nach 1945 waren ihm, trotz Parteizugehörigkeit, viele Wege verstellt. Erst im Prager Frühling gelang ihm der Durchbruch: Dann leitete er die Zeitschrift des Journalistenverbandes, *Reporter*, die durch mutige Reportagen zum Sprachrohr der zivilgesellschaftlichen Renaissance wurde. „Stanislav Budín war mein Lehrer", sagte mir Liehm im Gespräch über die Menschen, die seine ersten Karriereschritte begleiteten, um nach einer kurzen Pause zu ergänzen: „Aber mit Burian war es eine Herzenssache".[32]

---

30 Liehm berichtet darüber in seinen autobiographischen Notizen: LIEHM: *Minulost v prítomnosti*, S. 27–29.

31 *Kulturní politika* ist im digitalen Volltext verfügbar auf der Website des Instituts für tschechische Literatur der Akademie der Wissenschaften: http://archiv.ucl.cas.cz/index.php?path=KulP

32 Antonin Liehm im Gespräch mit dem Autor vom 29. September 2012.

Im vergleichsweise überschaubaren intellektuellen Milieu von Prag war Antonin Liehm mithin früh eingeführt. Es gab zwar eine gewisse Abgrenzung zwischen kommunistischem Kultur- und Politikbetrieb, aber sie war notorisch porös, und dies nicht nur im Fall von Adolf Hoffmeister, der zwischen schriftstellerischer und diplomatischer Karriere wechselte: Kurz bevor *Kulturní politika* 1949 die Lizenz entzogen wurde, verschaffte Außenminister Vlado Clementis dem 24jährigen Liehm, der soeben sein Studium abgeschlossen hatte und frisch verheiratet war, eine Anstellung als Vizedirektor der Pressestelle des Außenministeriums.[33] Wie Jaroslav Bláha in seinem Porträt vermerkt, galt Liehm damals als „politisch zuverlässig"[34]: Er war ein junges Talent, zeitig in die kommunistische Partei eingetreten, gebildet und zugleich willens, hart mit seiner bürgerlichen Kinderstube ins Gericht zu gehen – ein idealer Kandidat für eine kulturpolitische Karriere.

Allerdings währte die Anstellung im Außenministerium nur kurz: Liehm wurde beschuldigt, an einem satirischen Gedicht gegen den Schriftsteller Vítěslav Nezval beteiligt gewesen zu sein, den die Parteileitung in hohem Ansehen hielt. Die Lage war nicht mehr so offen wie unmittelbar nach dem Krieg – die Geständnislogik reduzierte den Spielraum der Parteiintellektuellen. Liehm spielte zunächst weiter mit. Er folgte der stalinistischen Doktrin, überzeugte sich davon, „unwachsam" gewesen und die vernichtende Rolle unterschätzt zu haben, die kleinste Provokationen vor dem Hintergrund des sich „verschärfenden Klassenkampfes" haben könnten.

Wegen seiner Entlassung aus dem Außenministerium musste er nun den zweijährigen Militärdienst antreten, dem er zu entkommen gehofft hatte. Relegiert, aber nicht außerhalb des Systems, gelang es Liehm, sich nach einiger Zeit in einen Militärverlag versetzen zu lassen, wo er sich, wie erwähnt, trotz nur rudimentärer Russischkenntnisse als Übersetzer versuchte. Adolf Hoffmeister, mit dem er weiterhin in Kontakt stand, vermittelte Liehm eine aufregende Ablenkung von der spröden Propaganda seines Büroalltags: Ihm wurde eine Übersetzung von Louis Aragon angeboten, aus dem Französischen. Das war eine große Ehre, bestätigte seine Integration ins internationale Netzwerk kommunistischer Intellektueller, und begründete so, wie an späterer Stelle Thema sein soll, eine Beziehung mit weitreichenden Folgen.[35]

Nach Ende seiner Militärzeit erhielt Liehm eine Stelle bei der offiziellen Presseagentur ČTK, wo er bis 1956 im Ressort USA und Westeuropa arbeitete. In die

33 Antonin Liehm heiratete 1948 seine Jugendliebe Marie Škarková. Sie brachte zwei Kinder mit in die Ehe – Štěpán und Aleš –, das dritte, gemeinsame, war ihre Tochter Alexandra. Seine zweite Frau, Drahomira (Mira), heiratete Antonin Liehm bereits im Pariser Exil, im Jahre 1970. Er lebt bis heute mit ihr zusammen, seit 2013 wieder in Prag. Auch sie brachte einen Sohn mit in die Ehe, Evžen, der 1969 bei einem Brand in Prag ums Leben kam, während sich seine Mutter bereits in Paris aufhielt und nicht mehr zurückkehren konnte. (Angaben nach einem Gespräch des Autors mit Antonin Liehm vom 2. Juli 2013 in Prag und mit Štěpán Benda, Antonin Liehms Stiefsohn, am 5. Juli 2013 in Berlin)

34 BLAHA: *„Antonin Liehm"*, S. 94.

35 Diese Angaben nach einem Gespräch mit Antonin Liehm vom 7. Dezember 2012. Zur Beziehung zu Aragon siehe Kapitel 3.

ersten Monate seiner Anstellung dort fiel eines der dunkelsten Kapitel der tschechoslowakischen Geschichte im 20. Jahrhundert: Im November 1952 fand der Schauprozess gegen Rudolf Slánský, Vladimír Clementis, Artur London und weitere elf Regierungsmitglieder und hohe Funktionäre statt. Sie wurden angeklagt, ein „staatsfeindliches Verschwörerzentrum" gebildet zu haben.[36] Wie bei den Moskauer Prozessen von 1936-1938 wurde damit ein Teil der politischen Elite ausgeschaltet, die den Sozialismus in der Tschechoslowakei aufgebaut hatte; wie beim Prozess gegen László Rajk in Budapest 1949 wurden die Beschuldigten als Trotzkisten, Titoisten und Zionisten angeklagt; wie in Moskau waren viele der Angeklagten Juden (11 von 14).[37] Elf Todesurteile wurden in Prag vollstreckt, drei Haftstrafen verhängt.[38]

Antonin Liehms Agenturbeiträge für ČTK aus dieser Zeit wurden nicht namentlich gezeichnet, doch am 6. Dezember 1952 veröffentlichte er unter dem Titel „Sami se odhalují" („Sie enttarnen sich selbst") einen Artikel in *Literární noviny*, der verdeutlicht, wie weit er sich am Anfang der 1950er Jahre vom Idealismus der unmittelbaren Nachkriegsjahre entfernt hatte und zum *clerc* im stalinistischen System geworden war. In seinem Artikel begrüßte er die Verurteilungen der „Verbrecher aus der Slansky-Bande", deren Aktivität als „Agenten des amerikanischen Imperialismus" durch ihre Geständnisse bewiesen sei. Mit Hilfe einer maliziösen internationalen Presseschau wird sodann versucht, die These der Parteileitung zu

36 Die offizielle deutsche Übersetzung der Anklageschrift vermittelt einen Eindruck vom Jargon des Stalinismus. Sie beginnt wie folgt: „Ich [der Staatsprokurator] klage an […] [es folgt die Liste der Angeklagten; RLS], daß sie als trotzkistisch-titoistische, zionistische, bürgerlich-nationalistische Verräter und Feinde des tschechoslowakischen Volkes, der volksdemokratischen Ordnung und des Sozialismus im Dienste der amerikanischen Imperialisten und unter Anleitung feindlicher westlicher Spionagedienste ein staatsfeindliches Verschwörerzentrum gebildet, die volksdemokratische Ordnung untergraben, den sozialistischen Aufbau gestört, die Volkswirtschaft geschädigt, Spionagetätigkeit betrieben, die Einheit des tschechoslowakischen Volkes und die Verteidigungsfähigkeit der Republik geschwächt haben, um sie vom festen Bündnis und Freundschaftsverhältnis zur Sowjetunion loszureißen, die volksdemokratische Ordnung in der Tschechoslowakei zu liquidieren, den Kapitalismus wiederherzustellen, die Republik neuerdings in das Lager des Imperialismus hineinzuschleppen und ihre Selbständigkeit und Unabhängigkeit zu vernichten." [Tschechoslowakisches] Justizministerium (Hrsg.): *Prozess gegen die Leitung des staatsfeindlichen Verschwörerzentrums mit Rudolf Slansky an der Spitze*, Prag: Orbis 1953, S. 7–8.

37 Zum Slánský-Prozess siehe den Überblicksartikel von Gerber, Jan: *„Slánský-Prozess"*, in: Diner, Dan (Hrsg.): *Enzyklopädie jüdischer Geschichte und Kultur*, Bd. 5, Stuttgart: Verlag J.B. Metzler 2011, S. 508–513. Aus Zeitzeugenperspektive zudem den Bericht von Artur London, der zu lebenslanger Haft verurteilt wurde, 1955 jedoch freikam und nach Frankreich ausreisen konnte: London, Artur: *L'aveu : dans l'engrenage du Procès de Prague*, Paris: Gallimard 1970. Nicht eingegangen werden kann hier auf die Kontroverse um den Historiker Karel Bartošek, der Londons Rolle im Nachhinein deutlich kritischer beleuchtet hat. Siehe dazu Bartosek, Karel: *Les aveux des archives: Prague-Paris-Prague, 1948-1968*, Paris: Seuil 1996.

38 Die Rehabilitierung der Opfer der stalinistischen Prozesse in der Tschechoslowakei erfolgte in mehreren Schüben 1957, 1963 und 1968. Es wird geschätzt, dass 1968 etwa 80.000 politische Gefangene auf ihre Rehabilitierung warteten (Kusin, Vladimir V.: *Political grouping in the Czechoslovak reform movement*, New York: Columbia University Press 1972, S. 183.) Zur wichtigen Rolle der Presse für die Rehabilitierung der Opfer siehe ausführlich Albright: *„The Role of the Press in Political Change: Czechoslovakia 1968"*, S. 247–357.

untermauern, dass die Tschechoslowakei einer jüdisch-amerikanischen Verschwörung zum Opfer gefallen sei, die nun endlich offen zu Tage liege. Liehms Schlussfolgerung lautete:

> Der Prozess gegen das staatsfeindliche Verschwörungszentrum hat das volle Ausmaß der Aktivitäten der internationalen zionistischen Organisationen offengelegt, die im Dienst des amerikanischen Imperialismus stehen.[39]

Was mag den jungen Intellektuellen umgetrieben haben, als er die Verurteilung von Vlado Clementis verteidigte, dem er nicht zuletzt seine Anstellung im Außenministerium verdankte und den er als Intellektuellen, Dichter und Mensch schätzte (Clementis war vor dem Krieg Herausgeber der avantgardistischen Zeitschrift *DAV* gewesen)? Was waren seine Gedanken, als er die Partei dazu beglückwünschte, den „zionistischen Verrätern" das Handwerk gelegt zu haben, dasselbe antisemitische Ressentiment bedienend und fortschreibend, mit dem eben jene Besatzungsmacht operierte, die seinen Freund Kurt Gütig und seinen Mentor E.F. Burian deportierte und gegen deren Herrschaft sich „die bessere Hälfte der Tschechoslowakei" (Kundera) erhoben hatte, der er sich seit seiner Jugend zugehörig fühlte?[40]

Der „Versuch einer Antwort" – so der Titel – kam von Antonin Liehm selbst, in einem Text, den er zwölf Jahre später an die Leser von *Literární noviny* richtete. „Bleibt die Frage offen", schrieb Liehm, „warum und wie es geschehen konnte, daß wir […] uns vielen Ansichten und Standpunkten anschlossen, die in scharfem Gegensatz zu dem standen, was wir früher gedacht hatten und zu dem wir, allerdings auf einer anderen Ebene, später wieder zurückkehren sollten."[41] Liehms Antwort war dieselbe, die eine große Zahl von Intellektuellen gegeben haben, die – im Osten wie im Westen – „durch den Stalinismus gingen".[42] Am Ursprung ihrer Aussöhnung mit dem stalinistischen Gesellschaftsmodell stand das Bedürfnis, den „In-

39 LIEHM, Antonin J.: „Sami se odhalují", in: *Literární noviny* vom 6. Dezember 1952, S. 2. [Selbstverantwortete Übersetzung aus dem Tschechischen]. Ein Großteil von *Literární noviny* ist im digitalen Volltext zugänglich (http://archiv.ucl.cas.cz/index.php?path=LitNII/1.1952), leider ist der Bestand für einzelne Jahrgänge noch lückenhaft. So fehlt bisher (2015) auch die Ausgabe 44 vom 6. Dezember 1952, in der Liehms Artikel erschien. Sie kann allerdings beim Archiv angefordert werden.

40 Perina verweist auf einen weiteren Artikel gleichen Tenors von Antonin Liehm aus *Literární noviny* vom 28. Februar 1953, überschrieben „Sionistická agentura imperialismu" („Die zionistische Agentur des Imperialismus"). PERINA: *„Intellectuals and political change in Czechoslovakia"*, S. 54.

41 LIEHM, Antonin J.: *Gespräch an der Moldau. Das Ringen um die Freiheit der Tschechoslowakei*, Wien; München; Zürich: Molden 1968, S. 32.

42 Für zwei autobiografische Berichte aus westlicher Perspektive siehe DESANTI, Dominique: *Les staliniens, 1944-1956 : une expérience politique*, Paris: Fayard 1975; FISCHER, Ernst: *Erinnerungen und Reflexionen*, Reinbek bei Hamburg: Rowohlt 1969. Eine systematische Analyse der „Parteiintellektuellen" in Frankreich findet sich bei Frédérique Matonti sowie in den frühen Arbeiten von Jeannine Verdès-Leroux: MATONTI: *Intellectuels communistes*; VERDÈS-LEROUX, Jeannine: *Au service du parti : le Parti communiste, les intellectuels et la culture (1944-1956)*, Paris: Fayard/Ed. du Minuit 1983; VERDÈS-LEROUX, Jeannine: *Le réveil des somnambules : le Parti communiste, les intellectuels et la culture, 1956-1985*, Paris: Fayard/Ed. du Minuit 1987. Die maßgebliche Analyse „aus dem Osten" bleibt MIŁOSZ, Czesław: *Verführtes Denken*, Köln: Kiepenheuer & Witsch 1953.

tellektualismus“ und die bürgerliche Herkunft vergessen zu machen, um den Riss zwischen Partei und Intellektuellen zu schließen:

> Wir [vermochten] uns einfach nicht vorzustellen, wie wir im Zwiespalt mit dem leben und arbeiten könnten, in dessen Namen wir ja leben und arbeiten. Und da für uns der Fehler nicht in der Bewegung liegen konnte, mußte er zwingend in uns liegen, in unserem „Intellektualismus“. Wieder völlig mit der Bewegung verschmelzen bedeutete demnach, in uns selbst mit diesem „Intellektualismus“ endgültig Schluß zu machen. Und so nahmen wir nach anfänglichem Sträuben [...] Schdanows Dogmen über Fragen der Kunst an, und ebenso das, was wir heute als größte Schande empfinden, die Verleumdungen des sozialistischen Jugoslawien und die Behauptung, es existiere eine zionistische Agentur in der internationalen Arbeiterbewegung.[43]

Als Liehm diese Zeilen 1964 schrieb, war er seit drei Jahren fester Redakteur bei *Literární noviny* und eine der kritischen Stimmen in einer Redaktion, die seit ihren stalinistischen Anfangsjahren einen weiten Weg zurückgelegt hatte. Auffällig ist das konsequente „wir“ im Text. Ein Schutzmechanismus, um nicht in der ersten Person auf sich nehmen zu müssen, was eindeutig – bis in die Formulierung hinein – die eigenen Artikel betraf? Sicherlich. Antonin Liehms Rolle als *clerc* während der „dunklen Zeit“ am Anfang der 1950er Jahre sollte aus den zuvor zitierten Passagen deutlich geworden sein. Sie war nicht dazu angetan, ihn mit Stolz zu erfüllen.[44] Der Kollektivplural im zitierten Text steht aber auch dafür, dass sich die Redaktion von *Literární noviny* zu diesem Zeitpunkt als Gruppe, als *sociabilité intellectuelle* im diskutierten Sinne, einer neuen Generation von Studenten gegenüber sah, die – anders als Liehm und seine Kollegen – nie orthodoxe Kommunisten gewesen waren. Sie forderten die um die 40 Jahre alten Reformer zur Rechtfertigung ihrer Positionen aus den 1950er Jahren auf.[45] Auf diese Weise beschleunigten sie den

43 Liehm, hier nach dem Wiederabdruck in LIEHM: *Gespräch an der Moldau*, S. 33.

44 Die Frage, ob und in welcher Form Antonin Liehm über seine veröffentlichten Texte hinaus mit dem Staatsapparat der CSSR in Verbindung stand, kann hier nicht beantwortet werden. Das betrifft insbesondere die Zeit seiner Anstellung in der Pressestelle des Außenministeriums. Um diese Fragen zu klären, hätten offizielle Archive in der Tschechoslowakei konsultiert werden müssen. Was die tschechoslowakische Staatssicherheit (StB) angeht, so geht aus veröffentlichten Quellen hervor, dass Liehm von ihr observiert wurde. Dass er zeitweise selbst als Informant geführt wurde, legen Mitarbeiterlisten nahe (so etwa ein Eintrag in der offiziellen Liste der Staatssicherheitsarchive: http://www.abscr.cz/cs/vyhledavani-archivni-pomucky). Bewiesen ist damit indes nicht viel: Als Angestellter im Außenministerium, der zeitweilig die Erlaubnis zu Auslandsreisen hatte (so 1956 nach Mexiko zum Filmfestival in Acapulco) ist es schwer vorstellbar, dass Liehm nicht in den StB-Archiven geführt wurde. Dass ihm sein Reisepass mehrfach entzogen wurde, spricht wiederum für ein mindestens konfliktgeladenes Verhältnis zum Apparat – auch in den Jahren *vor* seiner offenen Opposition.

45 Siehe hierzu das zweiteilige Streitgespräch zwischen Antonin Liehm und seinem Stiefsohn Štěpán Benda, der 1968 in der Prager Studentenbewegung und später in der Dissidenz engagiert war: BENDA, Stepan und Antonin J. LIEHM: *„Štěpán Benda im Gespräch mit Antonín Liehm (Teil 1)“*, in: DANYEL, Jürgen, Jennifer SCHEVARDO und Stephan KRUHL (Hrsg.): *Crossing 68/89 : Grenzüberschreitungen und Schnittpunkte zwischen den Umbrüchen = Překračování hranic a průsečíky mezi přelomy*, Berlin: Metropol 2008, S. 80–93; BENDA, Stepan und Antonin J. LIEHM: *„Štěpán Benda im Gespräch mit Antonín Liehm (Teil 2)“*, in: DANYEL, Jürgen, Jennifer SCHEVARDO und

Reformprozess, trieben ihn an. Zur Stimme dieser jungen Generation wurde Václav Havel, auch wenn er selbst, 1936 geboren, dem Alter nach dazwischen stand. Es ist wichtig, diese Gruppen auseinanderzuhalten. Zwar wird dies von Historikern und den Protagonisten selbst immer wieder eingefordert, doch mit wachsender Distanz zu den Ereignissen verschmelzen Reformkommunisten, nicht-kommunistische Kritiker und anti-kommunistische Systemgegner in der breiteren Öffentlichkeit oft zur diffusen Großgruppe der „Dissidenten". Die *sociabilité intellectuelle* der Publizisten im Umfeld der *Literární noviny* war jedoch geprägt von den Ideen des tschechoslowakischen Reformkommunismus der 1960er Jahre und nicht etwa vom Liberalismus der späteren Dissidenten.

An die jungen Leser der *Literární noviny*, darunter die späteren Dissidenten, wandte sich der Reformkommunist Liehm erstmals 1964 und versuchte, über die persönliche Rechtfertigung hinaus, Lehren aus der intellektuellen Niederlage seiner Generation zu ziehen. Seine Erklärungsversuche konzentrierten sich dabei, wie gesehen, auf den Aspekt der Selbstverleugnung der bürgerlichen Intellektuellen. Einen wortmächtigen Alliierten „im Westen" konnte Liehm wenig später in Jean-Paul Sartre gewinnen, der für die geistige Verfassung der Prager Kommunisten aus den Jahren vor dem Reformprozess die folgenden, berühmten Worte fand:

> Solange sie noch an den bürokratischen Sozialismus glaubten – ihn wenigstens für den mühsamen, undankbaren Weg hielten, der zum wahren Sozialismus führt –, haben diese Menschen ihre lebendige dialektische Vernunft dazu benutzt, die Herrschaft der versteinerten Vernunft zu rechtfertigen, was sie zwangsläufig dazu führte, die von dieser gegen sie selber ausgesprochene Verurteilung zu bestätigen. [...] Der Zement drang durch Augen und Ohren in sie ein, und sie betrachteten die Proteste ihres gesunden Menschenverstandes als die Überreste einer bürgerlichen Ideologie, die sie vom Volkskörper abschnitt.[46]

Auch Liehm selbst versuchte sich, im Verlauf der zweiten Hälfte der 1960er Jahre, immer wieder an einer Analyse des bürgerlichen „Minderwertigkeitskomplexes".[47] So auch 1967:

> Dem jugendlichen Feuer und auch dem, was uns später anspornte (dem Bemühen, die Fehler in sich zu finden und sich selbst um jeden Preis mit jenem Maßstab in Einklang zu bringen, mit dem die Partei maß), lag ein Stück eines Schuldkomplexes des bürgerlichen Intellektuellen zugrunde, der nie Hunger gehabt hatte, dessen Vater man niemals von seinem Arbeitsplatz hinausgeworfen hatte, der, hätte es den Nazis-

---

Stephan KRUHL (Hrsg.): *Misunderstanding 68/89 : fremde Zeitgenossen und umstrittene Deutungen = Misunderstanding 68/89 : cizí současníci a sporné výklady*, Berlin: Metropol 2008, S. 256–277.

46 SARTRE, Jean-Paul: *„Der Sozialismus, der aus der Kälte kam"*, in: LIEHM, Antonin J.: *Gespräche an der Moldau. Über humanen Sozialismus. Mit dem Essay von Jean-Paul Sartre: Der Sozialismus, der aus der Kälte kam*, München: Kindler 1970, S. 7–46, hier S. 22–23.

47 In diesem Sinne resümiert auch Tony Judt in seiner monumentalen Synthese der europäischen Nachkriegsgeschichte: „Youthful enthusiasm for a Communist future was widespread among middle-class intellectuals, in East and West alike. And it was accompanied by a distinctive complex of inferiority towards the proletariat [...]." JUDT, Tony: *Postwar : a history of Europe since 1945*, London: Vintage 2010, S. 199.

> mus nicht gegeben, ruhig zu Ende hätte studieren können, ohne Sorgen, wo er wohnen würde und womit er das Schulgeld bezahlen sollte: Das ist ein Komplex, der schon viele Intellektuelle zum extremen Radikalismus oder zur Abfindung mit dem Unannehmbaren getrieben hatte. Marx und Lenin hatten unter diesem Komplex nicht gelitten, es war ihnen nicht einmal in den Sinn gekommen, daß sie sich im Geiste oder im Unterbewußtsein vor den Arbeitern dafür entschuldigen sollten, weil sie nicht ihresgleichen waren. Nie waren sie zu dem Gedanken gelangt, der Arbeiter oder der Arbeiterfunktionär wäre ihnen gegenüber schon deshalb im Recht, weil er aus der revolutionären Klasse hervorgegangen ist.[48]

Die Argumentation in diesem Text von 1967 und Liehms zuvor zitierten, drei Jahre früher verfassten Artikel über den „Intellektualismus" läuft fast identisch, aber der Zungenschlag ist doch ein anderer. Das liegt daran, dass sich Liehm nicht mehr primär an die tschechischen Studenten richtete: Der zweite Text wurde bereits mit Blick auf eine internationale Leserschaft geschrieben, als Einleitung zu Liehms 1968 in Deutschland veröffentlichtem Gesprächsband *Gespräch an der Moldau* (dessen spätere Paperback-Ausgabe das berühmte Vorwort von Jean-Paul Sartre enthielt). Mit den Zeiten hatten sich auch die Kampfplätze geändert: Die Warnung vor der Selbstverleugnung bürgerlicher Intellektueller schien nun im Westen angebrachter als gegenüber einer jungen studentischen Generation in Prag, die unter Antonín Novotný – Klement Gottwalds Nachfolger an der Parteispitze seit 1953 – aufgewachsen war und sicherlich von vielem geplagt wurde, aber nicht, wie ihre kommunistischen Eltern, von dem „Minderwertigkeitskomplex", keine proletarische Kinderstube vorweisen zu können. Das war in manchen Milieus in Deutschland und Frankreich anders, wo Teile der Neuen Linken begonnen hatten, sich für Mao und die Kulturrevolution zu begeistern. Liehm schrieb ihnen ins Stammbuch, dass „eine der wesentlichen Erfahrungen, die unsere Generation jenen, die unsere Erfahrungen nicht teilen, den sozialistischen, linksorientierten Bewegungen auf der ganzen Welt" weitergeben könne, darin bestehe, bürgerliche Intellektuelle als eine entscheidende Kraft in sozialistischen und revolutionären Bewegungen zu akzeptieren und „dem Komplex ihrer Erbsünde" entgegenzuarbeiten, denn:

> Sonst taugen sie nichts und entwickeln sich entweder zu gefährlichen Linken und kalten Radikalen, oder sie werden zu innerlich zerfallenen Vierzigjährigen, die im ausweglosen Irrgarten der eignen Absichten und Taten zappeln, in der Asche der eigenen Ideale.[49]

Wie bei fast allen öffentlichen Äußerungen von Liehm, bis in die 1980er Jahre hinein, war der Adressat dieser Mahnung zunächst die „Linke", es ging ihm um immanente Kritik: Appelle an das Eigeninteresse progressiver, aufklärerischer Akteure.

48 Liehm: *Gespräch an der Moldau*, S. 38–39.
49 Ebd., S. 39.

Nur wollte diese Botschaft in der westlichen Linken am Ende der 1960er Jahre kaum jemand hören...[50]

Dessen unbeschadet wurde die Erklärungskraft des von Liehm – und Sartre – bemühten „Schuldkomplex"-Arguments auch durch gewisse inhaltliche Beschränkungen und Unzulänglichkeiten begrenzt. So bot die Analyse keine Antwort auf die Frage, warum manchen Intellektuellen aus ihrer Generation die bürgerliche Herkunft zum „Problem" geworden war, anderen dagegen nicht. Auch war, trotz der zurecht betonten Parallelen, die Situation von stalinistischen Intellektuellen mit bürgerlichem Hintergrund in Ost und West in mindestens einer Hinsicht fundamental unterschiedlich: Während westliche Intellektuelle sich rückblickend fragen lassen mussten, weshalb sie ihre Unabhängigkeit völlig unnötigerweise an die Führer autoritärer Systeme abgegeben hatten, war der Stalinismus und seine Argumentationslogik in der Tschechoslowakei ein Teil der Staatsräson: An Antonin Liehms „widerspruchsvoller und am Ende zweifellos ausgelachter Generation" blieb deshalb das Stigma haften, sich ans System verkauft zu haben und damit, betrachtet man die äußeren Umstände, nicht so schlecht gefahren zu sein.[51]

Was die bisher zitierten Texte in jedem Fall sehr gut erklären können – und darauf kommt es für den Kontext dieser Arbeit letztlich an – ist Liehms spätere Haltung in der Frage des intellektuellen Selbstverständnisses: Liehm hat in seinem weiteren publizistischen *itinéraire* in den 1960er, 1970er und 1980er Jahren immer das selbstbewusste Auftreten und Handeln von Intellektuellen verteidigt, nicht nur in der Linken, aber auch dort. Die Gründe für diese Konstante sind in den geschilderten Erfahrungen der Jahre 1948-1956 zu suchen. Wie sehr sie nicht nur Liehms eigene Haltung geprägt hatten, sondern die einer ganzen Generation von reformkommunistischen Intellektuellen, verdeutlichte nicht zuletzt auch Milan Kundera

---

50 Die französische Kulturhistorikerin Emmanuelle Loyer zitiert den Pariser Publizisten und Gallimard-Lektoren Dionys Mascolo, der anlässlich eines Pragbesuchs vom hohen Ross stieg und begann, seine Pariser Gewissheiten in Frage zu stellen: „Il m'a suffi de passer quelques jours en Tchécoslovaquie, au printemps dernier, pour comprendre qu'il me fallait refouler quelques-uns des conseils en radicalisme que j'avais tout d'abord le besoin moi aussi de donner aux amis communistes tchèques." Mascolo, zitiert nach LOYER, Emmanuelle: *„Introduction: Mai 68 dans le monde. Le jeu d'échelles"*, in: *Histoire@Politique. Politique, culture, société 6* (2008), http://www.histoire-politique.fr/index.php?numero=06&rub=dossier&item=61 (abgerufen am 08.08.2016). Siehe zur Rezeption von „Prag" in „Paris" ausführlicher das nachfolgende Kapitel.

51 Das Urteil über die „ausgelachte Generation" fällt Antonin Liehm über sich selbst (in LIEHM: *Gespräch an der Moldau*, S. 87.) Ein Beispiel für eine andere – allerdings streckenweise arg polemische und missgünstige – Lesart dieser Entwicklung von einem anti-kommunistischen Standpunkt aus liefert der Exilant, Radio Free Europe-Journalist und Politologe Peter Hruby (in HRUBY, Peter: *Fools and heroes : the changing role of Communist intellectuals in Czechoslovakia*, Oxford ; New York: Pergamon Press 1980.) Dort wird der Gesinnungswandel der tschechoslowakischen Intellektuellen zwischen 1948 und 1968 wie folgt dargestellt: Die späteren *„heroes"* von 1968 hätten zwanzig Jahre zuvor zunächst die liberale und christliche Elite des Landes unterdrückt und ausgeschaltet, sodass sie im Ergebnis die Bühne für sich beanspruchen konnten. Als dann aus diesen stalinistischen Kulturarbeitern Reformkommunisten wurden, seien sie dafür gefeiert worden. Tatsächlich aber sei dies nur die Läuterung von gefährlichen *„fools"* und Fanatikern gewesen, die ihre Selbstfindung auf dem Rücken des ganzen Landes ausgetragen hätten (Ebd., S. xiii–xx.) Das Buch enthält Fallstudien zu den Lebensläufen mehrerer Reformkommunisten aus Liehms Generation.

im Rahmen eines ausführlichen Gesprächs, das er 1967 mit Liehm führte. Auch bei Kundera hatte spätestens die Begegnung mit maoistischen Intellektuellen aus dem Westen eine endgültige Klärung seiner eigenen Position bewirkt:

> Recently, while speaking with some Western intellectuals who expressed remarkable understanding and sympathy for the anticultural work of the Chinese Red Guards, I knew I was witnessing that vice of passionate self-denial which has proven so destructive in my own life. Lately, I read in a left wing French magazine that Voltaire's advice in *Candide* to ‚cultivate your own garden' was stupid. I don't wish to talk about the article; it only served to remind me that I would no longer be capable of making such an attack myself. I have discovered through sad experience what it is like to live among gardens that have been destroyed, neglected, ravaged, gardens both real and symbolic. The Western intellectual finds it easy to deny his own values and to mock centuries-old gardens. For him, it is only play-acting. But the intellectual in our half of Europe lives in a quite different situation: he has already been suppressed many times, not only by himself but by circumstances; he has been rejected theoretically, practically and economically. And thus he was finally forced into a situation that left him no alternative but to begin to understand his own importance, his own lot, to start defending his own liberty and the cultivation of the gardens of the mind.[52]

Der „Verrat der Intellektuellen“, um Julien Bendas berühmte Formulierung aufzugreifen, war für Kunderas und Liehms Generation keine abstrakte ideologische Debatte, sondern eine persönlich durchlebte Erfahrung. „Die Mimikry der proletarischen Existenz“, die Walter Benjamin im französischen Kontext bereits 1934 als „fata morgana eines neuen Emanzipiertseins“[53] kritisiert hatte, wurde nun auch von dieser Generation osteuropäischer Intellektueller als illusorisch und gefährlich erkannt, was zum Bruch mit dem kommunistischen Ideal des Parteiintellektuellen führte und zu der Einsicht, die Aufgabe von Intellektuellen könne innerhalb sozialistischer Gesellschaften letztlich keine andere sein als in bürgerlichen. Ob „im Westen“ oder „im Osten“, Intellektuelle seien „Häretiker“ und müssten es immer bleiben, hatte der österreichische Reformkommunist Ernst Fischer am 18. Juni 1966, durch Antonin Liehms Vermittlung, in *Literární noviny* an seine Prager Freunde geschrieben. So lautet die konziseste Antwort auf die Frage, was denn nun ein sozialistischer Intellektueller sei: Er ist ein Intellektueller *tout court.* Die offensive Verteidigung dieser Sozialfigur – ihrer Rolle in der Gesellschaft und ihrer Autonomie – ist ein Charakteristikum des „Prager Modells der Publizistik“, wie es nach dem Ende der „dunklen Jahre“ und in Erinnerung an sie, Kontur gewann.

52 Kundera, in LIEHM, Antonin J.: *The politics of culture*, New York: Grove Press 1968, S. 137. (Hier wie punktuell im weiteren Text wurde aufgrund der signifikant besseren und lebhafteren Übersetzung aus der englischen Ausgabe von *Gespräch an der Moldau* zitiert.)

53 In: BENJAMIN, Walter: „*Zum gegenwärtigen gesellschaftlichen Standort des französischen Schriftstellers [1934]*“, in: BENJAMIN, Walter: *Gesammelte Schriften*, Bd. II.2, hrsg. v. Rolf TIEDEMANN und Hermann SCHWEPPENHÄUSER, Frankfurt am Main: Suhrkamp 1977, S. 776–803, hier S. 789.

2. Humanismus und kulturelle Renaissance (1956-1967)

> If the history of our time has proved something beyond a shadow of doubt, it is that it was fatally wrong to believe that a new and higher social order could be created without the benefit of humanism and justice.
>
> Eduard Goldstücker, *The Problem of Franz Kafka*, erstmals in *Literární noviny* vom 16. Februar 1963.

Wie für zahlreiche kommunistische Intellektuelle seiner Generation war auch für Liehm in der zweiten Hälfte der 1950er Jahre zunächst der Punkt der inneren, dann auch der äußeren Umkehr erreicht. Chruschtschows Rede auf dem XX. Parteitag der KPdSU 1956, in der er die „Deformation" des Kommunismus durch den stalinistischen Personenkult verurteilte, spielte dabei eine wichtige Rolle. Stalins These, dass sich der Klassenkampf nach der Revolution verschärfe und deshalb besondere Härte erfordere, war bereits 1953 fallen gelassen worden. Damit brachen wesentliche Pfeiler der (Selbst-)Disziplinierung der Intellektuellen weg, durch die nicht zuletzt die Schauprozesse und die Verfolgung Andersdenkender legitimiert worden waren. Das Dogma der Orthodoxie – dass der Standpunkt der Partei in jedem Fall der richtige sei und die eigenen Überzeugungen im Zweifel Artefakte bürgerlicher Sozialisation – wurde vollends unhaltbar. Die Weichen für Reformen waren gestellt – und zwar in Moskau: Die Reformbewegungen artikulierten sich unterschiedlich in den Ländern Osteuropas, doch die Berücksichtigung nationaler Partikularität und regionaler Ungleichzeitigkeiten darf nicht den Blick darauf verstellen, dass „Moskau" weiterhin den Takt vorgab und dies nicht nur in Zeiten der Repression, sondern auch – sei es durch Abwesenheit oder Unsicherheit – während der Liberalisierungsphase ab 1956.

In der Tschechoslowakei dauerte ein erster Moment der vorsichtigen Öffnung von 1956-1958, er blieb jedoch auf interne Diskussionen im intellektuellen Milieu beschränkt. Aus nicht-kommunistischen Schriftstellerkreisen heraus erschienen einige mutige Bücher, so Josef Škvoreckýs Roman *Feiglinge* (1958, deutsch erst 1968). Doch der Funke schlug nicht über, anders als in Ungarn und Polen kam es nicht zu Volksaufständen. Es gelang der Regierung Novotný, die Lage zu konsolidieren.[54]

54 Zur Reformphase in den 1960er Jahren siehe KUSIN: *The intellectual origins of the Prague spring*; GOLAN, Galia: *The Czechoslovak reform movement; communism in crisis, 1962-1968*, Cambridge University Press 1971; SKILLING: *Czechoslovakia's interrupted revolution*. Für einen aktuelleren Überblick MARÈS, Antoine: „*Réflexions sur les événements de 1968 et leurs racines*", in: WELLNER-POSPÍŠIL, Michael und Jean-Gaspard PÁLENÍČEK (Hrsg.): *Culture tchèque des années 60*, Paris: L'Harmattan 2007, S. 15–39.

Antonin Liehm konnte 1956 in seine alte Anstellung in der Pressestelle des Außenministeriums zurückkehren, wo er bis 1960 arbeitete. Obgleich zunehmend auf Distanz zum „Stalinismus ohne Stalin" (Vladimir Kusin über die Ära Novotný) war Liehm – wie viele, die dann in den 1960er Jahren in den Reihen der Kritiker standen – 1956 noch nicht Teil der Reformbewegung.[55]

Die Reformperiode in der Tschechoslowakei – jener lange Prozess, der mit dem Einmarsch der Truppen des Warschauer Paktes am 21. August 1968 abrupt endete – setzte, nach dem Aufflackern 1956-1958, erst ab 1962 wieder ein. Diesmal jedoch nachhaltig. Der Auslöser war die ökonomische Situation des Landes. Es ließ sich nicht mehr verbergen, dass die radikale Verstaatlichung von Industrie und Landwirtschaft, die zentralistische Steuerung und die unsinnige Konzentration auf eine unprofitable, exportorientierte Schwerindustrie eine Wirtschaftskrise ausgelöst hatten, von der immer weitere Teile der Bevölkerung betroffen waren. 1963 wurde der Ökonom Ota Šik, der spätere Vordenker des „Dritten Weges", an die Spitze einer Reformkommission berufen.[56] Doch was als Debatte über den ökonomischen Zustand begann, griff schnell auf andere Gesellschaftsbereiche über. Deren Tenor lautete: *blame it on the Russians*... Schritt um Schritt wurde die Sowjetisierung von 1948 in Frage gestellt. Es kam zu einer Renaissance der Debatte um den „Tschechoslowakischen Weg zum Sozialismus". Die moskautreue Parteileitung der KSČ hielt zunächst dagegen, doch den vereinten Kräften von ökonomischen und kulturpolitischen Reformern gelang es, den Druck soweit zu erhöhen, dass Novotný schließlich am 4. Januar 1968 zurücktreten musste und durch den weitgehend unbekannten Ersten Sekretär der slowakischen Parteisektion, Alexander Dubček, ersetzt wurde. Wenngleich die ökonomische Krise dem Reformprozess, der als „Prager Frühling" in die Geschichte einging, eine Bresche geschlagen hatte, kamen wichtige Impulse in seinem weiteren Verlauf auch aus Philosophie, Literatur und den Künsten.

Kafka und Marx

Vladimir Kusin hat in seiner ideengeschichtlichen Analyse der „intellektuellen Ursprünge des Prager Frühlings" die wichtige Rolle von zwei Philosophen betont: Karel Kosík (1926-2003) und Ivan Sviták (1925-1994).[57] Kosíks vom Existenzialismus beeinflusste Relektüren der Klassiker der Dialektik in praxisphilosophischer Perspektive und Svitáks der Aufklärungsphilosophie des 18. Jahrhunderts verpflichteter Humanismus markierten in der Tat in ihrer komplementären Gegensätzlichkeit die beiden Eckpunkte der „Theorieplattform", auf der sich die intellek-

55 KUSIN: *The intellectual origins of the Prague spring*, S. 24.

56 Šik verliess die Tschechoslowakei im Oktober 1968 und war ab 1970 Professor für Ökonomie in St. Gallen. Zum „Dritten Weg" in seinem Sinne siehe die damals viel diskutierte Publikation: ŠIK, Ota: *Der dritte Weg; die marxistisch-leninistische Theorie und die moderne Industriegesellschaft*, Hamburg: Hoffmann und Campe 1972.

57 KUSIN: *The intellectual origins of the Prague spring*, S. 36–52.

tuelle Renaissance der tschechoslowakischen Intellektuellen und ihrer Publizistik in den 1960er Jahren vollzog.[58]

Was Praxisphilosophie und Aufklärungshumanismus, den systematischen Philosophen Kosík und den vom Montaigne'schen Essayismus geprägten Sviták, verband, war der Abschied vom Szientismus der marxistischen Orthodoxie. Die Göttinger Historikerin Helga Grebing hat ganz allgemein zur Unterscheidung von „Orthodoxen" und „Revisionisten" den folgenden Vorschlag gemacht, der Spezialisten unbefriedigt lassen mag, für den Hausgebrauch jedoch als prägnanter Leitfaden in der Sozialismusdebatte taugt:

> Die sogenannten Orthodoxen kennzeichnet die zum Teil unausgesprochen bleibende realitätsabgehobene Grundgewißheit, daß trotz aller von ihnen zum Teil selbst als gegenläufig erkannten Tendenzen der historischen Entwicklung [...] der objektiv notwendige Verlauf der Geschichte der kapitalistischen Produktionsweise zusammenfallen wird mit dem Willen der zur Transformation bestimmten Subjekte: dies erzwingt historisch den Sozialismus. Die sogenannten Revisionisten trennt von den Orthodoxen der absolute Vorrang der – wenn auch immer nur begrenzt erkennbaren – Wirklichkeit und die Einsicht in die Unabdingbarkeit ihrer dauernden Interpretation, gerade um der Beibehaltung der Zielperspektive Sozialismus willen.[59]

Reformkommunismus, das bedeutete mithin die ständige Relektüre und Reinterpretation des marxistischen Theoriekorpus im Lichte der gegenwärtigen historischen Bedingungen. Wie Kosík später – im Gespräch mit Antonin Liehm – sagte, galt es „neuerlich alles [zu] durchdenken, was in den letzten hundert Jahren die Entwicklung des Sozialismus in der Theorie und in der Praxis mit sich gebracht hat."[60] Ziel sollte sein, den Menschen wieder an seinen Platz zu rücken – die *conditio humana* würde wieder den Ausgangspunkt philosophischer Fragestellungen bilden. Dafür stand Kosíks 1963 auf Tschechisch veröffentlichte *Dialektik des Konkreten*, die wirkungsmächtigste philosophische Publikation des Prager Frühlings, bezeichnenderweise untertitelt „Eine Studie zur Problematik des Menschen und der Welt". Gemeint war: zur Problematik des Menschen *in* der Welt. Denn Kosík verstand den Menschen als das Wesen, das durch seine Praxis immer wieder die Verbindung zur Welt herstelle:

> Als Mensch ist [der Mensch] immer gleichzeitig in der Natur und in der Geschichte. Als geschichtliches und damit gesellschaftliches Wesen humanisiert er die Natur, aber er erkennt und anerkennt sie auch als absolute Totalität, als sich selbst genügende causa sui, als Bedingung und Voraussetzung der Humanisierung.[61]

---

58 Für einen Überblick der reformkommunistischen Spielarten in Polen, Ungarn, der Tschechoslowakei und Jugoslawien siehe SATTERWHITE, James H.: *Varieties of Marxist humanism : philosophical revision in postwar Eastern Europe*, Pittsburgh: University of Pittsburgh Press 1992. Das unerreichte Standardwerk bleibt KOŁAKOWSKI: *Main currents of Marxism.*

59 GREBING: *Der Revisionismus*, S. 281.

60 zitiert nach ebd., S. 221.

61 KOSÍK, Karel: *Die Dialektik des Konkreten : eine Studie zur Problematik des Menschen und der Welt [1963]*, Frankfurt: Suhrkamp 1976, S. 245.

Und weiter, auf die konstitutive Rolle der Praxis eingehend:

> Der Mensch ist ein Wesen, dessen Sein durch die praktische Produktion der gesellschaftlich-menschlichen Wirklichkeit und durch die geistige Reproduktion der menschlichen und außermenschlichen Wirklichkeit, der Wirklichkeit überhaupt, charakterisiert ist.[62]

Diese Neuausrichtung des marxistischen Koordinatensystems unter humanistischem und praxisphilosophischem Vorzeichen war von großer Bedeutung für die Reformdebatte in der Tschechoslowakei. Sie erlaubte es den im engeren Sinne journalistisch und kulturpolitisch arbeitenden Intellektuellen wie Antonin Liehm, sich weiterhin auf den Marxismus zu berufen, zugleich jedoch das sprachliche und geistige Korsett des orthodoxen Marxismus-Leninismus abzustreifen und durch eine Interpretation zu ersetzen, die näher am eigenen Leben und den eigenen Sorgen war, beweglicher, aktivierender. Der überwältigende Druck, alles – sozialen Wandel, Kultur und Ideologie – allein aus den Produktionsverhältnissen „ableiten" zu müssen, schwand, wenn Kosík schrieb:

> Die Poesie ist keine Wirklichkeit niederer Ordnung als die Ökonomie: sie ist in gleicher Weise menschliche Wirklichkeit, wenn auch von anderer Art und Form, mit anderer Aufgabe und Bedeutung. Die Ökonomie erzeugt weder direkt noch indirekt, weder unmittelbar noch mittelbar die Poesie, sondern der Mensch schafft Ökonomie und Poesie als Produkte der menschlichen Praxis.[63]

Während in den Pariser Theoriezirkeln der zweiten Hälfte der 1960er Jahre der Stern des Strukturalismus stieg und Humanismus und Existenzialismus als furchtbar *dépassé* galten, waren die Prager Reformkommunisten froh darüber, unter sozialistischem Vorzeichen an ihre humanistische Tradition wiederanknüpfen zu können.[64] Von der Teleologie der Orthodoxie galt es sich zu verabschieden: Der Stalinismus stellte keine „Deformation" eines im Grunde intrinsisch humanen Sozialismus dar, sondern der „bürokratische Sozialismus" war, wie Kosík betonte, durchaus eine der möglichen Entwicklungslinien des Sozialismus.[65] Im Rückblick auf die vernichtende Bilanz in der Mitte der 1960er Jahre hielt Kosík dazu an, die für einen anderen Entwicklungspfad nötigen historischen Bedingungen konkret zu untersuchen.

62 Ebd., S. 247.

63 Ebd., S. 115–116.

64 Siehe dazu auch die Analyse des Pariser Soziologen Pierre Grémion, der den Humanismus als einen Grund für die reservierte Rezeption des tschechoslowakischen Reformkommunismus in der Pariser Linken beschrieben hat: „La référence humaniste du marxisme des révisionnistes d'Europe centrale apparaît bien vieillotte (bien ‚idéologique' pour suivre la langue indigène) aux yeux dessillés des intellectuels qui labourent en chantant le champ de la scientificité, après avoir tranché d'autorité de la coupure épistémologique. Les Tchèques ressemblent à ces cousins de province (du temps où il existait encore une province) charmants, mais un peu niais, habillés avec une mode de retard. […] La copie remise à Prague est sympathique mais n'est pas au niveau ‚théorique' exigé à Paris." GRÉMION, Pierre: *Paris-Prague : la gauche face au renouveau et à la régression tchécoslovaques, 1968-1978*, Paris: Julliard 1985, S. 101–102.

65 Ich folge hier GREBING: *Der Revisionismus*, S. 221–223.

Er selbst sah, wie erwähnt, die entscheidende Voraussetzung darin, die menschliche Praxis ins Zentrum der sozialistischen Gesellschaftslehre zu stellen und darüber hinaus auch das verlorenen Band zwischen Demokratie und Sozialismus wiederanzuknüpfen:

> Sozialistische Demokratie ist integrale Demokratie oder überhaupt keine. Zu ihren Grundlagen gehören sowohl die Selbstverwaltung der sozialistischen Produzenten als auch die politische Demokratie der sozialistischen Staatsbürger: das eine degeneriert ohne das andere.[66]

In diesem Zusammenhang ist auch das wiedererwachte Interesse des Kreises reformkommunistischer Philosophen am „jungen Marx" zu sehen. Seine radikaldemokratischen Frühschriften aus der Zeit vor der Veröffentlichung des Kommunistischen Manifests 1848 wurden von ihnen in der Tschechoslowakei verlegt und interpretiert. Besondere Wertschätzung galt, wie unter den politischen Umständen nicht anders zu erwarten, Marxens Interventionen zur Verteidigung der Pressefreiheit und gegen staatliche Repression, aus seiner Zeit als Redakteur der *Rheinischen Zeitung*. Aber auch die (erst in den 1930er Jahren posthum veröffentlichte) Entfremdungsanalyse aus den „Pariser Manuskripten" und der *Deutschen Ideologie* wurden in Prag entdeckt und in existenzialistischem Licht gelesen. In den Prager Theoriezirkeln der 1960er Jahre wurde der Marxismus „anthropomorphisiert" (Kusin);[67] das war, um die arg strapazierte Metapher noch einmal zu erinnern, der „Sozialismus mit menschlichem Antlitz".

Wie in Philosophie und politischer Theorie, so auch in den Philologien: Auf dem Moskauer Friedenskongress von 1962 forderte Jean-Paul Sartre die „Abrüstung der Kultur" – die UdSSR lud er damals ein, endlich Kafka zu lesen.[68] Davon ermutigt, organisierte der Prager Germanistikprofessor Eduard Goldstücker eine Kafka-Konferenz, die 1963 im Schloss der Akademie der Wissenschaften in Liblice, außerhalb von Prag, stattfand.[69] Ihr Ziel: Die Rehabilitierung von Franz Kafka, dessen literarische Erkundungen der menschlichen Bedingung im Prag der 1950er Jahre schon allein deshalb unerwünscht gewesen waren, weil die Probleme der bürgerlichen Gesellschaft ja im Wesentlichen als gelöst zu gelten hatten.

---

66 Kusin, zitiert nach ebd., S. 221–222.

67 KUSIN: *The intellectual origins of the Prague spring*, S. 48.

68 In der DDR erschien die deutsche, von Stephan Hermlin besorgte, Übersetzung im letzten von Peter Huchel betreuten Heft von *Sinn und Form*, mit dem ihr Gründungsherausgeber seinerzeit die Grenzen des Sagbaren in der DDR auslotete: SARTRE, Jean-Paul: *„Die Abrüstung der Kultur. Rede auf dem Weltfriedenskongreß in Moskau"*, in: *Sinn und Form 14/5–6* (1962), S. 805–15.

69 Bereits in Heft 30/1963 berichtete *Der Spiegel* über die Konferenz. Für eine Zusammenfassung der Debatten in Liblice siehe HUGHES, Kenneth: *„The Marxist Debate, 1963"*, in: FLORES, Angel (Hrsg.): *The Kafka debate : new perspectives for our time*, Staten Island, N.Y.: Gordian Press 1977, S. 51–59. Antonin Liehm selbst hat zwei Essays zu Kafka verfasst. Im späteren der beiden, eine Collage aus Interviews mit Roman Karst und Roger Garaudy, geht er ausführlich auf die Geschichte der Liblice-Konferenz ein: LIEHM, Antonin J.: *„The Mosaic of Czech Culture in the Late 1960s: The inheritors of the Kafka-Hašek dialectic"*, in: *Mosaic 1/3* (1968), S. 12–28; LIEHM, Antonin J.: *„Kafka dix ans après"*, in: *Les Temps Modernes 323bis* (1973), S. 2253–2296.

Neben tschechoslowakischen Intellektuellen wie Kosík und Sviták waren in Liblice auch Persönlichkeiten der internationalen kommunistischen Bewegung wie Ernst Fischer aus Österreich und der Franzose Roger Garaudy zugegen. Bezeichnenderweise kamen die internationalen Teilnehmer aus jenem Kreis überzeugter kommunistischer Schriftsteller und Kulturarbeiter, die am Rande ihrer jeweiligen nationalen Kommunistischen Parteien (PCF, KPÖ) – deren Mitglieder sie in den 1960er Jahren sämtlich noch waren – für größere kulturelle Autonomie, Pluralismus und interne Reformen eintraten. Wie im nachfolgenden Kapitel zu zeigen sein wird, fand sich eben jenes Milieu der vormaligen innerparteilichen Opposition in späteren Jahren im Zentrum des internationalen Netzwerks wieder, aus dem die Zeitschriften *L 76* und, allerdings mit wichtigen Modifikationen, auch *Lettre internationale* hervorgingen.

Doch einstweilen waren Goldstücker und seine Gäste in Liblice damit beschäftigt, die Aktualität von Kafka unter Beweis zu stellen (und gegen die ebenfalls anwesenden Kritiker zu verteidigen, darunter Alfred Kurella, der Hohepriester des Sozialistischen Realismus in der DDR). Es braucht keine Hermeneutiker, um die Botschaft der Kafka-Freunde freizulegen: Kafkas Beschreibung der kapitalistischen Bürokratie aus den Vorkriegsjahren blieb im stalinistischen Zentralismus gültig; das Gefühl der Entfremdung, das Kafka mit unerreichter Kraft beschrieben hatte, war kein „Privileg" bürgerlicher Gesellschaften. Im Gegenteil: Seine Literatur traf auf Widerhall im Befinden einer stetig zunehmenden Zahl von Tschechoslowaken. „Alienation was the issue; Kafka was the catalyst", hat Kenneth Hughes die Debatten in Liblice zusammengefasst.[70]

So wurde im Verlauf der 1960er Jahre auf dem Feld der Literaturkritik wie dem der Philosophie, unter dem Vorzeichen einer Renaissance des Humanismus, Schritt um Schritt das argumentative Repertoire erweitert, das den reformorientierten Kräften in der Tschechoslowakei in den Folgejahren zur Verfügung stand. Gerade den Schriftstellern und Journalisten geriet die Verbindung von Humanismus, Aufklärungsphilosophie und „jungem Marx" zur Hausphilosophie. Damit ist die zweite Dimension des Prager Modells beschrieben: Versucht wurde ein Wiederanknüpfen an die humanistische Tradition der Ersten Republik – allerdings ohne die sozialistischen Aspirationen der Nachkriegsjahre preiszugeben. Diese Verbindung liess sich ohne Weiteres in publizistisches Handeln übersetzen: Handlungsorientierung, Fokus auf sozialem Wandel, Verteidigung der Grund- und Freiheitsrechte, Verteidigung der literarischen Subjektivität und Autonomie, Verteidigung der kritischen Rolle des Intellektuellen.

70 Hughes: „*The Marxist Debate, 1963*", S. 52.

Literární noviny

Die Übersetzung und Verbreitung dieser Debatten in eine größere Öffentlichkeit hinein war die Leistung des reformorientierten Flügels der tschechischen Presse, allen voran von *Literární noviny*.[71] Eine wöchentliche Auflage von 120.000 Exemplaren sicherte der Zeitung aus der Prager Betlemská-Straße nationale Bedeutung.[72] Seit 1961 war Antonin Liehm dort, wie erwähnt, festangestellter Redakteur. Er betreute zunächst die Kinorubrik, einem seinerzeit auch in westlichen Redaktionen nicht unbekannten kulturjournalistischen Parcours folgend, der mit dem Nischenthema Film begann, um sich gleichsam parallel mit dem *septième art* seinen festen Platz im Feuilleton zu erkämpfen.[73] Darüber hinaus kümmerte sich Liehm um die Verbindung der Redaktion zu internationalen Autoren und Debatten, so im Fall der Beiträger zum Kafka-Kongress, deren Reden im Juni 1963 in *Literární noviny* erschienen. In einem 1990 in *Literární noviny* veröffentlichten Offenen Brief an Liehm nannte ihn Milan Kundera deshalb die „kosmopolitische Seele" der Redaktion und „eine Art Außenminister der tschechischen oppositionellen Kultur":

> I thought back to *Literární noviny* (the „Literary Gazette") in the second half of the 1960s. I am not being simply over-emphatic when I say that this weekly paper (written not by journalists but by writers, literary critics and philosophers; which dealt with politics from the standpoint of culture, and which had an enormous impact on the course of events) had its equivalent nowhere else in the world (nor did it afterwards, as I came to recognize quite clearly in France). You were the cosmopolitan soul of the *Literární noviny* and, at the same time, a kind of Minister of Foreign Affairs for Czech culture in opposition.[74]

---

71 Im slowakischen Landesteil übernahm diese Funktion in abgeschwächter Form *Kultúrny život*, die Zeitschrift der slowakischen Sektion des Schriftstellerverbandes. Zur Entwicklung der tschechoslowakischen Presse in den 1960er Jahren weiterhin Kaplan und Albright sowie Perina für die *Literární noviny*: KAPLAN: *Winter into spring*; ALBRIGHT: „*The Role of the Press in Political Change: Czechoslovakia 1968*"; PERINA: „*Intellectuals and political change in Czechoslovakia*". Beteiligte Journalisten haben zudem unmittelbar nach dem Prager Frühling einen Bericht zu den Ereignissen verfasst: INTERNATIONAL PRESS INSTITUTE (Hrsg.): „*Svoboda*"; *the press in Czechoslovakia 1968*, Zürich: International Press Institute 1969.

72 Die Auflagehöhe wurde durch die zugewiesene Papiermenge begrenzt und gesteuert. Es ist problematisch, Rückschlüsse auf die reale Verbreitung zu ziehen. Skilling gibt für 1967 eine Auflage von 100.000 Exemplaren an, stützt sich aber selbst auf Interviews, Kusin nennt eine Auflag von 150.000, Perina eine durchschnittliche Auflage von 130.000 seit 1956: SKILLING: *Czechoslovakia's interrupted revolution*, S. 64; KUSIN: *Political grouping in the Czechoslovak reform movement*, S. 76; PERINA: „*Intellectuals and political change in Czechoslovakia*", S. 5.

73 Der Beginn einer zweiten, gleichsam parallel laufenden Karriere, die Liehm als Filmkritiker und später als „Botschafter" der tschechischen *nouvelle vague* im Ausland ausfüllte. Sie erlaubte es ihm in den 1970er Jahren im amerikanischen Exil eine akademische Anstellung zu finden. Siehe dazu und zu Liehms filmwissenschaftlichen Veröffentlichungen das folgende Kapitel.

74 Milan Kundera in *Literární noviny* vom 22. November 1990, hier zitiert nach der englischen Übersetzung: KUNDERA, Milan: „*The Celebration and the Guests (An Open Letter from Milan Kundera to Antonin Liehm)*", in: *Salmagundi 92* (1991), S. 188–189, hier S. 188.

Bis es indes soweit war, stand die Redaktion von *Literární noviny* am Anfang der 1960er Jahre zunächst vor der Aufgabe, das Vertrauen der Bevölkerung, insbesondere der Studenten, zurückzugewinnen. Pierre Grémion – einer der prominentesten französischen Analysten der intellektuellen Beziehungen zwischen Paris und Prag – zitiert Studien, die belegen, dass es der kommunistischen Partei unter Gottwald und Novotný nie gelungen war, die „offizielle Kultur" des Stalinismus – zu dessen „Transmissionsriemen" in den 1950er Jahren wie gesehen auch *Literární noviny* zählte – zur „dominanten Kultur" in der Bevölkerung zu machen und damit das Erbe der Ersten Republik gänzlich auszulöschen.[75] Vor allem die Popularität von Masaryk blieb immer groß. Die jungen kommunistischen Intellektuellen aus Liehms Generation hatten, als sie unter dem Schock des Zweiten Weltkriegs voller Euphorie auf den sowjetischen Weg einschwenkten, nicht gesehen oder nicht sehen wollen, dass die politische und kulturelle Situation der Vorkriegsjahre mit der im zaristischen Russland vor der Oktober-Revolution überhaupt nicht vergleichbar war. Als sie die Dankbarkeit der tschechoslowakischen Bevölkerung für die Befreiung durch die UdSSR mit der Unterstützung für eine an der Idee des „Neuen Menschen" ausgerichteten Kulturpolitik verwechselten, schnitten sie sich ins eigene Fleisch. Denn indem die Intellektuellen dem Stalinismus die Feder liehen, hatten sie die Verbindung zur demokratischen Tradition der Zwischenkriegsjahre gekappt, in der kultureller und sozialer Fortschritt zusammengegangen waren. Ab 1962 machte sich die Redaktion von *Literární noviny* daran, diese Tradition, im eigenen Interesse, wiederzubeleben. Das galt nicht zuletzt auch mit Blick auf die journalistischen Formen.

So kam die traditionelle Genrekombination der ambitionierten Vorkriegspresse, für die *Lidové noviny* gestanden hatte, zu neuen Ehren.[76] Deutschen Lesern ist sie vertraut, denn die tschechoslowakische teilt mit der deutschsprachigen Presse – im Unterschied zur angelsächsischen und der französischen – die Vorliebe für das Feuilleton und das große Gespräch. Formen im Übergang von Literatur und Journalismus, bei denen die Stimme des Autors erkennbar bleibt. Der Pressehistoriker Frank Kaplan erinnert daran, dass vor allem die Kunst des Gesprächs mit Personen des öffentlichen Lebens ein hochgeschätzter Bestandteil des kulturellen Lebens in der Ersten Republik war.[77] Als Meister des Genres galt damals Adolf Hoffmeister, der 1931 den Interviewband *Piš jak slyšíš: kniha interviewú* („Schreib wie du hörst: Ein Gesprächsbuch") veröffentlichte. Hoffmeister war, wie erwähnt, einer der Mentoren, von denen Antonin Liehm nach dem Krieg sein Handwerk lernte, 1945, als junger Redakteur bei *Kulturni politika.* Und so wundert es nicht, dass Liehm, als er 1961 auf den Weg von 1945 zurückkehrte, nun seinerseits begann, der Lage der Nation im Medium des Gesprächs nachzuspüren. Er führte eine Reihe

---

75 GRÉMION: *Paris-Prague*, S. 48–52.

76 Siehe dazu KAPLAN, Frank L.: „*The Writer as Political Actor in Czechoslovak Society: A Historical Perspective*", in: *East European Quarterly 7/2* (1973), S. 199–220; KAPLAN: *Winter into spring*, S. 72–78.

77 KAPLAN: *Winter into spring*, S. 73.

Umění spisovatelské není chráněno neměnnými dekrety Prozřetelnosti; je takové, jakým ho lidé udělají, volí je, volíce sami sebe. Kdyby se muselo zvrátit v čirou propagandu nebo naopak v čirou zábavu, společnost by upadla znovu do primitivismu nezprostředkovanosti, to znamená do života bez paměti, jakým žije hmyz. Zajisté, to všechno není tak důležité: svět se může docela dobře obejít bez literatury; jenže bez člověka se může obejít ještě lépe.

J. P. SARTRE: SAINT GENET

LITERÁRNÍ NOVINY TÝDENÍK SVAZU ČESKOSLOVENSKÝCH SPISOVATELŮ

LN

ROČNÍK XIV. 19. ČERVNA 1965

25

Hradeckých pět dní

JIŘÍ PIŠTORA

Detail grafického listu Pabla Picassa z výstavy v Kramářově galerii v Praze

*21. 6. 1905 SARTRE

MILAN KUNDERA

J. P. SARTRE: ÚVAHY O ŽIDOVSKÉ OTÁZCE

Pokrač. na str. 6

Abb. 2: Titelseite von *Literární noviny* vom 19. Juni 1965. Aus dem Inhalt dieser für die damalige Zeit typischen Ausgabe mit ihren zwölf Seiten im Berliner Format: Eine Besprechung von Milan Kundera von Jean-Paul Sartres Überlegungen zur Judenfrage (Seite 1); zu den Debatten auf dem Schriftstellerkongress: Václav Havel, E.F. Burian und weitere (S. 3); ein Essay von Antonin Liehm „Über Filme und Vermarktung" (S. 8); ein Essay von Sartre (S. 9); zudem Gedichte, Grafiken, fotografische Reproduktionen und ein Veranstaltungskalender.

großer Interviews, die weite Beachtung fanden. Die meisten wurden in *Literární noviny* veröffentlicht. 1966 erschienen sie dann gebündelt unter dem Titel *Rozhovor* („Gespräch“) bei Československý spisovatel, dem Verlag des Schriftstellerverbandes.[78] Die Gesprächspartner waren, mit Ausnahme von Laco Novomeský, allesamt Ausländer. Es waren die großen Schriftsteller und Intellektuellen am Rande der internationalen kommunistischen Bewegung, von Aragon und Sartre zu Ernst Fischer, Stefan Heym und Jan Kott – ein informelles Netzwerk von Gleichgesinnten, auf das Liehm als Publizist später zurückgreifen konnte.

Unmittelbar nach der Veröffentlichung von *Rozhovor* begann er, auch tschechoslowakische Schriftsteller zu interviewen. Die Gespräche fanden in größter Offenheit statt. Liehm war ein Meister der Konversation, der sich darauf verstand – Alltägliches mit Kuriosem, Politisches mit Privatem abwechselnd –, seinen Gesprächspartnern zu entlocken, was diese jedem gewöhnlichen Zeitungsjournalisten gegenüber wohl für sich behalten hätten. Auch deshalb schien eine Veröffentlichung dieser Gespräche auf längere Sicht ausgeschlossen. Tatsächlich mussten die Prager bis 1990 warten, ehe *Generace* als Buch bei Československý spisovatel erschien.[79] Doch schon 1967 und 1968 brachte *Literární noviny* einige Interviews, und ab 1968 war das Buch in Übersetzungen zugänglich, zum Teil in mehreren Auflagen, in Deutschland, den USA, Frankreich, Spanien, Japan. *Gespräch an der Moldau*, so der Titel der deutschen Erstauflage, wurde zu Liehms wichtigstem und einflussreichstem Buch. Es trug die Perspektive der tschechoslowakischen Schriftsteller in die internationale Öffentlichkeit – gerade so, wie *Rozhovor* den Tschechen internationale kommunistische Perspektiven nahegebracht hatte.[80]

Das neugewonnene Interesse am Gespräch war nicht ohne Beziehung zur Entwicklung im tschechoslowakischen Film, die Liehm für *Literární noviny* verfolgte. Kennzeichnend für die *nouvelle vague* ist ja gerade der Einbruch des Subjektiven, der scharfe Blick auf den Alltag der Leute, darauf, wie sie sich, Sozialismus hin oder her, durch's Leben improvisieren – unerwartete Volten nicht ausgeschlossen. In Miloš Formans „Die Liebe einer Blondine“ von 1965 steht das in der Provinz verführte Arbeitermädchen plötzlich bei den Eltern ihres Prager Verführers vor der

78 LIEHM, Antonin J.: *Rozhovor*, Prag: Československý spisovatel 1966.
79 LIEHM, Antonin J.: *Generace*, Prag: Československý spisovatel 1990.
80 Zur Editionsgeschichte von *Gespräch an der Moldau*: Die deutsche Ausgabe erschien 1968 bei Molden in Wien – die Veröffentlichung war bereits vor den Ereignissen von 1968 geplant. Dass die politische Konjunktur dem Buch nicht geschadet hat, zeigt nicht nur eine Taschenbuchauflage 1970 bei Kindler, sondern vor allem der weitere Editionsverlauf im Ausland: Noch 1968 brachte Grove Press, Barney Rossets legendärer New Yorker Verlag, eine amerikanische Ausgabe unter dem deutlich knackigeren Titel *The Politics of Culture.* Bei Gallimard gab man sich gediegen und etwas fad: *Trois Générations, entretiens sur le phénomène culturel tchécoslovaque* erschien dort 1970 mit dem Vorwort „Der Sozialismus, der aus der Kälte kam“ von Jean-Paul Sartre. Die japanische Ausgabe ist von 1970 (bei Misuzu Shobo in Tokyo), die spanische von 1972 (bei Ayuso in Madrid). Die für 1969 bei Československý spisovatel geplante tschechische Auflage fiel der Normalisierung zum Opfer und durfte nicht mehr vertrieben werden. Wiederauflagen in tschechischer Sprache erfolgten 1988 im Kölner Exilverlag Index und 1990 dann, wie erwähnt, erneut bei Československý spisovatel.

Tür. Große Verunsicherung, Ausgang offen. Ähnlich in Liehms Gesprächen: Durch den Filter der Person geschickt, erschienen die ewigen Fragen zum Verhältnis von Literatur und Politik, die auch die des offiziellen Betriebs waren, plötzlich in neuem Licht. Die Subjektivität der Gesprächssituation, ihre Unplanbarkeit, kontrastierte scharf mit dem Verlautbarungsjournalismus und dem Jargon des Apparats.

1963 wurde der graduelle Emanzipationsprozess der Redaktion von *Literární noviny* offenkundig, als die Zeitschrift programmatisch verkündete, sie wolle fortan eine „politische Plattform und ein entscheidender Faktor im Prozess des sozialen Wandels" sein.[81] Der Beirat versammelte unter anderen Milan Kundera und Karel Kosík, ab 1965 auch Eduard Goldstücker und den nicht-kommunistischen Schriftsteller Bohumil Hrabal. Ein wesentlicher Grund für die relative Autonomie der *Literární noviny* zu diesem Zeitpunkt war, dass sich ihre Autoren als Mitglieder des Schriftstellerverbandes – anders als die Journalisten – auf ein selbstverwaltetes Stipendien- und Grundversorgungssystem stützen konnten. Die Einnahmen von *Literární noviny* flossen dem Verband zu. In den 1950er Jahren hatte der Zugang zu diesem Fonds vor allem als Mittel der internen Disziplinierung gedient, doch in der zweiten Hälfte der 1960er Jahre wurde er zunehmend zu einem Element der intellektuellen Selbstbehauptung.[82] Die Redaktion nahm Abschied vom sozialistischen Realismus, vom Objektivismus, von einem unmittelbar „konstruktiven" Kunstverständnis.

Wie häufig in vergleichbaren Transformationsprozessen war den Beteiligten zunächst weniger klar, wohin sie wollten, als was sie nicht mehr wollten. Literatur und Kunst wurden in dieser Situation zum Mittel der Selbstverständigung.[83] Die Tendenz, sich *im Medium der Kultur* über politische Fragen zu verständigen, kann sicherlich *auch* mit dem autoritären Kontext erklärt werden: Man versuchte, der Zensur zu entgehen. Doch in der Tschechoslowakei, wie in anderen mitteleuropäischen Staaten, kam ein besonderer historischer Faktor hinzu: In diesen jungen Nationalstaaten war ein Hin und Her zwischen Zeitungsredaktion, Schreibzimmer und Tribüne für viele Schriftsteller seit dem 19. Jahrhundert die Regel gewesen. Die Historiker Miroslav Hroch und Anne-Marie Thiesse und der Soziologe Zygmunt Bauman haben, unter anderen, auf den essentiellen Beitrag hingewiesen, den Schriftsteller beim *nation building* in Osteuropa leisteten.[84] Auch Ioana Popa gibt in diesem Sinne zu bedenken:

---

81 Zitiert nach SKILLING: *Czechoslovakia's interrupted revolution*, S. 64.

82 Siehe dazu ALBRIGHT: „*The Role of the Press in Political Change: Czechoslovakia 1968*", S. 117; PERINA: „*Intellectuals and political change in Czechoslovakia*", S. 198. Liehm erwähnte dies zudem in einem Gespräch mit dem Autor vom 28. September 2012 sowie in KUSIN, Vladimir V. (Hrsg.): *The Czechoslovak reform movement, 1968*, Santa Barbara: ABC-Clio 1973, S. 72–74.

83 Siehe zur Rolle der Kultur in diesem Sinne auch Liehms retrospektive Anmerkungen in LIEHM, Antonin J.: „*The Role of Culture Under the Communist and Post-Communist Eras*", in: GARDNER, Hall, Elinore SCHAFFER und Oleg KOBTZEFF (Hrsg.): *Central and southeastern Europe in transition : perspectives on success and failure since 1989*, Westport: Praeger 2000.

84 HROCH, Miroslav: *Das Europa der Nationen : die moderne Nationsbildung im europäischen Vergleich*, Göttingen: Vandenhoeck & Ruprecht 2005; THIESSE, Anne-Marie: *La création des identités nationales : Europe XVIIIe-XXe siècle*, Paris: Seuil 1999; BAUMAN, Zygmunt: „*Intellectuals in East-*

> [...] une caractéristique plus générale des littératures d'Europe de l'Est [est] leur subordination historique aux impératifs de construction d'une littérature nationale. Elle se manifeste non seulement à travers la manière de penser le rôle de l'écrivain comme un symbole ou un porte-parole de la Nation, mais aussi de concevoir cette circulation comme une opération de monstration des particularismes de la ‚quintessence' de la culture nationale.[85]

Es gab also diese historische Figur des Schriftstellers aus dem Mitteleuropa des 19. Jahrhunderts – der Schriftsteller als Aushängeschild der Nation, mitunter gar als ihr Baumeister; ein Hans Dampf in allen Gassen, der sich mangels ausdifferenzierter gesellschaftlicher Arbeitsteilung bald als Politiker, bald als Journalist, bald als Schriftsteller – immer aber als Moralist betätigt hatte. In gewissem Sinne stand diese Rolle für Reaktualisierungen zur Verfügung. Gleichwohl gilt es vorsichtig zu argumentieren, wenn man über ihre „Wiederindienstnahme" durch die Generation von Antonin Liehm während der kulturellen Renaissance in der zweiten Hälfte der 1960er Jahre nachdenkt. Denn die Konformitätserwartungen, die um 1950, zu Hochzeiten der *Schdanowschtschina*, an die Werke selbst gestellt worden waren, dieser feindliche Übergriff der Politik auf die gesamte Kulturproduktion, hatte zahlreiche engagierte Schriftsteller und Journalisten skeptisch werden lassen gegenüber einem allzu instrumentellen Kulturbegriff. Es schien ihnen nötig, die Kultur in Schutz zu nehmen und, in Kunderas Worten, die „Gärten des Geistes" zu bestellen. In dieser Hinsicht knüpfte die politisch-literarische Publizistik von *Literární noviny* im Verlauf der 1960er Jahre vielleicht stärker an die Tradition der tschechoslowakischen literarischen Avantgarden aus den 1920er Jahren an, die auch schon einmal die Notwendigkeit verspürt hatten, eine durchpolitisierte Feuilletontradition in ihre Schranken zu weisen. Das Ergebnis dieser widerstreitenden Tendenzen – oft zwei Seelen in ein und derselben Person – war ein Kompromiss: Dem Ideal des engagierten Schriftstellers kehrten die tschechoslowakischen Reformkommunisten in der Mehrheit nicht den Rücken zu (Milan Kundera vielleicht ausgenommen); sie verabschiedeten sich auch nicht völlig vom zeugenschaftlichen Gebrauch, den der Kulturjournalismus von den Produkten der kulturellen Renaissance machte, die sich unter seinen Augen vollzog;[86] aber es sollte doch wieder gelten: Der Kunst ihre Freiheit, der Kritik ihre Interpretationsfreiheit. In einem Artikel zur kulturellen Aussenpolitik von 1968 schrieb Liehm:

> Als Spiegel, als Gedächtnis und als Gewissen der Nation und des Landes läßt sie [die Kultur, RLS] sich [...] nie in irgendeine Form, Richtung oder Doktrin zwängen, sie ist so vielfältig und vielgesichtig wie das Leben selbst, wie das Land, wie die Nation, und sie durchschreitet alle ihre Veränderungen. [...] Die Kultur, die wahrhafte Kul-

---

Central Europe: Continuity and Change", in: SCHÖPFLIN, George und Nancy WOOD (Hrsg.): *In search of Central Europe*, Cambridge, UK: Polity Press 1989, S. 70–90.

85 POPA: *Traduire sous contraintes*, S. 503.

86 Siehe dazu die lesenswerte Analyse von Martin Rizek in seinem Buch zu Milan Kundera: RIZEK, Martin: *Comment devient-on Kundera? : images de l'écrivain, écrivain de l'image*, Paris: Harmattan 2001.

> tur, unterschreibt keine Blankowechsel auf die Zukunft oder auf die Gegenwart, sie legt lediglich Zeugnis ab, ein subjektives Zeugnis des Menschen darüber, was war.[87]

Dieser – sicherlich nicht immer geglückte; tendenziell halsbrecherische – Balanceakt zwischen der Forderung nach Freiheit für die Kunst einerseits und ihrer gleichzeitigen, fortwährenden Indienstnahme im politisch-literarischen Diskurs anderseits war charakteristisch für den reformkommunistischen Kulturjournalismus in den 1960er Jahren. Autonomie ja, l'art pour l'art nein: das ist das dritte Charakteristikum des „Prager Modells". Man würde seine Protagonisten missverstehen, wollte man folgern, sie hätten sich damit vom Primat des Politischen verabschiedet, das ihre intellektuelle Generation kennzeichnete: Der Kampf um kulturelle und intellektuelle Autonomie galt ihnen immer als ein *politischer* Kampf – und als solcher wurde er auch von ihren Opponenten, den Hardlinern in der Partei, verstanden.

Die graduellen Veränderungen bei *Literární noviny* wurden daher genau beobachtet. Ein Bericht der Partei zu Aufgabe und Zustand der Kulturzeitschriften vom April 1964 kritisierte den Liberalismus von *Literární noviny* und *Kultúrny život* (sowie der kleineren Zeitschriften *Plamen, Host do domu* und *Kulturní tvorba*) scharf.[88] Der Schriftsteller Ivan Klíma, der Historiker Milan Hübl sowie Ivan Sviták und Antonin Liehm wurden als Hauptverantwortliche benannt. Die Anschuldigungen fasst Frank Kaplan zusammen:

> The document decried the periodicals' neglect to criticize specific published works from the accepted ideological standpoint, tendency to leave discussions open und thus allegedly confuse the reader, and failure to condemn kowtowing before the influence of bourgeois culture.[89]

Die Auseinandersetzung zwischen Parteiapparat und „intellektueller Opposition" – so das von Novotný verwendete Schimpfwort, das sich die Betroffenen bald zu eigen machten – spitzte sich zu.[90] Die Kulturzeitschriften waren der Parteileitung ein Dorn im Auge. Umgekehrt war den Kulturschaffenden, vor allem den Journalisten, die Zensur ein ständiges Ärgernis und ein unerträglicher Hemmschuh. Hinter den Kulissen musste um jeden Text gekämpft werden. Am 25. Oktober 1966 verabschiedete das Parlament ein neues Pressegesetz, das die Zensur nach dreizehn Jahren öffentlich machte und in einer neuen Behörde instituierte. Allein für die Monate Januar bis September 1967 hatte Dušan Hamšík, der damals neu berufene Herausgeber von *Literární noviny*, 144 Interventionen der Zensur zu beklagen.

---

87 Wiederabgedruckt in LIEHM: *Gespräch an der Moldau*, S. 69.

88 KAPLAN: *Winter into spring*, S. 46–49.

89 Ebd., S. 48.

90 Es ist vielleicht nicht uninteressant darauf hinzuweisen, dass der Begriff der „Opposition" und des „Oppositionellen" auch in dieser Hinsicht mit dem Begriff des Intellektuellen verwandt ist, da beide ursprünglich diffamierend gebraucht, von den so Bezeichneten angeeignet wurden. Intellektueller war bekanntlich ein „Schimpfwort" (Dietz Bering) der *anti-dreyfusards* für ihre Gegner, den sich diese stolz auf die Fahne schrieben. BERING, Dietz: *Die Intellektuellen : Geschichte eines Schimpfwortes*, Frankfurt/M: Klett-Cotta 1982.

Seinen Angaben zufolge fiel ihr während des Sommers 1967 jede Woche etwa ein Drittel der Texte zum Opfer.[91] Ende September 1967 wurde dem Schriftstellerverband die Herausgeberschaft dann vollends entzogen – *Literární noviny* erschien nun unter der Hoheit des Ministeriums für Kultur und Information. Was war geschehen? Der IV. Tschechoslowakische Schriftstellerkongress hatte getagt. Entlang der Ereignisse vom 27.-29. Juni 1967 bietet sich Gelegenheit, zwei weitere Charakteristika des Prager Modells der Publizistik zu erörtern, ehe die Fäden anschließend zusammengeführt werden.

3. Kosmopolitischer Patriotismus und sozialistische Kulturpolitik (Auf dem IV. Tschechoslowakischen Schriftstellerkongress, 1967)

> Sozialismus ohne Jazz (und ohne Hemingway, den Surrealismus und viele dieser Dinge) scheint mir einfach kein echter Sozialismus zu sein.
>
> *Josef Škvorecký, in* Literární listy *vom 18. April 1968*[92]

Der 27. Juni 1967 war ein heißer Sommertag in Prag.[93] Im Volkshaus am Friedensplatz tagte der IV. Tschechoslowakische Schriftstellerkongress. Man hatte sich dorthin, wie sich der Schriftsteller Pavel Kohout erinnerte, angesichts des Wetters und der Aussicht auf weitere Kalamitäten nur ungern begeben.[94] Doch der Kongress entwickelte sich unerwartet zu einem Schlüsselmoment im Prozess der Selbstbehauptung der Schriftsteller und Journalisten gegenüber der Novotný-Regierung

91 HAMŠÍK, Dušan: *Writers against rulers*, New York: Random House 1971, S. 125.

92 Zitiert in PERINA: „*Intellectuals and political change in Czechoslovakia*", S. 279.

93 Die Schilderung des Kongresses stützt sich im Wesentlichen auf FRENCH, Alfred: *Czech writers and politics, 1945-1969*, Boulder; New York: East European monographs 1982, S. 250–284; KUSIN: *The intellectual origins of the Prague spring*, S. 53–62; URBAN, Rudolf: „*Der verwegene Geist -Der IV. tschechoslowakische Schriftstellerkongress und seine Folgen*", in: *Osteuropa 3* (1968), S. 176–198. Einen detaillierten und sehr lesenswerten Bericht aus der Innenperspektive enthält HAMŠÍK: *Writers against rulers.*Für die offiziellen Reaktionen siehe die Dokumentation von NAVRÁTIL, Jaromír (Hrsg.): *The Prague spring 1968: a national security archive documents reader*, New York: Central European University Press 1998.

94 So Kohout im Nachwort zur deutschen Übersetzung ausgewählter Kongressbeiträge, die 1968 bei Suhrkamp erschien. KUNDERA, Milan, Aleksandr SOLZENICYN und Pavel KOHOUT: *Reden zum IV. Kongress des Tschechoslowakischen Schriftstellerverbandes : Prag, Juni 1967*, Frankfurt am Main: Suhrkamp 1968, S. 135–142. Der schmale Band enthält durchgesehene und autorisierte Redefassungen auf Grundlage des 1968 in Prag veröffentlichten Kongress-Stenogramms, verschweigt aber, dass nur die kritischen Beiträge für die deutsche Veröffentlichung ausgewählt wurden und vermittelt dem deutschen Publikum damit ein zu homogenes Bild der Ereignisse.

und später zu einem vielzitierten Beweisstück für die entscheidende Rolle, die ihnen im „Prager Frühling“ zukam.

Bereits zu Beginn der Veranstaltung wich Milan Kundera vom üblichen Prozedere ab. Zwar lag, wie bei offiziellen Kongressen in dieser Zeit üblich, ein der Parteiführung bekannter und vom ZK des Schriftstellerverbandes unterstützter Entwurf für die Abschluss-Resolution vor. Dessen Wortlaut hatte bereits am Vortag zu heftigen Kontroversen in den Parteigremien geführt. Kundera brachte ihn auf dem Kongress ein, hatte aber nicht vor, es dabei bewenden zu lassen. Das Dokument sei durchaus nur als Ausgangspunkt zu betrachten. Das Kongressthema, die Rolle der Kultur im Sozialismus, sei von zentraler Bedeutung für die Anwesenden. Es müsse Gegenstand einer offenen Debatte unter ihnen sein.

Damit standen die Zeichen auf Konfrontation. Für die Novotný-Regierung ergab sich, weiterhin in Schdanowistischer Tradition, aus dem Führungsanspruch der kommunistischen Partei auch „das Recht, das Kulturleben zu steuern“.[95] Genau dagegen richtete sich Kundera in seiner Rede. Sie griff noch einmal die zentralen Forderungen der vergangenen Monate auf: Keine weitere Einmischung der Partei in literarische und künstlerische Fragen! Vor allem jedoch drängte Kundera auf die Abschaffung der Zensur.[96]

Die wesentlichen Argumente in Kunderas Rede sind aus dem Vorangegangenen vertraut und brauchen nicht wiederholt zu werden. Es trat indes eine weitere, in der Darstellung bisher vernachlässigte Dimension hinzu: In einer für Kundera – und wie zu zeigen sein wird, nicht nur für ihn – charakteristischen Wendung verknüpfte er sein Plädoyer mit dem nationalen Interesse der „aufholenden“ tschechischen Literatur:

> Jedweder Eingriff in die Freiheit des Gedankens und des Wortes [...] ist im zwanzigsten Jahrhundert ein Skandal und für unsere Anlauf nehmende Literatur eine Fessel. Eines steht doch außer jedem Zweifel: wenn unsere Kunst einen Aufschwung genommen hat, dann deshalb, weil die geistige Freiheit größer geworden war.[97]

Zwar konzedierte Kundera, dass die künstlerische Freiheit wohl auch im Sozialismus letztlich Grenzen haben müsse. Doch gab er zu verstehen, dass, wer sich dieses Argument zu eigen mache, bereits ins konservative Lager übergewechselt sei, denn „[...] keine neue progressive Epoche hat sich je selbst durch die eigenen Beschränkungen definiert!“[98] Zur Untermauerung seines Arguments rekonstruierte Kun-

95 Novotný, zitiert von SKILLING: *Czechoslovakia's interrupted revolution*, S. 63.

96 Die Wut der Schriftsteller und Journalisten auf dem Kongress wurde verschärft durch die einseitig pro-arabische Position der Novotný-Regierung im arabisch-israelischen Sechstagekrieg, der Anfang Juni stattgefunden hatte. Die Zensur hatte jede öffentliche Debatte zu dieser entscheidenden Frage unterbunden. Siehe dazu Hamšík, der vor allem die wichtige Rede des indignierten jüdischen Schriftstellers und Holocaust-Überlebenden Arnošt Lustig hervorhebt. HAMŠÍK: *Writers against rulers*, S. 25–43.

97 Kundera, in KUNDERA/SOLZENICYN/KOHOUT: *Reden zum IV. Kongress des Tschechoslowakischen Schriftstellerverbandes*, S. 16–17.

98 Ebd., S. 17.

dera den progressiven Strang der europäischen Ideengeschichte als eine Folge von Überschreitungen:

> Die Renaissance definierte sich nicht selbst durch die begrenzende Naivität ihres Rationalismus, die erst im historischen Abstand erkennbar wurde, sondern durch die rationalistische Überschreitung der bisherigen Begrenzungen. Die Romantik definierte sich durch die Überschreitung der Grenzen des klassischen Kanons und durch die neuen Inhalte, derer sie sich jenseits dieser Grenzen bemächtigen konnte. Und auch die Bezeichnung sozialistische Literatur wird keinen positiven Sinn haben, solange sie kein ähnliches befreiendes Überschreiten bedeutet.[99]

Mit anderen Worten: Der Sozialismus musste, wollte er sich als die revolutionäre Überschreitung des Bestehenden beweisen, die er seit Marx vorgab zu sein, die Fesseln früherer Epochen sprengen und seinen Intellektuellen und Literaten völlige Schaffensfreiheit zugestehen. „Allerdings", stichelte Kundera, „gilt es bei uns noch immer als tugendhafter, die Grenzen zu bewachen, als sie zu überschreiten."[100]

Nachdem er der sozialistischen Literatur „befreiendes Überschreiten" zur Bedingung gemacht hatte, insistierte Kundera erneut, dass eine konträr ausgerichtete Kulturpolitik nicht nur nicht sozialistisch sein könne, sondern auch nicht patriotisch. Der Kunst ihre Freiheit wiedergeben heiße, der Nation die Chance zu geben, aus dem Schatten der Geschichte herauszutreten. Die historischen Vorbedingungen für eine volle Entfaltung der tschechischen Kultur sah Kundera auf tragische Weise erfüllt:

> Im neunzehnten Jahrhundert lebte unser Volk an der Peripherie der Weltgeschichte. In diesem Jahrhundert lebt es direkt in ihrer Mitte. Das Dasein inmitten der Geschichte ist, wie wir wissen, kein Honigschlecken. Aber auf dem wundersamen Boden der Kunst verwandeln sich Kümmernisse in Gold. […] Die ganze Geschichte dieses Volkes zwischen Demokratie, faschistischer Knechtschaft, Stalinismus und Sozialismus (gesteigert noch durch die völlig einzigartige nationale Problematik) beinhaltet alles, was das zwanzigste Jahrhundert zum zwanzigsten Jahrhundert macht.[101]

Kundera brauchte keine Namen und Daten zu nennen, sie wurden von seinen Zuhörern selbst ergänzt: T. G. Masaryks Erste Republik 1918 („Demokratie"); ihr faktisches Ende im Münchner Abkommen von 1938 und die Annexion der noch unabhängigen Landesteile durch Hitler-Deutschland 1939 („faschistische Knechtschaft"); die stalinistische Politik der Regierungen Gottwald und Novotný und der „Verrat der Intellektuellen" ab Februar 1948 („Stalinismus"); schließlich die kulturelle und intellektuelle Renaissance (jedenfalls ist zu vermuten, dass es diese Entwicklung war, die Kundera mit dem Begriff „Sozialismus" adelte). Nimmt man die Nationalitätenfrage hinzu – Tschechen und Slowaken in erster Linie, aber auch die Vertreibung der Sudetendeutschen und die Frage des Zusammenlebens im Vielvöl-

---

99 Ebd.
100 Ebd.
101 Ebd., S. 18.

kerstaat überhaupt –, so ist schwer von der Hand zu weisen, dass das kleine Land[102] in der geographischen Mitte Europas über Gebühr von den ideologischen und politischen Frontverläufen, dem Schrecken und den Hoffnungen der europäischen Geschichte des 20. Jahrhunderts betroffen war.

In seiner Rede auf dem Kongress rief Kundera, ganz in der mitteleuropäischen Tradition des Schriftstellers als „Gewissen der Nation", dazu auf, diese tragische Erfahrung als historische Chance zu ergreifen, um die Marginalisierung der tschechischen Sprache und Nation zu beenden:

> Unser Volk hat in diesem Jahrhundert sicher mehr durchgemacht als viele andere Völker, und ist sein Genius wach gewesen, dann weiß es auch mehr. Dieses Mehrwissen könnte sich in jenes befreiende Überschreiten der bisherigen Grenzen verwandeln, in das Überschreiten der Grenzen unserer bisherigen Kenntnisse vom Menschen und seiner Bestimmung, und so der tschechischen Kultur Sinn, Reife und Größe geben.[103]

Die „Lebensfrage unserer Nation", so Kundera, sei noch nicht endgültig beantwortet. „Lohnt ihre Existenz überhaupt? Lohnt die Existenz ihrer Sprache?" fragte er sein Publikum, eine zentrale Frage der jungen Republik aufgreifend.[104] Das werde erst die Zukunft zeigen können. Allerdings führte Kundera an, dass „manches in den letzten Jahren entstandene Werk" Anlass zur Hoffnung gegeben habe. Wiederum war es nicht nötig, Namen zu nennen, zumal viele der Kollegen im Publikum saßen und einige nach ihm, und in seinem Sinne, das Wort ergriffen. Schriftsteller und Theaterautoren wie Ludvík Vaculík, Václav Havel, Pavel Kohout, Josef Škvorecký, auch der „unpolitische" Meistererzähler Bohumil Hrabal – allesamt Autoren, die in den vorangegangenen Jahren literarisch in Erscheinung getreten waren. Aber auch an die Regisseure der tschechischen *„nouvelle vague"* wie Miloš Forman, Vera Chytilová und Jan Němec wird Kundera gedacht haben. In ihren Arbeiten sah er den Neubeginn einer Kulturproduktion, die den abgerissenen Faden der tschechischen Avantgarde aus der Ersten Republik wieder anknüpfte und es, endlich in der literarischen Gegenwart angekommen, wieder mit der internationalen Produktion aufnehmen konnte. So flossen beide Argumente – das von der sozialistischen Literatur als befreiende Überschreitung und das einer vielversprechenden, gleichwohl noch prekären historischen Aufholbewegung der tschechoslowakischen Kultur – zusammen in einer abschließenden, patriotischen Mahnung an die Zensoren:

---

102 1961 zählt die Tschechoslowakei 13,7 Millionen Einwohner, davon 9,5 Millionen in den tschechischen Landesteilen.

103 KUNDERA/SOLZENICYN/KOHOUT: *Reden zum IV. Kongress des Tschechoslowakischen Schriftstellerverbandes*, S. 18–19.

104 Ebd., S. 19. Die klassische Formulierung der „tschechischen Frage" geht zurück auf einen Artikel des tschechischen Literaturkritikers Gordon Hubert Schauer von 1886. Siehe dazu die Kommentierung von Markus Sedlaczek zu Milan Kunderas Artikel „Český úděl" (für die Quelle siehe FN 107).

> [Jeder], der durch Bigotterie, Vandalismus, Kulturlosigkeit, mangelnde Freisinnigkeit der anhebenden kulturellen Entfaltung den Boden entzieht, [entzieht] ihn auch unmittelbar dem Sein dieser Nation.[105]

Auffällig ist, wie Kundera wieder und wieder im Verlauf seiner Rede auf die Marginalisierung der tschechoslowakischen Kultur und Sprache im europäischen Diskurs zurückkam:

> Die Unterbrechung der Entwicklung einer derart zerbrechlichen Kultur zuerst durch die Okkupation, unmittelbar darauf durch den Stalinismus, zusammen fast ein Vierteljahrhundert lang, ihre Isolierung von der Welt, die Reduzierung ihrer vielfältigen inneren Traditionen, die Senkung ihres Niveaus auf die Stufe eines platten Propagandismus, das war eine Tragödie, die unser tschechisches Volk erneut und definitiv an die Kulturperipherie Europas abzudrängen drohte.[106]

Kunderas Argument ist hier, dass der negative Effekt von Besatzung und Stalinismus durch den anhaltenden Provinzialismus, die progressive Isolation der tschechischen Kultur, unglücklich verschärft werde. Dass sich kleine Nationen dies langfristig nicht leisten könnten, haben er und Liehm in den folgenden Jahren, und noch bei der Gründung von *Lettre internationale*, immer wieder betont.[107] Im Vordergrund stand dann allerdings bereits weniger die innenpolitische Situation der „kleinen Nationen" als vielmehr ihre wichtige Rolle bei der Entprovinzialisierung der „großen Nationen", in denen sowohl Liehm als auch Kundera später lebten.[108]

Natürlich war die Sorge um die eigene Bedeutungslosigkeit, die Furcht vor dem Provinzialismus, nicht erst seit den Debatten unter den Reformkommunisten in den 1960er Jahren ein Topos der tschechoslowakischen Intellektuellen. Sie hatte schon die Generation von Masaryk und Beneš im Pariser Exil und später zur Zeit der Ersten Republik beschäftigt. Die Antwort der progressiven Kräfte, damals wie auch in den 1960er Jahre wieder, war ein starker und emphatisch eingeforderter *Europäismus*. Einerseits galt es, die kulturelle Besonderheit zu fördern („Lohnt sich die Existenz Tschechiens?" fragte sich nicht nur Kundera). Ziel sollte jedoch immer sein, die Stimme der tschechischen Kultur als integralen Teil des europäischen Gesprächs vernehmbar zu machen.[109] Der Europäismus, den sich die tschechoslowakischen Reformkommunisten in den 1960er Jahren wieder zu eigen machten, stand mithin nicht im Widerspruch zum Patriotismus, sondern war mindestens seit der Zeit der Ersten Republik ein Teil von ihm. Die Abgrenzung erfolgte, wenn

---

105 Ebd.

106 Ebd., S. 12–13.

107 Milan Kunderas Artikel „Český úděl" („Das tschechische Los") erschien ursprünglich in *Literární listy* vom 19. Dezember 1968 – für die deutsche Übersetzung dieses Textes und eine Aufarbeitung der nachfolgenden Debatte zwischen Milan Kundera und Václav Havel siehe das Dossier der deutschen *Lettre International* 80, 2008. Zum Kontext dieser Debatte siehe RUPNIK, Jacques: *„Les deux Printemps de 1968"*, in: *Études 408/4085* (2008), S. 585–592.

108 Siehe zu diesen Fragen ausführlicher Kapitel 6.

109 Zur Rolle der Europaidee in der tschechischen Geschichte siehe paradigmatisch die Sammlung von Europa-Essays des tschechischen Philosophen PATOCKA, Jan: *L'idée de l'Europe en Bohême*, Grenoble: Jérôme Millon 1991.

überhaupt, nach Osten hin, zum sowjetischen Gesellschaftsmodell, dem zwanzig Jahre zuvor noch die Herzen der kommunistischen Intellektuellen zugeflogen waren. Diese Entwicklung war in vieler Hinsicht ein Glück, denn der emphatische Europäismus des Prager Frühlings entsprach dem gemeinsamen Bedürfnis von Intellektuellen *und* Bevölkerung, neue Ideen und frische Luft ins Land zu lassen. Ein übernationaler und pluralistischer Diskurs erreichte, von Westen her, durch Übersetzungen und Presseschauen, die tschechische Hauptstadt.[110] Der Europäismus fungierte als Kitt dieser gewissermaßen „im nationalen Interesse international orientierten" Bewegung. In diesem Sinne konnte Pierre Grémion folgern:

> Le retour à l'européanisme [...] était une des composantes majeures qui soudaient, au-delà du jeu des conflits entre groupes, les chefs révisionnistes, les experts, les artistes et la société.[111]

Der Europäismus des „Prager Modells", sein vierter charakteristischer Zug, war im tschechoslowakischen Kontext der zweiten Hälfte der 1960er Jahre vermutlich das populärste Element der reformkommunistischen Programmatik. Innenpolitisch betrachtet bot er sich als Alternative zur stickigen Luft in Novotnýs neo-stalinistischer „Käseglocke" an, außenpolitisch betrachtet war er salonfähig und kommunikationsförderlich – und somit insgesamt eine vielversprechende, populäre Grundlage für den politisch-kulturellen Reformprozess, den die Tschechoslowakei brauchte und nach dem sich viele sehnten.

* * *

Milan Kunderas Intervention hatte dem IV. Tschechoslowakischen Schriftstellerkongress zusätzliche Dynamik verliehen. Es folgten Reden der Schriftsteller Pavel Kohout und Alexandr Klíment. Dann hielt es Kohout für seine Pflicht, einen Brief von Alexander Solschenizyn an den sowjetischen Schriftstellerkongress zu verlesen, in dem dieser die Zensur in den kommunistischen Staaten verurteilte.[112] Daraufhin verließ Jiří Hendrych, ZK-Mitglied und Chefideologe der KSČ, mit der offiziellen Delegation den Saal. Die Kluft zwischen der Parteileitung und der Gruppe um *Literární noviny* war unüberbrückbar geworden.

Am nächsten Tag sprachen die Schriftsteller Ivan Klíma, und, mit ungekannter Direktheit, Ludvík Vaculík.[113] Er zählte zunächst die zahlreichen Formen auf, in

110 Grémion weist darauf hin, dass eines der historischen „Missverständnisse" zwischen der tschechoslowakischen und der französischen Linken um 1968 darin lag, dass die Franzosen den Europäismus ihrer tschechoslowakischen Genossen nicht als Versuch zur Entprovinzialisierung und Erneuerung des Sozialismus erkannt hätten (GRÉMION: *Paris-Prague*, S. 124–128.). Siehe dazu ausführlicher das nachfolgende Kapitel.

111 Ebd., S. 124.

112 Siehe zu diesem Brief VAISSIÉ: *„Entre ‚ingénieurs des âmes', ‚intelligent' et ‚dissidents"*, S. 375.

113 Der Schriftsteller und Journalist Ludvík Vaculík war seit 1965 Redakteur bei *Literární noviny*. Auf ihn trifft der bürgerliche Parcours seiner Kollegen nicht zu – er war ein Arbeiterkind, Schuster in der berühmten Bata-Schuhfabrik in Zlín und hatte anschließend studiert. In vielerlei Hinsicht war er ein Musterschüler des Systems, ehe er sich zu einem seiner vehementesten Kritiker

denen sich die Künstler und Intellektuellen der Macht unterworfen hatten – und ging dann zu offener Kritik an der politischen Elite über. Die Bilanz der zwanzig Jahre Sozialismus sei vernichtend: „Es darf nicht übersehen werden, daß in den zwanzig Jahren bei uns keine menschliche Frage gelöst wurde", und weiter, nun seinerseits das Argument der nationalen Entwicklung aufgreifend: „[...] ich fürchte, wir haben uns auf dem Schauplatz der Welt nicht emporgehoben; ich habe das Empfinden, daß der Name unserer Republik seinen guten Klang verloren hat."[114]

Dann redete Antonin Liehm. Sein Beitrag zeugte am deutlichsten von dem Bemühen, eine genuin sozialistische Reformagenda zu formulieren. Es ging Liehm um eine glaubwürdige Alternative für die Tschechoslowakei. Dafür, argumentierte er, brauche es unbedingt eine „sozialistische" Opposition im Lande (den Schritt zur bedingungslosen Unterstützung des Oppositionsprinzips tat er in den 1960er Jahren noch nicht).[115] Einig war sich Liehm mit seinen Vorrednern aus dem Kreis von *Literární noviny* auch darin, von den Statthaltern der tristen realsozialistischen Wirklichkeit die westlichen Standards an bürgerlichen Freiheitsrechten einzufordern. Die Politik habe sich in der Vergangenheit so oft als Zensor dieser oder jener kulturellen Strömung versucht,

> [...] daß es wohl an der Zeit wäre zu verstehen, daß die Kultur nicht nur kein Werkzeug zur Verwirklichung dieses oder jenes Programms ist, sondern die Summe der Tätigkeit aller schöpferischen Kräfte des Volkes, das lebendige Gedächtnis des Volkes, sein schmerzendes Bewußtsein und Gewissen, die Äußerung jeglicher Kompliziertheit und sämtlicher Züge seines Geistes, und daß erst die Geschichte – aber auch sie oft nur sehr unzureichend – die echten Werte von den falschen, die Wahrheit von der Unwahrheit, den Weizen von der Spreu zu unterscheiden vermag.[116]

Soweit zu den „liberalen" Forderungen, bei denen es Liehm allerdings nicht beließ. Auch bei ihm kam nun das patriotische Argument zum Tragen. Stärker als bei Kundera bildete die *sozialistische* Tschechoslowakei den Ausgangspunkt seiner Überlegungen. Welchen Beitrag, fragte Liehm, könnte das kleine Land zur internationalen Entwicklung leisten? Wiewohl auch er versuchte, wieder Anschluss an die intellektuelle Dynamik der Ersten Republik zu gewinnen, insistierte Liehm doch darauf, dass die zwanzig Jahre, auf deren vernichtende Bilanz Vaculík hingewiesen

---

entwickelte. Als Initiator des „Manifests der 2000 Worte" erlangte er 1968 weltweite Bekanntheit. Siehe zu Vaculíks Biographie das Gespräch zwischen ihm und Liehm (in LIEHM: *Gespräch an der Moldau.*) sowie HOLÝ, Jiří: *Writers under siege : Czech literature since 1945*, Brighton: Sussex Academic Press 2008.

114 Vaculik, in KUNDERA/SOLZENICYN/KOHOUT: *Reden zum IV. Kongress des Tschechoslowakischen Schriftstellerverbandes*, S. 126.

115 Einige Monate später, im Vorwort zum *Gespräch an der Moldau*, schrieb Liehm in diesem Sinne: „Ich behaupte, [...] daß gerade der Sozialismus seine, nämlich eine sozialistische Opposition braucht, wenn er nicht zu einem System der totalitären Diktatur und Willkür degenerieren soll, was er bei uns heute noch immer nur auf Gelöbnis nicht ist." LIEHM: *Gespräch an der Moldau*, S. 42.

116 Liehm in KUNDERA/SOLZENICYN/KOHOUT: *Reden zum IV. Kongress des Tschechoslowakischen Schriftstellerverbandes*, S. 64.

hatte, nichtsdestotrotz eine neue Wirklichkeit geschaffen hätten. War daraus etwas zu gewinnen? Die Antwort lag auf der Hand, aber das machte sie nicht trivial: Vorkapitalistische wie auch marktliberale Kulturpolitiken hatten ihre eigenen Probleme – Kulturproduktion war in ihnen entweder von politischer Patronage und Mäzenatentum abhängig oder eben vom Markt. Es konnte also nicht darum gehen, einfach den Status quo ante wiederherzustellen. Liehm stellte einer sozialistischen Kulturpolitik vielmehr die Aufgabe, die Kultur vom „zweifachen Diktat zu befreien, das sie in der Vergangenheit kannte: dem Diktat der Macht und dem Diktat des Marktes".[117] In zwei Paragraphen formulierte er sein Grundgesetz einer künftigen Kulturpolitik:

> Wenn also der erste Artikel einer „Proklamation der Grundsätze der sozialistischen Kulturpolitik" die Erklärung des sozialistischen Staates über die absolute und durch nichts als das Strafgesetz beschränkte Freiheit der Kultur sein muß, so muß der Artikel zwei die Verpflichtung dieses Staates enthalten, daß er zum materiellen Garanten der so entstehenden Kultur wird und alles unternehmen will, damit die nationale Kultur in allen ihren Aspekten Eigentum der breitesten Schichten des Volkes wird.[118]

Es ist nicht gewiss, dass damit die beste aller möglichen Welten beschrieben war. So machte Liehm keine Angaben dazu, wie in diesem Modell der Übergriff des Staats auf die Kultur verhindert werden könnte. Kein geringes kulturpolitisches Problem – aber vielleicht wäre seine Erörterung zu viel verlangt von einer kurzen Rede auf einem Schriftstellerkongress. Liehm bemühte sich, unter dem Druck der Ereignisse, um eine Zukunftsvision für die sozialistische Tschechoslowakei. Seine Formulierungen schossen ins Utopische über. Es war, angesichts der Machtverhältnisse im Warschauer Pakt, wohl jener Typus von „Realismus", der, wie man zur selben Zeit in Paris an den Wänden las, realistisch nur war, insofern er das Unmögliche verlangte. Es war auch, soviel sollte ersichtlich geworden sein, der Versuch einer Ehrenrettung für Liehms intellektuelle Generation.

Was in Liehms kulturpolitischer Rede zu Tage trat, war eine beabsichtigte Systemsynthese zwischen liberalen Werten und sozialistischer Absicherung der kulturellen Produktion. Das ist das fünfte und letzte Charakteristikum des „Prager Modells". Im Zentrum stand das Bemühen um die Demokratisierung von ambitionierter Kultur und Publizistik und ihre Verbreitung an den größtmöglichen Teil der Bevölkerung. Es schadet nicht, daran zu erinnern – zumal heute, da wir uns in Europa daran gewöhnt haben, einige hundert Leser für eine gute Zeitschrift als normal und wenige tausend als großen Erfolg zu werten. Dem wenigstens versuchsweise entgegenzuwirken war eine Konstante in Antonin Liehms publizistischen Initiativen: Mit *Lettre internationale* hat er später alles Mögliche versucht, um – auch ohne ausreichende Mittel – in *größtmöglicher* Auflage am Kiosk präsent zu sein: Am liebsten am Kiosk und nicht im Buchladen, auf Zeitungspapier und nicht zwischen Buchdeckeln. Mit

---

117 LIEHM: *Gespräch an der Moldau*, S. 48.
118 Ebd., S. 52.

langen Essays, aber ohne Fußnoten. Denn Fußnoten, so Liehm, wolle man nur in Deutschland lesen.[119]

Im Sommer 1967 durfte er noch darauf hoffen, dass sich sein Heimatland zum Laboratorium für einen sozialistischen Kulturstaat entwickeln würde.[120] Jedenfalls hielt Liehm dies für die einzige und letzte Chance der Tschechoslowakei:

> Ich glaube [...] nicht, daß der tschechoslowakische Sozialismus in diesem Augenblick oder in der unmittelbaren Zukunft der Welt irgendeine bedeutsame Anleitung auf dem Gebiet der Ökonomie bringen kann, die auf funktionierende Beweise gestützt ist. Auf dem Gebiet der Kultur und der Kulturpolitik könnte er es, und zwar schon morgen. Unter der Voraussetzung, daß er genug Mut hat, über diese Fragen tatsächlich und im Prinzip sozialistisch nachzudenken. Dies wäre wahrscheinlich ein Beitrag – und kein geringer – dieses kleinen sozialistischen Landes zu jenen bisher seltenen Erfahrungen der Welt, die bestätigen, daß unser Sozialismus tatsächlich das wünschenswerte zukünftige Modell der Welt ist.[121]

Mit seiner Rede auf dem IV. Tschechoslowakischen Schriftstellerkongress hatte Antonin Liehm den Programmtext für das „Prager Modell" vorgelegt. Dem Kampf um seine Umsetzung in eine politische und publizistische Realität galt das Engagement seiner Generation von Reformkommunisten während der folgende Monate.

4. Hoffnungen, Niederlagen (1967-1969)

Unmittelbar nach dem Schriftstellerkongress zeichnete sich ab, dass die konservativen Kräfte in der Parteileitung gegen die „intellektuelle Opposition" in ihren Reihen vorgehen würden. Die kritischen Kongressbeiträge konnten nicht oder nur mit sinnentstellenden Kürzungen in *Literární noviny* erscheinen.[122] Doch das war erst der Anfang. In seiner Sitzung vom 26.-27. September 1967 schloss das Zentralkomitee der Kommunistischen Partei der Tschechoslowakei Ivan Klíma, Ludvík Vaculík und Antonin Liehm aus der Partei aus. Pavel Kohout wurde verwarnt, gegen Milan Kundera ein Untersuchungsverfahren eingeleitet. Der deutlich konformere Schriftsteller Jan Procházka sah seinen Namen von der Kandidatenliste für

---

119 Q.E.D.

120 Kusin notiert: „The conviction that a socialist state should and could be a truly cultural state developed into what became the most explicit theoretical concept of socialist cultural policy to that date. It was formulated at the 4th Congress of the Writers' Union in 1967 by A. J. Liehm, then on the staff of *Literární noviny*." KUSIN: *The intellectual origins of the Prague spring*, S. 57. Liehm hat seine kulturpolitische Agenda im Laufe der nächsten Jahre, zunächst in der Tschechoslowakei, später dann im französischen und amerikanischen Exil, weiter ausgearbeitet. Programmatisch zusammengefasst ist sie in LIEHM, Antonin J.: *Le Passé présent. Le socialisme oriental face au monde moderne*, Paris: J.-C. Lattès 1974.

121 Liehm in KUNDERA/SOLZENICYN/KOHOUT: *Reden zum IV. Kongress des Tschechoslowakischen Schriftstellerverbandes*, S. 69.

122 Zu den Auseinandersetzungen über die Veröffentlichung siehe HAMŠÍK: *Writers against rulers*, S. 76–95.

das Zentralkomitee der KSČ gestrichen.[123] Wie die Parteizeitung *Rudé právo* am Folgetag berichtete, beschloss man außerdem, dem Schriftstellerverband die Herausgeberschaft der *Literární noviny* zu entziehen und sie dem Informations- und Kulturministerium zu überantworten. Die Zeitschrift sei eine „Plattform für oppositionelle Politik" geworden.[124] Eine neue Leitung wurde eingesetzt, sämtliche Redakteure, darunter Liehm und Vaculík, entlassen.

Die Maßnahmen gingen nach hinten los. Die erhoffte Disziplinierung der reformorientierten, kommunistischen Intellektuellen machte diese stattdessen zu offenen Oppositionellen.[125] „In retrospect", schreibt Kaplan, „it can be said that the Congress, especially the regime's strong reaction to it, signified the beginning of the end of the Novotny era."[126] Leserschaft und Autorenstamm der alten *Literární noviny* solidarisierten sich und organisierten einen Boykott der neuen linientreuen Publikation. Die Verkaufszahlen stürzten während der nächsten Monate ins Bodenlose, Kioskbesitzer wetteiferten darum, wer die wenigsten Exemplare verkauft.[127] Die internationale Presse hatte einen neuen Skandal, über den sie berichten, die Tschechen einen, über den sie sich austauschen konnten. Berücksichtigt man, dass die Informationsversorgung durch Radio und Fernsehen in der Tschechoslowakei ab Mitte der 1960er Jahre stark zunahm (seit 1963 wurden ausländische Sender, Radio Free Europe ausgenommen, nicht mehr gestört), und dass ab 1967 zudem internationale Tageszeitungen – wenngleich in stark begrenzter Zahl – am Kiosk zu

123 Der offizielle Partei-Beschluss ist in englischer Übersetzung abgedruckt in NAVRÁTIL (Hrsg.): *The Prague spring 1968*, S. 12. Dušan Hamšík merkt zu Liehms Rede und der Reaktion der Parteileitung an: „There were several speakers at the Congress who discussed the inadequacies of the Party's cultural policy and tried to suggest better guidelines for it: Milan Kundera, Eduard Goldstücker, Václav Havel, Milan Jungmann and Lumír Civrny amongst them. They all had a cold reception but in no case were their views promptly attacked as ‚anti-party'. This is precisely what happened, however, to A. J. Liehm, though his thinking was clearly more deeply rooted in socialism than that of several other delegates who addressed the Congress. Liehm, like Klíma, was evidently on the black list and had to be put down whatever he said." HAMŠÍK: *Writers against rulers*, S. 53–54.

124 Zitiert bei FRENCH: *Czech writers and politics*, S. 270.

125 Ivan Sviták sieht die historische Bedeutung der abgestraften Protagonisten des IV. Schriftstellerkongresses für den Prager Frühling dadurch in ungerechter Weise überbewertet: „The group around *Literární listy* (with Liehm as a leading spirit) and its exponents in the Association of Writers completely dominated the leadership of democratization campaigns in the area of cultural policy. Although most of them were reformist Communists, they suddenly, de facto and overnight, became the representatives of that non-Communist trend which in a small-scale cultural guerrilla war had defended the fundamental humanistic values and cultural freedom for more than ten years. This was a bizarre turn indeed." SVITAK, Ivan: *„[Rezension zu:] Antonin Liehm, The Politics of Culture"*, in: *The American Political Science Review 67/3* (1973), S. 1073–1074, hier S. 1073.

126 KAPLAN: *Winter into spring*, S. 87–88.

127 Die verkaufte Auflage fiel von 120.000 auf 40.000, glaubt man der *New York Times* vom 25. Januar 1968: http://query.nytimes.com/mem/archive/pdf?res=F20611F7345D147493C7AB178AD85F4C8685F9

kaufen waren, so ist von einer Feedbackschleife auszugehen, in der sich zivilgesellschaftliche Solidarität und mediale Berichterstattung gegenseitig verstärkten.[128]

Wäre das harsche Vorgehen einige Jahre zuvor wohl durchgegangen, so war die Situation 1967 eine andere. Wie French darlegt, waren die Parteigremien gespalten – zahlreiche Kader fanden, dass die Dämonisierung international renommierter kommunistischer Intellektueller dem Land schade, so wie die ökonomische Orthodoxie dem Land geschadet hatte und der Prager Zentralismus der Slowakei.[129] Die Zahl der internen Kritiker aus allen drei Gruppen wuchs, den Herbst über fand ein Machtkampf zwischen den verschiedenen Fraktionen statt, der sich im Dezember zuspitzte. Am 5. Januar 1968 wurde Antonín Novotný dann, wie erwähnt, als Erster Sekretär durch den Slowaken Alexander Dubček ersetzt.

Auch wenn es zunächst nach einem internen, routinemäßigen Machtkampf aussah – *Le roi est mort, vive le roi* –, so hatte der Wechsel nichtsdestotrotz eine offene Situation mit unklarem Ausgang geschaffen. Die Gesellschaft erholte sich, Arbeiter-Komitees und Arbeitsgruppen entstanden, eine Allianz aus Arbeitern und Intellektuellen, Kommunisten und Nicht-Kommunisten nutzte die Verwirrung in den Institutionen und trieb die Forderungen weit über die ursprünglichen Ideen der internen Reformkräfte hinaus. War die kulturelle und intellektuelle Renaissance in den Jahren zuvor die Sache und das Verdienst von Intellektuellen, so übernahm nun die Bevölkerung als treibende Kraft. Als die Parteileitung um Dubček im April 1968 ihr „Aktionsprogramm" für den tschechoslowakischen Weg zum Sozialismus vorstellte, waren in der gesellschaftlichen Debatte längst weitergehende Forderungen zu vernehmen.

Das Informationsbedürfnis war immens, Zeitungen wurden in Prag von Hand zu Hand weitergereicht. In dieser euphorisierten Situation veröffentlichte der Schriftstellerverband die erste Ausgabe von *Literární listy* („Literaturblätter"). Die Wochenschrift erschien mit einem Großteil der Redaktion und des Beirats der alten *Literární noviny*.[130] Auch der Chefredakteur war wieder Dušan Hamšík, und

---

128 Für die Entwicklung der massenmedialen Infrastruktur in den 1960er Jahren siehe KAPLAN: *Winter into spring*, S. 52–68.

129 FRENCH: *Czech writers and politics*, S. 272–279.

130 Anthologien der wichtigsten Texte aus *Literární listy* vom Februar bis August 1968 sind u.a. erschienen in Deutschland – ausgewählt und kommentiert von Josef Škvorecký (ŠKVORECKÝ, Josef (Hrsg.): *Nachrichten aus der ČSSR: Dokumentation der Wochenzeitung „Literární listy" des Tschechoslowakischen Schriftstellerverbandes Prag, Februar-August 1968*, Frankfurt am Main: Suhrkamp 1968.) – und in Italien – ausgewählt und kommentiert von Josef B. Heisler (unter dem Pseudonym Jan Cech) (HEISLER, Josef B.: *Praga 1968. Le idee del Nuovo corso. Literární listy marzo-agosto 1968*, Bari: Laterza 1968.) Eine ca. 400 Seiten starke französische Ausgabe, herausgegeben von Antonin Liehm, war für 1969 zur Veröffentlichung bei Gallimard geplant, wo auch *Trois générations* erschien. Ein Autorenvertrag vom 28. März 1969 verweist auf den Titel „Les intellectuels tchekoslovaques [sic!] – (recueil de textes déjà publiés dans le journal Literarni Listy)" (Vertragsentwurf und zugehörige Korrespondenz im Archiv AJL/LI, IMEC). Aufgrund von Missmanagement und zahlreichen Problemen bei Gallimard verzögerte sich die Veröffentlichung jedoch *sine die*. Eine deutlich abgespeckte Fassung erschien schließlich, etwas aus der Zeit gefallen, 1977 unter dem Titel *Socialisme à visage humain* bei den Editions Albatros (LIEHM, Antonin J. (Hrsg.): *Socialisme à visage humain : les intellectuels de Prague au centre de la mêlée*, Paris: Albatros 1977.)

Abb. 3: Titelblatt der ersten regulären Ausgabe von *Literární Listy*, datiert 1. März 1968

die Zeitschrift erhielt ihre alten Redaktionsräume in der Betlemská-Straße zurück. Die Auflage betrug nun stolze 300.000 Exemplare.[131] Auf Seite 1 der ersten regulären Ausgabe vom 29. Februar (datiert 1. März) schrieb Eduard Goldstücker, inzwischen der Präsident des Schriftstellerverbandes:

> Since January 5, I have had the feeling that all of us in this statistically small but in experience and mission large country long for the realization of the ideals of socialism; that is, brotherly love and freedom. We are filled with well being in knowing that from a lost path we have returned to the correct road.[132]

Die folgenden Monate, von März bis September 1968, bedeuteten ein großes Experiment für den sozialistischen Kulturjournalismus – ohne Zensur. Denn auch wenn die Vorzensur erst im Juni offiziell abgeschafft wurde, so war sie bereits seit Anfang des Jahres de facto suspendiert.[133] Die Zensoren hatten angesichts der häufigen politischen Wechsel kein Interesse daran, sich bei denen unbeliebt zu machen, die morgen an der Macht sein konnten. Nicht ohne revolutionäre Emphase folgerten deshalb die Autoren der Studie des International Press Institute: „From the end of February until August 21, the Czechoslovak communications media was among the freest in the world."[134] Für kurze Zeit hatte sich die Utopie aus Liehms Rede von 1967 verwirklicht: Die Presse dieser Monate war weitgehend frei von Zensur und Angst („das Diktat der Macht"), aber auch frei von den kommerziellen Zwängen der kapitalistischen Presse („das Diktat des Marktes").

Diese Entwicklung betraf natürlich nicht allein die politisch-literarischen Zeitschriften: Tages- und Wochenzeitungen, Radio und Fernsehen spielten ebenso eine wichtige Rolle. Stanislav Budín zum Beispiel, Liehms Co-Redakteur und Mentor aus der Zeit von *Kulturni politika*, war nun, zwanzig Jahre später, der Chefredakteur von *Reporter*, der Zeitschrift des Journalistenverbandes, die unter seiner Leitung zum ambitioniertesten Reportagemedium der Tschechoslowakei wurde; der Studentenverband veröffentlichte die radikaldemokratische Publikation *Student*; beim Fernsehen setzte sich dessen Leiter Jiří Pelikán für einen neuen Kurs ein; und selbst *Rudé pravo*, die Tageszeitung der Kommunistischen Partei, unternahm Liberalisierungsversuche…

Doch das zentrale Forum der Debatte blieb *Literární listy*. Die Zeitschrift öffnete ihre Seiten für alle möglichen Manifeste, Stellungnahmen, Petitionen. Für Liehm und seine Kollegen in der Redaktion waren diese Monate ein großes Glück und eine prägende Erfahrung. Die Sanktionen gegen sie wurden aufgehoben, die Partei rehabilitierte sie. Sie hatten den Wind im Rücken und ein Medium zu ihrer Verfü-

---

131 HAMŠÍK: *Writers against rulers*, S. 162. Wie für *Literární noviny* so variieren auch die Auflageangaben für *Literární listy*. Kusin spricht von 250.000, das Autorenkollektiv von „Svoboda" von 400.000 Exemplaren. KUSIN: *Political grouping in the Czechoslovak reform movement*, S. 76; INTERNATIONAL PRESS INSTITUTE (Hrsg.): *„Svoboda"; the press in Czechoslovakia 1968*, S. 28.

132 Zitiert nach der englischen Übersetzung in KAPLAN: *Winter into spring*, S. 109.

133 FRENCH: *Czech writers and politics*, S. 288–289.

134 INTERNATIONAL PRESS INSTITUTE (Hrsg.): *„Svoboda"; the press in Czechoslovakia 1968*, S. 25.

gung, in dem die politischen Zwänge vorübergehend suspendiert und die ökonomischen weiterhin außer Kraft waren.

Im März 1968 entstand im Schriftstellerverband der Plan, ab dem Herbst eine unabhängige *Tages*zeitung herauszugeben, die heißen sollte wie das große Vorbild aus der Ersten Republik: *Lidové noviny*.[135] Die *Literární listy* würden in ihr als literarische Sonntagsbeilage aufgehen. Karel Kosík sollte dem Herausgeberkreis vorsitzen. Im Mai wurde Antonin Liehm als Chefredakteur berufen. 35 Journalisten würden zum 1. Oktober ihre Arbeit beginnen. Liehms Angaben zufolge hatte Innenminister Josef Pavel der Zeitung als Geste der Aussöhnung sogar das Gebäude der ehemaligen Zensurbehörde versprochen...[136] *„Lidové Literární noviny"* wäre die Krönung der journalistischen Karriere von Antonin Liehm gewesen. Als publizistische Inkarnation jener sozialistischen Kulturpolitik, die er auf dem Schriftstellerkongress gefordert hatte, hätte sie dem „Prager Modell" und seinen reformkommunistisch orientierten Protagonisten nicht nur eine langfristige Wirkungsstätte verschafft, sondern auch eine solide Machtbasis.

Am 27. Juni veröffentlichte Ludvík Vaculík in *Literární listy* das „Manifest der 2000 Worte".[137] Es stand für die außergewöhnliche Durchlässigkeit zwischen intellektuellen Debatten und zivilgesellschaftlichen Forderungen, die diesen Sommer in Prag auszeichnete, eine „Community of Interests", so Ivan Sviták, zwischen den zunehmend radikalisierten reformkommunistischen Intellektuellen um *Literárni listy* und nicht-kommunistischen Studenten, Arbeitern und Bürgern.[138] Vaculík ermutigte seine Mitbürger dazu, die Reformen weiterzutreiben und nicht aufzuhören, auf die „alte Garde" Druck auszuüben. Er forderte Demonstrationen, Streiks und Boykotts, bis die Dogmatiker aus den Reihen der KSČ entfernt und der Reformprozess irreversibel sei. Im Winter werde man alles wissen, lautete das berühmte Ende des Manifests. Doch schon der Herbst brachte Klarheit.

* * *

135 Das Projekt der Tageszeitung wird u.a. erwähnt bei KUSIN: *Political grouping in the Czechoslovak reform movement*, S. 75. sowie von Liehm selbst in LIEHM (Hrsg.): *Socialisme à visage humain*, S. 31; LIEHM, Antonin J.: *„Dalla cultura alla politica"*, in: LEONCINI, Francesco (Hrsg.): *Che cosa fu la „Primavera di Praga"? : idee e progetti di una riforma politica e sociale*, Manduria: Piero Lacaita editore 1989, S. 127–150, hier S. 147.

136 LIEHM: *„Dalla cultura alla politica"*, S. 147.

137 Das tschechische Original ist einsehbar unter http://archiv.ucl.cas.cz/index.php?path=LitL/1.1968/18/1.png

138 Der radikaldemokratisch argumentierende Ivan Sviták kritisierte gleichwohl in einem Artikel unmittelbar nach seiner Emigration in die USA, dass diese Allianz zwischen Intellektuellen und Arbeitern so spät zustande kam. Die elitären Intellektuellen um *Literární noviny* hätten zu lange auf einen moderaten Modernisierungskurs gesetzt, der dem Bürgertum und den Intellektuellen zwar viel, den Arbeitern aber nicht ausreichend Verbesserungen gebracht habe. Stattdessen hätten sie sich zusammen mit der Bevölkerung auf die (militärische) Verteidigung des demokratischen Wegs der Tschechoslowakei vorbereiten sollen. SVITAK, Ivan: *„Intellectuals and Workers in Czechoslovak Democratization"*, in: *New Politics* (1969), S. 50–59.

In der Nacht vom 20. auf den 21. August 1968 intervenierten 450.000 Soldaten aus fünf Armeen des Warschauer Paktes in Prag und bereiteten den Hoffnungen ein Ende.[139] Noch am Vortag hatte Liehm in die Kamera eines CBS-Korrespondenten gesagt, eine Intervention durch die UdSSR sei ausgeschlossen. „I have gone on record with my imbecility and lack of foresight!", gestand er 1978 dem Journalisten und Osteuropaspezialisten George R. Urban.[140] Mit dem historischen Abstand sah Liehm, wie viele Reformkommunisten seiner Generation, dass die Dynamik des Prager Frühlings, dieser Kurzschluss zwischen freier Presse und Bevölkerung, mit dem sowjetischen Modell kollidieren musste:

> The Soviet leaders were not only acting absolutely rationally, but were, from their point of view, absolutely right – and we were absolutely wrong not to perceive this. From the very beginning our quarrel with them centred on one point: is the system you have in the Soviet Union ‚socialism'? Is it the only form ‚socialism' can take? And when the soviets answered ‚yes', we ought to have left it at that, or to have prepared ourselves for armed conflict.[141]

Das aber geschah nicht. Nach einer Woche verzweifeltem Widerstand war die Dynamik des Prager Frühlings durchbrochen. Am 13. September wurde die Zensur partiell wieder eingeführt, im April 1969 war sie wieder in der schärfsten Form, als systematische Vorzensur, in Kraft.

Am 16. Januar 1969 verbrannte sich der 20jährige Student Jan Palach in einem öffentlichen Protestakt. Seine Beerdigung wurde zu einem bitteren, definitiven Abschied vom Prager Frühling. Am 17. April trat Alexander Dubček zu Gunsten von Gustáv Husák zurück. Im Mai wurden *Listy* (wie sich *Literární listy* seit der Intervention nannte) und *Reporter* verboten. Es folgten die Zeitschriften *Plamen* und *Tvář*. Ende September 1969 war die Karenzzeit für die letzten Nischen des patrio-

---

139 Es existiert eine unüberschaubare Literatur, die jene Ereignisse aufarbeitet, die zur Intervention der Truppen des Warschauer Paktes führten (bereits 1974 hatte Kusin in einer Bibliographie über 600 Einzeltitel zum Prager Frühling ermittelt, siehe GRÉMION: *Paris-Prague*, S. 18. – freilich war damit die Spitze des öffentlichen Interesses auch überschritten). Für einen guten Überblick siehe SKILLING: *Czechoslovakia's interrupted revolution*. Den aktuellen Forschungsstand repräsentiert die monumentale Dokumentation im Auftrag des Ludwig-Boltzmann-Instituts für Kriegsfolgenforschung: KARNER, Stefan (Hrsg.): *Prager Frühling : das internationale Krisenjahr 1968*, Köln-Weimar-Wien: Böhlau 2008. Eine Aufarbeitung *„à chaud"* war bereits im Oktober 1968 in Paris erschienen. Sie machte wichtige Dokumente in Form eines 700seitigen Dossiers zugänglich, wobei die Autoren keinen Hehl daraus machten, dass es ihnen um die Verteidigung des „Sozialismus mit menschlichem Antlitz" zu tun war: DE SÈDE, Gérard, Antoine BERMAN und François LOURBET (Hrsg.): *Pourquoi Prague ? Le dossier tchécoslovaque*, Paris: Tallandier 1968. Zu dem 14 Personen starken Autorenkollektiv zählte neben Antonin Liehm auch ein Teil des späteren Pariser Unterstützerkreises von *Lettre internationale*, etwa Hélène Bourgois und Paul Noirot.

140 LIEHM, Antonin J. und George R. URBAN: *„Eurocommunism' and Prague Spring"*, in: URBAN, George R. (Hrsg.): *Communist reformation : nationalism, internationalism, and change in the world Communist movement*, New York: St. Martin's Press 1979. Die Anekdote findet sich auch an anderer Stelle, dort mit wichtigem Hinweis auf die Konsequenzen: „Depuis, j'ai cessé d'être prophète et je ne m'aventure plus jamais dans ce métier dangereux." (LIEHM: *„Mon exil"*, S. 144–145.)

141 LIEHM/URBAN: *„‚Eurocommunism' and Prague Spring"*, S. 113.

tischen Widerstands vorbei. Die Normalisierung war vollzogen, das Experiment des Prager Frühlings gescheitert – und mit ihm die Idee, dass es möglich sein könnte, die Tschechoslowakei als sozialistische Republik durch eine Allianz aus reformkommunistischen Eliten und gesellschaftlichem Druck zu modernisieren.

Anfang Oktober 1969 hielt sich Antonin Liehm auf der Frankfurter Buchmesse auf, um dort sein Buch *Gespräch an der Moldau* vorzustellen. In einem 2011 veröffentlichten Text erinnerte er sich, wie er mit Pavel Kohout, der ebenfalls in Frankfurt war, überlegte, was nun zu tun sei. Kohout kehrte letztlich nach Prag zurück, Liehm nicht:

> Lui allait rentrer à Prague, moi pas. Nous savions, l'un et l'autre, que nous venions de prendre une mauvaise décision. En rentrant en Tchécoslovaquie, il gardait sa propre langue pour écrire. Quant à moi, choisissant l'étranger, je pouvais certes espérer trouver des éditeurs pour mes livres, mais j'étais journaliste, et lorsqu'un journaliste perd sa langue natale, il a du mal à exercer son métier.[142]

Dass Antonin Liehm seine Muttersprache – und einen guten Teil seines Einflusses – verlor, war für ihn ein bitterer Rückschlag. Doch es zwang ihn, seine Prager Erfahrungen in anderer Form und außerhalb des tschechoslowakischen Rahmens einzubringen. Davon handelt das folgende Kapitel.

* * *

Vielleicht ist zuvor eine Zusammenfassung angezeigt. Die Argumentation bis hierher lief wie folgt: In den Jahren 1962 bis 1968 entwickelte eine Gruppe reformkommunistisch orientierter Journalisten und Schriftsteller aus der selben Generation in ihren Medien – insbesondere in *Literární noviny* – einen Typus von politisch-literarischer Publizistik, den ich retrospektiv das „Prager Modell" genannt habe. Auf eine Formel verkürzt ließe sich formulieren: Mitteleuropäischer Kulturjournalismus + Reformkommunismus = Prager Modell der Publizistik.

Entlang des *itinéraire* von Antonin Liehm wurde sodann versucht nachzuverfolgen, wie es dazu kam: In ihrer Mehrzahl in den 1920er Jahren ins Bürgertum der Ersten Republik geboren, wurden die späteren Reformkommunisten aus Liehms Generation durch Besatzung und Krieg politisiert und traten nach der Befreiung durch die Rote Armee der Kommunistischen Partei der Tschechoslowakei bei. Ihre Erfahrungen als *clercs* im stalinistischen System der Regierungen Gottwald und Novotný und das bittere Erwachen nach 1956 überzeugten sie davon, fortan offensiv für eine kritische und komplexfreie Selbstsicht der Intellektuellen einzutreten, und zwar unabhängig von den Imperativen der politischen Bewegung, der sie sich nichtsdestotrotz weiter zugehörig fühlten. War dieses erste Charakteristikum des Prager Modells noch eines, das viele vormals stalinistische Intellektuelle in Ost und West teilten, so waren die weiteren Elemente unmittelbarer der spezifischen Situa-

142 LIEHM, Antonin J.: „*Que faire ?*", in: WOJCIECH FAŁKOWSKI und ANTOINE MARÈS (Hrsg.): *Intellectuels de l'Est exilés en France*, Paris: Institut d'études slaves 2011, S. 63–68, hier S. 63.

tion in der Tschechoslowakei geschuldet. Dazu zählte zunächst die Fusion der humanistischen Tradition aus Masaryks Erster Republik mit existenzialistischen und marxistischen Philosophemen, etwa bei Kosík, Sviták und Goldstücker. Liehm und seine Kollegen bei *Literární noviny* gaben dem eine publizistische Form, nicht zuletzt durch die Renaissance subjektiver und essayistischer Genres in der Presse.

Wie in den anderen jungen Nationalstaaten Mitteleuropas gab es auch in der Tschechoslowakei eine lange Tradition, gesellschaftliche Selbstverständigungsdiskurse im Medium der Kultur auszutragen. Damit war immer eine gewisse Prekarität der künstlerischen Autonomie verbunden gewesen. Doch angesichts der Omnipräsenz von Zensur und politischer Gängelung in den 1950er Jahren setzte sich bei vielen Intellektuellen die Einsicht durch, die Unabhängigkeit nicht nur der Presse, sondern auch der Kulturproduktion bedingungslos verteidigen zu müssen. Dieser Balanceakt zwischen Engagement und Autonomie war als drittes Charakteristikum des „Prager Modells" beschrieben worden: Ein eminent politischer und keineswegs rein „kultureller" Aushandlungsprozess.

Der emphatische Europäismus galt als die vierte Dimension des Prager Modells. Er stand für den Versuch, die Isolation der Tschechoslowakei seit 1938 zu beenden und das Land wieder an die kulturellen und intellektuellen Debatten Europas anzuschließen. Der Preis waren allerdings oftmals neue Abgrenzungen gegenüber Russland und „dem Osten" im Allgemeinen.

Als fünftes Charakteristikum schließlich wurde das Ideal einer Kulturpolitik beschrieben, wie es aus der versuchten Systemsynthese zwischen liberalen Grundwerten (künstlerische Autonomie, Meinungs- und Pressefreiheit, Rechtsstaatlichkeit) und sozialistischem Gesellschaftsmodell (Entkommerzialisierung, Demokratisierung) resultierte – ganz so, wie Antonin Liehm dies auf dem Schriftstellerkongress 1967 vertreten hatte.

Das auf diese Weise umrissene „Prager Modell" entstand aus dem Geist und in der Traditionslinie des kosmopolitischen Patriotismus. Es artikulierte sich in einer publizistischen Praxis, deren primäres Ziel darin lag, die Tschechoslowakei zum ersten sozialistischen Kulturstaat der Geschichte zu machen. Obgleich international in Rhetorik und Ausblick, war das „Prager Modell" also zunächst eine nationale Lösung für ein nationales Problem. Konkret lief es darauf hinaus, die journalistische Tradition des kosmopolitischen Liberalismus der Ersten Republik wiederherzustellen, sie zugleich jedoch im Sinne einer sozialistischen Reformagenda zu demokratisieren.

In den Monaten von März bis August 1968 entsprach dem, in Ansätzen, eine Realität. Allerdings funktionierte sie mit geborgter Zeit und konnte angesichts der geopolitischen Situation der Tschechoslowakei nicht dauern. Weder die UdSSR noch Westeuropa oder die USA hatten Interesse am Erfolg eines wie auch immer gearteten „Dritten Weges", und so musste er wohl vor den Panzern der Truppen des Warschauer Pakts enden. Die Weiterentwicklung innerhalb des eigenen Landes war dem Prager Modell damit, in Politik wie Publizistik, verbaut. Antonin Liehm verließ Prag 1969 als Verlierer. In dieser Situation war die konsequente Internationalisierung seiner publizistischen Aktivitäten der Ausweg, der ihm blieb.

Kapitel 3
Exportversuche. Das Prager Modell zwischen Vernetzung und Isolation (1969-1976)

> The achievements of exile are permanently undermined
> by the loss of something
> left behind for ever.
>
> Edward Said, *Reflexions on Exile.*[1]

Das Scheitern des Prager Frühlings und das Verbot seiner wichtigsten Medien hatten die Hoffnungen und Perspektiven der reformkommunistischen Intellektuellen aus Antonin Liehms Generation zunichte gemacht. Standen sie im Sommer 1968 kurz davor, in Prag eine Tageszeitung ihr eigen zu nennen, so sahen sie sich im Jahr darauf weitgehend marginalisiert: Im „Neuen Gesellschaftsvertrag", eine Art Gulaschsozialismus nach tschechischer Art, den die normalisierte und größtenteils von Breschnew ferngesteuerte Tschechoslowakei ihrer Bevölkerung *manu militari* anbot, war kein Platz für Intellektuelle, wie Antonin Liehm 1974 in einem ursprünglich für die Pariser Zeitschrift *Tel Quel* verfassten Aufsatz analysierte:

> According to this contract, the citizens hand over to the State all of their individual and collective rights, and the State assures them in return stable employment at an average wage for a minimum contribution of labor and personal initiative. [...]
> In this conception, the intellectual in the strict sense (it is convenient here to distinguish the intelligentsia from the intellectuals) has practically no place. Either he accepts the status of „citizen" tied to the contract, or he becomes part of the State. In both cases, he abandons his function as an intellectual and ceases to be the one who questions, who searches, doubts, and makes truth the principal criterion of this political and moral position.[2]

---

1 SAID, Edward W.: „*Reflections on Exile*", in: ROBINSON, Marc (Hrsg.): *Altogether elsewhere : writers on exile*, Winchester, MA: Faber and Faber 1994, S. 137–149, hier S. 137.

2 LIEHM, Antonin J.: „*The Intellectuals on the New Social Contract*", in: *Telos 1975/23* (1975), S. 156–164, hier S. 158, 161. Liehms Analyse erschien 1974 in *Tel Quel*, ein Jahr später auf Englisch in der amerikanischen Zeitschrift *Telos*, aus der hier zitiert wird. Bei *Tel Quel* hatte zu diesem Zeitpunkt eine Distanzierung vom Maoismus eingesetzt. Die Zeitschrift öffnete ihre Seiten für kritische osteuropäische Intellektuelle. 1977 wurde *Tel Quel* dann zu einem der französischen Foren der Dissidenten. Ein erster Indikator war das Dossier in *Tel Quel* 58, 1974, dem auch Liehms Text zum „Neuen Gesellschaftsvertrag" zugehörte. Dort wurden außerdem Texte von Günter Grass und Pavel Kohout veröffentlicht, mit einer Einführung des französischen Reformkommunisten Pierre Daix. Eine erstaunliche Volte, freilich nicht die einzige im Leben dieser Zeitschrift.

Angesichts dieser Situation hatten die Protagonisten der kulturellen Renaissance der 1960er Jahre die Wahl zwischen zwei unbefriedigenden Alternativen: „Gehen" oder „Bleiben". Wer ging, wer blieb – und wer hatte Recht? „No universal standards can be devised to decide in what condition self-exile, if practicable at all, is preferable", gab Leszek Kołakowski in einem 1985 veröffentlichten Essay zu bedenken.[3] Dennoch lässt sich eine Tendenz ausmachen: Für Schriftsteller wie Ludvík Vaculík, Ivan Klíma und (bis 1975) Milan Kundera war es eher möglich, (zunächst) zu bleiben und „für die Schublade zu arbeiten"; Publizisten und kulturpolitische Funktionäre wie Ota Šik, Jiří Pelikan, Eduard Goldstücker und Antonin Liehm hatten sich dagegen in der Regel für das Exil entschieden. So oder so, die Möglichkeit zur Intervention in den Lauf der Dinge in der Tschechoslowakei ging beiden Gruppen verloren – das „Prager Modell der Publizistik" war heimatlos geworden. Mehr noch: Das politische Scheitern des reformkommunistischen Modernisierungskurses à la Dubček warf retrospektiv einen Schatten auf das intellektuelle Projekt von *Literární noviny*. Nur in völlig transformierter Form konnte fortgesetzt werden, was als Reformvorhaben auf nationaler Ebene begonnen hatte, denn dem kosmopolitischen Patriotismus, dessen Ziel in aufklärerischer Tradition die Öffnung der sozialistischen Tschechoslowakei zur Welt gewesen war, fehlte fortan die Zukunftsperspektive. Was tun? Hatte man vor 1968/69 versucht, durch den *Import* internationaler Diskurse in die nationale Öffentlichkeit, diese über das provinzielle Niveau des Interesses hinauszuheben, so ging es fortan darum, nach *Exportmöglichkeiten* für die eigenen Ideen im europäischen Ausland zu suchen – in der Hoffnung, sie dort unter anderen Bedingungen und in anderen Sprachen umsetzen zu können. Internationalisierung war, wie gesagt, der Ausweg, der blieb.

* * *

Gesucht werden: Partner in Journalismus und Künsten aus mehreren europäischen Ländern zur Gründung einer gemeinsamen Initiative „im Geiste von Prag" (Details verhandelbar). Verlangt sind: Verteidigung des sozialistischen Humanismus; Verteidigung der Autonomie des Intellektuellen gegen seine Verächter; pro-europäische Gesinnung und Unterstützung einer sozialistischen Kulturpolitik. Journalistische Erfahrung vorhanden, materielle und finanzielle Infrastruktur muss gestellt werden.

So in etwa hätte eine Suchanzeige von Liehm und den anderen exilierten Protagonisten des Prager Frühlings lauten können, die selbstverständlich niemand je aufgegeben hat. Statt dessen geschahen 1969 zwei Dinge: Einerseits brachte sich Liehm in die bestehenden Strukturen des tschechoslowakischen Exils ein. Er wurde Teil der *Exopolitie*, wie der französische Soziologe Stéphane Dufoix den diaspori-

Siehe zu den „volte-face" von *Tel Quel*: HOURMANT, François: *„Tel quel' et ses volte-face politiques (1968-1978)"*, in: *Vingtième Siècle. Revue d'histoire 51/1* (1996), S. 112–128. Zur Geschichte der Zeitschrift allgemein z.B. KAUPPI, Niilo: *Tel quel, la constitution sociale d'une avant-garde*, Helsinki: Societas Scientiarum Fennica 1990.

3 KOŁAKOWSKI, Leszek: *„In Praise of Exile [1985]"*, in: ROBINSON, Marc (Hrsg.): *Altogether elsewhere : writers on exile*, Winchester, MA: Faber and Faber 1994, S. 188–192, hier S. 188.

schen Raum nennt, in dem die im Exil engagierten Individuen und Gruppen zueinander in Beziehung treten. Konstitutiv für diesen Raum ist nach Dufoix, dass in ihm alle Aktionen auf das Herkunftsland bezogen bleiben. Es handelt sich um einen „[...] espace politique spécifique en raison de son fonctionnement en dehors du territoire qui lui sert pourtant de référence.“[4]

Liehm, Pelikán, Hejzlar, Šik, Goldstücker und weitere Angehörige der dritten tschechoslowakischen Exilgeneration (nach dem antifaschistischen Exil von 1938 und dem antikommunistischen von 1948) schufen sich, anders als ihre Vorgänger, kaum eigene Strukturen in der Exopolitie, sondern integrierten sich größtenteils in die bestehenden.[5] Selbst mit Pavel Tigrid und seiner Pariser Zeitschrift *Svědectví*, seit 1956 das intellektuelle „Flaggschiff“ der antikommunistisch-liberalen Emigration von 1948, stand Antonin Liehm, wenigstens persönlich, auf gutem Fuß. Man hatte gemeinsame Interessen, respektierte und half sich und arbeitete punktuell immer wieder zusammen.[6]

Was die Aktivitäten in der Exopolitie anging, die dann doch primär von Reformkommunisten animiert wurden, so gruppierten sie sich um die Exilausgabe von *Listy* (im Untertitel: „Zeitschrift der tschechoslowakischen sozialistischen Opposition“). Jiří Pelikán, der selbst nicht Teil der Prager Redaktion von *Literární noviny/listy* gewesen war, gründete sie 1971 in Rom. Für die personelle Kontinuität zur alten Redaktion aus der Betlemská-Straße stand Liehm, der, teils unter seinem Namen teils unter Pseudonymen, zum wichtigsten Beiträger der tschechischsprachigen Exil-Ausgabe wurde.[7] Ab 1980 verantwortete er auch die literarische Sommerbeilage *Čtení na léto* („Sommerlektüre“), die sich in der Tschechoslowakei,

4 DUFOIX, Stéphane: *Politiques d'exil : Hongrois, Polonais et Tchécoslovaques en France après 1945*, Paris: Presses universitaires de France 2002, S. 28.

5 Dazu KUSIN, Vladimir V.: *From Dubček to Charter 77 : a study of „normalization" in Czechoslovakia, 1968-1978*, New York: St Martin's Press 1978, S. 173–175; DUFOIX: *Politiques d'exil*, S. 165.

6 Dies bestätigte auch Jan Sekal, ein Mitarbeiter von *Lettre internationale*, den Tigrid 1983 an Liehm vermittelt hatte (Gespräch des Autors mit Jan Sekal vom 27. September 2012 in Paris). Tigrid und Liehm teilten, wenn nicht die politische Grundeinstellung, so zumindest die Leidenschaft für Politik und Literatur, außerdem eine anti-nationalistische Gesinnung und die Liebe zu Essay und Collage. Zu *Svědectví* siehe die Studie von Neil Stewart (in NEUBAUER, John und Borbála Zsuzsanna TÖRÖK (Hrsg.): *The exile and return of writers from East-Central Europe : a compendium*, Berlin; New York: Walter de Gruyter 2009 S. 242-275.) Für einen Überblick zur osteuropäischen Exilpublizistik insgesamt siehe das entsprechende Kapitel im Kompendium des Ostmitteleuropa-Forschungszentrums Leipzig: BEHRING, Eva, Alfrun KLIEMS und Hans-Christian TREPTE (Hrsg.): *Grundbegriffe und Autoren ostmitteleuropäischer Exilliteraturen 1945-1989 : ein Beitrag zur Systematisierung und Typologisierung*, Stuttgart: Franz Steiner Verlag 2004 hier S. 144-174.

7 Dušan Havlíčeks quantitative und qualitative Inhaltsanalyse der 92 Ausgaben der Exiljahre von *Listy* (1971-1989) zeigt, dass Antonin Liehm mit 122 Artikeln der aktivste Redakteur war: HAVLÍČEK, Dušan: *Listy v exilu : obsahová analýza časopisu Listy, který v letech 1971 až 1989 vydával v Římě Jiří Pelikán*, Olomouc: Burian a Tichák 2008, S. 26. Teilweise veröffentlicht Liehm bis zum heutigen Tag unter dem bereits bei den *Literární noviny* verwendeten (Kollektiv-)Pseudonym DALIMIL.

wohin sie auf klandestinem Wege gebracht wurde, großer Beliebtheit erfreute.[8] In den Jahren 1982 bis 1989 gab Liehm darüber hinaus dreimal jährlich im Kölner Index-Verlag – dem zweiten vorwiegend reformkommunistischen Exilforum, das seit 1971 von dem Politologen Adolf Müller geleitet wurde – die Anthologie *150000 slov* („150.000 Worte") heraus. Was *Čtení na léto* auf dem Feld der Literatur versuchte, leistete *150000 slov* für Politik und intellektuelles Leben allgemein: Wichtige Texte aus internationalen Debatten wurden ins Tschechische übersetzt, um sie den dort verbliebenen Intellektuellen zugänglich zu machen.

Antonin Liehm war mithin – das sollte im weiteren Verlauf nicht vergessen werden – während der gesamten Zeit zwischen der Niederschlagung des Prager Frühlings 1968 und der Wahl von Václav Havel zum Staatspräsidenten am 29. Dezember 1989 in der tschechoslowakischen Exopolitie engagiert. Zusammen mit dem politisch aktiven Flügel seiner exilierten Landsleute brachte er sich in den „Kampf um Prag" ein, drängte auf Veränderung der politischen Situation in seinem Heimatland, unterschrieb Manifeste, Petitionen, sprach bei Politikern vor, versuchte die Freilassung inhaftierter Kollegen zu erwirken… das ganze Repertoire klassischen exilpolitischen Engagements.[9]

Das einerseits. Andererseits jedoch meinte der „Kampf um Prag" für Antonin Liehm durchaus auch noch etwas anderes. Wenn Stéphane Dufoix schreibt, „L'exopolitie n'existe que comme espace d'opposition et de lutte contre le régime en place dans le pays d'origine",[10] so birgt die Formulierung die Gefahr, das gesamte publizistische Handeln der Exilierten auf den, unbestritten wichtigen, Aspekt der „nationalen Befreiung" zu reduzieren. Bedeutet aber die Tatsache, dass der Exilierte den Schmerz der verlorenen Heimat immer spürt – „the unhealable rift forced between a human being and a native place, between the self and its true home", wie Edward Said das Exil beschreibt[11] –, bedeutet diese Erfahrung wirklich, dass exilpolitisches Engagement immer und zuvorderst auf das Vaterland verwiesen bleiben muss? Sicherlich war die tschechoslowakische Renaissance der 1960er Jahre ein patriotisches Projekt, aber die internationale Öffnung, für die Antonin Liehm bei *Literární noviny* gestanden hatte, war *nicht ausschließlich* dem alten kosmopolitischen Patriotismus der Gründerfiguren der Ersten Republik verpflichtet gewesen. Ebenso präsent und ernstzunehmen war die Traditionslinie des sozialistischen Internationalismus (im besten Sinne, nicht als Euphemismus für bedingungslose Moskautreue nach dem Verständnis der Komintern). Der „Kampf um Prag" war immer auch ein „Kampf um den demokratischen Sozialismus" – in Prag *und andernorts*. Ein Kampf, der nicht nur von Tschechen und nicht nur für sie zu führen

8 Zur Frage, wie diese klandestinen Tranfers seit Mitte der 1950er Jahre konkret organisiert wurden, siehe Popa, Ioana: *„La circulation transnationale du livre : un instrument de la guerre froide culturelle"*, in: *Histoire@Politique 15/3* (2011), S. 25–41.

9 Davon zeugt nicht zuletzt sein Privatarchiv, das zahlreiche Briefe an westliche Politiker enthält, u.a. an den US-Senator Clairborne Pell und an Kanzleramtsminister Horst Ehmke. (Archiv AJL/LI, IMEC)

10 Dufoix: *Politiques d'exil*, S. 28.

11 Said: *„Reflections on Exile"*, S. 137.

150000 SLOV

texty odjinud II/82/5

HOSPODÁŘSKÁ PŘÍLOHA

H. Schmidt:
Světové hospodářství — náš osud
A. Minc:
Pokrízové obdobie sa začalo 17
P. Brera:
Krize jugoslávského modelu hosp.rozvoje
W. Brus: 20
Politický pluralismus a trh v komunistických systémech 29

Helmut Schmidt

Světové hospodářství — náš osud

Bezprostředně po první explozi cen ropy před devíti lety jsem napsal v článku pro "Foreign Affairs": "Trvá představa, že světové hospodářství vstupuje do fáze neobyčejně nízké stability, a že se jeho další vývoj stává absolutně nejistým. Je možné, že se znovu stabilizuje, ale stejně dobře je možné, že jeho další vývoj přinese ještě větší nerovnováhu, dezintegraci, nacionální izolaci a úsilí o nacionální autarkii."

Dnes, stejně jako tenkrát, je nutné položit si otázku: Pokusí se státy vyřešit své společné problémy na základě kooperace – tzn. pokusí se společně hrát hru, ve které vyhrává každý – anebo propadnou politice konfrontace, tzn. hře, v níž musí prohrát všichni?

Ještě na počátku sedmdesátých let se zdálo, jako by i nadále bylo možné, aby vyhrávali všichni: průmyslové země, tzv. země prahové /"Schwellenländer" – země na prahu industrializace, např. Mexiko či Brazílie. – pozn. překl./, země těžící ropu a dokonce i rozvojové země bez ropy. Nejpozději od druhé exploze cen ropy 1979/80 tomu již tak není. Od té doby se nacházíme v hluboké krizi světového hospodářství, v nejhlubší recesi od třicátých let. Dopadne-li všechno dobře, popíší jednou historikové tato léta jako "velkou stagnaci". Jestliže si však špatně vyložíme znamení doby a neuchopíme otěže pevně do rukou, budou je jednou naše děti srovnávat s katastrofou třicátých let. Budou pochybovat o našem ekonomickém a politickém systému a je možné, že ho dokonce v některých zemích i hodí přes palubu, podobně jako v Německu v roce1933.

Nelze popřít, že světové hospodářství těžce onemocnělo. Ale neonemocnělo nevyléčitelně. Naše problémy byly způsobeny lidmi, a proto je mohou lidé i vyřešit. Předpokládá to však, že si vlády uvědomí svou odpovědnost a začnou jednat. Nesmíme věřit neviditelné ruce trhu do té míry, že bychom "přestali vnímat neviditelnou ruku tvůrčí politiky"/Josepf Kraft/. Řešení našich problémů se nesmí přenechat jen "samoléčebným silám trhu".

Jako předseda vlády jsem se snažil jít střední cestou mezi keynesiánským a monetárním extrémem. Je pochopitelné, že jsme nemohli zabránit tomu, aby i německé hospodářství bylo stále více strháváno do víru světové hospodářské krize. Přitom jsem setrvával na svém názoru, že světové hospodářství je náš osud. Je možné je řídit pouze na základě společného úsilí. Z tohoto důvodu jsme před deseti lety zahájili informační schůzky ministrů financí Library Group, a krátce poté i konference o světovém hospodářství na nejvyšší úrovni.

Dnes se zdá, jako by vlády byly paralyzovány. Na jedné straně stojí politická nerozhodnost vládnoucích, na druhé bezmocnost nezaměstnaných a hladových. Každým dnem se zvyšuje nebezpečí hroucící systému, který nás obdařil světovým společenským produktem, o jakém se nesnilo našim pradědům, ba ani našim otcům.

LISTY Ročník XV.

Květen 1985, č. 3

Časopis československé socialistické opozice

Aškenazy Burian Benýšek Červenka Dědeček Dubský Dvořák Erben Effenberger Faktor Fučík Gruša Hauková Havel Havlíček Hodek Hrabal Hutka Hvížďala Chvatík Jakubů Kabeš Kantůrková Kautman Klánský Klíma Kocián Kohout Kohoutová

ČTENÍ NA LÉTO

Král Kouba Kriseová Křesadlo Kryštofek Lustig Machonin Mann Marenčín Martínek Palivec Pecka Pelc Plaček Reimanová Richterová Seifert Sidon Stiborová Sviták Šimečka ml. Šimečka st. Šimko Škutina Stejskal Škvorecký Špíl Šrámek Šváb Švankmajer Švankmajerová Trefulka Trinkewitz Uhde Vaculík Vejvoda Vladislav Zelený

Abb. 4: Titelseiten von *150000 slov* und *Čtení na léto*

war und in dem die *„primary allegiance"* nicht der Nation galt, sondern der Menschheit.[12] „Prag" in diesem Licht lesen heisst, weder die Bedeutung des Verlusts der Heimat herunterspielen, noch die Notwendigkeit einer auf das eigene Land gerichteten Politik bestreiten. Es heisst anerkennen, dass es einem internationalistisch geschulten und kosmopolitisch fühlenden Reformkommunisten wie Antonin Liehm nach 1969 darum zu tun war, die konventionelle Engführung der Exopolitie – derzufolge jeder für Veränderungen in seinem eigenen Land kämpft – zu überschreiten und sich als Teil eines transnationalen Diskurses der antitotalitären Linken zu verstehen, in den „Prag" als eine, wenngleich zentrale, Erfahrung unter anderen einfloss.[13] Erst auf dieser Grundlage konnte in späteren Jahren auch die Verständigung unter den verschiedenen Akteuren mit ihren unterschiedlichen persönlichen und generationellen Erfahrungen stattfinden, die im länderübergreifenden *„Lettre-*Netzwerk" aufeinander trafen.

Im publizistischen Handeln von Antonin Liehm nach der Ausreise von 1969 waren mithin immer zwei Dimensionen präsent: Das klassische exilpolitische Engagement in der tschechoslowakischen Exopolitie *und* seine Überschreitung im Interesse einer genuin transnationalen, europäischen Debatte, zunächst primär unter Verfechtern des demokratischen Sozialismus, später, mit *Lettre internationale*, auch über diesen Kreis hinaus. Eine detaillierte Aufarbeitung von Antonin Liehms „tschechischem" Engagement in den Jahren 1969-1989 kann und soll in dieser Studie nicht geleistet werden, wäre aber wichtig und steht meines Wissens aus. Weiter nachgegangen werden soll hier der transnationalen, europäischen Dimension. Eine Suchanzeige hatte Liehm dafür, wie gesagt, nicht aufgegeben. Das war auch nicht nötig, denn ein informelles Netzwerk existierte bereits. Liehm konnte sich, als er Prag 1969 in Richtung Paris verliess, um dort für eine europäische Publikation „im Geiste von Prag" eine neue Basis aufzubauen, auf ein transnationales Netzwerk aus Reformkommunisten stützen, das mindestens seit den frühen 1960er Jahren bestand, im Grunde jedoch bis in die Nachkriegsjahre zurückreichte (und, sofern man den Surrealismus hinzuzieht, bis in die Zwischenkriegszeit). Wer prägte es und was war seine Geschichte?

---

12 In dieser Hinsicht durchaus im Sinne des klassischen kosmopolitischen Arguments, wie es heutzutage die Moralphilosophin Martha Nussbaum vertritt: „I believe, […] emphasis on patriotic pride is both morally dangerous and, ultimately, subversive of some of the worthy goals patriotism sets out to serve – for example, the goal of national unity in devotion to worthy moral ideals of justice and equality. These goals […] would be better served by an ideal that is in any case more adequate to our situation in the contemporary world, namely the very old ideal of the cosmopolitan, *the person whose primary allegiance is to the community of human beings in the entire world.*" NUSSBAUM: *„Patriotism and Cosmopolitanism"*. (Herv. durch mich; RLS)

13 Nicht garantiert ist damit freilich, dass die Öffentlichkeit dem Exilierten auch das Recht zugesteht, für mehr als nur „sein Land" zu sprechen. In einem Brief vom 19. Juni 1974 an Cappelli, den Verleger der italienischen Übersetzung von *Le passé présent*, sah sich Liehm zum Beispiel genötigt darauf hinzuweisen, dass es sich keineswegs um ein Buch über die Tschechoslowakei handle. Er lege Wert darauf, dass es auch nicht als solches vermarktet werde (Brief im Archiv AJL/LI, IMEC).

1. Transnationale Netzwerke reformkommunistischer Intellektueller vor, während und nach dem Prager Frühling

> From the early 1960s, reform-minded intellectuals of West European [Communist, RLS] parties – Roger Garaudy, Lombardo Radice, Ernst Fischer, and Franz Marek – began conducting a transnational dialogue with leading Marxist intellectuals in Eastern Europe – the Hungarian Gyorgy Lukacs, Leszek Kolakowski in Poland, and Czechoslovakia's Karel Kosik, Ivan Svitak, Edvard Goldstucker, and others. This promising dialogue was based on a genuine and critical revival of the philosophy of the ‚authentic' Marx and of Marxist humanism.[14]

Zwei Namen fehlen in diesem Überblick aus der Feder des amerikanischen Sowjetologen Jiri Valenta: Louis Aragon und, in einer Sonderrolle außerhalb der kommunistischen Partei, Jean-Paul Sartre. Überhaupt ist die Liste allzu philosophisch geraten. Zu ergänzen wäre die kulturelle Seite der Dinge wie sie sich etwa im Inhaltsverzeichnis von *Rozhovor* spiegelte, jenem Gesprächsband, in dem Antonin Liehm 1966 seine für *Literární noviny* geführten Interviews zusammenfasste: Aus Frankreich finden sich dort die Schriftstellerinnen und Schriftsteller Simone de Beauvoir und Jean-Paul Sartre, Robert Merle, Elsa Triolet und Louis Aragon sowie Vercors und Michel Butor; der britische Theaterregisseur und -revolutionär Peter Brook; Stefan Heym aus der DDR; Ernst Fischer aus Österreich, Georg Lukács aus Ungarn, der Shakespeare-Forscher Jan Kott kurz vor seiner Ausreise aus Polen, Max Brod in Israel; der italienische Maler und Kommunist Renato Guttuso; schließlich der slowakische Avantgarde-Dichter, Widerstandskämpfer und Politiker Laco Novomeský.[15]

Ebenfalls zu ergänzen wäre der wichtige Hinweis, dass es *Periodika* waren, die diesem transnationalen Dialog von Schriftstellern und Intellektuellen als Infrastruktur dienten: *Literární noviny* in Prag, *Les Lettres françaises* und *Démocratie nouvelle* in Paris, das *Wiener Tagebuch* in Österreich. Ihre Beziehungen zueinander waren, wie es Frédérique Matonti formuliert hat, „liens propres à la sociabilité du mouvement communiste international"[16] – eine Konstellation aus kommunistischen Publikationen, ihren Herausgebern und Autoren in verschiedenen Ländern, die sich die gleichen Fragen stellten: Welche Wege zum Sozialismus gab es für hochentwickelte Gesellschaften? Wie konnte sich die kommunistische Bewegung intern demokratisieren? Wie sollte sie sich zum Parteienpluralismus verhalten? Wie stand es um die Freiheit von Kunst, Religion, Presse?

Es war ein überschaubares Milieu, das diesen Dialog zwischen der Mitte der 1950er und der Mitte der 1970er Jahre am Rand der kommunistischen Parteien in Europa führte. Zum Teil überlebten in diesem Kreis ältere Affinitätsstrukturen, darunter derjenige Teil des surrealistischen Netzwerks, der nach dem Disput zwi-

14 Valenta in ASPATURIAN, Vernon V, Jiri VALENTA und David P BURKE (Hrsg.): *Eurocommunism between East and West*, Bloomington: Indiana University Press 1980, S. 168.

15 LIEHM: *Rozhovor*.

16 MATONTI: *Intellectuels communistes*, S. 305–311.

schen Breton und Aragon 1930, am trotzkistisch-stalinistischen Scheideweg, zusammen mit Aragon den Pfad der Orthodoxie eingeschlagen hatte.[17]

Wie im Kapitel zuvor für die *tschechische* Geschichte des „Prager Modells" soll auch zur Rekonstruktion seiner *transnationalen* Dimension wieder dem *itinéraire* von Antonin Liehm gefolgt werden. Dazu zunächst ein Blick zurück, nach Frankreich, Italien und Österreich, den drei wichtigsten westeuropäischen Resonanzräumen des tschechoslowakischen Reformkommunismus.[18]

Import-Export-Handel mit Frankreich

Antonin Liehms erste Kontakte mit dem illustren Kreis seiner Gesprächspartner aus den 1960er und 1970er Jahren reichten weit zurück, bis zu Beginn der 1950er Jahre, in die dunklen Jahre des Kalten Krieges und des Stalinismus. Der junge Familienvater hatte, wie im vorherigen Kapitel geschildert, einen Teil seines Wehrdienstes in einem Militärverlag verbracht und sich dort an Übersetzungen aus dem Russischen versucht. Adolf Hoffmeister vermittelte ihm den weitaus prestigeträchtigeren Auftrag, den fünften und letzten Band von Louis Aragons Romanzyklus *Les communistes* zu übersetzen. Das Buch erschien in Prag 1954.[19] So wurde Liehm, unter Hoffmeisters Patenschaft, in die Strukturen der „kommunistisch-surrealistischen Internationale" eingeführt, wenn auch zunächst in der so unverzichtbaren wie intellektuell devalorisierten Position, die den Übersetzern als den Mittelsleuten sprachübergreifender Zirkulationsprozesse zukommt.

In den nächsten Jahren folgten die Übertragungen von Aragons Romanen *Aurélien* (französisch 1944/tschechisch 1958), *La semaine sainte* (1958/1960), *Voyageurs de l'impériale* (1942/1962) und *La mise à mort* (1965/1968; Nachwort Ernst Fischer), zudem der Aufsatzsammlung *J'abats mon jeu* (1959/1959) und der *Histoire de l'U.R.S.S.* (1962/1966). Den fünfzehnjährigen Weg der kulturpolitischen und ästhetischen Öffnung, der zwischen der sperrigen Thesenhaftigkeit von Aragons *Les communistes* und der wiedergefundenen Experimentierfreude der Romane *La semaine sainte* und *La mise à mort* lag, gingen die an diesem transnationalen Ost/

17 Dazu immer noch unverzichtbar NADEAU, Maurice: *Histoire du surréalisme suivie de documents surréalistes*, Paris: Seuil 1964.

18 Die nachfolgenden Angaben stützen sich maßgeblich auf das Archiv von Antonin Liehm (Archiv AJL/LI, IMEC). Hinsichtlich der Sekundärliteratur folge ich im Wesentlichen der Darstellung in Pierre Grémions wichtiger Studie, darüber hinaus zu kommunistischen Netzwerken den neueren Arbeiten von Maud Bracke und Frédérique Matonti. GRÉMION: *Paris-Prague*; BRACKE, Maud: *Which socialism? whose detente? West European communism and the Czechoslovak crisis, 1968*, New York: Central European University Press 2007; MATONTI: *Intellectuels communistes.*

19 Diese Übersetzung besorgte Liehm zusammen mit Ivo Fleischmann. Fleischmann (1921-1997), kommunistischer Journalist während der 1950er Jahre, war von 1964-1968 Kulturattaché in Paris, wo er nach der Intervention der Truppen des Warschauer Pakts politisches Asyl beantragte. Im Exil arbeitete Fleischmann für den CNRS sowie als freier Journalist und Schriftsteller französischer Sprache.

West-Dialog Beteiligten gemeinsam. Es ist eine Geschichte wechselseitiger Instrumentalisierungen und Lernprozesse.

Einer der Schlüsselmomente war das Jahr 1962, in dem Louis Aragon die Ehrendoktorwürde der Prager Karls-Universität erhielt. Für die Feierlichkeiten reiste er zusammen mit Elsa Triolet an.[20] Antonin Liehm übersetzte die Rede, betätigte sich zudem als Stadtführer und Dolmetscher. Seit einem Jahr bei *Literární noviny*, nutzte er die Gelegenheit für ein Interview, das am 25. August 1962 auf der Titelseite erschien.[21] Am 20. September brachten es, in Frankreich, *Les Lettres françaises*, die legendäre literaturpolitische Wochenzeitung des PCF. Deren Leitung hatte Aragon seit 1953 inne, unterstützt von seinem Chefredakteur Pierre Daix.[22]

In seiner Prager Rede hatte Aragon eine Neubewertung des sozialistischen Realismus vorgenommen, als dessen wichtigster französischer Verteidiger er seit der Veröffentlichung von *Pour un réalisme socialiste* 1935 galt. Was ihm nunmehr vorschwebte war „ein Realismus, der die Welt verändern hilft, ein Realismus, der uns nicht beruhigt, sondern uns weckt und der uns infolgedessen manchmal sogar in Verwirrung setzt."[23] Maximale Öffnung des Realismusbegriffs ohne doktrinären Bruch mit der Partei – es war ein Versuch, die ästhetischen Positionen auf die Höhe der Zeit zu bringen, ein klassisches *aggiornamento.* Während das in den literaturtheoretischen Debatten im Frankreich der frühen 1960er Jahre niemanden mehr zu begeistern wusste, war die Dankbarkeit in den reformkommunistischen Kreisen in Osteuropa groß.[24]

Die „Instrumentalisierung unter Genossen", die hier stattfand, funktionierte wie folgt: Auf Prager Seite bediente man sich der internationalen Autoritäten der kommunistischen Bewegung, um im Reformprozess innerhalb der Tschechoslowakei Positionen vorzustellen, die, von Landsleuten vertreten, der Zensur zum Opfer gefallen wären. Entscheidend war dabei die moralische Unangreifbarkeit der Mittler. In Frankreich waren es die Schriftsteller und Lyriker der kommunistischen Résistance aus dem Kreis des *Comité national des écrivains* (CNE), allen voran Aragon und Vercors, die dafür das nötige Renommee mitbrachten.[25] Liehm nannte diese

20 Zu den näheren Umständen, wie auch zu Liehms Erinnerungen an Aragon insgesamt, siehe sein Gespräch mit der Zeitschrift der Freunde Aragons und Triolets: LIEHM, Antonin J. und François EYCHART: „*Paris... Prague, entretien avec Antonin Liehm*", in: *Faites entrer l'infini 24* (1997), S. 25–27.

21 PERINA: „*Intellectuals and political change in Czechoslovakia*", S. 162.

22 Von Claude Roy stammt der Ausspruch, der Kommunismus habe in den 1950er Jahren in Frankreich über drei Waffen verfügt: „Ein Ideal, einen Apparat – und Aragon." (Zitiert bei GRÉMION: *Paris-Prague*, S. 180.) Zur Geschichte der *Lettres françaises* liegt meines Wissens bisher keine Monographie vor. Pierre Daix hat jedoch die Geschichte der Zeitung aus eigener Sicht aufgearbeitet: DAIX, Pierre: *Les lettres françaises : jalons pour l'histoire d'un journal, 1941-1972*, Paris: Tallandier 2004.

23 ARAGON, Louis: „*Rede in Prag*", in: *Sinn und Form 14/5–6* (1962), S. 922–929, hier S. 928.

24 Zur transnationalen Ost/West-Zirkulation unter dem Zeichen des sozialistischen Realismus siehe auch POPA, Ioana: „*Le réalisme socialiste, un produit d'exportation politico-littéraire*", in: *Sociétés & Représentations 15/1* (2003), S. 261.

25 Zum „Krieg der Schriftsteller" im Allgemeinen und dem CNE im Besonderen siehe die monumentale Studie von SAPIRO, Gisèle: *La guerre des écrivains : 1940-1953*, Paris: Fayard 1999. Eine

Gesprächspartner und Kampfgefährten aus dem Ausland die „Internationale Brigade“, in Anspielung auf die Freiwilligenverbände im Spanischen Bürgerkrieg:

> These conversations with a large number of left-wing European intellectuals became a means of smuggling fresh new thinking into the pages of our press. I believe that all of those who took part in this undertaking could rightfully be called *The International Brigade*, volunteers who helped Czech culture get back on its own feet during the early 1960s.[26]

Im Austausch für ihre Dienste sicherten sich die „Aragonautes“ (Dominique Desanti) faktisch das Transfermonopol und die Interpretationshoheit für den Import und die Einordnung der Werke der Prager kulturellen Renaissance in Frankreich. Wie der Historiker Philippe Olivera gezeigt hat, versuchte Aragon in den frühen 1960er Jahren, an Prestige im literarischen Feld zurückzuerobern, was er durch das literarische Engagement auf Seiten der kommunistischen Orthodoxie in den 1950er Jahren eingebüßt hatte.[27] Dafür bediente er sich eben dieser Doppelstrategie: Öffnung des Realismusbegriffs und Abgrenzung von der Sterilität der Parteiliteratur einerseits (*La Semaine sainte* war 1958 ein Publikums- und Kritikererfolg und galt als literarisches Comeback), andererseits sein Ruf als Entdecker und Förderer der literarischen Entwicklung in den kommunistischen Ländern, vor allem in der Tschechoslowakei. Als Antonin Liehm 1966 von Milan Kundera das Manuskript von *La Plaisanterie* erhielt, schickte er es an… Aragon, der es an Claude Gallimard weiterleitete.[28] Der Roman erschien 1968, kurze Zeit nach dem Einmarsch der Truppen des Warschauer Pakts. Aragon nutzte das Vorwort zur Konsekration des Autors: „Ce roman que je tiens pour une œuvre majeure“ – *und* für eine

---

große Rolle spielte der CNE im hier behandelten Zeitraum in Frankreich selbst zwar nicht mehr, sein Renommee im kommunistischen Ausland hielt jedoch weiterhin an.

26 Liehm: *The politics of culture*, S. 86. Bisweilen ging das den auf diese Weise Instrumentalisierten offenbar zu weit. Anlässlich eines neuerlichen Besuchs von Aragon und Triolet in Prag konstatierte Aragon 1965, dass die Prager nun dabei seien, in ihren Reformpositionen über seine Ziele hinauszuschießen. Laut Karel Bartošeks Darstellung distanzierte er sich daraufhin von seinem Übersetzer: „Au printemps 1965, préparant son séjour d'un mois à Prague (avec Elsa Triolet, qui doit y rencontrer les Brik), Aragon s'entretient avec Vaclav Pleskot, ambassadeur de Tchécoslovaquie, et prend ses distances – du moins selon le compte rendu – à l'égard de son traducteur Antonin J. Liehm – considéré de plus en plus comme un grand ‚révisionniste' par les dirigeants tchécoslovaques – et de ‚certains autres' intellectuels. Ceux-ci ne verraient en lui, selon ses dires, qu'une ‚forte tête' et non point, avant tout, le membre du PCF et de son Comité central. ‚Oui, je suis une forte tête, mais dans la ligne du Parti', déclare Aragon.“ Bartosek: *Les aveux des archives: Prague-Paris-Prague, 1948-1968*, S. 162. Allerdings ist Bartošeks Darstellung in der Forschung wie unter Zeitzeugen umstritten und sicherlich mit Vorsicht zu genießen.

27 Olivera, Philippe: *„Le sens du jeu“*, in: *Actes de la recherche en sciences sociales* (1996), S. 76–84; Olivera, Philippe: *„Aragon, ‚réaliste socialiste'“*, in: *Sociétés & Représentations 15/1* (2003), S. 229.

28 In Kunderas eigenen Worten (im Nachwort zur Folio-Ausgabe von *La Plaisanterie* von 2001): „En 1966, alors que le destin du manuscrit [von *La Plaisanterie*, RLS] stoppé par la censure était encore très incertain, Antonin Liehm, un des intellectuels tchèques les plus cosmopolites, en prit une copie dactylographiée et l'apporta clandestinement en France, à Aragon. […] Liehm s'adressa à Aragon, qui, ne sachant pas résister à son insistance, et sans connaître mon roman (il n'était pas encore traduit), le recommande à Claude Gallimard avec tout son autorité et promit de donner une préface […]“

Verurteilung der sowjetischen Intervention: „Je me refuse à croire qu'il se va faire là-bas un Biaffra de l'esprit", begann die berühmte Formulierung, mit der Aragon eine Parallele zum gleichzeitig verlaufenden Sezessionskrieg in Westafrika zog. Es folgte der so resignierte wie realistische Nachsatz: „Je ne vois pourtant aucune clarté au bout de ce chemin de violence."[29]

Aragon, der Doyen der *littérature engagée*, führte also, vermittelt durch Liehm, den künftigen Großschriftsteller Kundera in Frankreich ein und determinierte seine Rezeption, nämlich als einen politischen Autor. Die „Adoption" des Tschechen diente Aragon als Vehikel seiner – allerdings nicht nachhaltigen – öffentlichen Distanzierung von der UdSSR. Dass der so Geehrte eben dieses epochemachende Vorwort in der Neuauflage von 1985 entfernen ließ, um *La Plaisanterie* („roman et rien que roman", so Kundera) im autonomen Pol der literarischen Welt heimisch zu machen, hat einerseits viel mit Kunderas eigener Entwicklung zu tun, andererseits aber auch damit, dass das reformkommunistische Netzwerk, dessen Teil er zehn Jahre zuvor noch gewesen war, seine Bedeutung inzwischen eingebüßt hatte.[30] Bis 1968 jedoch waren Aragon und die Seinen die wichtigsten Ansprechpartner der Prager Reformkommunisten in der französischen Hauptstadt. In den *Lettres françaises* veröffentlichten in diesen Jahren Goldstücker, Liehm und Kundera – und Pierre Daix hielt sich 1968 in Prag auf, von wo er Reportagen nach Paris schickte.[31]

Außer dem Kreis um Aragon zählte zum französischen Regiment dieser „Internationalen Brigade" der Philosoph Roger Garaudy. Auch er trat für ein kulturpolitisches *aggiornamento* ein.[32] Sein Buch *Un réalisme sans rivages* von 1963 (Vorwort: Louis Aragon!), seine Beiträge zu *Les Lettres françaises* (damals eine der wenigen in Prag erhältlichen ausländischen Zeitungen) und seine Rede auf dem Kafka-Kongress in Liblice im gleichen Jahr machten ihn zu einem strategischen Partner der Prager, zumal er sich als ZK-Mitglied des PCF, wie Aragon, in der CSSR problemlos zitieren ließ.

Von geringerem Prestige – damals, denn Garaudy hat das seine später vollends verspielt[33] – aber für die weitere Entwicklung entscheidend, waren schließlich Kontakte zum Kreis um *Démocratie nouvelle,* der außenpolitischen Zeitschrift des

29 ARAGON, Louis: „*Ce roman que je tiens pour une œuvre majeure*", in: KUNDERA, Milan: *La Plaisanterie*, Paris: Gallimard 1968, S. i–vi, hier S. v–vi.

30 Zur „Politik des Vorworts" allgemein BOURDIEU: „*Les conditions sociales de la circulation internationale des idées*". Zum „Fall Kundera" im allgemeinen und Aragons Vorwort im besonderen siehe POPA: *Traduire sous contraintes,* S. 509–533. Popa zeichnet nach, wie Milan Kundera sich sehr bewusst in mehreren Häutungen vom tschechischen Schriftsteller-Intellektuellen zunächst zum universellen Schriftsteller und endlich (oder folglich) zum französischen wandelte.

31 Eine Übersicht der Artikel der *Lettres françaises* zu den Ereignissen in Prag findet sich bei DASPRE, André: „*‚Les Lettres françaises' et les écrivains tchécoslovaques de 1968-72*", in: VOISINE-JECHOVA, Hana (Hrsg.): *Images de la Bohême dans les lettres françaises : réciprocité culturelle des français, tchèques et slovaques*, Paris: Presses de l'Université Paris-Sorbonne 2004, S. 69–80.

32 MATONTI: *Intellectuels communistes*, S. 167–172.

33 Roger Garaudys weiterer Lebensweg nach seinem Parteiausschluss aus dem PCF 1969 bis zu seinem Tod 2012 führte ihn vom reformkommunistischen Revisionismus über die Entdeckung des Katholizismus hin zu antizionistischen Positionen, ehe er schließlich 1982 zum Islam konvertierte und sich in Geschichtsrevisionismus und Holocaustleugnung übte, wovon sein Buch *Les*

PCF. Während sich um *Les Lettres françaises* Künstler, Schriftsteller und Intellektuelle aus dem kommunistischen Milieu sammelten, brachte *Démocratie nouvelle* vor allem Sozial- und Politikwissenschaftler zusammen. Ihr Chefredakteur, der Journalist und ehemalige Résistancekämpfer Paul Noirot, steuerte die Zeitschrift in der zweiten Hälfte der 1960er Jahre zunehmend auf Reformkurs, wenngleich mit anderen Schwerpunkten als die Kulturpolitiker der *Lettres françaises*, denn Noirots primäres Anliegen war die ökonomische und gesellschaftliche Modernisierung, die er in progressistischer Tradition gegen die sklerotischen Strukturen des Apparats verteidigte. *Démocratie nouvelle* blieb dem ungebrochenen Glauben an den Fortschritt der Wissenschaft verhaftet – von literarischen und allgemein kulturellen Fragen hatte Noirot im Grunde „keinen Schimmer", konzedierte Liehm im Rückblick auf seinen späteren Mitherausgeber von *Lettre internationale*...[34]

In den Wochen und Monaten nach der Intervention der Truppen des Warschauer Pakts, in der Nacht vom 20.-21. August 1968, mobilisierte sich das französisches Unterstützer-Netzwerk: Aragon, der sich persönlich bisher zurückgehalten hatte, entschied sich, die Dinge beim Namen zu nennen – und verurteilte die Intervention am 11. September in den *Lettres françaises* („J'appelle un chat un chat"). Am 9. Oktober erschien dann sein Vorwort zu Kunderas *La Plaisanterie* als Vorabdruck in *Les Lettres françaises.* Selbst die Parteileitung des PCF mißbilligte die Intervention zunächst öffentlich – ehe sie zurückruderte und wieder auf Moskautreuen Kurs einschwenkte.

* * *

Der literarische Transfer auf der Achse Prag–Paris wurde, so ließe sich bis hierher folgern, vom progressistischen Milieu innerhalb der kommunistischen Partei, von den „Häretikern des PCF" (Pierre Daix), dominiert.[35] Vollends dominiert? Nein. Außerhalb der Partei, in der charakteristischen Sonderrolle, die man die des „totalen Intellektuellen" genannt hat, agierte Jean-Paul Sartre, unterstützt vom Team der *Temps Modernes,* deren Chefredakteur in diesen Jahren der Philosoph André Gorz war.

1963, ein Jahr nach Aragon und Triolet, besuchten nun auch Sartre und de Beauvoir Prag. Die Geschichte wiederholte sich: Wieder dolmetschte Antonin Liehm, wieder interviewte er die Ehrengäste für die *Literární noviny* und rekrutierte sie für die „Internationale Brigade".[36]

Mythes fondateurs de la politique israélienne von 1995 Zeugnis ablegt. 1998 wurde er in Frankreich wegen Anstiftung zum Rassenhass verurteilt.

34 Liehm im Gespräch vom 7. Dezember 2012. Zu Henri Blanc, der seinen Résistance-Namen Paul Noirot beibehielt, siehe ausführlicher Kapitel 5.

35 Daix, Pierre: *Les hérétiques du P.C.F.*, Paris: Robert Laffont 1980.

36 Wie lebhaft auch heute noch die Auseinandersetzung um die Einordnung dieser Ereignisse ist, zeigt eine Kontroverse aus dem Jahr 2000 zwischen Antonin Liehm und Michel-Antoine Burnier und Ilios Yannakakis über die historische Bedeutung des Sartre-Besuchs in Prag. Während Liehm (in einem Artikel für *Le Monde* vom 1. Februar 2000) Sartres Rede als wichtige Wegmarke hin zum Prager Frühling verteidigte, behauptete Ilios Yannakakis am 10. Februar 2000 (in einem Ar-

Die Prager verstanden sich darauf, die Rivalität zwischen Aragon und Sartre auf dem Pariser Parkett für ihre Zwecke zu nutzen: Wie gesehen brachte Aragon Kundera zu Gallimard und bediente sich des Vorworts zu *La Plaisanterie*, um seine Distanz zum großen Bruder in Moskau deutlich zu machen. Da konnte Sartre nicht hintanstehen. Ebenfalls bei Gallimard war für den Winter 1968 Antonin Liehms zweites Gesprächsbuch angekündigt, *Trois Générations*, mit den Protagonisten der kulturellen Renaissance in der Tschechoslowakei (die französische Fassung von *Gespräch an der Moldau*). Wer schrieb dazu ein langes Vorwort? Jean-Paul Sartre. In „Le socialisme qui venait du froid"[37] – so der Titel, der zum geflügelten Wort wurde – kündigte der zeitweilige „compagnon de route" nun seinerseits der Sowjetunion die Gefolgschaft auf. Einen Unterschied gab es dann doch: Anders als bei Aragon war Sartres Bruch mit der UdSSR endgültig.

Hilfe aus Italien

Frankreich war das wichtigste Relais im transnationalen Netzwerk der Reformkommunisten, doch nicht das einzige. Eine nahezu ebenso bedeutende Rolle spielte Italien. Nicht zuletzt aufgrund ihrer Massenbasis und ihrer Verankerung im italienischen Alltag leistete sich die Kommunistische Partei Italiens (PCI) traditionell mehr Autonomie gegenüber Moskau. Sie war über lange Jahre hinweg das Laboratorium des westlichen Kommunismus gewesen. Im Nachkriegs-Frankreich hatte der „italienische Weg" eine Gruppe von auf kulturelle Autonomie drängenden, kommunistischen Schriftstellern und Intellektuellen so sehr beeinflusst, dass diese intern „*italiens*" genannt wurden. Bezeichnend für die Vorbildrolle Italiens war ein Interview, das die damaligen PCF-Intellektuellen Dionys Mascolo und Edgar Morin 1947 mit Elio Vittorini für die *Lettres françaises* geführt hatten. In diesem Gespräch warnte der italienische Schriftsteller, Verleger der Zeitschrift *Politecnico* und Kommunist seine französischen Genossen vor der Gefahr des Schdanowismus, denn: „La ligne de partage entre réactionnaires et révolutionnaires sur le plan de la culture ne s'identifie pas avec la même ligne de partage en politique."[38]

Allerdings hatte die legendäre Generation kommunistischer Intellektueller und Résistance-Kämpfer vom Schlage eines Elio Vittorini oder Italo Calvino zu Zeiten des Prager Frühlings die kommunistische Partei Italiens bereits fast sämtlich verlas-

tikel für *Libération*) das Gegenteil: „[...] La présence de J.-P. Sartre à Prague n'a nullement contribué à l'effort déployé par les intellectuels pour libérer la culture et, par là même, la société des miasmes de l'idéologie communiste. Bien au contraire, par ses discours laudateurs, il a consacré le dogmatisme le plus archaïque des idéologues du Parti communiste."

37 SARTRE, Jean-Paul: „*Le socialisme qui venait du froid*", in: LIEHM, Antonin J.: *Trois générations. Entretiens sur le phénomène culturel tchécoslovaque*, Paris: Gallimard 1970, S. I–XXXI. Die deutsche Übersetzung erschien als Vorwort der Taschenbuchauflage von *Gespräch an der Moldau*, 1970 bei Kindler: SARTRE: „*Der Sozialismus, der aus der Kälte kam*".

38 Edgar MORIN und Jean GRATIEN (=Dionys Mascolo): „Une interview d'Elio Vittorini", in *Les Lettres Françaises* vom 27. Juni 1947.

sen. Auch der Liberalismus des PCI war ein relativer – er trat vor allem im Vergleich mit dem orthodoxen PCF hervor. Sicherlich: Die italienischen Kommunisten waren in den späten 1960er Jahren weiterhin demokratie- und europafreundlicher gesinnt als die meisten ihrer französischen Genossen; gegen die Intervention in Prag protestierten sie unmißverständlich und öffentlich; und der Hoffnungsträger des PCI in diesen Jahren, der charismatische Enrico Berlinguer, wurde Mitte der 1970er Jahre zum Fürsprecher der „eurokommunistischen" Loslösung von Moskau. Doch letztlich blieb auch die Unterstützung des PCI für die tschechoslowakischen Intellektuellen mehr Lippenbekenntnis als Realität, sieht man von einzelnen Alliierten, wie Lucio Lombardo Radice, ab.[39]

Wichtiger und hilfreicher für den transnationalen Dialog „im Geiste von Prag" waren letztlich die Verbindungen zum liberalsozialistischen und sozialdemokratischen Milieu des Partito Socialista Italiano (PSI). Auf Seiten der reformkommunistischen Exil-Tschechen übernahm hier Jiří Pelikán die entscheidende Mittlerrolle. Bereits in den 1950er Jahren, als junger Präsident des – in Prag ansässigen – Weltstudentenbundes (IUS), hatte er Kontakt zu italienischen Studentenvertretern aufgebaut, namentlich zu Bettino Craxi, dem späteren PSI-Vorsitzenden und Ministerpräsidenten Italiens, aber auch zu Enrico Berlinguers Bruder Giovanni sowie zu Carlo Ripa di Meana, dem späteren Leiter der Biennale von Venedig und Kommissar der Europäischen Gemeinschaft. Seit 1963 leitete Pelikán das tschechoslowakische Fernsehen, wo er eine ähnliche Liberalisierungs- und Internationalisierungspolitik verfolgte wie Liehm und seine Kollegen bei *Literární noviny*. Mit anderen Worten: Auch er hatte seine „Internationale Brigade". Infolge der Niederschlagung des Prager Frühlings wurde Pelikán als Fernsehchef abgesetzt und als Kulturattaché an die Botschaft nach Rom geschickt. Nachdem er sich dort im September 1969 entschlossen hatte, dem Ruf zurück nach Prag nicht Folge zu leisten, gelang es ihm dank seiner Beziehungen in Italien, in Rom die Exilausgabe von *Listy* zu etablieren.[40] 1979, zwei Jahre nachdem er die italienische Staatsbürgerschaft erhalten hatte, wurde er sogar auf der Liste des PSI als Abgeordneter ins Europaparlament gewählt, wo er zwei Legislaturen blieb. Doch das ist eine andere Geschichte.

Für das hier interessierende, transnationale Exilnetzwerk der Reformkommunisten bleibt festzuhalten, dass es mit Jiří Pelikán seit den frühen 1970er Jahren über

---

39 Lucio Lombardo Radice (1916-1982) war ein italienischer Mathematiker, ZK-Mitglied des PCI und ein wichtiger Vordenker des Eurokommunismus. Zu seinem intellektuellen Netzwerk und seinen Beziehungen zu Reformkommunisten siehe TAVIANI, Ermanno: „*Lucio Lombardo Radice e gli intellettuali del dissenso*", in: *Studi Storici 45/3* (2004), S. 837–871. 1972 veröffentlichte Radice *Gli accusati* („Die Angeklagten"), eine Essaysammlung zu Kafka, Solschenizyn und Kundera, ausdrücklich in der Absicht, die in Liblice begonnene Rehabilitierung Kafkas fortzusetzen.

40 Seine „Desertion" aus dem diplomatischen Dienst kündigte Pelikan am 1. Oktober 1969 ganzseitig in der Londoner *Times* an („Why I have disobeyed the order to return to Prague"). Siehe zu Jiří Pelikáns weiterem italienischem Parcours CACCAMO, Francesco: *Jiri Pelikán : un lungo viaggio nell'arcipelago socialista*, hrsg. v. FONDAZIONE CRAXI, Venedig: Marsilio 2007. Sein Nachlass liegt im römischen Parlamentsarchiv und ist erschlossen, konnte aber für diese Arbeit leider nicht konsultiert werden (CAMERA DEI DEPUTATI (ARCHIVIO STORICO) (Hrsg.): *Inventario del Fondo Jirí Pelikán*, Roma: Camera dei deputati 2003.).

einen vergleichsweise gut vernetzten und etablierten „italienischen Pol" verfügte. Ohne seine Hilfe wäre nicht nur die tschechoslowakische Exopolitie ohne *Listy*, ihr linkes publizistisches Forum, geblieben – es wäre vermutlich auch nicht zur Gründung der römischen *Lettera Internazionale* gekommen, denn Pelikán war es, der Antonin Liehm, seinen wichtigsten Redakteur bei *Listy*, mit dem italienischen Journalisten Federico Coen in Kontakt brachte. Der leitete damals die PSI-Theoriezeitschrift *MondOperaio*, ehe er, wie an späterer Stelle ausführlicher Thema sein wird, 1984 zum Gründungsherausgeber der italienischen Ausgabe von *Lettre* wurde.

Freunde in Österreich

In Westdeutschland hatte das informelle reformkommunistische Netzwerk in den 1950er und 1960er Jahren so gut wie keinen Resonanzraum und kaum Kontakte. Die KPD war seit 1956 verboten, die „Westbindung" der intellektuellen Linken weitgehend gesichert. Einem kritischen intellektuellen Milieu *innerhalb* der weltkommunistischen Bewegung fehlten in der BRD daher die Existenzbedingungen. Anders lagen die Dinge in Österreich: Obwohl sie mit nur 5% der Wählerstimmen nominell eine marginale politische Kraft in der Zweiten Republik war, verfügte die KPÖ über ein bedeutendes intellektuelles Erbe und konnte etwa hundert „Parteiintellektuelle" ihr Eigen nennen.[41]

Von 1950 bis 1969 erschien in Wien das *Tagebuch*, finanziert von der KPÖ, herausgegeben von Viktor Matejka, zusammen mit Ernst Fischer und Bruno Frei.[42] In den 1940er und 1950er Jahren waren sowohl Fischer als auch Frei Moskau-treu. Ab 1956 jedoch lenkte Fischer die Zeitschrift auf Reformkurs. „Prag" spielte dabei die gleiche Rolle wie für die Franzosen: Auch Ernst Fischer nahm am Kafka-Kongress von 1963 teil, seine Frau Louise Fischer-Eisler und er wurden zu engen Freunden von Antonin Liehm – und zu wichtigen Mitgliedern der „Internationalen Brigade". Umgekehrt waren der Vertrieb und die Rezeption des *Tagebuchs* in den kommunistischen Ländern Osteuropas wichtige Elemente ihrer Selbstdefinition – und wohl auch finanziell nicht irrelevant.[43] Im Pantheon der „internen Opposition" fand sich neben Hašek und Kafka durchaus Platz für Karl Kraus, zumal sich der kulturpolitische Kurs von Fischer hervorragend mit dem „Prager Modell" (Zur

41 KROLL, Thomas: *Kommunistische Intellektuelle in Westeuropa : Frankreich, Österreich, Italien und Grossbritannien im Vergleich (1945-1956)*, Köln: Böhlau 2007, S. 243. Siehe Krolls Arbeit auch allgemein zur Genese des österreichischen KPÖ-Milieus in der Zweiten Republik (Ebd., S. 243–357.). Den Kern der Nachkriegs-KPÖ bildeten Intellektuelle, die, wie Ernst Fischer, der (illegalen) KPÖ nach dem erfolglosen Februar-Putsch 1934 beigetreten waren, viele von ihnen Juden, zahlreiche ehemalige Deportierte.

42 Für einen Überblick zum *Tagebuch* der Jahre 1950-1960 siehe die Magisterarbeit von ZOPPEL, Christina: *„Linientreue und Liberalität – Die Rezeption der zeitgenössischen österreichischen Literatur im kommunistischen ‚Tagebuch', 1950-1960"*, Magisterarbeit, Wien: Universität Wien 1995, http://www.wienbibliothek.at/sites/default/files/files/buchforschung/zoppel-christina-tagebuch.pdf (abgerufen am 20.07.2016).

43 Ebd., S. 18.

Erinnerung: mitteleuropäischer Kulturjournalismus + Reformkommunismus) vertrug.[44]

Die scharfe Verurteilung der Intervention in Prag – Ernst Fischer prägte in diesem Zusammenhang den Begriff „Panzerkommunismus" – führte zum definitiven Bruch mit der KPÖ und zur Einstellung des *Tagebuchs*. Fischer gründete die Zeitschrift mit Teilen der Redaktion neu (analog zu den nachfolgend beschriebenen französischen Entwicklungen bei *Démocratie nouvelle*), außerhalb der Partei und unter dem Titel *Wiener Tagebuch*. Im ersten Heft brachte man die deutsche Übersetzung von Aragons Text über Kundera und die Lage in der CSSR. Verantwortlicher Redakteur der Zeitschrift wurde Franz Marek, der ehemalige „Chefideologe" der KPÖ, der wie Fischer selbst 1969 ausgeschlossen worden war.[45]

Dies war der Kreis, aus dem im Verlauf der 1970er und der frühen 1980er Jahre immer wieder die deutschsprachigen Ansprechpartner für internationale publizistische Initiativen „im Geiste von Prag" kamen – auch nach dem Tod von Ernst Fischer 1972. Da, wie deutlich geworden sein sollte, ehemalige Parteimitglieder mit kulturpolitischer Orientierung den harten Kern des transnationalen Netzwerks bildeten, hieß „deutschsprachig" vor allem „österreichisch". Medien wie das *Wiener Tagebuch* und *Politique aujourd'hui* waren in der BRD, aus den genannten Gründen, nicht vorhanden, selbst wenn einzelne Texte aus der internationalen reformkommunistischen Debatte in den westdeutschen Zeitschriften *kürbiskern*, *die alternative* und *Das Argument* auf Resonanz stießen.

Soweit zur Konfiguration des transnationalen Kommunikationsraums von reformkommunistischen Intellektuellen zwischen Prag, Paris, Rom und Wien in den Jahren vor, während und unmittelbar nach dem Prager Frühling. Sollte aus diesem Überblick der trügerische Eindruck entstanden sein, es habe sich um ein solide institutionalisiertes Netzwerk gehandelt, das seinen Anliegen internationale Sichtbarkeit zu verleihen wusste, so verdeutlicht ein Blick auf die weitere Entwicklung die große Fragilität dieser Strukturen.

2. Abwarten in Paris und New York (1969-1975)

Im Herbst 1969 entschied sich Antonin Liehm, die Tschechoslowakei zu verlassen. Er musste nicht lange überlegen, wo er versuchen würde, für sich ein Auskommen und für seine publizistischen Ideen Unterstützer zu finden: Seine Frau Mira und ihn zog

44 Im Westen war Ernst Fischer, dessen Werk heute weitgehend vergessen ist, vor allem durch seine Arbeiten zu einer marxistischen Ästhetik bekannt. Siehe v.a. FISCHER, Ernst: *Kunst und Koexistenz. Beitrag zu einer modernen marxistischen Ästhetik*, Reinbek bei Hamburg: Rowohlt 1966.

45 Zum weiteren Redaktionskreis zählten der Reformkommunist Leopold Spira (KPÖ-Ausschluss 1971), später zudem der Journalist, Slawist und Übersetzer Martin Pollack. Siehe Kapitel 5 zu diesem Autorenkreis und seinen Versuchen, eine deutschsprachige Ausgabe von *Lettre internationale* zu gründen.

es nach Paris.[46] Die Entscheidung für die französische Hauptstadt sollte angesichts der Konfiguration des soeben umrissenen Netzwerks, und Liehms Rolle darin, nicht verwundern. Nicht nur lebten in Paris die wirkmächtigsten Freunde des „Dritten Wegs"; nicht nur hatte Antonin Liehm persönliche Beziehungen zu ihnen aufgebaut; nicht nur sprach er besser Französisch als Deutsch oder Italienisch – vor allem war all das kein Zufall. Paris war, das sei an dieser Stelle erinnert, die Hauptstadt der *„République mondiale des lettres"* (Pascale Casanova) *und* die „Geburtsstätte der Intellektuellen" (Christophe Charle) zugleich.[47] Wenn es im 19. und 20. Jahrhundert eine zweite Heimat für exilierte Intellektuelle gab, die mit dem Verhältnis von literarischer Autonomie und politischem Engagement rangen, dann an den Ufern der Seine.

Die Gründe für die internationale Strahlkraft der französischen Kapitale sind bekannt: Den Flüchtlingen aus biederen, kulturell wie politisch repressiven Landstrichen, wies der Stern von Paris den Weg in die „cosmopolis littéraire" (nach dem Begriff des Literaturwissenschaftlers René Marill Albérès). Mit jedem Bericht über Barrikaden, Salons und literarische Manifeste, der seit der Revolution von Paris aus über Touristen, Zeitungsberichte und Romane in die Welt getragen wurde, leuchtete er heller und verheissungsvoller: „Pour beaucoup d'étrangers, en effet", resümiert Casanova, „pendant très longtemps, et au moins jusque dans les années 60 du XXè siècle, l'image de la capitale se confondait avec le souvenir de la Révolution française, les soulèvements de 1830, 1848, 1870-71, avec la conquête des droits de l'homme, la fidélité au principe du droit d'asile, mais aussi avec les grands ‚héros' de la littérature."[48] Das galt in besonderem Maße für die Wahrnehmung von Paris in den Ländern Ost- und Südosteuropas – in Rumänien, Polen, Jugoslawien, der Tschechoslowakei. Vor allem jedoch galt es dort länger als „im Westen".

Als Exilort war Paris immer beides gewesen: *Gleichermaßen* der Hoheort der literarischen Avantgarden und ihres Kampfes um Autonomie des literarischen Feldes *und* der Schauplatz ihres politischen Engagements, *gleichermaßen* die Bühne für den staatsgründenden Patriotismus von Mazzini und Masaryk *und* für den Interna-

---

46 Die Zahl der Tschechoslowaken, die nach der Niederschlagung des Prager Frühlings Paris als Exilort wählten, war allerdings deutlich geringer als noch während der vorangegangenen Exilwellen. 1968 hatten Deutschland, die Schweiz und die USA der französischen Hauptstadt den Rang abgelaufen. Ein Überblick zur tschechoslowakischen Exilgeneration von 1968 findet sich bei ŠIMKO, Dušan: *„Czechoslovakian refugees in Western, Central, and Northern Europe since 1968"*, in: BADE, Klaus J. (Hrsg.): *The encyclopedia of migration and minorities in Europe : from the seventeenth century to the present*, Cambridge ; New York: Cambridge University Press 2011, S. 308–310. Šimko schätzt, dass ungefähr 104.000 Menschen die Tschechoslowakei in den ersten Jahren nach 1968 verlassen haben. Sie zählten überwiegend zur wissenschaftlichen und intellektuellen Elite des Landes: „A special group were exiled writers and artists. Many well-known Czech writers and poets found asylum and new publication possibilities in the West: for example, Jiri Grusa, Rudolf Ströbinger, Karel Trinkewitz, and Ota Filip in Germany; Karel Michal in Basel; Jaroslav Strnad in Obstalden in the eastern Swiss canton of Glarus; Jaroslav Vejvoda in Zurich; Milan Kundera, Antonin J. Liehm, Jiri Kolar, Jan Vladislav, and Petr Kral in Paris; and Pavel Kohout in Vienna." Ebd., S. 309.

47 CASANOVA: *La république mondiale des lettres*; CHARLE, Christophe: *Naissance des „intellectuels" : 1880-1900*, Paris: Les Éditions de Minuit 1990.

48 CASANOVA: *La république mondiale des lettres*, S. 48.

tionalismus von Karl Marx und Tristan Tzara. Es war der Ort der Begegnung dieser widerstreitenden Tendenzen. Wer immer etwas zu sagen hatte und wollte, dass es international gehört würde, sagte es hier:

> Cet improbable assemblage [aus Revolution, Gastfreundschaft und Literaturverehrung, RLS] constitue durablement Paris, en France et partout dans le monde, comme la capitale de cette République sans frontière ni limite, patrie universelle exempte de tout patriotisme, le royaume de la littérature qui se constitue contre les lois communes des Etats, lieu transnational dont les seuls impératifs sont ceux de l'art et de la littérature: la République universelle des lettres.[49]

Freilich blieb die reale politische Situation der Fremden in Paris in der Regel unter den Erwartungen, die der Ruf von der Welthauptstadt intellektueller Gastfreundschaft geweckt hatte – ein Mythos, von dem Casanova anführt, welche Effekte er in der Realität zeitigte, da der Ruf der Stadt die faktische Internationalisierung ihrer Bevölkerung nach sich zog. Während die Dandys des frühen 20. Jahrhunderts, zurecht, den kosmopolitischen Charakter der Stadt feiern konnten, sah die politische und ökonomische Realität für viele Zugezogene meist weniger rosig aus.[50]

Schon zu Zeiten der Französischen Revolution, das konnte Sophie Wahnich an Dokumenten aus der *Assemblée* zeigen, schwankte der Diskurs über die Fremden zwischen inklusivem Universalismus und exkludierender Verdachtsrhetorik, zwischen der Verbrüderung mit den Freunden der Revolution und der Sorge um den Körper der Nation, der vom Fremden – nun in der Figur des Verräters der Revolution – bedroht wurde.[51] „Willkommen" war der Fremde, solange er dem republikanischen Universalismus zur Zierde gereichte und durch seine Präsenz die Fortschrittlichkeit des französischen Gesellschaftsmodells unterstrich:

> L'étranger pendant la Révolution n'est bien accueilli que s'il participe à l'esthétisation de la cité universelle, mais les rapports politiques ne laissent aucune autre place à cette figure suspecte de trahir le genre humain.[52]

Politisch war das Skandalon des Fremden teilweise durch Naturalisierungen zu beseitigen. Im Grunde aber blieb (und bleibt) der Fremde *als Fremder* für die jakobinische

49 Ebd., S. 55. Der Preis, den die Intellektuellen für „ihre" Hauptstadt zahlten war allerdings, dass Paris – und damit Frankreich – die Standards setzte, sobald das Paar Modernität/Universalität ins Spiel kam, wie Casanova in ihrer Studie mit Nachdruck und Unbehagen zeigt (Ebd., S. 27–74.) Etwas zugespitzt bedeutete die Denationalisierung der anderen *ipso facto* den ersten Schritt zu ihrer „Renationalisierung" im Dienste der *grande nation*.

50 Siehe zur Situation der exilierten Intellektuellen in Paris den Ausstellungskatalog von MARÈS, Antoine und André KASPI (Hrsg.): *Le Paris des étrangers : depuis un siècle*, Paris: Imprimérie nationale 1989. Allgemein zur Geschichte der Einwanderung nach Frankreich NOIRIEL, Gérard: *Le creuset français: histoire de l'immigration, XIXe-XXe siècle*, 2., überarb. Aufl., Paris: Éditions du Seuil 2006.

51 „Gastfreundschaft/Verdacht", „Freundschaft/Verrat" und „Brüderlichkeit/Exklusion" sind die drei Pole, die nach Sophie Wahnich den revolutionären Diskurs über den Fremden in Frankreich charakterisieren. Siehe WAHNICH, Sophie: *L'impossible citoyen : l'étranger dans le discours de la Révolution française*, Paris: Albin Michel 1997, S. 17–19 und passim.

52 Ebd., S. 11.

Republik ein „*impossible citoyen*" (Wahnich) – politisch so unerträglich wie kulturell verehrt. Es war diese für die französische Geschichte so charakteristische Doppelfigur aus Anziehung und Abstoßung, die die bulgarisch-französische Literaturtheoretikerin und Psychoanalytikerin Julia Kristeva noch in der Pariser Gegenwart des ausgehenden 20. Jahrhunderts wiederfand und in *Fremde sind wir uns selbst* auf eine Formel brachte, in der sich Generationen von zugezogenen Intellektuellen wiederfinden konnten:

> Nirgendwo ist man *fremder* als in Frankreich [...] Und dennoch, nirgendwo ist man *besser* Fremder als in Frankreich. Da ihr unwiderruflich anders und unakzeptiert bleibt, seid ihr Faszinationsobjekt: Man bemerkt euch, man spricht über euch, man haßt oder bewundert euch, vielleicht beides zugleich.[53]

Anders gesagt: Es war immer schmeichelhaft, aber nie leicht, als Fremder in Paris zu leben. Das bekam auch Antonin Liehm zu spüren, als er auf einmal nicht mehr in der komfortablen Rolle als Freund und „Kulturmittler" aus Prag auftrat, sondern als Exilierter, der politische Ansprüche stellte und materielle Bedürfnisse hatte. In seiner Autobiographie heisst es dazu lakonisch:

> Als ich das Gefühl hatte, zuhause wieder gut gemacht zu haben, was ich nur konnte, ging ich ganz selbstverständlich nach Paris, um den Kampf um Prag von hier aus fortzusetzen. Aber man war nicht interessiert daran, mich dort zu haben (obwohl sie mich so mochten, als ich noch hinter dem Vorhang lebte).[54]

Aus diesen Zeilen spricht natürlich auch die Enttäuschung eines Exilierten, der Muttersprache und Einfluss zurücklassen musste. Doch die Reserve, mit der Teile der französischen Linken Antonin Liehm bei seiner Ankunft begegneten, hatte letztlich wenig zu tun mit persönlichen Leistungen oder damit, ob Fortuna diesem Emigranten hold war und jenem nicht. Vielmehr soll in der Folge argumentiert werden, dass die spezifischen Gründe nicht in Liehms Person lagen, sondern in den veränderten Kräfteverhältnissen im intellektuellen Feld nach 1968. Denn Antonin Liehm blieb auch nach seiner Emigration ein Verteidiger des sozialistischen Humanismus. Das aber war – selbst ohne die zusätzlichen Schwierigkeiten eines Exilierten – eine der schlechtesten „Positionierungen", aus denen heraus man in Frankreich in jenen Jahren im intellektuellen Feld handeln konnte. Aus wenigstens zwei Gründen konnte das von Antonin Liehm erhoffte Zeitschriftennetzwerk „aus dem Geiste von Prag" um 1969 in Paris schwerlich zustande kommen:

1. Das *realignment* im PCF ab 1969 marginalisierte das reformkommunistische Netzwerk aus den 1960er Jahren, das sich fortan ohne die finanzielle und infrastrukturelle Unterstützung der Partei tragen musste.
2. Den nun tonangebenden Strömungen der Linken (*gauchistes* und strukturalistische Marxisten) waren die Humanisten aus Prag und ihr „Dritter Weg" politisch suspekt.

53 KRISTEVA, Julia: *Fremde sind wir uns selbst*, Frankfurt a.M.: Suhrkamp 1990, S. 47–48.
54 LIEHM: *Minulost v prítomnosti*, S. 88. [Selbstverantwortete Übersetzung aus dem Tschechischen]

Veröffentlichungen bei Gallimard, anerkennendes Schulterklopfen und Einladungen zu Cocktail-Partys hin oder her, die Stadt, in der Antonin Liehm als Exilierter ankam, war eine andere als zu Zeiten der von Schriftstellern als Intellektuellen geführten Großdebatten um Engagement und Freiheit der Literatur. Das Paris von Aragon *vs.* Sartre *vs.* Aron und ihrer internationalen intellektuellen Gefolgschaft löste sich auf – was in den frühen 1960er Jahren davon übrig geblieben war, wurde vom Pariser Mai 1968 hinweggefegt.[55]

Die Marginalisierung des alten Netzwerks

Auch wenn das öffentliche Interesse in den Tagen und Wochen unmittelbar nach der Niederschlagung des Prager Frühlings anderes nahelegen mochte, im Grunde saßen die Protagonisten des Prager Modells in Paris zwischen allen Stühlen. Für *liberale und liberal-konservative* Teile der französischen intellektuellen Öffentlichkeit – der Mediensoziologe Rémy Rieffel zählt zur „mouvance libérale" der V. Republik vor allem das Milieu um die Zeitschrift *Preuves* (später beerbt von *Contrepoint* und *Commentaire*)[56] – bedeutete die Niederschlagung des Prager Frühlings eine Bestätigung ihrer Überzeugung, dass der „Dritte Weg" eine Chimäre war.

Auf die Debatte *innerhalb des PCF* hatte der Prager Frühling, nur scheinbar paradoxerweise, einen ähnlichen Effekt: Auch hier herrschte, wenn auch aus entgegengesetzten Motiven, die Überzeugung vor, man hätte sich auf das Experiment besser nie eingelassen. Mit der Intervention der Truppen des Warschauer Paktes hatte die UdSSR die Grenzen ihres Reformwillens deutlich aufgezeigt. Die mittelfristige Folge war ein *realignment.*[57] Sowohl die UdSSR als auch die westlichen Regierungen

55 Tony Judt evoziert das Paris der Nachkriegsjahre, dessen Mythos ohne Frage in Liehms Generation osteuropäischer Intellektueller noch weiterlebte, wie folgt: „In the end, then, there could be only one place for a properly *European* intellectual life in the years after World War Two [...] Ever since the 1920s, as one European state after another fell to the dictators, political refugees and intellectual exiles had headed for France. Some had remained during the war and joined the Resistance [...] Some had escaped to London, or New York, or Latin America, but would return after the Liberation. Others, like Czesław Miłosz or the Hungarian historian and political journalist François Fejtö, did not emigrate until the Soviet coups in Eastern Europa forced them to flee – at which point it seemed only natural that they would go straight to Paris.
The result was that, for the first time since the 1840s, when Karl Marx, Heinrich Heine, Adam Mickiewicz, Giuseppe Mazzini and Alexander Herzen all lived in Parisian exile, France was once again the natural European home of the disinherited intellectual, a clearing house for modern European thought and politics. Postwar Parisian intellectual life was thus doubly cosmopolitan: men and women from all over Europe partook of it – and it was the only European stage on which local opinions and disputes were magnified and transmitted to a wide, international audience.[...] Once more – and for the last time – Paris was the capital of Europe." JUDT: *Postwar,* S. 209–210.

56 RIEFFEL, Rémy: *La tribu des clercs : les intellectuels sous la Ve République, 1958-1990,* Paris: Calmann-Lévy/CNRS éditions 1993.

57 Maud Bracke hat diese Entwicklung im Detail nachverfolgt: BRACKE: *Which socialism? whose detente?* Für einen allgemeinen Überblick siehe zudem die Geschichte des PCF der Historiker COURTOIS, Stéphane und Marc LAZAR: *Histoire du Parti communiste français,* Paris: Presses universitaires de France 1995.

waren daran interessiert, den Status quo der Blöcke – und ihrer ökonomischen Beziehungen zueinander – aufrechtzuerhalten. Die *détente* sollte nicht durch europhile, dynamisierende und destabilisierende „Dritte Wege" gefährdet werden. Politisch schon gar nicht, doch selbst in der Sphäre der intellektuellen Kooperation nicht. Zur Formel gerann die offizielle Haltung im Ausspruch von de Gaulles Außenminister Michel Debré, als dieser zur Niederschlagung des Prager Frühlings anmerkte, der Einmarsch der Truppen des Warschauer Pakts in die Tschechoslowakei sei nur „ein Verkehrsunfall auf dem Wege zur Entspannung" gewesen.[58] Man beeilte sich, den Schadensfall abzuwickeln, und so konnte Peter Bender, der inoffizielle Chronist der deutschen Ostpolitik, in seinem Standardwerk rückblickend folgern:

> Obwohl nur wenige im Westen es sich eingestanden – die Vergewaltigung der Tschechoslowakei half der Entspannung. Die Sowjetunion bemühte sich eifrig, die Peinlichkeit vergessen zu machen; vor allem hatte sie ihren Pakt diszipliniert [...][59]

Diese „Disziplinierung" betraf indes nicht nur die Situation im Warschauer Pakt selbst, sondern auch die Kommunistischen Parteien Westeuropas, besonders die französische. Die Orthodoxie im PCF nahm nach 1968 wieder zu, die Phase der vorsichtigen Unterstützung des reformkommunistischen Kurses war vorbei – „[...] the party entered into a spiral of increasing doctrinal and intellectual rigidity", beobachtet Bracke.[60] Die Erwähnung von „Prag" wurde in diesem Kontext zum „Tabu"[61], und die Präsenz der Protagonisten des „Dritten Wegs" in Paris weckte unangenehme Erinnerungen. Mehr noch: Für die Einheit des PCF, der unter der Leitung von Georges Marchais erneut der arbeiterzentrierten und intellektuellenfeindlichen Strömung des sogenannten *ouvriérisme* folgte, stellten die Prager Reformkommunisten und ihre Freunde tendenziell eine Bedrohung dar.

Angesichts der neuen Machtverhältnisse verloren die Unterstützer eines *aggiornamento* im PCF rapide an Rückhalt: Paul Noirot – der Chefredakteur von *Démocratie nouvelle* – wurde noch 1969 aus der Partei ausgeschlossen, ebenso wie die prominente Historikerin Madeleine Rebérioux. Die Résistancekämpfer und Politiker Charles Tillon und Jean Pronteau ereilte das gleiche Schicksal im Jahr darauf, ebenso wie Roger Garaudy.[62] Pierre Daix ließ seine Mitgliedschaft 1973 auslaufen. Die *Lettres françaises*, deren Chefredakteur er gewesen war, gab es zu diesem Zeitpunkt bereits nicht mehr, denn die Sowjetunion hatte 1969 sämtliche institutionellen Abonnements gestrichen. Das trieb die Zeitung, die finanziell nie auf eigenen Beinen gestanden hatte, in den Ruin. Am 11. Oktober 1972 erschien die letzte Ausgabe. Darin, in einem „Valse des adieux" überschriebenen Artikel, bilanzierte

---

58 Zitiert bei BENDER, Peter: *Neue Ostpolitik, vom Mauerbau zum Moskauer Vertrag*, München: Deutscher Taschenbuch Verlag 1986, S. 154.

59 Ebd., S. 155.

60 BRACKE: *Which socialism? whose detente?*, S. 301.

61 Ebd., S. 294.

62 Zu Garaudys Ausschluss siehe DAIX: *Les hérétiques du P.C.F.*, S. 246–256; MATONTI: *Intellectuels communistes*, S. 218–221; BRACKE: *Which socialism? whose detente?*, S. 300–304.

Louis Aragon, der zwei Jahre zuvor Elsa Triolet verloren hatte: „Cette vie comme un jeu terrible où j'ai perdu. Que j'ai gâché de fond en comble."[63]

Es war das Ende einer Epoche der französischen Intellektuellengeschichte. Aragon selbst hat die Konsequenzen nicht mehr gezogen: Er blieb als einziger aus dem oben geschilderten Kreis – und bis zu seinem Tod 1982 – Parteimitglied. Doch die Lebensumstände seiner letzten Jahre sind bekannt: Von jungen Männern beim Schwimmen im Mittelmeer umgeben, fiel er nicht nur für die weltkommunistische Bewegung aus, sondern auch für das Fortleben des Prager Modells und die publizistischen Ambitionen seiner Protagonisten.[64]

Pierre Grémion hat überzeugend argumentiert, dass die Folgen von „Prag 68" auf das französische intellektuelle Feld in der Summe letztlich deutlich geringer waren als die von „Budapest 56".[65] Die Ereignisse an der Moldau brachten keine eigene, wirkmächtige intellektuelle Generation hervor, die das geistige Leben in der französischen Hauptstadt geprägt hätte. Doch für einen kleinen Kreis waren die Folgen sehr wohl massiv: Eben jene „Freunde von Prag" aus den 1960er Jahren, die Protagonisten des beschriebenen informellen Netzwerks, wurden in den Jahren 1969-1973 aus der Kommunistischen Partei Frankreichs ausgeschlossen oder sie verließen sie – Rémy Rieffel nennt dies die letzte Welle von *„décrochages"* der Intellektuellen aus dem PCF.[66] Zurück blieb eine Partei, die zwar in den folgenden Jahre einige ihrer besten Wahlergebnisse erzielen konnte – und von 1972 bis 1977 in der *Union de la gauche* ein gemeinsames Wahlprogramm mit der sozialistischen Partei schloss –, die ihren Einfluss auf die Intellektuellen und das kulturelle Leben jedoch völlig eingebüßt hatte.

Die marginalisierten Freunde des „Prager Modells" fanden eine neue Heimat in der Zeitschrift *Politique aujourd'hui*, die Paul Noirot außerhalb des PCF gründete. Pierre Grémion notiert dazu:

> *Politique aujourd'hui* se situe au double carrefour de révisionnisme et de la culture progressiste. La revue va cristalliser le soutien d'un très large milieu d'artistes et d'écrivains participant à la culture progressiste depuis la fin de la Seconde Guerre mondiale.[67]

Im Januar 1969 erschien die erste Ausgabe mit den Themen „Prager Frühling" und „Vietnam". Autoren waren unter anderen: Vercors, Šik, Rebérioux und die *Le Monde*-Journalisten Jean Lacouture und Jacques Amalric (dessen Frau, die Journalistin Nicole Zand, in den 1980er Jahren dann regelmäßig für *Le Monde* über *Lettre internationale* geschrieben hat). Das waren Leute, die dem organisierten Kommunismus nicht mehr über den Weg trauten, die aber darüber nicht zu Anti-Kommunisten wurden.[68] *Politique aujourd'hui* erschien bis 1986, ab Oktober 1970 veröffent-

63 Zitiert nach der Aragon-Biographie von Daix, Pierre: *Aragon, une vie à changer*, Paris: Seuil 1975, S. 429.

64 Siehe zum „späten Aragon" Daix (Ebd., S. 420.).

65 Grémion: *Paris-Prague*, S. 201–202.

66 Rieffel: *La tribu des clercs*, S. 120–124.

67 Grémion: *Paris-Prague*, S. 192–193.

68 Zu diesem Punkt schreibt Jiří Pelikán in seiner Autobiographie: „Il est naturel, en effet, que nous ayons trouvé une compréhension très grande auprès d'anciens communistes qui ont eu eux-mê-

lichte Noirot zudem bis 1978 die Wochenzeitung *Politique Hebdo*. Diese beiden Zeitungen versuchten, mehr schlecht als recht, in Frankreich die Rolle der Verteidigung der „Ideen von Prag" nach dem Ende der *Lettres françaises* zu übernehmen. Doch es blieben äußerst marginale Publikationen in der französischen Linken. Die *sociabilité intellectuelle* der reformkommunistischen „Häretiker des PCF" war nach ihrer Marginalisierung durch die Partei 1969 zu schwach, um neue publizistische Initiativen in der französischen – geschweige denn in der internationalen – Öffentlichkeit zu etablieren. Sie war, wie Antonin Liehm zu spüren bekam, sogar zu schwach, um Exil-Akteure wie ihn über ihr Beziehungsnetzwerk wenigstens materiell abzusichern. Das lag zum Teil sicherlich an fehlenden Ressourcen und Infrastrukturen, die zuvor die Partei bereitgestellt hatte – es lag aber auch an den „Ideen von Prag" selbst, die in der Pariser Linken um 1968 aus der Mode gekommen waren.

In der Mitte zurückgelassen: Prager Reformer und die Pariser Linke

Die theorieaffinen Kreise im PCF-Umfeld standen um 1968 unter dem Einfluss der szientistischen Marxlektüre des Philosophen (und PCF-Mitglieds) Louis Althusser und seiner Assistenten Etienne Balibar und Jacques Rancière.[69] Genau gegenläufig zur Renaissance des „frühen Marx" in Osteuropa (Kołakowski, Kosík, Sviták) versuchte diese Avantgarde der universitären Linken an der *Ecole normale supérieure* in der Pariser rue d'Ulm, Marx auf wissenschaftliche Füße zu stellen. Althussers Konzeptualisierung in *Lire le capital* zufolge musste sich der Marxismus *als Wissenschaft* am „reifen Marx" orientieren, den eine *„coupure épistémologique"* vom „ideologischen" Linkshegelianer der Jugendjahre trenne. Für Althusser war der sozialistische Humanismus keine Theorie, die Wahrheitsansprüche stellen konnte, sondern eine fatale Mischung aus Wissenschaft („Sozialismus") und Ideologie („Humanismus") und insofern nicht weniger fehlgeleitet als der Stalinismus.[70] Mit andern Worten: Die Lebenserfahrung einer ganzen Generation osteuropäischer Kommunisten war auf den Fluren der rue d'Ulm wenig wert.

Wenn nicht im PCF selbst und auch nicht im PCF-nahen akademischen Milieu, so hätten sich Liehm und sein Umfeld doch wenigstens auf die französische Linke *außerhalb* des PCF stützen können? Die jedoch entfernte sich ebenfalls, thematisch wie in ihrer theoretischen Ausrichtung, in der zweiten Hälfte der 1960er Jahre von den Idealen des „Prager Modells". Denn die andere große Strömung der französi-

---

mes des conflits avec le Parti et qui, après avoir été exclus ou l'avoir quitté, sont restés des socialistes convaincus : je pense à Roger Garaudy, Marcel Pannequin, René Dazy, Jean Chaintron, Robert Simon, Jean Pronteau, J.-P. Vigier, Maurice Gleize, Victor Leduc, Paul Noirot et à beaucoup d'autres." PELIKÁN, Jiří: *S'ils me tuent ...*, Paris: Grasset 1975, S. 250.

69 Stellvertretend für diese Strömung siehe ALTHUSSER, Louis, Jacques RANCIÈRE und Pierre MACHEREY: *Lire le Capital (I)*, Paris: Maspéro 1965. Balibar und Rancière, heute bekanntlich zwei der bedeutendsten französischen Philosophen, haben sich in der Folge von ihrer Arbeit unter Althusser distanziert. Das gilt insbesondere für Rancière – siehe dazu RANCIÈRE, Jacques: *La leçon d'Althusser*, Paris: Gallimard 1974.

70 Dazu MATONTI: *Intellectuels communistes*; GRÉMION: *Paris-Prague*, S. 197.

schen Linken nach 1968 war der sogenannte *gauchisme*.[71] Mit den strukturalistischen Analysen von Althusser konnten deren Anführer an der Universität Nanterre zwar auch nichts anfangen – „Althusser à rien" las man dort auf einem Transparent –, einig war man sich mit ihm jedoch in der Kritik des sozialistischen Humanismus. Für Daniel Cohn-Bendit und seine Genossen vom „mouvement du 22 mars" war das Prager Modell weniger „ideologisch" und „falsch" als vielmehr: elitär, altbacken, eurozentrisch, etatistisch, konterrevolutionär. Man war dabei, die alte Welt des europäischen Kommunismus, der „gauche à papa", hinter sich zu lassen, wie der *clin d'œil* im Titel ihres Manifests bezeugte: *Le Gauchisme, remède à la maladie sénile du communisme*.[72] Für die Protagonisten der Studentenbewegung rückten andere Kämpfe in den Vordergrund: Vietnam und die Widerstandsbewegungen in der Dritten Welt, der Sozialismus auf Kuba, die chinesische Kulturrevolution… Das bedeutete, de facto, auch eine Abkehr von Europa. „Prag" spielte in ihren Debatten schlicht keine Rolle mehr: „Le dépouillement de la presse gauchiste pendant toute la période de déploiement de gauchisme politique [1968-1972, RLS] fait apparaître une absence totale d'intérêt pour la situation tchécoslovaque", konstatiert Pierre Grémion.[73] Neben dieser Verschiebung des regionalen Fokus – weg von Europa, hin zu den Kämpfen in der Dritten Welt –, sind die Gründe für das Desinteresse auch in den veränderten Transformations-Strategien der Linken zu vermuten: Anders als die Prager Reformer mit ihrer traditionelleren Mischung aus intellektuellen Impulsen von oben und gesellschaftlichem Druck von unten, setzte die Neue Linke auf revolutionäre *Selbst*befreiung in den Metropolen und an der Peripherie. Die Sozialfigur des Intellektuellen, die man im Prag der 1960er Jahre gegen ihre Verächter zu rehabilitieren versuchte, hatte daher auch in Paris, wiewohl aus gänzlich anderen Gründen als bei den Prager Neostalinisten, keinen leichten Stand.[74] Jedenfalls wurde das Pariser progressistische Milieu der 1950er und 1960er Jahre, auf das sich Liehms Kontakte konzentrierten, im Ergebnis des hier nachgezeichneten Erneuerungsprozesses der französischen Linken, von Strukturalisten und *gauchistes* gleichsam „in der Mitte" zurückgelassen.[75]

* * *

71 Siehe zum *gauchisme* die literarisch-dokumentarische Aufarbeitung von HAMON, Hervé und Patrick ROTMAN: *Génération*, Paris: Seuil 1987. Zur kognitiven Orientierung der Neuen Linken und ihren intellektuellen Referenzen allgemein siehe GILCHER-HOLTEY, Ingrid: *Die Phantasie an die Macht : Mai 68 in Frankreich*, Frankfurt am Main: Suhrkamp 1995.

72 COHN-BENDIT, Daniel: *Le Gauchisme, remède à la maladie sénile du communisme*, Paris: Seuil 1968.

73 GRÉMION: *Paris-Prague*, S. 194.

74 GREBING: *Der Revisionismus*, S. 224.

75 In diesem Sinne auch GRÉMION: *Paris-Prague*, S. 166–187. Ein für die französische Linke in diesen Jahren deutlich schmeichelhafteres Bild zeichnet der amerikanische Historiker Michael S. Christofferson, der die Existenz des „Comité du 5 janvier pour une Tchécoslovaquie libre et socialiste" hervorhebt, dabei die Bedeutung dieser Gruppe und des von ihr veröffentlichten, weitgehend unbekannten, Informationsblatts *Vérité tchécoslovaque* meiner Ansicht nach jedoch überbewertet. CHRISTOFFERSON, Michael Scott: *French intellectuals against the left : the antitotalitarian moment of the 1970's*, New York: Berghahn Books 2004, S. 156–183.

Aber Sartre? Wäre es gelungen, Sartres Patronage zu gewinnen, dann wären die Dinge womöglich anders gelaufen und eine europäische Zeitschrifteninitiative „im Geiste von Prag“, nämlich nach dem Modell von *Literární noviny*, hätte fünfzehn Jahre vor *Lettre internationale* starten können. Sartre war der einzige aus dem transnationalen Netzwerk der Reformkommunisten, dessen Prestige zur Zeit der Studentenbewegung noch einmal stieg – wenn auch weniger im intellektuellen Milieu und nur vorübergehend. Dennoch: Er sprach vor den Studenten der besetzten Sorbonne, sein Name war in aller Munde und in allen französischen Zeitungen und vielen internationalen.

Doch Jean-Paul Sartre und die *Temps Modernes* waren eine politisch-literarische Produktionseinheit für sich. Die Publikation funktionierte nie als „Netzwerkzeitschrift“, Sartre war sich immer sein eigenes Netzwerk. Schon als Maurice Blanchot ein Jahrzehnt zuvor, am 2. Dezember 1960, mit dem Vorschlag an ihn herangetreten war, die *Temps Modernes* mit Maurice Nadeaus *Les Lettres nouvelles* zu fusionieren, um die beiden Zeitschriften zur Keimzelle einer Internationale der Intellektuellen im Geistes des antikolonialen „Manifests der 121“ umzubauen, hatte es Sartre vorgezogen, den Brief unbeantwortet zu lassen.[76]

Liehm hat derlei Initiativen denn auch, aus verständlichen Gründen und in realistischer Einschätzung der Situation, nie versucht.[77] Dass Sartre einer transnationalen publizistischen Unternehmung beigetreten wäre, die die Autonomie der *Temps Modernes* eingeschränkt hätte, war ausgeschlossen. Als „totaler Intellektueller“ (Pierre Bourdieu) hatte er es vermocht, „Literatur“ und „Philosophie“, die beiden eigengesetzlichen Leitdisziplinen des (französischen) intellektuellen Lebens, kurzzuschließen und damit das geistige Leben seiner Zeit wie kein zweiter zu dominieren. Pierre Bourdieu argumentiert in seiner berühmten Analyse, dass der „compagnon de route“ mit Sonderstatus – unbeschadet retrospektiver Peinlichkeiten und politischer Fehltritte – eben *kein* Parteiintellektueller des PCF war, sondern immer ein „intellectuel libre“ blieb.[78] Was auch hieß, dass Sartre auf eine „wechselseitige Instrumentalisierung“ und ein transnationales Netzwerk während der *aggiornamento*-Phase in den 1960er Jahren – anders als die „Häretiker des PCF“ (und in gewisser Weise selbst Aragon) – kaum angewiesen war.

Hinzukommt, dass, hätte sich Sartre dennoch entschieden, Teil einer transnationalen publizistischen Initiative zu werden, seine Wahl wohl kaum auf die „Prager“ gefallen wäre. Denn trotz persönlicher Sympathien mit ihnen und einer gemeinsamen Aversion gegen die Sowjetunion, galt Sartres öffentliches Engagement *nach* 1969 vor allem Unternehmungen, die näher an den Interessen der Studentenbewegung und der *gauchistes* lagen: Die „Dritte Welt“ und der Maoismus standen bei ihm in diesen Jahren bekanntlich hoch im Kurs (so hatte Sartre 1970 die Chefredaktion von *La cause du peuple* übernommen, um die Zeitschrift der maoistischen

76 Siehe dazu ausführlicher SCHMIDT: *Die unmögliche Gemeinschaft*, S. 60.

77 So Liehm in einem Gespräch mit dem Autor vom 7. Dezember 2012.

78 Siehe zum Vorangegangenen BOURDIEU, Pierre: „*Die Erfindung des totalen Intellektuellen*“, in: *Romanistische Zeitschrift für Literaturgeschichte 5/4* (1981), S. 385–391.

„Gauche prolétarienne“ vor weiterer staatlicher Repression zu schützen). Zudem war er – auch darin mit der Neuen Linken einig – anders als die Prager wahrlich kein Anhänger des europäischen Projekts…

So blieb Sartre für Antonin Liehm ein distanzierter Freund. Immerhin: Er hat Liehm persönliche Hilfestellungen geleistet und ein wichtiges Vorwort geschenkt;[79] in den *Temps Modernes* konnte Liehm zudem drei Artikel veröffentlichen;[80] und mit dem Chefredakteur André Gorz blieb er eng befreundet. Doch mehr war von den *sartriens* nicht zu erwarten.

* * *

Es stand mithin nicht gut um Antonin Liehms Hoffnungen, aus dem Pariser Exil heraus eine europäische Zeitschrift „im Geiste von Prag“ zu initiieren. Der Empfang in der französischen Hauptstadt war freundlich, doch die Bilanz ernüchternd. Die Glaubwürdigkeit des reformkommunistischen Ansatzes war nach der sowjetischen Intervention geschwächt. Nichts von dem, wofür man in Prag gekämpft hatte, hatte in Paris Konjunktur: Nicht die Sozialfigur des autonomen Intellektuellen, nicht der sozialistische Humanismus, der als „ideologisch“ und altbacken galt, nicht die emphatische Europaidee. Solidaritätsbekundungen hin oder her, 1969 war ein schlechter Moment, um in Paris Partner aufzutreiben, die bereit waren, eine kulturpolitisch angelegte Debatte zu Demokratie und Sozialismus auf europäischer Ebene zu führen – und die dafür nötigen Mittel bereitzustellen.

Blieb der Rückzug auf eigene Strukturen. Doch wie beschrieben fiel das Netzwerk am Rande des PCF dem *realignment* der Partei zum Opfer und verschwand entweder vollständig (*Les Lettres françaises*) oder wurde aus der Partei gedrängt und musste sich unter prekären Bedingungen „auf dem Markt“ neu organisieren (*Politique aujourd'hui/Politique Hebdo*). In jedem Fall hatte dieses Milieu mit dem eigenen Überleben mehr als genug zu tun und war an neuen Projekten weder interessiert noch überhaupt in der Lage, sie zu tragen. Antonin Liehms Ankunft in Paris im Jahre 1969 war, das muss man wohl folgern, trotz der zahlreichen Kontakte und wohlgemeinten *honneurs*, letztlich ein „exil manqué“.

Diese missliche Lage gibt Gelegenheit zu einer Beobachtung grundsätzlicherer Natur: Auffällig ist bei der Rekonstruktion reformkommunistischer Netzwerke in Europa, wie gering deren Institutionalisierungsgrad war. Der Unterschied wird überdeutlich, wenn man die Situation antikommunistischer Intellektueller seit

79 Sartre hatte unter anderem versucht, Liehm eine Anstellung bei der UNESCO in Paris zu vermitteln. René Maheu, Philosoph und Generalsekretär der UNESCO von 1962-1974, war ein enger Vertrauter von Sartre und de Beauvoir. Seine Bedingung war jedoch, dass sich Antonin Liehm nicht weiter politisch engagiere, was dieser ablehnte.

80 Im Juli 1973 veröffentlichte Liehm einen einflussreichen Artikel zu Kafka in den *Temps Modernes*: LIEHM: „*Kafka dix ans après*“. Bereits im April 1968 waren in Übersetzung seine Rede auf dem tschechoslowakischen Schriftstellerkongress von 1967 und ein Gespräch mit Ludvík Vaculík erschienen: LIEHM, Antonin J.: „*Pour une politique culturelle socialiste*“, in: *Les Temps Modernes 263* (1968), S. 1816–1823; LIEHM, Antonin J.: „*Entretien avec Ludvik Vaculik*“, in: *Les Temps Modernes 263* (1968), S. 1824–1838.

dem Krieg dagegenhält.[81] Die nämlich verfügten mit dem „Kongress für kulturelle Freiheit“ (CCF) seit seiner Gründung 1950 in Berlin über eine mächtige transnationale Koordinierungs-, Organisations- und Finanzierungsstruktur.[82] Im Jahr 1960 hatte der Kongress 80 Angestellte allein in seiner, zu diesem Zeitpunkt bereits in Paris ansässigen, Zentrale.[83] 50 Prozent des Etats kamen von der Ford Foundation, ein weiterer Teil – wie seit einer Artikelserie der *New York Times* vom April 1966 und Jason Epsteins Artikel „The CIA and the Intellectuals“ in der *New York Review of Books* vom 20. April 1967 hinreichend bekannt – aus Mitteln der CIA.[84]

Zeitschriften bildeten, wie Pierre Grémion in seiner Studie zum CCF zeigt, das „Glanzstück“ dieses Netzwerks:

> Le réseau des revues constitue le fleuron du Congrès pour la liberté de la culture à son apogée, ce par quoi il se définit comme un aréopage international de haute culture dans l'ordre de la littérature et de la philosophie, de l'histoire et du journalisme. La mondialisation s'incarne dans ce réseau de vingt à vingt-cinq revues plus ou moins directement rattachées au CCF entre 1960 et 1965.[85]

Die französische Germanistin Anne-Marie Corbin hat in ihrem instruktiven Überblick beschrieben, wie der Kooperationsmodus in diesem publizistischen Netzwerk angelegt war und welches Europabild ihm zu Grunde lag:

---

81 Es lässt sich argumentieren, dass die *Société européenne de la culture* (SEC) eine Zeit lang eine breitere, neutralistische Plattform und damit eine Alternative zum antikommunistischen CCF-Netzwerk bot. Nach der großen SEC-Konferenz 1956 in Venedig verlor die Initiative jedoch an Bedeutung. Nichtsdestotrotz war die von Umberto Campagnolo initiierte SEC ein interessanter und wenig erforschter Akteur zwischen den Fronten des Kalten Kriegs. In Frankreich hatte die SEC zum Beispiel lange Zeit einen gewissen Einfluss auf *Esprit* und *Le Monde* und mit *Comprendre* verfügte sie über eine eigene, mehrsprachige Zeitschrift. Siehe hierzu die Forschung der britischen Historikerin Nancy Jachec (bisher vor allem in JACHEC, Nancy: „*The Société Européenne de Culture's Dialogue Est-Ouest 1956: Confronting the ‚European Problem'*“, in: *History of European Ideas 34/4* (2008), S. 558–569.). Jachec hat kürzlich eine erste Monographie zur SEC veröffentlicht, deren Leitidee ist, die allzu „CCF-zentrische“ Geschichte der intellektuellen Kooperation in Europa zu korrigieren: JACHEC, Nancy: *Europe's intellectuals and the cold war: the society of European culture and post-war politics, culture and international relations*, London: I.B. Tauris 2015. Dass dies nicht ohne Beziehung zum Netzwerk von *Lettre internationale* bleibt, zeigt nicht zuletzt die Präsenz von Norberto Bobbio, der nach Campagnolo die Leitung der SEC übernahm – und später zu einem wichtigen Autor der italienischen Ausgabe von *Lettre* wurde.

82 Es besteht eine umfassende Forschung zum CCF, deren Folgerungen so unterschiedlich sind wie die politischen Überzeugungen ihrer Autoren. Die Standardwerke sind: COLEMAN, Peter: *The liberal conspiracy : the Congress for Cultural Freedom and the struggle for the mind of postwar Europe*, New York; London: Free Press ; Collier Macmillan 1989; GRÉMION, Pierre: *Intelligence de l'anticommunisme : le Congrès pour la liberté de la culture à Paris (1950-1975)*, Paris: Fayard 1995; HOCHGESCHWENDER, Michael: *Freiheit in der Offensive? : der Kongress für Kulturelle Freiheit und die Deutschen*, München: Oldenbourg 1998; SAUNDERS, Frances Stonor: *Who paid the piper? The CIA and the Cultural Cold War*, London: Granta Books 1999; CAUTE, David: *The dancer defects: the struggle for cultural supremacy during the Cold War*, Oxford; New York: Oxford University Press 2003.

83 GRÉMION: *Intelligence de l'anticommunisme*, S. 388.

84 Siehe dazu ausführlich Ebd., S. 433–444.

85 Ebd., S. 398.

> Publiées dans la langue du pays, elles [die Zeitschriften des CCF; RLS] étaient, en principe adaptées à sa spécificité. Mais il était prévu d'emblée d'échanger des articles entre les revues, ce qui en garantissait le caractère européen, et d'en discuter la thématique entre les divers comités de rédaction. Le CLC [das frz. Sigel für den CCF; RLS] estimait à 250 000 lecteurs le cercle qu'il touchait à travers le monde.[86]

Zwar waren die großen Zeiten des Kongresses und seiner Periodika spätestens seit der Aufdeckung der CIA-Finanzierung und der anschließenden Debatte vorbei: Politisch-literarische Publikationen wie *Preuves* in Frankreich, *Encounter* in Großbritannien und *Der Monat* in Deutschland, die Ende der 1950er bis Anfang der 1960er Jahre Auflagen um die 20.000-35.000 Exemplare hatten, spielten in den 1970er Jahren keine entscheidende Rolle mehr, und die unscheinbarere „Fondation pour une entraide intellectuelle européenne" (FEIE) war an die Stelle des flamboyanten Kongresses getreten.[87] Dessen unbeschadet waren die liberalen Antikommunisten weiterhin ungleich besser organisiert und finanziert als die liberalen Reformkommunisten. Antonin Liehm hatte dies früh gesehen… und so blieb die Idee eines transnationalen Forums der besten Köpfe des „Dritten Wegs" virulent – eines „linken CCF", wenn man denn so will. Es ist kein Zufall, dass Corbins Beschreibung des Netzwerk-Konzepts der CCF-Publikationen aus den späten 1950er Jahren mit den exakt gleichen Worten auch für das dreißig Jahre später lancierte *Lettre*-Netzwerk gelten könnte: Auch hier sollte ein europäischer Kommunikationsraum unter Intellektuellen aus verschwisterten, aber nationalen Initiativen entstehen, die untereinander Artikel tauschen und sich regelmäßig auf der Ebene thematischer Schwerpunkte koordinieren würden.[88] Damit hören die Parallelen freilich auf, denn weder in seiner Finanzierung, noch in seiner Reichweite und schon gar nicht mit Blick auf die Nähe zu kulturdiplomatischen Einflusszirkeln ähnelte das spätere *Lettre*-Netzwerk dem antikommunistischen „Glanzstück" des CCF.

In den späten 1960er Jahren war nicht daran zu denken, für Liehms „linken CCF" ausreichend Mittel zu finden. Von wem hätten sie kommen sollen? Geopolitisch lagen publizistische Initiativen für „Dritte Wege" in niemandes Interesse, ideologisch angesagt waren sie auch nicht (mehr). Letztlich blieb nur Abwarten. Wem Geld und Macht fehlen, um sich gegen die Konjunktur und gegen subventi-

---

86 Corbin, Anne-Marie: „*Le Congrès pour la liberté de la culture: une entreprise européenne?*", in: Fleury, Antoine und Lubor Jílek (Hrsg.): *Une Europe malgré tout, 1945-1990 : contacts et réseaux culturels, intellectuels, et scientifiques entre Européens dans la guerre froide*, Brüssel; New York: P.I.E. Peter Lang 2009, S. 153–165, hier S. 161.

87 Zur FEIE siehe Guilhot, Nicolas: „*A Network of Influential Friendships: The Fondation Pour Une Entraide Intellectuelle Européenne and East–West Cultural Dialogue, 1957–1991*", in: *Minerva: A Review of Science, Learning & Policy 44/4* (2006), S. 379–409 sowie weiterhin Grémion: *Intelligence de l'anticommunisme.* Die von Pierre Emmanuel, Roselyne Chenu und Annette Laborey geleitete und von Adam Michnik beratene Institution war ideologisch offener als das „Kalte Kriegs"-Kind CCF und unterhielt Beziehungen zu allen Dissidenten-Gruppen, auch sozialistischen und reformkommunistischen. Zu den indirekten Beziehungen zwischen FEIE und *Lettre* siehe auch Kapitel 4.

88 Dies ist ausführlich Thema in Kapitel 6.

onierte Konkurrenten auf dem publizistischen Markt zu etablieren, der muss auf den rechten Moment warten. Politisch-literarische Publizistik ist eine Übung in Kairologie.[89]

Amerika, hast du es besser?

Wer als Exilierter in Europa kein Auskommen fand, den zog es nach Amerika. Antonin Liehm war in dieser Hinsicht keine Ausnahme. Die „klassische" Option in Europa, eine Arbeit als Journalist beim Osteuropa-Dienst von Radio Free Europe oder anderen westlichen, dezidiert antikommunistischen Institutionen, reizte Liehm nicht, und er wäre dort mit seinen reformkommunistischen Überzeugungen wohl auch kaum genommen worden. Rückblickend schrieb er:

> Toutes ces personnes [der Emigration von 1968, RLS] devaient vivre à l'étranger et, bien naturellement, travailler pour avoir de quoi vivre. Ceux qui combattaient le communisme étaient souvent embauchés à la Radio Free Europe, à Voice of America, à la BBC, etc. Mais les personnes qui comme moi et d'autres ne voulaient pas devenir des soldats, certes bien payés, mais quand même des mercenaires de la Guerre froide, devaient trouver ailleurs une source de revenus.[90]

Die aussichtsreichste dieser „alternativen Geldquellen" war natürlich die Universität, und so versuchte Liehm, sich als Akademiker neu zu erfinden. Zwei Jahre lang, 1970 und 1971, bewarb er sich auf Stellen an französischen Universitäten. Mehr als sporadische Lehraufträge wurden ihm nicht angeboten, vielversprechenden Briefen aus Reims und Rennes folgten letztlich keine Berufungen.[91] Das wird letztlich weniger politische Gründe gehabt haben als institutionelle: Das französische Hochschulsystem war notorisch unflexibel, wenn es um die Integration atpyischer Lebens- und Karrierewege ging.[92] Liehm fehlte nicht nur der akademische Stallgeruch, er konnte zudem keine Promotion vorweisen. Damit waren ihm, trotz zahlreicher Publikationen, so gut wie alle Wege im französischen Universitätssystem versperrt.

Anders verhielt es sich in den USA. Von dort erreichte Liehm die Einladung, ab September 1970 am Richmond College in Staten Island, einer Hochschule im Verbund der City University of New York (CUNY), als Gastprofessor für *film studies* zu unterrichten.[93] Er zog die Konsequenzen und packte die Koffer. Ein tragi-

89 Ich habe an anderer Stelle versucht, dies am Beispiel früherer Zeitschriftenprojekte von Bertolt Brecht, Walter Benjamin und Maurice Blanchot zu zeigen: SCHMIDT, Roman: *„Utopisch scheitern. Zwei Zeitschriftenprojekte"*, in: *Wespennest 158* (2010), S. 63–66.

90 LIEHM: *„Que faire ?"*, S. 65.

91 Siehe dazu die Korrespondenz im Archiv AJL/LI, IMEC.

92 Mit der Gründung der sozialwissenschaftlichen Hochschule EHESS im Jahre 1975 hat sich diese Situation, für mehrere Exil-Akteure und letztlich auch für Antonin Liehm, etwas verbessert. Siehe dazu auch Kapitel 4.

93 Die Einladung in die USA wurde erleichtert durch eine Reihe gewichtiger Empfehlungen, so die von Herbert Marcuse, der am 3. April 1970 von der UC San Diego nach Staten Island schrieb: „It

sches Familienereignis – der Unfalltod von Mira Liehms Sohn Evžen – erleichterte die Entscheidung, eine Zeit lang durch einen Ozean von Europa getrennt zu sein. Ein oder zwei Jahre später, so hofften Antonin Liehm und seine Frau damals, würden sie dann ja nach Paris zurückkehren können. Doch es kam anders: Bis 1983, dreizehn Jahre lang, verbrachten die Liehms das Semester in Staten Island und den Sommer in Europa (wo die Filmwissenschaftlerin Mira Liehm für die Mannheimer Filmwoche arbeitete).

Die Jahre in den USA begründeten Antonin Liehms akademische Karriere als *film scholar* – eine zweite, parallel zur publizistischen verlaufende, die es ihm ermöglichte, seine ökonomisch wenig einträglichen Zeitschriftenpläne weiterzutreiben. So stellte die Filmwelt eine inoffizielle Form von „Reisekosten-Rückerstattung" für ihn bereit, denn die internationalen Netzwerke der *cinéphilie* mit ihren Festivals, Biennalen, Filmwochen und Kongressen haben es Liehm immer wieder erlaubt, das Angenehme mit dem Nützlichen zu verbinden und, etwa am Rande einer bezahlten Reise als Korrespondent, Redner oder Jurymitglied nach Venedig, Nizza oder Mannheim, dort mit anderen Zeitschriftenherausgebern und Schriftstellern zusammenzutreffen. Auf diese Weise leistete das relativ ressourcenstarke Netzwerk der *cinéphilie* einen Beitrag zur „Quersubventionierung" seiner äußerst ressourcenschwachen Schwester, der Ideenpublizistik…

Als Filmwissenschaftler veröffentlichte Liehm während seiner New Yorker Jahre mehrere Aufsätze und drei Bücher, deren Titel erwähnt sein sollen, ohne dass in dieser Studie weiters auf sie eingegangen werden kann: Es handelt sich um einen Überblick zum tschechoslowakischen Film, vor allem der tschechischen *nouvelle vague*,[94] eine Monographie zu Milos Forman[95] und schließlich, zusammen mit seiner Frau Mira, ein Standardwerk zum osteuropäischen Kino.[96]

Was seine universitäre Karriere anbetrifft, so wurde Antonin Liehm 1971 zum „Assistant Professor" an der CUNY ernannt, drei Jahre später zum „Associate Professor", nach wiederum drei Jahren hätte er dann – gemäß der in den USA üblichen Laufbahn – seine *tenure* erhalten und wäre vielleicht dauerhaft geblieben. Doch ein Jahr zuvor, im Sommer 1976, stand die Stadt New York vor dem Bankrott. Zahlreichen Dozenten ohne *tenure* wurde gekündigt, darunter auch Antonin Liehm, mit Monatsfrist zum 31. August 1976. Diesmal war es Philip Roth, der sich für ihn verwendete. Liehm hatte den amerikanischen Schriftsteller 1972 durch Vermittlung von Robert Silvers, dem Herausgeber der *New York Review of Books*, kennengelernt.

---

is my opinion that Mr. Liehm is a highly intelligent, conscientious person, an excellent writer, and firmly committed to freedom under socialism. I think he certainly deserves an appointment." Brief im Archiv AJL/LI, IMEC.

94 Liehm, Antonin J.: *Closely watched films; the Czechoslovak experience*, White Plains: International Arts and Sciences Press 1974.

95 Liehm, Antonin J.: *The Milos Forman stories*, White Plains: International Arts and Sciences Press 1975.

96 Liehm, Mira und Antonin J. Liehm: *The most important art : Soviet and Eastern European film after 1945*, Berkeley: University of California Press 1977. Eine französische Übersetzung erschien 1989 unter dem Titel *Les cinémas de l'Est*.

Roth war damals auf der Suche nach verlässlichen „Prag"-Kontakten…[97] Die hatte Liehm. Roth wiederum hatte sie an der University of Pennsylvania in Philadelphia, wo er seit Jahren unterrichtete. Und so wurde Liehm zum Herbst 1977 dort Dozent für osteuropäische Zivilisation und Literatur. Seine Frau und er zogen ein weiteres Mal um. Roth vermutete, diesmal sei sein tschechischer Freund wohl endgültig angekommen: „My guess is you'll be there for good", schrieb er ihm.[98]

Doch dem war nicht so. Zwar erhielt Antonin Liehm die amerikanische Staatsbürgerschaft (die tschechische wurde ihm am 13. Februar 1980 aberkannt).[99] Aber sein Herz war nicht dabei. Damit soll nicht gesagt sein, die Jahre im amerikanischen Exil wären ohne Einfluss geblieben: Der politische Liberalismus wie auch die publizistische Tradition des amerikanischen Magazinjournalismus flossen in Konzeption und Selbstverständnis von *Lettre internationale* ein. Im Alltag jedoch kam Liehm nicht zurecht mit dem prononcierten Individualismus in seinem amerikanischen Umfeld – und dem Kommunitarismus der dortigen nationalen und religiösen Exil-Gemeinschaften. In einer kurzen Bilanz der amerikanischen Jahre schrieb er 1985:

> On apprend certaines choses par l'émigration. Le ghetto juif m'était fermé, le ghetto tchèque n'était pas pour moi, ni le ghetto dissident. Rien n'est plus ahurissant que ces ghettos là. Ils entretiennent des illusions dangereuses et sont terriblement exploités par le pays où ils existent.[100]

Liehm weigerte sich, die charakteristische Mischung aus (Über-)Assimilation und nationaler Traditionspflege für sich zu übernehmen, nach der das Exilleben in den USA organisiert ist. Darüber hinaus spricht aus dem Zitat wohl auch die Einsicht, dass seine Integration in die Kreise der „New York Intellectuals" nicht erleichtert würde, sollte sich herausstellen, dass der von manchen stillschweigend als jüdisch angesehene Prager Exilierte ein (nicht-praktizierender) Katholik war. Dick Howard, ein Freund Liehms aus New Yorker Zeiten und ein wichtiger Mittler zwischen der europäischen und der amerikanischen antitotalitären Linken, sagte mir 2012 im Gespräch, er habe nie nachgefragt, sei aber immer davon ausgegangen, die Liehms seien Juden.[101]

---

97 Siehe den Brief von Philip Roth an Liehm vom 10. Juli 1972, Archiv AJL/LI, IMEC. Roth war der Pate der tschechischen Literatur im amerikanischen Literaturbetrieb. Er schrieb das Vorwort zur amerikanischen Ausgabe von Kunderas *The Joke*, was Kunderas Rezeption in den USA von Anfang an auf andere Spuren setzte als mit Aragon in Frankreich.

98 Brief von Roth an Liehm vom 24. März 1978, Archiv AJL/LI, IMEC. Liehm erwähnt seine Ankunft in Philadelphia und Philip Roths Hilfe auch in einem kurzen Artikel, den er 2003 zum „Roth-Heft" der Schweizer Kulturzeitschrift *Du* beigetragen hat: LIEHM, Antonin J.: *„Die Literatur des anderen Europa. Ein Stück Roth in Prag"*, in: *Du 740* (2003), S. 82–83. Dass Roths Kontakt zu Prager Intellektuellen über Antonin Liehm zustande kam, bestätigt jetzt auch PIERPONT, Claudia Roth: *Roth unbound : a writer and his books*, New York: Farrar, Straus and Giroux 2013, S. 88–89.

99 Siehe das Schreiben des tschechoslowakischen Innenministeriums im Archiv AJL/LI, IMEC.

100 LIEHM: *„Mon exil"*, S. 148.

101 Dick Howard in einem Gespräch mit dem Autor vom 15. Mai 2012.

Herkunft und Religion als Organisations- und Solidaritätsprinzip der intellektuellen Öffentlichkeit anzuerkennen lief konträr zum Selbstverständnis des Internationalisten Liehm. Allerdings machte der es seinem Gastland auch sonst nicht leicht, denn er verstand und gebar sich während seines gesamten Aufenthalts in den USA – durchaus nicht ohne Widerspruch zum eben Gesagten – immer als Europäer (tschechischer Zunge). Frisch zurück in Europa bekannte er: „Quand je vais de Prague à Londres, je suis chez moi. Quand je vais aujourd'hui à New York, après 13 ans, je suis encore à l'étranger."[102] So blieb der Aufenthalt in den USA, trotz der langen Zeitspanne, in vielerlei Hinsicht provisorisch und der Blick immer auf Europa gerichtet.

* * *

Und was geschah „in Europa"? Nach gut vier Jahren in Amerika erreichten Antonin Liehm 1975 erstmals erfreuliche Nachrichten aus Rom. Womöglich, hiess es in einem Brief von Jiří Pelikán, werde man doch noch das erhoffte europäische Zeitschriftenprojekt „im Geiste von Prag" auf den Weg bringen können. Doch nicht dort, wo sie es erwarteten, hatte sich für die Prager Reformkommunisten eine Gelegenheit zur Zeitschriftengründung ergeben – sie waren nicht etwa aus dem Umfeld ihrer langjährigen Vertrauten in Frankreich, Italien oder Österreich kontaktiert worden, sondern aus Wewelsfleth, von Günter Grass.

3. „Projekt *L*". Deutsche Sorgen und internationale Perspektiven bei der Gründung der politisch-literarischen Zeitschrift *L 76* (1974-1976)

> Bist du noch da? Ist Post aus Prag?
> Wann mußt du wieder? Was ist denn?
> Sag doch. Erzähl mal.
>
> Günter Grass,
> *Aus dem Tagebuch einer Schnecke* (1972),
> Kapitel 26.

L 76 – Demokratie und Sozialismus, so hieß die Zeitschrift schließlich, wird in den Darstellungen zur westdeutschen Intellektuellengeschichte der 1970er und 1980er Jahre bisher kaum erwähnt.[103] Nur beiläufig fällt ihr Name hin und wieder, meist

102 Liehm: *„Mon exil"*, S. 148.

103 Freilich hat die intellektuellengeschichtliche Aufarbeitung dieser Jahre auch erst kürzlich an Fahrt aufgenommen und sich dabei bisher v.a. auf die zentralen Medien der „Theoriebegeisterung" – *Kursbuch, die alternative, kürbiskern, Merve-Verlag,* etc. – konzentriert. So nun auch paradigma-

in Verbindung mit der „literarischen Ostpolitik" von Günter Grass, mit der er auch in der Erinnerung von Zeitgenossen und Weggefährten noch am ehesten verbunden sein dürfte.[104] Ehe sich die Zeitschrift jedoch zu dem Medium der sozialdemokratischen Schriftstellerprominenz hin entwickelte, das sie letztlich war, hatte es durchaus Szenarien für einen anderen Entwicklungspfad des „Projekts *L*" gegeben, wie es im frühen Planungsstadium genannt wurde. Diese Spur führt zu den Protagonisten des „Prager Modells". Auch wenn der realisierten Zeitschrift davon nicht mehr viel anzumerken war, verwies doch ihr Titel *L 76*, jedenfalls für Eingeweihte, weiterhin auf die Tradition der Prager Avantgarde... Die Geschichte dieser Annäherungen und Distanzierungen ist das Thema der nächsten Seiten.[105]

* * *

Für die Vorgeschichte von *L 76* spielt „Solschenizyn" eine entscheidende Rolle, also beginnen wir die Rekonstruktion mit den Fernsehbildern und Pressefotos, die am 14. Februar 1974 von Langenbroich aus um die Welt gingen: Alexander Solschenizyn steht neben Heinrich Böll, vor dessen Wochenendhaus in der Eifel, und gibt eine Pressekonferenz, ehe die beiden Schriftsteller zu einem Spaziergang aufbrechen. Eine Geste der Solidarität, eine wechselseitige Respektbekundung: Solschenizyn, soeben aus der UdSSR ausgewiesen, hatte bei Böll, dem langjährigen Unterstützer der Dissidenten, erste Station im Westen gemacht, ehe er in die Schweiz weiterreiste.

Am 28. Dezember 1973 war in Paris der erste Band des *Archipel Gulag* erschienen, zunächst auf Russisch, wenig später in französischer und deutscher Übersetzung. Sein Bericht aus dem russischen Lagersystem schickte eine Schockwelle durch Europa, vor allem durch Frankreich, wo er den Abschied der Intellektuellen vom Kommunismus beschleunigte und vollendete.[106]

Wenige Monate nach Solschenizyns Aufenthalt bei Böll gründete er zusammen mit Andrei Sinjawski – dem 1973 nach sieben Jahren im Arbeitslager die Ausreise nach Paris erlaubt wurde – eine eigene Zeitschrift, *Kontinent*, deren Geschichte Sonja Hauschild rekonstruiert hat.[107] Es handelte sich um eine länderübergrei-

---

tisch bei FELSCH, Philipp: *Der lange Sommer der Theorie: Geschichte einer Revolte ; 1960-1990*, München: Beck 2015.

104 Der Begriff der „literarischen Ostpolitik" ist übernommen von BRUNSSEN, Frank: *„Günter Grass and the Cold War"*, in: *Journal of Contemporary European Studies 15/2* (2007), S. 149–162.

105 Dieses Kapitel basiert in erster Linie auf der Auswertung des Privatarchivs von Antonin Liehm (Archiv AJL/LI, IMEC), auf dem *Lettre*-Archiv in Brüssel (Archiv LI, AML) und auf den *L 76*-relevanten Mappen im Nachlass von Günter Grass an der Akademie der Künste Berlin (Nachlass Grass, AdK). Sekundärliteratur ist kaum vorhanden. Vereinzelte Hinweise finden sich in Biographien zu Grass und Böll. Carola Stern hat *L 76* ein Kapitel in ihren Memoiren gewidmet, dem jedoch leider außer Anekdotischem nicht viel zu entnehmen ist: STERN, Carola: *Doppelleben : eine Autobiographie*, Köln: Kiepenheuer & Witsch 2001, S. 229–242. Die Tagespresse – von *Zeit* und *Welt* bis zur Regionalpresse – hat 1976 ausführlich berichtet.

106 Siehe dazu ausführlicher Kapitel 4.

107 HAUSCHILD, Sonja: *„Propheten oder Störenfriede? Sowjetische Dissidenten in der Bundesrepublik Deutschland und Frankreich und ihre Rezeption bei den Intellektuellen (1974-1977)"*, Diplomarbeit, Saarbrücken: Universität des Saarlandes 2005, http://epub.ub.uni-muenchen.de/1359/ (ab-

fende, mehrsprachige publizistische Konstellation, die durchaus – nicht zuletzt personell – in der Kontinuität des Kongresses für kulturelle Freiheit stand. Redakteur war der ebenfalls frisch ausgebürgerte Schriftsteller Wladimir Maximow. Er lebte in Paris, die Redaktionsadresse war in London. Der internationale Beirat versammelte unter anderen Eugène Ionesco, Raymond Aron, Ignazio Silone, Saul Bellow. Die russische Ausgabe erschien vierteljährlich in London, eine Auswahl in französischer Sprache bei Gallimard in Paris, andere Auszüge in Italienisch, Spanisch, Griechisch und selbst Japanisch.[108] In *Kontinent* veröffentlichten russische und osteuropäische Dissidenten mit antikommunistischen und – oft, aber nicht ausschließlich – christlichen Überzeugungen. Vier Prinzipien definierten die Zeitschrift, wie dem Geleitwort zur französischen Ausgabe zu entnehmen war:

> 1. *Un idéalisme religieux absolu*, c'est-à-dire, compte tenue d'une orientation chrétienne dominante, une union spirituelle constante avec les représentants d'autres confessions. 2. *Un antitotalitarisme absolu*, c'est-à-dire la lutte contre toute variété de totalitarisme: marxiste, national ou religieux. 3. *Un esprit démocratique absolu* […], 4. *Une absence absolue d'esprit de parti* […][109]

Deutsche Sorgen

Kontinent war alles andere als ein provinzielles, anti-kommunistisches Kampfblatt. Das schützte jedoch nicht davor, in Deutschland zum Instrument des „Kulturkampfes" zu werden. Denn hierzulande erschien *Kontinent* bei Ullstein, einer Tochtergesellschaft des Axel Springer-Verlags, in dessen Verlagsgruppe die ab 1972 von Wolf Jobst Siedler geleiteten Verlage Ullstein und Propyläen den intellektuell satisfaktionsfähigen, liberal-konservativen Geschäftsbereich bildeten. Die Verbreitung der Texte der *Kontinent*-Autoren in die größere deutsche Öffentlichkeit hin-

gerufen am 13.08.2016). Sonja Hauschilds Diplomarbeit gilt der Rezeption der russischen Dissidenten durch deutsche und französische Intellektuelle. In diesem Zusammenhang hat sie auch das Pariser Archiv von *Kontinent* aufgearbeitet. Ich folge ihrer Darstellung, was *Kontinent* angeht. *L 76* wird von Hauschild *en passant* erwähnt, sie stützt sich jedoch in diesem Fall auf die öffentlich verfügbaren Quellen und berücksichtigt deshalb nicht die internen Konflikte in der Frühphase des Projekts (vgl. Ebd., S. 106–107.). Zur Solschenizyn-Rezeption in Deutschland und Frankreich sowie zum Kongress für kulturelle Freiheit siehe zudem Ulrike Ackermanns auf ihrer Dissertation beruhendes Buch zum *Sündenfall der Intellektuellen*. Die ehemalige Chefredakteurin der *Frankfurter Hefte* kommt darin allerdings streckenweise zu arg summarischen Einschätzungen, vor allem was die Schematisierung nationaler Gegensätze angeht. Ihre zentrale Argumentationslinie, bei der sie die durch den „Gulag-Schock" geläuterten Franzosen einer autoritären, einzig auf Antifaschismus eingenordeten deutschen Linken („Anti-Antikommunisten") gegenüberstellt, scheint mir, wenn nicht falsch, so doch allzu polemisch. ACKERMANN, Ulrike: *Sündenfall der Intellektuellen: ein deutsch-französischer Streit von 1945 bis heute*, Stuttgart: Klett-Cotta 2000.

108 HAUSCHILD: „*Propheten oder Störenfriede?*", S. 65.

109 „A nos lecteurs", in: *Continent* (Paris) 1, 1975.

ein übernahm, erwartungsgemäß, *Die Welt.* 250.000 Mark Starthilfe für die Zeitschrift kamen, Hauschilds Recherchen zufolge, von Axel Springer.[110]

So wird es den Leser nicht wundern, dass die Auseinandersetzung zwischen Linksintellektuellen und Springer-Presse auch die Rezeption von *Kontinent* in Deutschland determinierte. Auf der einen Seite stand „Springer", auf der anderen die literarischen Garanten des „anderen Deutschland": Günter Grass und Heinrich Böll.[111] Die beiden Schriftsteller repräsentierten eine linke Sozialdemokratie, die weder mit der studentischen Neuen Linken einverstanden war, noch mit dem linksterroristischen Milieu flirtete.[112] Die Sicherung von Grund- und Freiheitsrechten war für sie, wie für die Prager Reformkommunisten, durchaus kein Sonderproblem von bürgerlichen Intellektuellen, sondern die Bedingung der Möglichkeit eines demokratischen Sozialismus überhaupt. Wenn Heinrich Böll in seinem wohl berühmtesten *Spiegel*-Artikel von 1972 fragte: „Will [Ulrike Meinhof] Gnade oder wenigstens freies Geleit? Selbst wenn sie keines von beiden will, einer muß es ihr anbieten", so hoffte er, einen Beitrag zur Entspannung einer absurden, den Rechtsstaat bedrohenden Konfrontation zu leisten. Ein Faible für die politische Romantik der Baader-Meinhof-Bande wird man Böll kaum unterstellen können.

Das allerdings sahen die Springer-Presse und Teile der bundesrepublikanischen Öffentlichkeit damals bekanntlich anders. Eine jahrelang erbittert geführte Schmutzkampagne gegen den Literaturnobelpreisträger von 1972 folgte. Heinrich Böll, persönlich schwer getroffen, reagierte 1974 mit dem Schlüsselroman *Die verlorene Ehre der Katharina Blum. Wie Gewalt entstehen und wohin sie führen kann.* Just in diesem Moment liessen sich die Herausgeber des *Kontinent* von Ullstein verlegen und von Axel Springer finanzieren. Günter Grass war fuchsteufelswild. Mitte Oktober 1974 erschien in mehreren Tageszeitungen ein offener Brief an Solschenizyn und Sinjawski. Darin fragte Grass:

---

110 HAUSCHILD: *„Propheten oder Störenfriede?"*, S. 76.

111 Zu Heinrich Bölls Lebensweg siehe die Arbeit des langjährigen *L 76*-Redakteurs und Böll-Freundes Heinrich Vormweg sowie den biographischen Essay von Christian Linder: VORMWEG, Heinrich: *Der andere Deutsche : Heinrich Böll : eine Biographie*, Köln: Kiepenheuer & Witsch 2000; LINDER, Christian: *Das Schwirren des heranfliegenden Pfeils : Heinrich Böll : eine Biographie*, Berlin: Matthes & Seitz 2009. Zu Günter Grass siehe die Biographie von Volker Neuhaus, leider mit Ungenauigkeiten, was *L 76* anbetrifft: NEUHAUS, Volker: *Günter Grass. Schriftsteller, Künstler, Zeitgenosse: eine Biographie*, Göttingen: Steidl 2012. Sowohl Grass als auch Böll waren in den 1970er Jahren, das sei erinnert, bereits internationale literarische Schwergewichte. So betrug im Jahr 1977 die Weltauflage der Werke von Heinrich Böll 17 Millionen Exemplare in 35 Sprachen (Eintrag „Böll, Heinrich", in LENNARTZ, Franz: *Deutsche Schriftsteller des 20. Jahrhunderts im Spiegel der Kritik : 845 Einzeldarstellungen in alphabetischer Folge mit Werkregister und dokumentarischem Anhang*, Stuttgart: Alfred Kröner Verlag 1984, S. 193.)

112 Eine signifikante Gruppe kritischer Schriftsteller am Rande der kommunistischen Bewegung war, wie zuvor erwähnt, in der BRD nicht vorhanden. Die DKP verteidigte die Normalisierung in Mitteleuropa, hetzte gegen Solschenizyn und war auch sonst kein Ansprechpartner für Reformkommunisten und andere (ex)kommunistische „Häretiker".

> Muß man, um seiner begründeten Gegnerschaft zum totalitären Kommunismus Ausdruck zu geben, Anlehnung bei Kräften suchen, denen die westlichen Diktaturen nie ein besonderes Ärgernis gewesen sind, und die in ihrer antikommunistischen Verblendung durchaus bereit sind, den kommunistischen Teufel mit dem faschistischen Beelzebub auszutreiben? […] Schon sind Sie dabei, sich in schlechte Gesellschaft zu begeben.[113]

Sinjawski gab zurück, er sei froh, überhaupt wieder publizieren zu können. Solschenizyn schoss schärfer und merkte an, Springer kenne er nicht, aber der habe jedenfalls keine 40 Millionen Menschen ermordet, wogegen sich Grass in der UdSSR von Staatsverlagen verlegen lasse.[114] Die Antworten waren symptomatisch für die Exilperspektive der russischen Schriftsteller. Was kümmerten sie die „deutschen Sorgen" angesichts der Aufgabe, die vor den russischen Dissidenten lag?

Und nun? Sollten Grass und Böll ihre Namen zu Wolf Jobst Siedler und Carl Gustaf Ströhm aufs Titelblatt setzen, um *Kontinent* auf einen politisch ausgewogeneren Kurs zu schicken? Das war ausgeschlossen. Ausgeschlossen war es aber auch, gegen die Dissidenten zu arbeiten. Also wurde beschlossen, eine Alternative anzubieten. Zwar gab man der Presse von Anfang an zu verstehen, man wolle keinen „Anti-Kontinent" lancieren. So wußte *Der Spiegel* 39/1975 zu vermelden:

> Mit Heinrich Böll und Günter Graß als Herausgebern will die Europäische Verlagsanstalt (EVA) im März 1976 eine viermal jährlich erscheinende Zeitschrift starten, die – so Graß – ‚Autoren, die sich zum demokratischen Sozialismus äußern wollen, ein Forum verschafft'. Arbeitstitel: ‚L 76'. Das Periodikum (Umfang: etwa 200 Seiten; Preis: 15 Mark; Erstauflage: 20 000) soll von dem Exil-Tschechen Jiri Pelikán redigiert werden und Mitarbeiter auch in ‚einem Teil der Opposition in den Ostblock-Staaten' (Graß) finden. Für das erste Heft eingeplant sind Beiträge von Böll, Goldstücker, Roy Medwedjew und Arthur Miller, ein Interview mit Mário Soares und ein Vorabdruck aus einem neuen Graß-Roman. *‚L 76' – ein Gegenstück zu der Ullstein-Zeitschrift ‚Kontinent'? ‚Nein', sagt EVA-Chef Kosta, ‚auf keinen Fall ein Anti-Kontinent!'*[115]

Im Unterschied zu dieser öffentlichen Darstellung war intern aber von Anfang an klar, dass durchaus „eine Art Gegengewicht zur konservativen Linie des Kontinents" etabliert werden sollte.[116]

Damit waren die Protagonisten des Prager Frühlings im Spiel: Eine Initiative, die Mitte der 1970er Jahre in Europa antrat, die Vereinbarkeit von Demokratie und Sozialismus gegen anti-kommunistische Argumente zu verteidigen, konnte schwerlich ohne das Erbe des „Prager Modells" auskommen. Tatsächlich hatte Günter Grass diesen Kontakt bereits seit Jahren kultiviert, wie der Briefwechsel

113 Zitiert nach HAUSCHILD: *„Propheten oder Störenfriede?"*, S. 68.
114 Wiedergegeben nach ebd., S. 69.
115 Herv. durch mich, RLS.
116 So Jiří Pelikán in einem Telefongespräch, protokolliert von Tomáš Kosta in einem undatierten Brief, der sich aufgrund des Kontexts auf den Dezember 1975 datierten lässt. Archiv AJL/LI, IMEC.

zeigt, den er 1968 mit Pavel Kohout führte.[117] Schon unmittelbar nach der Niederschlagung des Prager Frühlings hatten in Schriftstellerkreisen Ideen zu einer Zeitschriftengründung zirkuliert. Im Jahre 2009 gab Grass dazu zu Protokoll:

> Mit Max Frisch gab es [...] ein Treffen mit emigrierten tschechischen Autoren in einer Bildungsstätte des Duttweiler-Instituts in der Nähe von Zürich. Dort ist dann die Idee entstanden, die verbotene Zeitschrift ‚Literari Listi' [sic!, gemeint ist *Literární Listy*, RLS] im Westen fortzuführen, woraus später die ‚L'76' wurde. Ota Sik, der mittlerweile in die Schweiz emigriert war, sollte eigentlich der Herausgeber werden, aber ich hatte nach einem Treffen mit ihm den Eindruck, dass er ein gebrochener Mann war. Er hat das Projekt begrüßt und uns jede denkbare Unterstützung zugesagt, doch die praktische Arbeit der Herausgeberschaft wollte er nicht übernehmen. Schließlich bin ich dann mit Heinrich Böll und Carola Stern übereingekommen, dass wir das gemeinsam machen.[118]

Doch zwischen dem erwähnten Treffen im Duttweiler-Institut und der ersten Ausgabe von *L 76* vergingen acht (!) Jahre. Mit dem kleinen Wort „schließlich" geht Günter Grass nonchalant über eine turbulente Zeit hinweg, die es verdient, ausführlicher rekonstruiert zu werden.

Zunächst soll versucht werden, die Chronologie zu entwirren. Was das im obigen Zitat erwähnte Treffen angeht, so präzisierte Günter Grass in einem Brief an den Autor vom 23. August 2012:

> Das Treffen im Duttweiler-Institut fand unmittelbar als Reaktion auf die Okkupation der Tschechoslowakei statt. Schweizer Autoren, Max Frisch, Friedrich Dürrenmatt, Peter Bichsel zählten zu den Initiatoren [...] Es ging um die Reaktion von intellektueller Seite auf das gewalttätige Vorgehen der Sowjetunion. So kam auch die Gründung einer Zeitschrift ins Gespräch. Wie zumeist bei solchen Treffen kam es zu keinem Beschluss.[119]

Diese erste Zusammenkunft im Gottlieb-Duttweiler-Institut – eine damals von Hans A. Pestalozzi geleitete Begegnungsstätte in der Nähe von Zürich – fand vom 1.-3. November 1968 statt.[120] Dass zu dieser Zeit bereits konkrete Pläne zur Neugründung von *Literární Listy* im Ausland bestanden ist nicht ausgeschlossen aber unwahrscheinlich, da die meisten tschechischen Teilnehmer noch im Land lebten und *Listy* dort noch bis Mai 1969 existierte, wenn auch zensiert. Vermutlich lag einfach die Idee in der Luft, etwas „im Geist von Prag" mit publizistischen Mitteln im europäischen Ausland zu unternehmen. Realisiert wurden diese Pläne, bekanntlich, nicht. Nicht in Frankreich und Österreich, aus den diskutierten Gründen,

117 GRASS, Günter und Pavel KOHOUT: *Briefe über die Grenze; Versuch eines Ost-West-Dialogs*, Hamburg: C. Wegner 1968.

118 Günter Grass, in SCHLÜTER, Kai: *Günter Grass im Visier : die Stasi-Akte : eine Dokumentation mit Kommentaren von Günter Grass und Zeitzeugen*, 2., durchgesehene Aufl., Berlin: Links 2010, S. 130.

119 Brief von Günter Grass an den Autor vom 23. August 2012.

120 Auskunft des Gottlieb Duttweiler-Instituts in einer Mail an den Autor vom 23. Oktober 2012. An dem Treffen nahmen etwa 70 Schriftsteller teil, ungefähr zu gleichen Teilen aus der Tschechoslowakei und aus der Schweiz und Deutschland.

und auch nicht in Deutschland und der Schweiz. Letztlich entstand nur die tschechischsprachige Exilausgabe von *Listy*, geleitet von Jiří Pelikán, 1971 in Rom.

Dann lange Zeit nichts. Monate, in denen die offizielle *détente*, der „Wandel durch Annäherung" (Egon Bahr), Fortschritte machte und wichtige Erfolge vorweisen konnte: Willy Brandts Kniefall in Warschau im Dezember 1970; die Ostverträge in den Jahren 1970-73. So umstritten die Innenpolitik war – man denke an den „Radikalenerlass" von 1972 –, so richtig und vernünftig erschien den meisten Intellektuellen in diesen Jahren die Außenpolitik der BRD. Auch wenn längst nicht alle, wie Grass, für die „EsPeDe" trommelten, galt Kritik „von links" an der Kompromissbereitschaft mit der UdSSR angesichts der Fortschritte doch meist als inopportun. Erst die Ankunft von Solschenizyn im Westen, der *Archipel Gulag* und die Veröffentlichung von *Kontinent*, brachten 1974 eine neue Dynamik in die Auseinandersetzung über „Demokratie und Sozialismus" in der BRD. Jiří Pelikán witterte seine Chance und unternahm, unterstützt von Ota Šik, einen neuen Kontaktversuch.

Pelikán hatte Grass im Februar 1974 auf dem Kongress „Tchécoslovaquie et socialisme" in Bièvres bei Paris kennengelernt.[121] Dort intervenierte der deutsche Großschriftsteller mit „Sieben Thesen zum demokratischen Sozialismus".[122] Zusammengefasst lauten sie: 1. Der Leninismus sei Teil des Problems und habe den Stalinismus ermöglicht, 2. Zusammenarbeit mit den kommunistischen Parteien sei nur möglich, sofern sich diese vom Leninismus verabschiedeten – die Sowjetunion sei ein Imperium geworden, das sich nur noch an den ebenfalls imperialen Ansprüchen der USA messe, 3. Staatskapitalismus stelle keine Alternative zum Privatkapitalismus dar, 4. Das Recht auf eine politische Opposition sei ein konstitutiver Bestandteil der Demokratie, 5. Das Ziel des demokratischen Sozialismus sei eine „sozial bestimmte Demokratie der Basis in allen Bereichen der Gesellschaft". Grass erwähnt hier soziale Marktwirtschaft und paritätische Mitbestimmung, konzediert aber, die „alternative Frage zu den privatkapitalistischen und staatskapitalistischen Besitzverhältnissen [bleibt] offen". Die beiden letzten Thesen galten dem Bankrott der bestehenden Blöcke und der Notwendigkeit, eine offene Diskussion über sozialistische Alternativen zu führen.[123]

Vor allem zur Ausgestaltung von These 5 – Besitzverhältnisse im „demokratischen Sozialismus" – dürfte unter den in Bièvres versammelten Intellektuellen in der Tat „Diskussionsbedarf" bestanden haben. Dennoch schienen die Positionen von Grass nicht unvereinbar mit der Vision der Prager Gruppe und ihren publizistischen Aspirationen. Als *follow-up* zu Bièvres schrieb Pelikán deshalb an Grass am

121 Der Kongress wurde aus dem *Listy*-Umfeld heraus organisiert. Zu den mehr als 60 Teilnehmern aus über zehn Ländern zählten neben Pelikán, Goldstücker und Karel Kovanda unter anderen Günter Grass, Franz Marek, Pierre Daix, Jean-Pierre Faye, Alain Krivine, Krzysztof Pomian, Bettino Craxi, Tamara Deutscher und viele weitere.

122 Wiederabgedruckt in GRASS, Günter: *„Sieben Thesen zum demokratischen Sozialismus"*, *Werkausgabe in zehn Bänden, Band IX*, Darmstadt: Luchterhand 1987, S. 640–644.

123 Ebd.

18. März 1974: Man wolle eine deutsche Ausgabe von *Listy* schaffen, habe das bereits mit dem *Wiener Tagebuch* versucht, dort fehlten jedoch die Ressourcen.[124]

Zunächst kam keine Antwort aus Deutschland. In den Monaten darauf fand dann allerdings die Auseinandersetzung zwischen Böll, Grass, Solschenizyn und der Springer-Presse statt. Am 6. Januar 1975 versuchte es Pelikán erneut. Er habe die *Kontinent*-Polemik in Deutschland verfolgt, schrieb er. Man dürfe nur glaubwürdig kritisieren, wenn man etwas dagegensetzen könne. Denn sonst müssten die Dissidenten ja schweigen – das aber sei schlimmer als sich von Springer finanzieren zu lassen, mahnte er Grass – völlig zurecht, wenn auch nicht ganz uneigennützig.[125]

Pelikáns zweite Offensive wurde flankiert von Ota Šik, der etwa zeitgleich an Günter Grass schrieb und die mangelnde Solidarität der rein *détente*-orientierten deutschen Sozialdemokratie beklagte:

> Traurig ist nun aber einmal die Tatsache, dass jene östlichen Emigranten, deren Ziel weiterhin ein demokratischer Sozialismus ist und die versuchen einer Demokratisierung des Systems in allen Ländern des sowjetischen Machtbereichs durch ihre Tätigkeit von aussen zu helfen, keine Unterstützung von den demokratisch-sozialistischen Kräften des Westens bekommen.[126]

Diesmal reagierte Günter Grass und ergriff die Gelegenheit, um, wenigstens wäre das die These, zwei Fliegen mit einer Klappe zu schlagen: Endlich eine *eigene* politisch-literarische Zeitschrift zu etablieren und gleichzeitig ein Gegengewicht zu Springer. Denn fraglos gehört zu einer umfassenderen Vorgeschichte von *L 76* die Tatsache, dass zahlreiche westdeutsche Schriftsteller, darunter Grass, die Versorgung der BRD mit „eigenen" – das heißt von den Schriftstellern selbst verantworteten – Medien des politisch-literarischen Diskurses immer als „defizient" empfanden. Nicht zuletzt bei den prominenten, jüngeren Autoren der „Gruppe 47" hatte der direkte Vergleich der deutschen mit der prestigeträchtigen französischen Zeitschriftenlandschaft (*Lettres Nouvelles, Temps Modernes, Tel Quel, Critique, NRF...*) bereits Anfang der 1960er Jahre zu Unmut geführt, wie sich nicht zuletzt den deutsch-französisch-italienischen Diskussionen um das Projekt einer gemeinsamen „Revue internationale"/*Gulliver* entnehmen lässt.[127] Im *denationalisierten, autonomen Pol* der westdeutschen Nachkriegsliteratur war es vor allem Hans Magnus Enzensberger gewesen, der nach dem Scheitern des internationalen Zeitschriftenplans mehrfach versucht hatte, dem empfundenen Missstand abzuhelfen, wobei ihm mit dem *Kursbuch* fraglos der nachhaltigste Beitrag zu einer nicht nur publizistischen „Wahrnehmungsrevolution" (Marmulla) gelang.[128] Aber auch im stärker

124 Brief von Jiri Pelikán an Günter Grass vom 18. März 1974, Nachlass Grass, AdK, Mappe 8129.

125 Brief von Jiri Pelikán an Günter Grass vom 6. Januar 1975, Nachlass Grass, AdK, Mappe 8129.

126 Brief von Ota Šik an Günter Grass. Der Brief ist undatiert, die Datierung auf Anfang 1975 erschließt sich aus dem Kontext. Nachlass Grass, AdK, Mappe 8770.

127 Siehe dazu ausführlich MARMULLA: *„Internationalisierung der Intellektuellen?"*; SCHMIDT: *Die unmögliche Gemeinschaft*.

128 Zum *Kursbuch* als Wahrnehmungsrevolution siehe MARMULLA: *Enzensbergers Kursbuch*.

sozialdemokratisch geprägten Umfeld von Günter Grass hatte es immer wieder Bestrebungen gegeben, neben den primär *politischen* Zeitschriften, etwa den *Frankfurter Heften*, auch eine Publikation von stärker *literarischer* Sensibilität zu etablieren: „Sozialismus in gutem Deutsch", wie Günter Grass bei der Pressekonferenz zu *L 76* scherzte.[129] Insofern kann *L 76* auch als vorläufiger Kulminationspunkt von Plänen gelten, die Grass bereits seit Jahren verfolgte und immer wieder auch mit seinem Verleger bei Luchterhand diskutiert hatte, die er jedoch, anders als Enzensberger, erst Mitte der 1970er Jahre realisieren konnte.

„Demokratie und Sozialismus", der „Geist von Prag", schien für beide Ziele – eine „eigene" Zeitschrift *und* ein Gegengewicht zu Springer – die geeignete ideologische Plattform. Zudem war Anfang 1975 auch innenpolitisch ein günstiger Moment, denn außer der „Solschenizyn-Kontroverse" lag zwischen Pelikáns erster Kontaktaufnahme aus dem März 1974 und seiner zweiten aus dem Januar 1975 auch der Rücktritt von Willy Brandt im Mai 1974. Womöglich fühlte sich Grass auch deshalb politisch ungebundener und war eher als ein Jahr zuvor bereit, den eigenen Überzeugungen mehr und der offiziellen SPD-Linie weniger Gewicht einzuräumen.

Jedenfalls fand am 18. Februar 1975 eine erste Unterredung mit Vertrauten statt, die Grass organisiert hatte. Wie einer Aktennotiz des Cheflektors der Europäischen Verlagsanstalt (EVA), Gunther Heyder, zu entnehmen ist, hatten sich Heinrich Böll, Günter Grass, Heyder und sein Chef Tomáš Kosta – der Verleger der EVA– im Bonner Restaurant Tulpenfeld zusammengesetzt, um den Zeitschriftenplan zu besprechen. Man redete nicht lange um den heißen Brei herum:

> Günter Grass regte an, die ‚Listy-Blätter' in der Europäischen Verlagsanstalt herauszubringen, um so ein Gegenstück zu der bei Ullstein erscheinenden Emigrantenzeitschrift ‚Kontinent' zu schaffen. Er, Heinrich Böll und Siegfried Lenz sind dann bereit, für diese Zeitschrift als Herausgeber zu fungieren.[130]

Vielleicht kein Anti-*Kontinent*, aber doch mindestens ein Gegenstück, mit Prag als heimlicher Hauptstadt. Dafür hatte sich Grass den deutsch-tschechischen Verleger Tomáš Kosta (1925-2016) als Mittelsmann ausgesucht. Auch er war ein Exilierter der „Generation von 1968", Kind deutschsprachiger tschechischer Juden, Auschwitzüberlebender. 1968 wählte er zunächst die Schweiz dann Deutschland zum Ort seines Exils, wo er zu einem wichtigen Akteur der deutsch-tschechischen Versöhnung wurde. Kosta stand politisch der deutschen Sozialdemokratie und dem DGB nahe und leitete die DGB-eigene Europäische Verlagsanstalt.[131]

---

129 Zitiert nach HOFMANN, Klaus: „Prager Frühling' ohne die Prager", in *Die Rheinpfalz* (Ludwigshafen) vom 3. September 1976. Zu diesem Artikel später mehr.

130 Aktennotiz von Gunther Heyder vom 19. Februar 1975. Nachlass Grass, AdK; Mappe 6087. Hauschilds Vermutung, die Dissidenten-Debatte und die *L 76*-Gründung hingen „indirekt" zusammen, kann daher in Kenntnis der Archive durch ein „direkt" ersetzt werden. HAUSCHILD: *„Propheten oder Störenfriede?"*, S. 106.

131 Ich habe versucht, mit Tomáš Kosta über *L 76* zu sprechen, dies war aber leider nicht mehr möglich.

Derart vorbereitet, konnte Grass zwei Tage nach dem Treffen an Ota Šik schreiben (und, über Bande, an Pelikán, der soeben einem gegen ihn gerichteten Sprengstoffanschlag in Rom entkommen war!):

> Lieber Ota Sik [...] Inzwischen hatte ich Gelegenheit, wenn auch nur kurz, mit Willy Brandt über Ihre Sorgen zu sprechen, die auch meine sind. Willy Brandt sagte mir, er habe den niedersächsischen SPD-Politiker, Peter von Oertzen, beauftragt, der Zeitschrift ‚Listy' und also den tschechoslowakischen Sozialisten behilflich zu sein. – Unabhängig davon habe ich mit Ihrem Landsmann, Herrn Kosta, der die Europäische Verlagsanstalt leitet, vorgeschlagen, eine deutsche Ausgabe von ‚Listy' in der EVA herauszugeben; Heinrich Böll und ich wären bereit – wenn es Ihnen recht ist – als Mitherausgeber zu zeichnen. [...]
> Sie können versichert sein, lieber Ota Sik, daß ich in dieser Sache hartnäckig bleiben werde; denn – grob gesagt – die laue Haltung der SPD den sozialistischen Emigranten gegenüber ist unverantwortlich zu nennen, gerade weil die Sozialdemokraten von den tschechoslowakischen Sozialisten soviele Impulse erhalten haben.
> Ich erlaube mir, einen Durchschlag dieses Briefes an Jiri Pelikan zu schicken. [...][132]

Ehrliche und ermutigende Worte waren das, die man in Kreisen der dritten tschechoslowakischen Exilgeneration sicherlich gerne hörte. Ob ihnen seitens Willy Brandts und Peter von Oertzens Taten gefolgt sind, ist dem Autor nicht bekannt – Brandt war, wie gesagt, zu diesem Zeitpunkt bereits nicht mehr im Amt.[133] Was indes die „deutsche Ausgabe von *Listy*" angeht (wie *L 76* in diesem Planungsstadium bisweilen genannt wurde), so konnten die konkreten Vorbereitungen beginnen.

Dazu reiste Ota Šik am 6. März 1975 nach Solothurn in der Schweiz, wo Grass Urlaub machte. Man beschloss:

> Inhaltlich:
> a) Literatur (Unveröffentlichtes)
> b) Thesen zum „dritten Weg" (Modelle, Analysen entsprechender Ansätze in Ost und West. Diskussion der Standpunkte).[134]

Grass erklärte sich bereit, 25.000 Mark Startkapital beizusteuern, von Böll könne man die gleiche Summe erwarten. 50.000 Mark müssten, laut Protokoll, von Eduard Reifferscheid eingeworben werden. Reifferscheid war der Mehrheitseigner des Luchterhand-Verlags in Darmstadt. Seit der Veröffentlichung der *Blechtrommel* 1959 war Günter Grass sein wichtigster Autor.[135]

---

132 Brief von Günter Grass an Ota Šik vom 21. Februar 1975. Nachlass Grass, AdK, Mappe 4174.

133 Was Peter von Oertzen betrifft, so wird der Historiker Philipp Kufferath in Kürze eine intellektuelle Biographie vorlegen, die auch das transnationale linkssozialistische Netzwerk des ehemaligen niedersächsischen Kultusministers beleuchtet.

134 Protokoll des Treffens zwischen Günter Grass und Ota Šik vom 6.3.1975 in Solothurn. Nachlass Grass, Adk, Mappe 9900.2.

135 Bei Luchterhand mag man im Übrigen Grass' Groll gegen Solschenizyn durchaus geteilt haben, denn dort waren seine ersten Bücher erschienen, ehe er mit *Der Archipel Gulag* zu Bertelsmann wechselte...

Neben der EVA war also auch Luchterhand im Spiel – Grass fuhr zweigleisig, wenigstens solange in den Verlagen noch gerechnet wurde. Von Luchterhand-Verlagsleiter Hans Altenhein erfuhr Grass schließlich am 2. Mai, unter einer Auflage von 20.000 sei die Zeitschrift „zuschußbedürftig".[136] Geplant hatte man in Solothurn aber nur 8.000-10.000 Exemplare. Glaubt man dem Protokoll, so erwog Grass, zur Not sein Gewicht bei Luchterhand zu Gunsten von *Listy/L 76* einzusetzen: Er würde die Veröffentlichung der Zeitschrift in Darmstadt zur Bedingung für sein Verbleiben dort machen.[137] Doch daraus wurde nichts: Grass blieb bei Luchterhand – und *Listy/L 76* ging an die EVA. Dass das nicht zur Freude der Prager Beteiligten war, ließ ein ansonsten euphorischer Jiří Pelikán Günter Grass am 30. März wissen. Tomáš Kosta sei sehr „gewerkschaftsnah" deutete er vorsichtig an, ohne näher auf diese Formulierung einzugehen.[138] Es ist jedoch kein allzu großes Rätsel, was gemeint war. Denn tatsächlich rückte die Zeitschrift mit der Entscheidung für die EVA und gegen Luchterhand näher an DGB und SPD, als es der Gruppe um *Listy* lieb sein konnte. Sicherlich, man hatte sich im Milieu der Reformkommunisten über die vergangenen Jahre mühsam aus der ideologischen Fessel des Staatseigentums gelöst – gegen das auch Antonin Liehm inzwischen frontal anschrieb, so zum Beispiel 1972 in einem Essay zu Ehren von Bertrand Russell:

> Only with the elimination of state ownership – with the exception of some areas of economic activity, namely, transport, services and some enterprises in certain branches of industry, which will be strictly defined by law and the subject to public control – and the establishment of group ownership, will the way be open to democratic socialism and the appearance of the new socialist citizen. Conditions will then emerge for him to overcome his alienation in the economic and social process and to devote himself to achieving ‚socialist humanism' – that is, a humanism integrating in itself the benefits of the liberal humanism in order to extend it by adding new benefits. It goes without saying that we shall then see the beginning of a new series of victories and defeats.[139]

---

136 Brief von Hans Altenhein/Luchterhand an Günter Grass vom 2. Mai 1975, Nachlass Grass, AdK, Mappe 9900.2.

137 Diese „Drohung" ist wohl auch im Kontext des Konflikts zu sehen, der seit Ende der 1960er Jahre bei Luchterhand zwischen Lektoren, Verlagsleitung und Autoren schwelte. Erst 1976 wurde er durch ein Autorenstatut über die Mitbestimmung gelöst. Grass war eine treibende Kraft hinter der Mitbestimmungsforderung. Zu den Konflikten bei Luchterhand siehe die Studie von WEBER, Ingmar: *„Der Beirat des Hermann Luchterhand-Verlages: Mitbestimmung der Autoren"*, in: ALTENHEIN, Hans und Stephan FÜSSEL (Hrsg.): *Die Politisierung des Buchmarkts : 1968 als Branchenereignis : Hans Altenhein zum 80. Geburtstag gewidmet*, Wiesbaden: Harrassowitz 2007, S. 243–347. Weber erwähnt, dass Grass mehrfach seine Marktmacht einsetzte, um Einfluss auf die Verlagspolitik von Luchterhand zu nehmen (Ebd., S. 275–278.) Auf *L 76* geht Weber allerdings nicht ein.

138 Jiří Pelikán an Günter Grass am 30. März 1975, Nachlass Grass, AdK, Mappe 8129.

139 LIEHM, Antonin J.: *„The Prospects of Socialist Humanism"*, in: COATES, Ken (Hrsg.): *Essays on socialist humanism, in honour of the centenary of Bertrand Russell 1872-1970*, Nottingham: Spokesman Books 1972, S. 109–122, hier S. 121. Das Zitat verdeutlicht noch einmal die ideologischen Leitlinien des „Prager Modells" zu Beginn der 1970er Jahre.

Das Ziel der „Beseitigung des Staatseigentums" war indes kaum, sich geradewegs in die Arme der deutschen Sozialpartnerschaft zu stürzen – soviel sollte aus Diktion wie Gehalt dieser Zeilen deutlich werden. Vielmehr wurden nun verschiedene Modelle der Arbeiterselbstverwaltung – von „jugoslawischen Lösungen" bis zur französischen *autogestion* – im internationalen Netzwerk der Reformkommunisten heiß diskutiert. Das war nicht eben DGB-Gebiet.

Aber die Aussicht auf Internationalisierung des „Prager Modells" nach Jahren des Abwartens und der Beschränkung auf die tschechoslowakische Exopolitie überwog gegenüber ideologischen Friktionen. Vieles schien möglich, wenn es gelang, die richtigen Personen zusammenzubringen. Und so schrieb Pelikán im bereits zitierten Brief vom 30. März an Grass (übrigens auf Deutsch):

> Ich bin mit Ihrer Idee der Zeitschrift als ein Diskussions-Forum des demokratischen Sozialismus völlig einverstanden und glaube eine solche Iniziative könnte eine grosse politische und kulturelle Bedeutung in der Bundesrepublik, im Westen und auch ein bedeutendes Echo im Osten haben. Wir haben dazu jetzt auch bessere Möglichkeiten: ausser den Materialien aus ‚Listy' könnten wir mit denen aus dem neuen ‚Samizdat' von Roy Medvedev in der UdSSR und auch mit Beiträgen der Freunde aus der Gruppe ‚Praxis' aus Jugoslawien rechnen. Dazu kommen Beiträge anderer ‚Dissidenten', die bis jetzt keine eigene Platform haben und die von demokratischen und nicht stalinistischen Sozialisten und Marxisten vom Westen.[140]

Das war in der Tat das *line up* für ein transnationales Forum reformkommunistischer Häretiker, vom *Listy*-Kreis über den Historiker, dissidenten Leninisten, Samisdat-Verleger (und späteren Gorbatchow-Berater) Roi Medwedew in der UdSSR bis zur jugoslawischen *Praxis*-Gruppe um Mihalo Marković, Gajo Petrović und Rudi Supek.[141]

Pelikán dachte „Internationalisierung", erkannte die Gelegenheit und musste nicht überlegen, an wen sich damit wenden: Er schrieb an Antonin Liehm in Staten Island.[142] Man plante die erste große Zusammenkunft der künftigen Redaktionsgruppe. Dafür sei der 17. August 1975 ein günstiger Termin, meldete Pelikán an Grass zurück, denn Liehm halte sich im August ohnehin in Mannheim auf.[143]

---

140 Jiří Pelikán an Günter Grass am 30. März 1975, Nachlass Grass, AdK, Mappe 8129.

141 Zur Praxis-Gruppe siehe Grebing: *Der Revisionismus*, S. 227–238. Dort auch weitere Literatur. Die Zeitschrift *Praxis* als essentielles Forum der Debatten um Arbeiterselbstverwaltung konnte bis 1975 in Jugoslawien erscheinen, ehe viele ihrer Autoren aus dem Universitätsdienst entlassen und das weitere Erscheinen der Zeitschrift unterbunden wurde. Eine Renaissance in englischer Sprache erlebte die Zeitschrift im Jahre 1981 unter dem Titel *Praxis International.* 1994 schließlich wurde sie von *Constellations* abgelöst, die bis zum heutigen Tag an der New School for Social Research in New York erscheint.

142 Der Brief ist vom 3. Juli 1975. Jiří Pelikáns Korrespondenz mit Antonin Liehm zu *L 76* wurde im Privatarchiv von Antonin Liehm konsultiert (Archiv AJL/LI, IMEC). Sofern die Briefe nicht für einen weiteren Mitarbeiterkreis gedacht waren, wurden sie auf Tschechisch abgefasst. Lenka und Zdeněk Fučík haben Arbeitsübersetzungen für mich besorgt. Dafür möchte ich ihnen herzlich danken.

143 Brief von Jiří Pelikán an Günter Grass vom 29. Mai 1975. Nachlass Grass, AdK, Mappe 8129.

Internationale Perspektiven

So kam es, dass der Prager Kreis am 17. August 1975 in Bonn mit Grass, Böll und weiteren zum Gründungstreffen zusammensaß.[144] Die Ergebnisse sind in einem Memorandum festgehalten. Dort heisst es, der Luchterhand-Verlag (!) sei „gerne bereit, eine Serie von Taschenbüchern – Projekt ‚L' – im Rahmen der Sammlung Luchterhand herauszubringen".[145] Die Eckpunkte:

> 1. [Es sollen] jährlich max. vier Taschenbücher von ca. 200 Seiten unter einem Obertitel (Vorschlag: ‚L 76/1, 2… Beiträge zum demokratischen Sozialismus') erscheinen
> 2. Für das Redaktions- und Herausgeberkollegium wurden u.a. folgende Namen genannt:
> Sik, Goldstücker, Liehm, Kott, Karst, DDR ? [sic!], Grass, Böll, Lenz, Habermas, Garaudy, Görz [gemeint ist vermutlich André Gorz, RLS], Vercors, Frisch, Bichsel, Marek, Hobsbawm, Barnett, Carlos Fuentes.
> Als Herausgeber der Serie sollen die Autoren Heinrich Böll, Günter Grass und Siegfried Lenz genannt werden.
> Die Redaktion liegt bei Jiri Pelikan, Rom, und einem deutschen Redakteur (Thomas Rothschild?).
> 3. Die Linie der Serie soll kulturpolitisch bestimmt und den Ideen des Reformsozialismus verpflichtet sein. […]

Der Luchterhand-Verlag hatte also noch einmal eingeladen, im Grunde war zu diesem Zeitpunkt jedoch bereits klar, dass die EVA das Projekt realisieren würde. Kurz nach dem Treffen hatte Tomáš Kosta an Günter Grass (und Jiří Pelikán) geschrieben, Luchterhand biete einfach nicht genug Geld, um neben Honoraren und Übersetzungen auch die Redaktionskosten zu bestreiten.[146] Er sei dagegen bereit, bei der EVA eine Redakteursstelle für *L 76* zu finanzieren. Der Vorschlag, diese mit dem an der Universität Stuttgart lehrenden Literaturwissenschaftler, Slawisten und Journalisten Thomas Rothschild zu besetzen, kam von Antonin Liehm.[147]

Ein Blick auf die Namensliste für das „Redaktions- und Herausgeberkollegium" verdeutlicht, etwas zugespitzt, dass in Bonn der Freundeskreis von *Literární noviny* mit dem literarischen Flügel der SPD-Wählerinitiative zusammengesessen hatte. Weniger polemisch formuliert: Einerseits die vertraute *sociabilité intellectuelle* der exilierten tschechischen Reformkommunisten (Jiří Pelikán, Ota Šik, Eduard Goldstücker, Antonin Liehm), die ihr internationales Netzwerk nominierte (die Exil-

---

144 Eingeladen waren: Böll, Eppler, Goldstücker, Grass, Hejzlar, Lenz, Liehm, Pelikan, Sik, Jochen Steffen, Tomas Kosta. Siehe Einladungsschreiben von Hans Altenhein/Luchterhand, Nachlass Grass, AdK, Mappe 9900.4.

145 Brief von Hans Altenhein, dem Geschäftsführer des Luchterhand-Verlags, vom 27. August 1975, Archiv AJL/LI, IMEC.

146 Brief von Tomáš Kosta an Günter Grass vom 25. August 1975, Durchschlag im Archiv AJL/LI, IMEC.

147 Thomas Rothschild hatte Antonin Liehm während eines Studienjahres 1966 in Prag kennengelernt, als er einen Artikel in *Literární noviny* veröffentlichte, und seitdem mit ihm Kontakt gehalten (Angaben nach schriftlicher Auskunft von Thomas Rothschild in einer Mail an den Autor vom 11. August 2012).

Polen Jan Kott und Roman Karst – Nachbarn in Stony Brook und Bekannte von Liehm aus New York –, die Franzosen Roger Garaudy, André Gorz und Vercors, der Österreicher Franz Marek vom *Wiener Tagebuch*, der mexikanische Schriftsteller Carlos Fuentes, damals Botschafter in Paris). Auf der anderen Seite ein Kreis prominenter deutschsprachiger Schriftsteller aus dem Umfeld der linken Sozialdemokratie: Günter Grass, Heinrich Böll, Siegfried Lenz, Max Frisch, Peter Bichsel. Der Protokoll-Vermerk „DDR ?" darf vor diesem Hintergrund als Platzhalter für Schriftsteller aus der DDR interpretiert werden.[148]

Aus „Listy", wie es noch in der Einladung hiess, war im Verlauf der Bonner Debatte das „Projekt L" geworden, beziehungsweise *L 76*. Die angehängte Jahreszahl erinnerte nicht von ungefähr an die saisonal wechselnden Titel in E.F. Burians Prager Theaterhaus aus der Zwischenkriegszeit.[149] Natürlich wollte man wiederum seiner Zeit um avantgardistische „n+1" Jahre voraus sein, weshalb die 1975 geplante Zeitschrift bereits *L 76* hiess, kurz darauf dann antizipierend *L 77*... denn die Vorbereitungen zogen sich in die Länge. Zwar kündigte die deutsche Tagespresse die Zeitschrift bereits in ihren Ausgaben vom 23. und 24. September 1975 an, doch sowohl zur Frage der Natur und Zusammensetzung des internationalen Beirats als auch in der Interpretation dessen, was unter einer „kulturpolitisch bestimmt[en]" und „den Ideen des Reformsozialismus verpflichtet[en]" Zeitschrift zu verstehen sei, gab es unterschiedliche Vorstellungen. Als *L 76* schließlich ein Jahr später, am 1. September 1976, dem versammelten deutschen Feuilleton präsentiert wurde, waren die Herausgeber zwar weiterhin Heinrich Böll und Günter Grass, doch sonst hatte sich viel geändert: Die in Köln lebende Publizistin und WDR-Journalistin Carola Stern hatte Siegfried Lenz als Mitherausgeber ersetzt;[150] der Redakteur war nicht Thomas Rothschild, sondern der Kölner Literaturkritiker Heinrich Vormweg; die Tschechen hatten sich völlig zurückgezogen; und einen internationalen Beirat hatte „diese deutsche sozialdemokratische Zeitschrift", wie Jiří Pelikán schimpfte, auch nicht mehr.[151] Allein der Titel blieb *L 76*. Er stand nun etwas kryptisch und beziehungslos auf dem Titelblatt, denn Heinrich Vormweg ging in seinem Editorial zu Heft 1 mit keinem Wort auf *Listy* und die „Prager" Vorgeschichte der Zeitschrift ein. Was war geschehen?

Retrospektiv lassen sich zwei Konfliktlinien ausmachen: Die erste betrifft, wie angedeutet, die Frage der Nähe zur Sozialdemokratie in Deutschland, zur regierenden

148 Die in diesem Protokoll noch präsente „britische Spur" zur *New Left Review* (Eric Hobsbawm, Anthony Barnett) und den Unterstützern des eurokommunistischen Kurses innerhalb der Communist Party of Great Britain (CPGB) hat sich offenbar im Sande verlaufen. Im weiteren Geschehen spielten die Briten keine Rolle mehr.

149 Siehe das vorangegangene Kapitel.

150 Siegfried Lenz, obgleich in den offiziellen Dokumenten bis 1976 als dritter Herausgeber genannt, hatte bereits am 10. Juni 1975 zwar seine Zusammenarbeit zugesagt, aber auch klargestellt, dass er nicht Mitherausgeber sein wolle. Günter Grass zog daraufhin Carola Stern hinzu (siehe Nachlass Grass, AdK, Mappe 3667).

151 So Jiří Pelikán (auf Tschechisch) in einem Brief an Antonin Liehm vom 20.2.1976 (im Archiv AJL/LI, IMEC). [Selbstverantwortete Übersetzung aus dem Tschechischen].

SPD und zum DGB. Die andere betrifft den Status der Publikation im nationalen und internationalen publizistischen Feld.

Naheliegend wäre zunächst, die politische Scheidelinie Sozialdemokratie/Sozialismus als entscheidende Bruchstelle zu benennen. Es ließe sich argumentieren: SPD und DGB beanspruchten in Deutschland das Monopol auf den demokratischen Sozialismus – links von ihnen hörte, so konnte man in jenen Jahren des Radikalenerlasses vernehmen, das demokratische Spektrum auf. Nicht nur Günter Grass, sondern auch zahlreiche Personen im Hintergrund der Zeitschrift und in ihrem Beiträger-Kreis waren linke SPD-Mitglieder. Ergo war *L 76*, unbeschadet sonstiger publizistischer und literarischer Ambitionen, ein kulturpolitisches Instrument der SPD-Ostpolitik. Da die Freunde des „Prager Modells" weiterhin einem – wenn auch strikt antistalinistischen und zunehmend staatskritischen – Reformkommunismus die Treue hielten, konnte *L 76* für sie nicht funktionieren. Ein weiteres Grabmal auf dem Friedhof nicht-sektiererischer linker Projekte.

So zu argumentieren heisst jedoch, das Pferd von hinten aufzäumen. Hier soll stattdessen die These vertreten werden, dass dieser programmatische Konflikt für *L 76* erst fatal wurde, als das Klima bereits vergiftet war. Die beschriebene politische Differenz stand dann als vertrautes Eskalationsmuster bereit – gleichsam als Variation auf den ewigen Verrat des internationalen Sozialismus durch die deutsche Sozialdemokratie. Sicherlich: Politische Meinungsverschiedenheiten hatte es von Beginn an gegeben – in der Frage der Wahl des Redakteurs waren sie vermutlich sogar ausschlaggebend. Zum kritischen Problem hätte das für *L 76* allerdings nicht werden müssen. Grass und Böll waren hinsichtlich der ideologischen Konfiguration der Zeitschrift durchaus offener, als es in späteren Projektphasen den Anschein hatte.

Der fundamentalere Dissens lag in einem Zielkonflikt zwischen nationalen und internationalen Strategien der publizistischen Intervention und damit des gesellschaftlichen Wandels. Auch dieses Problem durchzog das Projekt von Anfang an, wurde in seiner Tragweite den Akteuren aber erst schrittweise bewusst, und war, wenigstens wäre das hier die These, letztlich für den Rückzug der Gruppe um Liehm und Pelikán verantwortlich. Während diese und ihre Verbündeten (oftmals selbst erfahrene „Zeitschriftenleute" wie Franz Marek vom *Wiener Tagebuch* und André Gorz von den *Temps Modernes*) das Projekt *L 76* von vornherein nur als Ausgangspunkt für ein künftiges transnationales publizistisches Netzwerk planten, ging es den deutschsprachigen Beteiligten wohl in erster Linie darum, eine Zeitschrift für die Diskussion zu Demokratie und Sozialismus *in Deutschland* zu schaffen. Der Ort ihres Engagements war die Bundesrepublik.[152] Die Schlagworte dazu

152 Es sei an dieser Stelle erlaubt, trotz signifikanter Unterschiede, nochmals auf die strukturelle Parallele zum Projekt der *Revue Internationale/Gulliver* aus den Jahren 1960-1963 hinzuweisen. Auch bei diesem europäischen Zeitschriftenplan bestand eines der Probleme darin, dass die deutsche Gruppe (um Günter Grass, Uwe Johnson und Hans Magnus Enzensberger), anders als die französische und die italienische, zunächst und zuvorderst ein eigenes, funktionierendes politisch-literarisches Medium in Deutschland zu etablieren suchte, und deshalb den transnationalen Experimenten in Sachen „literarischer Kommunismus", wie ihn vor allem die Franzosen ein-

lauteten in diesen Jahren: deutsch-deutsches Verhältnis, Ostpolitik, Springer-Debatte. Hierüber sollte in *L 76* eine breite, aber hochwertige Debatte unter internationaler Beteiligung und unter Beachtung literarischer Qualitätsstandards geführt werden (eben „Sozialismus in gutem Deutsch"). Auch die Auseinandersetzung mit *Kontinent* war, wie erwähnt, in Deutschland entlang dieser Linien verlaufen: Nicht die schlichte Existenz von *Kontinent* hatte den Protest von Grass und Böll hervorgerufen – skandalös erschien ihnen die Finanzierung und Unterstützung durch die Springer-Presse, die Tatsache also, dass die Dissidenten für die deutsche Ausgabe Zuspruch von den „falschen Brüdern" (Böll) erhalten hatten.[153] Die tschechischen Exilierten und ihr Freundeskreis aus Reformkommunisten in Ost und West gewichteten in dieser Frage durchaus anders als Grass und Böll: Für sie war *Kontinent* vor allem eine länderübergreifende Publikation – der sie gerne eine andere, *ebenso transnationale*, entgegengesetzt hätten. Die Suche nach einer europäischen „Koordinierungsinstanz für Dritte Wege", einem linken CCF-Äquivalent, hatte sich für den Kreis um Liehm auch Mitte der 1970er Jahre noch nicht erübrigt. In gewisser Weise spiegelbildlich zur *Kontinent*-Redaktion und ihrer Gleichgültigkeit gegenüber Springer und dem deutschen Konservatismus (Maximow ausgenommen), kümmerte sich auch die tschechische Gruppe nur am Rande um die innenpolitischen Auseinandersetzungen in dem Land, wo sich ihnen eine Chance zur Realisierung ihrer Pläne geboten hatte. Zwar sprachen sie fließend Deutsch, doch Pelikán war nun in Italien zu Hause, Hejzlar in Schweden, Šik in der Schweiz und Liehm halb in den USA und halb in Frankreich. Deutschland war für sie kein besonderer Ort, sondern nur ein Ausgangspunkt – und als solcher letztlich so gut oder so schlecht wie jeder andere.

* * *

Die obstruktive Kraft dieses Zielkonflikts wurde, wie gesagt, erst mit der Zeit deutlich. Nach dem Bonner Treffen vom August 1975 waren Pelikán und Liehm zunächst guter Dinge. Zwar hatte sich bereits im Verlauf der Besprechung gezeigt, dass „deutsche Belange" und Ost/West-Fragen von den deutschen Teilnehmern sehr prominent thematisiert wurden, doch war Liehm in dem Glauben abgereist, die deutschen Schriftsteller letztlich auf eine stärker internationale Ausrichtung eingeschworen zu haben. In den knappen Bemerkungen zu *L 76* in seiner Autobiographie heisst es:

> Grass und Böll luden mich nach Bonn ein [...] Wir saßen einen halben Tag zusammen. Es gelang mir, sie davon zu überzeugen – so wenigstens glaubte ich damals –, dass es eine Notwendigkeit für eine europäische politisch-kulturelle Zeitschrift gibt, in der sich Texte aus ganz Europa – Ost und West, aber auch Nord und Süd – begeg-

brachten, äußerst skeptisch gegenüberstand. Siehe dazu ausführlicher SCHMIDT: *Die unmögliche Gemeinschaft*, S. 84–89.

153 Heinrich Böll, zitiert nach HAUSCHILD: *„Propheten oder Störenfriede?"*, S. 67.

> nen. Die Seiten dieser Zeitschrift sollten zum Ort einer grenzüberschreitenden Konfrontation werden, über Genregrenzen und akademische Langeweile hinaus.[154]

Große Bedeutung maßen Liehm und Pelikán in diesem Zusammenhang dem internationalen Beirat der Zeitschrift bei. Dessen Mitglieder sollten, soweit möglich, auch als regelmäßige Beiträger verpflichtet werden. Im September und Oktober 1975 kontaktierten sie dazu Schriftsteller und Intellektuelle auf beiden Seiten des Atlantiks, um das in Bonn vorgeschlagene Komitee zusammenzubringen.

Einige Bekannte äußerten sich enthusiastisch und sagten postwendend ihre Mitarbeit zu, so der russische Dissident Efim Etkind und der prominente britische Schriftsteller und Kunstkritiker John Berger (*1926).[155] Er war einer der wenigen anglophonen Akteure im informellen Netzwerk der 1970er Jahre (und später ein Freund von *Lettre internationale*). Seine exzentrische Wohnsituation in Mieussy, einem französischen Bergdorf, machte die Kommunikation mit ihm nicht immer einfach („I am writing this quickly to catch the post", hieß es in seiner Zusage zu *L 76*), doch schon aus Solidarität mit dem verstorbenen gemeinsamen Freund Ernst Fischer war er dabei.[156] Am 20. Oktober erhielt Liehm Post von Noam Chomsky aus den USA. Da die Treffen ja wohl in Europa stattfänden, könne er nicht oft teilnehmen, wolle aber korrespondierend beitragen, denn:

> I was very pleased to see the announcement of the new journal L77, and must say that I agree entirely with the comments enclosed, by the Czech group. I would be very pleased to be involved.[157]

Am selben Tag antwortete auch Arthur Miller. Der ehemalige Präsident von PEN international, ein stetiger Verteidiger der tschechischen Dissidenten, beschränkte sich auf das Minimum an Unterstützung – seinen Namen (und einen Text zum Abdruck in der ersten Ausgabe):

> My only hesitation about joining the editorial board of L77, or whatever the name of the magazine turns out to be, is the prospect of having to do any real work for it. I'm just no damned good at this kind of thing, etc.. Of course, if it doesn't involve labor I'd be glad to be with you.[158]

Jiří Pelikán hatte seinerseits im Rahmen einer Paris-Reise Vercors, Roger Garaudy, Pierre Daix sowie den Publizisten und PS-Vorstand Gilles Martinet und auch den

---

154 LIEHM: *Minulost v prítomnosti*, S. 141. [Selbstverantwortete Übersetzung aus dem Tschechischen]

155 Briefe von Efim Etkind vom 11. Oktober 1975 und von John Berger an Antonin Liehm vom 11. Oktober 1975, Archiv AJL/LI, IMEC.

156 Berger und Liehm verband diese Freundschaft, persönlich wie auch politisch. Fischers plötzlicher Tod 1972 erschütterte beide. Siehe dazu den Briefwechsel zwischen Antonin Liehm und Ernst Fischers Witwe Louise Eisler-Fischer (Archiv AJL/LI, IMEC). Siehe auch John Bergers bewegenden Essay zu Ernst Fischers Tod: BERGER, John: „*Ernst Fischer: A philosopher and death*", in: BERGER, John: *Selected essays*, New York: Pantheon Books 2001, S. 403–412.

157 Brief von Noam Chomsky an Antonin Liehm vom 20. Oktober 1975, Archiv AJL/LI, IMEC.

158 Brief von Arthur Miller an Antonin Liehm vom 20. Oktober 1975, Archiv AJL/LI, IMEC. Der Text von Arthur Miller ist „Das Jahr, in dem alles zerbrach", *L 76*, Heft 1, 1976, S. 31-35.

1973 nach Paris emigrierten Philosophen und Historiker Krzysztof Pomian über *L 76* informiert und Texte von ihnen eingeworben, wie er Antonin Liehm am 15. Oktober mitteilte.[159] Drei Wochen später hieß es, nun habe ihm auch François Mitterrand versprochen, das Projekt zu unterstützen.[160] Zudem sei das *Wiener Tagebuch* dabei – Franz Marek werde dem Beirat beitreten. Wiederum zwei Wochen danach gesellte sich der Schwede Per Wästberg zum zunehmend illustren und internationalen Kreis. Was Lombardo Radice in Italien angehe, so schreibe der gerade eigens einen Artikel über Europas sozialistische Perspektiven für *L 76*, wusste Pelikán zu berichten. Auch Lombardo Radice sei für den Beirat zu haben – allerdings nur wenn ihm Heinrich Böll einen persönlichen Brief schreibe…[161]

So ging es weiter bis Ende November. Philip Roth schickte Liehm Ideen für ein „*L77*-Logo" („L: Listy, Literatur, Lettres, Lehren, Leben, Lieben", improvisierte er…)[162] Mario Vargas-Llosa, Włodzimierz Brus, Dumitru Tsepeneag, Jan Kott sagten ihre Teilnahme zu…[163] Hier und da war ein wenig subtil angemahnte politische Solidarität nötig, in anderen Fällen half kunstvolle Schmeichelei weiter oder der Hinweis darauf, wer noch so alles dabei sei. Gleichviel, im Ergebnis hatten Pelikán und Liehm im Herbst 1975 einen beachtlichen internationalen Beirat für *L 76* zusammen. Dessen Zusammensetzung wird aus dem Tagesordnungsvorschlag ersichtlich, der zur Vorbereitung des nächsten Redaktionstreffens am 29. November 1975 in Köln herumgeschickt wurde:

> Herausgeber: Heinrich Böll, Günter Grass
> Redaktionsbeirat: John Berger, Wlodzimierz Brus, Noam Chomsky, Pierre Daix, Jean Daniel, Efim Etkind, Anders Ferm, Max Frisch, Roger Garaudy, Eduard Goldstücker, Jan Kott, Franz Marek, Arthur Miller, Mario A. Ripellino, Ota Sik, Carola Stern, I. F. Stone, Dumitriu Tsepeneag, Mario Vargas Llosa, Vercors, Per Wästberg
> Redaktion: Antonin J. Liehm, Jiri Pelikan (verantwortlich), Thomas Rothschild

Es sind einige der besten Köpfe, die man 1975 international unter dem Banner „Demokratie und Sozialismus" vereinen konnte. Was Europa betrifft, so reproduziert sich in dieser Namensreihe – wenig erstaunlich, aber doch fast überdeutlich – die Landkarte der intellektuellen Linken: sozialdemokratischer Norden, sozialisti-

159 Brief von Jiří Pelikán an Antonin Liehm vom 15. Oktober 1975, Archiv AJL/LI, IMEC

160 Brief von Jiří Pelikán an Antonin Liehm vom 7. November 1975, Archiv AJL/LI, IMEC. Weitere Informationen zu Mitterrands Unterstützung konnten nicht ermittelt werden. Was Mitterrands Unterstützung von Pelikáns Aktivitäten aus der Zeit vor dem Linksbündnis angeht, siehe PELIKÁN: *S'ils me tuent…*, S. 257–261.

161 Brief von Jiří Pelikán an Antonin Liehm vom 23. November 1975, Archiv AJL. Wästberg war in der Folge Chefredakteur von *Dagens Nyheter* (1976-1982), Vorsitzender von PEN international (1979-1986) und Mitglied und Sprecher des Nobelpreiskomitees. Radices Artikel erschien in *L 76*, Heft 1, 1976 unter dem Titel „Ein Gespenst geht wieder um in Europa".

162 Undatierte Notiz und Zeichnung von Philip Roth, Archiv AJL/LI, IMEC; siehe Abbildung 5.

163 Einige Zusagen konnten im Archiv nicht gefunden werden. Da alle genannten jedoch mit Liehm und Pelikán bekannt gewesen waren, wie Briefe im Archiv belegen, ist davon auszugehen, dass die Angaben stimmen. Was Milan Kundera angeht, so hiess es in einem Brief von Pelikán an Liehm vom 7. November 1975, er sei nur „im Geheimen" dabei… (Archiv AJL/LI, IMEC).

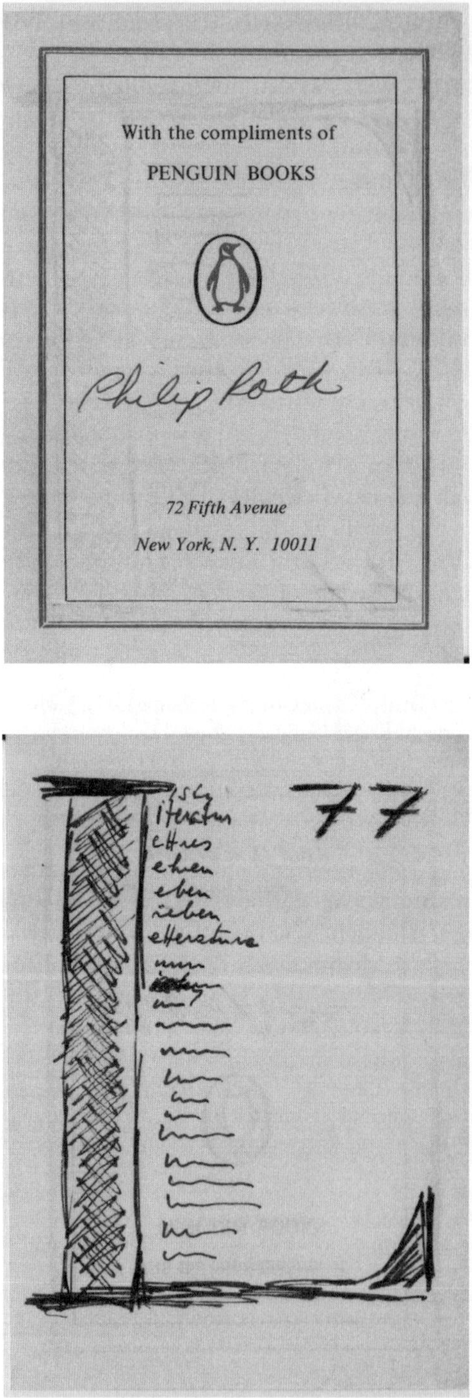

Abb. 5: Logo-Entwurf für „L 77" (=L 76) von Philip Roth (Vorder- und Rückseite einer Autogrammkarte), Archiv AJL/LI, IMEC

scher Süden. Die Liste ist, leider, auch ein Abbild der Geschlechterverhältnisse in der politisch-literarischen Publizistik: 25 Männer, eine Frau.

Warum legten Pelikán und Liehm so viel Wert auf den internationalen Beirat? Vor allem Liehm – der in dieser Hinsicht am radikalsten internationalistisch Denkende unter den Beteiligten – sah in ihm ein Symbol und einen Garanten für die internationale Orientierung der Zeitschrift. Immer wieder betonte er, *L 76* laufe sonst Gefahr, zu einer reinen Ost-West-Publikation zwischen Deutschland und Prag zu werden. Als er Noam Chomsky wegen des Beirats kontaktierte, legte er extra eine „Separat"-Erklärung der tschechischen Gruppe bei – offiziell von Pelikán, Liehm, Goldstücker und Šik, *de facto* aber mit an Sicherheit grenzender Wahrscheinlichkeit von ihm selbst verfasst.[164] Es war dieses Dokument, zu dem Chomsky in seiner oben zitierten Zusage bemerkte „I agree entirely with the comments enclosed, by the Czech group". In dem Text hieß es:

> [W]e [die tschechische Gruppe, RLS] see our experience as only one of many possible contributions to the attempt to show that the alternative ‚Soviet Communism' or ‚Imperialist Capitalism' is entirely false. That there is not only a Third Way, as some call it, but many, and that the solutions will always be more or less individual in terms of countries and nations.[165]

Vor diesem Hintergrund schlug Liehm sodann vor, auf internationaler Ebene publizistisch aktiv zu werden, denn:

> We [wiederum die tschechische Gruppe, RLS] also expressed the feeling that there is no big international journal which would assure a permanent connection between intellectuals of our breed, not only between East and West, but also between continents. We had the feeling that there is a great lot of parochialism, very few people really knowing and understanding what is happening across the border / intellectually, but not exclusively, of course /.[166]

Eine „große internationale Zeitschrift" gegen den Provinzialismus wollten die exilierten Protagonisten des „Prager Modells" schaffen – und zwar für „Intellektuelle von ihrem Schlag". Zunächst eine und dann viele weitere, denn *L 76* sollte für diese Initiative nur die Keimzelle sein. Deshalb war Pelikán stolz, als er an Liehm melden konnte, er habe in Paris mit „Ch. Bourgois" gesprochen. Gemeint war der Verleger Christian Bourgois, der in späteren Jahren die Buchreihe von *Lettre internationale* publiziert hat. Seine Frau Hélène, eine Tschechin, war den Liehms freundschaftlich verbunden. Christian Bourgois also, wusste Pelikán zu berichten, sei interessiert, *L 76* auf Französisch zu veröffentlichen.[167] Einen Monat später er-

164 Es ist nicht klar, ob die deutschen Herausgeber von dieser Erklärung überhaupt Kenntnis hatten. Im *L 76*-Archiv im Nachlass Günter Grass existiert sie nicht.

165 „L 77" überschriebene Anlage zu einem Brief von Antonin Liehm an Noam Chomsky vom 14. Oktober 1975. Quelle: Noam-Chomsky-Archiv am MIT. Ich danke Noam Chomsky und seinem Assistenten Glenn Ketterle, dieses Dokument wiedergefunden und mir zugänglich gemacht zu haben.

166 Ebd.

167 Brief von Jiří Pelikán an Antonin Liehm vom 15. Oktober 1975, Archiv AJL/LI, IMEC.

fuhr Liehm, wiederum von Pelikán, die Veröffentlichung der schwedischen Ausgabe von *L 76* wolle „Mr. Ferm" übernehmen.[168] Dahinter verbarg sich Anders Ferm, von 1973-1980 der Verleger des Tidens förlag in Stockholm, ein Berater Olof Palmes und später der UN- und OECD-Botschafter Schwedens. Wohlgemerkt: Zu diesem Zeitpunkt gab es noch keinen einzigen Artikel, geschweige denn eine fertige Ausgabe der deutschen *L 76*, doch Liehms und Pelikáns publizistisches Exportunternehmen summte bereits wie ein Bienenstock…

Immerhin lag schon ein interner Entwurf für das Editorial von *L 76* vor. Der „An die Leser von L 76" überschriebene Text verdeutlicht, wie die Zeitschrift in dieser ersten Projektphase konzipiert war, nämlich als ein Forum, in dem „sozialistische Ideen über Ländergrenzen und Generationen hinweg diskutiert werden". Das Dokument wird an dieser Stelle erstmals veröffentlicht:

> An die Leser von L 76
> Bis zum Jahre 1969 erschien in Prag eine Wochenzeitung mit dem Titel Literarni noviny (Literaturzeitung). Im Jahr 1967 wurde sie verboten, 1968 kam sie unter dem Titel Literarni Listy erneut heraus. Als die sowjetischen Panzer Prag besetzten, stellte die Redaktion ihr Erscheinen ein, um sie dann im November unter dem Titel Listy (Blätter) herauszubringen. Im Mai 1969 wurde die Zeitung endgültig Opfer der Normalisierung.
> Die LN, LL oder einfach L, wie die Wochenzeitung genannt wurde, war nicht bloß eine tschechoslowakische, sondern eine europäische Zeitung. Die Rolle, die sie in den sechziger Jahren in der Vorbereitung dessen, was man Prager Frühling nennt, gespielt hat, ist heute bereits historisch.
> Das Bewusstsein von den Zusammenhängen zwischen Paris, Prag, Santiago, Vietnam und der Revolte an den amerikanischen und vielen europäischen Universitäten, an die Prag in den sechziger Jahren ständig erinnerte, hat sich in den siebziger Jahren allmählich verloren. An seine Stelle trat häufig die offene Konfrontation, hervorgerufen durch unmittelbare und brutale Repression im Osten wie im Westen. Es kam zu einer neuen Zersplitterung, jeder kümmerte sich von neuem vor allem um sich selbst, um sein Land, um seine Probleme. Die Deutschen wissen nicht, was sich geistig und kulturell zwei Schritte hinter den Grenzen tut. Die Engländer wissen nichts von den Polen, die Franzosen wenig von den Engländern, die Italiener kaum etwas von den Ungarn und alle zusammen fast nichts von den Nordamerikanern, den Afrikanern, den Lateinamerikanern und umgekehrt.
> Unsere Absicht ist es, zur Erneuerung der unterbrochenen Verbindungen und zum Bewusstsein des Zusammenhangs beizutragen. Wir wollen unserer Überzeugung Ausdruck verleihen, daß die Welt nicht nur zwischen zwei schlimmen Alternativen wählen kann, die beide zu der einen oder anderen Form der Unterdrückung führen und – im internationalen Maßstab – entweder zur gegenseitigen Vernichtung oder zu einer neuen Heiligen Allianz. Uns verbindet kein Dogma, kein absoluter Glaube. Wir sind überzeugt, daß Demokratie und Sozialismus einander voraussetzen. L 76 bemüht sich darum, den vagen Begriff demokratischer Sozialismus inhaltlich zu füllen. Er kann nicht in jedem Land das gleiche bedeuten, muß aber mehr Freiheit und soziale Gerechtigkeit zu bieten haben als alle bisher bestehenden Gesellschaftsordnungen. Wir sind weder Propheten noch Erlöser. Wir haben weder fertige Antworten

168 Brief von Jiří Pelikán an Antonin Liehm vom 23. November 1975, Archiv AJL/LI, IMEC.

> noch Rezepte. Aber wir halten es für sinnvoll und notwendig, daß unsere Erfahrungen und die Erfahrungen unserer Zeitgenossen einander gegenübergestellt werden. Alle, die hier zusammengekommen sind, wuchsen mit der Hoffnung auf eine gerechte Welt auf. Die Niederlagen, die der demokratische Sozialismus seit dem Ende des Zweiten Weltkrieges und besonders in der Tschechoslowakei und Chile erlitten hat, aber auch neue Aufgaben für die Zukunft führen uns zu der Überzeugung, daß sozialistische Ideen über Ländergrenzen und Generationen hinweg diskutiert werden sollten.[169]

Anti-Provinzialismus, kulturelle Renaissance, „Bewusstsein des Zusammenhangs", Progressismus, moralisch fundierter Sozialismus. Chile und Vietnam waren hinzugekommen, aber das war unverkennbar der Sound von Prag, der ultimative Exportversuch des „Prager Modells" auf europäischer Bühne, acht Jahre nach seiner abrupten Unterbrechung im August 1968. Zugleich beschreibt dieses Editorial recht präzise den gemeinsamen Grund, auf dem die Prager Reformkommunisten mit Günter Grass und Heinrich Böll in Bonn zusammengefunden hatten. Allerdings – und das ist entscheidend – hat der Text mit Deutschland im Besonderen nichts zu tun: Den Deutschen wird beiläufig intellektuelle und kulturelle Ignoranz attestiert, doch solche Komplimente ergehen im Folgesatz auch an Engländer, Franzosen und Italiener... Der Entwurf für ein Editorial von *L 76* verfügt über keinen einzigen nationalen Marker, keinerlei Einschreibung in einen lokalen Kontext. Er hätte aus jeder Hauptstadt Westeuropas kommen und in jeder anderen unverändert in Übersetzung publiziert werden können. Das gilt nicht zuletzt auch auf sprachlicher Ebene: Es gibt in ihm keine Metapher oder sprichwörtliche Redensart, die sich nicht problemlos vom Deutschen lösen und verlustfrei übersetzen ließe; nichts, dass einen Muttersprachler verriete (schon gar keinen Böll oder Grass). Es ließ sich kein definitiver Beweis in den Archiven finden, aber die Vermutung liegt nahe, dass dieses Editorial von Pelikán und Liehm verfasst und dann entweder übersetzt oder, wahrscheinlicher, sprachlich geglättet wurde. Unstrittig ist jedenfalls, dass der Text beim Redaktionstreffen am 29. November in Köln nicht nur von Jiří Pelikán unterzeichnet wurde, sondern auch von den drei deutschen Herausgebern. Er stand damit verbindlich für die erste Konzeption von *L 76.*

Deutsche Sorgen (reprise)

Abgesehen von diesem Etappensieg verlief die zweite, Kölner, Zusammenkunft allerdings weniger harmonisch als die erste in Bonn. Die unterschiedlichen Vorstellungen und Bedürfnisse prallten aufeinander, der *honeymoon* war vorbei. Die deutschen Schriftsteller hatten den nicht unberechtigten Eindruck gewonnen, dass ihnen „ihr" Zeitschriftenprojekt entglitt.

169 Dieser unveröffentlichte Entwurf für ein Editorial von *L 76* liegt im Original im Archiv AJL/LI, IMEC. Er ist unterschrieben von Heinrich Böll, Günter Grass, Carola Stern und Jiří Pelikán.

Antonin Liehm, für den das Semester wieder angefangen hatte, war zurück in New York und damit beschäftigt, Texte einzuwerben.[170] Am 30. November gab ihm Pelikán brieflich Meldung über die Ereignisse beim Redaktionstreffen am Vortag: Es habe kräftig Streit gegeben. Zehn Stunden sei diskutiert worden. Pelikán zeigte sich verwundert, wie stark Grass und Böll nun auf jeden Aspekt des Vorhabens Einfluss nehmen wollten. Den Grund vermutete er, völlig zurecht, in der politischen Exponiertheit der beiden deutschen Herausgeber – die deutsche Presse warte nur darauf, dass sich Grass oder Böll einen Fehler erlaubten. Resultat: „Wir werden wohl auf die deutschen Verhältnisse Rücksicht nehmen müssen"...[171] Immerhin habe man sich auf die Redaktion einigen können, nämlich, in dieser Reihenfolge, Liehm, Pelikán, Rothschild. Auch einen Layout-Vorschlag habe die EVA bereits unterbreitet. Leider sei der schlecht (in der Tat war *L 76* auch später keine Augenweide).

Auf Kritik war der Beirat gestoßen, die Reinkarnation der „internationalen Brigade" und für Liehm die Garantie für die intrinsische Internationalität des Projekts – „Wir [Pelikán und Rothschild, RLS] hatten Mühe, den internationalen Beirat als Institution zu verteidigen", musste Pelikán in seinem Bericht nach New York melden. Es sei aber noch einmal geglückt. Zum Leidwesen von Grass, der das Gremium überflüssig fand. Im Januar 1976 schrieb er an Tomáš Kosta:

> Unglücklich bin ich nach wie vor über den von Jiri Pelikan vorschnell berufenen Redaktionsbeirat: eine allzu lange Liste zufällig gewürfelter Namen. Gut wäre es, wenn wir davon loskommen könnten und wenn es nur einen kleinen, jeweils auf besondere Funktionen begrenzten Redaktionsbeirat gäbe.[172]

Zwei Wochen nach dem Kölner Treffen war der Eklat perfekt. Am 12. Dezember meldete Pelikán wiederum an Liehm, die deutschen Herausgeber seien mit der Ernennung von Thomas Rothschild zum Redakteur unzufrieden, im Grunde aber mit der gesamten ersten Ausgabe – vom (oben vorgestellten) Editorial bis zur Artikelauswahl. Zwar heisse es, Rothschild habe nicht genug redaktionelle Erfahrung, doch er vermute politische Vorbehalte: Rothschild sei wohl einfach zu links.[173] Dem Archiv ist zu entnehmen, dass Günter Grass tatsächlich am 8. Dezember 1975 an Carola Stern geschrieben hatte:

---

170 Etwa von Roman Jakobsen, der am 30. Dezember 1975 schrieb: „As I promised you, I am sending you a paper which perhaps will interest your new journal." Offenbar war das nicht der Fall, die Spur verläuft sich. Der Korrespondenz im Archiv von Antonin Liehm ist zu entnehmen, dass auch Jan Kavan – der Verleger von Palach Press in London – in diesen Wochen damit beschäftigt war, Texte für *L 76* zu finden.

171 Mit „Sonntag" datierter Brief von Jiří Pelikán an Antonin Liehm [Selbstverantwortete Übersetzung aus dem Tschechischen], im Archiv AJL/LI, IMEC. Datierung auf den 30. November 1975 aus dem Kontext erschlossen.

172 Brief von Günter Grass an Tomáš Kosta vom 15. Januar 1976, Nachlass Grass, AdK, Mappe 3667.

173 Brief von Jiří Pelikán an Antonin Liehm vom 12. Dezember 1975, Archiv AJL/LI, IMEC.

> Mit Ihnen und Thomas Kosta bin ich der Meinung, daß ‚L 76‘ nicht im Frühjahr [1976, RLS] erscheinen kann: Der Inhalt der ersten Nummer wäre zu dürftig; die Redaktion ist noch nicht arbeitsfähig oder womöglich fehlbesetzt; das politische Konzept fehlt.[174]

Jetzt entfaltete sich eine fatale Dynamik: Pelikán und Liehm hatten die Zeitschrift – ohne hinreichend Rücksprache zu halten – zum Basislager ihres internationalen Netzwerks gemacht (es war nämlich durchaus keine Liste „zufällig gewürfelter Namen“ wie Grass vermutete). In dem Versuch, die Hoheit über das „gekidnappte“ Projekt zurückzugewinnen, lancierten die deutschen Herausgeber daraufhin eine Rückgewinnungs-Initiative, die ihrerseits weit übers Ziel hinausschoss.

Zunächst waren die deutschen Herausgeber und Tomáš Kosta darum bemüht, die Zeitschrift lesbarer, populärer, für die deutsche Debatte unmittelbar relevanter zu machen. Das war, betrachtet man den von Pelikán beim Kölner Treffen vorgelegten Entwurf für die erste Ausgabe, auch unbedingt nötig. Denn nicht nur waren über die Hälfte der Beiträge bereits dem Titel nach Variationen zur „Durchführbarkeit der sozialistischen Lösung“ (so die Überschrift des Artikels von Brus), und zwar durchaus technischer Natur, vor allem waren die meisten Texte bereits andernorts veröffentlicht worden. Insbesondere Heinrich Böll hatte indes von Anfang an Wert darauf gelegt, dass mindestens die Hälfte aller Texte Originalbeiträge sein sollten. Auch die regionale Diversität liess zu wünschen übrig. (Von der Geschlechterfrage ganz zu schweigen: Es war kein einziger Artikel einer Autorin darunter, was allerdings, wenigstens nach Archivlage, bei den Redaktionstreffen nicht thematisiert wurde.) Konkret verfügte man zum 1. Dezember 1975 über Texte von:

- Sechs Tschechen, darunter fünf Reformkommunisten: Ota Šik, Zdeněk Mlynář, Pavel Kohout, Jiří Pelikán, Antonin J. Liehm, Václav Havel
- Einem polnischen marxistischen Ökonomen im Exil: Włodzimierz Brus
- Einem österreichischen (Franz Marek), einem italienischen (Lucio Lombardo Radice), einem französischen (Pierre Daix) und einem britischen (John Berger) reformkommunistischen Freund der Prager
- Einem großen Namen aus den USA (Arthur Miller)
- Vier Autoren aus Deutschland: Ernst Bloch, Heinrich Böll (mit zwei Texten), Günter Grass und Thomas Rothschild.

Pelikán war sich der Schwäche dieser Assemblage durchaus bewusst, wollte aber lieber schnell eine erste Nummer publizieren und danach mit jeder Ausgabe besser werden. Das mag Ungeduld gewesen sein oder die Angst, die Gelegenheit zu verpassen, oder Unkenntnis des westdeutschen Pressemarktes. Vermutlich von jedem etwas. Gleichviel: Das vorläufige Inhaltsverzeichnis war durchaus nicht auf der Höhe der Möglichkeiten. Die deutsche Gruppe setzte aber, verständlicherweise, auf den großen Knall schon in der ersten Nummer. Die Haltung, ein Netzwerk Schritt um Schritt, mit jedem Heft, sich entfalten und wachsen zu lassen, so wie es

174 Brief von Günter Grass an Carola Stern vom 8.12.1975, Nachlass Grass, AdK, Mappe 3667.

ja durchaus der Natur eines Periodikums entspräche – das war wohl in der Tat naiv angesichts des Erfolgsdrucks, unter dem Grass und Böll standen, und der äußerst polarisierten bundesdeutschen Öffentlichkeit dieser Jahre. Mindestens in dieser Hinsicht musste man „auf die deutschen Verhältnisse Rücksicht nehmen".

Vielleicht bedurfte es da wirklich eines erfahreneren und in Deutschland besser vernetzten Redakteurs. Was diese „mögliche Fehlbesetzung" angeht, wie sich Grass ausgedrückt hatte, so wurde Thomas Rothschild, wie erwähnt, im Frühjahr 1976 durch den Kölner Literaturkritiker Heinrich Vormweg ersetzt. Der Wechsel vollzog sich allerdings auf wenig transparente Art und Weise, und er war nicht frei von politischen Untertönen.[175]

Das ist das eine. Gravierender war letztlich, was mit der internationalen Ausrichtung von *L 76* geschah. Denn der Beirat wurde von den deutschen Schriftstellern *ad acta* gelegt, das Kind mit dem Bade ausgeschüttet. Zum 25. März 1976 legte Heinrich Vormweg als neubestellter Redakteur einen überarbeiteten Entwurf für die erste Ausgabe vor. Der las sich wie folgt:

Als „vorhanden oder vereinbart" galten nun Texte von:

> Günter Grass (2x), Carola Stern, Dieter Lattmann, Arthur Miller, Peter Bender, Iring Fetscher, Walter Haubrich, [Peter] Coulmas, Roy Medwedew, Helmut M. Braem, Heinrich Böll, Wolf Biermann, Nicolas Born, [Daniel] Viglietti ([Peter] Laudan), Vormweg, Wolfgang Werth.

Als „in Planung, teils noch für Band 1" waren zudem genannt:

175 Dafür spricht auch, dass vor der Wahl von Vormweg kurzzeitig der Politikwissenschaftler Horst Heimann (*Theoriediskussion in der SPD*, EVA 1975) als Redakteur im Gespräch war (siehe Brief von Grass an Kosta vom 15. Januar 1976). Sein 15seitiges Konzept „Überlegungen für die Planung einer Zeitschrift", die er *DS76* nennen und stärker allgemeinpolitisch ausrichten wollte, wurde jedoch einhellig als zu akademisch empfunden (siehe dazu den Nachlass Grass, AdK, Mappe 7414.1).Was Thomas Rothschild betrifft, so äußerte er sich zu seiner Rolle in einer Mail an den Autor vom 11. August 2012 wie folgt: „Zu L76 kam ich durch Liehm, mit dem ich seit 1966 befreundet war. Ich habe auch während meines Studienjahres in Prag (1966/67) in den Literární noviny veröffentlicht. Pelikan habe ich nach meiner Erinnerung erst 1975 in Köln im Zusammenhang mit L76 kennen gelernt. Sik habe ich nie persönlich kennengelernt (mein Vater kannte ihn). Liehm fragte mich, ob ich L76 redaktionell betreuen wolle. Ich war dann 1975 eine Woche in Köln im Bund-Verlag, wo ich Tomas Kosta kennenlernte, um eine Null-Nummer vorzubereiten. Ich kann mich nicht erinnern, Grass oder Böll persönlich begegnet zu sein. Nach dieser „Probewoche" bekam ich einen Anstellungsvertrag vom Bund-Verlag (ich glaube, pro forma als Lektor), den ich unterschrieben zurück schickte (eine Kopie ist in meinem Besitz). Danach habe ich nichts mehr gehört. Als ich deshalb brieflich bei Grass und Böll anfragte, bekam ich keine Antwort. Ich weiß bis heute nicht, was da gelaufen ist […]." Das Veto gegen die Nominierung von Rothschild hatte offenbar die Mitherausgeberin Carola Stern eingelegt. In ihrer Autobiographie schreibt sie (ohne Rothschilds Namen zu nennen, der aber zweifellos gemeint ist): „Ich protestierte heftig gegen einen Bewerber, der als APO-Demon-strant für ‚revolutionären Bücherklau' geworben hatte." (STERN: *Doppelleben : eine Autobiographie*, S. 231–232.) Insgesamt spricht also Einiges für Jiří Pelikáns „politische Hypothese".

Jiri Pelikan, [Curt] Meyer-Clason, [Peter] Faecke, Gert E. Hoffmann, Carl Amery, Alfred Andersch, Robert Jungk, Willy Brandt.[176]

21 (!) deutsche Autoren (darunter die halbe Kölner WDR-Redaktion: Bender, Coulmas, Faecke, Laudan, Stern), ein russischer Dissident (Medwedew), ein uruguayischer Liedermacher, dessen Freilassung zur *cause célèbre* wurde (Viglietti), weiterhin der große Name aus den USA (Arthur Miller) – und ein tschechisches Feigenblatt (Pelikán).

Als Pelikán und Liehm diese Liste sahen, platzte ihnen der Kragen. Kosta und Pelikán kamen in Köln zu einem Krisengespräch zusammen, um die Konsequenzen der neuen Situation zu diskutieren. Kosta fertigte ein internes Protokoll an, in welchem Pelikáns Reaktion auf die „zweite Version" von *L 76* festgehalten wurde:[177]

> Dieser Vorschlag, der sich ja vordergründig mit der deutschen Szene befaßt, gewährleistet nicht die ursprüngliche Richtung, nämlich die Thematik einer internationalen Reihe mit besonderem Interesse für den Osten. Geplant waren 50 Prozent der Beiträge aus dem Osten und 50 Prozent aus dem Westen. Jetzt scheint ihm [Pelikán, RLS] das Verhältnis 9:1 zu sein.

„Aus dem Westen" freilich meinte, von Arthur Miller abgesehen, Deutschland. Nun könnte man zurückgeben, dass in dem von Pelikán und Rothschild eingebrachten ersten Vorschlag „aus dem Osten" im Wesentlichen „Prag" gemeint hatte, und Liehm hätte vermutlich zudem an Pelikáns Fokussierung auf den „Osten" überhaupt Anstoß genommen. Unstrittig dagegen ist Pelikáns Bilanz: „Nach kurzer Durchsicht des Vorschlages für die erste Nummer ist die Tendenz der Reihe nicht die, die beim letzten Treffen in Bonn besprochen wurde."[178]

Die veränderte Ausgangslage beschrieb Pelikán wenig später in einem Rundschreiben an Böll, Grass und Stern.[179] Etwas verkürzt: Die neue Konzeption passte der tschechischen Gruppe nicht (Pelikán benennt diese als: Šik, Goldstücker, Hejzlar, Liehm, ihn selbst), die alte passte der deutschen nicht mehr. Was tun? Entweder ein Kompromiss werde doch noch gefunden – das bedeute jedoch, dass man sich vom „Konzept einer im wesentlichen ‚deutschen' Buchreihe" verabschieden müsste, um zum „allgemeinen Ziel" zurückzukehren: „[...] dass hier der Dialog zwischen den fortschrittlichen Stimmen von Ost- und West-Europa im Sinne der Gleichheit geführt wird." Oder man finde keinen Kompromiss mehr. Dann müsse das Projekt entweder eingestellt oder von den Deutschen unter anderem Namen weitergeführt werden.[180] Die Begründung für die verlangte Namensänderung hatte Pelikán be-

176 „L76 Nr. 1, Stand: 25.3.1976" betiteltes Rundschreiben, Durchschlag im Archiv AJL/LI, IMEC.

177 Undatiertes Protokoll von Tomáš Kosta, Durchschlag im Archiv AJL/LI, IMEC (mit handschriftlichen Anmerkungen von Pelikán und Liehm). Der genaue Termin der Zusammenkunft konnte nicht recherchiert werden. Er muss zwischen dem 25. März und dem 8. April 1976 gelegen haben.

178 Ebd.

179 Rundschreiben von Jiří Pelikán an Grass, Böll, Stern (z. Kt. an Kosta und Vormweg) vom 8. April 1976, Archiv AJL/LI, IMEC.

180 Ebd.

reits zuvor an Kosta übermittelt: „,L' ist ja – was auch beabsichtigt war – mit ‚Listy' und dem Prager Frühling verbunden".[181] Entschlössen sich die deutschen Herausgeber zur Namensänderung, hiess es in Pelikáns Rundschreiben vom 8. April 1976 weiter, dann „[...] werden wir uns ohne Skandal zurückziehen und uns die Möglichkeit vorbehalten die Reihe oder die Zeitschrift L-76 bei einem anderen Verlag / in der Bundesrepublik oder in einem anderen Land / später zu realisieren."[182]

Kurzfristig erwog die tschechische Gruppe um Pelikán und Liehm daraufhin tatsächlich, das Projekt, wenn möglich mit Böll und Grass, aber ohne die EVA, bei Fischer oder Rowohlt unterzubringen. Zu viel stand auf dem Spiel, um einfach die Segel zu streichen, wie „Jirka" (Jiří Pelikán) in einem internen Rundbrief an seine tschechische Freunde Šik, Liehm, Goldstücker, Hejzlar und Pokštefl schrieb:

> „Die Möglichkeit eine politisch-literarische Zeitschrift zu veröffentlichen bedeutet für uns einen wichtigen Schritt in unserem Bemühen, unsere Anliegen in die neuen Entwicklungen der internationalen Arbeiterbewegung einzubringen. Wir sollten diese Gelegenheit nicht versäumen.[183]

Genau das geschah jedoch, denn ein Kompromiss konnte nicht gefunden werden. Die Korrespondenz zwischen der Gruppe um Liehm und Pelikán und den Herausgebern brach an dieser Stelle ab. Die Geschichte von *L 76* war damit freilich nicht zu Ende, denn nicht nur hielten Grass und Böll weiterhin an ihrem Zeitschriftenplan fest, sondern auch Tomáš Kosta und die EVA standen fest auf der Seite der deutschen Schriftsteller – sowohl politisch als auch aus verständlichem verlegerischem Interesse. Kostas Sicht der Dinge ist einem *post scriptum* zum Gesprächsprotokoll zu entnehmen:

> Selbstverständlich wird die Europäische Verlagsanstalt den Wünschen der Herausgeber entsprechen, wobei wir der Ansicht sind, daß für uns die Konzeption von Dr. Vormweg – aus finanziellen und marktwirtschaftlichen Gründen – am ehesten zu verwirklichen wäre. Der Name der Reihe ist hierbei nicht das Hauptproblem.[184]

Diese Auffassung setzte sich durch. Letztlich blieb bekanntlich sogar der Name erhalten: Heft 1 von *L 76* wurde am 1. September 1976 im Bonner Tulpenfeld mit großem Erfolg der Presse vorgestellt – ohne Mitwirkung der tschechischen Gruppe.

Das linksliberale Feuilleton – die *Frankfurter Rundschau, Die Zeit,* der *Spiegel* – begrüßte *L 76* als das politisch-literarische Ereignis, das es in Deutschland fraglos war. Rolf Michaelis, damals Leiter des Literaturteils der *Zeit,* frohlockte in der Ausgabe vom 10. September 1976:

181 Undatiertes Protokoll, wie FN 177.

182 Rundschreiben, wie FN 179.

183 Rundschreiben von „Jirka" (Jiří Pelikán) an Šik, Liehm, Goldstücker, Hejzlar, Pokštefl vom 18. April 1976, Durchschlag im Archiv AJL/LI, IMEC [Selbstverantwortete Übersetzung aus dem Tschechischen].

184 Undatiertes Protokoll, wie FN 177.

Abb. 6: Titelseite von *L 76*, Heft 1, 1976

> Endlich haben wir wieder eine ernst zu nehmende, qualitätsbewußte, einen großen Leserkreis ansprechende Zeitschrift für Literatur und Politik [...] Nachdem das ‚Kursbuch', die führende literarisch-politische Zeitschrift der Reformära Brandt/Heinemann, in Gefahr ist, sich in linke Esoterik einzuspinnen, hat ‚L' die Chance, kritische Gefolgschaft in allen politischen Lagern zu finden und so fortzuführen, was die tschechoslowakischen Vorgängerinnen mit Mut versucht haben: im demokratischen Sozialismus ein spannungsreiches, aber friedliches Neben- und Miteinander von Kunst und Politik zu wagen.

Ähnlich erfreute Rezensionen veröffentlichten der ehemalige Prager Korrespondent Hans-Peter Riese in der *Frankfurter Allgemeinen Zeitung* vom 3. September und der Essayist (und spätere Böll-Biograph) Christian Linder in der *Frankfurter Rundschau* vom 14. September. Beide, das sei nicht verschwiegen, wurden in der Folge *L 76*-Autoren.

Die einzige Spur der „Prager Sicht auf die Dinge", die der Autor auftreiben konnte, findet sich in der *Rheinpfalz* vom 3. September.[185] Im Luwigshafener Regionalblatt gab der Journalist Klaus Hofmann zu bedenken: „Die feierliche Präsentation von ‚L76' verdeckte [...] den am Schluß disharmonischen Verlauf seiner Entwicklungsgeschichte." Es folgt eine kurze Schilderung der internen Abläufe der letzten Monate. Die waren freilich nicht öffentlich bekannt – und so darf man vermuten, dass der Autor mit einem der tschechischen Beteiligten gesprochen hatte. Vielleicht mit einem, der auf der anderen Rheinseite, in Mannheim, auch in jenem Jahr wieder den Sommer verbracht hatte. Manche Zeilen lesen sich, als hätte sie ihm Liehm direkt in den Block diktiert: „[D]ie heutigen CSSR-Emigranten [hatten] die Anregung dazu gegeben, eine Zeitschrift zu gründen, die *mehrsprachig zu einem Weltforum des demokratischen Sozialismus* werden sollte."[186] Sie hätten bis zuletzt an die Realisierung des Konzepts – „einer intellektuellen Revue auf internationaler Ebene" – geglaubt, seien dann aber ausgebootet worden, heisst es in Hofmanns Bericht weiter. Und nun?

> Sie sind jedoch, wie von ihnen zu hören war, über diese Art von Demokratie nicht böse und widersprechen auch nicht dem Argument von Günter Grass, ein Welt-Beirat hätte das Objekt doch zu unbeweglich gemacht. Wehmut packt sie jedoch, eine große Idee verspielt und sie auf deutschen Provinzialismus nivelliert zu haben. Trotzdem wollen sie mitarbeiten; denn es ginge um Größeres als um Personen.

Soweit der einsamer Rufer der *Rheinpfalz*. Dass dieser Artikel von einem Vertrauten – und späteren Biographen – von Helmut Kohl verfasst wurde, zeigt leider einmal mehr die Instrumentalisierung der ganzen Unternehmung im innerdeut-

---

185 HOFMANN, Klaus: „‚Prager Frühling' ohne die Prager. CSSR-Intellektuelle bei neuem literarischem Unternehmen ausgeklammert", in: *Die Rheinpfalz* (Ludwigshafen) vom 3. September 1976.

186 Ebd. (Herv. durch mich, RLS)

schen „Kulturkampf".[187] Diese Dimension hatte die tschechische Gruppe in der Tat völlig unterschätzt.

Liehm und Pelikan gaben auf. Von „konstruktivem Mitarbeiten" konnte – anders als es die Darstellung in der *Rheinpfalz* nahelegt – nicht die Rede sein. Im Gegenteil, sie waren verbittert und verweigerten die weitere Mitwirkung. Öffentliche Angriffe allerdings fanden weiters nicht statt. Es herrschte ein Minimum an Solidarität.[188]

Im September versuchte Grass noch einmal, Ota Šik zurückzugewinnen: „Ich möchte Sie, lieber Ota Sik, versichern, daß sich am grundsätzlichen Konzept von ‚L 76' nichts verändert hat, nur haben wir den deutschen Buchmarkt stärker berücksichtigen müssen", schrieb er ihm nach der Veröffentlichung der ersten Ausgabe von *L 76*.[189] Das wiederum war auch nur die halbe Wahrheit, wie Ota Šik sehr wohl wusste.

* * *

L 76 wurde eine gute Zeitschrift.[190] Manchmal war sie das Medium der Konfrontation zwischen sozialdemokratischen, linkssozialistischen und kommunistischen

---

187 Klaus Hofmann war ein langjähriger politischer Korrespondent der *Rheinpfalz* in Bonn und einer der bevorzugten journalistischen Gesprächspartner des damaligen CDU-Vorsitzenden und späteren Bundeskanzlers, dessen Biograph er 1984 wurde (*Helmut Kohl, Kanzler des Vertrauens*, Stuttgart: Bonn Aktuell 1984).

188 Das ändert sich erst als politisch nichts mehr auf dem Spiel stand. Antonin Liehm hat sich dann sehr kritisch zu *L 76* geäußert. In diesem Zusammenhang erwähnte er mehrfach – so auch in einem Interview, das der Autor im Dezember 2006 mit ihm führte –, er habe als Entschädigung für seine Mühen und die Titelrechte für *L 76* eine Einladung zur weiteren Mitarbeit und einen Scheck über 100 Dollar erhalten. (LIEHM/SCHMIDT: *„Enzyklopädist des Internationalen"*.) Günter Grass erklärte dazu dem Autor gegenüber am 23. August 2012 schriftlich: „Liehms Behauptung, ich hätte ihm einen Scheck zur Überlassung der Titelrechte für *L 76* geschickt, basiert auf einer Lüge". Liehm beharrt jedoch auf seiner Darstellung. Erhalten ist im Archiv ein Brief von Pelikán an Liehm vom 15. September 1976, aus dem hervorgeht, dass Tomáš Kosta offenbar als Geste des guten Willens 3000 Mark an *Listy* in Rom überwiesen hatte. Pelikán kündigt in diesem Brief an, Liehm die Hälfte des Betrags schicken zu wollen. Ob diese Transaktion, verbunden mit der Verbitterung, in späteren Berichten zu einem symbolischen Scheck verkürzt wurde oder ob es zwei Schecks waren, ließ sich aus dem Archiv heraus oder mit sonstigem vertretbarem Aufwand nicht klären.

189 Brief von Günter Grass an Ota Šik vom 21. September 1976, Nachlass Grass, AdK, Mappe 3667.

190 Zwölf Ausgaben von *L 76* erschienen zwischen 1976 und 1980 bei der EVA. Begleitend veröffentlichte der Verlag die Buchreihe „Demokratischer Sozialismus in Theorie und Praxis", verantwortet vom SPD-Abgeordneten Dieter Lattmann (siehe dazu Nachlass Grass, AdK, Mappe 2147). Zusammen veranstaltete man im September 1977 eine große Tagung „Was ist heute (noch) links?". Was die weitere Geschichte der Zeitschrift angeht, so kennt sie der *Spiegel* vom 17. März 1980: „Als die DGB-eigene „Europäische Verlagsanstalt" im letzten Juli verkauft wurde, fand die Vierteljahres-Zeitschrift ‚L 76' ein plötzliches Ende: Es gelang ihren Herausgebern Heinrich Böll, Günter Graß und Carola Stern nicht, einen neuen Verlag dafür zu finden. Nun haben die drei zur Selbsthilfe gegriffen und mit fünf weiteren Gesellschaftern (Heinz Ludwig Arnold, Tomas Kosta, Erdmann Linde, Dieter Vollendorf, Heinrich Vormweg) in Berlin einen eigenen Verlag gegründet: Dort wird im April ‚L 76' unter dem Titel ‚L 80' wiedererstehen. Neu als Redakteur ist Johano Strasser, für Literatur zuständig bleibt Vormweg." Unter redaktioneller Betreu-

Schriftstellern;[191] manchmal engagierte sie sich für marginalisierte Kollegen und Genossen;[192] in erster Linie jedoch entwickelte sie sich zu einer kritischen Begleiterin der „literarischen Ostpolitik".[193]

Dazu muss nachgetragen werden, dass Günter Grass in diesen Jahren – die neuen Erleichterungen im Besucherverkehr nutzend – Gespräche zwischen ost- und westdeutschen Schriftstellern in Ostberliner Privatwohnungen organisierte.[194] In ihnen versinnbildlichte sich Grass' Überzeugung, dass die Literatur, allen politischen Teilungen zum Trotz, weiterhin „gesamtdeutsch" sei. In einer Wahlkampfrede formulierte er 1980:

> Diese ost-westlichen Literaturgespräche folgten der Tradition der europäischen Aufklärung und ihrer deutschen Entsprechung. Wir ließen uns Logau und Lessing, Büchner und Heine nicht halbieren. So deutlich besonders uns die politische Teilung bewußt war, so gewiß und notwendig blieb uns das Überdauern der weitgefächerten, tief wurzelnden, deshalb nicht zu teilenden deutschen Kultur.[195]

L 76 diente den Protagonisten dieses „gesamtdeutschen" Gesprächs als politisch-literarisches Forum.[196] Fraglos hatte dies entscheidend dazu beigetragen, dass *L 76*

---

ung von Strasser – einem Mitglied der SPD-Grundwertekommission – existierte *L 80* dann noch einmal acht Jahre lang (Hefte 13-45), ehe die Zeitschrift 1988 ihr Erscheinen dauerhaft einstellte (beziehungsweise mit ihren Abonnenten in der *Neuen Gesellschaft/Frankfurter Hefte* aufging). Den Grund für das definitive Ende sieht Günter Grass politisch motiviert. In einem Brief an den Autor vom 23. August 2012 hält er dazu fest: „Alle Gründungsversuche auf internationaler und europäischer Grundlage sind entweder in den Anfängen steckengeblieben oder später aus den verschiedensten Gründen gescheitert, so auch L 80 aus mangelndem Leserinteresse, weil mit Beginn der 80er Jahre und dem Anbruch neoliberaler Zeiten politisches Desinteresse um sich griff, also die sinkenden Abonnentenzahlen eine Einstellung der Zeitschrift notwendig werden ließen."

191 So im Fall von Michael Scharang: „Die Angst vor den Kommunisten ist einer allgemeinen Angst gewichen", in: *L 76*, Heft 4, 1977.

192 Etwa im Fall von „Literatur aus dem Knast", einem Schwerpunkt in Heft 3, 1977.

193 BRUNSSEN: *„Günter Grass and the Cold War"*, S. 155.

194 Zu Grass' Besuchen in Ostberlin siehe BRUNSSEN: *„Günter Grass and the Cold War"*.

195 GRASS, Günter: *„Orwells Jahrzehnt I – Rede im Landtagswahlkampf Baden-Württemberg (Februar 1980)"*, *Werkausgabe in zehn Bänden, Band IX*, Darmstadt: Luchterhand 1987, S. 775–788, hier S. 786–787.

196 Daher erklärt sich das rege Interesse der Stasi an der Publikation. Durch die Veröffentlichung von Auszügen aus der Stasi-Akte von Günter Grass, die Kai Schlüter aufgearbeitet hat, wurde 2009 bekannt, dass die Hauptabteilung XX („Bekämpfung der Opposition in Staat, Kirche, Kultur, Parteien und im politischen Untergrund") am 7. September 1977 einen Bericht zu Günter Grass verfasst hatte, in dem es unter anderem hieß: „Günter Grass ist Mitherausgeber der in der BRD erscheinenden Zeitschrift ‚L 76', die in Anlehnung an die konterrevolutionäre Zeitschrift ‚Literari Listi' [sic!] zur Zeit der CSSR-Ereignisse 1968 als Plattform feindlicher Kräfte in den sozialistischen Ländern und in die BRD emigrierter Konterrevolutionäre wirkt. Während seiner seit 1975 verstärkt festgestellten Kontakte zu DDR-Schriftstellern versucht Grass, diese für literarische antisozialistische Mitarbeit in der ‚L 76' und in anderen BRD-Medien zu gewinnen." (Zitiert in SCHLÜTER: *Günter Grass im Visier*, S. 127.)
Bereits am 25. Februar 1976 hatte der als IM tätige Karlheinz Schädlich, der Bruder des Schriftstellers Hans Joachim Schädlich, der Stasi-Hauptabteilung XX mitgeteilt, dass „G. Grass mehrmals die an den Zusammenkünften teilnehmenden DDR-Schriftsteller dafür zu gewinnen [versuchte], in der von ihm, Böll und dem tschechischen Konterrevolutionär Pelikan herausgegebe-

in Orientierung und Ausblick „deutscher" geworden war, als es sich Liehm und Pelikán erhofft hatten. Doch das im September 1976 von Heinrich Vormweg veröffentlichte Editorial – jenes in dem jeder Hinweis auf *Listy* fehlte – war trotz manifester Unterschiede zum unveröffentlichten „tschechischen Entwurf" nicht unvereinbar mit dem, was man auch in *Listy*-Kreisen hätte unterschreiben können. Es war ein Plädoyer für eine kulturpolitische Perspektive, eine Verteidigung der Rolle von Schriftstellern und Kulturschaffenden in der Sozialismusdebatte. Vormweg hatte geschrieben:

> [Es hat] einen politischen Sinn [...], der Unterschätzung dessen, was man Kultur nennt – ihrer exemplarischen Manifestation in Literatur und den Künsten wie der Kultur als alltäglicher Lebenswirklichkeit –, gerade bei engagierten Sozialisten auch in der Bundesrepublik, nicht zuletzt an den Hochschulen, entgegenzuarbeiten.[197]

Den Stil von *L 76* grenzte Vormweg sodann gegen den „dominierenden akademisch-politologischen" ab. Und zwar

> [d]urch deutlichere Berücksichtigung historischer Aspekte, durch eine komplexere, die bestehende gesellschaftliche Realität und die konkrete Erfahrung der Menschen einholende, die sprachliche Dimension als etwas Wirkliches einbeziehende Schreibweise. Keine Theoriefeindlichkeit, doch Betonung der wirklichen humanen Bezüge und Abhängigkeiten, wie schon Sprache sie nahelegt.[198]

Selbst wenn der explizite Bezug auf das „Prager Modell", aus den diskutierten Gründen, in diesem Editorial nicht mehr vorkam, so stand es weiterhin Pate für *L 76*. Im Verlauf der folgenden Ausgaben gewann die Zeitschrift dann auch einen Teil der internationalen Orientierung zurück, die dem ersten Heft gefehlt hatte. Schließlich veröffentlichten auch tschechische Autoren wieder. Heft 4 etwa brachte einen Text von Zdeněk Mlynář zur Bedeutung der Charta 77, eine Stellungnahme von Václav Havel und eine Rezension von Jiří Pelikáns Autobiographie durch Heinrich Böll. In späteren Jahren widmete man sich den Ereignissen in Polen (Solidarność) und der UdSSR (Perestroika). Die Texte wurden abwechslungsreicher, *L 76* fing sich und spielte ihre Rolle in der Bundesrepublik.[199]

Was *L 76* allerdings nicht wurde, ist die deutsche Ausgabe eines Zeitschriftennetzwerks, das sich „mehrsprachig zu einem Weltforum des demokratischen Sozialismus" entwickelt hätte. Liehms Hoffnung war, zum zweiten Mal, enttäuscht worden. Den neuerlichen Rückschlag verkraftete er schlecht – aber er blieb stur und

---

nen Zeitschrift Literari Listi – 66 (LL 66) [sic!] Artikel u. ä. zu veröffentlichen. Bei dieser Zeitschrift soll es sich um die Weiterführung des konterrevolutionären Organs des CSSR-Schriftstellerverbandes von 1966/68 handeln." (Zitiert in ebd., S. 89–90.)

197 Heinrich VORMWEG, „In eigener Sache", Editorial zu *L 76*, Heft 1, 1976.

198 Ebd.

199 Den Erfolg bestätigten nicht zuletzt auch die Verkaufszahlen. *Der Spiegel* wusste am 20. Dezember 1976 zu berichten: „Der Start ist geglückt: Vom ersten Heft ihrer Zeitschrift ‚L 76' hat die Europäische Verlagsanstalt (EVA) 12 000 Exemplare verkaufen können; das jetzt erschienene zweite kann sie bereits 4000 Abonnenten zustellen."

wartete auf eine günstige Gelegenheit. Am 19. Januar 1978 schrieb ihm Thomas Rothschild, der weiterhin Kontakt hielt:

> Ich weiß wirklich nicht, was man nun weiter machen kann und soll. Es wäre natürlich gut, wenn es wirklich eine internationale Zeitschrift gäbe, so wie L76 es ursprünglich werden sollte[…][200]

Antonin Liehms indirekte Antwort auf diese Herausforderung war, einige Jahre später, die Gründung des Zeitschriftennetzwerks von *Lettre internationale.* Doch zugleich war *Lettre,* obwohl weiterhin dem „Prager Modell" verpflichtet, bereits das Kind einer anderen Epoche, von der das folgende Kapitel handelt.

200 Brief von Thomas Rothschild an Antonin Liehm vom 19. Januar 1978, Archiv AJL/LI, IMEC.

Kapitel 4
Publizistik als Kunst des rechten Augenblicks. Antitotalitarismus und Medienwandel in Paris (1974-1983)

It seems that the only dignified attitude the intellectual ex-communist can take is to rise *au-dessus de la mêlée.*

Isaac Deutscher, 1955.[1]

Quand l'intelligentsia doit réexaminer sa position [...] on voit naître des revues marquantes

Paul Thibaud, 1977.[2]

In den Inhaltsverzeichnissen der ersten Ausgaben von *Lettre internationale* aus den Jahren 1984-1986 finden sich zahlreiche Namen, die dem Leser aus den vorangegangenen Kapiteln vertraut sind. Autoren wie Vercors, Karel Kosík, Jan Kott, Carlos Fuentes, Ludvík Vaculík und John Berger stehen für die Kontinuität jenes europäischen Netzwerks, dessen Teil Antonin Liehm war und dessen Wurzeln über die 1960er Jahre bis in die Nachkriegszeit und selbst den Surrealismus zurückreichten. Wiederveröffentlichungen von Texten von Heinrich Mann und Bertolt Brecht vervollständigen das Bild einer „publizistischen Internationale des Dritten Wegs".

War Antonin Liehm mithin 1984 in Frankreich endlich zu gründen gelungen, was er in tschechischer Sprache bei *Literární noviny* in der zweiten Hälfte der 1960er Jahre kennengelernt und zehn Jahre später mit *L 76* auf europäischer Ebene wiederzufinden versucht hatte? War *Lettre internationale* die lange ersehnte linke Antwort auf die Periodika des „Kongresses für Kulturelle Freiheit"? In gewisser Weise wird man das so sehen können. Und doch war die Zeitschrift von Anfang an mehr als nur ein Gegenstück, ein Gegen-*Kontinent.* Auch das Autorenspektrum kann mit den oben erwähnten Namen nicht mehr repräsentativ abgebildet werden. Denn in den ersten Ausgaben von *Lettre* standen neben Vercors, Karel Kosík und John Berger

1 DEUTSCHER, Isaac: *Heretics and renegades, and other essays*, London: H. Hamilton 1955.

2 THIBAUD, Paul: *„A propos des revues, à propos de l'intelligentsia, à propos de cette revue"*, in: *Esprit 1/3* (1977), S. 519-528.

auch Texte von George Orwell, Ralf Dahrendorf, André Glucksmann, Czesław Miłosz, Irving Howe, Edgar Morin, Michael Ignatieff, Joseph Brodsky und Václav Havel. Autoren, deren Name mit politischen Strömungen verbunden ist, die auf den vorangegangenen Seiten kaum eine Rolle spielten: dem klassischen Liberalismus, dem Antitotalitarismus, der nicht-kommunistischen Linken. Kurz: *Lettre internationale* verdankte dem „Prager Modell der Publizistik“ und seinen Protagonisten viel, doch das Zeitschriften-Netzwerk konnte sich in den 1980er Jahren auf eine deutlich breitere Allianz stützen als nur die reformkommunistische und linkssozialistische aus der Zeit von *L 76*. Dass diese Allianz nach 1980 nur in Frankreich und nicht etwa in Deutschland möglich wurde, hatte Gründe – teils innenpolitischer, teils außenpolitischer, teils intellektuellensoziologischer, teils auch „mediologischer“ Art: In der zweiten Hälfte der 1970er Jahre, während Antonin Liehm in den USA lehrte, in der tschechoslowakischen Exopolitie engagiert war, hier und dort publizierte und im Sommer in Europa Freunde sah und Pläne schmiedete, vollzog sich in Frankreich eine tiefgreifende Transformation nicht nur des intellektuellen, sondern auch des publizistischen Feldes. Sie ist das Thema dieses Kapitels, das somit nicht nur in zeitlicher sondern auch in ideengeschichtlicher Hinsicht als „Scharnier“ zwischen der reformkommunistischen Vorgeschichte und der Gründung von *Lettre internationale* im Jahr 1984 fungiert. Warum diesem Übergang ein eigenes Kapitel widmen? Weil die Ereignisse im Paris der zweiten Hälfte der 1970er Jahre im Ergebnis zur Formierung einer „antitotalitären Front“ (Pierre Grémion) führten, die in dieser Form in keinem anderen Land Westeuropas existierte. Sie erlaubte überhaupt erst die Begegnung zwischen den Freunden des „Dritten Weges“, den Dissidenten und den westlichen Liberalen und bahnte, mittelbar, den Weg für die Gründung von *Lettre internationale* als fraktionsübergreifendem intellektuellem Forum.

Um die Bedeutung dieses im deutschen Sprachraum wenig bekannten „antitotalitären Moments der 1970er“ (Michael Christofferson) und seine publizistischen Implikationen in Frankreich erschließen zu können, wird es nötig sein, noch einmal in der Nachkriegszeit einzusetzen. Es gilt in großen Linien die Genealogie einer Strömung der französischen Linken nachzuzeichnen, die bis in die 1970er Jahre hinein für Antonin Liehm und sein progressistisches Umfeld keine Rolle gespielt oder allenfalls als Negativfolie gedient hatte. Das änderte sich danach, und so soll nun zunächst von den Zeitschriftenprojekten *Socialisme ou Barbarie*, *Libre* und *Esprit* die Rede sein: den intellektuellen Wegbereitern der „antitotalitären Front“. Denn es war die Linke, die, für deutsche Leser vielleicht unerwarteterweise, die Renaissance der Totalitarismuskritik in Frankreich ab Mitte der 1970er Jahre vorantrieb (zu einem Zeitpunkt, da sie in den meisten westeuropäischen Ländern diskreditiert und de facto außer Gebrauch war). Entscheidend für das Gelingen dieser Operation war, wie zu zeigen sein wird, die Präsenz der Dissidenten auf der Pariser Bühne – mit Alexander Solschenizyn und der Veröffentlichung des *Archipel Gulag* als ihrem Vorboten.

Anschließend wird es um die Publikumsmedien gehen, die die Totalitarismus-Kritik aus dem semi-klandestinen Kreis der politisch-literarischen Zeitschriften hinaus in eine große Öffentlichkeit getragen haben, denn ohne den parallel verlaufenden Strukturwandel der französischen Öffentlichkeit hin zur Mediengesellschaft hätten die „antitotalitäre Front" und die Anliegen der Dissidenten nicht das gleiche Momentum erreichen können. In diesen Zusammenhang gehört das Phänomen der „Nouvelle Philosophie" ebenso wie der *Nouvel Observateur*, damals das fraktionsübergreifende Forum der postmarxistischen Linken in Frankreich.

Wir sind also, nach der gescheiterten Vernunftehe der Protagonisten des Prager Modells mit der deutschen Sozialdemokratie, zurück an der Seine. Wenn Antonin Liehm auf den folgenden Seiten weitgehend abwesend ist, so weil er sich, wie beschrieben, während der 1970er Jahre in den USA aufhielt. Erst gegen Ende des Kapitels treffen wir ihn wieder – Anfang der 1980er Jahre, bei seinem zweiten, diesmal erfolgreicheren, Umzug nach Paris.

1. Kontinuitätslinien und Konjunkturen der linken Totalitarismus-Kritik in Frankreich

„Totalitarismus" und „Totalitarismuskritik" sind Begriffe, die in Deutschland fast immer mit dem Vokabular des antikommunistischen Liberalismus verbunden werden. Doch das ist nicht die ganze Geschichte. Totalitär, zunächst ein Begriff liberaler Mussolini-Kritiker, wurde ab Mitte der 1920er Jahre von Benito Mussolini und seinem Erziehungsminister, dem Philosophen Giovanni Gentile, selbstbewusst zur Qualifikation ihres allumfassenden Herrschaftsanspruchs verwendet – ehe er in den 1930er Jahren erneut in die Hände der Kritiker überging. Als totalitär galt nun der Faschismus im Allgemeinen, zunehmend jedoch der Nationalsozialismus im Besonderen.[3] Etwa zeitgleich begannen Anti-Stalinisten wie Leo Trotzki, Victor Serge oder Boris Souvarine, „Totalitarismus" auch zur Beschreibung der Entwicklungen in der UdSSR zu verwenden. Es handelte sich also von Anfang an nicht nur um einen Kampfbegriff, sondern auch um einen umkämpften Begriff. Der Hitler-Stalin-Pakt 1939 und der Beginn des Zweiten Weltkriegs führten zu einer weiteren

3 Als Hintergrundmaterial zu den nachfolgenden Ausführungen siehe die Sammelbände von Hermet, Hassner und Rupnik beziehungsweise Enzo Traverso, letzteren zudem für die hervorragende Einleitung, auf die ich mich hier im Wesentlichen stütze: HERMET, Guy, Pierre HASSNER und Jacques RUPNIK (Hrsg.): *Totalitarismes*, Paris: Economica 1984; TRAVERSO, Enzo: *„Introduction: Le totalitarisme, jalons pour l'histoire d'un débat"*, in: TRAVERSO, Enzo (Hrsg.): *Le totalitarisme: Le XXe siècle en débat*, Paris: Seuil 2001, S. 9–110. Einen deutschsprachigen Überblick zur Entwicklung der Totalitarismus-Theorien in Frankreich leistet, in ideengeschichtlicher Tradition, BOSSHART, David: *Politische Intellektualität und totalitäre Erfahrung: Hauptströmungen der französischen Totalitarismuskritik*, Berlin: Duncker & Humblot 1992. Auch der Politikwissenschaftler Jan Christoph Suntrup geht im Rahmen seiner Dissertation zum „Formenwandel der französischen Intellektuellen" auf die Konjunkturen des Antitotalitarismus ein: SUNTRUP: *Formenwandel der französischen Intellektuellen*, Kap. 4. Für Forschungsbeiträge zur Traditionslinie des linken Antitotalitarismus in *Deutschland* siehe den Sammelband von SCHMEITZNER, Mike (Hrsg.): *Totalitarismuskritik von links: deutsche Diskurse im 20. Jahrhundert*, Göttingen: Vandenhoeck & Ruprecht 2007 (Schriften des Hannah-Arendt-Instituts für Totalitarismusforschung 34).

Generalisierung seines Gebrauchs: „Totalitarismus" wurde, wie der italo-französische Historiker Enzo Traverso in seinem Überblick notiert, ein

> mot clé du vocabulaire politique dont l'usage est partagé aussi bien par les libéraux que par plusieurs antifascistes chrétiens, rejoints par une minorité de marxistes et par quelques intellectuels communistes déçus du stalinisme.[4]

Damit sind zugleich die Gruppen benannt, die sich, unter dem Eindruck von Krieg und Terror, dem „*Anti*totalitarismus" verschrieben: in Deutschland, Italien *und* der Sowjetunion. Fast gleichzeitig zeichneten sich indes, angesichts der faschistischen Bedrohung, in Teilen der Linken deutliche Reserven ab, die UdSSR mit Nazideutschland und dem faschistischen Italien in einen gemeinsamen terminologischen Bezug zu setzen. Konnte man Antistalinist sein und dabei Antifaschist bleiben? Man konnte, wie Enzo Traverso erinnert: Die „New York Intellectuals" von der *Partisan Review* in den USA, die Surrealisten um Breton in Frankreich, die Rätekommunisten und Trotzkisten aus ganz Europa hatten es bewiesen (und, so wäre zu ergänzen, dafür während des spanischen Bürgerkriegs in der POUM gekämpft) – aber sie blieben eine Minderheit in der Geschichte des Sozialismus im 20. Jahrhundert.[5]

Nach dem Ende des Krieges führten weitere Entwicklungen dazu, dass sich die Distanz der meisten linken Intellektuellen zum Totalitarismus-Begriff verschärfte. Denn in diesen Jahren gewann das Begriffspaar totalitär/antitotalitär einen dezidiert antikommunistischen, liberal-konservativen Einschlag. Es streifte seine Allianz mit dem Antifaschismus fast vollständig ab und wurde, von den USA ausgehend, für den beginnenden Kalten Krieg dienstbar gemacht – „la notion de totalitarisme remplit désormais une fonction apologétique de l'ordre occidental", schreibt Traverso.[6] Marxistische Theoretiker ließen, von wenigen Ausnahmen abgesehen, die zunehmend als „rechts" wahrgenommene Totalitarismuskritik fallen. 1981 bedauerte der französische Philosoph Claude Lefort:

> La lutte contre le totalitarisme apparut comme une diversion dont le but était de faire oublier la réalité de l'impérialisme occidental et de désarmer la critique du système capitaliste.[7]

Mit dem strategischen Rückzug der kritischen Gesellschaftstheorie aus dem Totalitarismus-Diskurs schwand die Möglichkeit, differenzierend auf ihn einzuwirken. Paradigmatisch für die fortan dominante Operationalisierung des Begriffs im Interesse der „freien Welt" war Carl Joachim Friedrichs und Zbigniew Brzezinskis Studie *Totalitarian Dictatorship and Autocracy* von 1956.[8] Die beiden Autoren erarbei-

---

4 TRAVERSO: „*Le totalitarisme*", S. 38.
5 Ebd., S. 50.
6 Ebd., S. 51.
7 Zitiert bei ebd., S. 59.
8 FRIEDRICH, Carl J. und Zbigniew BRZEZINSKI: *Totalitarian dictatorship and autocracy*, Cambridge: Harvard University Press 1956.

teten das bis heute bekannte Sechs-Kriterien-Schema zur Klassifizierung totalitärer Gesellschaften: Die dominante Rolle einer quasireligiösen Ideologie, die auf alle Lebensbereiche übergreift; eine Massenpartei, die von einem diktatorischen Führer geleitet wird; ein Terrorsystem, in dem zentrale Aufgaben von Geheimdiensten wahrgenommen werden; ein monopolisiertes Pressesystem; ein Gewaltmonopol; sowie eine monopolitische Planwirtschaft.[9] Das zentrale Problem dieses Ansatzes: Seine völlig ahistorische, funktionalistische Gesellschaftsauffassung, die allein zu der oft zitierten Formel führen konnte, Faschismus und Kommunismus seien „basically alike".[10] Mehr Schaden mit weniger Worten war der Totalitarismus-Kritik nicht zuzufügen.

Differenziertere, weil historischer angelegte Arbeiten wie Hannah Arendts Studie *Elemente und Ursprünge totaler Herrschaft*, die sie in mehreren Fassungen zwischen 1951 und 1966 veröffentlichte, gingen in der Flut von *papers* aus dem US State Department, wo man die Totalitarismus-Theorie zur quasi-offiziellen Staatsdoktrin erhoben hatte, unter – um erst in den 1980er Jahren von der kritischen Gesellschaftswissenschaft wiederentdeckt zu werden.[11] Das Stigma eines Kampfinstruments, das für die Forschung nicht oder jedenfalls nicht mehr zu gebrauchen war, wurde die Totalitarismuskritik nicht mehr los. Dass die UdSSR nach dem XX. Parteitag 1956 mehr Flexibilität bewies, als es der Formalismus der Totalitarismustheorie zuliess, trug zu ihrer weiteren Diskreditierung bei. Schließlich bestätigte im Jahr 1966 die bereits erwähnte Enthüllung der CIA-Finanzierung des Kongresses für Kulturelle Freiheit (CCF) die Voraussagen jener, die im antitotalitären Milieu nie mehr als den langen Arm amerikanischer Interessen gesehen hatten. Für die „Neue Linke", in Europa wie den USA, war der Totalitarismusbegriff damit tabu, sieht man von Herbert Marcuse ab, der sich bemühte, die antitotalitäre Tradition in der Frankfurter Schule präsent zu halten.[12]

* * *

In Frankreich hatte die Totalitarismus-Kritik einen besonders schweren Stand. Was die *liberale Linie* anbetrifft, so fanden sich deren französische Autoren bis Ende der 1960er Jahre in der Zeitschrift *Preuves* und im Umfeld des Pariser Büros des Kongresses für Kulturelle Freiheit zusammen; ihr wichtigster Philosoph war Sartres ewiger Gegenspieler Raymond Aron.[13] Aufgrund seiner (weitgehend erfolglosen)

9 Ebd., S. 5.

10 Friedrich und Brzezinski, zitiert bei TRAVERSO: *„Le totalitarisme"*, S. 67.

11 ARENDT, Hannah: *The origins of totalitarianism*, New York: Harcourt, Brace & World 1966.

12 Eine Fortsetzung fand die sozialdemokratische und liberale Totalitarismus-Kritik allerdings im Umfeld der amerikanischen Zeitschrift *Dissent*, um die sich demokratische Sozialisten sammelten, die, wie der Gründungs-Herausgeber Irving Howe, aus dem CCF-Milieu gleichsam links ausgeschert waren. Siehe dazu in Kürze auch die Studie von ZWARG, Robert: *Die Kritische Theorie in Amerika: Das Nachleben einer Tradition*, Göttingen: Vandenhoeck & Ruprecht 2017.

13 SIRINELLI, Jean-François: *Sartre et Aron, deux intellectuels dans le siècle*, Paris: Hachette Littératures 1999 (Collection Pluriel).

Versuche, die amerikanische Totalitarismus-Kritik in Frankreich zu beheimaten,[14] war er dem Vorwurf ausgesetzt, sich zum Vasallen der Amerikaner im Kalten Krieg gemacht zu haben. Die Offenlegung der CIA-Finanzierung des Kongresses traf Aron deshalb besonders hart, schien sie doch diese These zu bestätigen.[15]

Man griffe aber zu kurz, wollte man die Widerstände der französischen Linken gegen die Totalitarismus-Theorie allein mit dem CCF beziehungsweise der CIA-Finanzierung erklären. Pierre Grémion verweist darauf, welche prägende Kraft die langjährige Dominanz des „Pariser Progressismus" in den Nachkriegsjahren hatte (das Dreieck PCF, „Sartre", *éducation nationale*). Dessen anti-liberale Grundstimmung wird vom geflügelten Wort verdeutlicht, demzufolge „il valait mieux avoir tort avec Sartre que raison avec Aron". Noch in der „Solschenizyn-Affäre" vom Frühjahr 1974 hatte der PCF, wie zu zeigen sein wird, versucht, die Intellektuellen mit einer Variation dieser binären Logik auf Bündnistreue zu verpflichten.[16]

Aber auch in Frankreich war der Liberalismus, wie ihn Aron verkörperte, nicht die einzige Heimat des Antitotalitarismus: Im Umfeld der Zeitschrift *Socialisme ou Barbarie* hielt sich eine, mindestens ebenso marginalisierte, *linke Traditionslinie*, die sich den frühen Kritikern der Sowjetunion verpflichtet fühlte. Ihre Protagonisten vermieden zumeist den belasteten Begriff des „Totalitarismus" und sprachen lieber von der Herrschaft einer „totalen Bürokratie" – doch Totalitarismuskritik war und blieb ihr Geschäft. Als *tertium comparationis* zwischen dieser Gruppe und den *aroniens* kann die Marginalisierung durch eine hegemoniale kommunistische Linke dienen: Als der Progressismus in den 1970er Jahren seinen Einfluss verloren hatte, profitierten deshalb nicht nur die Liberalen – auch die Akteure aus dem Umfeld von *Socialisme ou Barbarie* wurden aufs Podest gehoben.[17] Doch ihr Engagement

---

14 Siehe ARON, Raymond: *Démocratie et totalitarisme*, Paris: Gallimard 1965.

15 Dass die europäischen Protagonisten des Kongresses (Arthur Koestler, Raymond Aron, François Bondy, Ignazio Silone) ihre eigene Agenda und eigene Überzeugung hatten, die durchaus nicht immer mit „Washington" übereinstimmten, zeigt Grémion ausführlich und überzeugend in seiner Studie zum CCF: GRÉMION: *Intelligence de l'anticommunisme*. Zu den Zeitschriften des Kongresses, vor allem zu *Preuves*, siehe die ebenfalls von Grémion herausgegebene Anthologie: GRÉMION, Pierre (Hrsg.): *Preuves, une revue européenne à Paris*, Paris: Julliard 1989. *Preuves* existierte bis 1974, seit 1969 jedoch ohne den langjährigen Herausgeber François Bondy, der die Zeitschrift nach der Aufdeckung der CIA-Finanzierung des CCF verlassen hatte. Ab 1972 sammelten sich die Liberalen um *Contrepoint*, ab 1978 wurde dann, allerdings stärker im konservativen Spektrum, die heute noch existierende Zeitschrift *Commentaire* gegründet.

16 Noch grundsätzlicher und historisch weiter ausholend als Grémion ist der Historiker François Furet in seinem so einflussreichen wie kontroversen Buch *Penser la Révolution française* der Frage nachgegangen, warum der Anti-Liberalismus in Frankreich fest im Sattel saß. Für ihn lag die Wurzel des Problems – denn als solches nahm es der Liberale Furet wahr – nicht erst in der Nachkriegszeit, sondern im Jakobinismus, wie er siegreich aus der französischen Revolution hervorgegangen war. FURET, François: *Penser la Révolution française*, Paris: Gallimard 1978.

17 Rémy Rieffel hat *Socialisme ou Barbarie*, mit Blick auf die 1950er und 1960er Jahre, zu Recht dem „pôle des ‚marginaux'" zugeordnet (RIEFFEL: *La tribu des clercs*, S. 287–307.). Außer *Socialisme ou Barbarie* sah er dort *Arguments*. In der Tat lässt sich argumentieren, dass auch diese 1956 gegründete Zeitschrift ein frühes Forum der linken Totalitarismuskritik war. Es ist kein Zufall, dass ein Emigrant aus den Ländern des realexistierenden Sozialismus, der ungarische Historiker François Fejtő, einer ihrer Impulsgeber war. Zusammen mit dem Exil-Griechen Kostas Axelos

hatte bereits 25 Jahre früher begonnen – 1948, im selben Jahr als eine Generation junger Prager Intellektueller, darunter Liehm, Kundera und Vaculík, den Beginn einer neuen, sowjetischen Epoche begrüßte. Anders als jene genossen die Autoren aus dem Umfeld der Zeitschrift *Socialisme ou Barbarie* das Privileg, den Überzeugungen ihrer Jugend im Wesentlichen treu bleiben zu können.

Socialisme ou Barbarie

1948 spaltete sich eine kleine Gruppe von Mitte bis Ende Zwanzigjährigen von der französischen Sektion der trotzkistischen IV. Internationale ab. Was sie unter dem Rosa Luxemburg'schen Credo „Socialisme ou Barbarie" zusammenbrachte war die Überzeugung, dass man keinerlei Hoffnungen mehr in die UdSSR setzen könne.[18] Man hatte es, so ihre Analyse, nicht mit einem „degenerierten" (ergo regenerationsfähigen) Arbeiterstaat zu tun – wie die orthodoxen Trotzkisten weiterhin annahmen –, sondern mit einer neuen Gesellschaftsform, in der die Bürokratie die Herrschaft übernommen hatte. Mit dieser These wurde ein Arbeitsprogramm für Jahrzehnte auf den Weg gebracht. Wie der amerikanische Philosoph Dick Howard eine spätere Bemerkung von Cornelius Castoriadis wiedergab: „[*Socialisme ou Barbarie*] had ‚pulled the right string' – that of bureaucratisation – and had simply and ruthlessly kept pulling".[19] Ab 1949 veröffentlichte die Gruppe eine Zeitschrift, die so hieß wie sie selbst und die, angesichts einer Auflage von wenigen hundert Exemplaren, lange Jahre in erster Linie zur Selbstverständigung diente.

Die beiden wichtigsten Autoren von *Socialisme ou Barbarie* – der 1922 in Istanbul geborene und 1945 nach Paris ausgewanderte Grieche Cornelius Castoriadis (Pseudonyme: Chaulieu und Cardan) und der 1924 geborene Franzose Claude Lefort (Pseudonym: Montal) – leisteten, mit unterschiedlichen Schwerpunkten, eine räterepublikanisch inspirierte, kritische Relektüre des Marxismus. Dessen Theorierepertoire setzten sie dem Praxistest der konkreten Erfahrungen von Arbeitern und abhängig Beschäftigten aus: Wie überhaupt, fragten sie sich, war sozialer Wandel

---

und den Franzosen Edgar Morin und Jean Duvignaud bildete er den Kern von *Arguments*, deren kurze Existenz (1956-1962) ihre langfristige formative Wirkung auf die Beteiligten nicht schmälerte. *Arguments* war mit dem Anspruch angetreten, ein Forum zur Infragestellung ideologischer Gewissheiten zu sein, verortete sich gleichwohl weiterhin in sozialistischer Perspektive. Zur Geschichte von *Arguments* siehe ausführlich TREINER, Sandrine: *„La revue ‚Arguments' 1956-1962 : un lieu de rencontre d'itinéraires intellectuels et politiques"*, Dissertation, Paris: Institut d'études politiques 1987.

18 Zur Geschichte von *Socialisme ou Barbarie* siehe allgemein GOTTRAUX, Philippe: *„Socialisme ou Barbarie" : un engagement politique et intellectuel dans la France de l'après-guerre*, Lausanne: Payot 1997. In deutscher Sprache: GABLER, Andrea: *Antizipierte Autonomie : zur Theorie und Praxis der Gruppe „Socialisme ou Barbarie" (1949-1967)*, Hannover: Offizin 2009. Für einen Überblick im Kontext von 1968: GILCHER-HOLTEY: *Die Phantasie an die Macht*, S. 50–63. Hinsichtlich der politischen Einordnung folge ich HOWARD, Dick: *The Marxian legacy*, London: The Macmillan Press 1979; HOWARD, Dick: *The specter of democracy*, New York: Columbia University Press 2002.

19 HOWARD: *The Marxian legacy*, S. 265.

möglich, wenn nicht aus der Fähigkeit der Menschen zur Selbsterfindung und Selbstregierung heraus? Gegen die teleologische Geschichtsphilosophie, die der Marxismus seinem hegelianischen Erbe verdankte, verteidigte *Socialisme ou Barbarie* das Primat des Politischen. Ihrer Auffassung zufolge hatte die Perspektive der Auflösung der Widersprüche in einer wie immer gearteten Utopie der guten Gesellschaft nicht nur lähmende Auswirkungen auf die Spontaneität der Arbeiter, sie barg auch im Keim bereits den Totalitarismus: Das Ziel diktierte dann die Mittel, Einheit wurde zum höchsten Gut, die Eliminierung von Reibung zur Bürgerpflicht. In der täglichen Erfahrung gesellschaftlicher Konflikte dagegen lag der Schlüssel zu einer immer unvollständigen, radikalen Demokratie. Dass die nicht *per se* ein bürgerliches (lies: bourgeoises) Gesellschaftskonzept war, versuchte man in der Gruppe gegen die kommunistische Linke zu argumentieren. Als größtes Problem moderner Gesellschaften galt *Socialisme ou Barbarie* denn auch nicht die Herrschaft von Kapitalisten über Proletarier, sondern von Bürokraten über Ausführende – in West wie Ost.[20] Ihr bevorzugtes Heilmittel lautete: Arbeiterselbstverwaltung (*gestion ouvrière*).[21] So etwa war, in beinahe unverschämter Verkürzung, die Position von *Socialisme ou Barbarie* in den 1950er und 1960er Jahren.

In seinem Hauptwerk *L'institution imaginaire de la société* (1975) machte sich Cornelius Castoriadis später daran, die konstitutiven Elemente einer Geschichte der Kämpfe um Selbstbestimmung zusammenzutragen. An die Stelle der Bewegungsgesetze des historischen Materialismus rückte dabei ein komplexes Wechselverhältnis von sozialer Bedingtheit und kreativer Praxis, von Instituierung und Institution.[22] Die philosophische wie politische Entwicklung der Mitglieder von *Socialisme ou Barbarie*, ihre stete Verteidigung von Autonomie und Kreativität, führte über die Jahre dazu, dass ihnen schließlich der Marxismus selbst zum Problem wurde. Da war es nur konsequent, wenn sich Castoriadis, in einer Artikelserie für *Socialisme ou Barbarie* ab 1964, vom Marxismus verabschiedete – um Revolutionär zu bleiben:

> Wir (sind) an den Punkt gelangt, an dem man sich entscheiden muß, entweder Marxist zu bleiben oder Revolutionär zu bleiben; entweder einer Lehre die Treue zu halten, die schon seit langem keinen Anstoß mehr zum Denken und Handeln gibt, oder aber dem Entwurf einer radikalen Umwandlung der Gesellschaft treu zu bleiben.[23]

Socialisme ou Barbarie verstand sich – im Unterschied etwa zu Edgar Morins Debattenforum *Arguments* – immer als kämpfende (im französischen Sinne „militante") Gruppe. Die Frage nach den Bedingungen der Möglichkeit gesellschaftli-

20 Breckman, Warren: *Adventures of the symbolic. Post-Marxism and radical democracy*, New York: Columbia Univesity Press 2013, S. 100–104.

21 Siehe Gilcher-Holtey: *Die Phantasie an die Macht*, S. 54.

22 Für einen hervorragenden Überblick zur Philosophie von Lefort und Castoriadis siehe die erwähnten Arbeiten von Dick Howard sowie Flynn, Bernard: *The philosophy of Claude Lefort: interpreting the political*, Evanston: Northwestern University Press 2005 und jetzt auch Breckman: *Adventures of the symbolic*, Kap. 3 und 4.

23 Castoriadis, zitiert bei Gilcher-Holtey: *Die Phantasie an die Macht*, S. 60.

cher Intervention (Lenins „Was tun?") stellte sich den Mitgliedern daher mit besonderer Dringlichkeit. Die Mehrheit (Castoriadis eingeschlossen) beharrte auf der Notwendigkeit einer revolutionären Organisation. Claude Lefort hingegen misstraute bald jeder Institutionalisierung der revolutionären Idee – auch die Avantgarde-Gruppe, als die sich *Socialisme ou Barbarie* gerierte, wurde ihm suspekt, und er verließ sie 1958.[24]

Trotz dieser unterschiedlichen Einschätzungen fanden Claude Lefort, Cornelius Castoriadis (diesmal als Jean-Marc Coudray) und ihr Kollege von *Arguments*, Edgar Morin, im Mai 1968 wieder zusammen, um gemeinsam die Studentenbewegung zu begrüßen. Der Titel des Buchs gab den Ton vor: *La Brèche* lautete die wirkmächtige Ad-hoc-Verteidigung des demokratischen Momentums der Mai-Ereignisse. Eine Bresche wurde geschlagen, eine antiinstitutionelle Protestbewegung konnte sich artikulieren. Die „Phantasie war an der Macht" – das war ganz nach dem Geschmack von Lefort, der die Bedeutung dieses Augenblicks noch einmal kurz vor seinem Tod in einem Gespräch mit seinem heute prominentesten Schüler, dem Philosophen Pierre Rosanvallon, betonte:

> 1968 was an extraordinary year. Mobilization originated, as you know, among the students; a collective mobilization for which there was no example. I am surprised when people make fun of 68, when they present it as a moment of weakness. I was then a professor at the University of Caen, where everything started, with a great involvement from my students, the day before Nanterre exploded. To suddenly see such a liberation of words, powerful words, that was in itself an extraordinary event. It was a new mode of socialization, a wild socialization, which could not last. I never had the hope of a revolution in 68; only some idiots ascribed that idea to me. On the other hand, I would not say that I quarreled with, but I certainly opposed Raymond Aron who considered that there was some kind of attack on the integrity of the university, on adults, on Fathers – everything was called into question. In the midst of that savage democracy there was a sort of freedom which, I confess, was extremely precious to me.[25]

Die Konjunkturen der antitotalitären „marginaux" von *Socialisme ou Barbarie* sind ein guter Indikator dafür, wie dominant die kommunistische Linke zu einem gegebenen Zeitpunkt in Frankreich war. Wegen ihrer Herkunft aus dem Trotzkismus, wegen der Kritik der Bürokratie, der libertären Revision des Marxismus unter dem Primat von Autonomie und Selbstorganisation und wegen ihres Insistierens auf Konfliktualität als der Essenz von Demokratie waren die Protagonisten von *Socialisme ou Barbarie* dazu prädestiniert, immer dann (wieder)entdeckt zu werden, wenn „Breschen" geschlagen und der progressistische Konsens in der französischen Linken in Frage gestellt wurde. Ein erstes Mal war dies im Mai 1968 der Fall: Der spontaneistische Teil der Studentenbewegung konnte mit den Kommunisten wenig anfangen, mit den sozialistischen Humanisten aus Prag, wie im vorangegangenen

24 HOWARD: *The specter of democracy*, S. 65.

25 LEFORT, Claude und Pierre ROSANVALLON: „*The Test of the Political: A Conversation with Claude Lefort*", in: *Constellations 19/1* (2012), S. 4–15, hier S. 14.

Kapitel gesehen, nicht viel mehr, doch das Programm von *Socialisme ou Barbarie* entsprach dem Theoriebedarf der Studenten.

Ungleich bedeutsamer im Kontext dieser Arbeit ist jedoch die zweite „Bresche", ein weiterer Moment der Krise und der Rekonfiguration des französischen intellektuellen Feldes, der ebenfalls zu einer Wiederentdeckung der linken Totalitarismus-Kritik à la *Socialisme ou Barbarie* führte: die „Solschenizyn-Affäre" von 1974.

Die „Solschenizyn-Affäre", die Dissidenten und die französische Linke

Mit der „Solschenizyn-Affäre" kam der lange Abschied der französischen Intellektuellen vom Kommunismus, seit 1956 bald schneller bald langsamer vorangetrieben, zu einem abrupten Abschluss.[26] Ausschlaggebend war zunächst weniger der Text des *Archipel Gulag* – denn der war bis in den Juni 1974 hinein gar nicht übersetzt –, sondern die „präemptiven Maßnahmen", die das PCF-Umfeld im Vorfeld der Veröffentlichung lanciert hatte: Was als „Solschenizyn-Affäre" in die Annalen der Intellektuellengeschichte einging, nahm seinen Anfang in einem der für Frankreich typischen Stellvertreter-Kriege zwischen der kommunistischen Presse, vor allem der Tageszeitung *L'Humanité*, und der nicht-kommunistischen, in diesem Fall der politisch-literarischen Zeitschrift *Esprit* und dem Wochenmagazin *Nouvel Observateur*. Die Position von *L'Humanité* war Teil einer von Moskau geplanten und von den jeweiligen nationalen Organen der kommunistischen Bewegung übernommenen Denunziationskampagne gegen Solschenizyn, dessen Werk Ausdruck einer „campagne hostile à la détente" sei, einer „nouvelle campagne antisoviétique", und so weiter (so *L'Humanité* vom 30. August 1973).[27] Eine spezifisch lokale Note gewannen die Angriffe in Frankreich indes durch die Tatsache, dass der PCF seit 1972 in der *Union de la gauche* ein gemeinsames Programm mit der Sozialistischen Partei beschlossen hatte. Die realistische Aussicht auf baldige Regierungsbeteiligung im Rahmen einer linken „Einheitsfront" ermöglichte es den Kommunisten, jede Kritik an der sowjetischen Politik, etwa die Unterstützung Solschenizyns, als Angriff auf die

26 Mehrere Autoren haben sich diesem Prozess mit unterschiedlichen Schwerpunkten und Bewertungen gewidmet. Ich stütze mich im Wesentlichen auf die Arbeiten der französischen Soziologen François Hourmant und Pierre Grémion: HOURMANT, François: *Le désenchantement des clercs : figures de l'intellectuel dans l'après-Mai 68*, Rennes: Presses universitaires de Rennes 1997; HOURMANT, François: *„Autour de la dissidence. L'intelligentsia française entre célébration et identification ennoblissante"*, in: *Revue historique* (1997), S. 223–250; GRÉMION (Hrsg.): *Preuves*; GRÉMION: *Intelligence de l'anticommunisme*. Siehe zudem die Studien von Christofferson, Suntrup, Hauschild und Ackermann: CHRISTOFFERSON: *French intellectuals against the left*; HAUSCHILD: *„Propheten oder Störenfriede?"*; ACKERMANN: *Sündenfall der Intellektuellen*; SUNTRUP: *Formenwandel der französischen Intellektuellen*, Kap. 4. Für einen essayistischeren Überblick zum „L'entre-deux-mai", wie die französische Intellektuellengeschichte die Periode zwischen Mai 1968 und der Wahl von François Mitterrand zum Staatspräsidenten im Mai 1981 nennt, siehe ORY, Pascal: *L'entre-deux-mai: histoire culturelle de la France, mai 1968-mai 1981*, Paris: Seuil 1983.

27 Zitiert bei HOURMANT: *Le désenchantement des clercs*, S. 63. Für die Details siehe Hourmants Diskursanalyse (Ebd., S. 57–91.) Ähnlich auch bei HAUSCHILD: *„Propheten oder Störenfriede?"*, S. 43–63, 92–101.

Einheit der Linken *in Frankreich* umzumünzen. Die nicht-kommunistische Linke spiele, so das Argument des PCF, damit das Spiel der Rechten.

Im Februar 1974 ging die kommunistische Partei vom Stellvertreter-Krieg zum direkten Angriff auf den *Nouvel Observateur* über. In einer Erklärung des Politbüros vom 2. Februar hieß es, die Wochenzeitschrift zeige in der Solschenizyn-Frage ihr wahres Gesicht, nämlich als „organe avant tout antisoviétique, anticommuniste et diviseur de la gauche".[28] Doch anders als bei früheren Episoden von öffentlichem Kräftemessen zwischen den Organen der kommunistischen Bewegung und ihren Opponenten, gelang es dem PCF 1974 nicht mehr, die Intellektuellen für seine Position einzunehmen oder wenigstens dazu zu bringen, zähneknirschend zu schweigen. Zwar hatten die Kommunisten in Kreisen des sozialistischen Establishments – von der sozialistischen Partei um François Mitterrand bis hin zu Teilen der Redaktion von *Le Monde* –, mit ihrem Aufruf zum Burgfrieden noch begrenzte Erfolge verzeichnen können. Doch damit war ihre Reichweite erschöpft. An Jean Daniel, dem Herausgeber des *Nouvel Observateur*, prallte die Kritik, ein Spaltpilz zu sein, schon deshalb ab, weil ihn seine Unterstützung für Solschenizyn und seine vehementen Angriffe gegen den PCF nicht davon abgehalten hatten, weiterhin zur kritischen Unterstützung der *Union de la gauche* aufzurufen.[29] Um die Dinge angesichts der Kompliziertheit der Lage so einfach wie möglich auszudrücken: Die nicht-kommunistische Linke ließ sich nicht mehr erpressen.[30] Als dann im Juni 1974 die französische Übersetzung des *Archipel Gulag* endlich erschien, sprach der Text für sich selbst. Über 700.000 (!) Exemplare wurden innerhalb weniger Wochen verkauft.[31] Die nicht-kommunistische Linke und ihre Medien gingen gestärkt aus der „Solschenizyn-Affäre" hervor.

So konnte in den Monaten nach der Veröffentlichung des *Archipel Gulag* eine neue und heterogene Allianz Konturen annehmen: „Es ging alles unglaublich schnell",

28 Zitiert bei HOURMANT: *Le désenchantement des clercs*, S. 70. Diese permanente Verquickung der *causa* Solschenizyn mit dem innenpolitischen Schicksal der französischen Linksallianz hat den amerikanischen Historiker Michael Christofferson in seiner Studie dazu bewogen, die These aufzustellen, dass die Geburt des „antitotalitären Moments" in Frankreich zu Beginn der 1970er Jahre mit Solschenizyn im Grunde nichts zu tun habe, sondern im Wesentlichen auf die Idiosynkrasien der Intellektuellen gegen die *Union de la gauche* zurückzuführen sei (CHRISTOFFERSON: *French intellectuals against the left*, S. 113–147). Meiner Ansicht nach ist diese These überspitzt. Der Solschenizyn-Moment kann nicht ausschließlich auf innenpolitische Motivlagen zurückgeführt werden. Christoffersons äußerst informatives und grundlegendes Buch scheint mir an dieser Stelle Gefahr zu laufen, der Argumentationsstrategie des PCF auf den Leim zu gehen, denn um zu der – von Christofferson im Untertitel prominent vertretenen – These zu gelangen, die „French Intellectuals" hätten sich ab 1974 „against the Left" gestellt, braucht es einen statischen und von moralischen Infragestellungen seltsam unberührten Begriff von dem, was „the Left" meint. Gerade dies jedoch stand in der Totalitarismus-Debatte (neuerlich) zur Diskussion.

29 Für einen autobiographischen Bericht siehe DANIEL, Jean: *L'Ère des ruptures*, Paris: Grasset 1979.

30 Die Kampagne des PCF gegen Solschenizyn war im Übrigen der Grund dafür, dass nun auch Pierre Daix – als, sieht man von Aragon ab, letzter aus dem reformkommunistischen Netzwerk – die Partei verliess.

31 WINOCK, Michel: *Le siècle des intellectuels*, Paris: Seuil 1999, S. 743.

erinnert sich Pierre Grémion rückblickend.[32] Die Zeit war reif und der Moment günstig für die Formierung einer „antitotalitären Front" (Grémion). Es war kein Zufall, dass der heimliche Schlüsseltext dieser Allianz in der Form einer Auseinandersetzung mit Solschenizyns Werk vorgelegt wurde, so wie es kein Zufall war, dass er von Claude Lefort stammte, der das Feld der linken Totalitarismus-Kritik in Frankreich, nicht ohne Mühen, seit 25 Jahren bestellte. Mit *Un homme en trop* verfasste er 1976 nicht nur einen der wichtigsten philosophischen Beiträge zur Solschenizyn-Debatte, er verstand sich auch darauf, die Ernte einzufahren und der kommunistischen Linken den Spiegel vorzuhalten. Unter der Überschrift „L'Archipel et nous" setzte er an:

> *L'Archipel du Goulag*, ce livre – un tel que celui-là, du moins –, nous sommes un petit nombre qui l'attendions depuis longtemps: un livre disons ce qu'il en est des prisons et des camps de travail soviétiques, de la terreur qui a accompagné, non dans un temps d'exception, mais de manière continue, l'édification du régime bureaucratique en URSS et lui a fourni son armature; un livre mettant en pièces le décor du socialisme stalinien, faisant apparaître la grande machine d'oppression, les mécanismes d'extermination dissimulés sous les panneaux de la Révolution, de la Planification bienfaisante et l'Homme nouveau – enfin, nous parvenant de Russie même, écrit par quelqu'un dont le témoignage et la connaissance du système fussent irrécusables.[33]

Nicht in der kruden Form von „rot gleich braun", sondern im Sinne einer kritischen Phänomenologie nahm Lefort sodann die Beschreibung und Analyse des *fait totalitaire* entlang von Solschenizyns Bericht auf.

Sollte es eines weiteren Beweises bedurft haben, so war mit der „Solschenizyn-Affäre" im Frühjahr und Sommer 1974 deutlich geworden, dass das alte „Dreieck des Pariser Progressismus" – das nach Pierre Grémion von den Organen der Kommunistischen Partei, von Sartres „Fürstentum Saint-Germain-des-Prés" und von den *agrégés* im Schul- und Hochschuldienst gebildet wurde[34] – seine meinungsprägende Kraft auf die intellektuelle Öffentlichkeit eingebüßt hatte. Aber auch die Reihen der Maoisten, die als eine der Strömungen aus dem Pariser Mai 1968 hervorgegangen waren, begannen sich zu lichten. Einige, darunter der Gründer der Gauche Prolétarienne, Benny Lévy, und ein zunehmend von ihm beeinflusster Jean-Paul Sartre, gingen dazu über, alternative publizistische Strukturen aufzubauen, die ihrer Vorstellung einer direkten Arbeiterdemokratie entgegenkamen: In der 1973 gegründeten Tageszeitung *Libération* waren ehemalige Maoisten die dominante Kraft.[35] Andere ließen den Marxismus gänzlich hinter sich und wurden, wie gleich Thema sein wird, als „Nouveaux philosophes" zu seinen schärfsten Kri-

---

32 In einem Gespräch mit dem Autor vom 20. März 2013.

33 LEFORT, Claude: *Un homme en trop : réflexions sur „L'archipel du Goulag"*, Paris: Seuil 1976, S. 9.

34 GRÉMION, Pierre: *„La réception des dissidences à Paris"*, in: LE GLOANNEC, Anne-Marie und Aleksander SMOLAR (Hrsg.): *Entre Kant et Kosovo. Etudes offertes à Pierre Hassner*, Paris: Presses de Sciences Po 2003, S. 377–403, hier S. 377.

35 Zur Geschichte von *Libération* siehe GUISNEL, Jean: *„Libération", la biographie*, Paris: La Découverte 1999.

tikern.[36] Im *Archipel Gulag* hatte dieser Prozess in Frankreich einen mächtigen „ideologischen Katalysator" gefunden.[37] Er setzte sich 1975 in den ersten Nachrichten von der Flucht der letztlich über anderthalb Millionen „boat people" aus Südvietnam fort und in den darauffolgenden Jahren in den Berichten über den Genozid, den die maoistische Guerilla der Roten Khmer in Kambodscha verübt hatte.

In Deutschland hatten – wie an der Debatte um die deutsche *Kontinent*-Ausgabe und den „Gegen-Kontinent" *L 76* dargestellt – der „Kulturkampf" mit der Springer-Presse, die Sorge vor „falschen Brüdern", die generelle *détente*-Orientierung der SPD und der auf bedingungslosen Antifaschismus eingenordete linksintellektuelle Diskurs dazu geführt, dass viele Schriftsteller und Journalisten nicht recht wussten, wie mit Solschenizyn umzugehen war. In Frankreich dagegen kam es, vor dem Hintergrund einer reformunwilligen, nominell weiter starken kommunistischen Partei, die eine Diffamierungskampagne gegen Solschenizyn anstrengte, zu einer eindeutigen Solidarisierung der Intellektuellen mit seiner *cause*, selbst wenn man seine politischen Überzeugungen nicht sämtlich teilte.[38]

Eine entscheidende Voraussetzung für das Momentum, das die antitotalitäre Front ab 1974 gewann, lag also in der Konfrontation zwischen dem PCF und der linken Traditionslinie der Totalitarismus-Kritik, die im Umfeld von *Socialisme ou Barbarie* kultiviert und aufrechterhalten worden war. Aktiviert und dynamisiert wurde diese antitotalitäre Front jedoch erst, als die vormals marginalisierte Strömung im Prozess der Rekonfiguration des intellektuellen Feldes im entscheidenden Moment „Schützenhilfe" erhielt: Das Totalitarismus-Verständnis von Lefort, Castoriadis und anderen überlagerte sich mit dem, das die Oppositionellen aus der UdSSR und aus Ost-Europa in die französische Debatte einbrachten. Die „Dissidenten" – wie man sie im Westen, oft gegen ihren Willen, nannte[39] – hatten, in weitgehender Unkenntnis der Debatten amerikanischer Sozialwissenschaftler und völlig unabhängig von ihnen, den alten Strang der Totalitarismuskritik wieder angeknüpft: Ihre Referenz war eher George Orwell als Friedrich und Brzezinski.[40] Antitotalitarismus bedeutete vor dem Hintergrund ihrer Lebenserfahrung kein Sechs-Kriterien-Schema zum Systemvergleich, auch keine Vorlage zur Einebnung der historischen Spezifizität des Holocaust wie hier und da im deutschen Historikerstreit, sondern in erster Linie eine oppositionelle Praxis, mit der sich die Dissidenten gegen die Zurichtung ihrer Individualität wehrten. Ihre Erfahrungen glichen selbstverständlich nicht denen der Autoren von *Socialisme ou Barbarie* und

36 Zur Dekomposition des *gauchisme* und des französischen Maoismus siehe HAMON/ROTMAN: *Génération.*

37 Der Begriff ist von HOURMANT: *Le désenchantement des clercs*, S. 58.

38 Siehe dazu ausführlich HAUSCHILD: *„Propheten oder Störenfriede?"* und ACKERMANN: *Sündenfall der Intellektuellen.*

39 Siehe dazu POMIAN, Krzysztof: *„Dissident"*, in: *Le Débat 50* (1988), S. 200–201.

40 TRAVERSO: *„Le totalitarisme"*, S. 79; RUPNIK, Jacques: *„Le totalitarisme dans la pensée politique à l'Est"*, in: *L'Autre Europe 6* (1985), S. 15–22.

Arguments – und bei weitem nicht alle teilten deren politische Orientierung (Solschenizyn tat es sicherlich nicht) – aber sowohl die Beschreibung der Bürokratie als Herrschaftsform als auch die totalitäre Tendenz teleologischer Gesellschaftsmodelle war ihnen nur zu gut bekannt. Der Widerstand dagegen war, wie Claude Lefort in *Un homme en trop* bemerkt hatte, nicht von ungefähr durch die singuläre Stimme eines Schriftstellers vernehmbar geworden.[41]

Auf Solschenizyns Stimme folgten in den nächsten Jahren zahlreiche weitere: Im Juni 1976 traten in Polen Arbeiter in den Streik. Im Herbst formierte sich KOR, ein Komitee von Schriftstellern und Intellektuellen – darunter Jacek Kuroń und Adam Michnik – mit dem Ziel, den entlassenen, verhafteten oder anders schikanierten ehemaligen Streikenden Rechtsbeistand zu leisten. Im Jahr darauf las man von den 241 ersten Unterzeichnern der Charta 77 aus der Tschechoslowakei... Die Dissidenten waren es, die der Totalitarismuskritik auf der Pariser Bühne neue Plausibilität und Würde verliehen – Antitotalitarismus und Dissidenz verstärkten sich auf diese Weise gegenseitig. In welchem Sinne der Totalitarismusbegriff in Paris wieder *droit de cité* genoss, beschrieb der tschechische Dissident Petr Uhl. Er hatte für seine Untergrundarbeit nach der Niederschlagung des Prager Frühlings eine erste, für seine Rolle in der Charta 77 eine weitere, mehrjährige Haftstrafe verbüßt. Totalitarismus bedeutete für ihn:

> Pour nous, le totalitarisme se définit par la volonté d'uniformiser les gens, leurs opinions, leurs comportements, leurs styles de vie, c'est un principe réactionnaire. Nous sommes convaincus, au contraire, que tout groupe social a des intérêts propres et une originalité, que chaque membre de la société possède quelque chose de non réductible, des goûts particuliers, sa propre image de la vie. Vouloir leur imposer une « totalité » uniforme est contraire à la nature.[42]

Zu dem von Uhl gebrauchten „Wir" der Dissidenz zählten Sozialisten, Anarchisten, Reformkommunisten, Katholiken und Agnostiker: Forsche und Zögernde, Taktierende und Radikale. Ohne ihre Stimmen wäre der längerfristige Erfolg der „antitotalitären Front" auf der Pariser Bühne kaum denkbar gewesen. Zugleich unterstrich ihr Engagement in der Dissidenz die Tatsache, dass die kommunistischen Gesellschaften nicht so monolithisch waren, wie es die Totalitarismusmodelle aus den 1950er Jahren postuliert hatten. Das konzedierte auch Cornelius Castoriadis 1981 in einem Vortrag zu Ehren von Hannah Arendt an der New School for Social Research in New York. Die Sowjetunion sei zwar ein totalitärer Staat gewesen, betonte er dort, sie entspreche diesem Typus aber nicht mehr. Wenn das Projekt einer totalitären Gesellschaft, wie es von George Orwell in *1984* beschrieben wurde, sich letztlich nicht habe durchsetzen lassen, dann eben *wegen* der Kämpfe in der Gesellschaft gegen die Bürokratie, meinte Castoriadis. Es bestünden

---

41 „A un monde déserté par la parole vivante, voué à la monotonie de l'affirmation, seul pouvait répondre, de ce monde seul pouvait prendre la mesure un homme disant: *je*", schrieb Claude Lefort (zitiert bei HOURMANT: „*Autour de la dissidence*", S. 227).

42 Petr Uhl, zitiert in TRAVERSO: „*Le totalitarisme*", S. 79–80.

immer „Kampfmöglichkeiten", erinnerte er, im vertrauten Ton von *Socialisme ou Barbarie* – ein Jahr nachdem sich in Polen die Solidarność formiert hatte.[43]

Indem sie ihre Analysen darauf fokussiert hatten, welche fatalen Konsequenzen drohen, wenn der „leere", von Konflikten umlagerte Ort im Herzen demokratischer Gesellschaften von einem revolutionären Subjekt und seinen Statthaltern gefüllt wird, hatte der Kreis aus dem Umfeld von *Socialisme ou Barbarie* die bis in unsere Gegenwart hinein wohl aktuellste Traditionslinie der Totalitarismuskritik entwickelt. In der offenen Situation in den Wochen und Monaten nach der Veröffentlichung des *Archipel Gulag* und der Reaktionen des PCF konnten Castoriadis, Lefort und ihre Kollegen die Theorie liefern, die am besten auf die neue Situation zu passen schien. Die Welle der Dissidenz in Ost-Europa ab 1977 und das undogmatische Wiederanknüpfen am Totalitarismuskonzept schienen dies noch einmal zu bestätigen. Die Zeitschriften der Ehemaligen von *Socialisme ou Barbarie* erreichten „Kultstatus" unter Studenten und Intellektuellen. Keine Frage: they had ‚pulled the right string'.[44]

Libre und *Esprit*

Die Konjunktur des „antitotalitären Moments" zu nutzen versuchte die Vierteljahresschrift *Libre*. Die Rolle der Herausgeber übernahmen: Castoriadis, Lefort, der Anthropologe Pierre Clastres, der politische Philosoph und Verleger Miguel Abensour und Maurice Luciani, ein ehemaliger Mitkämpfer von *Socialisme ou Barbarie*.[45] Redakteur war der politische Philosoph Marcel Gauchet, ein weiterer Schüler von Lefort und der spätere Gründer der Zeitschrift *Le Débat*. Acht Ausgaben von *Libre* erschienen bei Payot in Paris zwischen 1977 und 1980, programmatisch auf „politique, anthropologie, philosophie" festgelegt. Die Zeitschrift verband Totalitarismuskritik mit einem weiteren Anliegen des Autorenkreises: dem Abschied vom sozialwissenschaftlichen und strukturalistischen Paradigma der 1960er Jahre. Ins Kleid der politischen Philosophie gehüllt, kehrte der Humanismus in den französischen Intellektuellendiskurs zurück, wenn es im Klappentext zu Heft 1 von *Libre* hieß:

> La critique de l'imposture savante ne va pas sans une redécouverte de la question politique. En effet, c'est sur le refus de considérer le fait fondamental de notre époque:

43 CASTORIADIS, Cornelius: „*Les destinées du totalitarisme [1981]*", in: TRAVERSO, Enzo (Hrsg.): *Le totalitarisme: Le XXe siècle en débat*, Paris: Seuil 2001, S. 731–748.

44 Mit dieser Darstellung soll nicht über die Problematik des Totalitarismusbegriffs, vor allem für die Geschichtswissenschaft, hinweggegangen werden. Für einen Literaturüberblick zu den flagranten Unterschieden, die eine historische Analyse der Entwicklungen in Nazideutschland und in der kommunistischen UdSSR hervorbringen muss, siehe den Überblick bei TRAVERSO: „*Le totalitarisme*", S. 92–105.

45 Bereits 1968, während der ersten „Bresche", war in Brüssel die Zeitschrift *Textures* erschienen (1968-1975), zu der ebenfalls mehrere ehemalige Mitglieder von *Socialisme ou Barbarie* beitrugen.

le totalitarisme, fasciste ou communiste, que s'établissent les formes avancées du mensonge social. Le désir de vérité ne se sépare pas de la volonté d'une société libre.

Wie *Socialisme ou Barbarie* dreißig Jahre zuvor, blieb auch *Libre* eine Publikation mit geringer Auflage. Doch anders als damals verkörperte sie nun den Geist der neuen Epoche. Die Autoren von *Libre* verfügten über zahlreiche Relais in eine breitere Öffentlichkeit hinein: Zu nennen wäre *Faire*, die Zeitschrift der sogenannten „deuxième gauche", in der sich in der Sozialistischen Partei und in der Gewerkschaft CFDT die Anhänger des Mitterrand-Konkurrenten Michel Rocard sammelten. In den Artikeln von Patrick Viveret, Jacques Julliard und Pierre Rosanvallon wurde die Totalitarismuskritik der Generation von *Socialisme ou Barbarie* aufgegriffen und an theoretisch interessierte Politiker und Gewerkschafter vermittelt.

Vor allem jedoch gab es *Esprit*.[46] Unter der Leitung von Paul Thibaud, der die Herausgeberschaft der ehrwürdigen Zeitschrift offiziell 1977 übernommen hatte (sie aber schon in den Jahren zuvor prägte), garantierte *Esprit* der linken Totalitarismuskritik und ihren Autoren eine vergleichsweise große Verbreitung im intellektuellen Feld. Bereits in der Solschenizyn-Affäre im Frühjahr 1974 hatte sich Thibaud hinter Jean Daniel und den *Nouvel Observateur* gestellt. Stärker als sein Vorgänger Jean-Marie Domenach steuerte er *Esprit* vom personalistischen Erbe ihres Gründers Emmanuel Mounier weg – und hin zu neuen, post-marxistischen Ufern: Lefort, Castoriadis und Gauchet wurden jetzt Autoren von *Esprit*.[47] 1976 erschien ein erstes Dossier unter dem Titel „Révolution et totalitarisme". Im Jahr darauf, im ersten allein von Thibaud verantworteten Heft, begrüßte er eine neue Epoche des französischen Intellektuellendiskurses, in dem man endlich eine Debatte über das Verhältnis „totalitarisme/démocratie" führen könne, ohne dass diese immer direkt als bürgerliches Abwehrgefecht gegen den Sozialismus diskreditiert werde.[48] Die fatale Leitunterscheidung „socialisme/bourgeoisie" dominiere den linken Diskurs nicht mehr. Thibaud beklagte zwar, gegen Pierre Bourdieu gerichtet, dass eine neue, „sozio-technozistische" Strömung sich anschicke, die Lücke zu füllen, die Marxismus und Strukturalismus zurückließen – auch bei *Esprit* war man auf den „anti-humanistischen" Zug der Sozialwissenschaften nicht gut zu sprechen –, doch es überwögen die Vorteile einer offenen Situation, in der die Intellektuellen gezwungen seien, ihre alten Gewissheiten über Bord zu werfen.[49] Zeitschriften komme in dieser Situation eine besondere Rolle zu, denn in ihnen würden Erfahrungsberichte aus der Gesellschaft mit kritischer Theoriebildung in Beziehung gesetzt.[50] Das war einerseits ein Argument *pro domo*, denn *Esprit* verstand sich fortan als Reflexionsmedium der Zivilgesellschaft, andererseits jedoch ein wichtiger Hinweis auf den Zusammenhang von intellektueller und publizistischer Konjunktur: Gute Zeitschriften sind Kinder günstiger Augenblicke –

46 Siehe zur Geschichte von *Esprit* die Studie des französischen Politikwissenschaftlers BOUDIC, Goulven: *„Esprit", 1944-1982 : les métamorphoses d'une revue*, Paris: Éd. de l'IMEC 2005.
47 Ebd., S. 371–383.
48 THIBAUD: *„A propos des revues"*, S. 522.
49 Ebd., S. 526.
50 Ebd., S. 528.

und es gibt keine besseren als im Moment der Krise. „Quand l'intelligentsia doit réexaminer sa position [...]", schrieb Thibaud, „on voit naître des revues marquantes."[51]

In der Krise artikuliert sich Kritik an den hergebrachten Formen des Diskurses, wie wir, was den begrifflichen Zusammenhang betrifft, nicht zuletzt durch Reinhart Koselleck wissen.[52] Vormals minoritäre Ideen können dann eine breitere Öffentlichkeit erreichen. Es geht in den seltensten Fälle um die Geburt von etwas radikal Neuem – auch der Antitotalitarismus war, wie gezeigt, nicht 1975 „erfunden" worden. Vielmehr finden Verschiebungen, Beschleunigungen, Neubewertungen statt; Machtverhältnisse verändern sich, Sprecherrollen werden neu verteilt, Diskurse den neuen Verhältnissen angepasst. Genau das geschah im französischen intellektuellen Feld in der zweiten Hälfte der 1970er Jahre, vor dem Hintergrund der Krise des *progressisme* wie auch des *gauchisme*, und mit Hilfe der Dissidenten.

Aber selbst die 7500 Abonnenten[53] von *Esprit* verblassten neben den anderen „Medienpartnern", die sich in diesen Jahren an der Allianz gegen den Totalitarismus und für die Dissidenten beteiligten.

2. Die Massenmedien als Fluch und Segen: Zur Rolle von „Nouvelle Philosophie" und *Nouvel Observateur*

Es gilt nun einen Eindruck zu korrigieren, der aus der bisherigen Darstellung der „antitotalitären Front" womöglich entstanden ist: Allzu blauäugig wäre die Behauptung, die Stimmen von *Libre, Faire, Esprit* und weiteren kleinen Publikationen hätten es, in der Folge der „Solschenizyn-Affäre" 1974 und mit der Hilfe einiger osteuropäischer Dissidenten, gänzlich aus eigener Kraft vermocht, die interessierte Öffentlichkeit in Frankreich über Kioske und Buchhandlungen zu einer „antitotalitären Front" zu vereinen. Die Wahrheit ist wie immer komplizierter: Die Veränderungen der intellektuellen Konstellation in der Mitte der 1970er Jahre waren nicht allein Ausdruck einer ideen-, sondern auch einer mediengeschichtlichen Transformation. Sie soll, in gebotener Kürze, anhand der „Nouvelle Philosophie" und des *Nouvel Observateur* nachvollzogen werden.

Die „Nouvelle Philosophie" und die Geburt des Medienintellektuellen

Ob es ihnen gefiel oder nicht, die Wegbereiter der linken Totalitarismuskritik in Frankreich wurden hofiert und zitiert von den Protagonisten der sogenannten „Nouvelle Philosophie", deren Verankerung im Antitotalitarismus deutlich jünge-

51 Ebd., S. 519.

52 KOSELLECK, Reinhart: *Kritik und Krise : eine Studie zur Pathogenese der bürgerlichen Welt*, Frankfurt a.M.: Suhrkamp 1976.

53 Auflageangaben von *Esprit* aus dem Jahr 1972 nach BOUDIC: *Esprit*, S. 409.

ren Datums war, dafür aber umso vehementer vorgetragen wurde.[54] „Nouvelle Philosophie", so viel sei klargestellt, meinte zunächst nicht mehr als ein ab 1976 verwendetes Werbe-Label für die drei Buchreihen, die der damals 27jährige Lektor Bernard-Henri Lévy beim Verlag Grasset herausgab. Er und sein älterer Freund und Mitstreiter André Glucksmann verstanden sich darauf, den Moment der Solschenizyn-Affäre zu nutzen, um, die virulente Stimmung aufgreifend und dramaturgisch zuspitzend, zum rechten Zeitpunkt mit starken Thesen auf den Plan zu treten.[55] So wurde Solschenizyns *Archipel Gulag* von ihnen nicht als der Beschleuniger latenter Prozesse bewertet, der er war, sondern als „Schock", der ihnen die Augen geöffnet habe. Als erzählerische Form bevorzugten sie daher die Bekehrung. Doch es war, im Fall von Lévy, ein seltsamer Typus von konstruiertem Renegatentum, ging ihm doch die Erfahrungsbasis in kommunistischen Organisationen ab. Glucksmann, als ehemaliger Assistent Raymond Arons von anderem intellektuellen Kaliber, verarbeitete seinerseits das böse Aufwachen aus dem kurzen Traum, der der französische Maoismus war.[56]

Den ersten Streich gegen die (philo)kommunistische Vätergeneration führte André Glucksmann in seiner Streitschrift *La cuisinière et le mangeur d'homme* von 1975.[57] Darin hielt der Philosoph fest, es sei ein Fehler, die Ursache des Gulag im Stalinismus zu suchen, das Problem liege vielmehr bereits im Marxismus selbst begründet: „Le marxisme, lui, ne produit pas seulement des paradoxes scientifiques, mais des camps de concentration", lautet eine jener häufig zitierten Passagen des Buches, an denen Glucksmanns über weite Strecken fulminanter Essay von der Totalitarismuskritik in Antikommunismus umkippte.[58] Ein solches Umkippen jedoch hatten Lefort und Castoriadis, auch nach ihrem Abschied vom Marxismus, immer sorgsam zu vermeiden gesucht. Doch dabei beließen es die „Nouveaux Philosophes" nicht: Mit Bernard-Henri Lévys Buch *La Barbarie à visage humain* von 1977 wurde die Kampfzone – und die Ladenfläche[59] – ausgeweitet: Ein Gutteil der Geistesgeschichte, bei Platon angefangen, geriet ihm zum Quell des Totalitaris-

54 Zur „Nouvelle Philosophie" siehe z.B. CHRISTOFFERSON: *French intellectuals against the left*, S. 184–228; HOURMANT: *Le désenchantement des clercs*, S. 96–106; SUNTRUP: *Formenwandel der französischen Intellektuellen*, S. 293–310; RIEFFEL: *La tribu des clercs*, S. 495–502.

55 Gemeinhin werden neben Bernard-Henri Lévy und André Glucksmann auch Philippe Nemo, Christian Jambet, Guy Lardreau, Jean-Paul Dollé, Jean-Marie Benoist und Michel Le Bris zum Autorenkreis der „Nouvelle Philosophie" gezählt.

56 In einer ausführlichen biographischen Studie zu Glucksmann hat Sebastian Voigt nun überzeugend dafür argumentiert, die kollektive jüdische Geschichte des 20. Jahrhunderts aber auch die „Habsburger Konstellation" von Glucksmanns Familiengeschichte als entscheidend für seine Engagements zu berücksichtigen. VOIGT, Sebastian: *Der jüdische Mai ,68: Pierre Goldman, Daniel Cohn-Bendit und André Glucksmann im Nachkriegsfrankreich*, Göttingen: Vandenhoeck & Ruprecht 2015 (Schriften des Simon-Dubnow-Instituts Leipzig 22), S. 227–319.

57 GLUCKSMANN, André: *La cuisinière et le mangeur d'hommes : essai sur les rapports entre l'État, le marxisme et les camps de concentration*, Paris: Seuil 1975.

58 Ebd., S. 63.

59 Laut Michel Winock verkaufte sich das Buch 100.000 Mal (WINOCK: *Le siècle des intellectuels*, S. 751.).

mus.[60] Mit *Les Maîtres penseurs* schlug Glucksmann im gleichen Jahr, wie immer treffsicherer und geistreicher, in dieselbe Kerbe.[61] Durch den inflationären Gebrauch, den die „Nouvelle Philosophie" von den Begriffen „totalitär" und „Totalitarismus" machte, lief das Konzept Gefahr, wieder zu jenem Schimpfwort zu werden, als das es sich schon einmal in seiner Geschichte diskreditiert hatte.

Vor allem bei Lévy obsiegte zudem ein Moralismus, der Totalitarismus überall dort witterte, wo Politik ins Spiel kam. Auch das war eine Interpretation, die den politischen Philosophen aus dem Umfeld von *Libre* und *Esprit* nicht passen konnte, denn für sie war ja gerade ein „Zuwenig" und kein „Zuviel" des Politischen ein Charakteristikum totalitärer Gesellschaftsmodelle. So hatte Lefort immer insistiert, dass totalitäre Gesellschaften den „leeren Ort" der Demokratie zu usurpieren suchen und eben dadurch den politischen Widerstreit paralysieren.[62] Darüber herrschte allerdings unter Intellektuellen, auch innerhalb des antitotalitären Lagers, kein Einvernehmen: In den Reihen der osteuropäischen Dissidenten waren in den folgenden Jahren durchaus Stimmen vernehmbar, die wegen der Überpolitisierung ihrer Herkunftsöffentlichkeiten von der Politik einfach nur noch in Ruhe gelassen werden wollten.[63]

Die „Nouveaux Philosophes" griffen diese Kontroversen auf und destillierten sie zu einer Art antitotalitärem Best-of. Als repräsentativ für die Bewertung ihrer Bücher in der Fachöffentlichkeit darf ein Resümee aus der Feder von Tony Judt gelten:

> There was little in Glucksmann's *Les Maîtres penseurs* – published to universal acclaim in March 1977 – that Raymond Aron had not said better in his *Opium des intellectuels* twenty two years earlier. And there was nothing in Lévy's *Barbarie à visage humain*, which appeared two months after Glucksmann's essay, which French readers could not have found in Albert Camus's *L'Homme révolté*.[64]

In der breiteren öffentlichen Rezeption stellten sich die Dinge allerdings anders dar, wie Judt konstatierte: „[...] whereas Camus's essay was cuttingly dismissed by Jean-Paul Sartre when it came out in 1951, Lévy and Glucksmann were influential bestsellers. Times had changed."[65] Die Zeiten hatten sich in der Tat geändert. Die Gründe lagen in der Veränderung der politischen und intellektuellen Konstellation, wie Judt und andere Intellektuellenhistoriker sie schildern, aber auch in der medialen. Die intellektuellengeschichtliche Rekonstruktion der „antitotalitären Front" sollte daher um eine „mediologische" Komponente im Sinne von Regis Debray ergänzt werden.[66] Debray unterschied drei Phasen in der Geschichte der

---

60 LÉVY, Bernard-Henri: *La barbarie à visage humain*, Paris: B. Grasset 1977.

61 GLUCKSMANN, André: *Les maîtres penseurs*, Paris: B. Grasset 1977.

62 LEFORT, Claude: *L'invention démocratique : les limites de la domination totalitaire*, Paris: Fayard 1981.

63 Siehe zu den unterschiedlichen Begriffen des „Politischen" in der Dissidenz die Studie von FALK, Barbara J.: *The dilemmas of dissidence in East-Central Europe: citizen intellectuals and philosopher kings*, Budapest: Central European University Press 2003.

64 JUDT: *Postwar*, S. 562.

65 Ebd.

66 DEBRAY, Régis: *Le pouvoir intellectuel en France*, Paris: Ramsay 1979.

französischen Intellektuellen im 20. Jahrhundert, denen er jeweils ein dominantes Machtzentrum zuordnete: Dies waren die Universität (1880-1930), die Zeitschriften und Verlage (1920-1960) und schließlich die Massenmedien (seit 1968).[67] Was bedeutet das für den hier interessierenden Kontext? Zunächst ist mit Judt festzuhalten, dass die „Nouveaux Philosophes" – *wie* Aron und Camus – im antiliberalen, progressistischen Nachkriegsfrankreich der 1950er Jahre mit ihrer Totalitarismuskritik keine Chance gehabt hätten. Allerdings wären sie damals – *anders* als Aron und Camus – wohl auch dann nicht zu Prominenz gekommen, wenn sie die seinerzeit dominante, progressistische Doktrin ähnlich steil und mit offenem Hemdkragen vorgetragen hätten, wie sie es für den Antitotalitarismus nach 1975 taten. Denn in den 1950er Jahren fungierten noch die politisch-literarischen Zeitschriften als Konsekrationsinstanzen in Frankreich, und es ist schwer vorstellbar, wie die „Nouveaux philosophes" in ihnen – oder an ihnen vorbei – den Durchbruch hätten schaffen sollen. Zwanzig Jahre später jedoch entschied nicht mehr eine autoritative Rezension in den *Temps Modernes* oder in *Esprit* über Gedeih und Verderb eines Autors in Paris, sondern die Aufnahme in den Massenmedien.[68] Das hatten die „Nouveaux Philosophes" besser verstanden als andere. Man brauchte nicht feindselige Institutionen umzustimmen; es reichte, die Massenmedien für sich einzunehmen. Neue Medienangebote und neue, breitere Publika suchten nach neuen Helden und fanden sie: in den Dissidenten aus Osteuropa, aber auch in ihren Vermittlern in den französischen Massenmedien, den „Nouveaux Philosophes". Am 27. Mai 1977 waren Lévy und Glucksmann in Bernard Pivots Fernsehsendung „Apostrophes" zu Gast, dem Prototypen des intellektuellen Fernsehtalks – und der neuen Konsekrationsinstanz für „Medienintellektuelle".[69] Was auch immer die alte Garde der Totalitarismuskritik darüber dachte – Jugend, Telegenität und rhetorische Brillanz hatten die „Nouveaux Philosophes" zu Lieblingen der Massenmedien gemacht. Das Ergebnis: Weit mehr als nur Pariser Intellektuellenkreise redeten in der zweiten Hälfte der 1970er Jahre über Antitotalitarismus und Dissidenz…

Was man in den etablierten Foren der intellektuellen Totalitarismuskritik von den neuen Freunden hielt, blieb kein Geheimnis: Aron nutzte einen Artikel in *Commentaire,* um auf Distanz zu gehen; Castoriadis veröffentlichte in diesem Sinne in *Libre* und im *Nouvel Observateur;* Thibaud in *Esprit.*[70] Eine hilfreiche Analyse der Situation leistet François Hourmant:

---

67 Ebd., S. 61–142.

68 Zu vergleichbaren Entwicklungen in der BRD und ihren Auswirkungen auf die politisch-literarischen Zeitschriften siehe LAURIEN, Ingrid: „*Zeitschriftenlandschaft Bundesrepublik Deutschland*", in: *L'80. Zeitschrift für Politik und Literatur 46* (1988), S. 107–126.

69 Zu den „Medienintellektuellen" siehe BOCK, Hans Manfred: „*Von der Stellvertretung zur Selbstinszenierung. Medienintellektuelle in Frankreich*", in: WILLEMS, Herbert und Günter BURKART (Hrsg.): *Theatralisierung der Gesellschaft*, Wiesbaden: VS, Verlag für Sozialwissenschaften 2009, S. 81–99; SUNTRUP, Jan Christoph: „*Zur Rolle der »Medienintellektuellen« – eine kritische Phänomenologie*", in: *Leviathan 41/1* (2013), S. 164–187.

70 Siehe HOURMANT: *Le désenchantement des clercs*, S. 106–109.

> L'affrontement qui oppose *Libre-Esprit* aux Nouveaux Philosophes est en somme révélateur de la fracture qui grandit au sein de l'intelligentsia entre un pôle traditionnel, encore actif mais relégué dans les cercles plus confidentiels des revues, marqué par un certain nombre d'engagements et de fidélités, dépositaire d'une conception rigoureuse du travail intellectuel, et un pôle nouveau qui procède par emprunts et formules spectaculaires, qui valorise la personne tout autant que la pensée. L'irruption de la problématique totalitaire fournit donc, à travers les deux grands rameaux qui l'orchestrent, l'occasion de mettre en évidence la transformation structurelle du marché des biens culturels qui, bouleversant les frontières classiques de l'intelligentsia, voir l'imposition d'une figure nouvelle, celle de l'intellectuel ‚médiatico-mondain', forme parodique de la posture du clerc messianique construite sur sa dénonciation.[71]

Die Autoren des „traditionellen Pols" versuchten also, sich aus der Umarmung durch die „Nouveaux Philosophes" zu lösen, die weder ihrer intellektuellen Reputation zuträglich waren noch, folgt man ihrer Logik, der „antitotalitären Sache". Doch ganz so schnell wird man mit den *imposteurs* nicht fertig – denn unbestreitbar profitierten Autoren wie Castoriadis und Lefort zugleich von der neuen medialen Prominenz ihrer langjährigen *cause*.[72] Zwar wäre es wohl auch ohne die Mediatisierung durch die „Nouvelle Philosophie" zur Begegnung zwischen Denkern wie Lefort, Castoriadis und Thibaud mit den Dissidenten gekommen – auf den Seiten von *Esprit* oder anderswo. Vermutlich auch zu einer bescheidenen Renaissance des linken Antitotalitarismus in Frankreich in der Folge der Solschenizyn-Affäre und der Veröffentlichung des *Archipel Gulag*. Doch von einer „antitotalitären Front" hätte man wohl kaum sprechen können. Die brauchte größere Verstärker. Ihr lautester war, um den Preis der Verzerrung und mit schrillen Spitzen, die „Nouvelle Philosophie". Ein insgesamt ausgewogeneres Klangbild lieferte Jean Daniels Wochenzeitschrift, der *Nouvel Observateur*.

Der *Nouvel Observateur* als Ökumene der postmarxistischen Linken

Bernhard-Henri Lévy und André Glucksmann waren in Bernard Pivots Fernsehsendung zu Gast, Claude Lefort und Cornelius Castoriadis nicht.[73] Umgekehrt verhielt es sich mit *Esprit*, wenigstens für Lévy.[74] Alle Barrieren verschwanden also auch im Paris der Mitte der 1970er Jahre nicht. Es gab jedoch ein ökumenisches Forum, ein wöchentliches *rendez-vous*, das sie alle zusammenbrachte: Wer in ein und demselben Medium sowohl die alte Garde der Totalitarismuskritik als auch die

71 Ebd., S. 119.

72 François Hourmant argumentiert, die „Nouveaux Philosophes" hätten sich nicht nur aufgedrängt, sondern die Totalitarismuskritiker der ersten Stunde *ver*drängt (Ebd., S. 107.). Es scheint jedoch unwahrscheinlich, dass Intellektuelle wie Lefort, Castoriadis oder der *Esprit*-Kreis sonst die Stelle im massenmedialen System eingenommen hätten, die nun von Lévy und Glucksmann besetzt wurde.

73 Rieffel: *La tribu des clercs*, S. 608.

74 Mit André Glucksmann führte *Esprit* im Juli 1982 ein Gespräch über die Probleme des Pazifismus.

neuen Philosophen zur Kenntnis nehmen und dabei die letzten Nachrichten der Dissidenten nicht verpassen wollte, tat gut daran, donnerstags am Kiosk den *Nouvel Observateur* zu kaufen.

Dessen Geschichte ist bewegt. Der Journalist und spätere Politiker Gilles Martinet war 1950 einer der Gründer und bis 1964 der Herausgeber des *France Observateur*, wie die Zeitschrift zunächst hieß.[75] Aus dem Geist der Résistance heraus entstanden, wurde der *France Observateur* zu einem wichtigen Medium im Kampf gegen den französischen Kolonialismus. In diesen Jahren war die Wochenschrift engagiert, eindeutig auf das Pariser Intellektuellenmilieu ausgerichtet und von chronischen finanziellen Sorgen geplagt, zumal nachdem die Dekolonialisierung 1962 vollzogen war und der *France Observateur* Schwierigkeiten hatte, eine neue *raison d'être* zu finden. 1964 wurde die Zeitschrift unter dem Namen *Nouvel Observateur* mit Kapital des linksliberalen Unternehmers Claude Perdriel neu gegründet. Gilles Martinet blieb, bis in die 1980er Jahre, ihr Geschäftsführer, doch geleitet wurde der *Nouvel Observateur* nun von Jean Daniel, einem der unkonventionellsten und talentiertesten Journalisten der jüngeren französischen Pressegeschichte. Er war von der konkurrierenden Wochenzeitung *L'Express* gekommen, hatte einige Kollegen mitgebracht und sich darauf verstanden, diese mit den wichtigsten Autoren des alten *France Observateur* zusammenzubringen.

Mit dem neuen Redaktionskonzept gelang es Daniel, ein Publikum weit über den Kreis der „Berufsleser" hinaus anzusprechen. Der *Nouvel Obs*, wie seine Leser ihn nannten, wurde zum „Barometer des intellektuellen Lebens"[76], zum linken, nicht-kommunistischen Leitmedium für den „intellektuellen Mittelstand" aus Studenten, Freiberuflern, jungen Lehrern. Mit Hilfe dieser interessierten Bürger, die von der Bildungsexpansion profitiert hatten, „1968" positiv gegenüber standen und nun, jenseits der ausgetretenen Pfade der französischen Nachkriegspresse, eine wöchentliche Informationsquelle suchten, konnte der *Nouvel Observateur* seine Auflage auf über 300.000 Exemplare pro Woche steigern.[77]

Garant des Erfolgs auf der Autorenseite waren die Enttäuschten des Pariser Progressismus, die „Ex" des PCF, einige *sartriens*, die Antitotalitären der ersten Stunde und die Querdenker des Universitätsbetriebs, die dort nicht hatten Fuß fassen können. Alle Wege der Desintegration der französischen intellektuellen Nachkriegsordnung führten, so scheint es, in den 1970er Jahren zum *Nouvel Observateur*. Jean Daniel sammelte die talentiertesten Protagonisten dieses Prozesses um sich und machte sie zu seinen „*éditorialistes*". Diese Kolumnisten begleiteten und kommen-

---

75 Zur Geschichte des *France Observateur* siehe die Arbeit von Philippe Tétart, auf der diese Angaben beruhen: TÉTART, Philippe: *Histoire politique et culturelle de France observateur, 1950-1964 : aux origines du Nouvel observateur*, Paris: Harmattan 2000.

76 RIEFFEL: *La tribu des clercs*, S. 516.

77 Bei Rieffel findet sich ein Überblick zum *Nouvel Observateur* (Ebd., S. 516–541.). Eine kritische soziologische Analyse in Bourdieus Tradition bei PINTO, Louis: *„Les affinités électives. Les amis du Nouvel Observateur comme ‚groupe ouvert'"*, in: *Actes de la recherche en sciences sociales 36/1* (1981), S. 105–124; PINTO, Louis: *L'intelligence en action : le Nouvel observateur*, Paris: A.-M. Métailié 1984.

tierten das politische Zeitgeschehen – sie waren universell gebildet, in der Lage zu allem in kurzer Zeit Eloquentes beizutragen, politisch pointiert, stilistisch begabt. Ihr Aufstieg in der Presse und ihr Einfluss auf die öffentliche Meinungsbildung war ein Phänomen der 1970er Jahre, ein Element im Strukturwandel der französischen Öffentlichkeit, wie es auch die Medienintellektuellen im Fernsehen waren. Beim *Nouvel Obs*, der wichtigsten Bühne der *éditorialistes*, schrieben in diesen Jahren unter anderen die Publizisten und Philosophen Edgar Morin (von *Arguments*) und André Gorz (von den *Temps Modernes*, im *Nouvel Obs* unter dem Pseudonym Michel Bosquet), die Historiker François Furet (schon von *France Observateur*, wo er unter dem Pseudonym Jean Delcroix geschrieben hatte) und Emmanuel Le Roy Ladurie – allesamt Ehemalige des PCF. Zudem Castoriadis und Lefort. Gelegentlich auch Lévy und Glucksmann, auf Einladung ihres Mentors, des Schriftstellers Maurice Clavel.

Wie bereits geschildert, hatte die kommunistische Partei den *Nouvel Observateur* 1974 zum zentralen Gegenspieler in der Solschenizyn-Debatte auserkoren. Das war aus der Logik der Partei heraus nicht falsch: Sucht man nach dem Medium, das am meisten vom Niedergang der alten progressistischen Allianz in der französischen Linken profitierte und der neuen „antitotalitären Front" ein Forum bot, diesen Prozess begleitete und vorantrieb, so war das die Wochenzeitschrift von Jean Daniel. Auch die Veränderungen in Osteuropa und den Aufstieg der Dissidenten begrüßte sie euphorisch.

Jean Daniel war ein einflussreicher „homme de la presse", ein kritischer Begleiter der *Union de la gauche* (bis zu deren Scheitern 1977), ein erbitterter Gegner des PCF, ein Freund der Dissidenten, ein bedingungsloser Verteidiger des *Archipel Gulag* und *zugleich* ein Kritiker der religiös-konservativen Weltsicht seines Autors. Mit Talent und Chuzpe war es ihm in den 1970er und frühen 1980er Jahren gelungen, seine Wochenzeitschrift zum ökumenischen Forum der postmarxistischen Linken in Frankreich zu machen. War es nicht denkbar, dass er in diesem Sinne auch über die Landesgrenzen hinaus, auf internationaler Ebene, aktiv werden könnte? Antonin Liehm liess es auf einen Versuch ankommen und bot Jean Daniel an, seinen Plan einer internationalen Zeitschrift, einige Jahre nach dem Scheitern der „deutschen Option", nun in Frankreich und ausgehend vom *Nouvel Observateur* zu realisieren. Die Rechnung schien aufzugehen, denn am 4. Juli 1983 antwortete ihm Jean Daniel:

> Cher ami, je vous confirme l'intérêt du *Nouvel Observateur* pour le projet que vous avez bien voulu me soumettre d'une revue culturelle internationale qui paraitrait quatre fois par an.[78]

78 Jean Daniel an Antonin Liehm in einem Brief vom 4. Juli 1983, Archiv AJL/LI, IMEC.

3. Antitotalitäre und Dissidenten: Ein neuer Kommunikationsraum in Paris (1977-1981)

Fassen wir die Argumentation bis hierher zusammen: Mitte der 1970er Jahre führten mehrere parallel verlaufende, doch aufeinander einwirkende Prozesse in der Summe zu einer Verschiebung der Machtverhältnisse im intellektuellen Feld der französischen Hauptstadt: Der Machtverlust des progressistischen Milieus kam in der „Solschenizyn-Affäre" zum Abschluss; die linke Totalitarismuskritik aus dem Umfeld von *Socialisme ou Barbarie*, deren Wurzeln bis in die Nachkriegszeit zurückreichen, wurde wiederentdeckt; die Dissidenten verstärkten diese Entwicklungen, indem sie mit ihren Lebensberichten der Totalitarismuskritik auf der Pariser Bühne neue Plausibilität und Würde verliehen. Darüber hinaus veränderte sich das Mediensystem: Mit Hilfe der Massenmedien, unter Umgehung der traditionellen intellektuellen Konsekrationsinstanzen, etablierten sich die „Nouveaux Philosophes". Sie inszenierten einen regelrechten „Kult der Dissidenz" (so der Politologe und Osteuropaexperte Pierre Hassner) und machten eifrig Gebrauch vom Argumentationsrepertoire des Antitotalitarismus. Man muss ihr Vorgehen und ihre Thesen nicht teilen, um zu konstatieren, dass sie auf diese Weise dazu beigetragen haben, der Totalitarismuskritik neue Öffentlichkeiten zu erschließen.

Damit soll nicht gesagt sein, die „antitotalitäre Front" sei das alleinige Produkt eines medialen Coups. Auch sie als rein innenpolitisch motiviertes Strategem darzustellen – etwa als Versuch, innerhalb der sozialistischen Partei das Lager von Michel Rocard zu stärken und die *Union de la gauche* zu schwächen – greift zu kurz.[79] Es scheint angemessener, hier ein komplexes Gefüge aus langjährigen Überzeugungen und situativen Opportunitätserwägungen, aus profunden Analysen und gezielten Provokationen am Werk zu sehen, das vor dem Hintergrund einer sich verändernden politischen Situation in Osteuropa und in Frankreich analysiert werden muss. In dieser Gemengelage eröffnete sich ein neuer Kommunikationsraum, der Chancen bot für vormals marginalisierte Gruppen und Themen.

Die Akteure in diesem Kommunikationsraum waren, wie gesehen, in erster Linie Journalisten, Publizisten und politische Aktivisten sowie einige Akademiker mit atypischen Karrierewegen. Eine strategisch entscheidende, gemeinsame Plattform fanden sie im *Nouvel Observateur*. Einen Platz im akademischen Feld erkämpften sie sich anschließend mit der Ausgründung der Ecole des Hautes Etudes en Sciences Sociales (EHESS) als eigenständiger Institution im Jahre 1975. Sie erleichterte die Rekrutierung von qualifizierten „Außenseitern" ins traditionell undurchlässige französische Hochschulsystem: Nicht zuletzt für exilierte Intellektuelle wurde die EHESS zur zweiten Heimat. Ab 1977 war François Furet ihr Direktor. Cornelius Castoriadis und Claude Lefort wurden noch im selben Jahr als *directeurs d'études* berufen. 1981 folgte Milan Kundera.[80] Auf solche institutionellen und medialen Infrastrukturen

79 Dies ist die Stoßrichtung von CHRISTOFFERSON: *French intellectuals against the left*.

80 Zur Rolle der EHESS für die Integration osteuropäischer Intellektueller in Paris siehe die Anmerkungen bei DUFOIX: *Politiques d'exil*, S. 112–115, 213–214. Auch die Maison des Sciences de

gestützt, konnte in der zweiten Hälfte der 1970er Jahre die Begegnung zwischen französischen Totalitarismuskritikern und osteuropäischen Dissidenten stattfinden.

* * *

Ihre Debatten darf man sich kontrovers vorstellen. Angesichts eines vor allem in journalistischen Überblicksdarstellungen seit 1989 weit verbreiteten Narrativs, das von der Mitte der 1970er Jahre geradewegs zur „samtenen Revolution" führt und von dort aus zum „Ende der Geschichte", lohnt es daran zu erinnern, dass die Blöcke während der Breschnew-Ära stabiler denn je schienen. Niemand konnte wissen, was fünfzehn Jahre später passieren würde. Zwar hatte Leszek Kołakowski in *Main currents of Marxism* diagnostiziert, nach dem Prager Frühling habe der Kommunismus „aufgehört, ein intellektuelles Problem darzustellen" und sei nur noch ein „Machtproblem" gewesen.[81] Doch zum Einen gab es durchaus weiterhin Intellektuelle, die nicht nur auf Veränderungen in den osteuropäischen Gesellschaften hinarbeiteten, sondern zudem nicht ausschlossen, dass sich die weltkommunistische Bewegung doch noch aus sich heraus demokratisieren und wandeln könnte. Teile der Gruppe um Jiří Pelikán und *Listy* in Rom zählten dazu (der Politologe Zdeněk Mlynář zum Beispiel). Zum Anderen blieb selbst für die, die mit Kołakowski einer Meinung waren – darunter fortan Antonin Liehm –, das „Machtproblem" bestehen. Es war alles andere als trivial und führte zu erhitzten Debatten darüber, welche Handlungsstrategien am erfolgversprechendsten sein würden. Das Spektrum reichte von internen Reformversuchen der kommunistischen Parteien bis hin zu jenem gegenkulturell und zivilgesellschaftlich orientierten Dissidenz-Verständnis, das sich letztlich durchsetzen sollte.

Noch in den Verhandlungen der „Konferenz über Sicherheit und Zusammenarbeit in Europa" (KSZE), die am 1. August 1975 in die Helsinki-Schlussakte mündeten, sahen viele Intellektuelle, vor allem die exilierten osteuropäischen, seinerzeit keineswegs die „Geburtsstunde der Dissidenz", als die sie später dargestellt wurde. Man vermutete vielmehr einen Kuhhandel zu Ungunsten der Bevölkerung – das Wort ging um von einem „kleinen München" –, bei dem die vom „Westen" errungenen unverbindlichen Zusicherungen in der Frage des Respekts von Grund- und Freiheitsrechten, der sogenannte „Dritte Korb", kaum verbergen konnten, dass sich Leonid Breschnew im Kernstück des Vertragswerks durchgesetzt hatte: Die territoriale Neuordnung Europas und die Teilung des Kontinents, wie sie in Jalta entstanden war, wurden in Helsinki als dauerhaft anerkannt, die 35 Unterzeichnerstaaten in Ost und West sicherten sich zudem Nicht-Einmischung in innere Angelegenheiten zu.[82] Damit hatte, so die Befürchtung, genau das falsche *détente*-Ver-

l'Homme (MSH) und der nationale Forschungsverband CNRS erleichterten die Rekrutierung exilierter Intellektueller auf Forschungsstellen außerhalb des traditionellen Universitätssystems.

81 Zitiert bei RUPNIK, Jacques: *The other Europe*, London: Weidenfeld and Nicolson 1988, S. 227.

82 Im Überblick bei BOLTON, Jonathan: *Worlds of dissent : Charter 77, the Plastic People of the Universe, and Czech culture under communism*, Cambridge, Mass: Harvard University Press 2012, S. 24–28.

ständnis obsiegt, nämlich die Logik von Einflusssphären. Fortan konnte sich die UdSSR sicher sein, dass auch eine weitere Intervention nach dem Muster von „Budapest 1956“ oder „Prag 1968“ hingenommen werden würde. So sahen es Jiří Pelikán und der *Listy*-Kreis – aber nicht nur sie.[83] Sollte „Helsinki“ beim fast zeitgleich in Bonn stattfindenden Gründungstreffen von *L 76* Thema gewesen sein, so war dort mit Sicherheit nichts Gutes über die Verhandlungen zu vernehmen gewesen.

Eine weitere Frage war, wie man sich zu den Entwicklungen in einigen westlichen kommunistischen Parteien verhalten sollte: Im Kontext des internationalen Treffens der Kommunistischen Parteien 1976 in Ost-Berlin hatte sich in der italienischen und der spanischen, punktuell selbst in der französischen kommunistischen Partei eine Tendenz abgezeichnet, die sich, in bisweilen signifikanter Distanz zum Moskauer Führungsanspruch, an einem neuen, national-demokratischen Kurs versuchte. Journalisten wie auch die Protagonisten selbst prägten für diese Entwicklung den Begriff „Eurokommunismus“ und zogen Parallelen zu den Ideen des Prager Frühlings. Santiago Carrillo, der Vorsitzende der spanischen kommunistischen Partei, ließ verlautbaren: „If the term ‚Eurocommunism‘ had been invented in 1968, Dubcek would have been a Eurocommunist!“ (in *L'Unita*, der Tageszeitung der italienischen Kommunisten, vom 14. Juli 1977).[84] Allerdings machte es durchaus einen Unterschied, ob man sich als Prager Intellektueller in den 1960ern als Reformkommunist verstand – oder ein ganzes Jahrzehnt später, als Parteivorsitzender im Westen… Und so traf der „Eurokommunismus“ in Kreisen der Prager Exilierten auf ein durchwachsenes Echo. Antonin Liehm beteiligte sich zwar, aus der Ferne, an der Debatte: Seinem Dekan in Philadelphia gegenüber kündigte er an, an der Universität ein Seminar abhalten zu wollen, um den Eurokommunismus zu diskutieren.[85] Auch mehrere Veröffentlichungen zeugen von seinem Interesse.[86] In Paris gelang es ihm in dieser Konjunktur, mit einigen Jahren Verspätung, die französische Übersetzung der Anthologie mit den wichtigsten Texten von *Literární noviny/listy* aus der Zeit des Prager Frühlings zu veröffentlichen. Der Titel lautete: *Socialisme à visage humain – Les intellectuels de Prague au centre de la mêlée.*[87] In

83 Vergleiche THOMAS, Daniel C.: *The Helsinki effect : international norms, human rights, and the demise of communism*, Princeton: Princeton University Press 2001, S. 96.

84 Zitiert nach der englischen Übersetzung in ASPATURIAN/VALENTA/BURKE (Hrsg.): *Eurocommunism between East and West*, S. 181, einem für die damalige Debatte typischen Sammelband. Der Schlüsseltext von Seiten der beteiligten Politiker war CARRILLO, Santiago: *„Eurokommunismus“ und Staat*, Hamburg/Westberlin: VSA 1977. Einen guten Überblick zur wissenschaftlichen Debatte und zur kaum überschaubaren Literatur, die der kurze Frühling des Eurokommunismus in den Jahren 1976 bis 1980 hervorgebracht hat, bietet BRACKE: *Which socialism? whose detente?*, S. 323–359.

85 Brief von Antonin Liehm vom 20. September 1977 an Vartan Gregorian, damals Dekan der Geisteswissenschaften an der University of Pennsylvania, Archiv AJL/LI, IMEC.

86 LIEHM, Antonin J.: *„The Prague Spring and Eurocommunism“*, in: *International Journal 33/4* (1978), S. 804–819; LIEHM/URBAN: *„‚Eurocommunism‘ and Prague Spring“*.

87 LIEHM (Hrsg.): *Socialisme à visage humain*. Es handelt sich um eine gekürzte Variante der 1970 ursprünglich für Gallimard vorgesehenen Anthologie, bei der es, wie an früherer Stelle erwähnt, zu Schwierigkeiten im Editionsprozess gekommen war. Nicht bei Gallimard, sondern bei den

seinem Vorwort, im Sommer 1976 verfasst, verteidigte Liehm den historischen Kompromiss zwischen PCI und Christdemokraten in Italien, denn er zwinge die kommunistische Partei, ihre Strategie der revolutionären Machtübernahme zugunsten eines demokratischen, partizipativen Prozesses aufzugeben. Liehm schrieb, er hoffe, dass sich auch der PCF in diese Richtung entwickeln werde – Anzeichen dafür, dass er in diesen Jahren noch nicht darauf verzichten wollte, auf das kommunistische Milieu (im Westen) einzuwirken.[88] Allerdings ging es dabei immer weniger um persönliche Überzeugungen und Hoffnungen als darum, die Parteien nicht aus der Verantwortung zu entlassen.[89] Die Stellungnahmen im Verlauf der folgenden Jahre zeigen mit zunehmender Deutlichkeit, dass Antonin Liehm nicht nur den ost-, sondern auch den westeuropäischen Parteien nicht mehr über den Weg traute. Der Eurokommunismus sei, schrieb er 1978, letztlich nur ein erneutes Manöver, um in einer sich verändernden Welt nicht die Kontrolle zu verlieren.[90] Die Eurokommunisten übernähmen vom Prager Frühling zwar die Idee eines „Sozialismus mit menschlichem Antlitz" – den Stalinismus hatten sie folglich hinter sich gelassen – aber ihr „Leninistisches Unterbewusstsein" sei unerschüttert.[91] Wirkliche Veränderungen könne man nur erwarten, wenn die Kommunisten sich nicht nur aus taktischen Gründen in eine Mehrparteienkonfiguration fügten, sondern den Pluralismus in Wirtschaft wie Politik tatsächlich ernst nähmen. (Liehm musste es wissen, war dies doch, nicht von ungefähr, der Schritt, vor dem seine eigene Generation während des Prager Frühlings noch zurückgeschreckt war.) Konkret stellte er sich eine ernsthaft reformwillige eurokommunistische Bewegung so vor:

Editions Albatros, einem kleinen, von Freunden geführten, auf Osteuropa und Filmwissenschaften spezialisierten Pariser Verlag, konnte der Band letztlich erscheinen. Ebenfalls bei den Editions Albatros wurde ab 1975 die Zeitschrift *Cahiers de l'Est* verlegt, geleitet von einem anarchistischen Exil-Rumänen, dem Schriftsteller Dumitru Tsepeneag. Antonin Liehm zählte zum Herausgeberkreis. (Angaben auf Grundlage eines Gesprächs des Autors mit Dumitru Tsepeneag vom 26. September 2012).

88 Ebd., S. 7–16.

89 In diesem Sinne ist ein Artikel für *Die Zeit* vom 4. Februar 1977 zu lesen. Darin verurteilte Liehm – Ernst Fischers Begriff des „Panzerkommunismus" aufnehmend – den „Polizeisozialismus" in der Tschechoslowakei. Vor dem Hintergrund der Verhaftungen nach der Veröffentlichung der Charta 77 fragte er: Was tun die westlichen Kommunisten? „Die Frage ist, ob die Weltöffentlichkeit diesmal zu verhindern vermag, was sie in der Tschechoslowakei weder in den fünfziger Jahren noch im Jahre 1968 verhinderte. Die größte Verantwortung haben da die westlichen kommunistischen Parteien. Sie sind es auch, die in Prag am meisten bewirken können."

90 Liehm: „*The Prague Spring and Eurocommunism*", S. 811.

91 Ebd. Den Grad von Liehms Desillusionierung mit dem Kommunismus zu diesem Zeitpunkt verdeutlicht eine beiläufige Bemerkung im weiteren Verlauf des Artikels: „[Communists] have been used to attacking violently both right and left, but whenever they are attacked with the same vehemence, they start screaming about anti-communism, which to their minds is almost equal to fascism or to other ‚magic' words which are loaded with menacing meaning. In much the same way as the Jesuit order, communists can be flexible and support an aggiornamento in so far as they believe that it will strengthen the party and its influence. The party, like the Society of Jesus, tends to regard its work as a crusade and conveys the same feeling to its membership. And from this there stems another surviving element of the ghetto mentality, the intolerable condescension, sometimes arrogance, of those who believe they ‚know the truth' and who can only smile understandingly at those who don't know." Ebd., S. 817.

> A programme clearly abandoning the idea of state socialism in favour of one of self-government and workers' control – a kind of rehabilitation of Kronstadt against Lenin – could be the most important evidence in answering the question about the real depth of changes as a result of Eurocommunism.[92]

Ein später Sieg des Geistes von Kronstadt – das heisst der Räte über den „demokratischen Zentralismus“ – sollte natürlich ein frommer Wunsch bleiben, wie Liehm sicherlich klar war. Jedenfalls war der Eurokommunismus und mit ihm der letzte Versuch einer internen Reform der weltkommunistischen Bewegung 1979 bereits Geschichte.[93] Rückblickend sagt Liehm über seine damaligen Hoffnungen:

> Es hätte einen Weg geben müssen zwischen dem Eurokommunismus und der Sozialdemokratie. Irgendwie. Ein anderer Weg: Eine sozialistischere Sozialdemokratie und ein weniger kommunistischer Eurokommunismus. […] Das hätten wir gerne versucht, aber das ist nicht passiert.[94]

Das ist nicht passiert. Letztlich ging der Impuls für reale Veränderungen und neue Diskurse weder von den Eurokommunisten im Westen aus, noch von den in der Exopolitie engagierten Intellektuellen und auch nicht von den Verhandlungspartnern in Helsinki. Der entscheidende Schritt kam von Dissidenten in den osteuropäischen Ländern selbst. Aber er stützte sich, in durchaus unerwarteter Weise, auf „Helsinki“. Pierre Grémion:

> Par rapport à l'Acte final d'Helsinki, l'innovation apportée par la dissidence fut considérable. La dissidence faisait voler en éclat les discussions d'experts sur la ‚troisième corbeille' pour rattacher les problèmes de la culture et de l'échange culturel aux respects des Droits de l'homme et des libertés fondamentales de pensée, de conscience, de religion et de croyance que les signataires de l'Acte final s'engageaient à respecter (titre VII du préambule). Ce faisant, la dissidence désenclavait la ‚troisième corbeille' et lui donnait un contenu tout autre que celui des échanges souvent anodins véhiculés par les accords culturels interétatiques bilatéraux.[95]

Indem sie sich auf die Helsinki-Akte beriefen und – zunächst in Moskau, dann auch in weiteren Ländern des Warschauer Pakts – Komitees zur Überwachung ihrer Einhaltung einrichteten, hatten die osteuropäischen Dissidenten die „Zier“ der Menschenrechte ernster genommen als sie womöglich gemeint war.[96] Von „Helsinki“ liess sich, wie die Dissidenten entdeckten, in ihrem Sinne Gebrauch machen. Der „*rights talk*“ wurde in den Instrumentenkasten der Widerstandstech-

---

92 Ebd., S. 819.

93 Bracke: *Which socialism? whose detente?*, S. 333.

94 Gespräch des Autors mit Antonin Liehm am 2. Juli 2013 in Prag.

95 Grémion, Pierre: „*Culture, échanges, droits : Helsinki et la suite*“, in: *Esprit 54* (1981), S. 79–91, hier S. 84.

96 Thomas: *The Helsinki effect*, S. 97–110. Thomas' klassische politikwissenschaftliche Argumentation zum „Helsinki-Effekt“ gibt den Verhandlungen allerdings mehr Kredit als ihnen wahrscheinlich zusteht. Wie Jonathan Bolton überzeugend zeigt, nutzten die Dissidenten die neuen Möglichkeiten in ihrem Sinne, eher als dass sie Helsinki ihre Existenz verdankten. (Bolton: *Worlds of dissent.*)

niken integriert. Seine Logik war keine Sozialismus-immanente mehr, sondern eine rechtsbasierte, universalistische. Die war auch im Westen unmittelbar verständlich und bot Anknüpfungspunkte für viele – vom liberal-konservativen bis ins linkslibertäre Milieu: „[Human rights] violations could be immediately understood, even by people far away (including foreign journalists) who had little knowledge of local conditions", analysiert der amerikanische Slawist Jonathan Bolton.[97] Es etablierte sich ein „Esperanto des Widerstands" (Bolton), das sich in lokale Diskurse integrieren liess. Mit am besten gelang das, wie gezeigt, in Frankreich, in der Überlagerung mit der Traditionslinie der linken Totalitarismuskritik.

* * *

Im intellektuellen Leben der französischen Hauptstadt zeigte sich die Stärke des resultierenden neuen Kommunikationsraums erstmals auf einer Konferenz, die 1976 aus Anlass des zwanzigsten Jahrestages der niedergeschlagenen ungarischen Revolution von 1956 stattfand. Über das Zusammentreffen schreibt Stéphane Dufoix:

> Véritable catalysateur, ce colloque jette les bases de la coopération ultérieure des intellectuels exilés est-européens : participations réciproques aux revues des autres exopolities [Dufoix nennt hier in einer Fußnote u.a. *Lettre internationale*, RLS], organisation de colloques, création de revues, invitations aux manifestations…[98]

Die Organisatoren waren der exilierte Ungar und EHESS-Dozent Pierre Kende und der polnische Philosoph Krzysztof Pomian, der seit 1973 im Pariser Exil lebte. Im Verlauf dieses „Vernetzungstreffens", wie man heute wohl sagen würde, zeichnete sich der neue Fokus der osteuropäischen Dissidenten ab. Ihr Botschafter war der Pole Adam Michnik, wie erwähnt einer der Gründer des Komitees zur Verteidigung der Arbeiter (KOR), später der Solidarność und bis heute Verleger der Tageszeitung *Gazeta Wyborcza*. In seinem Beitrag für die Pariser Konferenz stellte er den „Neuen Evolutionismus" vor, der sich schnell zu einem einflussreichen Schlagwort entwickelte.[99]

Michnik argumentierte, dass man nicht mehr auf einen revolutionären Umsturz in Osteuropa bauen könne, ein solches Vorgehen sei, angesichts der Machtverhältnisse in der UdSSR, unrealistisch und gefährlich.[100] Alle bisherigen Strategien – die „revisionistische" (d.h. reformkommunistische) und die „neopositivistische" (d.h. christlich-nationale) – seien gescheitert. Energie und Hoffnung solle man nicht mehr auf die Regierungen verschwenden, sondern lieber auf einen Mentalitätswandel in der Bevölkerung hinarbeiten. Der Adressat von Michniks „Neuem Evolutio-

97 Bolton: *Worlds of dissent*, S. 26.
98 Dufoix: *Politiques d'exil*, S. 194.
99 Michnik, Adam: *„Le nouvel évolutionnisme [1977]"*, in: Kende, Pierre und Krzysztof Pomian (Hrsg.): *1956 : Varsovie-Budapest : la deuxième révolution d'Octobre*, Paris: Seuil 1978, S. 201–214.
100 Ebd., S. 208.

nismus“ war die Öffentlichkeit – beziehungsweise, zunehmend, die „parallele Öffentlichkeit“ der Dissidenz. Den Intellektuellen ließ er dabei eine entscheidende Vermittlungsfunktion zukommen, denn „Ce sont les intellectuels qui créent une opinion publique indépendante et développent des attitudes non conformistes“.[101] Was die Aktivitäten in Richtung der Regierung angehe, so rief Michnik dazu auf, sie auf die Einhaltung der Menschenrechte zu verpflichten – nicht mehr und nicht weniger:

> A mon avis, la seule voie à prendre pour les dissidents des pays de l'Est est celle d'une lutte incessante pour les réformes, en faveur d'une évolution qui élargira les libertés civiques et garantira le respect des droits de l'homme.[102]

Dies war das Modell des Dissidenten, das sich durchsetzte. Michniks Rede erschien, zusammen mit weiteren Konferenzbeiträgen, Anfang 1977 in *Esprit*, im selben ersten Heft der neuen Serie, mit dem Paul Thibaud den Beginn einer neuen Epoche des Pariser Intellektuellendiskurses begrüsst hatte.[103]

1977 war das Jahr, in dem ganz Paris zum Resonanzraum der Dissidenten wurde: Bereits zu Jahresbeginn hatte man die Veröffentlichung der Charta 77 euphorisch aufgenommen. Mit ihr zeigte sich, welche Sprengkraft vom „rights talk“ ausgehen konnte, wenn Bürger ihn sich zu eigen machten.[104] Anders als noch beim skeptischen Empfang der Protagonisten des Prager Frühlings in den Jahren 1968/69, standen die Dissidenten nach der „Solschenizyn-Affäre“ in der französischen intellektuellen Linken nicht mehr unter dem peinlichen Zwang, ihre Handlungen durch die Beteuerung der fortwährenden Zugehörigkeit zum Sozialismus rechtfertigen zu müssen (einem Sozialismus, dem sich viele dennoch weiterhin verpflichtet fühlten – auch das ein heute oft vernachlässigter Aspekt).[105]

---

101 Ebd., S. 213.

102 Ebd., S. 208.

103 Die Texte wurden 1978 bei Le Seuil in Buchform wiederveröffentlicht, nach der hier zitiert wird.

104 Der entscheidende Passus der Charta lautete: „Charter '77 is a free, informal, and open community in which various convictions, religions and professions co-exist. Its members are linked by the desire to work individually and collectively for human and civil rights in Czechoslovakia and the world. These rights are guaranteed by the final agreements of the 1975 Helsinki Conference and other international treaties against war, violence and repression. Thus Charter '77 is based on the solidarity and friendship of all people who share a concern for certain ideas. Yet Charter '77 is not an organization. It has no statutes, permanent organs, or registered membership. Everyone who agrees with its ideas and works to realize them belongs to it.“ (Charter 77, zitiert nach der englischen Übersetzung in RIESE, Hans-Peter (Hrsg.): *Since the Prague spring: the continuing struggle for human rights in Czechoslovakia*, New York: Random House 1979, S. 13–14.) Grundlegend zur Charta 77: SKILLING, Harold Gordon: *Charter 77 and human rights in Czechoslovakia*, London; Boston: Allen & Unwin 1981; SKILLING, Harold Gordon: *Samizdat and an independent society in Central and Eastern Europe*, Columbus: Ohio State University Press 1989; BOLTON: *Worlds of dissent*.

105 Noch 1974, während der „Solschenizyn-Affäre“, hatte Jean Daniel in einem Editorial des *Nouvel Observateur* mit einem Wortspiel angemerkt, es sei zu bedauern, dass man in Frankreich zunächst immer „patte rouge“ zeigen müsse, ehe man Solschenizyn verteidige, um nicht als Totengräber der „Union de la gauche“ oder gleich der Linken überhaupt dazustehen. Das Editorial von Jean Daniel aus dem *Nouvel Observateur* vom 18. Februar 1974 ist zitiert in der Manifestsammlung

Kurz nach der Charta 77, im Frühjahr des „Dissidenz-Jahres" 1977, geriet das französische intellektuelle Feld durch eine weitere, diesmal traurige Nachricht aus der Tschechoslowakei in Aufruhr: Jan Patočka, der eminente Phänomenologe und zusammen mit Václav Havel und Jiří Hájek einer der ersten Charta-Sprecher, war am 13. März nach einem Polizeiverhör verstorben. *Esprit* sprach von einem „politischen Attentat", der Philosoph Paul Ricœur in *Le Monde* von einer „Tötung durch die Staatsmacht".[106] Ein französisches Unterstützerkomitee der Charta 77 formierte sich. Nun waren es nicht mehr nur die „Freunde von Prag" – oder von „Budapest" – sondern zahlreiche Journalisten und Intellektuelle unterschiedlicher politischer Couleur, die in Paris die Sache der Dissidenten vertraten.

Im Sommer wurde dann die Biennale in Venedig, unter der Leitung des späteren EG-Kulturkommissars Carlo Ripa di Meana – eines Freundes von Jiří Pelikán – zur „Biennale der Dissidenz" ausgerufen. Programmleiter war kein anderer als Antonin Liehm.[107]

Doch das volle Ausmaß der Transformation in Paris zeigte sich am 21. Juni: Während Valérie Giscard d'Estaing im Elysée-Palast Leonid Breschnew zum Staatsbesuch empfing, versammelten sich im Théâtre Récamier Pariser Intellektuelle zum Gegen-Empfang zu Ehren der sowjetischen Dissidenten. Diese Konstellation wäre zehn Jahre zuvor wohl kaum zu Stande gekommen: Von Sartre und de Beauvoir über Michel Foucault und Gilles Deleuze bis hin zu Eugène Ionesco und André Glucksmann feierte man Andrei Amalrik, Wladimir Bukowski, Leonid Pljuschtsch, Andrei Sinjawski und weitere. Kurz darauf, im Juli, sprangen die *Temps Modernes* auf den rollenden Zug auf und veröffentlichten das erste von mehreren Dossiers zu den Dissidenten.[108] Die Autoren von *Tel Quel* überschlugen sich derweil, immer weitere Aspekte eines non-konformen Lebensvollzugs unter den Begriff der Dissidenz zu bringen: Im Winter-Heft 1977 veröffentlichte Julia Kristeva einen paradigmatischen Artikel, in welchem sie die „Dissidenten-Funktion" im Rebellen, im Schriftsteller, im Psychoanalytiker wiederfand (und damit in gewisser

von SIRINELLI, Jean-François: *Intellectuels et passions françaises : manifestes et pétitions au XXe siècle*, Paris: Fayard 1990, S. 272.

106 Quellen bei HOURMANT: *Le désenchantement des clercs*, S. 144–145.

107 Die Dokumentation der Biennale, in italienischer Sprache unter dem Titel *Il dissenso culturale. Quaderni di documentazione: Letteratura e dissenso nell'Europa dell'Est* erschienen und herausgegeben von Antonin Liehm und Karel Kosík, umfasste Texte von Karel Kosík, Ernst Fischer, Julia Kristeva, drei Texte von Stefan Morawski, Jindřic Chalupecký, Abram Terz (Sinjawski), den Brief von Havel an Husák, das Portrait Jan Patočkas von Paul Ricoeur, Victor Határ, Ludvík Vaculík, den Briefwechsel zwischen Joachim Seyppel, Jurek Becker und Günter Kunert, sowie Briefe an Paul Goma zur Situation in Rumänien: LIEHM, Antonin J. und Karel KOSIK: *Letteratura e dissenso nell'Europa dell'Est*, Venedig: La biennale di Venezia; Marsilio Editori 1977.

108 Wie nicht anders zu erwarten, mobilisierten die *Temps Modernes* das bekannte Netzwerk aus den 1960er Jahren: *Listy* lieferte, aus der Feder von Zdeněk Mlynář, Analysen zur Situation in der CSSR. Es sollte nicht vergessen werden, dass die Reformkommunisten weiterhin aktiv waren, vor allem in der Tschechoslowakei, wo sie einen aktiven Teil der Charta 77-Unterzeichner ausmachten, selbst wenn sie unter den Dissidenten nicht mehr den Ton angaben.

Weise ins vertraute Pariser Dekor stellte). Der hyperbolische Gebrauch zeigte es an: Der Dissident war der neue Intellektuelle.[109]

Vom Kleinklein nationaler Grabenkämpfe befreit und mit einer edlen Mission ausgestattet, füllte der Dissident die Lücke, die der Intellektuelle gelassen hatte, als er, ca. 1968, auf der Pariser Bühne in Misskredit geraten war. So wurde der Abschiedsschmerz von den großen Erzählungen und den französischen Meisterdenkern ein wenig gelindert durch die bisweilen übergroße Figur des Dissidenten und seines exemplarischen Kampfes für die Menschenrechte.

4. Um 1980: Foren von Intellektuellen für Intellektuelle – *Le Débat* und *Lettre internationale*

Auf die Euphorie über Totalitarismuskritik und Dissidenz folgte, zu Beginn der 1980er Jahre, ein Moment der Ernüchterung und des Bilanzierens. Fest stand, dass die Transformation der intellektuellen Öffentlichkeit in Frankreich vollzogen war: Jean-Paul Sartre starb 1980, die *Temps Modernes* hatten zu diesem Zeitpunkt in Frankreich nur noch 1000 Abonnenten.[110] Der Bedeutungsverlust galt aber ebenso für ihre langjährigen publizistischen Gegenspieler auf Seiten der Avantgarde: Roland Barthes starb 1980, *Tel Quel* stellte 1982 das Erscheinen ein. Das Flaggschiff der linken Totalitarismuskritik im intellektuellen Feld, *Libre*, strich 1980 die Segel. Raymond Aron verstarb 1983, Michel Foucault im Jahr darauf.

Die neuen Machtverhältnisse in der französischen intellektuellen Öffentlichkeit in der zweiten Hälfte der 1970er Jahre hatten zwar, wie gesehen, breitere Allianzen ermöglicht, aber sie waren auch, das wurde zu Beginn der 1980er Jahre nicht nur Pierre Bourdieu und Régis Debray deutlich, mit einem Bedeutungsverlust der politisch-literarischen Zeitschriften und ihrer Diskurse einhergegangen.[111] Die Autonomie des intellektuellen Feldes war zu einem Grad geschliffen worden, der auch den Liberalen – die gleichwohl als „Gewinner" aus diesem Prozess hervorgingen – nicht behagen konnte. Journalisten wie Sender, zunehmend an die „Medienintellektuellen" gewöhnt, begannen die selben Anforderungen an den intellektuellen Diskurs insgesamt zu stellen. Wie Régis Debray bemerkte, zwangen die „Distributoren" den „Produzenten" zunehmend ihre Bedingungen auf: „[D]ie Verteiler be-

---

109 Julia Kristeva, „Un nouveau type d'intellectuel: le dissident", in *Tel Quel* 74, 1977. *Tel Quel* (vor allem die Kernredaktion um Julia Kristeva, Philippe Sollers und Guy Scarpetta) hatte sich seit der Lossagung vom Maoismus für die Dissidenten engagiert. Zur Begegnung zwischen Bernard-Henry Lévy und Philippe Sollers im Zeichen der Dissidenz siehe HOURMANT: *„,Tel quel' et ses volte-face politiques (1968-1978)"*; HOURMANT: *Le désenchantement des clercs*, S. 148–155.

110 Dazu 1500 Abonnenten im Ausland und 1500 am Kiosk und im Buchhandel verkaufte Exemplare. Zahlen aus *Le Monde* von 1983, zitiert bei HOURMANT: *Le désenchantement des clercs*, S. 232.

111 DEBRAY: *Le pouvoir intellectuel en France*; HAMON, Hervé und Patrick ROTMAN: *Les intellocrates : expédition en haute intelligentsia*, Paris: Éditions Ramsay 1981; BOURDIEU, Pierre: *Homo academicus*, Paris: Editions de Minuit 1984.

stimmen nicht nur den Umfang, sondern auch die Natur der Produktion."[112] Diese Tendenz war zwar nicht neu, aber die Welten drifteten weiter auseinander, und zwar zu Ungunsten der Produzenten: „Der größtmöglichen Trennung der Produzenten von den Trägermedien entspricht die größtmögliche Unterordnung der ersten unter die zweitgenannten", diagnostizierte Debray.[113] Im Klartext: Es fühlte sich nach Enteignung an. Ähnlich unangenehm waren die Erwartungshaltungen von politischer Seite: Aus dem Umfeld der Sozialistischen Partei wurde den Intellektuellen, zwei Jahre nach dem Wahlsieg von François Mitterrand am 10. Mai 1981, mangelnde Unterstützung für den Präsidenten vorgeworfen. Das „Schweigen der Intellektuellen" beklagte Max Gallo, der Regierungssprecher, in einem für den Geist der Zeit charakteristischen Beitrag für *Le Monde* vom 26. Juli 1983 – als seien die zur Loyalität verpflichtet, sobald ein Sozialist im Elysée sitzt.[114]

Die Intellektuellen steckten zweifellos in einer „Identitätskrise", wie der austro-französische Soziologe Michael Pollak diagnostizierte.[115] Jean-François Lyotard war nicht der einzige, der einer von Frankreichs vornehmsten Sozialfiguren bereits ein Grabmal errichten wollte.[116] In diesem Klima stieg das Bedürfnis zur Selbstverständigung, was zunächst bedeuten musste, zu einer seriösen Debatte unter Intellektuellen zurückzukehren und zwar, das war entscheidend, in „selbstverwalteten" Medien. Die Auseinandersetzung sollte freilich auf Grundlage des neuen Wertekanons erfolgen: Menschenrechte, Demokratie, Totalitarismuskritik, Europaorientierung. Man schaute, was es im Ausland bereits an möglichst breitenwirksamen Foren „von Intellektuellen für Intellektuelle" gab – und fand die *New York Review of Books*. Robert Silvers' und Barbara Epsteins zweiwöchentlich vertriebene über 100.000 Hefte mit Essays, Rezensionen und Reportagen wurden zum Goldstandard, an dem man sich in den USA schon seit der Gründung im Jahre 1963, im Pariser publizistischen Milieu spätestens ab den frühen 1980er Jahren maß.

Der einflussreiche Gallimard-Lektor, Publizist und – kein Zufall: seit 1977 – EHESS-Historiker Pierre Nora hat die mediale Konstellation in Frankreich nach den beschriebenen Veränderungen der 1970er Jahre wie folgt bilanziert:

> Pas un universitaire américain qui ne nous enviera *Apostrophes* [die erwähnte TV-Gesprächsrunde von Bernard Pivot, RLS], le ‚Monde des livres' et l' ‚ouverture' de *L'Observateur* [gemeint waren die ersten Seiten des *Nouvel Observateur* mit Informationen zur intellektuellen Lage, RLS]. Ni ghetto, ni campus où serait confinée la circulation des idées. Mais du coup, rançon de cette insertion bienheureuse, l'absence, en France, de ces grands organes spécialisés du type du *Times Literary supplement* en Angleterre ou de la *New York Review of Books* aux États-Unis, dont le tirage atteint ou dépasse

112 Debray, zitiert in Bock: „*Medienintellektuelle in Frankreich*", S. 82.

113 Debray, zitiert in ebd.

114 „Les intellectuels, la politique et la modernité", in *Le Monde* vom 26. Juli 1983.

115 Pollak, Michael: „*Vienne fin de siècle. Les limites de l'exemple historique*", in: *Vingtième Siècle. Revue d'histoire 1/4* (1984), S. 49–64, hier S. 52.

116 Lyotard, Jean-François: *Tombeau de l'intellectuel : et autres papiers*, Paris: Editions Galilée 1984.

> cent mille exemplaires, et par le moyen desquels la communauté intellectuelle assure *elle-même* l'information et la critique de son propre travail.[117]

Nora schrieb diese Zeilen in einem Artikel der Monatszeitschrift *Le Débat*, die er, redaktionell unterstützt von Marcel Gauchet und beraten von Krzysztof Pomian, ab 1980 bei Gallimard herausgab. Sie war der vielbeachtete und durchaus erfolgreiche Versuch einer französischen Antwort auf die „Herausforderung" der *New York Review* und darf in jeder Hinsicht als die paradigmatische Neugründung jener Zeit gelten.[118] In einem Gespräch mit *Le Monde* vom 2. Mai 1980 aus Anlass der ersten Ausgabe sagte Nora, mit seiner Zeitschrift wolle er keine neue Schule bilden, sie sei vielmehr „à la circulation des idées ce que *Le Monde* est à la circulation des informations: métier, tenue, qualité".[119] Die Anmutung von *Le Débat* war nüchtern und streng, Photographien oder Illustrationen suchte man vergebens. Die Abgrenzung zur Magazin-Kultur war offensichtlich. Aber auch zur Kultur der hergebrachten Richtungszeitschriften suchte man Distanz: So fehlte etwa ein Herausgeberkreis, um keine Schulbildung zu suggerieren. Alles an dieser Publikation war auf das Leitbild der „démocratie intellectuelle"[120] hin orientiert, das Nora formuliert hatte: eine Pluralisierung und Demokratisierung des intellektuellen Feldes – freilich mit *Le Débat* als zentraler Agora...

Der Geist der Zeit, die „Krise der Intellektuellen" um 1980, beförderte mithin die Gründung jenes Typus von Zeitschriften, den Cyril Connolly, im Kontext der modernistischen *little magazines*, einmal den „eklektischen" genannt hatte. Der legendäre britische Literaturkritiker (und Herausgeber des *Horizon*) bezeichnete damit inklusive publizistische Foren, in denen sich stilistisch und argumentativ hochwertige Beiträge unterschiedlicher Couleur finden lassen. Ihnen gegenüber stellte er die exkludierenden Richtungszeitschriften der Avantgarde, die er die „dynamischen" nannte. Zu ihrer Unterscheidung erklärte Connolly:

> Little magazines are of two kinds, dynamic and eclectic. Some flourish on what they put in, others by whom they keep out. Dynamic magazines have a shorter life and it is round them that glamour and nostalgia cristallize. If they go on too long they will become eclectic although the reverse process is very unusual. Eclectic magazines are also of their time but they cannot ignore the past nor resist good writing from opposing camps. The dynamic editor runs his magazine like a commando course where picked men are trained to assault the enemy position: the eclectic is like a hotel proprietor whose rooms fill up every month with a different clique.[121]

---

117 Nora, Pierre: *„Ecrivez, on ne vous lira pas"*, in: *Le Débat 19* (1982), S. 1–8, hier S. 4 (Herv. im Original).

118 Zu *Le Débat* siehe Rieffel: *La tribu des clercs*, S. 391–400; Hourmant: *Le désenchantement des clercs*, S. 213–222. Eine Monographie zu *Le Débat* steht meines Wissens bisher aus.

119 Nora, zitiert in Hourmant: *Le désenchantement des clercs*, S. 214.

120 Nora, Pierre: *„Que peuvent les intellectuels?"*, in: *Le Débat 1* (1980), S. 3–19, hier S. 9.

121 Connolly, Cyril: *„Little Magazines [1964]"*, in: Connolly, Cyril: *The evening colonnade*, New York: Harcourt Brace Jovanovich 1975, S. 375–386, hier S. 375. Auf französisch bezeichnenderweise übersetzt in *La Revue des revues*, 19, 1995, S. 71-81, der Fachzeitschrift von Ent'revues, dem französischen Verband der Kulturzeitschriften.

Der Moment „um 1980" verlangte nach weltläufigen und liberalen „Hoteliers", die bereit waren, gute und bedeutende Texte bei sich aufzunehmen, ohne sich und ihre eigenen Ansichten in den Vordergrund zu stellen. Im Fall von *Le Débat* gelang das nur punktuell: Die doppelte Frontstellung gegen Sartre und die engagierte Tradition der *Temps Modernes* einerseits – Nora und Gauchet verkündeten die Gründung von *Le Débat* an Sartres Todestag –, gegen Foucault, Derrida und den Poststrukturalismus andererseits, machte das Projekt letztlich weniger „eklektisch", auch weniger bescheiden, vor allem aber: deutlich frankozentrischer als zunächst angekündigt.[122] Nicht zuletzt wegen ihrer prominenten Herausgeber blieb *Le Débat* letztlich zu stark in den Positionskämpfen des Pariser Betriebs engagiert, um sein Versprechen eines überfraktionellen, international ausgerichteten Forums einzulösen. Und so verwundert es nicht, wenn vier Jahre später mit *Lettre internationale* eine zweite Zeitschrift ihre exzellenten Beziehungen zur *New York Review* im Gründungs-Editorial herausstellte und sich den französischen Intellektuellen als internationales Forum anbot.[123]

* * *

Weiterhin ohne *tenure*, hatte Antonin Liehm 1979 an der University of Pennsylvania keinen Lehrauftrag mehr erhalten. Das folgende Jahr hielt er sich mit Seminaren an der Johns Hopkins Universität in Baltimore und Gastvorträgen in den USA und Europa über Wasser, während er parallel seine Rückkehr nach Paris vorbereitete. Mehr als ein Jahrzehnt nach dem „*exil manqué*" von 1969 standen die Sterne günstiger, etwas Anpassungswille an die neuen politischen Verhältnisse vorausgesetzt. 1982 unterrichtete er an der EHESS in Paris und in Genf, im Jahr darauf wurde Antonin Liehm, mit Hilfe von Julia Kristeva und unterstützt von Milan Kundera, als *professeur associé* an die Universität Paris VII berufen.[124] Nach einer langen Phase der Unsicherheit und immer wieder auch existenzieller Ängste hatte er endlich ein Standbein. Mira Liehm und er etablierten sich dauerhaft in Paris. Fehlte das Spielbein. Dazu wandte er sich 1983, wie erwähnt, an Jean Daniel vom *Nouvel Observateur*, um ihm – übrigens auf Anregung des gemeinsamen Freundes André Gorz[125] – einen „*Nouvel Oberservateur international*" ans Herz zu legen.

122 Für einen kritischen Blick auf die weitere Entwicklung des *Le Débat*-Umfelds siehe die Beschreibung in CUSSET, François: *French theory : Foucault, Derrida, Deleuze & Cie et les mutations de la vie intellectuelle aux Etats-Unis*, Paris: La Découverte 2003, S. 323–341.

123 Die Gemeinsamkeiten von *Le Débat* und *Lettre* zeigen sich nicht zuletzt auch in der Konkurrenz um Texte (siehe dazu das folgende Kapitel). Aus solchen punktuellen „Kollisionen" ging die einflussreichere und finanzkräftigere Gallimard-Zeitschrift in der Regel siegreich hervor.

124 Angaben nach einem Gespräch mit Antonin Liehm vom 7. Dezember 2012. Antonin Liehms Anstellung als *professeur associé* bei Paris VII dauerte die damals für diese Posten maximal zulässigen vier Jahre (1. April 1983–1. April 1987), wie aus einem Brief der Personalverwaltung der Universität vom 5. Dezember 1986 hervorgeht. Im Anschluss konnte Liehm noch zwei Jahre als *maître de conférences* an der EHESS arbeiten, ein Arrangement, das es ihm ermöglichte, die Zeit bis zu seiner Pensionierung 1989 zu überbrücken. Dokumente im Archiv AJL/LI, IMEC.

125 Auskunft von Antonin Liehm in einem Gespräch vom 7. Dezember 2012.

Antonin Liehm war zu diesem Zeitpunkt bereits 59 Jahre alt und setzte noch einmal alles auf eine Karte. Dem Reformkommunismus fehlte die Perspektive, Antitotalitarismus und Dissidenz hatten sich etabliert und bereits etwas die Hörner abgestoßen… die Gelegenheit war günstig, alle Beteiligten dieser Debatten – nicht nur in Frankreich – auf den Seiten einer genuin europäischen Zeitschrift zusammenzubringen: Schriftsteller und Intellektuelle aus Ost und West, Liberale und Sozialisten, Revolutionäre und Reformer. Dem „Prager Modell" der Publizistik getreu würde man die Verbindung zum Kulturjournalismus nicht kappen und, ohne Konzessionen, für die größtmögliche Öffentlichkeit publizieren; weiterhin für Humanismus und Aufklärung eintreten; den Intellektuellen verteidigen; Europäismus und Antiprovinzialismus hochhalten. All das schien Anfang der 1980er Jahre hoch aktuell und, dank George Soros und anderen Zustiftern, auch ökonomisch halbwegs machbar.[126] Nur was den „Dritten Weg" als fünfte Säule des Prager Modells anging, hatten die fünfzehn Jahre seit der Intervention der Truppen des Warschauer Pakts Antonin Liehm davon überzeugt, seine politischen Hoffnungen nicht mehr zum Maßstab seines gegenwärtigen publizistischen Handelns zu machen.

Damit soll wohlgemerkt nicht gesagt sein, Liehm habe damals aufgehört, an die Idee des „Dritten Weges" zu glauben. Ich habe ihn am 3. April 2012 gefragt, wie er die Dinge seinerzeit sah. Liehm sagte mir:

> Leute wie Pelikán, Hejzlar, ich, und weitere glaubten weiterhin, es gebe einen Dritten Weg.
>
> *Wie lange haben Sie das geglaubt?*
>
> Ich glaube das immer noch.

Mein Erstaunen bemerkend, präzisierte Liehm:

> Wenn ich nicht glauben würde, dass es einen Dritten Weg geben kann, was sollte ich dann machen? […] Die Geschichte der Menschheit ist die Suche nach dem Dritten Weg. […] Aber es gibt keinen, jedenfalls nicht zur Zeit.[127]

Lettre internationale war das Kind dieser Einsicht. Von *Literární noviny* in den 1960er und den reformkommunistischen „Exportversuchen" à la *L 76* aus den 1970er Jahren unterschied sich Antonin Liehms Initiative der 1980er Jahre nicht zuletzt dadurch, dass ihr Herausgeber nicht mehr mit seinen eigenen politischen Positionen im Heft in Erscheinung trat. Als ich mich auf die Suche nach historischen Analogien begab, um diese Veränderung besser nachvollziehen zu können, fiel mir ein kleiner Text des großen Trotzki-Biographen Isaac Deutscher ein. Der hatte sich 1955 in *Heretics and Renegates* gefragt, welche Rolle der ehemals kommunistische Intellektuelle in der Öffentlichkeit noch spielen könne.[128] Deutscher war,

126 Siehe zur Finanzierung von *Lettre* das folgende Kapitel.
127 Gespräch des Autors mit Antonin Liehm vom 3. April 2012.
128 DEUTSCHER: *Heretics and renegades.*

zurückhaltend ausgedrückt, kein Freund der Renegaten. Der Weg, den Arthur Koestler und die Ex-Kommunisten aus dem Umfeld des Kongresses für Kulturelle Freiheit eingeschlagen hatten, war nicht seiner (*Heretics and Renegates* war als Polemik gegen den berühmten, von Koestler herausgegebenen, Sammelband *Ein Gott der keiner war* von 1950 entstanden). Gab es eine Alternative zum Schicksal des Renegaten? Wie war es möglich, Häretiker zu bleiben, so wie Ernst Fischer es 1966 in *Literární noviny* von den Intellektuellen verlangte? Isaac Deutscher hatte damals nur eine Lösung gesehen: „It seems that the only dignified attitude the intellectual ex-communist can take is to rise *au-dessus de la mêlée.*“[129]

Waren die kommunistischen Intellektuellen aus Liehms Generation im Prag der 1960er Jahre noch „au centre de la mêlée“ gewesen, so zog sich Liehm mit *Lettre internationale* aus dem Getümmel zurück und bot ein Forum an. Sicherlich: In der tschechoslowakischen Exopolitie tat er, durch regelmäßige Artikel in *Listy,* weiterhin seine Meinung kund.[130] Auch in der internationalen Presse fand man in den 1980er und 1990er Jahren noch vereinzelt von ihm gezeichnete Artikel, in denen er zu dieser oder jener politischen Frage Stellung bezog. Doch nicht in *Lettre internationale.* Den Lesern des Editorials im ersten Heft von 1984 teilte Liehm zwar noch mit:

> Bien évidemment, nous avons, nous aussi, un passé, une trajectoire, une histoire. Si l'on insiste pour nous classer aujourd'hui, nous dirons que, dans notre diversité, nous nous réclamons du ‚socialisme démocratique‘ au sens européen ou du ‚libéralisme politique‘ au sens américain, et que nous sommes plus assurés dans les questions que dans les réponses.[131]

Doch wer diese knappe Konzession an die Tradition, eine Publikation in ihrem ersten Heft ideologisch zu verorten, verpasst oder überlesen hatte, konnte Vergleichbares später lange suchen (und würde doch nicht fündig werden... Beim Start der Berliner Ausgabe vier Jahre später wurde der zitierte Absatz aus dem sonst fast identischen Editorial als einziger gestrichen.[132])

Nicht als reformkommunistischer Meisterdenker und feuilletonistische Edelfeder engagierte sich Liehm ab den frühen 1980er Jahren im transnationalen Kommunikationsraum, sondern als Verleger und „Text-Monteur“: Seine zwischen Prag, New

---

129 Ebd., S. 20. Das vollständige Zitat lautet: „It seems that the only dignified attitude the intellectual ex-communist can take is to rise *au-dessus de la mêlée.* He cannot join the Stalinist camp or the anti-Stalinist Holy Alliance without doing violence to his better self. So let him stay outside any camp. Let him try to regain critical sense and intellectual detachment. Let him overcome the cheap ambition to have a finger in the political pie [...] This is not to say that the ex-communist man of letters, or intellectual at large, should retire into the ivory tower. [...] But he may withdraw into a *watch-tower* instead. To watch with detachment and alertness this heaving chaos of the world, to be on a sharp lookout for what is going to emerge from it, and to interpret it *sine ira et studio* – this is now the only honourable service the ex-communist intellectual can render to a generation in which scrupulous observation and honest interpretation have become so sadly rare.“ Ebd.

130 Diese Artikel wurden kürzlich in Prag in einem Sammelband veröffentlicht: LIEHM, Antonin J.: *Názory tak řečeného Dalimila*, Prag: Dokořán 2014.

131 Editorial „A nos lecteurs“, *Lettre internationale* (Paris) 1, 1984, S. 94. Siehe Anhang 1.

132 Vgl. das Editorial („Liebe Leserinnen und Leser“) in *Lettre International* (Berlin) 1, 1988, S. 98.

York und Paris gesammelten Kontakte und Erfahrungen verwandte er darauf, Europas Intellektuelle und ihre Texte – „vom Atlantik bis zum Ural“ und darüber hinaus – so zu einander in Beziehung zu setzen, wie sie sich selbst noch nicht gesehen hatten. Dass diese Unternehmung angesichts der disparaten europäischen Öffentlichkeiten und der unklaren Großwetterlage der 1980er Jahre auf positive Resonanz stoßen konnte, hatte Liehm begriffen und seinen Zeitschriftenplan entsprechend neu ausgerichtet. Erst dadurch konnte aus dem Erbe des Prager Modells der Publizistik *und* der Öffnung in der Folge der Transformationen der 1970er Jahre, die in diesem Kapitel nachvollzogen wurden, ein internationales Zeitschriften-Netzwerk entstehen. Publizistik ist eine Kunst des rechten Augenblicks.

Kapitel 5
Eine neue Karte zur Alten Welt. Grundideen und Geburtswehen einer europäischen Zeitschrift (1983-1984)

Nach fünfzehn Jahren des Planens, Abwartens, Werbens und Erklärens erschien im Juni 1984 die erste Ausgabe von *Lettre internationale* in Paris.[1] Quer über die Titelseite der Zeitschrift lief Franz Kafkas ikonische Unterschrift. Darunter stand, etwas kryptisch:

LA RAISON D'EDGAR, L'ECO DU TELEPHONE,
STENDHAL MYTHOMANE,
L'IDEORWELL84, UN TRISTAN MEDUSANT.

Im Hintergrund eine Collage aus Text-Schnipseln, die einem Betrachter mit Zeit und Lust zum Puzzeln ihre Herkunft aus den *Chroniques italiennes* von Stendhal preisgegeben hätten. Darunter Fragmente einer Europa-Karte von mindestens ebenso rätselhafter Gestalt: Dort grenzte die britische Südküste an Porto, von wo aus der imaginäre Europareisende entweder landeinwärts nach Neuss und Düsseldorf abbiegen oder aber sich weiter am Meer halten konnte und auf diese Weise durch die Camargue nach Montpellier gelangt wäre, dann die rumänische Goldküste hinunter und über Mamaia und Constanza bis nach Versailles und Saint-Germain-en-Laye. Es sei denn der Ohrensessel-Reisende hätte bereits kurz hinter der bulgarischen Grenze die Ausfahrt nach Saragossa und Zweibrücken genommen... In seiner Titelcollage für *Lettre internationale* hatte der tschechische Dichter und bildende Künstler Jiří Kolář vertraute Orte des europäischen Kontinents so arrangiert, dass neue Nachbarschaften, Übergänge und Bezüge zwischen ihnen entstanden waren. Wie gewöhnliche Karten hatte auch diese zentrale und periphere Zonen, Nord und Süd, Ost und West – nur fand der Betrachter an den entsprechenden Stellen nicht wieder, was er, seinem routinierten Auge vertrauend, dort jeweils erwartete. Es war eine neue Karte zur Alten Welt.

Mit diesem ersten Eindruck ist Wesentliches über Anliegen und Herangehensweise von *Lettre internationale* gesagt. Es gibt Zeitschriften, die irgendwann irgend-

1 Dieses Kapitel stützt sich, wo es *Lettre internationale* betrifft, in erster Linie auf die Auswertung der beiden Archive der Zeitschrift (Archiv AJL/LI, IMEC und Archiv LI, AML) sowie auf Gespräche und eigene Beobachtungen. Zur – sehr überschaubaren – Sekundärliteratur siehe den Überblick in der Einleitung. Archivgestützte Arbeiten zu *Lettre* sind, wie erwähnt, bisher nicht vorhanden.

Abb. 7: Von Jiří Kolář gestaltetes Titelblatt von *Lettre internationale* (Paris), 1, 1984.

wie begonnen haben und bereits einige wenig aufregende Hefte oder gar Jahrgänge lang existierten, ehe sie schließlich, schrittweise erwachend oder durch ein außergewöhnliches Ereignis wachgerüttelt, ihre eigene, unverwechselbare Stimme und Bestimmung fanden. Anders bei *Lettre internationale*: Die Inkubationszeit des Projekts währte lang genug, um, als sich die Gelegenheit bot, ein durch und durch programmatisches erstes Heft vorzulegen. Die zur Verfügung stehenden Mittel waren bescheiden und die Umstände schwierig. Dessen unbeschadet rief alles an diesem Start danach, selbst im blasierten Pariser Kulturbetrieb von sich reden zu machen – angefangen beim Großformat von 275 x 370 Millimetern, das *Lettre* von den angelsächsischen *Reviews* auf den Kontinent importierte.[2] Um ein besseres Gefühl für die Zeitschrift zu vermitteln und den Leser mit ihrem Ton vertraut zu machen, sei es erlaubt, zunächst der Spur zu folgen, die vom ersten Titelblatt ins Heft führt.

* * *

LA RAISON D'EDGAR verwies auf Edgar Morins Essay „La raison dérationalisée", mit dem *Lettre* über sechs Seiten hinweg aufmachte.[3] Der Einstieg in den Text des französischen Soziologen – und damit in *Lettre internationale* – war steil, beschwerlich und lehrbuchhaft geraten, nämlich so:

> L'idée de la raison est étroitement associée au paradigme classique. Elle se fonde sur l'idée qu'il y a adéquation entre l'intelligibilité rationnelle et l'être du monde, tel que peut le révéler la connaissance empirique. Cette idée de raison est donc au départ une idée qui contrôle et guide la connaissance. En fait, la raison organise et ouvre une constellation conceptuelle faisant système, laquelle a pour source le paradigme d'ordre et d'objectivité. Récapitulons:[4]

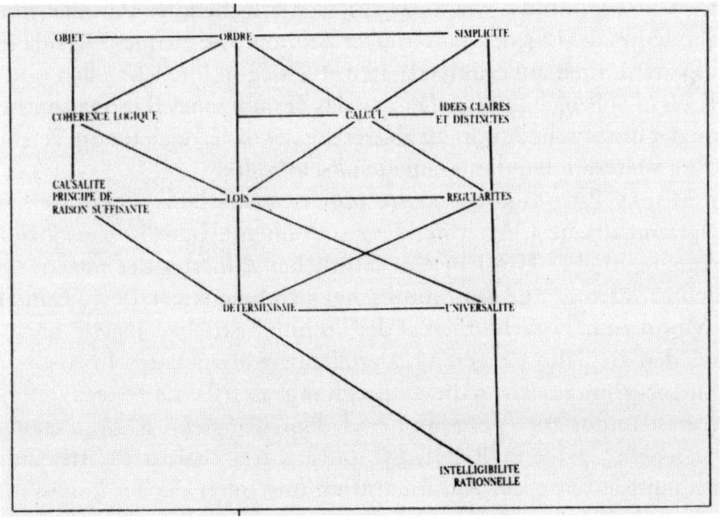

2 So Liehm in einem Text zur Geschichte von *Lettre internationale* im *Bulletin de Lettre internationale*, 1, 1995, S. 5.

3 MORIN, Edgar: „La raison dérationalisée. Essai sur la Raison, le rationalisme et l'irrationnel", in: *Lettre internationale* (Paris), 1, 1984, S. 4–10.

4 Ebd., S. 4.

Das war eine kalte Dusche von der Art, an die Eleven französischer Eliteschulen seit ihrer frühen Jugend gewöhnt wurden. Danach entspannten sich Morins Denken und Stil allerdings und der Text wurde mit jedem Absatz essayistischer. Vielleicht diente der Einstieg dem Versuch, seine derart in ihren cartesianischen Routinen zunächst vergewisserten Leser auf die Reise ins Ungewisse mitnehmen zu können. Jedenfalls verkomplizierte Morin sukzessive das Bild, trübte es ein, dafür Horkheimer, Adorno, Merleau-Ponty und Castoriadis bemühend: Sicherlich, der klassische Rationalismus könne auf eine progressive Allianz mit Kritik und Humanismus verweisen, konzedierte er. Doch dem stehe die blanke „Rationalität der ägyptischen Pyramiden" (Husserl) gegenüber, wie sie nicht zuletzt im Kolonialismus wieder hervorgetreten sei.[5] Es seien dies zwei Seiten desselben Prozesses. Weil sich die Vernunft von ihrer totalitären Schwester, dem nackten Rationalisierungs- und Bürokratisierungsprozess, historisch nicht trennen lasse, müsse sie, um uns Menschen weiter leiten zu dürfen, fortan selbst angeleitet und in ihre Grenzen verwiesen werden. Morin plädierte deshalb für einen neuen, gleichermaßen bescheideneren *und* komplexeren Begriff der Vernunft, die er sich „ouverte, incertaine, vivante, aporétique, méta-rationaliste, anti-rationalisatrice" wünschte.[6] Diese neue „RAISON D'EDGAR" sollte, so darf man angesichts ihrer prominenten Position im ersten Heft vermuten, auch die von *Lettre internationale* werden.

Morins Essay zur „entrationalisierten Vernunft" war theoriegeschichtlich nicht bahnbrechend, aber für *Lettre* doch wegweisend: Er hielt das Projekt auf Äquidistanz zum alten, in den französischen Universitäten weiterhin dominanten, Paradigma des Cartesianismus, wie auch zur weiterreichenden Rationalismus-Kritik der Postmoderne, die in jenen Jahren über Autoren wie Jacques Derrida und Jean-François Lyotard ihren außeruniversitären Aufstieg in intellektuellen und künstlerischen Kreisen vollzog.[7] Dazwischen lag das Terrain eines Rationalismus, der, obgleich ihm der historische Autopilot abgeschaltet wurde, doch für die Verständigung im Sichtflug weiterhin handlungsanleitend sein sollte.

Edgar Morins Patronage bei *Lettre internationale* beschränkte sich nicht auf diese programmatische Ouvertüre. Der prominente französische Soziologe war auch in biographischer Hinsicht ein natürlicher Alliierter der neuen Zeitschrift. Tatsächlich kannten er und Antonin Liehm sich bereits seit 1947! Damals 26jährig, war Morin zum 1. Weltkongress der kommunistischen Jugend nach Prag gereist, wo er den drei Jahre jüngeren Liehm kennengelernt hatte. In einem Gespräch sagte er mir, er erinnere sich an diese Begegnung, als habe sie gestern stattgefunden: „La rencontre importante pour moi [auf dem Kongress, RLS], c'était Antonin Liehm. Je repète : parce qu'il était très ouvert, très chaleureux, très cultivé, très bien."[8] Euphorisiert von der Aufbruchstimmung unter der im kommunistischen

5 Ebd., S. 8.

6 Ebd., S. 10.

7 Zu letzterem Aspekt siehe, unter besonderer Berücksichtigung von Theorie-Export und -Reimport zwischen Frankreich und den USA, die Studie von CUSSET: *French theory*.

8 Gespräch des Autors mit Edgar Morin am 3. April 2012 in Paris.

Prag versammelten Weltjugend, hatte Morin einen überschwänglichen Kongressbericht für *Les Lettres françaises* verfasst, wofür er das im Zug durchreiste, unwirtliche Deutschland als Kontrastfolie nutzte.[9]

Doch bereits ab 1951 gehörte Morin dem PCF nicht mehr an, und 1956 setzte er sich in einem *Autocritique* betitelten Buch öffentlich mit seinen Jahren in der kommunistischen Partei auseinander. Als Mitherausgeber von *Arguments* wurde Morin Teil jener postkommunistischen *sociabilité* der intellektuellen Linken, deren Weg von den „marginaux" (Rieffel) um 1960 zu neuer Zentralität in der zweiten Hälfte der 1970er Jahre im vorangegangenen Kapitel Thema war. Und Liehm? „En ce qui concerne la période sombre en Tchécoslovaquie", resümiert Morin, der in diesen Jahren keinen Kontakt mehr zu Liehm hatte, „je crois qu'Antonin a pu surnager dans un clair-obscur."[10] Wiedergesehen, und wohl auch politisch wiedergefunden, haben sie sich in den 1970er Jahren auf Staten Island während Liehms amerikanischer Exiljahre. Zum Start von *Lettre internationale* steuerte Edgar Morin dann nicht nur den Rationalismus-Essay bei, sondern er brachte sich auch in den gemeinnützigen Unterstützerverein der Zeitschrift ein, den „Club de la Lettre internationale", dem er von der Gründungssitzung am 10. Dezember 1984 an vorsaß.[11]

* * *

Gänzlich unbeschwert von historischen und biographischen Resonanzen hallte dagegen L'ECO DU TELEPHONE durch's erste Heft. Im für ihn typischen, leichtfüßigen Stil seiner Kolumnen staunte der italienische Semiotiker und Schriftsteller Umberto Eco über einen amerikanischen Studenten, der sich dank eigentlich geheimer Zugangscodes darauf verstand, mit seiner römischen Freundin Ferngespräche auf Kosten eines multinationalen Konzerns zu führen. Die Anekdote aus den Anfangsjahren des technologischen Ungehorsams gab Eco Gelegenheit, über die Mikrostruktur zeitgenössischer Macht nachzudenken, und auch darüber, wie sie, da auf stillschweigendem Konsens basierend, mit gezielten Späßen, Fälschungen und Subversionen punktuell aus dem Gleichgewicht gebracht werden konnte (sich aber doch letztlich immer wieder fing).[12] Den Lesern von *Lettre internationale* bot der kleine Text Anlass zur Debatte und gute Unterhaltung – durch Umberto Eco, der soeben mit seinem ersten Roman *Der Name der Rose* zu Weltruhm gelangt war.

* * *

9 „Au devant de la vie, Prague, rendez-vous des jeunesses du monde", in: *Les Lettres françaises* vom 27. August 1947, S. 7.

10 Gespräch des Autors mit Edgar Morin am 3. April 2012.

11 Statuten des „Club de la Lettre internationale" vom 10. Dezember 1984 und Vereinskorrespondenz im Archiv AJL/LI, IMEC. Außer Morin und Liehm selbst waren Gründungsmitglieder des Vereins die Journalisten Antoine Spire und Paul Noirot, der spätere Mitherausgeber der französischen *Lettre*. Schatzmeister war bis zu seinem plötzlichen Tod im Jahre 1987 der mit den Liehms befreundete Pariser Industrielle Claude Winter.

12 Eco, Umberto: „La falsification et le consensus", in: *Lettre internationale* (Paris), 1, 1984, S. 32–33.

Auch STENDHAL MYTHOMANE verwies auf den Essay eines italienischen Schriftstellers: Leonardo Sciascia, einer der großen sizilianischen Autoren des 20. Jahrhunderts, beschäftigte sich in „Stendhal en Sicile" mit dem nachhaltigen Einfluss des italophilen Stendhal auf sizilianische Schriftsteller späterer Generationen: auf Giuseppe Antonio Borgese, Elio Vittorini und auf Sciascia, den lebenslangen Chronisten Siziliens, selbst. Dazu muss man wissen: Stendhal war nie in Sizilien. Die Einträge im Reisetagebuch, etwa zum angeblich vernünftigen Charakter der ortsansässigen Aristokratie, waren ebenso in Paris entstanden wie die auf „Palermo" und zwei Tage im Juli und September 1833 datierten *Chroniques* über die *Duchesse de Palliano* und die *Abbesse de Castro.*[13] Tage, die Stendhal schreibend in Paris verbrachte, nachdem sein Versuch gescheitert war, sich als Konsul nach Palermo versetzen zu lassen. (Eine frustrierende Erfahrung nicht zuletzt deshalb, weil sich Stendhal bereits über die Freizügigkeit der sizilianischen Frauen informiert hatte – wenn auch aus den falschen Quellen, wie Sciascia zu korrigieren wusste.[14]) Sciascia hatte den „Fall Stendhal" aufgearbeitet und im Herbst 1983 in einem Vortrag in Rom dargelegt. Über den späteren Verleger der italienischen Ausgabe von *Lettre internationale*, Federico Coen, der Liehm bei einem Treffen in Rom vom 19.-20. Dezember 1983 von dem Vortrag erzählte, fand der Text Eingang in die ersten Ausgaben der Pariser wie auch der römischen *Lettre*: „Prière de faire parvenir à Liehm à Paris par avion exprès le texte Sciascia sur Stendhal", drängte ein noch faxloser Liehm seinen italienischen Kollegen im Protokoll des Treffens…[15] Was die *Chroniques* selbst betraf, so hatte der eben im Pariser Exil angelangte Jiří Kolář seinen eigenen Umgang mit Stendhals imaginärem Sehnsuchtsort gefunden, indem er ihn zerschnitt und zu einer seiner Chiasmagen arrangierte – für das Cover der neuen Europazeitschrift *Lettre internationale.*[16]

* * *

Hinter L'IDEORWELL84 verbarg sich – „Orwell-Jahr 1984" *oblige* – ein Dossier mit einem Originaltext des britischen Schriftstellers, Journalisten und *public intellectual* samt Kommentierung durch seinen Biographen, sowie zwei Beiträge, in denen sich die unterschiedlichen Erfahrungen mit *1984* in West und Ost spiegelten.[17]

13 Sciascia, Leonardo: „Stendhal en Sicile", in: *Lettre internationale* (Paris), 1, 1984, S. 81–84, hier S. 82.

14 Ebd., S. 84.

15 Undatiertes, zweiseitiges „Aide mémoire" des Treffens zwischen Antonin Liehm und Federico Coen vom 19.-20. Dezember 1983 in Rom. Von Liehm verfasst und unterschrieben. Kopie im Archiv AJL/LI, IMEC.

16 Chiasmagen (vom griechischen Buchstaben Chi/X), wie sie sich im Hintergrund des *Lettre*-Covers finden, sind nach Angaben der Literaturwissenschaftlerin Astrid Winter nicht nur die wichtigste Gattung der Typocollagen, sondern auch diejenige, auf die Jiří Kolář „in der Tat ein Urheberrecht erheben kann", so Winter, Astrid: *Metamorphosen des Wortes : der Medienwechsel im Schaffen Jiří Kolářs*, Göttingen: Wallstein 2006, S. 483.

17 Orwell, George: „La liberté de la presse", in: *Lettre internationale* (Paris), 1, 1984, S. 26–30; Crick, Bernard: „La genèse d'un essai", in: *Lettre internationale* (Paris), 1, 1984, S. 26–30;

Bei dem Originalbeitrag handelte es sich um die französische Übersetzung eines Essays über Pressefreiheit und Zensur, den Orwell in den letzten Kriegsmonaten als Vorwort zu *Animal Farm* verfasst, aber nie veröffentlicht hatte. 1972 wurde „The Freedom of the Press" durch Bernard Crick – den späteren Autor der autoritativen Orwell-Biographie[18] – im *New York Times Magazine* erstveröffentlicht und um Anmerkungen zur Genese des Textes ergänzt.[19] Die Tatsache, dass ein Essay von „St. George" zwölf (!) Jahre nach seinem Bekanntwerden an so exponierter Stelle noch nicht in Frankreich erschienen war, und dadurch für *Lettre internationale* – mit einem kleinen, verschämten „1972" und einem Verweis auf die *NY Times* versehen – als „*inédit*" zur Verfügung stand, sagt viel aus über den defizienten Internationalisierungsgrad der politisch-literarischen Medienlandschaft Frankreichs in den frühen 1980er Jahren. Dieser Unzulänglichkeit, die *mutatis mutandis* auch für die meisten anderen westeuropäischen Öffentlichkeiten jener Jahre zu diagnostizieren wäre, wollte Liehm mit *Lettre* ein Stück weit abhelfen; zugleich ermöglichte es natürlich erst die relative nationale Borniertheit und Selbstgenügsamkeit mächtigerer Akteure der Presselandschaft, dass *Lettre* trotz minimaler Finanzausstattung an wichtige Debattenbeiträge kommen konnte. Ein ganzes Pressegenre, das sich im heutigen Frankreich auf die Wiederveröffentlichung von Essays und Reportagen gerade aus dem angelsächsischen Raum spezialisiert hat, existierte noch nicht.[20]

Worum ging es in dem Text, den sich Liehm für die französische Erstveröffentlichung gesichert hatte? Orwell rechnete in „The Freedom of the Press" mit mehreren britischen Verlegern ab, die *Animal Farm* aus Rücksicht auf die Kriegsallianz mit der UdSSR und den gemeinsamen Kampf gegen den Faschismus nicht hatten veröffentlichen wollen. (Wenn man wenigstens die Schweine durch eine andere Tierart ersetzen könnte, zitierte er den Ratschlag eines Lektors, der mit dem britischen Informationsministerium Rücksprache gehalten hatte.) Dabei nahm Orwell weniger an der offiziellen Zensur Anstoß, als vielmehr daran, was er als den stillschweigenden Konsens der britischen Intelligenz wahrnahm, dass sich nämlich „in der gegenwärtigen Lage" Kritik an Stalin „nicht gehöre" (etwa in dem Sinne, ergänzte Orwell, wie „in mid-Victorian times it was ‚not done' to mention trousers in the presence of a lady"). Gegen die Bereitwilligkeit zur Selbstzensur aus politischen Opportunitätserwägungen heraus – „It oughtn't to have been published" – hielt Orwell die Maxime des wahren Liberalismus hoch: „If liberty means anything at all, it means the right to tell people what they do not want to hear." Er habe

ŠIMEČKA, Milan: „Mon camarade Winston Smith", in: *Lettre internationale* (Paris), 1, 1984, S. 12–20; EDGAR, David: „Dix neuf cent quatre vingt dix sept", in: *Lettre internationale* (Paris), 1, 1984, S. 21-25.

18 CRICK, Bernard: *George Orwell, a life*, Boston: Little, Brown 1980.

19 *New York Times Magazine* vom 8. Oktober 1972; hier zitiert nach dem Online-Archiv der *New York Times*: http://timesmachine.nytimes.com/timesmachine/1972/10/08/91351484.html. In der Vorbereitungsmappe zu Heft 1 (Archiv LI, AML) liegt ein Ausriss des Originalartikels aus dem *NYT Magazine* von 1972.

20 Zu nennen wären etwa *Courrier International* für kürzere, aktuellere Texte und die Magazine *books*, *Feuilleton* und zahlreiche weitere für längere Formate.

Animal Farm dieses Vorwort vorangestellt, um darauf aufmerksam zu machen, dass es gegenwärtig Linksliberale (*liberals*) seien, die die Freiheit fürchteten und Intellektuelle, die den Intellekt durch den Dreck zögen.[21]

Der begleitende – und in *Lettre internationale* in der Marginalienspalte parallel zum Haupttext gesetzte – Kommentar von Bernard Crick verortete Orwells „ungehaltenes" Vorwort im historischen Kontext der letzten Kriegsmonate in Großbritannien, gab indes zu verstehen, auch jenseits der damaligen Polemik bleibe der Text bedeutend und aktuell, sei doch sein eigentliches Thema „[...] that cowardice is as great a threat as official censorship." Dennoch habe Orwell letztlich gut daran getan, urteilte Crick, die Rezeption der Fabel und ihre „general resonance" nicht durch das Vorwort einzuschränken.[22]

Satiren, die, wie *Animal Farm*, auch jenseits ihres unmittelbaren Kontextes noch Bestand und Kraft haben, sind selten. Der literarische Beitrag, der im Dossier von *Lettre internationale* die Stelle der Orwell-Rezeption im Westen vertrat, zählt nicht zu ihnen: „Dix neuf cent quatre vingt dix sept" („1997"), eine Erzählung des britischen Dramatikers David Edgar, bediente sich des von Orwell in *1984* erprobten Zahlendrehers, um die Handlung wiederum in eine nahe, dystopische Zukunft zu verlegen. In Edgars Adaption des Materials regierte nun eine überstarke konservative Partei über ein heruntergewirtschaftetes Großbritannien. Der Nachtwächterstaat der „Großen Tante" – hinter der Margaret Thatcher zu erkennen keinem Schüler im Sozialkundeunterricht misslingen wird – sicherte Freihandelszonen und die Privilegien der Reichen: Privatfernsehen, private Transportsysteme und Hochschulen. Der Rest verfiel: das soziale Sicherungssystem, die öffentliche Gesundheitsvorsorge, der städtische Raum und mit ihnen die Gesellschaft. Was als Reportage oder Essay funktioniert hätte, geriet in diesem Fall zu einem uneleganten Stück politischer Science-Fiction.[23] Für sich betrachtet mag „Dix neuf cent quatre vingt dix sept" daran erinnern, dass es auch einer so strengen und ambitionierten Zeitschrift wie *Lettre* nicht immer gelingen kann, sich auf der Höhe des eigenen Anspruchs zu halten; im Heft-Kontext der *Lettre*-Collage betrachtet, rückt ein anderer Lektüreeindruck in den Vordergrund: Denn die Unzulänglichkeiten von Edgars Bearbeitung sind auch deshalb so augenscheinlich, weil unmittelbar vorangestellt ein beeindruckender Essay des slowakischen Philosophen und Dissidenten Milan Šimečka platziert worden war, der sich ebenfalls mit *1984* beschäftigte.[24] „Mon camarade Winston Smith" – ursprünglich als Einleitung zur Samiz-

21 Quelle für die Zitate wie FN 19.

22 CRICK, Bernard: „La genèse d'un essai", in: *Lettre internationale* (Paris), 1, 1984, S. 26–30. Hier zitiert nach dem Original vom 8. Oktober 1972 im Archiv der *New York Times*: http://timesmachine.nytimes.com/timesmachine/1972/10/08/91351485.html

23 EDGAR, David: „Dix neuf cent quatre vingt dix sept", in: *Lettre Internationale* (Paris), 1, 1984, S. 21–25. Die Erzählung war im Januar-Heft 1984 von *Marxism Today* erschienen. Das englische Original ist online zugänglich unter http://www.amielandmelburn.org.uk/collections/mt/pdf/84_01_24.pdf.

24 ŠIMEČKA, Milan: „Mon camarade Winston Smith", in: *Lettre Internationale* (Paris), 1, 1984, S. 12–20.

dat-Ausgabe von *1984* verfasst und 1983 auf Tschechisch in der Exilzeitschrift *Svědectví* erschienen – zeugte von der Bedeutung, die Orwell für die Dissidenten in Osteuropa hatte.[25] Hier funktionierte die Parallelisierung der Lebenswelten, die bei der Thatcherkritik (wie so häufig im westlichen Orwell-Diskurs) gespreizt wirkte.

Šimečka berichtete davon, wie er im Zwiegespräch mit seinem „Kameraden" Winston Smith, dem Protagonisten von *1984*, die Logik einer totalitären Gesellschaft dort zu erkennen gelernt hatte, wo sie ihm zuvor nur auf der Ebene der Phänomene vertraut gewesen war. So hatte er etwa bereits an seinem eigenen Sprachgebrauch die Effekte des Jargons beobachtet:

> J'avais déjà pressenti quelque peu cette réalité, comme toute personne qui emploie le langage. On dirait que la langue se rebiffe. Ses formules toutes faites vous imposent un raisonnement que vous ne désirez pas suivre. C'est une impression extrêmement désagréable: votre langue se met d'elle-même à produire des enchaînements pétrifiés.[26]

Doch erst Orwells Beschreibung der Grammatik des „Newspeak" in *1984* habe es ihm ermöglicht, das Gefühl seines Ekels und der Erschöpfung präziser zu fassen, und hinter dem offiziellen Jargon eine Operation zu erkennen, die es auf die Zerstörung der Sprache als Werkzeug des Denkens abgesehen habe.[27] Šimečkas langer und bis heute lesenswerter Essay widmete sich darüber hinaus der „Thoughtpolice", der Rumpfideologie „Ingsoc" und dem Leben in einer Gesellschaft, die die Lüge institutionalisiert hat. Šimečkas Sprache ist von großer Klarheit und Aufrichtigkeit, seine Bewunderung für Orwell ist unverkennbar, doch es bleibt ein Austausch auf Augenhöhe: Auch Šimečka hatte Orwell Einiges beizubringen. Auf die bohrende Frage nach dem „Warum" der Macht, die in *1984* zwischen den Zeilen stand, glaubte der slowakische Dissident, nach Jahrzehnten der Erfahrung mit dem „realexistierenden Sozialismus", nun eine definitive Antwort geben zu können: „C'est toujours terriblement la même chose."[28] Das Rätsel der Macht sei banal und peinlich, denn der Reiz der Macht seien die Privilegien, die mit ihr kämen:

> Pour un peuple qui a l'expérience tchécoslovaque, les balivernes métaphysiques d'O'Brien [Smiths Antagonist, ein Agent der Geheimpolizei; RLS] sont ridicules. Ce peuple voit clair. Il n'aurait pas manqué de relever dans quelle maison habite O'Brien, quelle résidence secondaire il s'est fait construire pour ses week-ends, la marque de sa voiture, l'avenir qu'il a assuré à ses enfants, quelle maîtresse il a, où il part en vacances l'été et dans quel hôpital il fait soigner son hypertension. Il peut se les garder, ses discours hystériques, ici personne ne sera dupe.[29]

---

25 Siehe dazu die Anmerkungen bei Rupnik: „*Le totalitarisme dans la pensée politique à l'Est*".

26 Šimečka: „Mon camarade Winston Smith", S. 18.

27 Ebd.

28 Ebd., S. 20.

29 Ebd.

So weit zur Frage, was die Realität vom „Dritten Weg" und der Sozialismusdebatte in der Tschechoslowakei übriggelassen hatte. Orwell hätte die nüchternen Zeilen sicherlich zu schätzen gewusst.

Überhaupt kann der „Orwell" im ersten Heft von *Lettre internationale* durchaus als stilbildend für die Zeitschrift interpretiert werden: nicht so sehr der dystopische Prophet von *1984*, sondern jener Tacheles redende Journalist, Zeitkritiker und Empiriker, der Orwell auch, und vermutlich zuvorderst, war.[30] Lionel Trilling hat über ihn im berühmten Vorwort zu *Homage to Catalonia* geschrieben:

> [I]f we ask what it is he [Orwell, RLS] stands for, what he is the figure of, the answer is: the virtue of not being a genius, of fronting the world with nothing more than one's simple, direct, undeceived intelligence, and a respect for the powers one does have and the work one undertakes to do.[31]

Wie Orwell, so teilte auch Liehm diesen Glauben an die Kraft eines funktionierenden, kritisch denkenden europäischen Geistes, der weder ein Genie sein musste noch einer massiven theoretischen Armatur bedurfte, ja der gerade dann am besten arbeitete, wenn er auf eine solche Armatur verzichtete. Im Verlauf ihrer 37 zwischen 1984 und 1993 veröffentlichten Hefte brachte die Pariser Edition von *Lettre internationale* Essays und philosophische Reflexionen, aber so gut wie nie „Theorie" (mit dem großen „T" von Freudomarxismus, Semiotik, Post-/Strukturalismus, Dekonstruktion, etc.);[32] als Autorenzeitschrift konnte sie mit dem „Tod des Autors" wenig anfangen; in den Schwanengesang der für ihre Geschichte so wichtigen Sozialfigur des Intellektuellen wollte sie nicht einstimmen; als Collage-Medium war *Lettre* kein „Wahrheitsorgan" (dazu später ausführlicher), doch die Anbindung an die Opposition in Mittel- und Osteuropa, wo es darum ging, der institutionalisierten Lüge zu trotzen und soweit möglich „in der Wahrheit zu leben" (Václav Havel), machte sie skeptisch gegenüber der Veröffentlichung von epistemologisch begründeten Relativierungen des Wahrheitsbegriffs... Bei aller Reserve, die sich bei der Diskussion eines Forums gebietet, das keine Richtungszeitschrift sein wollte und auch nie war, darf man doch soweit von „L'IDEORWELL84" auf „*Lettre internationale*" schließen, um zu behaupten, die Zeitschrift sei von Anfang an liberal, intellektuell, international, und, ja, im Orwell'schen Sinne, ein bisschen altmodisch gewesen. Wie hieß es so treffend über Orwell? „He was a virtuous man".[33]

* * *

30 Für diese Orwell-Lektüre weiterhin maßgeblich: Crick: *George Orwell, a life.*

31 Zuerst in Trilling, Lionel: „*George Orwell and the Politics of Truth*", in: *Commentary 13* (1952), S. 218–227, hier S. 220.

32 Dies ist auch Robert Julian, dem Autor des bisher einzigen akademischen Essays zu *Lettre internationale*, aufgefallen: „Far from the theoretical platforms of the post-war era – Marxism, psychoanalysis, linguistics, deconstruction, etc. – *LI* is a journal of intellectual writing in which no intellectual position is espoused." Julian: „*Lettre Internationale: An Essay in European Journalism*", S. 184.

33 Trilling: „*George Orwell and the Politics of Truth*", S. 219.

UN TRISTAN MEDUSANT? Die Erstveröffentlichung einer Novelle des unklassifizierbaren französischen Schriftstellers, Maschinenbau-Unternehmers, Asienreisenden, Anarchisten und Humanisten Frédérick Tristan. „Méduse" enthält fesselnde und markdurchdringende Auszüge aus einem zwar fiktiven, aber doch Elemente aus Tristans Kindheit aufgreifenden Tagebuch von einem jungen Mann, der über sein problematisches Verhältnis zu einer herrschsüchtigen Mutter schreibt. Mit Tristan, der 1983 den Prix Goncourt für seinen Roman *Les Egarés* erhalten hatte, beanspruchte *Lettre internationale* eine gewisse Präsenz im Tagesgeschäft des französischen Literaturbetriebs, tat es gleichwohl über den sinophilen Exzentriker Tristan. Es ist sicherlich auch kein Zufall, dass mit Tristan ein „Praktiker" der Literatur, ein Freund der Narration und des Märchenhaften und kein Theoretiker oder analytischer Autor etwa aus dem Umfeld des „Nouveau Roman" den belletristischen Teil der neuen Zeitschrift eröffnete.

* * *

Darüber hinaus waren in der ersten Ausgabe von *Lettre internationale* zu lesen:

- Hans Magnus Enzensberger über die *Bild-Zeitung*. (Die Übersetzung eines 1983 unter dem Titel „Der Triumph der Bild-Zeitung oder Die Katastrophe der Pressefreiheit" im *Merkur* erschienenen Essays.)

- Essayistische Fragmente von John Berger über den Widerstand der Poesie gegen Folter und Unterdrückung.

- Direkt neben Bergers Beitrag, ein kurzes autobiographisches Fragment des ungarischen Schriftstellers, Dichters (und Reformkommunisten) Istvan Eörsi, der 25 Jahre nach seiner Inhaftierung im Budapester Aufstand von 1956 das unmarkierte Grab eines hingerichteten Zellengenossen besucht hatte.[34] Berger und Eörsi, ein Beispiel für die Kraft einer gelungenen Text-Montage, wie *Lettre internationale* sie zu arrangieren verstand.

- Ein dem *New York Times Magazine* vom 13. März 1983 entnommener, instruktiver Überblicks-Artikel von Alan Riding, dem damaligen Büroleiter in Mexiko und späteren Pariser Kulturkorrespondenten, zum Verhältnis lateinamerikanischer Schriftsteller und Intellektueller (García Márquez, Paz, Borges, Cortázar, Fuentes, Vargas Llosa) zur Revolution (Fidel Castro, den Guerillas in Nicaragua und El Salvador), zu den USA und zum Dogma (katholisch oder kommunistisch).[35] Riding beleuchtete auch den Fall des kubanischen Dichters Herberto

34 Das Typoskript dieses Textes liegt, in deutscher Sprache, in der Archivmappe zu Heft 1 von *Lettre international* (Archiv LI, AML). Eörsi hielt sich in den Jahren 1983/84 auf Einladung des DAAD in West-Berlin auf.

35 Im Original im Archiv der *NY Times* unter: http://www.nytimes.com/1983/03/13/magazine/revloution-and-the-intellectual-in-latin-america.html.

Padilla, dessen Inhaftierung 1971 zu einem distanzierten Verhältnis von Teilen der linken, lateinamerikanischen Schriftsteller-Prominenz zu Fidel Castro führte. Der heimliche Held dieses Textes ist Octavio Paz, der Herausgeber der mexikanischen Zeitschrift *Vuelta*, der Stimme von künstlerischer Autonomie, politischer Komplexität, häretischem Sozialismus und intellektueller Strenge. Paz war der Gegenspieler des „Castrotreuen" García Márquez – und *Vuelta*, trotz noch zu diskutierender Missverständnisse und Kontroversen, eine der künftigen Partnerzeitschriften von *Lettre internationale*.

- Ein zweiter Text, der die Padilla-Affäre vom Anfang der 1970er Jahre wieder aufgriff, diesmal aus der persönlichen Perspektive des spanischen Schriftstellers und Publizisten Juan Goytisolo. Goytisolo hatte einen Vorabdruck aus seinen Memoiren zum ersten Heft von *Lettre* beigesteuert[36]: „Le chat noir qui traversa nos bureaux de la rue de Bièvre", der mit neun großformatigen Seiten längste Text des Heftes, erzählte die Geschichte von *Libre*, einer kurzlebigen Pariser Zeitschrift jener hispanophonen, linken Schriftsteller-Intellektuellen, die Alan Riding in seinem Artikel portraitiert hatte.[37] Der vom kubanischen wie anderen realexistierenden Sozialismen desillusionierte Goytisolo zeigte sich in diesem kleinen Juwel politischer Memoirenliteratur nicht zimperlich und verurteilte den Eiertanz, den einige seiner linken Kollegen, darunter Julio Cortázar, in der Padilla-Affäre aufgeführt hatten. Er griff das auch von Riding behandelte Thema des politischen Engagements der lateinamerikanischen Schriftsteller auf, zeichnete jedoch ein dunkleres Bild der Lage:

> Commodément installés dans les démocraties bourgeoises, les porte-drapeau de la soi-disant cause révolutionnaire, fêtés par les leaders inamovibles lors de leurs visites, célébraient ou couvraient du manteau de la complicité toutes les mesures oppressives même les plus aberrantes. Leur défense inconditionnelle du ‚socialisme réel' et l'adaptation d'attitudes verbalement militantes devait suivre également la ligne de leur prédécesseurs européens. Comme le dit justement Vargas Llosa, en exposant les conséquences lamentables de cette attitude manichéenne, ‚les intellectuels latino-américains ont été les grands agents du sous-développement latino-américain'.[38]

Ob Ost oder West, Nord oder Süd, das war das vertraute Thema der Verantwortung und des Verrats der Intellektuellen, und es spiegelte Erfahrungen, wie sie auch Liehm um 1970 gemacht hatte, als er westliche Kollegen vor dem Hintergrund seiner eigenen Biographie davor zu warnen versuchte, ihre intellektuelle und moralische Autonomie einer politischen Bewegung zu überantworten. Dass diese Warnung in *Lettre* nun von einem spanischen Schriftsteller mit Wohnsitz

36 Wenigstens steht es so im Quellenteil von *Lettre*; tatsächlich war der Text bereits im März 1983 in der spanischen Zeitschrift *Quimera* erschienen.

37 Nicht zu verwechseln mit der totalitarismuskritischen Zeitschrift gleichen Namens aus dem vorangegangenen Kapitel.

38 Goytisolo, Juan: „Le chat noir qui traversa nos bureaux de la rue de Bièvre", in: *Lettre internationale* (Paris), 1, 1984, S. 47–56, hier S. 56.

in der Medina von Marrakesch ausgesprochen wurde, der als homosexueller Intellektueller aus großbürgerlicher Familie wohl eines der ersten Opfer jedes totalitären Regimes geworden wäre, darf als eine, im Kundera'schen Sinne, „befreiende Überschreitung" des im „Prager Modell" angelegten Öffnungsprozesses gelesen werden: Nun, in den 1980er Jahren, führte er *Lettre* über die linkstraditionelle Erfahrungswelt hinaus, die, aller lebensweltlichen Pluralisierung zum Trotz, wenigstens bei *L 76* noch dominiert hatte.

- Unter dem Shakespeare'schen Motto: „Love looks not with the eyes but with the mind", eine kurze Meditation von Jan Kott, dem großen polnischen Shakespeare-Gelehrten, über Erotik, über die Lust, mit einem Partner zu verschmelzen, den sich das eigene Verlangen selbst schuf – und über die Unmöglichkeit, das Gefühl eines derart belebten Körpers über den Moment hinaus zu erhalten.

* * *

Soweit das Panorama der Texte und Stimmungen im Eröffnungs-Heft der französischen Ausgabe von *Lettre internationale.* Ein wichtiges Element fehlte allerdings: Kafkas Unterschrift. Mit ihr hatte sich die junge Zeitschrift, neben Orwell, eines zweiten Schutzheiligen versichert, der nicht zuletzt auch aus strategischen Gründen zu überzeugen wusste (siehe Kapitel 5.3). Bevor darauf eingegangen wird, sollen jedoch erst die programmatischen Ideen der Zeitschrift im Überblick vorgestellt werden (Kapitel 5.1), gefolgt von Zahlen und Fakten zur Gründungsgeschichte der Pariser und der römischen *Lettre* (Kapitel 5.2). Den Kapitelabschluss werden dann Überlegungen zur Gestalt der Zeitschrift und zur Collage-Form bilden (Kapitel 5.4).

Die Rekonstruktion der Ereignisse aus den Jahren 1983–1984 geht auf den nachfolgenden Seiten punktuell immer wieder stark ins Detail. Dies schien unumgänglich allein schon wegen des selbstgesetzten Anspruchs, über den großen Ideen nicht den enggesteckten Raum des Möglichen aus dem Blick zu verlieren, der der politisch-literarischen Publizistik in aller Regel gesetzt ist. Das Dilemma: Einerseits bergen interpretative Rekonstruktionen, zumal jene aus ideengeschichtlicher Perspektive, immer die Gefahr einer Überinterpretation des Untersuchungsgegenstandes. Retrospektiv wird leicht zum Vorsatz verklärt, was im Eifer des Gefechts aus Alternativlosigkeit entstanden war und mit „Not macht erfinderisch" auch ganz gut erklärt gewesen wäre. Doch andererseits neigen die Zeitschriftenmacher selbst, ein bisschen wie Köche, zur Unterinterpretation ihrer Arbeit. Wie Hans Bender, der langjährige Herausgeber der *Akzente*, 1971 schrieb:

> Für die Beteiligten ist es nicht leicht, über ihre Tätigkeit zu sprechen; über die ‚Kunst des Zeitschriftenmachens' zum Beispiel. Sie tun etwas Selbstverständliches. Etwas Nüchternes. Sie scheuen Bekenntnisse – die man vielleicht noch erwartet.
> Sie, die Herausgeber und Redakteure, sind eine Art Heimarbeiter. Keiner hat – wie der Abteilungsleiter beim Funk oder Fernsehen – einen Apparat zur Verfügung, der seiner Arbeit angemessen wäre. Sie verrichten ihre Arbeit oft im gleichen Zimmer, in dem sie essen oder schlafen. Sie haben eine Schreibkraft, vielleicht nur halbtags. Sie

> sind unterbezahlt, als übten sie nur einen Job aus, für zwei, drei, vier, ausnahmsweise auch für mehr Jahre.
> Sie sind zum Teil auch Schriftsteller; also halbierte Schriftsteller, denen das Lesen von Manuskripten anderer die Freude an den eigenen verleidet. Sie sind Idealisten, die irgendwann mal angefangen haben mit ihrer Passion. Einige haben nicht nur eine, sondern schon zwei oder drei Zeitschriften hinter sich. Sie sind bei den Verlagen, wo ihre Zeitschriften erscheinen, freie Mitarbeiter, weder am Gewinn noch am Verlust beteiligt. Wenn ihre Zeitschriften aufhören, sind auch ihre Anstellungen zu Ende.
> Die Herausgeber und Redakteure von Zeitschriften sind anachronistische Figuren.[39]

Aus Benders treffender Beschreibung der Realitäten seiner Profession – die ja in noch gesteigertem Maße für verlags*un*abhängige Zeitschriften zu gelten haben –, folgt für die Medien- und Intellektuellengeschichte ein schwieriger, aber unvermeidlicher Balanceakt: Einerseits nicht so zu tun, als dominierten materielle, zeitliche und auch urheberrechtliche Zwänge nicht den publizistischen Alltag, denn sie tun es. Der Ausnahmezustand eines frischen Anfangs mag darüber hinwegtäuschen, doch auf Dauer stecken die ökonomischen Grundlagen den Möglichkeitsraum einer Zeitschrift ab. Dies gegenwärtig zu halten, scheint mir eine notwendige Dosis an wohlverstandenem Materialismus, der es überhaupt erst ermöglicht, die Leistung eines publizistischen Akteurs zu beurteilen und seine Fähigkeit wertzuschätzen, den determinierenden Faktoren punktuell immer wieder zu trotzen (ohne sie je hinter sich zu lassen). Allerdings ist dies nicht die Art und Weise, wie eine Zeitschrift in der Öffentlichkeit agiert und ihren Lesern gegenübertritt. Es ist kein Zufall, dass unbedarftere Leser politisch-literarischer Zeitschriften oft davon ausgehen, die Redaktionsräume eines Titels wie *Lettre*, *Merkur* oder *Esprit* ähnelten in Besetzung und Funktionsweise denen eines Wochenmagazins oder einer Tageszeitung. Die Erfahrung der Lektüre hat ihre eigene Wirklichkeit und der öffentliche Diskurs der Medien seine eigenen Regeln: Die ökonomischen Reproduktionsbedingungen bleiben dabei in der Regel abgeblendet. Der Besucher eines Restaurants bewertet die Qualität des Menüs danach, wie es schmeckt, ob es zu überraschen und zu überzeugen weiß, vielleicht ob es Kosten und Mühe wert war, und man gerne wiederkommen mag – nicht aber danach, wie es in der Küche aussieht und ob die pakistanischen Mangos im Großhandel des Morgens für das Restaurantbudget zu teuer oder bereits sämtlich vom größeren Konkurrenten aufgekauft worden waren, und man deshalb auf indonesische Sternfrüchte (oder heimische Äpfel) hatte ausweichen müssen. Zwischen diesen beiden Wirklichkeiten – der der „Küche" und der des „Gastraums" – entfaltet sich die Geschichte einer Zeitschrift.[40]

---

39 BENDER, Hans: „*Reflexionen über Zeitschriften*", in: ARNOLD, Heinz Ludwig (Hrsg.): *Literaturbetrieb in Deutschland*, Stuttgart: Edition Text+Kritik im Richard Boorberg Verlag 1971, S. 224–233, hier S. 224.

40 Zu den zwei Räumen der Zeitschrift, allerdings ohne die ökonomische Komponente, siehe PLUET-DESPATIN: „*Une contribution à l'histoire des intellectuels: les revues*".

1. Zum Plan der internationalen Zeitschrift (Grundideen I)

Einen guten Einstieg in die Programmatik von *Lettre internationale* bietet ein „La revue internationale" überschriebenes, zweiseitiges Konzeptpapier von 1983.[41] Der Titel *Lettre internationale* stand zu diesem Zeitpunkt noch nicht fest, doch die in dem internen Dokument niedergelegten Prinzipien wurden weitgehend ins veröffentlichte Editorial der ersten Pariser Ausgabe vom Juni 1984 übernommen. In der Planungsphase hatte Antonin Liehm vier Leitideen für seine „internationale Zeitschrift" definiert:

1. Beabsichtigt sei eine „europäische Zeitschrift", thematisch fokussiert auf Europa „vom Atlantik bis zum Ural".[42] Sie solle in vier Sprachen und vier Ländern erscheinen, auf Französisch, Deutsch, Italienisch und Spanisch. Eine englische Ausgabe sei „aus semantischen Gründen" nicht geplant, vielmehr eine enge Zusammenarbeit mit englischen und amerikanischen Zeitschriften.[43] Genannt wurden an dieser Stelle: *New York Review of Books, London Review of Books, The New Society, Dissent,* „etc."

2. Die Zeitschrift solle den „Provinzialismus der großen Kulturen" herausfordern. Dazu wurden zwei Maßnahmen genannt: Erstens wolle man Texten aus „kleineren Ländern" besondere Aufmerksamkeit schenken. Diese Beiträge müssten, zweitens, nicht unbedingt für dasjenige Publikum verfasst worden sein, welches sie später in den diversen Ausgaben (in Übersetzung) lesen würde. Im Gegenteil stipulierte das Konzeptpapier für die „internationale Zeitschrift", man wolle sich nicht nur punktuell für eine Außenperspektive entscheiden, sondern sie durch Kompositionsregeln für die verschiedenen Editionen *eo ipso* privilegieren – die vier Ausgaben der Zeitschrift würden zu 80 Prozent inhaltsidentisch sein können, hieß es in dieser Projektphase noch recht pauschal. Darüberhinaus sollten die Autoren von Beiträgen über ein Land idealerweise nicht aus dem Land selbst kommen:

> [...] l'idéal serait de faire parler les étrangers sur les problèmes français, allemands, italiens, espagnols et ainsi sortir de tout esprit de clocher et offrir aux lecteurs une autre perspective que celle dans laquelle ils perçoivent les problèmes normalement.[44]

---

41 „La revue internationale". Unveröffentlichtes Typoskript, undatiert, zwei Seiten. Archiv AJL/LI, IMEC. Datierung auf 1983 aus Kontext erschlossen. Siehe Anhang 2.

42 Die Formulierung „vom Atlantik bis zum Ural" lässt natürlich an de Gaulle und seine Geostrategie eines Dritten Weges denken, in dem die deutsche Dominanz aufgehoben wäre. Ich glaube, es führt jedoch auf einen Holzweg, wenn man der geostrategischen, gaullistischen Konnotation von Liehms Formulierung viel Gewicht bemisst. Liehm hat, wie er mir in einem Telefonat vom 10. Mai 2014 bestätigte, die Mehrdeutigkeit seines „Vom Atlantik bis zum Ural" zwar im Sinne eines *clin d'œil* stets in Kauf genommen, meinte jedoch im Grunde einfach ein reales thematisches Interesse an all den europäischen Ländern und Kulturen, die damit bezeichnet sind (im Unterschied zu einem westeuropäisch verengten Europabild). Siehe dazu auch Kapitel 5.3, zum Europabild von *Lettre* zudem Kapitel 6.

43 Siehe zum Fehlen einer englischsprachigen Ausgabe Kapitel 6.2.

44 „La revue internationale", siehe FN 41, S. 1.

3. Mit Blick auf Art und Genre der Beiträge zur internationalen Zeitschrift notierte Liehm: „Réhabiliter ce qu'on appelle en allemand ‚Publizistik', le genre de l'article-essai-reportage-littérature, par exemple un journalisme ‚orwellien', etc." Der deutsche Leser versteht, was damit gemeint war, und würde wohl den Verfasser solcher Artikel in der Tat einen Publizisten nennen können. Allerdings lässt der Begriff „Publizistik" weniger an das Genre und seine Autoren denken als an das Handwerk des Veröffentlichens eben dieser Texte, beziehungsweise das mit ihrer Analyse befasste Wissenschaftsfeld. Im weiteren Diskussionsprozess muss diese Unstimmigkeit aufgefallen sein – jedenfalls war im veröffentlichten Editorial von Anleihen an die deutsche „Publizistik" nicht mehr die Rede. Statt dessen versprach *Lettre* seinen Lesern nun

> [...] de réhabiliter un genre presque disparu, jusqu'au nom même qui désignait ses auteurs, celui des publicistes. Il s'agit de textes passablement longs – pour lesquels il n'y a jamais de place dans les journaux d'aujourd'hui – de textes écrits, bien écrits, à mi-chemin entre littérature, essais, reportages, interviews.[45]

In der Tat wurden Essays – Texte, die es ermöglichen, ihrem Autor sozusagen „beim Denken zuzusehen" – zum Erkennungszeichen der Pariser Ausgabe von *Lettre internationale*. Etwa jeder zweite der insgesamt 1101 zwischen 1984 und 1993 veröffentlichten Texte kann, *cum grano salis*, als Essay gelten.[46] Ausschlaggebend für die Veröffentlichung war, wie Liehm im internen Memo vermerkte, nicht die Länge eines Beitrags, sondern seine Qualität: 20-30 Manuskriptseiten seien durchaus möglich. (Juan Goytisolos politische Memoiren aus Heft 1 füllten, ehe sie für die Veröffentlichung etwas gekürzt wurden, 50 Normseiten (*feuillets*). Der Übersetzer Jacques Rémy Zéphir verlangte einen Vorschuss, ehe er die Arbeit aufnahm...[47])

4. Eine abschließende Anmerkung gab Auskunft über *raison d'être* und epistemische Verortung der Zeitschrift:

> Une revue non-idéologique, non-futurologique, pas académique ou bien théorique, mais visant surtout à décrire le monde d'aujourd'hui au moment où finit une époque commencée probablement il y a trois cents ans et où les grands systèmes issus du 19ème siècle, c'est à dire le libéralisme et le collectivisme, n'offrent plus des solutions valables à la majorité de la population du monde.[48]

45 „A nos lecteurs", in: *Lettre internationale* (Paris), 1, 1984, S. 94. Siehe Anhang 1.

46 Eine Aufschlüsselung kann im Anhang der Hochschulfassung dieser Studie eingesehen werden, siehe auch FN 25 in der Einleitung. Gemeint ist der philosophische oder literarische Essay seit Montaigne und Bacon, nicht der im französischen Verlagswesen gebräuchliche Terminus des *essai* als Klassifikation für nicht-akademische *nonfiction* in Buchlänge.

47 Siehe Brief von Ruth Valentini (*Nouvel Observateur*) an Antonin Liehm mit Honorarnoten der Übersetzer vom 9. September 1983. Archiv AJL/LI, IMEC.

48 „La revue internationale", siehe FN 41, S. 1-2.

Liehm diagnostizierte das Ende einer Epoche.[49] Die resultierende Situation, die man mit einem Wort von Jürgen Habermas als die einer „Neuen Unübersichtlichkeit“ beschreiben könnte,[50] bedeutete für ihn indes keinesfalls, der These vom Ende der Ideologien das Wort zu reden und schon gar nicht der vom „Ende der Geschichte“ (übrigens auch nach 1989 nicht), denn, wie es in der veröffentlichten Fassung des Editorials hieß: „Nous savons bien qu'il n'est pas de société sans idéologie, sans futurologie, sans projets multiples.“[51] Der *Lettre*-Herausgeber war und blieb ein politischer Intellektueller. Aber er war auch das gebrannte Kind einer Zeit, von der Sartre einmal nur halbironisch anmerkte, sie habe von allen ihren Schriftstellern verlangt, zunächst eine Abhandlung in französischer Politik zu verfassen. Liehm sah keinen Bedarf für eine weitere Zeitschrift, die auf dem Markt der Ideologien mitmischte. Die Pläne für ein „besseres Morgen“ würde seine „internationale Zeitschrift“ anderen überlassen, um sich auf die Beschreibung der gegenwärtigen Transformationsprozesse zu konzentrieren. Bereits im Konzeptpapier folgerte er:

> Donc décrire sous aspect politique, économique, littéraire, artistique, sociologique, philosophique etc. avec un maximum d'honnêteté et sans trop essayer d'interpréter ou bien formuler des projets. Surtout des questions et des incertitudes, le moins possible de certitudes et de réponses.[52]

---

49 In einer unveröffentlichten, ersten Fassung des Editorials für *Lettre internationale* findet sich derselbe Gedanke noch einmal etwas ausführlicher begründet: „Il nous semble que quelque chose est en train de finir, a commencé de toucher à sa fin. Quelque chose qui est né en Europe à la fin du seizième, au début du dix-huitième siècle [sic! Es ist vermutlich ‚dix-septième' gemeint; RLS]. Un concept de l'histoire, de la société, de l'homme. Un concept qui a atteint son apogée au dix-neuvième siècle et emmena, au vingtième siècle, la réalisation des deux utopies, les deux nées des mêmes racines / Solzhénitsyne ne se trompe pas / : l'utopie libérale et l'utopie collectiviste. Au centre des deux utopies, réalisées en Amérique et en URSS, il y a le même homme maître incontesté de son destin, maître de la nature, dont il peut puiser des richesses inépuisables et toujours plus grandes, qui, par son travail assidu, réalise son propre progrès et sa propre ascension, et par là le progrès de sa société et de l'humanité toute entière. [...] Les deux utopies et leurs systèmes de valeurs sont en crise aujourd'hui et avec eux même le concept d'homme qui les engendra, avec sa morale, son attitude envers la nature, envers la société, envers d'autres êtres humains, envers soi-même. La société européenne qui succéda à celle du moyen âge est de nouveau arrivée au carrefour. Les deux utopies réalisées ne semblent plus être des modèles, et elles ne proposent certainement pas des réponses et des solutions aux questions, aux problèmes et aux besoins de la majorité de l'humanité.“ Unveröffentlichte Projektskizze aus den Vorbereitungen zu *Lettre internationale*, dreiseitiges Typoskript, ohne Titel und undatiert. Archiv AJL/LI, IMEC. Der Inhalt ermöglicht eine Datierung zwischen Juli und Oktober 1983. (Rechtschreibung geringfügig angepasst.) Hier S. 1. Siehe Anhang 3.

50 Habermas, Jürgen: „*Die Neue Unübersichtlichkeit. Die Krise des Wohlfahrtsstaates und die Erschöpfung utopischer Energien*“, in: *Merkur 39/1* (1985), S. 1–14. Habermas diagnostizierte in diesem etwa zeitgleich mit dem Start von *Lettre* veröffentlichten Essay vor allem die Erschöpfung der traditionellen Arbeitsgesellschaft und ihrer Utopien. Er begrüßte die Notwendigkeit, für die anbrechende Kommunikationsgesellschaft ein kommunikatives Ethos zu entwickeln, das nicht mehr an „einer bestimmten, im Singular auftretenden Totalität des gelungenen Lebens“ orientiert wäre. (Ebd., S. 14.)

51 „A nos lecteurs“, in: *Lettre internationale* (Paris), 1, 1984, S. 94.

52 „La revue internationale“, siehe FN 41, S. 2.

Ausgangspunkt des redaktionellen Konzepts der Zeitschrift war, *was da war*, die (europäische) Welt *tel quel*, deren *conditio* sie so präzise wie möglich ausloten sollte.[53] Auch die dann tatsächlich in Heft 1 veröffentlichte Fassung des Editorials zeichnete das Bild einer primär deskriptiv operierenden Publikation: „Ce que nous pouvons chercher à offrir, c'est la plus sérieuse, la plus vivante, la plus précise description du monde d'aujourd'hui, du moment que nous vivons."[54] Gemeint konnte damit freilich nicht gewesen sein, dass nur rein beschreibende Artikel zur Veröffentlichung gelangen würden (das Panorama der Beiträge aus Heft 1 verdeutlicht, dass *Lettre* keineswegs eine „intellektuelle Nachrichtenagentur" war). Beabsichtigt war einfach nur, den Sinnhorizont des publizistischen Forums offen zu halten, wobei ein im weitesten Sinne deskriptiver Ansatz die größten Aussichten auf Erfolg versprach. In diesem Sinne war *Lettre internationale* eine „postmarxistische" Zeitschrift, wenigstens was den Marx des historischen Materialismus anbetraf.[55]

Zusammengefasst: Ein europäisches Netzwerk mit Editionen in mehreren Ländern und Sprachen, das sich vor dem Hintergrund einer wahrgenommenen Krise der beiden großen politischen Leitsysteme der europäischen Moderne von diesen ideologischen Gewissheiten abwenden und der Beschreibung der Gegenwart zuwenden würde; zu diesem Zweck den Essay als Genre in Kontinentaleuropa rehabilitieren wollte; und vermittels eines Regelsystems bestrebt war, die Zirkulation der Texte zwischen den verschiedenen Ausgaben der Zeitschrift so einzurichten, dass der Anteil fremder Texte – zumal jener aus kleinen Sprachen und Ländern – stets größer war als der an „eigenen", unübersetzten Beiträgen, ohne diese lokalisierende Komponente völlig zu verdrängen. Das war die „idée générale" der internationalen Zeitschriftenkonstellation, wie sie von Antonin Liehm nach seinem definitiven Umzug nach Paris im Jahre 1982 den alten Alliierten und neuen Geschäftspartnern dargelegt wurde.

* * *

---

53 Auch Robert Julian erwähnt in seinem, auf einem Interview mit Liehm fußenden, Essay zu *Lettre internationale* die Selbstsicht der Zeitschrift als primär deskriptives Projekt. Er sieht darin eine Verbindung zu Husserl und Wittgenstein und zum „old battle cry" des „zu den Sachen selbst!" (JULIAN: *„Lettre Internationale: An Essay in European Journalism"*, S. 181.). Dies scheint mir den Sachen selbst in diesem Fall aber nicht sonderlich dienlich, sondern eher der Tendenz mancher *Comp Lit*-Essays geschuldet, mit philosophischen Kanonen auf empirische Phänomene zu zielen. Die Gefahr ist, dass diese, durchs Fadenkreuz betrachtet, dann vor allem zur Standortbestimmung im eigenen disziplinären Koordinatensystem herhalten müssen. Symptomatisch ist in dieser Hinsicht Julians Folgerung, als er zur großen Zahl von Übersetzungen in *Lettre internationale* anmerkt: „As though its intention were to conjure away the ‚origin' this form of comparative literature [von *Lettre internationale*; RLS] reverses the standard idea (learned from teachers such as Wellek) that authors should be read ‚in the text.'" (Ebd., S. 186.). Vielleicht sollte man das Problem konkreter angehen: Es ging, wie im folgenden Kapitel Thema sein soll, vermutlich einfach darum, ein adäquates Modell für einen transnationalen Kommunikationszusammenhang im multilingualen Europa zu entwickeln.

54 „A nos lecteurs", in: *Lettre internationale* (Paris), 1, 1984, S. 94.

55 Zur Ideengeschichte des „Post-Marxismus" in Frankreich siehe jetzt auch BRECKMAN: *Adventures of the symbolic.*

Die Vorstellungen zur *Umsetzung* dieses ambitionierten Plans sind ideengeschichtlich weniger aufregend, für eine an den historischen Gelingensbedingungen transnationaler Publizistik interessierte Studie jedoch wichtig. Auch sie können zunächst entlang des Konzeptpapiers aus dem Jahr 1983 skizziert werden: Vorgesehen war für jede der lokalen Ausgaben der „internationalen Zeitschrift“ eine vierteljährliche Erscheinungsweise mit je etwa 10.000 Exemplaren im Tabloid-Format (in Deutschland meist halbnordisches Format genannt), auf Zeitungspapier im Rotationsdruck produziert, und auch gestalterisch dem Erscheinungsbild einer Zeitung angenähert.[56] „Le journal-revue“ oder kurzerhand „le journal“ lautete der Arbeitsbegriff für die in Kontinentaleuropa relativ ungewohnte Aufmachung einer Zeitschrift im Zeitungsgewand.[57] Statt Fotografien sollten nur Zeichnungen, neue wie alte, die Texte begleiten.[58] Feste Rubriken waren nicht vorgesehen, außer einem „Lettres à l'éditeur“ genannten Korrespondenz-Teil am Ende jedes Heftes, der in der schließlich realisierten Version von *Lettre internationale* unter dem Namen „Commentaires et lettres“ auch die stärker formalisierten, regelmäßigen *Correspondances* beherbergte, die auf Initiative des bulgarisch-französischen Intellektuellen Tzvetan Todorov, und beginnend mit ihm, ab Ende 1986 erschienen.[59]

80 Prozent jeder Ausgabe sollten mit Übersetzungen aus anderen Sprachen bestritten werden, die allein schon deshalb von hervorragender Qualität sein mussten (Die Pariser *Lettre* erreichte tatsächlich eine durchschnittliche Übersetzungsquote von etwa 76 Prozent der Artikel[60]). Interessant ist, was Liehm unter „hervorragender Qualität“ verstand: „le lecteur ne doit pas avoir l'impression d'un journal traduit.“[61] Er war mithin, in dieser Frage, ganz Verleger und Journalist und folgte letztlich der französischen Traditionslinie der „belles infidèles“, wenigstens in ihrer landläufigen Form: dem Ideal wohlklingender, assimilierender Übersetzungen. Das war, angesichts des ohnehin schon sehr ambitionierten Projekts, eine gut nachvollziehbare Position. Rein übersetzungstheoretisch betrachtet erscheint sie indes weniger überzeugend für eine transnationale Zeitschriftenkonstellation, die die Pluralität von Sprachen und Kulturen als wesentlich für die europäische *conditio* akzeptierte (und

56 „La revue internationale“, siehe FN 41, S. 2.

57 Dass man redaktionsintern und zwischen den *Lettre*-Redaktionen in der Regel von „der Zeitung“/„le journal“ sprach, erwähnt Liehm unter anderem in einem ausführlichen Interview mit der *Revue des revues*: LIEHM/LAURENT: *„La Lettre internationale ou le rêve européen d'Antonin Liehm“*, S. 42.

58 Der Grund dafür wurde nie recht erörtert. Zu vermuten sind, neben ästhetischen Präferenzen, die problematische Druckqualität auf Zeitungspapier, vor allem jedoch die vergleichsweise teuren Lizenzgebühren für den Abdruck von Fotografien.

59 Übrigens machte dies Todorov in einer Zeitschrift, die die meisten Autoren oft nur einmal oder einige wenige Male publizierte, mit insgesamt 25 Artikeln zum „Spitzenreiter“ der kleinen Gruppe von regelmäßig in *Lettre internationale* veröffentlichten Autoren (bezogen auf den hier interessierenden Zeitraum von 1984-1993).

60 Eine detaillierte Aufschlüsselung findet sich im Daten-Anhang der Hochschulfassung dieser Studie.

61 „La revue internationale“, siehe FN 41, S. 2.

feierte)…[62] Aber man muss auch hier noch einmal an das Erbe des „Prager Modells“ und sein Ziel erinnern, mit anspruchsvollen Texten die größtmögliche Leserschaft zu erreichen – poetologische und traduktologische Erwägungen, die eine von vornherein auf initiierte Publika ausgerichtete Zeitschrift vermutlich zur Adoption einer eher „romantischen“, die Annäherung an die fremde Sprache suchenden, Grundhaltung bewogen hätten, mussten hier hintanstehen. Unabhängig von dieser übersetzungstheoretischen Weichenstellung bedeutete die Forderung nach „hervorragender Qualität“ jedoch in jedem Fall, dass man die Übersetzer würde „korrekt bezahlen“ müssen.[63] Und so waren sie die Einzigen, die über die nächsten zehn Jahre von der Pariser *Lettre internationale* mehr oder minder nach Tarifvertrag entlohnt wurden.

Liehm war kein Geschäftsmann, aber mit fast vierzig Jahren Erfahrung in der politisch-literarischen Presse selbstverständlich versiert genug, um die verlegerischen Herausforderungen und Fallstricke seines multinationalen und multilingualen Zeitschriftenplans zu identifizieren. Nicht zuletzt deshalb hatte er Abstand von der Idee genommen, die verschiedenen Editionen von *Lettre internationale* von Grund auf in Eigenregie aufzubauen und zu leiten. Vielmehr sah der ursprüngliche Plan von 1983 vor, bei etablierten Publikationen in den jeweiligen Ländern „anzudocken“. Nämlich so:

> Dans chacune des langues le journal-revue sera attaché à un journal-revue existant qui fournira l’infrastructure et un co-rédacteur/co-directeur entièrement responsable de la fabrication et la perfection linguistique de l’édition dans telle ou telle langue. Comme le rédacteur des quatre éditions, A.J. Liehm, lui aussi, disposera du droit de veto.[64]

Die „internationale Zeitschrift“, die im Jahr darauf als *Lettre internationale* realisiert wurde, war also zunächst geplant worden als eine europäische Allianz von semi-autonomen Beilagen oder Sonderausgaben von gut eingeführten „nationalen“ Zeitschriften in mehreren Ländern. Dies mag die minimalistische Budget-Planung erklären helfen, die im Entwurf von 1983 exakt einen, den letzten, Satz umfasste: „Une subvention couvrira tout déficit possible.“[65] Hinter dieser Formulierung verbarg sich einerseits die Hoffnung auf öffentliche Unterstützung – der lange Schatten des „Prager Modells“, das unter den Bedingungen einer von der „Tyrannei des Marktes“ suspendierten Ökonomie operiert hatte. Andererseits darf die lakonische Bemerkung auch als Indiz für die Existenz von privaten Mitteln interpretiert werden, die Liehm nun, anders als 1969, hier und da zur Verfügung gestellt wurden, um sein lange geplantes Zeitschriften-Netzwerk endlich zu realisieren.

62 Siehe für eine überzeugende Kritik der assimilatorischen Tradition die übersetzungstheoretischen Arbeiten von Lawrence Venuti, insbesondere VENUTI, Lawrence: *The Translator’s invisibility: a history of translation*, 2. Aufl., London: Routledge 2008.

63 „La revue internationale“, siehe FN 41, S. 2.

64 Ebd.

65 Ebd.

2. Vom Plan der internationalen Zeitschrift zum frühen Netzwerk von *Lettre internationale*: Für und wider das Huckepack-Modell in der transnationalen Publizistik

> Nur der innere Wert einer literarischen Unternehmung ist es, der ihr ein dauerndes Glück bei dem Publikum versichern kann; auf der andern Seite aber ist es nur dieses Glück, welches ihrem Urheber den Mut und die Kräfte gibt, etwas Beträchtliches auf ihren Wert zu verwenden. Die große Schwierigkeit also ist, daß der Erfolg gewissermaßen schon realisiert sein müßte, um den Aufwand, durch den allein er zu realisieren ist, möglich zu machen. Aus diesem Zirkel ist kein anderer Ausweg, als daß ein unternehmender Mann an jenen problematischen Erfolg so viel wage, als etwa nötig sein dürfte, ihn gewiß zu machen.
>
> Friedrich Schiller, in der „Einladung zur Mitarbeit" zu den *Horen*, 1794.[66]

Während des Jahres 1983 zirkulierte Antonin Liehms Zeitschriften-Idee unter Herausgebern und Verlegern in Paris und anderen europäischen Hauptstädten, deren nationale Publikationen die internationale „Beilage" hätten beherbergen können. Es sei mir erlaubt, diese Strategie, in Ermangelung eines etablierten Begriffs, das „Huckepack-Modell" in der transnationalen Publizistik zu nennen, denn der geplante übernationale Akteur sitzt hier gleichsam auf den Rücken von etablierten, primär national orientierten Publikationen in mehreren Ländern. Angesichts des historischen Prozesses der Prekarisierung des transnationalen Kommunikationsraums – wie er in Kapitel 1 rekonstruiert wurde – und der Dominanz nationaler Akteure in den medienvermittelten Öffentlichkeiten Europas, klingt das Huckepack-Modell zunächst einmal naheliegend und überzeugend. Es hat gleich mehrere offensichtliche Vorteile, die vor allem von infrastruktureller Natur sind, darunter ein leichterer Zugang zu redaktionellen Ressourcen, ein geringerer eigener Finanzbedarf und, entscheidend, eine bereits existierende Leserschaft.

Doch diesen Vorteilen stehen massive „editionspolitische" Risiken gegenüber: Latente Abgrenzungsprobleme gegenüber den Positionen der Trägermedien, potentielle Konflikte der verschiedenen Partner untereinander, drohender Autonomieverlust, komplizierte Aushandlungsprozesse und Veto-Verfahren, unklare urheber- und presserechtliche Verantwortlichkeiten. Darüber hinaus darf vermutet werden, dass die nationalen Akteure an guten Tagen eher bereit sein werden, Experimente auf

66 Gefunden bei und zitiert nach OSTERKAMP: *„Neue Zeiten – neue Zeitschriften. Publizistische Projekte um 1800"*, S. 63.

ihren Rücken zu fördern oder wenigstens zu erdulden, als an schlechten. Jedenfalls bleibt der „Huckepackreitende" – allem übernationalen Prestige, das er zu verleihen mag, zum Trotz – strukturell vom Wohlwollen seiner nationalen Partner abhängig, die schon aus Selbsterhaltung prioritär um ihr Kerngeschäft besorgt sind und nach Gutdünken über die Opportunität des übernationalen Projekts richten können. Wer die Logik redaktioneller „Rationalisierungsprozesse" kennt, weiß zudem, dass Supplemente, Sonderhefte und Beilagen aller Art selbst dann als Erste gefährdet sind, wenn sie fest zum Hause gehören und nicht die Übersetzungs- und Kommunikationskosten mit sich bringen, die internationalen Vorhaben eignen.

Mit gleich mehreren dieser Probleme sah sich Antonin Liehm bei der Gründung des frühen Netzwerks von *Lettre internationale* in den Jahren 1983-1984 konfrontiert. Um das Ergebnis vorwegzunehmen: Die erste Ausgabe erschien, im Juni 1984, letztlich zunächst nur in Paris und Rom, und zwar in Kooperation mit Paul Noirot von *Politique aujourd'hui* und Federico Coen von *Mondoperaio*, zwei Partnern aus dem älteren Netzwerk der 1970er Jahre.[67] Gescheitert waren die Verhandlungen mit dem *Wiener Tagebuch* für die parallel geplante deutschsprachige Edition und die ursprünglichen Hoffnungen, den *Nouvel Observateur* als französischen Herausgeber zu gewinnen. Beide Rückschläge können isoliert erklärt werden, oder – wie hier versucht werden soll – mit Blick auf intrinsische Risiken des „Huckepack-Modells": Der kleine österreichische Partner war ideologisch zu unflexibel, scheute das unternehmerische und politische Risiko und wollte das Projekt eines „*Tagebuch international*" daher so separat wie möglich vom eigenen Betrieb realisieren; der große französische Partner wollte einen etwaigen „*Nouvel Observateur international*" dagegen so fest wie möglich in die eigenen Prozesse integrieren und den Ablauf kontrollieren, ohne dass ihm das Projekt letztlich wichtig genug war, um am Ball zu bleiben. Weil auch gescheiterte und im Sande verlaufene Initiativen instruktiv sind, zunächst eine detailliertere Fassung dieser beiden *cautionary tales*, ehe es um die Erfolge geht.

„Tagebuch international"

Unter dem Datum des 18. März 1983 hatten Dipl. Kfm. Antonie Lehr, Leopold Spira und Dr. Martin Pollack dem „sehr geehrten Herr Dr. A.J. Liehm" brieflich ihre Bereitschaft bestätigt,

> die deutschsprachige Ausgabe der von Ihnen vorbereiteten Vierteljahresschrift im Rahmen des ‚Wiener Tagebuch' herauszugeben.
> Der Titel der Zeitschrift soll lauten: ‚Tagebuch – international', der Umfang soll etwa 64 Seiten betragen, die Zeitschrift soll keine Fotos, sondern Strichzeichnungen enthalten.[68]

67 Siehe Kapitel 3.

68 Brief von Antonie Lehr, Leopold Spira und Martin Pollack (Redaktion Wiener Tagebuch) an Antonin Liehm vom 18. März 1983. Archiv AJL/LI, IMEC.

Als Redakteur der deutschen Ausgabe wurde der Journalist und Slawist Martin Pollack benannt, „wobei Ihnen [d.h. Liehm, RLS] als Redakteur der Gesamtausgabe ein Vetorecht zukommt".[69] Liehm schickte Manuskripte für die erste Ausgabe und 20.000 DM (bzw. 140.000 Schilling) als finanziellen Beitrag zum Start des *Tagebuch international*, der für Ende 1983 geplant war.[70] Doch nachdem die ersten Texte in Übersetzung gegeben worden waren, stockten die Vorbereitungen. Ein Brief von Leopold Spira an Antonin Liehm vom 10. Dezember 1983 enthielt einige, wenn auch spärliche und vage Informationen zu den Gründen:

> Es gab unter den Vorstandsmitgliedern der Freunde des Wiener Tagebuch, über die wir uns nicht hinwegsetzen können, gewisse Vorbehalte gegen das Projekt. Bei einer Sitzung des Vorstands, die an sich nicht sehr angenehm war, erreichten wir aber, daß im Prinzip zugestimmt wurde, obwohl bei manchen nicht alle Einwände ausgeräumt wurden. Es gab also keine grundsätzlichen Schwierigkeiten, mit der Herausgabe zu beginnen.
> Martin Pollack hat uns dann informiert, daß das erste Heft erst im Jänner 1984 erscheinen soll, was damit auch für die deutsche Ausgabe galt. Schließlich ließ er uns wissen, daß er an der Sache nicht mehr interessiert ist wobei wir annahmen, daß er dich benachrichtigt hat. Von uns aus kam kein Veto, die letzte Entscheidung liegt bei Martin Pollack. Ohne ihn können wir die Sache allerdings nicht machen.[71]

Warum Martin Pollack nicht mehr wollte, lässt ein Brief vom 17. Februar 1984 erahnen, der die Rücküberweisung der „Subvention" begleitete. Das *Tagebuch international* war zu diesem Zeitpunkt bereits gescheitert, doch Pollack legte Wert darauf, sich gegenüber Liehm wie folgt zu erklären:

> Bei der Besprechung mit dem Vorstand der Freunde des WTB [*Wiener Tagebuch*, RLS] wurde von der Mehrheit der Anwesenden ganz eindeutig verlangt, daß wir das „Tagebuch international" ohne jede Bindung an das WTB, vor allem administrativer Natur, auch, was Konten usw. betrifft, herausgeben. Das hätte aber nichts anderes bedeutet, als daß ich gezwungen gewesen wäre, eine eigene Firma zu gründen, wobei sich natürlich die Frage gestellt hätte, wozu wir in diesem Fall überhaupt das „Tagebuch" brauchen. Für mich hat sich die Sache so dargestellt, daß die Mehrheit des Vorstandes zwar die eventuellen Vorteile des Projekts hätte in Anspruch nehmen wollen, ohne aber auch nur das geringste Risiko einzugehen. Damals haben Poldi Spira und Toni Lehr versucht, die Leute umzustimmen, das hat aber nichts genützt. [...] Unter diesen Umständen war es sicher das beste, das Projekt hier abzublasen. [...] Es tut mir leid, wenn alles nicht so geklappt hat, wie ursprünglich vorgesehen, aber ich muß zugeben, daß ich persönlich auch die Schwierigkeiten unterschätzt habe.[72]

---

69 Ebd.; Martin Pollack (*1944) wurde deutschsprachigen Lesern in späteren Jahren vor allem als Buchautor und „Mitteleuropa"-Korrespondent des *Spiegel* bekannt sowie als Übersetzer des Werks von Ryszard Kapuściński. Er hatte seine journalistische Karriere jedoch Mitte der 1970er Jahre als Redakteur beim *Wiener Tagebuch* begonnen.

70 Siehe Kontoabrechnung mit Zahlungseingängen und -ausgängen als Beilage zu einem Brief von Martin Pollack an Antonin Liehm vom 17. Februar 1984. Archiv AJL/LI, IMEC.

71 Leopold Spira an Antonin Liehm, Brief vom 10. Oktober 1983. Archiv AJL/LI, IMEC.

72 Brief von Martin Pollack an Antonin Liehm vom 17. Februar 1984. Archiv AJL/LI, IMEC.

Deutlicher als von Martin Pollack in diesem Brief geschehen, lassen sich die potentiellen Probleme einer „Huckepack"-Konfiguration mit einem ökonomisch prekarisierten, aber ideologisch standfesten, nationalen Partner nicht beschreiben. Das *Wiener Tagebuch* war, anderthalb Jahrzehnte nach seiner Trennung von der Kommunistischen Partei Österreichs, eine äußerst finanzschwache politisch-literarische Zeitschrift, der es trotz wichtiger Beiträger wie Claudio Magris, Lew Kopelew und Eric Hobsbawm nicht gelungen war, ihre Leserschaft und Rolle in der intellektuellen Landschaft Österreichs zu erneuern (sie stellte ihr Erscheinen Ende 1989 ein). Einige leitende Mitarbeiter (so der Chefredakteur Leopold Spira) sahen die Chance, die Publikation über ein internationales Prestigeprojekt, wie das von Liehm vorgeschlagene, zu regenerieren, doch die Basis des Trägervereins wollte die damit verbundenen Risiken nicht in Kauf nehmen. Sie insistierte auf administrativer Trennung zu einem Grad, der für den transnationalen Akteur den Sinn der Allianz selbst in Frage stellte.

In der Korrespondenz mit Liehm stand der Hinweis auf die administrativen Risiken im Vordergrund. Doch es stellt sich natürlich die Frage, ob den „gewissen Vorbehalten", die Spira in seinem Schreiben erwähnte, nicht auch politische Motive zu Grunde lagen. Dies darf wenigstens vermutet werden.[73] Denn der Trägerverein des *Wiener Tagebuch* wurde auch Mitte der 1980er Jahre noch größtenteils von jener Generation ehemaliger KPÖ-Mitglieder getragen, die, wie Ernst Fischer, im Verlauf der 1960er Jahre zu unabhängigen Verfechtern des Reformkommunismus geworden waren – und sich diesem Projekt der Erneuerung des Marxismus auch in den 1980er Jahren noch verpflichtet fühlten. Mit der „internationalen Zeitschrift" dagegen hatte Liehm – selbst wenn er sich weiterhin auf die Infrastruktur der alten Partner stützte – den Plan für ein Debatten-Forum vorgelegt, das auf Resonanz aus dem gesamten Spektrum der politischen Kräfte der „demokratischen Linken" hoffen konnte, die aus den Entwicklungen der 1970er Jahre hervorgegangen waren: Es sollte von Reformkommunisten über linke und liberale Antitotalitäre bis hin zu antikommunistischen Dissidenten reichen. Dafür war der damals 40jährige Redakteur Martin Pollack zu haben, nicht aber die Basis der Zeitschrift.

Für das Projekt eines fraktionsübergreifenden Forums hatte Liehm seit Ende der 1970er Jahre im privaten Umfeld geworben und in den USA und Europa Geld eingesammelt, was es ihm ermöglichte, den Start der ansonsten selbstverwalteten, nationalen Ausgaben zu bezuschussen. Es wird darauf zurückzukommen sein. Für den Moment sei festgehalten, dass man, Martin Pollack zufolge, beim *Wiener Tagebuch* neben den allgemeinpolitischen Vorbehalten auch wegen dieses Geldes, genauer gesagt wegen seiner unklaren Provenienz, Zweifel hegte (der alte Reflex der europäischen Linken – in diesem Fall, angesichts der Geschichte des Kongresses für Kulturelle Freiheit, freilich nicht ganz unverständlich). Martin Pollack sieht die Dinge, rückblickend, wie folgt:

73 Ich habe versucht, über etwaige Sitzungsprotokolle der „Freunde des Wiener Tagebuchs" diese These über die nachfolgend zitierten Elemente hinaus zu erhärten (oder zu entkräften), diese Dokumente waren jedoch in Wien nicht mehr aufzutreiben.

> Was die damaligen Einwände gegen das Projekt betrifft, hatten die meiner Erinnerung nach nicht zuletzt damit zu tun, dass einige Mitglieder des Vereines des Wiener Tagebuchs Bedenken äußerten, dass man nicht genau wisse, woher die Gelder stammen. Ich kann das nicht belegen, weil ich keinerlei Unterlagen besitze und mich auch nicht auf mein Gedächtnis verlassen kann, aber es klang ein wenig nach den damals üblichen Mutmaßungen, es könnten Gelder aus zweifelhaften Quellen (CIA usw.) dahinterstecken. Im Prinzip war es wohl einfach so, dass die Leute in Wien gern die völlige Kontrolle über die deutsche Ausgabe von Lettre gehabt hätten, was naturgemäß nicht möglich war. Vermutlich spielten auch gewisse Vorbehalte gegenüber Toni Liehm eine Rolle, der sich, wie Sie [ich, RLS] schreiben, nicht gerade auf der eurokommunistischen Linie befand (was immer die bedeuten mochte). Das galt auch für mich selber, weshalb ich dann für mich das Projekt ad acta legte – ich hatte wenig Lust, mich, bei aller Sympathie, mit Poldi Spira und anderen auf Auseinandersetzungen um eine Linie einzulassen, von der ich selber nicht sonderlich viel hielt.
> Dass ich von mir aus das Projekt platzen ließ, stimmt sicher nicht – das geschah wegen des ständigen Widerstands mancher Mitglieder des Vereins des Wiener Tagebuchs, die eine klare Trennung zwischen dem Projekt und dem WTB verlangten, gleichzeitig aber ihren Einfluss auf das Projekt wahren wollten.[74]

Antonin Liehm hatte, indem er an einen Partner aus „alten Tagen" anzudocken suchte, in diesem Fall sicherlich allzu sehr darauf gebaut, dass das *Wiener Tagebuch* die politische Situation so einschätzen würde wie er selbst, und deshalb, wie er, die Chance zur Internationalisierung der Debatte auf breiterer ideologischer Basis mit dem gleichen Enthusiasmus ergreifen würde. Das *Wiener Tagebuch* sah sich aber nicht in einer „nicht-ideologischen" Beschreibungsrolle vor dem Hintergrund der Krise der großen Systeme des Kollektivismus und des Liberalismus – wie Liehm im vierten Punkt des Entwurfs für die „internationale Zeitschrift" formuliert hatte. Der Versuch, eine auf diesem Prinzip fußende Plattform im deutschsprachigen Raum ausgerechnet auf den – darüber hinaus auch noch schwachen – Rücken der Wiener Redaktion zu laden, war angesichts der gemeinsamen Geschichte zwar verständlich, aber kaum erfolgversprechend, und so ist Martin Pollack sicherlich zuzustimmen, dass es das Beste war, das Vorhaben eines *Tagebuch international* noch rechtzeitig „abzublasen". (Selbst wenn es mit Blick auf die zweite der Leitideen der „internationalen Zeitschrift" reizvoll gewesen wäre, den deutschsprachigen Angriff auf den „Provinzialismus der großen Kulturen" von Wien und nicht von der BRD aus zu initiieren.)

„Nouvel Observateur international"

Die geplante Allianz der „internationalen Zeitschrift" mit dem *Nouvel Observateur* für die französische Ausgabe stellt sich in anderem Licht dar. Aus programmatischer Sicht hätte sie Sinn gemacht, war es doch, wie im vorangegangenen Kapitel beschrieben, dem Herausgeber Jean Daniel in den 1970er Jahren gelungen, den

74 Mail von Martin Pollack an den Autor vom 27. April 2014.

Nouvel Observateur zum ökumenischen Forum der postmarxistischen Linken in Frankreich zu machen. Seine Autoren bildeten, wie der Bourdieu-nahe Soziologe Louis Pinto seinerzeit – in allerdings äußerst kritischer Manier – festhielt, eine „offene Gruppe", zu der Mitte der 1970er Jahre etwa zwanzig regelmäßige Autoren und Freunde des Hauses zählten (darunter Julliard, Furet, Ozouf, Debray, Duvignaud, Morin, Gorz, Le Roy Ladurie, Foucault, Rocard, Turaine) sowie eine relativ große Zahl unregelmäßiger Mitarbeiter mit sehr unterschiedlichem Bekanntheitsgrad.[75] Diese „offene Gruppe" sei, so Pinto, weniger durch ein bestimmtes sozioökonomisches Profil ihrer Mitglieder definiert als über einen gemeinsamen „Stil" (dessen Kardinaltugend „Intelligenz" laute[76]) und durch eine bestimmte Haltung zur Welt: Gleichermaßen auf Distanz gegenüber der kommunistischen Orthodoxie wie der Rechten, der Bourgeoisie wie dem kleinbürgerlichen Anti-Intellektualismus (*poujadisme*), auf der Flucht vor Gemeinplätzen, immer auf der Suche nach Exzentrik und Nonkonformismus, und diese in ihren Artikeln feiernd.[77] Darüber hinaus zeichne sich der Stil der Autoren des *Nouvel Obs* aus durch ihre „[...] aisance verbale, une plume agréable non marquée par les habitudes de métier, de l'esprit, un éclectisme propice aux conversations instruites (mais jamais pédantes)."[78] Für Pinto standen die problematischen Aspekte im Vordergrund: Seine Kritik zielte im Grunde auf eine Form von zynischer Vernunft, durch die vermittels eines nonkonformistischen Stils die dominante Position einiger Akteure der Gruppe verbrämt, die Unterschiede zu anderen, marginalen, verwischt – und das Wirken außenstehender, „traditionell" arbeitender Akademiker abgewertet wurden.[79] Pintos Kritik war, aus der Perspektive einer um wissenschaftliche Standards und Autonomie bemühten Soziologie, sicherlich nicht unberechtigt. Doch ein in Gründung begriffenes internationales Forum von Intellektuellen für Intellektuelle, das dem Essayismus verpflichtet und dem Provinzialismus entgegengesetzt sein sollte, hatte andere Prioritäten: So gesehen war der eklektische und essayistische Stil der *éditorialistes* des *Nouvel Obs* ein Hinweis darauf, unter den sonst allzu selbstgenügsamen Institutionen der französischen Hauptstadt womöglich gerade den richtigen, nämlich einen neugierigen und unternehmerisch-unternehmungslustigen Partner gefunden zu haben. Und tatsächlich hatte Jean Daniel ja in dem bereits im vorangegangenen Kapitel zitierten Brief vom 4. Juli 1983 das Interesse seines Magazins bestätigt „pour le projet que vous avez bien voulu me soumettre d'une revue culturelle internationale qui paraitrait quatre fois par an."[80]

Mit diesem Brief begann das Projekt eines „*Nouvel Observateur international*" seinen Weg durch die Ressorts des *Nouvel Obs.* Daniel hatte Liehm bereits informiert, dass der Journalist Jean-Paul Enthoven, der sich seinerzeit beim *Nouvel Observateur* um die Debattenseiten kümmerte und als stellvertretender Chefredakteur

75 PINTO: „*Les affinités électives. Les amis du Nouvel Observateur comme ‚groupe ouvert*'", S. 115–120.
76 Ebd., S. 124.
77 Ebd., S. 122–124.
78 Ebd., S. 124.
79 Ebd.; Siehe auch PINTO: *L'intelligence en action : le Nouvel observateur.*
80 Jean Daniel an Antonin Liehm in einem Brief vom 4. Juli 1983, Archiv AJL/LI, IMEC.

Jean Daniel in intellektuellen Fragen zur Seite stand, die Vorbereitungen seitens des *Nouvel Observateur* betreuen werde.[81] Den ursprünglichen Kontakt zwischen Daniel und Liehm hatte, wie erwähnt, André Gorz hergestellt, doch mit Enthoven, einem Busenfreund von Bernard-Henri Lévy, waren nun in der Ökumene des *Nouvel Obs* auch die Medienintellektuellen der „Nouvelle Philosophie" in die Planungsphase der internationalen Zeitschrift eingebunden.

Zwei kurze Hinweise beschlossen Jean Daniels Schreiben: Da der *Nouvel Observateur* nach französischem Recht für diese Publikation die presserechtliche Verantwortung trage –Willkommen zurück in der Welt der editionspolitischen Probleme des Huckepack-Modells – müsse noch entschieden werden, wer die Redaktionsleitung übernehmen solle. Auch stehe die Finanzierung offen. Hier warte man auf einen Kostenvoranschlag und auf Angaben dazu, welchen Beitrag Liehm selbst leisten könne.[82] Liess Daniel wissen, fügte seine Urlaubsadresse hinzu und verreiste nach Diktat.

Während des langen französischen Sommers schwitzten mithin nicht nur in Wien, sondern auch in Paris die Übersetzer über den Texten, die Antonin Liehm für das bereits für Oktober geplante erste Heft der internationalen Zeitschrift ausgewählt hatte. Einem provisorischen Inhaltsverzeichnis vom 2. August 1983 zufolge waren es: Jene Beiträge von Juan Goytisolo und Alan Riding, die der Leser aus dem Überblick zur ersten Ausgabe von *Lettre internationale* kennt; darüber hinaus „Living in the interregnum", ein wichtiger Essay der südafrikanischen Autorin Nadine Gordimer über das Warten auf das Ende der Apartheid, der Anfang 1983 in der *New York Review of Books* erschienen war (und den die Pariser *Lettre internationale* schließlich in Heft 2, 1984 brachte); außerdem eine Rede von Carlos Fuentes; und der „Schwedische Herbst", ein Essay von Hans Magnus Enzensberger.[83] Zur Übersetzung vorbereitet wurden je ein Text des ungarischen Schriftstellers György Konrad und des italienischen Slawisten Vittorio Strada (letzterer erschien ebenfalls in Heft 2 von *Lettre*).

Dass all diese Texte nicht wie geplant im Oktober fertig waren, lag an den großen Textlängen und den üblichen Anlaufschwierigkeiten solcher Unternehmungen: Enzensbergers Essay etwa wurde aufgrund von Missverständnissen gleichzeitig an das internationale Zeitschriftenprojekt des *Nouvel Observateur* und an *Le Débat* verkauft. Beide gaben Übersetzungen in Auftrag, und ehe man des Problems gewahr wurde, stand *Automne suédois, reportage idéologique* bereits in *Le Débat*.[84] Solche Dinge passieren. Dass der *Nouvel Observateur international* indes auch nicht im Januar 1984 als Heft 1.000 des *Nouvel Observateur* das Licht der Welt erblickte – wie dies der revidierte Projektplan vorsah[85] – hatte mit den beiden Hin-

81 Ebd.

82 Ebd.

83 Provisorisches Inhaltsverzeichnis vom 2. August 1983, redaktionsintern beim *Nouvel Observateur* verfasst von Ruth Valentini für Jean-Paul Enthoven. Durchschlag im Archiv AJL/LI, IMEC.

84 Siehe *Le Débat*, Heft 26, 1983.

85 Siehe internes Memo von Ruth Valentini (*Nouvel Obs*) an Jean Daniel, vom 6. September 1983: „Concerne: LE NOUVEL OBSERVATEUR INTERNATIONAL – projet d'édition pour le No. 1.000 (?)". Durchschlag im Archiv AJL/LI, IMEC.

weisen aus Jean Daniels Brief vom Juli zu tun: mit Finanzen und Verantwortlichkeiten, vor allem aber mit den Prioritäten des *Nouvel Observateur*.

Zurück aus dem Urlaub hatte Jean Daniel mit dem Verleger (*PDG*) des *Nouvel Observateur*, Claude Perdriel, und den anderen Mitgliedern des Leitungsgremiums (*comité de direction*) über dem Vorhaben zusammengesessen und Antonin Liehm am 18. Oktober 1983 wissen lassen, man müsse die Planungen suspendieren („je dis bien suspendre"), bis eine detaillierte betriebsinterne Kalkulation vorliege:

> Le *Nouvel Observateur* ne peut pas s'engager dans les circonstances actuelles à participer à un projet où nous risquerions de perdre un seul centime. Nous ne voulons pas gagner d'argent mais il nous est interdit, en ce moment, d'en perdre.[86]

Jean Daniel stellte es Liehm derweil frei, mit den anderen, nicht-französischen Ausgaben zu beginnen, bis eine Entscheidung gefallen sei. Die Kostenrechnung werde nicht vor dem 15. November erwartet. Doch auch nach diesem Datum wurden die Planungen nicht mehr aufgenommen, und im Januar 1984 sprach Liehm bereits vom „projet non abouti de la revue internationale" als er, in einem Brief an die Projektkoordinatorin beim *Nouvel Obs*, um Übernahme der bereits fertiggestellten Übersetzungen bat.[87]

Woran es diesmal gelegen hatte? Interessanterweise wiederholte sich der Vorgang noch einmal im Februar 1986. Anderthalb Jahre *nach* dem Start der französischen *Lettre internationale* erwogen der *Nouvel Observateur* und *Lettre internationale* erneut eine engere Zusammenarbeit. Vorgesehen war nun, dass der *Nouvel Observateur*, über Jean Daniel, mit 50 Prozent der Anteile in das Kapital einer gemeinsamen Verlagsgesellschaft einsteige.[88] Und wieder verliefen die Verhandlungen im Sande…

Auffällig beim Studium der wenigen zu den beiden Vorgängen erhaltenen Dokumente in den *Lettre*-Archiven ist zunächst, wie fundamental unterschiedlich die Bedeutung des Projekts von beiden Seiten beurteilt wurde: Für Liehm war es essentiell, einen Partner in Frankreich zu finden, um das Vorhaben der internationalen Zeitschrift auf den Weg zu bringen; für den *Nouvel Obs* war es dagegen ein Vorhaben unter vielen anderen, wie nicht zuletzt die oft wochen- und monatelangen Verzögerungen in der Korrespondenz zeigen. Priorität hatte für den *Nouvel Observateur* die Lage in Frankreich. Internationalisierung hörte sich, gerade vor dem Hintergrund einer politisch-intellektuellen Krise, auf die zurückzukommen sein wird, vielversprechend und reizvoll an, blieb aber für das gut eingeführte Magazin optional. Edgar Morin sieht darin das Grundproblem von *Lettre internationale* in

86 Brief von Jean Daniel an Antonin Liehm vom 18. Oktober 1983. Archiv AJL/LI, IMEC.

87 Brief von Antonin Liehm an Ruth Valentini/Nouvel Observateur vom 16. Januar 1984. Durchschlag im Archiv AJL/LI, IMEC.

88 Siehe das Protokoll eines Treffens zwischen den Vertrauensleuten der Geschäftsführung von *Nouvel Observateur* (Bertrand Bouchard) und *Lettre international* (Claude Winter) vom 19. Februar 1986, in Kopie an Jean Daniel, Claude Perdriel und Antonin Liehm. Durchschlag im Archiv AJL/LI, IMEC.

der französischen Medienlandschaft: „L'acceptation, puis le retrait de Jean Daniel est typique: Oui, c'est très bien, et puis, après tout, on a d'autre chose à faire."[89]

Das galt *a fortiori* – und das ist das zweite und vermutlich entscheidende Problem – für ein Vorhaben, mit dem der *Nouvel Observateur* zwar öffentlich identifiziert wurde, das er aber nicht vollständig kontrollieren konnte. Denn Liehm beharrte verständlicherweise darauf, zusammen mit Jean Daniel der vetoberechtigte Mitherausgeber der französischen Ausgabe des „*Nouvel Observateur international*" zu sein. Dies weil es seine Idee war, aber auch, wie mir Antonin Liehm in einem Gespräch sagte, weil er den Geldgebern des Fonds für den Start der „internationalen Zeitschrift" versichert hatte, persönlich für die Herausgabe verantwortlich zu sein.[90] Der Verleger des *Nouvel Observateur*, Claude Perdriel, habe jedoch, so führte Liehm in diesem Gespräch weiter aus, 1983 darauf bestanden, dass Jean Daniel als *Directeur de la publication* des Magazins auch dem *Nouvel Observateur international* vorsitzen solle (dessen Chefredakteur Liehm dann geworden wäre). Dies hatte sich bei den Vertragsgesprächen von 1986 offenbar noch einmal wiederholt, und, weil Liehm seine Zeitschrift weder aus der Hand geben, noch die Titelrechte an ihr gefährden wollte, zum neuerlichen Verhandlungsabbruch geführt.[91]

Die Probleme mit dem „*Nouvel Observateur international*" verdeutlichen die Schwierigkeiten beim „Huckepack-Reiten" auf dem Rücken eines zu großen und einflussreichen Trägers. Man hätte sich natürlich gewünscht, dass sich ein nationales Presseunternehmen wie der *Nouvel Observateur* die Beteiligung an einer internationalen politisch-literarischen Zeitschrift, aus Überzeugung, einfach „leistet". Schließlich hat das Mantra, an keinem Projekt beteiligt sein zu können, bei dem man riskiere, „auch nur einen Pfennig zu verlieren", noch keine Pressegruppe daran gehindert, sich bei manifestem, (editions-)politischem Interesse über diese eiserne Regel souverän hinwegzusetzen.[92] Doch eben jenes Interesse ist im übernationalen publizistischen Kontext fast nie gegeben. Sobald sich die Euphorie einer ersten Zusammenkunft gelegt hat, gewinnen jene Imperative des nationalen Tagesgeschäfts wieder die Oberhand, deren nobelste Form die Teilhabe an der „vierten

89 Edgar Morin in einem Gespräch mit dem Autor vom 3. April 2012.

90 Gespräch zwischen Antonin Liehm und dem Autor am 7. Dezember 2012. Er hat dies noch einmal in einem weiteren Gespräch vom 2. Juli 2013 bestätigt.

91 In einem Brief von Liehm an Jean Daniel vom 1. Oktober 1986 insistierte Liehm darauf, Inhaber der Titelrechte an *Lettre internationale* bleiben zu müssen, weshalb er 51% an der gemeinsamen Verlagsgesellschaft halten wolle (Durchschlag im Archiv LI, AML). Ein letzter archivierter Brief von Liehm an Jean Daniel vom 27. Mai 1987 bestätigt, dass das „Problem" weiterhin bestand: „Sauf erreur de ma part, lors de notre dernier déjeuner vous m'avez dit que vous allez reprendre le problème avec M. Perdriel et que vous m'appellerez dès que vous serez prêt de continuer la discussion." (Durchschlag im Archiv AJL/LI, IMEC). Zu einer Lösung kam es nicht mehr.
Es war mir nicht möglich, diese Informationen durch die Konsultation der Archive beim *Nouvel Observateur* zu verifizieren und um die betriebsinterne Sicht in Jean Daniels Wochenmagazin zu ergänzen. Jean Daniel bestätigte mir zwar in einer Mail vom 4. September 2012, dass meine Fragen „un intérêt intellectuel et historique certain" hätten, ging jedoch nicht auf sie ein und gewährte auch keine Archiveinsicht.

92 Man denke an das Loch, das die *Welt* Jahr über Jahr in die Bilanzen der Axel Springer AG fraß, oder *Le Monde* in die der Groupe La Vie-Le Monde.

Gewalt" im Staate ist. Der Reiz der Internationalisierung ist groß, doch der Schritt in die Praxis wird umso zuverlässiger auf Wiedervorlage gelegt, da er politisch nicht unabdingbar erscheint und den Aktionären gegenüber kaum zu rechtfertigen wäre.

* * *

In diesem Sinne darf auch ein weiteres gescheitertes Assoziationsprojekt gelesen werden: Im Archiv liegt der Entwurf eines Rahmenvertrages zwischen *Lettre internationale* und dem Pariser Verlag *Le Seuil* aus dem Jahr 1986.[93] Die von *Le Seuil* vorgeschlagene Fassung sah in Paragraph 6 vor: „La proportion des textes français / textes étrangers dans la formule actuelle est de 25 / 75 %. Il sera possible d'augmenter la part de textes français, sans toutefois dépasser 50 / 50 % [...]".[94] Liehm hat in seiner Kopie die 50/50 durchgestrichen und handschriftlich durch 40/60 ersetzt. So wurde prozentweise darum gerungen, wie viel Internationalität der französischen Leserschaft einer internationalen Zeitschrift zuzumuten war... Auch diese Assoziation kam über den Projektstatus nie hinaus.

* * *

Der mögliche Einwand, dass die spezifischen Probleme bei der Gründung von *Lettre internationale* nicht vorschnell als endemische Widrigkeiten des „Huckepack-Ansatzes" in der transnationalen Publizistik verallgemeinert werden dürfen, ist natürlich berechtigt. Ausräumen lässt er sich im Rahmen einer Einzelstudie naturgemäß nicht. Meine Hypothese wäre nichtsdestotrotz, dass Untersuchungen zu vergleichbaren historischen Initiativen durchaus ähnliche Probleme zu Tage fördern würden. Zu denken wäre hier an die bereits in Kapitel 1 erwähnte Zeitschrift *Liber*, die gut fünf Jahre nach *Lettre* startete und von der Antonin Liehm im Editorial zu Heft 23, 1989 zu Recht behauptete, sie sei „guère étranger au concept et à la formule de Lettre internationale".[95] Denn auch diese, von Pierre Bourdieu konzipierte und verantwortete, europäische Kulturbeilage fußte auf der Idee einer „Huckepack-Assoziation", allerdings mit deutlich prominenteren und größeren Partnern. Unbestreitbar hatte es nur das internationale Renommee des Herausgebers ermöglicht, das Experiment überhaupt durch die Leitungsgremien der fünf Partnerzeitungen zu bringen (*Le Monde,* die *Frankfurter Allgemeine Zeitung, El País,* das spezialisiertere *Times Literary Supplement* und die deutlich kleinere italienische Review-Zeitschrift *L'Indice*). Mit ihnen testeten Bourdieu und sein Pariser Team ab Oktober 1989, wie lange es sich auf Leitmedien des journalistischen Feldes Huckepack reiten ließ, ohne ihnen signifikante Mitspracherechte zuzugestehen. Acht

93 Einseitiges Typoskript „Projet-cadre de l'association Lettre internationale–Seuil", undatiert (Datierung auf 1986 aus dem Dokument erschlossen), Archiv AJL/LI, IMEC.

94 Ebd.

95 „[Chers amis, chers lecteurs]", *Lettre internationale* (Paris), 23, 1989, S. 2.

Ausgaben lang ging es gut, von 1989 bis 1991, dann wurde die „SARL Liber" und mit ihr die Assoziation mit den großen Tageszeitungen aufgelöst.[96]

Die Archive von *Liber* warten noch darauf, systematisch ausgewertet zu werden.[97] Ohne dies getan zu haben: *Inhaltlich* wirft das *Liber*-Experiment die Frage auf, ob der Versuch, die teils weit auseinandergedrifteten nationalen Öffentlichkeiten mit einer kaum adaptierten und im Wesentlichen „durchübersetzten" Publikation zu erreichen, nicht allzu stark dem Kommunikationsideal der pränationalen Gelehrtenrepublik verpflichtet war, um die Kernleserschaft großer Tageszeitungen wie *FAZ, Le Monde* und *El País* für sich gewinnen zu können. In dieser Hinsicht bot – wie im folgenden Kapitel ausführlicher diskutiert werden soll – *Lettre internationale* mit seinen lokalisierten, aber partiell überlappenden Ausgaben ein vielversprechenderes Modell für einen transnationalen Kommunikationsraum in Europa. Was die *Infrastruktur* (wohlgemerkt nicht die Inhalte) von *Liber* angeht, so werden sich die nationalen Partnerpublikationen zudem recht bald gefragt haben, ob sie eine solche Initiative nicht auch ohne ein Pariser Zentralbüro und ohne Pierre Bourdieu – der mit Argus-Augen über der Autonomie von *Liber* wachte – hätten bestreiten können. Dies umso mehr, da die europäische Kulturzeitschrift den Gesamtauflagen beilag und damit hohe Produktionskosten für die auflagestarken Tageszeitungen im Konsortium verursachte, ohne eine entsprechende Kontrollmöglichkeit bereitzustellen (man vergleiche Claude Perdriels Einwand gegen den „*Nouvel observateur international*")... Fakt ist jedenfalls, dass seitdem, wenn überhaupt, nur noch direkte Zeitungskooperationen vom Typus der 2012 lancierten Beilage *Europa* versucht wurden, die als prestigeträchtige Nebenprodukte hausintern von ohnehin bereits angestellten Redakteuren bestritten werden (im Fall von *Europa* sind das *Le Monde*, *The Guardian*, *Süddeutsche Zeitung*, *La Stampa*, *El País* und *Gazeta Wyborcza*).[98]

* * *

96 Danach existierte *Liber* in mehreren Ländern bis 1998 als Kooperation deutlich kleinerer und politisch näherstehender Akteure der politisch-literarischen Publizistik. Siehe dazu in Ankündigung von BOURDIEU, Pierre: „*Liber continue...*", in: *Actes de la recherche en sciences sociales (Liber supplement) 1* (1991), S. 84.

97 Das *Liber*-Archiv befindet sich im Nachlass von Pierre Bourdieu am Collège de France, wo mir Jérôme Bourdieu – Pierre Bourdieus Sohn und der derzeitige Herausgeber der *Actes* – erlaubt hat, es kursorisch einzusehen. Dies geschah im Oktober 2011. Dafür möchte ich ihm herzlich danken.
Die italienische Seite der Dinge erarbeitet die Soziologin Cécile Balayer derzeit im Rahmen einer Doktorarbeit zu *L'Indice* am Lehrstuhl von Gisèle Sapiro an der EHESS. Weitere Informationen zu *Liber* bei: CASANOVA: „*La revue Liber. Réflexions sur quelques pratiques de la notion d'autonomie relative*"; MOUFFOK: „*Pierre Bourdieu et l'Europe*".

98 Siehe zur Beilage *Europa* das *working paper* von MAKARENKO, Vadim: „*Europa: changing the way Europe is reported*", Reuters Institute Fellowship Paper, University of Oxford 2013, http://www.wincott.co.uk/fellowships/papers/Makarenko.pdf (abgerufen am 18.04.2014).
Ist das Netzwerk von *Le Monde diplomatique (LMD)* ein Gegenbeispiel zur hier vertretenen „huckepackpessimistischen" Hypothese? Auch das wäre – gerade mit Blick auf editionspolitische Konflikte und die Finanzen – eine Untersuchung wert. Weitere Anmerkungen zu *LMD* in Kapitel 6.

Antonin Liehm, der sich nicht, wie Pierre Bourdieu, auf das Unterpfand eines großen Namens stützen konnte, gab die Hoffnung auf erfolgreiche Huckepack-Allianzen zwar nie ganz auf, zog aus seinen Erfahrungen mit *Nouvel Observateur* und *Wiener Tagebuch* aber doch die Konsequenz, dass er mehr würde selbst aufbauen müssen als noch im ersten Konzept für die „internationale Zeitschrift" erhofft. Er übernahm die bereits übersetzten Texte und konzentrierte sich auf zwei kleine und vertraute Partner in Paris und Rom, deren Kooperation ihm gewiss war.

Lettre internationale, Paris

Als die Pläne für den *Nouvel observateur international* im Dezember 1983 *ad acta* gelegt waren, wandte sich Liehm an Paul Noirot, einen alten Bekannten.[99] Der interessierte sich zwar nicht sonderlich für Literatur und Kulturbetrieb, erfüllte als erfahrener Journalist und Verleger von *Politique aujourd'hui* jedoch die Kernaufgaben des „lokalen Partners" aus Liehms Projektentwurf („un co-rédacteur/co-directeur entièrement responsable de la fabrication et la perfection linguistique de l'édition dans telle ou telle langue"[100]). Wie an früherer Stelle beschrieben, hatte *Politique aujourd'hui* um 1970 als Auffangbecken der Häretiker des PCF fungiert und war in dieser Hinsicht strukturell homolog mit dem *Wiener Tagebuch* in Österreich.[101] Mit diesem teilte es auch die weitgehende Bedeutungslosigkeit zu Beginn der 1980er Jahre – und die schwindende Leserschaft (*Politique aujourd'hui* stellte das Erscheinen 1986, drei Jahre vor seinem Wiener Pendant, ein). Doch anders als Martin Pollack und Leopold Spira in Wien, war Paul Noirot bei *Politique aujourd'hui* sein eigener Chef – er öffnete Liehm seine bescheidenen Redaktionsräume in der rue des Petits-Hôtels im 10. Arrondissement und brachte sich mit 49% der Anteile in die Verlagsgesellschaft „SARL Aujourd'hui international" ein. Liehm übernahm 51% und die Arbeit konnte beginnen.[102] Es war eher eine Zweckehe als eine Liebesheirat, ein Vertrag auf Augenhöhe, bei dem niemand auf niemandes Rücken Huckepack ritt, sondern beide Partner bekamen, was sie sich erhofft hatten: Liehm ein Büro, eine existierende (wenn auch rudimentäre) Vertriebsinfrastruktur und muttersprachliche Unterstützung; Noirot ein vielverspre-

99 Paul Noirot (1923-2010), mit bürgerlichem Namen Henri Blanc, war Résistance-Kämpfer, dann langjähriger Journalist in den kommunistischen Publikationen *Ce soir* und *Démocratie nouvelle*, ehe er, wie an früherer Stelle erwähnt, aufgrund seines Widerstands gegen die Niederschlagung des Prager Frühlings, 1969 aus dem PCF ausgeschlossen wurde und außerhalb der Partei die Zeitschriften *Politique aujourd'hui* und *Politique Hebdo* gründete. Siehe dazu seine Autobiographie NOIROT, Paul: *La mémoire ouverte*, Paris: Stock 1976. Einige weiterführende Informationen zudem in der Abschlußarbeit von GEOFFROY: „*La Lettre Internationale*".), in einem Porträt im französischen Magazin *Politis* vom 23. Juli 2009 und im Nachruf auf Paul Noirot in *Le Monde* vom 8. September 2010, http://abonnes.lemonde.fr/disparitions/article/2010/09/08/la-disparition-de-paul-noirot-homme-de-presse-militant_1408529_3382.html.

100 „Projektentwurf", Quelle wie FN 41.

101 Siehe Kapitel 3.

102 Gesellschaftsvertrag „SARL Aujourd'hui international" vom 4. Juni 1984. Archiv AJL/LI, IMEC.

chendes Projekt, dessen Teilhaber und Mitherausgeber er wurde, und das einen Beitrag zu den laufenden Kosten seiner sonstigen Unternehmungen leistete. Konsequenterweise hieß denn die Zeitschrift, die im Juni 1984 erschien, auch nicht „Politique aujourd'hui internationale", wie man zunächst überlegt hatte, sondern erschien unter eigenem Namen als:

> *Lettre internationale*
> journal trimestriel, direction: A.J. Liehm et P. Noirot.
> Edité par la S.A.R.L. Aujourd'hui international, gérant Henri Blanc.[103]

Die Idee für den Titel *Lettre internationale* hatte Martin Vaculík gehabt, der Sohn des tschechischen Schriftstellers Ludvík Vaculík, der während der ersten Hefte in der Redaktion der jungen Zeitschrift aushalf. Liehm dachte an Diderot und Voltaire und war sofort einverstanden.[104]

* * *

Zu einer Studie, die die Gelingensbedingungen transnationaler publizistischer Initiativen ernst nimmt, gehört ein Blick in die Finanzen. Das ist leider keineswegs so selbstverständlich, wie es klingen mag: Auffallend viele, oft hervorragende, Studien zu wichtigen historischen Akteuren der politisch-literarischen Presse unseres Jahrhunderts – etwa zur *Weltbühne*[105] oder dem *Kursbuch*[106] – machen um diese Frage

103 Siehe Impressum von *Lettre internationale* 1, S. 2. So blieb die juristische Struktur bis zum April 1987, als – nach der zweiten Runde gescheiterter Assoziationsversuche mit dem *Nouvel Observateur* und *Le Seuil* sowie dem finanziellen Aus von Paul Noirots *Politique aujourd'hui* – Antonin Liehm mit der Gründung der „SARL Lettre internationale" zum völligen Selbstverlag überging (Noirot verließ die Redaktion von Lettre 1991, um sich eigenen Projekten zuzuwenden). An der „SARL Lettre internationale" hielt Liehm 75% der Anteile, Noirot nur noch 12,5% und der Industrielle Claude Winter weitere 12,5% (siehe Gesellschaftsvertrag vom 29. April 1987, Archiv AJL/LI, IMEC).
Geschäftsführer der „SARL Lettre internationale" war zunächst Claude Winter, der jedoch noch 1987 plötzlich verstarb. Damit verlor Liehm einen Freund und *Lettre internationale* einen erfahrenen Geschäftsmann, Ratgeber und Mäzen. Nach Claude Winters Tod übernahm seine Frau, Catherine (geboren Judith Haït-Hin; 1925-2004), bis 1991 die Geschäftsführung. Wie so viele Akteure im Umfeld von *Lettre* war auch sie nach einem bewegten Leben zum Freundeskreis der Zeitschrift gestoßen: Als junge Frau war sie eine Anführerin der 35. Brigade der FTP-MOÏ in Toulouse (Francs-tireurs et partisans – main d'œuvre immigrée), eines militärischen Arms der *Résistance*. Nach dem Krieg Journalistin bei *L'Humanité*. 1956 aus dem PCF ausgetreten, danach Filmemacherin und schließlich Produzentin. (Siehe den Nachruf von Dominique Desanti in *Le Monde* vom 28. Dezember 2004). Catherine Winter war, über ihre Tätigkeit als Geschäftsführerin hinaus, auch die Veranstalterin eines informellen „Lettre-Salons", der zur Feier jeder neuen Ausgabe etwa drei Dutzend Autoren und Freunde, darunter auch Ehemalige der FTP-MOÏ, in ihrer großen Wohnung versammelte (Angaben zu den „Lettre-Salons" auf Grundlage eines Gesprächs des Autors vom 27. September 2012 mit Jan Sekal, dem langjährigen Grafiker von *Lettre*).

104 Auskunft von Antonin Liehm in einem Telefonat vom 10. Mai 2014.

105 GALLUS, Alexander: *Heimat „Weltbühne": eine Intellektuellengeschichte im 20. Jahrhundert*, Göttingen: Wallstein 2012.

106 MARMULLA: *Enzensbergers Kursbuch.*

einen eleganten Bogen.[107] Auch in den politikwissenschaftlichen Debatten zu „europäischen Medien“ (beziehungsweise, für gewöhnlich, ihrem Fehlen) ist die *eine* Frage seltsam abwesend, die jeder Verleger immer zuerst stellt: Was wird es denn kosten? Was kostet es, eine Zeitschrift wie die Pariser Edition von *Lettre internationale* zu produzieren? Über welche Beträge reden wir, wenn wir über ein unabhängiges intellektuelles Forum in Europa sprechen? Tausende Euro? Hunderttausende? Millionen? Und ebenso wichtig: Mit welchen Einnahmequellen könnte eine solche Initiative rechnen? Mit anderen Worten: Wie steht es um ihr Geschäftsmodell, um ihre ökonomischen Reproduktionsbedingungen? Auch wenn das nur noch von pressehistorischem Wert sein mag: Wenigstens rückblickend und für die ersten Hefte der französischen Ausgabe von *Lettre internationale* aus den Jahren 1984-1986 lassen sich diese Fragen durchaus beantworten.

Am 16. Dezember 1983 hatte Paul Noirot auf Anfrage von Liehm eine Kalkulation für die Vierteljahresschrift erstellt.[108] Die Ausgabenseite präsentierte sich wie folgt: Die Produktion einer Ausgabe mit 14.500 gedruckten Exemplaren würde etwa 150.000 Francs kosten. Hinzu kamen die Verwaltungskosten (Mietanteil, Verwaltung, Telefon, etc.), die sich, wenn man sie pro Ausgabe umlegte, auf 70.000 Francs beliefen, weitere 50.000 für Übersetzungskosten und Honorare und noch einmal 30.000 für eine Redaktionsassistenz. Das machte insgesamt Ausgaben von 300.000 Francs pro Ausgabe, also 1,2 Millionen Francs pro Jahr. Da wir im Euroraum nicht mehr gewöhnt sind, mit Devisen zu jonglieren, ist es hilfreich, auf den historischen US-Dollarkurs von 1984 umzurechnen: 1,2 Millionen Francs entsprachen damals etwa 150.000 USD an jährlichen Ausgaben (oder, falls das plastischer ist, 400.000 DM).[109]

Dem standen prognostizierte Einnahmen aus Abonnement und Verkauf von 520.000 Francs (65.000 USD) gegenüber. Als Grundlage der Kalkulation nahm Noirot an, dass *Lettre* 2.300 zahlende Abonnenten gewinnen und 5.000 Hefte jeder Ausgabe zu einem Preis von 30 F am Kiosk verkaufen könnte. Insgesamt knapp 7.500 verkaufte Hefte pro Ausgabe, machte 30.000 Hefte pro Jahr. Bei diesem Szenario prognostizierte Paul Noirot einen jährlichen Subventionsbedarf von etwa 800.000 Francs (d.h. 100.000 USD), um, falls die Einnahmen etwas geringer ausfielen, dennoch finanziell bei Null oder etwas darüber zu landen.

Nimmt man eine Überschlagsrechnung auf Grundlage dieser Schätzungen vor, so wird deutlich, dass das Vorhaben bei gleichbleibendem Verkaufspreis erst ab etwa 25.000 verkauften Exemplaren pro Ausgabe selbsttragend gewesen wäre. Fallende

---

107 Eine Ausnahme ist, zur Geschichte der *Akzente*, die umfassende buchwissenschaftliche Studie von KRONES, Susanne: *Akzente im Carl Hanser Verlag: Geschichte, Programm und Funktionswandel einer literarischen Zeitschrift 1954-2003*, Göttingen: Wallstein 2009.

108 Kalkulation mit Anschreiben von Paul Noirot für Antonin Liehm vom 16. Dezember 1983. Vierseitiges Dokument. Archiv AJL/LI, IMEC.

109 Der Wechselkurs von Franc zu US-Dollar in den Jahren 1983 und 1984 lag etwa bei 8:1 (Quelle: Federal Reserve, http://www.federalreserve.gov/releases/h10/Hist/dat89_fr.htm). Von Franc zu DM bei etwa 3:1 (Quelle: Historische Wechselkurs-Zeitreihen der Bundesbank, http://www.bundesbank.de/Navigation/DE/Statistiken/Zeitreihen_Datenbanken/Makrooekonomische_Zeitreihen/its_details_value_node.html?tsId=BBK01.WJ5012&listId=www_s331_b01011_1)

Grenzkosten, Amortisation und sonstige Optimierungen hätten diese Zahl womöglich auf 20.000 sinken lassen – aber auch das war, wie den erfahrenen Publizisten Noirot und Liehm bewusst sein musste, für eine politisch-literarische Zeitschrift, selbst eine im Zeitungsgewand, ohne institutionelle Rückendeckung in Frankreich äußerst ambitioniert und im Grunde nicht realistisch. Mit anderen Worten: *Lettre* würde, wenigstens in dieser Form, immer ein Zuschussbetrieb bleiben, sofern es nicht gelang, auf lukrativere (aber auch kapitalintensivere und risikoreichere) Erscheinungsrhythmen wie die Monats- oder Zweiwochenschrift umzusteigen...

Antonin Liehm – für den inzwischen klar war, dass Noirot sein Partner werden würde – bat um weitere Kürzungen. Und so rechnete Noirot erneut, strich hier und dort und zeigte sich schließlich in einer revidierten Kalkulation unter dem Datum des 1. Februar 1984 optimistisch, dass man das jährliche Defizit auf 500.000 Francs (60.000 USD) reduzieren könne, wenn niemand, außer den Übersetzern, mehr bezahlt werden würde (nicht ohne anzumerken: „ce sera dur, dur“).[110]

Was die Bezahlung anging, blieb man bei diesem revidierten Entwurf, doch was die Kosten betraf, war leider die erste Kalkulation die realistischere: Eine interne Unternehmensbilanz aus dem Januar 1986 zeigte, dass die Verlagsgesellschaft nach sieben veröffentlichten Heften von *Lettre internationale* 2,26 Millionen Francs ausgegeben hatte, und somit sogar noch über den ursprünglich geschätzten jährlichen Ausgaben von 1,2 Millionen Francs (150.000 USD) herausgekommen war.[111] Die Produktion eines Hefts von *Lettre internationale* kostete durchschnittlich 320.000 Francs (40.000 USD; 106.000 DM). Die erste Ausgabe aus dem Juni 1984, deren Texte zu Beginn des Kapitels vorgestellt wurden, hatte insgesamt 348.449 Francs (43.500 USD) gekostet.[112]

Verschätzt hatte man sich bei den Einnahmen aus Abonnement und Verkauf – sie waren nur halb so hoch wie erhofft. Werbeeinnahmen fehlten fast völlig. Letztlich hatte es deshalb zur Finanzierung der knapp zweijährigen Startphase etwa 1,6 Millionen Francs (200.000 USD) an „Eigenmitteln“ („apport direct“) bedurft, um eine ausgeglichene Bilanz vorzulegen und den Fortbestand der französischen Mutterausgabe des zu diesem Zeitpunkt bereits zunehmend internationalen Zeitschriftennetzwerks zu sichern. Buchhalterisch verklausuliert war mit „apport direct“ die schlichte Tatsache ausgedrückt, dass jemand, wenigstens während der ersten zwei Jahre, etwa 100.000 USD pro Jahr in *Lettre* investiert hatte – und zwar *zusätzlich* zu den offiziell deklarierten 320.000 Francs (40.000 USD) an öffentlichen Subventionen, die vor allem vom Centre National du Livre (CNL) gekommen waren.[113]

110 Brief mit dreiseitiger Kalkulation von Paul Noirot an Antonin Liehm vom 1. Februar 1984. Archiv AJL/LI, IMEC. (Herv. im Original; RLS)

111 „Rapport d'activité“ überschriebenes Dokument vom 20. Januar 1986. Unterschrieben von Henri Blanc (=Paul Noirot). Archiv AJL/LI, IMEC.

112 Ebd., S. 1.

113 Jack Lang, damals Kulturminister unter François Mitterrand, hatte sich, nach Angaben von Antonin Liehm in einem Gespräch vom 2. Juli 2013, für diese Subvention eingesetzt. Das CNL untersteht dem französischen Kulturministerium.

Das wirft verständlicherweise die Frage auf, von wem das Geld kam. Leider wollte Antonin Liehm, bis auf eine Ausnahme, die Namen der Spender nicht offenlegen. Das ist bedauerlich, denn die Existenz des „Sonderfonds" für *Lettre* zeigt mindestens zweierlei: Erstens, dass es, anders als fünfzehn Jahre zuvor, in den frühen 1980er Jahren Akteure gab, die bereit waren, ein überfraktionelles intellektuelles Forum mit „linker Geschichte", wie *Lettre* sie hatte, zu fördern. Zweitens, dass es Antonin Liehm vor allem im Vorfeld und zu Beginn von *Lettre* gelungen war, Verbindungen zu diesen Förderern herzustellen, um auf diese Weise das Desinteresse und die Berührungsängste europäischer Verlage, gerade auch der Linken, wenigstens partiell zu kompensieren.

Was ich im Verlauf von drei Gesprächen – denn die Archive sind in dieser Frage keine Hilfe – dann doch noch zur Finanzierung der ersten Jahre von *Lettre internationale* in Erfahrung bringen konnte, ist das Folgende.[114] In einem Gespräch in Prag am 2. Juli 2013 sagte mir Liehm: „Es gab ein Konto in der Schweiz, auf das das Geld [für *Lettre*, RLS] überwiesen wurde. Das Konto lief auf meinen Namen."[115] Er bestätigte in diesem Gespräch auch, dass die in der Bilanz von *Lettre internationale* als „Eigenmittel" ausgewiesenen Beträge von diesem Konto kamen. Unter den Geldgebern sei der Philanthrop George Soros gewesen, den Liehm bereits aus seiner Zeit in New York kannte, und zwar als Tennispartner…[116] Soros habe eine zentrale Rolle gespielt: „Ohne ihn wäre *Lettre* nicht möglich gewesen", so Liehm.[117] Finanziell habe Soros in den ersten Jahren jährlich „10-20.000 Dollar, vielleicht ein bisschen mehr" beigetragen.[118] Vermittelt habe die in Paris ansässige „Fondation pour une entraide intellectuelle européenne" (FEIE).[119] In der Tat wurde diese ur-

114 Die Gespräche mit Antonin Liehm haben am 6. September 2011 in Paris, am 2. Juli 2013 in Prag und telefonisch am 10. Mai 2014 stattgefunden.

115 Gespräch des Autors mit Antonin Liehm vom 2. Juli 2013 in Prag.

116 George Soros (*1930), Sohn einer wohlhabenden Familie aus dem assimilierten jüdischen Bürgertum von Budapest, studierte bei Karl Popper in London und wurde von dessen Konzept der *open society* maßgeblich beeinflusst. Mit seinem Umzug in die USA 1956 begann er eine Karriere in der Finanzwelt, die ihn zu einem der erfolgreichsten und reichsten Fondsmanager und Investoren der Welt machte. Ab den frühen 1980er Jahren engagierte er sich finanziell für Menschenrechts-Initiativen und zivilgesellschaftliche Belange, vor allem in totalitären Gesellschaften. Mit Ausnahme der zwei großen Institutionen, die auf Soros zurückgehen – das „Open Society Institute" (OSI) und die „Central European University" (CEU) –, tätigte er den Großteil seines philanthropischen Engagements – wie hier im Fall von *Lettre* – auf informelle und unkomplizierte (aber auch wenig transparente) Art und Weise: „Soros always acted quickly and informally through direct personal contacts, without the cumbersome grant application procedures common to large public and nongovernmental organizations alike. He preferred founding programs to be run by local activists rather than building marble monuments to his philanthropy", heisst es in einer einschlägigen Kurzbiographie: KRISCH, Henry: „*George Soros*", in: FORSYTHE, David P. (Hrsg.): *Encyclopedia of Human Rights*, London: Oxford University Press 2009. Für eine ideologiekritische Lektüre von Soros' Wirken siehe GUILHOT, Nicolas: „*Une vocation philanthropique. George Soros, les sciences sociales et la régulation du marché mondial*", in: *Actes de la recherche en sciences sociales 151–152/1* (2004), S. 36–48.

117 Gespräch des Autors mit Antonin Liehm vom 2. Juli 2013 in Prag.

118 Ebd.

119 Gespräch des Autors mit Antonin Liehm vom 6. September 2011 in Paris. Siehe zur FEIE die Studie von GUILHOT: „*A Network of Influential Friendships*", S. 403–405.

sprünglich von der Ford-Stiftung finanzierte Nachfolgeorganisation des Kongresses für Kulturelle Freiheit seit Anfang der 1980er Jahre größtenteils von George Soros finanziert und sukzessive in sein Open Society Institute (OSI) integriert. Die FEIE hat, wie ihre langjährige Leiterin Annette Laborey bestätigte, *Lettre internationale* nicht direkt finanziert. Das Geld habe Soros – auf Anregung der FEIE – wohl persönlich angewiesen.[120]

Außer von Soros, sagte mir Antonin Liehm, seien signifikante Beträge auch von polnischen und ungarischen Exilorganisationen in Europa und den USA gekommen, geringere Beträge zudem von Privatpersonen.[121]

Mehr war zur Finanzierung des Starts von *Lettre internationale* nicht in Erfahrung zu bringen. Doch selbst dieser sicherlich unvollständige Einblick hinter die Kulissen verdeutlicht bereits, wie wichtig dort das liebe Geld war, eben weil es hinten und vorne nicht reichte. Denn daran änderte auch das Schweizer Konto nichts: Es sicherte das Existenzminimum, die Produktionskosten der Zeitschrift, und auch das wurde nach dem „Weltereignis 1989" (Jacques Rupnik) zunehmend schwerer.[122] Der außerbudgetäre Lebensquell der Pariser Ausgabe versiegte: George Soros, bestätigte mir Liehm, habe die *französische* Edition von *Lettre internationale* nach 1990 nicht mehr inoffiziell finanzieren wollen, und das *Netzwerk* nur noch zu den Bedingungen eines *matching fund*, zu dem er 100.000 USD jährlich gegeben hätte, *falls* vier weitere öffentliche oder private Geldgeber ebenfalls je 100.000 USD zu stiften bereit gewesen wären.[123] Wobei der Konjunktiv das Ergebnis dieser Rettungsoperation vorwegnimmt, deren Verlauf im folgenden Kapitel noch einmal Thema sein wird. Auch ein zweiter, offiziell deklarierter, Förderer, das „Central and East European Publishing Project" (CEEPP) in Oxford, stellte seine Unterstützung zum Jahr 1991 ein…[124] Damit brach das prekäre ökonomische Modell der Pariser *Lettre* zusammen, die, anders als ihre Berliner Schwester, ihre Kosten nie aus eige-

120 Auskunft von Annette Laborey in einer Mail an den Autor vom 18. Mai 2014.

121 Gespräch des Autors mit Antonin Liehm vom 2. Juli 2013 in Prag. Liehm verneinte mir gegenüber die Frage, ob er oder *Lettre* Geld von Stiftungen oder sonstigen Förderinstrumenten erhalten habe, die auf direkte oder indirekte Weise vom CIA oder anderen Diensten in den USA und Europa gespeist wurden. Ausschließen lässt sich eine solche Finanzierung nicht, aber sie scheint, um 1980, doch recht unwahrscheinlich, unwahrscheinlicher jedenfalls als zu Zeiten des CCF.

122 Rupnik, Jacques (Hrsg.): *1989 as a Political World Event: Democracy, Europe and the New International System in the Age of Globalization*, New York: Routledge 2014. Siehe dazu ausführlicher Kapitel 6.2.

123 Angaben zu Soros nach einem Gespräch des Autors mit Antonin Liehm vom 6. September 2011 in Paris. Das Schreiben, in dem sich George Soros bereiterklärt, zu einem *matching fund* beizutragen ist vom 26. April 1993. Im Original im Archiv LI, AML. Veröffentlicht wurde dieser Brief erstmals im Editorial von *Lettre internationale*, Heft 37, 1993, S. 1.

124 Vera Elbers, die Direktorin der CEEPP-Nachfolgeorganisation, erklärte in einer Mail an den Autor vom 4. Juni 2013, nach Archivlage habe das *Lettre*-Netzwerk folgende Summen vom CEEPP erhalten:
1988: $ 15.000
1989: $ 20.000
1990: $ 25.000
Zu den Grundideen des wesentlich von Liberalen wie Dahrendorf und Garton Ash geprägten sogenannten „Oxford fund" siehe den Abschlussbericht von Garton Ash, Timothy (Hrsg.):

ner Kraft decken konnte, zugleich jedoch nicht willens war, die Übersetzungsquote zu reduzieren, wie es die Madrider *Letra* tat, um, unter Preisgabe ihrer *raison d'être* als wesentlich internationaler Publikation, gleichsam auf „Sparflamme" im nationalen Kontext zu überleben.[125] Wegen der weitgehend inkompressiblen Kosten für Übersetzung und Kommunikation benötigen konsequent internationale Zeitschriften wie *Lettre internationale* eine relativ hohe Zahl von Abonnenten (oder Subventionen – jedenfalls Einnahmen), unterhalb derer sich das Vorhaben selbst dann nicht mehr realisieren lässt, wenn alle anderen, klassischen Kosten der Zeitschrift auf ein absolutes Minimum reduziert wurden.

Die Wahrheit ist doch: Der Historiker erhofft sich von einem Zeitschriftenarchiv Regalmeter mit bedeutungsschwangerer Korrespondenz, epochemachenden Manuskripten und wagemutigen Konzeptpapieren; er findet vor allem Kostenvoranschläge, Subventionsanträge, Bittbriefe, Rechnungen und Mahnungen.

Lettera Internazionale, Rom

Mit Paul Noirots Kalkulation für *Aujourd'hui international* vom 16. Dezember 1983 in der Tasche, reiste Antonin Liehm nach Rom, um dort am 19. und 20. Dezember zusammen mit Federico Coen die Grundlagen für eine italienische Ausgabe zu legen.[126] Den Kontakt hatte Jiří Pelikán hergestellt: Der Herausgeber von *Listy* war nicht nur ein enger Freund von Liehm, sondern ab 1979 auch Europaabgeordneter des Partito Socialista Italiano (PSI), jener liberalsozialistischen Partei, deren Intellektuelle als nicht- oder nicht mehr-kommunistische Linke die Hauptunterstützer des „Geistes von Prag" in Italien gewesen waren. Das Hausmedium der PSI-Intellektuellen hieß *Mondoperaio* („Arbeiterwelt"), war die Theoriezeitschrift der Partei und wurde seit 1973 geleitet von Federico Coen (1923-2012), einem liberalen, säkularen Sozialisten aus jüdischem Elternhause.

Mondoperaio hatte seit ihrer Gründung im Jahre 1948 bedeutende Schriftsteller und Intellektuelle wie Franco Fortini und Pier-Paolo Pasolini zu ihren Autoren gezählt, nach dem Verlust ihres Gründungsherausgebers Pietro Nenni jedoch an Qualität eingebüßt. Coens Ziel war es gewesen, sie zu altem Glanz zurückzubringen – wofür er seit den 1970er Jahren einen dezidiert kulturpolitischen und proeuropäischen Kurs wählte. Die Renaissance glückte partiell, doch dem Vorhaben waren im Medium einer Parteipublikation Grenzen gesetzt. Als sich, über Pelikáns Vermittlung, die Gelegenheit zur konsequenteren Umsetzung dieses Programms im Rahmen der Beilage „*Mondoperaio Internazionale*" bot, nahm Coen begeistert an. Endlich doch noch ein erfolgreicher „Huckepack-Ritt"? Das nicht, aber in diesem Fall ging *Lettre* siegreich aus der Begegnung hervor: Coen hatte die Infrastruk-

---

Freedom for publishing, publishing for freedom : the Central and East European Publishing Project, Budapest: Central European University Press 1995.

125 Siehe dazu ausführlicher Kapitel 6.2.

126 Angaben nach dem „Aide mémoire" des Treffens, wie FN 15.

tur von *Mondoperaio* während der Gründungsphase genutzt und den etwa 6.000 Abonnenten der PSI-Zeitschrift die ersten drei Ausgaben von *Lettera Internazionale* zu Werbezwecken kostenfrei zukommen lassen.[127] Eine Startaktion, die Liehm durch die Überweisung von 25 Millionen Lire (15.000 USD) subventionierte.[128] Danach trat Coen als Chefredakteur von *Mondoperaio* zurück und löste im Mai 1985 auch die administrativen Bande zwischen der PSI-Zeitschrift und *Lettera Internazionale*, die er fortan über die „Lettera Internazionale srl" im Selbstverlag herausgab.[129] *Lettre* hatte Coen, wenn man so will, erfolgreich abgeworben... woran allerdings, neben dem unbestreitbaren Charme des europäischen Vorhabens, auch die wachsenden Konflikte zwischen Coen und der Parteileitung um Bettino Craxi erheblichen Anteil hatten (Coen trat 1987 aus dem PSI aus).[130]

Die vergleichsweise problemlose Gründung von *Lettera Internazionale* in Rom und das positive Echo, das ihr Start in der italienischen intellektuellen Öffentlichkeit hervorrufen sollte, ging – so wäre hier die These – wesentlich auf die Tatsache zurück, dass die europäische Initiative in Italien auf Umstände traf, die der Internationalisierung des intellektuellen Feldes insgesamt förderlich waren. Das betraf insbesondere die *sociabilité intellectuelle* aus dem Umfeld von *Mondoperaio*. Denn Coen war nicht allein: Seit Bettino Craxi 1983 Regierungschef in der *Pentapartito*-Koalition geworden war, gingen mehr und mehr liberalsozialistische Intellektuelle auf Distanz zu „ihrer" Partei und zeigten sich – nicht zuletzt nach dem Bekanntwerden erster Korruptionsfälle – desillusioniert über den Zustand der italienischen Demokratie insgesamt.

So hatte der Demokratie-Theoretiker und *Lettre*-Autor Norberto Bobbio 1983 in einer grundlegenden Rede „sechs gebrochene Versprechen der Demokratie" aufgeführt, von denen mindestens eines direkt auf die italienischen Verhältnisse gemünzt war: Bobbio zeigte sich besorgt und verärgert angesichts der Macht eines „Doppelstaats", dessen fortwährende Existenz dem demokratischen Projekt schade.[131] Wie recht er damit hatte – und welche epischen Ausmaße die Verfilzung erreichte – zeigte sich ab 1992 im Rahmen der „mani pulite"-Ermittlungen, deren Enthüllungen nicht nur zu einer der größten Regierungskrisen in der europäischen Nachkriegsgeschichte führten, sondern auch zur faktischen Auflösung des ehrwürdigen PSI, zu einer Identitätskrise der demokratischen Linken in Italien überhaupt und zum Aufstieg von Silvio Berlusconi in den Wahlen von 1994.

---

127 Siehe den 4-seitigen „Situation report n°2, Italy", den Federico Coen am 25. April 1985 an Antonin Liehm sandte. Archiv AJL/LI, IMEC. Hier S. 1.

128 „Aide mémoire", wie FN 15, S. 1. Der Wechselkurs von Lira zu US-Dollar lag 1984 bei etwa 1.700:1 (Quelle: Federal Reserve, http://www.federalreserve.gov/releases/h10/hist/dat89_it.htm).

129 Siehe ein „LETTERA INTERNAZIONALE, step instituzionali" überschriebenes Überblicks-Dokument, dem Autor per E-Mail am 29. April 2014 zur Verfügung gestellt von Biancamaria Bruno, der gegenwärtigen Herausgeberin von *Lettera Internazionale*.

130 Für die Details siehe DI SCALA, Spencer: *Renewing Italian socialism : Nenni to Craxi*, New York: Oxford University Press 1988, S. 189–194.

131 Auf Italienisch in *Mondoperaio* 5/1984, in französischer Übersetzung in *Lettre internationale* (1984), Heft 3, S. 14-17, und auf Deutsch erschienen als BOBBIO, Norberto: *„Die Zukunft der Demokratie"*, in: *Prokla 15/61* (1985), S. 23–40.

Abb. 9: Titelseite von *Lettera Internazionale* (Rom) 1, 1984.

Die Jahre 1983-1984 markierten, so die italienische Politologin Nadia Urbinati, den Beginn dieses Prozesses und einen Wendepunkt im Diskurs der italienischen intellektuellen Linken: Die Frustration über die nationale Lage sei gewachsen – und mit ihr das Interesse für Alternativen. Die interessanteste Alternative – beziehungsweise den besten Ausweg – habe „Europa" geboten, womit nicht so sehr der Prozess der ökonomischen und politischen Integration gemeint gewesen sei als vielmehr das „Europa della cultura".[132] Unter dessen Schirmherrschaft versammelten sich denn auch konsequenterweise die Herausgeber des *Lettre*-Netzwerks im Februar 1988 in der Villa Medici in Rom, um sich der italienischen Öffentlichkeit vorzustellen.[133]

Es waren also vor allem die Intellektuellen der linksliberalen Minderheitsströmung in Italien, die mit dem Konzept der „internationalen Zeitschrift" sympathisierten: Ein transnationales Forum für die Beschreibung der Lage, vor dem Hintergrund der Krise des Liberalismus wie auch des Kollektivismus, war genau das, wonach sie suchten. Das galt für Norberto Bobbio selbst, aber auch zum Beispiel für den Mathematiker und Epistemologen Giulio Giorello, der spätere „Italien-Korrespondent" der französischen *Lettre internationale* (von 1989–1993) und mit sechzehn Artikeln meistveröffentlichte italienische Beiträger.[134] Die Liste ließe sich, *cum grano salis*, auf jüngere italienische *Lettre*-Autoren, wie Daniele Archibugi oder Barbara Spinelli, ausdehnen. Dass *Lettera Internazionale,* trotz dieses – im Vergleich mit den Franzosen – politisch relativ homogenen italienischen Beiträgerkreises, dennoch nicht zum ausschließlichen Sprachrohr der PSI-Häretiker und -Enttäuschten wurde, lag nicht zuletzt an einem der heiligsten redaktionellen Prinzipien, das Antonin Liehm von Anfang an als verbindlich für neue Partner im *Lettre*-Netzwerk ausgegeben hatte: Die jeweilige „nationale" Ausgabe habe sich aus den innenpolitischen Angelegenheiten ihres *eigenen* Landes herauszuhalten. Einige Jahre später rief Liehm den in Budapest versammelten *Lettre*-Herausgebern in diesem Sinne in Erinnerung:

> On ne se mêle pas directement dans la politique du pays où l'on travaille. […] Moi, je ne publierai pas un texte sur Mitterrand. Vous le pouvez. Et vice-versa.[135]

Diese Übereinkunft zur Zurückhaltung in innenpolitischen Fragen ermöglichte es den verschiedenen Ausgaben des *Lettre*-Netzwerks, beginnend 1984 mit der französischen und der italienischen, sich in der Regel tatsächlich jenseits der nationalen

132 Gespräch des Autors mit Nadia Urbinati am 21. April 2014 in New York.

133 Es gibt einen Mitschnitt der Veranstaltung vom 19. Februar 1988, der kürzlich digitalisiert und auf der Website von „Radio Radicale" zugänglich gemacht wurde (http://www.radioradicale.it/scheda/25841?format=32). Sprecher waren unter anderen: Antonin Liehm; Federico Coen; Salvador Clotas, der Herausgeber der spanischen *Letra Internacional* und Frank Berberich, der Herausgeber der damals in Gründung befindlichen deutschen *Lettre International.* Darüber hinaus auch der *Lettre*-Freund Carlo Ripa di Meana, PSI-Mitglied und seinerzeit der Europäische Kommissar für Kultur unter Jacques Delors.

134 Gespräch des Autors mit Nadia Urbinati am 21. April 2014. Giorello war 1981 durch seine vielbeachtete italienische Neuauflage von J.S. Mills *On Liberty* bekannt geworden.

135 Zitiert aus dem fünfseitigen Rundbrief „Quelques moments de la conférence des rédactions de LETTRE INTERNATIONALE tenue le 24 mai 1991 à Budapest", Archiv LI, AML, hier S. 4.

Gemengelagen, „au-dessus de la mêlée", zu halten.[136] Abstand verschafft Perspektive und manchmal, wie im Italien der Mitte der 1980er Jahre, auch einfach nur frische Luft. Europa als imaginärer Fluchtort – das war, stärker als bei der Pariser *Lettre*, die dominante Motivation von Autoren *und* Lesern der italienischen Ausgabe. So erklärt sich auch, warum *Lettera Internazionale* – trotz der auch auf ihren Seiten deutlich wahrnehmbaren Präsenz mittel- und osteuropäischer Autoren – seltener als die Pariser Ausgabe als ein Medium der „Dissidenten" wahrgenommen wurde und häufiger als das genuin europäische Debattenforum, das das Zeitschriftennetzwerk, dem eigenen Anspruch nach, immer sein wollte.

Trotz periodischer finanzieller Schwierigkeiten und eines nicht zu leugnenden Bedeutungsverlustes erschien *Lettera Internazionale* bis vor kurzem in Rom.[137] Seit 2009 wurde sie von der langjährigen Redakteurin Biancamaria Bruno herausgegeben.[138] Die italienische Ausgabe war, nachdem die französische ihr Erscheinen 1993 einstellen musste, die älteste *Lettre* und mit ihrer Fokussierung auf Essays von europäischen Intellektuellen zu den großen Fragen des kleinen Kontinents sicherlich auch diejenige, welche sich konzeptionell weiterhin am engsten an Antonin Liehms Entwurf aus den frühen 1980er Jahren orientierte (was ihr, in der multipolaren Welt des 21. Jahrhunderts, manchmal einen etwas musealen Charakter verlieh). Ob *Lettera*, nach der einstweiligen Suspendierung der Veröffentlichung im Jahre 2015, ein „Relaunch" gelingen wird, bleibt abzuwarten. Doch zurück in die Gründungszeit von *Lettre* – und nach Paris.

3. Die intellektuelle Saison 1983/84: Paris entdeckt die Mitte Europas

Weshalb trug das Titelblatt des ersten Heftes von *Lettre internationale* Kafkas Unterschrift? Neben der inhaltlichen Affinität mit dem großen Prager dürfen mindestens zwei weitere Gründe für die suggerierte Schirmherrschaft vermutet werden: Der erste war unmittelbar anlassbezogen und beruhte wohl auf verlegerischem Kalkül; der zweite bestand in einer komplexeren Reaktion auf die kulturelle und intellektuelle Lage im Paris der Mitte der 1980er Jahre und verdient es, ausführlicher rekonstruiert zu werden.

Der rein konjunkturelle „Aufhänger" ist rasch erzählt: Für den Abend des 4. Juni 1984, um halb neun, hatte das Centre Georges Pompidou zur Vernissage der Aus-

136 Dass diese Regel ihre eigenen Probleme hatte und zudem nicht immer befolgt wurde, ist Thema in Kapitel 6.2.

137 Ab 1992 befand sich die von Coen gegründete Verlagsgesellschaft Lettera Internazionale srl in einem Konkursverfahren. Die Zeitschrift musste 1995 in die Hände eines Trägervereins übergeben werden, der sie bis zum heutigen Tag verlegt („step instituzionali", wie FN 129). Die Veröffentlichung ist allerdings seit 2015 suspendiert.

138 Frühere Redakteure waren der Slawist Vittorio Strada und der Psychoanalytiker Sergio Benvenuto (heute der „Italien-Korrespondent" der Berliner *Lettre International*).

stellung *Le siècle de Kafka* geladen.[139] Die angekündigte Anwesenheit von Kulturminister Jack Lang und von Schriftstellergrößen wie Jorge Luis Borges versprach ein Ereignis, zu dem sich *le tout Paris* einfinden würde. Am Ausgang sollten die Gäste die erste, frisch gedruckte Ausgabe von *Lettre internationale* erhalten. Deshalb „Kafka" auf dem Titel und Texte über ihn von Karel Kosík, Jiří Gruša und Philip Roth im, neben Orwell, zweiten Dossier des ersten Heftes. Begleitet wurden die Beiträge von neun ganzseitigen Froissagen aus dem Zyklus Kafkova Praha („Kafkas Prag"), den Jiří Kolář 1977/78 erstellt hatte, und der ebenfalls im Centre Pompidou zu sehen war.[140]

Für die *petite histoire* sei festgehalten, dass die Festgesellschaft an diesem Abend ohne *Lettre internationale* nach Hause ging. Hatte „Les marchés de France", eine Traditionsdruckerei außerhalb von Paris, Weisung erhalten, die Druckplatten nicht einzuspannen? Dafür war Frankreich 1984 – „Orwell-Jahr" hin oder her – weder das Land, noch war *Lettre internationale* eine Publikation von der Art, die derlei im Westen zu befürchten hätte. Keine Zensurbehörde hatte die Rotationsmaschinen am Donnerstag, dem 31. Mai 1984, zum Stehen gebracht und keinem starken Arbeiterarm war daran gelegen gewesen, sie wieder zum Laufen zu bringen, denn es war Christi Himmelfahrt. Fällt ein Feiertag auf einen Donnerstag, so wird der Freitag zum Brückentag ins verlängerte Wochenende. Die Drucker sind ein klassenbewusster Berufsstand und Frankreich ist ein arbeitnehmerfreundliches Land. Die Vernissage fand am Montagabend statt, da trockneten die 14.500 frisch gedruckten Exemplare von *Lettre internationale* noch...[141]

Herausgeber politisch-literarischer Zeitschriften waren zwar, um noch einmal Hans Benders Porträt aus dem Jahre 1971 aufzugreifen, in der Regel schlecht bezahlte (in Liehms Fall: unbezahlte) Einzelkämpfer, konnten jedoch nicht ins Feld ziehen, ohne, mit Brecht gesprochen, wenigstens einen Koch bei sich zu haben. Tatsächlich musste sich die „anachronistische Figur" (Bender) des Zeitschriftenmachers für die Produktion des von ihr konzipierten und verantworteten Heftes sogar auf die Fertigkeiten sehr vieler Hände verlassen können, deren Berufsfelder inzwischen allerdings fast ebenso anachronistisch klingen wie dasjenige ihres Auftraggebers: Keine Zeitschrift ohne Korrektorat, Satz, Retusche, Belichtung und Druck.

139 *Le siècle de Kafka* lief vom 7. Juni bis 1. Oktober 1984. Siehe den Ausstellungskatalog von DAVID, Yasha, Jean-Pierre MOREL und CENTRE GEORGES POMPIDOU (Hrsg.): *Le siècle de Kafka*, Paris: Centre Georges Pompidou 1984. Das Presse-Dossier und die Einladung zur Vernissage im Archiv des Centre Pompidou sind online zugänglich: http://www.centrepompidou.fr/media/imgcoll/Collection/DOC/M5050/M5050_A/M5050_ARCV001_DP-1995016.pdf.

140 Zu Kolářs „Zerknüllungen" (Froissagen oder auch Muchlagen genannt) und dem Kafka-Zyklus im Besonderen siehe WINTER: *Metamorphosen des Wortes*, S. 476–482.

141 Die *gedruckte* Auflage der französischen Ausgabe von *Lettre internationale* hielt sich, wenigstens bis einschließlich Heft 10, 1986, bei 14.500 Exemplaren. Siehe den Brief der Verwaltung von *Lettre* an die Druckerei „ETC Imprimerie" vom 19. September 1986, Archiv LI, AML. Dieses Schreiben gibt auch Aufschluss über die Verteilung der Druckauflage an Grossisten (insgesamt 10.300 Exemplare), Abonnenten (2.500 Exemplare) und die Redaktion (1.700 Exemplare). In Ermangelung verlässlicher Angaben zur Abonnentenentwicklung können diese Zahlen wenigstens als grobe Orientierung dienen.

Konkret bedeutete dieser arbeitsteilige Prozess, dass dem Herausgeber, hatte er die Fahnen erst einmal abgezeichnet, wenig mehr übrigblieb als banges Warten.

So kam es zu dem „Launch-Event“, der keiner war.[142] Eine gute Zeitschrift blieb *Lettre internationale* freilich auch am Dienstag noch. Kafkas Unterschrift, einmal getrocknet, stand ihr ausgezeichnet und half, der jungen Publikation im Sommer 1984 ein Mindestmaß an öffentlicher und medialer Resonanz in Frankreich zu sichern.[143]

Die Krise der Intellektuellen und das Versprechen Europas

Für *Lettre* bedeutete die Kafka-Ausstellung nicht mehr als einen willkommenen Aufhänger und doch stellt sich die Frage, warum sich das Centre Pompidou überhaupt zu *Le siècle de Kafka* entschlossen hatte? Zwar gab es einen offiziellen Anlass: 1983 wäre Franz Kafka 100 Jahre alt geworden, was ein Pariser Kunstmuseum freilich keineswegs dazu verpflichtete, den Jubilar mit einer Ausstellung zu bedenken.[144] Die erklärt sich erst aus der Konjunktur der mit seinem Namen evozierten Welt, beziehungsweise jener Aspekte von ihr, die man damals in Paris mit Kafka verband und die virulent genug waren, um am 27. Januar 1984 zum Thema von Bernard Pivots Fernsehsendung „Apostrophes“ zu werden: „Kafka, Orwell, Kundera“.[145] Bemerkenswert war mithin vor allem die Art und Weise, wie Kafka in Paris präsentiert und rezipiert wurde. Zwar hatte, wie der Literaturkritiker und Publizist Maurice

142 Antonin Liehm hat diese Anekdote später gelegentlich erzählt, so auch in LIEHM/SCHMIDT: *„Enzyklopädist des Internationalen“*.

143 *Le Monde* verkündete die Geburt der neuen Zeitschrift in einem Artikel vom 11. Juni 1984: Unter dem Titel „‚Lettre internationale‘, une nouvelle revue consacrée à la culture européenne“ hob die Journalistin Nicole Zand hervor, die Zeitschrift zeichne sich, neben der Qualität ihrer Texte, dadurch aus, sich nicht nur an die Leser eines Landes zu wenden, sondern „aux intellectuels européens dans leur ensemble“. Ein weiterer kurzer Bericht stand in *Livre Hebdo* vom 18. Juni 1984. Auch Kolumnen zu *Lettre internationale* von Françoise Xenakis in *Le Matin des Livres* vom 2. Oktober 1984 und von Yves Florenne in *Le Monde* vom 17. Dezember 1984 fielen noch ins Jahr 1984. Insgesamt muss die Presseresonanz zum Start von *Lettre internationale* in Paris jedoch als gering gelten. Eine gewisse Verstetigung war ab 1986 zu beobachten, verbunden mit einem starken Zuwachs der internationalen Berichterstattung, vor allem im deutschsprachigen Raum und erst recht nach dem Start der Berliner Ausgabe (dazu in Kapitel 6). Übrigens kommt Fritz J. Raddatz das Verdienst zu, mit einem Artikel in der *Zeit* vom 16. November 1984 als erster in der BRD auf die Existenz des Pariser „Ereignisses“ aufmerksam gemacht zu haben: „Liehms intellektuell anspruchsvolles Blatt kommt auf Katzenpfoten daher. Katzen haben ein langes Leben. Hoffentlich.“

144 „Le siècle de Kafka“ – organisiert von der „Fondation transculturelle internationale“ unter der Leitung des Psychoanalytikers Felix Guattari und des Schriftstellers Jean-Pierre Faye und kuratiert von dem Exiltschechen Yasha David – hatte eigentlich bereits 1983, eben zu Kafkas 100. Geburtstag, stattfinden sollen, war jedoch aufgrund diverser Streitigkeiten zwischen dem Centre Pompidou und den Organisatoren um ein Jahr verschoben worden.

145 „Kafka, Orwell, Kundera“, Titel der Sendung von „Apostrophes“ vom 27. Januar 1984, Ausschnitte digital zugänglich unter http://www.ina.fr/video/CPB84054702/kafka-orwell-kundera-video.html, vollständig im Archiv des INA.

Nadeau in Bernard Pivots Sendung sagte, weiterhin „jeder seinen eigenen Kafka".[146] Doch nicht nur an diesem Fernsehabend im Januar 1984, sondern im Paris der ersten Hälfte der 1980er Jahre insgesamt, wurde von der breiteren interessierten Öffentlichkeit vornehmlich *ein* Kafka diskutiert: Kafka der Prager, der „Mitteleuropäer". Denn die französischen Intellektuellen entdeckten in jenen Jahren die „Mitte Europas". Sie lag „ostwärts" (Karl Schlögel[147]), im kulturräumlichen Kontinuum zwischen Wien und Prag, und in der Vergangenheit, etwa „um 1900", mit anderen Worten in Musils Kakanien.

Einige Indizien, die für die Existenz dieser Faszination sprechen, in Stichworten: 1981 die Veröffentlichung von Robert Musils Tagebüchern in der Übersetzung von Philippe Jaccottet; 1982 ein *Cahier de l'Herne* zu Musil; 1983 Milan Kunderas vielzitierter Essay „L'occident kidnappé" in *Le Débat*;[148] im selben Jahr ein Themenheft von *Critique*, der wichtigsten französischen Zeitschrift für Literaturkritik, zu „Musil, Broch, Kundera";[149] 1984 die erwähnte Kafka-Ausstellung im Centre Pompidou; direkt anschließend, im Oktober desselben Jahres, der Veranstaltungszyklus „Vienne 1880-1938: Fin de siècle et modernité", der 1986 in eine der erfolgreichsten und meistdiskutierten Ausstellungen in der Geschichte des Centre Pompidou mündete: „Vienne, naissance d'un siècle, 1880-1938", kuratiert von Jean Clair.[150]

Woher kam die Faszination? Was bedeutete es, dass sich die Pariser Intellektuellen in jenen Jahren für die „Mitte Europas" begeisterten und mit ihr, *pêle-mêle*, für Kafka, Musil, Roth, Canetti, Mahler und Freud? Michael Pollak hatte diese „Entdeckung" seinerzeit mitverfolgt und 1984 in einem Artikel kritisch kommentiert.[151] Er warnte vor der immer detailversesseneren Suche nach historischen Parallelen zwischen dem Wien „um 1900" und der Gegenwart. Es seien letztlich nicht so sehr die *Themen* der Krise, die sich zum Vergleich mit dem *fin-de-siècle* anböten als vielmehr die Existenz der Krise selbst:

> Si parallèle il y a, on devrait le suivre moins dans les contenus spécifiques de la culture viennoise, ou dans une évolution qui s'écarte de traditions supposées rationnelles, que dans le moteur d'une crise culturelle : une incertitude dans les sentiments d'identité

146 „Il y a le Kafka théologien, il y a le Kafka talmudiste, il y a le Kafka à partir de l'absurde […], il y a le Kafka existentialiste […], il y a le Kafka structuraliste, il y a le Kafka lacanien, tout le monde a son Kafka." Maurice Nadeau, Quelle wie FN 145. Hier nach Minute 60 des Mitschnitts.

147 SCHLÖGEL, Karl: *Die Mitte liegt ostwärts : Die Deutschen, der verlorene Osten und Mitteleuropa*, Berlin: Siedler 1986 (Corso).

148 KUNDERA, Milan: „*Un occident kidnappé ou La tragédie de l'Europe centrale*", in: *Le Débat 27* (1983), S. 3–23. Siehe den weiteren Verlauf dieses Kapitels.

149 *Critique*, Heft 433-434, 1983.

150 Siehe den Katalog: CLAIR, Jean und CENTRE GEORGES POMPIDOU (Hrsg.): *Vienne, 1880-1938 : l'apocalypse joyeuse*, Paris: Centre Georges Pompidou 1986.

151 POLLAK: „*Vienne fin de siècle*". In *Lettre* wurde die Ausstellung zum Wiener *fin-de-siècle* und die Habsburg-Mode einige Zeit später von Guy Scarpetta ebenfalls kritisch beleuchtet. Siehe seine „Esquisses viennoises", *Lettre internationale* (Paris) 8, 1986.

des producteurs culturels, à une époque où le champ intellectuel connaît de profonds changements structurels.[152]

Einige Aspekte dieses Strukturwandels der intellektuellen Öffentlichkeit waren bereits im vorangegangenen Kapitel Thema. Sie seien an dieser Stelle nur kurz rekapituliert. So hatte Régis Debray 1979 analysiert, wie die Konsekrationsmacht in Frankreich vom Verlagswesen an die Massenmedien übergegangen war.[153] Diese Verschiebung trug mit dazu bei, vormals marginalisierten Kräften zu größerer Sichtbarkeit zu verhelfen. Das galt vor allem für die antitotalitäre Linke, zumal deren Positionen durch die Stimmen der Dissidenten von Charta 77 und Solidarność validiert, verstärkt und in gewisser Weise unangreifbar gemacht worden waren. „*Smarte*" Akteure wie die „Nouveaux Philosophes" hatten das mediale Interesse erkannt und für sich zu nutzen gewusst. Doch in der Folge dieser Liberalisierung des französischen intellektuellen Feldes war seine Autonomie in Mitleidenschaft gezogen worden: Wo sozialistische Regierungssprecher von den Intellektuellen konstruktive Mitarbeit am Regierungshandeln einfordern konnten, als wären sie Funktionseliten, wie Max Gallo dies 1983 getan hatte, und wo Fernsehmoderatoren Schriftstellern und Intellektuellen die Redezeit vorgeben und zitierfähige *bonmots* abverlangen konnten, da schlich sich das schmerzliche Gefühl eines Bedeutungsverlustes und der Fremdbestimmung ein. Es half nicht, wenn zeitgleich mit dem Verschwinden der alten politischen Frontstellungen und der vertrauten Zeitschriftenlandschaft auch die Generation nationaler Großintellektueller von internationalem Renommee verstarb, die Frankreich seit dem Ende des Krieges geprägt hatte.

Im vorangegangenen Kapitel war ein erstes Resultat dieser „Identitätskrise" (Pollak) der Intellektuellen thematisiert worden: Das gesteigerte Interesse an fraktionsübergreifenden, „selbstverwalteten" Medien, die, nach dem Vorbild von *New York Review* und *Times Literary Supplement*, dem intellektuellen Diskurs zur Selbstverständigung dienen konnten. Im Unterschied zu den „dynamischen" Richtungszeitschriften (Connolly) einzelner literarischer oder politischer Strömungen, sollte bei den „eklektischen" Foren primär die argumentative und stilistische Qualität eines Textes über seine Veröffentlichung entscheiden.

Eine zweite, verwandte Folge der Krise des intellektuellen Feldes um 1980 war ein verstärktes Bemühen um Internationalisierung. So machte Roland Barthes 1982 in einem Gespräch über Zeitschriftenkultur auf den Reiz aufmerksam, der das Internationale auf Zeitschriftenmacher ausübe.[154] Auch ist es wohl kaum ein Zufall, wenn gleich mehrere politisch-literarische Zeitschriften, die in jenen Jahren in Paris lanciert wurden, den Zusatz „international" im Titel trugen: darunter *Le*

152 Ebd., S. 62. Im Hintergrund steht hier, neben der Pariser Konjunktur, selbstverständlich auch die Auseinandersetzung mit Schorskes epochemachender Studie: SCHORSKE, Carl E.: *Fin-de-siècle Vienna: politics and culture*, New York: Knopf 1979.

153 DEBRAY: *Le pouvoir intellectuel en France*. Siehe Kapitel 4.

154 BARTHES, Roland: „*Vie et mort des revues [1982]*", *Œuvres complètes*, Bd. 5, Paris: Seuil 2002, S. 774–781, hier S. 778.

Scarabée international, 1982 von Jean Duvignaud initiiert (einem Soziologen und ehemaligen Mitherausgeber von *Arguments*); *Change international*, die von Jean-Pierre Faye ab 1983 verantwortete, kurzlebige Nachfolgerin seiner Zeitschrift *Change*; und *Lettre internationale* im Jahr darauf. Es kam also, wie schon zu früheren Krisenmomenten in der Geschichte der Ideenpublizistik, auch im Frankreich des Anfangs der 1980er Jahre wieder zu einem verstärkten Interesse an übernationalen Projekten, Vorbildern, Orientierungen.[155] Interessanter und weniger erwartbar war allerdings, dass diese Suchbewegung nun die spezifische Form einer *Europäisierung* annahm. Was, wie am Beispiel der römischen *Lettera internazionale* aufgezeigt, im traditionell pro-europäischen *italienischen* Intellektuellenmilieu nicht weiter überraschen brauchte, zeugte bei den *Pariser* Intellektuellen, zumal auf der Linken, von einer deutlichen Veränderung ihrer kognitiven Orientierung. Denn Europa hatte an der Seine lange Jahre keinen guten Ruf genossen. Zwar hatten französische Schriftsteller wie Valéry und Gide noch bis in die 1930er Jahre hinein in entscheidender Weise am transnationalen Dialog eines „Europas des Geistes" mitgewirkt.[156] Nach dem Krieg jedoch war Europa, wie der französische Historiker Robert Frank nachgezeichnet hat, in der Wahrnehmung der meisten französischen Intellektuellen zu einem Projekt der Rechten geworden.[157] Hier sei nur an die Reserve erinnert, mit der Antonin Liehm und die anderen pro-europäischen Reformkommunisten aus Prag noch 1969 von ihren französischen Freunden (und Genossen) begrüßt worden waren.[158] Der latente Anti-Europäismus war einer der wenigen Punkte, auf die sich die „Neue Linke" mit der „gauche à papa" in Frankreich einigen konnte.

Für die traditionellen Vorbehalte gab es mehrere Gründe: Zum einen hatte sich die Position von linken Europafreunden in dem Maße verkompliziert, da Europa,

155 Siehe auch Kapitel 1. Zu ergänzen wäre die Zeitschrift *Praxis International*, die 1981 ebenfalls als dezidiert internationales Forum, wiewohl weiterhin in marxistisch-humanistischer Perspektive, in New York lanciert wurde. In Heft 1, 1981 hieß es: „At the moment there is no international journal of Marxist humanist orientation, despite the increasing urgency for it, and despite the fact that the progressive movements in the 1960's brought to life a whole generation of young intellectuals and social scholars who re-opened basic issues of Marx's theory and the contemporary world. Such a journal can play a decisive integrative role, it can provide an indispensable level of mutual communication and dialogue, it can encourage the development of a systematic critical consciousness about the essential limitations of present day societies, and about optimal historical possibilities for human emancipation. These needs can be met by Praxis International, a journal that will seek to carry on the spirit and work of the Yugoslav journal Praxis in the new historical conditions of the 1980's, and on a larger international scale, in all those countries where progressive intellectuals and independent critical Marxists share similar aspirations and commitments."

156 TREBITSCH: „*Die Intellektuellen und die Europaidee im 20. Jahrhundert*". Siehe zur, schwierigen, Entwicklung des Europagedankens in Frankreich auch die Überblicksdarstellung der verschiedenen Strömungen bei LACROIX, Justine: *La pensée française à l'épreuve de l'Europe*, Paris: Grasset 2008.

157 FRANK, Robert: „*Les contretemps de l'aventure européenne*", in: *Vingtième Siècle. Revue d'histoire 60* (1998), S. 82–101; FRANK, Robert: „*Raymond Aron, Edgar Morin et les autres: le combat intellectuel pour l'Europe est-il possible après 1950 ?*", in: BACHOUD, Andrée, Josefina CUESTA und Michel TREBITSCH (Hrsg.): *Les intellectuels et l'Europe de 1945 à nos jours*, Paris: Harmattan 2009, S. 77–89.

158 Siehe Kapitel 3.

spätestens mit der Marginalisierung der Neutralisten aus dem Umfeld der „Société européenne de la culture" (SEC), im Verlauf der 1950er Jahre auch in kulturpolitischer Hinsicht zu einem „westlich-atlantisch-kapitalistischen" Topos geworden war. Ein Prozess, der durchaus analog zum Schicksal der Totalitarismusdebatte verlief. Darüber hinaus forcierte das zunehmend konkrete Projekt der ökonomischen Integration Westeuropas – des Europas von Schuman, de Gasperi und Adenauer – diese Vorbehalte. Aus dem „Kopf ohne Körper" der 1920er Jahre wurde, wie Michel Trebitsch formuliert hat, sukzessive ein „Körper ohne Kopf".[159] Drittens schien, im Hinblick auf ideologische Kohärenz, der „Partikularismus" eines europäischen Engagements kaum zu vereinbaren mit dem Universalismus des emanzipatorischen Projekts, dessen Verteidiger der Intellektuelle war. Robert Frank stellt in dieser Frage fest, dass die französischen Intellektuellen seit der Revolution zumeist mit der Doppelfigur „Frankreich/Universum" operierten und – von wenigen Ausnahmen abgesehen – mit dem „espace intermédiaire" Europa schon allein deshalb nicht recht umzugehen wussten.[160]

Warum änderte sich dies, wenigstens vorübergehend, „um 1980"? Wie für so viele der auf diesen Seiten angeschnittenen Themenkomplexe gibt es auch hierzu eine aufschlussreiche Analyse in der Form des autobiographisch-intellektuellenhistorischen Bekenntnis-Genres, in dem Edgar Morin brilliert. 1987 legte er mit *Penser l'Europe* den Bericht eines langjährigen „Anti-Europäers" vor.[161] Darin hielt Morin zunächst fest, dass seine Europafeindlichkeit selbst das Ergebnis einer „europäischen Bildung" gewesen sei, schließlich habe ihn der Humanismus „im Namen des Universellen" über die europäische Provinz hinausgetragen.[162] Was Morin im Verlauf der 1970er Jahre sukzessive wieder mit Europa versöhnte, war die Einsicht, dass er es nicht mehr mit einem kolonialen Aggressor oder einem faschistischen „Europa der Vitalität" zu tun hatte, sondern mit einem existenziell bedrohten und durchaus schutzbedürftigen Kulturraum, den die Nationalstaaten nicht sichern konnten. Die Umweltbewegung, die Friedensbewegung und konkret der Protest gegen den NATO-Doppelbeschluss und die Stationierung von Pershing-II-Raketen standen zwischen den Zeilen, wenn Morin schrieb:

> La nouvelle conscience européenne est la conscience des fragilités culturelle, énergétique, économique, démographique, morale et, plus que tout, politique et militaire d'une Europe que hante le double spectre de l'exterminationnisme et du totalitarisme. La nouvelle conscience européenne associe indissolublement, à la conscience de toutes ces fragilités, celle d'être dépositaires d'un héritage singulier à valeur universelle. Elle est aussi la conscience de l'existence et de l'activité des forces, non seulement politiques et économiques, qui travaillent, sous les Etats (régionalisme, écologisme) et dans les cultures, pour sauvegarder les identités, les variétés, les vérités européennes. […] La nouvelle conscience européenne est enfin la conscience que tout est incertain […][163]

159 Trebitsch: *„Die Intellektuellen und die Europaidee im 20. Jahrhundert"*, S. 122.
160 Frank: *„Le combat intellectuel pour l'Europe est-il possible après 1950 ?"*, S. 88.
161 Morin, Edgar: *Penser l'Europe*, Paris: Gallimard 1987.
162 Ebd., S. 11.
163 Ebd., S. 164.

Es waren mithin die *Sorge um Europa* und die Desillusionierung mit der nationalstaatlichen Ordnung, die zur Versöhnung mit dem Kontinent geführt hatten. Sie schufen eine Brücke zwischen humanistisch-universalistischen Anliegen und dem in diesem Lichte weniger „partikularistisch" erscheinenden Engagement für Europa.[164] Europäer sein im Sinne eines transnationalen Engagements für die Umwelt, für kulturelle Diversität und gegen „*1984*" in Ost („Totalitarismus") und West („Volkszählung", „Rasterfahndung") fiel nicht nur Edgar Morin leichter als noch zu Zeiten eines geopolitisch dominanten Kontinents.

Kann es da verwundern, wenn im neu entdeckten Europa-Engagement der Pariser Intellektuellen „um 1980" nicht das atlantische, westeuropäische Nachkriegseuropa im Zentrum stand, sondern jenes – wie immer imaginäre – „andere Europa", das im Erbe „Kakaniens" bewahrt wurde? Sicherlich, die neu entdeckte Faszination für die „Mitte Europas" sagte – Michael Pollaks Argument folgend – letztlich mehr über die Lage der Pariser Intellektuellen um 1980 aus als über die Wiener Realitäten um 1900. Ein reiner Zufall war die Wahl gerade dieses Sehnsuchtsorts dennoch nicht, wie auch Pollak gegen Ende seines Artikels zugestehen musste (schließlich wären ja auch andere „Projektionsflächen" denkbar gewesen). Denn Habsburg, so analysierte Pollak unter Bezugnahme auf Claudio Magris' wegweisende Studie zum „habsburgischen Mythos", das war der Reiz einer Identitätskonstruktion, die Kosmopolitismus mit lokaler Bindung zu verbinden wusste und dabei die nationale Ebene abblendete.[165] Was Pollak schließlich zu der, vorsichtig formulierten, These führte, das wachsende Interesse eines größeren interessierten Publikums für die Wiener Literatur der Jahrhundertwende und der Zwischenkriegszeit – die Nostalgie für die „verlorene Welt" von Musil und Roth, Zweig, Wassermann, Canetti und Sperber – zeuge womöglich von einer „volonté de ne plus s'identifier, une incapacité à s'identifier à une nationalité restreinte."[166] Ein Vorbehalt, der in diesem Fall durch die Enttäuschung eines guten Teils der Intellektuellen von der sozialistischen Mitterrand-Regierung sicherlich noch verstärkt wurde. Auf der Suche nach alternativen Formen der Organisation des politischen, kulturellen und intellektuellen Zusammenlebens hatten die von der *grande nation* (und ihrer vorerst letzten, sozialistischen, Reinkarnation) enttäuschten und in ihrer eigenen Rolle verunsicherten Intellektuellen einen „verschwundenen Kontinent" in der Mitte Europas entdeckt.

164 FRANK: „*Le combat intellectuel pour l'Europe est-il possible après 1950 ?*"

165 POLLAK: „*Vienne fin de siècle*", S. 61; MAGRIS, Claudio: *Der habsburgische Mythos in der modernen österreichischen Literatur [1963]*, überarb. Aufl., Wien: Zsolnay 2013.

166 POLLAK: „*Vienne fin de siècle*", S. 62.

Die Tragödie Mitteleuropas und der „Kundera-Effekt"

Die Gunst der Stunde nutzte Milan Kundera, um seine französischen Landsleute – er war 1981 eingebürgert worden – auf die Tragödie Mitteleuropas aufmerksam zu machen.[167] Der erste Schritt war ein Blick auf den Verfall des geistigen Prag, 1980 in *Le Débat* veröffentlicht.[168] Im Jahr darauf ein Essay zu Kafka.[169] Schließlich, im November 1983, der aufsehenerregende Essay „Un occident kidnappé".[170] Darin

---

167 Zum Mitteleuropa-Begriff: Milan Kundera schrieb „l'Europe centrale" (Englisch: Central Europe), wofür im deutschsprachigen Raum gemeinhin (so auch von mir) „Mitteleuropa" verwendet wird. Der Slawist Stefan Troebst merkt zu diesem Gebrauch kritisch an: „Warum indes deutsche und österreichische Protagonisten der 1980er- und 90er-Jahre ungeachtet der großdeutsch-Naumannschen Konnotationen samt nationalsozialistischer Instrumentalisierung den ideologisch aufgeladenen ‚Mitteleuropa'-Begriff statt des neutraleren Regionalterminus ‚Zentraleuropa' verwendeten, ist im Nachhinein schwer verständlich. Denn sowohl das tschechische ‚Střední Evropa' als auch das polnische ‚Europa Środkowa' können sowohl mit Mittel- als auch mit Zentraleuropa übersetzt werden. Lediglich zu vermuten ist, dass im Deutschen die ‚Mitte' eine stärkere emotionale Aufladung aufweist und damit höhere identifikatorische Wirkung entfaltet als das lateinisch-technizistische ‚Zentrum'." TROEBST, Stefan: *„Osten sind immer die Anderen!' – ‚Mitteleuropa' als exklusionistisches Konzept"*, in: *Deutschland-Archiv (Bundeszentrale für politische Bildung)* (2012), http://www.bpb.de/geschichte/zeitgeschichte/deutschlandarchiv/132980/osten-sind-immer-die-anderen?p=all (abgerufen am 10.06.2014). Der Hinweis ist natürlich berechtigt, doch „Mitteleuropa" hat sich nun einmal für diese Debatte, wenigstens außerhalb fachwissenschaftlich-slawistischer Kreise, in den deutschsprachigen Ländern etabliert und als Begriff behauptet, und zwar *ohne* dass dabei in den 1980er und 1990er Jahren, von einigen isolierten Stimmen abgesehen, noch „großdeutsch-Naumannsche" Töne zu vernehmen waren. Ganz im Gegenteil ging es ja gerade um eine „vermittelnde" Alternative der kleinen Länder gegenüber dem expansionistischen Prinzip des alten Nationalismus. In diesem Sinne auch der Überblick bei JAWORSKI, Rudolf: *„Die aktuelle Mitteleuropadiskussion in historischer Perspektive"*, in: *Historische Zeitschrift 247* (1988), S. 529–550, hier S. 532. Zudem LE RIDER, Jacques: *„Mitteleuropa, Zentraleuropa, Mittelosteuropa: A Mental Map of Central Europe"*, in: *European Journal of Social Theory 11/2* (2008), S. 155–169. Für eine umfangreiche wissenschaftliche Aufarbeitung der Mitteleuropa-Debatte siehe SCHMIDT, Rainer: *Die Wiedergeburt der Mitte Europas : politisches Denken jenseits von Ost und West*, Berlin: Akademie Verlag 2001.

168 KUNDERA, Milan: *„Prague, poème qui disparaît"*, in: *Le Débat 2* (1980), S. 48–65.

169 KUNDERA, Milan: *„Quelque part là-derrière"*, in: *Le Débat 8* (1981), S. 50–63.

170 KUNDERA: *„Un occident kidnappé"*. Der Essay erschien im darauffolgenden Jahr, in englischer Übersetzung, in *Granta* und in der *New York Review of Books*. „Un occident kidnappé" war sicherlich einer jener Texte, von denen sich Antonin Liehm gewünscht hätte, er wäre nicht im November 1983 in *Le Débat*, sondern einige Monate später im ersten Heft von *Lettre internationale* erschienen… Welchen vergleichsweise nachgeordneten Stellenwert Kunderas Intervention seinerzeit in Deutschland hatte, zeigt die Erstveröffentlichung in *Die Kommune*, Heft 2, 1984. Wiederveröffentlicht wurde die deutsche Übersetzung zusammen mit zahlreichen anderen Texten aus der „Mitteleuropa"-Debatte in Österreich, in einer Anthologie des *Wiener Journals*, wo sie, wie zu erwarten, mehr Freunde hatte: BUSEK, Erhard, Gerhard WILFLINGER und Milovan DJILAS (Hrsg.): *Aufbruch nach Mitteleuropa : Rekonstruktion eines versunkenen Kontinents*, Himberg: Wiener Verlag 1986 (Edition Atelier von Wiener Journal und Herold Verlag). Siehe zur Rolle Österreichs in der Mitteleuropa-Debatte auch MARJANOVIĆ, Vladislav: *„L'idée d'Europe centrale: une contribution de l'Autriche aux échanges Est-Ouest"*, in: FLEURY, Antoine und Lubor JÍLEK (Hrsg.): *Une Europe malgré tout, 1945-1990 : contacts et réseaux culturels, intellectuels, et scientifiques entre Européens dans la guerre froide*, Brüssel; New York: P.I.E. Peter Lang 2009, S. 71–88.

bezog sich auch Kundera auf die Faszination für „Wien“ und gab den westlichen Intellektuellen sodann mit freundlichem, aber bestimmtem Ton den Rat, sich in ihren Erkundungen des *fin-de-siècle* nicht von der gegenwärtigen politischen Geographie in die Irre führen zu lassen, denn auf solcher Grundlage sei die kulturelle Produktivität Wiens nicht zu verstehen. Kundera schrieb:

> Au commencement de notre siècle, [l'Europe centrale] devint, malgré sa faiblesse politique, un grand centre de culture, peut-être le plus grand. À cet égard, l'importance de Vienne est aujourd'hui bien connue, mais on ne peut jamais suffisamment souligner que l'originalité de la capitale autrichienne est impensable sans l'arrière-fond des autres pays et des villes qui, d'ailleurs, participaient eux-mêmes par leur propre créativité à l'ensemble de la culture centre-européenne. Si l'école de Schönberg fonda le système dodécaphonique, le Hongrois Béla Bartók, selon moi un des deux ou trois plus grands musiciens du XXe siècle, sut encore trouver la dernière possibilité originale de la musique fondée sur le principe tonal. Prague créa, avec l'œuvre de Kafka et de Hasek, un grand pendant romanesque à l'œuvre des Viennois Musil et Broch.[171]

Kundera versuchte also, einen Teil der Begeisterung für die österreichische Hauptstadt auf ihre historische Peripherie umzuleiten. Freilich ging es ihm dabei – anders als beim heute ubiquitären Empfehlungsalgorithmus nach dem Muster „Wenn Ihnen ‚Wien‘ gefallen hat, dann mögen Sie vielleicht auch ‚Prag‘“ – nicht um intellektuelle Tourismusförderung. Kundera evozierte das Kontinuum eines mitteleuropäischen Kulturraums (dessen historisch fluktuierende Konturen er zugestand[172]), um im zweiten, entscheidenden Schritt daran zu erinnern, dass Prag, Warschau und Budapest seit der Zeit von Kafka und Musil, Bartók und Schönberg von der „Landkarte des Westens“ verschwunden waren, worin für Kundera der Kern der Tragödie Mitteleuropas lag.[173] Denn nicht nur war der historische Zusammenhang dieses ehemaligen „foyer culturel“ zerrissen (Wien blieb allein im Westen zurück), sondern mit der Teilung des Kontinents und der Zuordnung der kleinen Länder Mitteleuropas zum politischen „Osten“ hatte der „Westen“ diesen nunmehr osteuropäischen Kulturraum vergessen und mit ihm die gemeinsame Geschichte. Insofern war das Schicksal Mitteleuropas für Kundera auch eine Tragödie Gesamt-Europas. Aufgefallen war es nur deshalb nicht, argumentierte Kundera, weil die Kultur – eben jene Dimension, nach der Mitteleuropa immer Teil des Westens gewesen sei –, im Westen heute keine Rolle mehr spiele.[174] Das war eine Beobachtung, die sich, jedenfalls im direkten Vergleich zur zentralen Bedeutung von Literatur, Film und Musik im Mitteleuropa der 1960er und 1970er Jahre, wahrscheinlich rechtfertigen ließ; in jedem Fall war es ein Urteil, für das sich Kundera des Applauses der „entthronten“ Intellektuellen sicher sein konnte.

171 KUNDERA: *„Un occident kidnappé“*, S. 7. Die Angabe der Seitenzahlen erfolgt hier und in der Folge nach der – von der ursprünglichen Druckversion abweichenden – digitalisierten Fassung im Online-Archiv von *Le Débat*: http://www.cairn.info/revue-le-debat-1983-5-page-3.htm.

172 „L'Europe centrale n'est pas un État, mais une culture ou un destin. Ses frontières sont imaginaires et doivent être tracées et retracées à partir de chaque situation historique nouvelle.“ Ebd., S. 8.

173 Ebd., S. 5.

174 Ebd., S. 10.

In diese wenig erbauliche Skizze der (west)europäischen Gegenwart hinein platzierte Kundera, den tschechischen Nationalhistoriker und Staatsmann František Palacký bemühend, das mitteleuropäische Kulturideal, das darob funkelte wie ein Edelstein:

> Selon Palacky, l'Europe centrale aurait dû être le foyer des nations égales qui, avec un respect mutuel, à l'abri d'un État commun et fort, cultiveraient leurs originalités diverses. Bien qu'il ne se soit jamais pleinement réalisé, ce rêve, partagé par tous les grands esprits centre-européens, n'en est pas moins resté puissant et influent. L'Europe centrale voulait être l'image condensée de l'Europe et de sa richesse variée, une petite Europe archieuropéenne, modèle miniaturisé de l'Europe des nations conçue sur la règle : le maximum de diversité sur le minimum d'espace.[175]

Kundera ließ Mitteleuropa in idealtypischer Form wiederauferstehen als ein kleines, „ganz und gar europäisches Europa", der Idee von maximaler kultureller Vielfalt auf engstem Raum verpflichtet. Selbst wenn er Palacký sprechen ließ, scheint doch beachtenswert, dass Kundera hier jenen kulturellen Nationenbegriff aufgriff, wie er (im Sinne von „Nationalitäten") nicht nur im offiziellen Österreich-Ungarn gebräuchlich gewesen war, sondern auch die Debatten der Austromarxisten dort durchzogen hatte, wo diese nach einer Alternative zum homogenen Nationalstaat (im Sinne der Einheit von Staat/Nation/Volk) gesucht hatten.[176] Kein Zweifel: Hier ging es nicht um die großdeutsche Mitteleuropadebatte, mit ihren expansionistischen Ambitionen, sondern um den Sehnsuchtsort eines multikulturellen und multilingualen Europas, wie er als föderative Idee im Erbe der kleinen Länder Mitteleuropas und in ihren Literaturen bewahrt worden war.[177]

Diese Mitteleuropa-Vision hatte allerdings ihre eigenen blinden Flecken und problematischen Aspekte, von denen Kundera einige in seinen Essay mit hineintrug. Dies ist nicht der Ort, um sie angemessen zu diskutieren, doch sie seien zumindest erwähnt:[178] Da war zunächst die Frage, inwieweit sich der Habsburg-Mythos jemals mit der Realität Österreich-Ungarns deckte;[179] sodann die Tatsache,

175 Ebd., S. 4.

176 So paradigmatisch bei BAUER, Otto: *Die Nationalitätenfrage und die Sozialdemokratie*, Wien: Verlag der Wiener Volksbuchhandlung Ignaz Brand 1907.

177 Zu diesen beiden Traditionslinien im Mitteleuropa-Begriff siehe ausführlich LE RIDER, Jacques: *La Mitteleuropa*, Paris: Presses universitaires de France 1994.

178 Zum Nachfolgenden siehe den Überblick und die Literatur bei JAWORSKI: „*Die aktuelle Mitteleuropadiskussion in historischer Perspektive*", S. 536–539.

179 Tony Judt warnte, bei aller Sympathie: „There is a Central European fantasy of a never-never Europe of tolerance, freedom, and cultural pluralism. It is held to be all the more firmly implanted in the consciousness of Czechs and Hungarians, for example, for want of the reality. But whereas for Central Europeans this fantasy has served perhaps as a necessary myth, it is odd to see it reflected in Western fantasies about Central Europe, the geographical expression. To suppose that this part of the Continent was once a near-paradise of cultural, ethnic, and linguistic multiplicity and compatibility, producing untold cultural and intellectual riches, has been part of the Western image in recent years. Yet such imaginings take us back to Kakania again, when in truth Central Europe, from the Battle of the White Mountain down to the present, is a region of enduring ethnic and religious intolerance, marked by bitter quarrels, murderous wars, and frequent slaughter on a scale ranging from pogrom to genocide." JUDT, Tony: „*The Rediscovery of Central Europe*",

dass, sofern dies zeitweise der Fall war, die Nationalsozialisten durch die Vertreibung und Vernichtung der Juden einen entscheidenden Teil des multikulturellen Lebens zwischen Vilnius und Triest für immer zerstört hatten; dass nach dem Krieg auch die nicht-jüdische, deutschsprachige Bevölkerung Mitteleuropa hatte verlassen müssen; und schließlich barg die Renaissance der Mitteleuropa-Idee in ihrer habsburgisch-kulturalistischen Fassung immer die Gefahr, Russland als die Antithese der europäischen Erfahrung zu setzen und zu verabsolutieren. Dies war auch bei Kundera geschehen, denn er schloss das oben zitierte Mitteleuropa-Portrait wie folgt ab:

> Comment pouvait-elle [l'Europe centrale, RLS] ne pas être horrifiée par la Russie qui, en face d'elle, se fondait sur la règle opposée : le minimum de diversité sur l'espace maximal?[180]

So plastisch die anti-russische Kontrastfolie den Topos des „geraubten Westens" in Kunderas Essay in argumentativer und dramaturgischer Hinsicht hervortreten ließ, so problematisch war sie doch. Denn Kundera reproduzierte an dieser Stelle eine Orientalisierungsstrategie, deren Zugehörigkeit zum westlichen Diskurs über den Osten von dem amerikanischen Slawisten Larry Wolff in seiner an Edward Said orientierten Studie bis in die Aufklärung zurückverfolgt werden konnte; mehr noch, durch die der Osten überhaupt erst als homogener Vorstellungsraum erfunden wurde.[181] Diesem *„othering"* war nicht nur Russland selbst zum Opfer gefallen, sondern auch ein Teil des von Kundera so geschätzten mitteleuropäischen Kulturraums, der, wie Polen, schon in der zweiten Hälfte des 18. Jahrhunderts vom psychogeographischen „Norden" in den „Osten" wanderte, um dort im Diskurs der Aufklärungsphilosophie die Stelle der „unzivilisierten Rückständigkeit" einzunehmen.[182] Indem sich Kundera auf absolute Weise in diese westlich-aufklärerische Tradition einschrieb, blieb ihm fast keine andere Wahl, als nun seinerseits eine scharfe Linie im Osten zu ziehen:

> Je veux souligner encore une fois ceci : c'est à la frontière orientale de l'Occident que, mieux qu'ailleurs, on perçoit la Russie comme un Anti-Occident ; elle apparaît non seulement comme une des puissances européennes parmi d'autres mais comme une civilisation particulière, comme une autre civilisation.[183]

---

in: GRAUBARD, Stephen R. (Hrsg.): *Eastern Europe, Central Europe, Europe*, Boulder: Westview Press 1991 (Daedalus), S. 23–58, hier S. 48. In diesem Sinne auch Timothy Garton Ash in „L'Europe centrale existe-t-elle?", *Lettre internationale* (Paris), 10, 1986.

180 KUNDERA: *„Un occident kidnappé"*, S. 4.

181 WOLFF, Larry: *Inventing Eastern Europe: The Map of Civilisation on the Mind of the Enlightenment*, Stanford: Stanford University Press 1994. Im Überblick bei WOLFF, Larry: *„Die Erfindung Osteuropas: Von Voltaire zu Voldemort"*, in: KASER, Karl (Hrsg.): *Europa und die Grenzen im Kopf*, Klagenfurt: Wieser 2003 (Wieser Enzyklopädie des europäischen Ostens 11), S. 21–34.

182 WOLFF: *„Die Erfindung Osteuropas"*, S. 22. Zum „othering" des Ostens als Konstante der europäischen Identitätsbildung siehe zudem NEUMANN, Iver B.: *Uses of the other: „The East" in European identity formation*, Minneapolis: University of Minnesota Press 1999.

183 KUNDERA: *„Un occident kidnappé"*, S. 5.

Und weiter, über Gogols Welt:

> [C]e monde nous envoûte et nous attire quand il est loin, et il révèle toute sa terrible étrangeté dès qu'il nous encercle de près : il possède une autre dimension (plus grande) du malheur, une autre image de l'espace (espace si immense que des nations entières s'y perdent), un autre rythme du temps (lent et patient), une autre façon de rire, de vivre, de mourir.[184]

Die Umarmung des Okzidents und die Abgrenzung gegenüber dem Osten, diese Idee von Mitteleuropa als „östlichstem Vorposten des Westens", ist charakteristisch für Milan Kunderas Mitteleuropa-Konzeption.[185] Es ist aber nicht die einzig mögliche. Der ungarische Essayist György Konrád etwa hat, in einem weiteren einflussreichen Essay dieser Jahre, die Rolle der (europäischen) Mitte als „Ort der Vielfalt" und eben der Vermittlung betont und ihre Kulturgeschichte gegenüber West wie Ost *gleichermaßen* abgegrenzt.[186] Andere „Mitteleuropa"-Denker und -Freunde wie Adam Michnik und Czesław Miłosz, wohl nicht zufällig aus Polen beziehungsweise dem heutigen Litauen, haben Kundera vor allem für seine kategorische Trennung zwischen der russischen und der europäischen Erfahrung kritisiert...[187]

Gleichviel: Die Kraft von Kunderas Intervention focht solche, berechtigte, Kritik nicht an, denn die Originalität des Essays lag letztlich nicht in der spezifischen Physiognomie seines Mitteleuropabildes. Das Verdienst des thesenstarken und mutigen Beitrags lag in der Debatte, die er ermöglichte, es lag im „effet Kundera" (Jacques Rupnik).[188] Vor allem im Rahmen des hier interessierenden Pariser Kontextes ist beachtlich, wie Kundera sich darauf verstanden hatte, die Begeisterung für die *belle époque* aber auch das neuerwachte Europa-Interesse der französischen Intellektuellen aufzugreifen, und ihren Blick zuerst von Schönberg zu Bartók zu lenken, und dann auf die gegenwärtige Tragödie Mitteleuropas. Er zeigte ihnen eine Wunde. Die westeuropäischen Intellektuellen waren nicht Schuld an ihrer Existenz, aber sie hatten, während sie von den universellen Werten der europäischen Aufklärungstradition – von Gedankenfreiheit, Demokratie und Menschenrechten – sprachen und diese in den entlegensten Regionen der Welt verteidigten, doch schmerzlich selten an ihre *innereuropäischen* Nachbarn und Kollegen in Mittel- und Osteuropa gedacht. Aus der Kritik des Widerspruchs erwuchs – als er erst einmal präzise benannt war – eine große Kraft und Dynamik, die über die Idee der notwendigen Universa-

184 Ebd.

185 Siehe dazu MATEJKA, Ladislav: „*Milan Kundera's Central Europe*", in: *Cross Currents 9* (1990), S. 127–134; SCHMIDT: *Die Wiedergeburt der Mitte Europas*, S. 118–132.

186 KONRÁD, György: *Antipolitik : mitteleuropäische Meditationen*, Frankfurt am Main: Suhrkamp 1985. Siehe die Diskussion bei SCHMIDT: *Die Wiedergeburt der Mitte Europas*, S. 132–146.

187 JAWORSKI: „*Die aktuelle Mitteleuropadiskussion in historischer Perspektive*", S. 549; SCHMIDT: *Die Wiedergeburt der Mitte Europas*, S. 130–132.

188 RUPNIK, Jacques: „*Dissidents des pays de l'Est*", in: JULLIARD, Jacques und Michel WINOCK (Hrsg.): *Dictionnaire des intellectuels français : les personnes, les lieux, les moments*, 2. Aufl., Paris: Seuil 2002, S. 431–432.

lisierung der demokratischen Freiheiten nicht zuletzt auch den *Lettre*-Machern in Ost und West als einende Grundlage für ihre Aktivitäten dienen konnte.[189]

L'occident kidnappé vergegenwärtigte Freunden wie Kritikern des Textes, in wie fundamentaler Weise die politische Teilung des Kontinents auch die Wahrnehmung von kulturräumlichen Kontinuen und Brüchen verändert hatte. Das Blockdenken des Kalten Krieges hatte die komplexeren *mental maps* der Vergangenheit überlagert und es den westlichen Intellektuellen erleichtert, das Schicksal eines für die europäische Geistesgeschichte so wesentlichen Teils des Kontinents weitgehend abzublenden. Ganz gleich wie man zum suggestiven „lieu de mémoire Mitteleuropa" (Le Rider[190]) steht – indem Kundera ihn reaktualisierte, war es ihm geglückt, das politische und das kulturelle Europabild aus der trügerischen Deckungsgleichheit der Nachkriegsordnung zu rücken. Dazwischen, in der Mitte, hatte sich ein Raum aufgetan, der Gelegenheit bot für einen Länder und Blöcke überspannenden Dialog unter Europas Intellektuellen. Mitteleuropa war, jenseits der Frage nach seinen geographischen Konturen und der historischen Belastbarkeit des Begriffs, in erster Linie ein „Denkraum" (Karl Schlögel).[191]

* * *

Hier hatte sich *Lettre internationale* – unter der doppelten Schirmherrschaft von Kafka und Orwell – ins Spiel gebracht. Auch Antonin Liehm lehnte Milan Kunderas Anti-Slawismus ab, aber er war selbstverständlich interessiert an der Frage, welche Rolle das Erbe Mitteleuropas im gemeinsamen Nachdenken über die Zukunft des Kontinents spielen konnte. So betrachtete es *Lettre internationale* von Anfang an als *eine* ihrer Aufgaben, den grenzüberschreitenden „Denkraum" zu befördern und mit Texten zu beliefern, denn dafür galt ihr Herausgeber – der polyglotte Publizist aus dem Herzen des „gekidnappten Kontinents" – in Paris, zu Recht, als kompetent. Die Konjunktur von „Kafka, Orwell, Kundera" während der „intellektuellen Saison 1983/84" bot für Liehm eine günstige Ausgangssituation, die er zu nutzen wusste.

Mitteleuropa, Gesamteuropa

Tatsächlich war *Lettre internationale* in gleich mehrfacher Hinsicht das ideale Medium und Milieu für den neuen gesamteuropäischen Denkraum: Einerseits veröffentlichte die Zeitschrift gelegentlich Texte, die sich explizit auf die oben diskutierten Topoi bezogen. Dazu zählten, unter anderen, „L'Europe centrale, existe-t-elle?" von Timothy Garton Ash[192], „La Mitteleuropa et ses rêves" von Claudio Magris[193],

189 Ich danke Frank Berberich, dem Herausgeber der Berliner *Lettre International*, für seine Hinweise zu diesem Punkt.

190 Le Rider: *„Mitteleuropa, Zentraleuropa, Mittelosteuropa"*, S. 155.

191 Schlögel: *Die Mitte liegt ostwärts*, S. 8.

192 Heft 10, 1986.

193 Heft 20, 1989.

„Esquisses viennoises" von Guy Scarpetta[194] oder auch die Mitteleuropa- und Österreich-Dossiers in den Heften 28 und 29, 1991. Die Berliner *Lettre International* entschied sich bei ihrem ersten Erscheinen 1988 sogar dazu, „Mitteleuropa" ein Titeldossier zu widmen (das unter anderem den wunderbar abgeklärten und luziden Essay „Mitteleuropa als ruhendes Inertialsystem?" enthielt, von dem Molekularbiologen und DDR-Bürgerrechtler Jens Reich noch unter Pseudonym veröffentlicht). Ungleich stärker als von der Mitteleuropa-*Debatte* wurde *Lettre internationale* indes durch die Präsenz von Autoren *aus* Mittel-, Ost- und Südosteuropa geprägt, zu denen Liehm, sei es durch persönliche Kontakte oder über Vermittlung von *Listy* und weiteren Netzwerken, Beziehungen aufrechterhielt.

So war die Zeitschrift mit ihren Editionen in Paris und Rom – bald verstärkt durch Madrid (1986) und Berlin (1988) – angetreten, Stimmen aus der Tschechoslowakei, Polen und Ungarn, aber auch aus Rumänien, Bulgarien, Jugoslawien und der UdSSR „im Westen" zu veröffentlichen. Anders als bei den Übersetzungen aus westeuropäischen, US- oder lateinamerikanischen Publikationen, waren diese Texte häufig Originalveröffentlichungen. Dies hing vor allem mit der Lage jener mitteleuropäischer Intellektuellen zusammen, die nach dem Ende der Phase der Öffnung weiter in ihren Heimatländern verblieben waren: Sie hatten die größten Schwierigkeiten, Veröffentlichungsmöglichkeiten für ihre Essays zu finden. So entstand die – in nicht-autoritären, marktvermittelten Kontexten äußerst seltene – Situation, dass es Texte von höchster Qualität gab, die bereits fertiggestellt waren und denen man, den Kontakt zu den Autoren und ihr Vertrauen vorausgesetzt, gleichsam nur noch „zur Öffentlichkeit verhelfen" brauchte.[195] Solche Texte gehörten fest zur Gestalt von *Lettre*, prägten sie merklich, dominierten sie aber nicht. Darin lag – neben der mehrsprachig deklinierten, europäischen Netzwerkkonfiguration[196] – das eigentliche Novum des publizistischen Projekts von *Lettre internationale*: Es sollte die Autoren Mittel- und Osteuropas integrieren, darüber jedoch nicht zum Fachmedium für die Region werden. Solche Medien gab es, und sie waren oft von hervorragender Qualität, so in der hier interessierenden Periode *L'Autre Europe*[197] und *L'Alternative*[198] in Frankreich und *Cross Currents*[199] im englischsprachigen Raum. Ihr Problem: Sie richteten sich an eine Leserschaft, die ein persönliches oder professionelles Interesse mit Mittel- und Osteuropa verband, wie es sich für eine Fachzeitschrift – und sei es eine kämpferische wie François Maspéros *L'Alternative* – ja auch gebührt.

194 Heft 8, 1986.

195 Auch zu diesem Punkt danke ich Frank Berberich für Hinweise und Anregungen.

196 Siehe Kapitel 6.

197 *L'Autre Europe* wurde von 1984-1998, unter Czesław Miłosz' Patronage, bei L'Âge d'Homme verlegt.

198 *L'Alternative* („Pour les droits et les libertés démocratiques en Europe de l'Est") erschien von 1979-1985 auf Initiative des Verlegers François Maspéro. Von 1986-2007 leitete der exilierte tschechische Historiker Karel Bartošek die Nachfolge-Zeitschrift *La Nouvelle Alternative*. Siehe Potel, Jean-Yves: *„La parole à la dissidence. ‚L'Alternative', revue pour les droits et les libertés démocratiques en Europe de l'Est (1979-1985)"*, in: *Drôle d'époque 20* (2007), S. 63–71.

199 *Cross Currents* („a yearbook of Central European civilization, history, literature, and politics") erschien von 1982-1992 unter der Herausgeberschaft des exilierten tschechischen Linguisten Ladislav Matejka an der University of Michigan, Ann Arbor.

Nicht ihre Existenz war problematisch, sondern die Tatsache, dass Texte von Autoren aus den Ländern des realexistierenden Sozialismus oft genug *ausschließlich* in diesen spezialisierten Medien zu lesen waren. *Nolens volens* fanden sie selbst dann ihre Leser primär unter „Osteuropainteressierten" (Slawisten, „Kremlinologen", Exilierten, etc.), wenn die Ausführungen sich dem Inhalt nach überhaupt nicht mit einer spezifisch „osteuropäischen" Problematik befassten… Hinzu kam, dass viele der im Westen veröffentlichten Texte von mittel- und osteuropäischen Autoren allerdings *tatsächlich* den Zuständen „hinter dem Eisernen Vorhang" galten, was einerseits, selbstverständlich, an den Zuständen selbst lag, zum Anderen aber auch an der spezifischen Rolle, die mittel- und osteuropäischen Autoren im Westen zugebilligt wurde: Man las sie als Dissidenten – als den „neuen Typ des Intellektuellen", wie Julia Kristeva 1977 in *Tel Quel* formuliert hatte – oder wenigstens als Zeitzeugen. Ihre Stimmen drangen, in den 1980er Jahren, recht zuverlässig immer dann ans „westliche Ohr", wenn sie sich in Form von Appellen für den Respekt der Menschenrechte und die Wiederherstellung der Bedingungen der Möglichkeit freien Denkens und Schreibens einsetzten. Doch wie stand es um die – wie immer verkomplizierte, überwachte und prekäre – Zirkulation der Produkte eben dieses Denkens und Schreibens, das ja „trotz alledem" stattfand?[200] Wie stand es um den intellektuellen Alltag, um den Normalbetrieb des Nachdenkens jenseits des Ausnahmezustandes? Wie häufig waren die hervorragenden Schriftsteller, Soziologen, Kunsthistoriker, Dramaturgen oder Paläontologen aus den Ländern Mittel-, Ost- und Südosteuropas im Westen mit ihren Essays und Analysen *als* Schriftsteller, Soziologen, Kunsthistoriker, Dramaturgen oder Paläontologen zu lesen? Liehm fand: viel zu selten. Das Ziel von *Lettre internationale* war deshalb nicht einfach, eine Zeitschrift zu sein, in der Autoren aus Mittel-, Ost- und Südosteuropa veröffentlicht werden.[201] Das zentrale Anliegen war vielmehr, das Medium einer *gesamt*europäischen Debatte zu sein – eben „vom Atlantik bis zum Ural"[202] –, an der Autoren aus diesen Regionen in *allen* Fragen, die für die Zeitschrift von Interesse waren, *in kontinuierlicher und selbstverständlicher Weise* teilhaben würden. Im Gründungs-Editorial hatte es in diesem Sinne geheissen:

---

200 In letzter Zeit hat die historische Forschung begonnen, die verbreitete Wahrnehmung zu korrigieren, es habe „zwischen den Blöcken" außer dem offiziell sanktionierten Kulturaustausch kaum etwas zirkuliert. Siehe dazu u.a. FLEURY, Antoine und Lubor JÍLEK (Hrsg.): *Une Europe malgré tout, 1945-1990 : contacts et réseaux culturels, intellectuels, et scientifiques entre Européens dans la guerre froide*, Brüssel; New York: P.I.E. Peter Lang 2009; POPA, Ioana: „*Un transfert littéraire politisé. Circuits de traduction des littératures d'Europe de l'Est en France, 1947-1989*", in: *Actes de la recherche en sciences sociales 144/1* (2002), S. 55–69.

201 Ein solches länderübergreifendes Forum für Mittel- und Osteuropa waren die *Cahiers de l'Est* gewesen, die der rumänische anarchistische Schriftsteller Dumitru Țepeneag von 1975 bis 1980 in Paris herausgegeben hatte und zu deren Herausgeberkreis Antonin Liehm seinerzeit gehörte. (Gespräch des Autors mit Dumitru Țepeneag am 26. September 2012 in Paris; siehe auch NEUBAUER/TÖRÖK (Hrsg.): *The exile and return of writers from East-Central Europe : a compendium*, S. 80.)

202 „A nos lecteurs", in: *Lettre internationale* (Paris), 1, 1984, S. 94.

> Nous voudrions que l'Europe centrale, aussi bien que l'Europe de l'Est, *dont la Russie*, ne soient plus présentées comme relevant d'un autre monde lointain, audible aux seuls moments de crise ou à l'occasion de telle ou telle dissidence, mais que leurs voix originales, si souvent étouffées, soient entendues régulièrement et que se rétablisse ainsi, par delà les clivages politiques et institutionnels, une continuité de dialogue et d'échanges d'idées.[203]

Dieser Aspekt ist wichtig genug, um noch einmal wiederholt zu werden: *Mit großer Selbstverständlichkeit* sollten die besten Autoren aus den Ländern Mittel-, Ost- und Südosteuropas in die transnationale „Kontinuität des Dialogs und des Ideenaustauschs" integriert werden, die es ja auch im Westen erst (wieder) herzustellen galt. Sicherlich: Zahlreiche der Autoren, die in *Lettre internationale* im Verlauf der späten 1980er Jahre unter Angabe ihres Geburtslandes veröffentlicht wurden, lebten zu diesem Zeitpunkt im Exil im Westen: Adam Zagajewski, Norman Manea, Ágnes Heller… Aber nicht alle: Die Tschechen Milan Šimečka, Václav Havel und Ludvík Vaculík nicht, der polnische Schriftsteller und Filmemacher Tadeusz Konwicki nicht, die Bulgaren Tontcho Jetchev und Blaga Dimitrowa und die Jugoslawen Veno Taufer und Vojin Dimitrijević ebensowenig wie der rumänische Dichter Marin Sorescu oder die russischen Schriftsteller Andrei Bitow und Wiktor Jerofejew. Sie alle, und viele weitere, sahen ihre Texte, *vor* 1989, tatsächlich mit großer Selbstverständlichkeit, neben denen von Juan Goytisolo, Nadine Gordimer, Susan Sontag, Robert Darnton und André Gorz in *Lettre internationale* gedruckt. Das gleiche west-östliche Neben- und Durcheinander – Details zum Seitenlayout in Kürze – erstreckte sich auch auf die Artikel der exilierten und emigrierten Schriftsteller und Essayisten, die, unbeschadet aller Freiheiten, die sie genossen, vom Fluch nicht befreit waren, in den westlichen Medien oft genug nur zum Schicksal ihres Landes Sprechrecht zu genießen. Auch mit dieser „Ghettoisierung" wollte *Lettre* brechen. Nicht weil die europäische Wirklichkeit keiner Fachorgane für exilpolitisches Engagement mehr bedurfte, sondern weil sie nicht nur derer bedurfte. Es fehlte in Europa an Foren, die *mit kosmopolitischer Gelassenheit* das Tagesgeschäft des Austauschs unter Intellektuellen zu betreiben wussten, soweit wie irgend möglich über die politische Geographie des Kontinents und die Resistenzen der mit ihr verbundenen Interessengruppen hinweg. Hier setzte *Lettre internationale* an, und ich denke, dies ist diejenige ihrer programmatischen Leitideen, von der sich retrospektiv ohne Vorbehalte behaupten lässt, sie im Rahmen der eigenen editorischen Praxis umzusetzen, sei der Zeitschrift geglückt.

Die drei bis vier Dossiers jeder Ausgabe – zu denen bei *Lettre internationale* ab Heft 6 die sonst oft etwas disparaten Text-Konvolute gruppiert wurden – behandelten, unter anderem, die Poesie (*LI* 16, 26), den Glauben (*LI* 26), Mozart (*LI* 31), Krankheit und Tod (*LI* 6, *LI* 14), den Humanismus (*LI* 19), das Kino (*LI* 16, *LI* 28), die Kosmologie (*LI* 29), Pessoa (*LI* 7), den Fußball (*LI* 25), Comenius (*LI* 35), Sex und Politik (*LI* 37) und natürlich die Frage, wie man heute Intellektueller (*LI* 14, *LI* 15) beziehungsweise Schriftsteller sein kann (*LI* 5, *LI* 9, *LI* 18, *LI* 22, *LI* 24).

203 Ebd. [Herv. durch mich; RLS]

Sie betrafen die Friedensbewegung (*LI* 7), die Psychoanalyse (*LI* 21) und den Feminismus (*LI* 11) ebenso wie die Französische Revolution (*LI* 21, *LI* 22, *LI* 23), den Atlantikraum, den Kolonialismus und die Eroberung Amerikas (*LI* 30, *LI* 32, *LI* 34). Es ging nicht weniger um Norwegen (*LI* 6), Irland (*LI* 7) oder Belgien (*LI* 23) als um Rumänien (*LI* 14), die Tschechoslowakei (*LI* 17), die Zukunft Jugoslawiens (*LI* 28, *LI* 30, *LI* 34) und Russlands (*LI* 22, *LI* 34). Selbstverständlich waren der Friede, die Geopolitik und die Jalta-Ordnung Thema (*LI* 3, *LI* 4, *LI* 5), später die „samtene Revolution" (*LI* 24, *LI* 26) und die deutsche Wiedervereinigung (*LI* 27). Manchmal wagte *Lettre internationale* Ausblicke nach Brasilien (*LI* 20), Argentinien (*LI* 11), China (*LI* 18), in die arabische Welt (*LI* 19) oder nach Südafrika (*LI* 35). Nie aber gab es ein Heft ohne wichtige Beiträge zur „Europa-Debatte" und fast jede dritte Lieferung enthielt gleich ein ganzes Dossier mit Texten zu Geschichte, Gegenwart und Zukunft des Kontinents, wo immer möglich mit Autoren „vom Atlantik bis zum Ural" (*LI* 3, *LI* 6, *LI* 8, *LI* 10, *LI* 12, *LI* 16, *LI* 18, *LI* 20, *LI* 29, *LI* 30, *LI* 31, *LI* 36, *LI* 37).

Zu der mit dieser Liste angedeuteten, für *Lettre internationale* charakteristischen, Mischung aus umfassender intellektueller Neugier, kosmopolitischem Selbstverständnis und tiefer Anteilnahme am Schicksal Europas zwei Stellungnahmen von wichtigen Lesern: Bereits einige Monate nach dem Start von *Lettre internationale* schrieb Constantin („Kot") Jelenski – der langjährige Osteuropa-Referent des Kongresses für Kulturelle Freiheit und regelmäßige Beiträger zu *Preuves* und *Kultura*, der berühmten Zeitschrift des polnischen Exils – den folgenden Brief an Antonin Liehm:

> [...] Pour la première fois, je retrouve en France une tentative qui correspond (dans un contexte politique et culturel heureusement très différent) à ce que nous avons entrepris avec François Bondy il y a trente ans dans *Preuves*, qui visait, d'une part, à la sauvegarde de nos libertés (plus directement menacées à l'époque qu'elles ne le sont maintenant) et, d'autre part, à décloisonner l'univers mental des intellectuels français, alors encore plus renfermé sur lui-même qu'il ne l'est aujourd'hui. Les liens privilégiés que vous avez su établir avec la *New York Review of Books* (très prestigieuses ici, mais plus souvent par ouï-dire que par une lecture suivie) sont un atout important pour votre revue. Ils vous facilitent ce qui est à mes yeux votre mérite principal, qui est de diffuser ici la pensée contestataire et anti-totalitaire de nos pays de ‚L'Europe du Milieu', de faire connaître le foisonnement créateur de nos cultures, d'autant plus frappant qu'il se développe dans un environnement aussi défavorable que le système communiste (et contre lui). J'ai toujours eu des doutes sur l'efficacité des nombreuses tentatives passées de présenter nos cultures au public occidental dans des revues spécialisées. L'originalité de votre *Lettre internationale* est de les faire connaître *sur le même plan* que les développements littéraires, artistiques, intellectuels des pays anglo-saxons, de l'Italie, de l'Allemagne, etc. [...][204]

204 Brief von Constantin Jelenski an Antonin Liehm vom 6. Februar 1985. Archiv AJL/LI, IMEC. [Herv. durch mich; RLS]

Einige Jahre darauf erinnerte sich auch Milan Kundera an die Anfänge der Pariser Mutterausgabe von *Lettre internationale*. Aus Anlass des Starts der Prager *Lettre* verfasste er 1990 einen Offenen Brief an Liehm. Darin hieß es:

> I remember how one day you arrived at a Parisian university with the idea of starting *Lettre Internationale*. I tried to help you find French associates for your project, which I found wonderful and also worthy of Don Quixote. I was not a great help but this did give me the occasion to witness the superb stubbornness which finally enabled you, on your own, unseconded and without financial assistance, to carry off the impossible: in a city as blasé and oversaturated with culture as Paris, you launched a new publication which immediately drew attention by being so radically different in its cosmopolitanism. Suddenly from out of the midst of egocentric Paris, the pages of your *Lettre* presented all of cultural Europe, the West and also what at that time was called the East.[205]

Nun ließe sich berechtigterweise anführen, zwei Gewährsmänner, und seien es Constantin Jelenski und Milan Kundera, reichten nicht, um die These zu erhärten, die Pariser *Lettre* habe ihrem *gesamteuropäischen* Anspruch tatsächlich genügt. Ich persönlich hatte immer den Eindruck, das „andere Europa" sei in dieser Zeitschrift doch sehr präsent und beanspruche zweifelsohne einen übergroßen Anteil am transnationalen Europadialog, der sich auf ihren Seiten vollzog. Ich sagte mir, dies geschehe sicherlich in kompensatorischer Absicht, angesichts des erwähnten Mangels an Medien, in die Intellektuelle aus den Ländern Mittel-, Ost- und Südosteuropas eingebunden waren. Es störte mich also keineswegs, im Gegenteil konnte ja nur gut sein, wenn hier die gesamteuropäische Perspektive zur Abwechslung einmal mit „östlichem Bias" vorgetragen würde. Was dagegen unmöglich stimmen konnte, dachte ich mir, war die von Liehm in verschiedenen Interviews vorgetragene Behauptung, der Anteil dieser Texte habe, im Durchschnitt, nicht mehr als ein Viertel der Zeitschrift ausgemacht. So sagte Liehm 1992 in einem Gespräch mit Ulrike Ackermann:

> *Neue Gesellschaft/Frankfurter Hefte [Ulrike Ackermann]: „[…] Wie sehen Sie heute, nach dem Fall der Mauer, nach dem Sieg der Demokratie in Osteuropa, Ihr eigenes Projekt im Rückblick auf Ihre achtjährige Arbeit?"*
>
> Liehm: „Nicht anders als früher. Wir haben immer gesagt, für uns gibt es keine Teilung Europas im kulturellen, intellektuellen Sinne. Aber was man damals ‚Osteuropa' oder ‚Ostländer' nannte, Ostkulturen, sollten in der Zeitschrift nicht mehr Platz einnehmen als sie real in Europa einnehmen, d.h. so ungefähr 25%. Das haben wir bis heute eingehalten."[206]

205 Offener Brief an Antonin Liehm, mit dem Milan Kundera in *Literární noviny* vom 22. November 1990 die Veröffentlichung der tschechischen Edition von *Lettre internationale* begrüßte. Zitiert nach der englischen Übersetzung in KUNDERA: „*The Celebration and the Guests (An Open Letter from Milan Kundera to Antonin Liehm)*", S. 189.

206 LIEHM/ACKERMANN: „*Lettre Internationale – ein europäisches Projekt. Gespräch mit Antonin Liehm*", S. 622.

Kasten 1: Autoren aus Mittel-, Südost- und Osteuropa im Korpus von *Lettre internationale*, Paris

Die Autoren von 68 Artikeln stammen aus der Tschechoslowakei (bzw. nach 1992: aus Tschechien und der Slowakei), von 59 weiteren Artikeln aus Polen und von 48 Artikeln aus Ungarn. Damit kommt die „Visegrád-Fraktion" auf zusammen 16 Prozent der in *Lettre internationale* veröffentlichten Artikel. Ein knappes Sechstel. Weitere 11 Prozent fallen auf die anderen Staaten Ost- und Südosteuropas, darunter auf die UdSSR (inkl. Nachfolgestaaten): 59 Artikel; auf Jugoslawien (inkl. Nachfolgestaaten): 37 Artikel; auf Bulgarien und Rumänien: jeweils 10 Artikel. Insgesamt stammen 27 Prozent der Texte im Gesamtkorpus von *Lettre internationale* von Autoren aus Mittel-, Südost- oder Osteuropa.

Ich habe letztlich nachgerechnet. Liehm hatte recht. Eine Auszählung der 1072 in *Lettre internationale* veröffentlichten Artikel, bei denen sich die Herkunft des Autors ermitteln ließ, zeigt, dass tatsächlich „nur" etwa jeder vierte Text in den insgesamt 37 Heften der Pariser Ausgabe zwischen 1984-1993 von Autoren aus Mittel-, Ost- und Südosteuropa stammte (wobei nochmals erwähnt sei, dass einige dieser Autoren in den 1980er Jahren im Westen lebten).[207] 16 Prozent der insgesamt 27 Prozent entfielen auf Mitteleuropa im engeren „Visegrád"-Sinne des Wortes, also auf Texte von Autoren aus der Tschechoslowakei, Polen und Ungarn. Eine deutliche – aber keineswegs eine massive – Häufung (siehe Kasten 1). Bedenkt man es recht, so ist diese Zahl erstaunlich niedrig, schließlich war Tschechisch Liehms Muttersprache, und er hatte die ersten 45 Jahre seines Lebens in Prag verbracht. Es bedarf in der Tat eines radikal kosmopolitischen Selbstbildes und einer „superb stubbornness", um die „Heimat-Quote" einer internationalen Zeitschrift bei 6,5 Prozent der veröffentlichten Texte zu halten: gegen alle Versuchungen größerer sprachlicher Vertrautheit, souveränerer Urteilskraft, „alt-gedienter Freunde" oder gewöhnlicher Betriebsblindheit. (Die zweite „Heimat-Quote" in *Lettre internationale*, jene von französischen Autoren, lag im Übrigen, siehe Kasten 2, bei 17 Prozent – auch das ausgesprochen niedrig und in ökonomischer Hinsicht „worthy of Don Quixote", wenn man berücksichtigt, dass diese Zahl einen direkten Einfluss auf die Übersetzungsquote der Zeitschrift hatte, die, wie bereits erwähnt, bei ca. 76 Prozent aller Artikel lag.)

Es stammte also jeder vierte Text in *Lettre internationale* von Autoren aus Mittel-, Ost- und Südosteuropa (inklusive der UdSSR) – das rechtfertigte die Ankündigung im ersten Editorial, die Stimmen des „anderen Europa" seien in der Zeitschrift „regelmäßig zu vernehmen". Die Quote lag wohl auch – ohne das überprüft zu haben – deutlich über dem Durchschnitt der anderen politisch-literarischen Zeitschriften in Westeuropa (die Konjunktur der Jahre 1989-1991 vielleicht ausgenommen). Doch was meine Wahrnehmung einer Dominanz oder doch wenigstens einer starken Überrepräsentation anging, nun, ich hatte mich geirrt.

207 Für eine vollständige Aufschlüsselung der nachfolgenden Angaben siehe den Daten-Anhang zur Hochschulfassung dieser Studie.

Ging es nur mir so? Dagegen spricht zumindest *anecdotal evidence* aus den Gesprächen, die ich in den vergangenen Jahren mit französischen Zeitzeugen, Akademikern und Lesern führen konnte, und die mir verdeutlicht haben, wie prominent auch bei ihnen die *Wahrnehmung* von *Lettre internationale* als einer Zeitschrift „Mittel- und Osteuropas" letztlich dann doch war. In vielerlei Hinsicht aus guten Gründen und wenig verwunderlich: Antonin Liehms Person, die Prager Vorgeschichte und der „mitteleuropäische" Start der Zeitschrift strahlten auf die öffentliche Wahrnehmung der Zeitschrift aus. Das war der Preis, der für Kafkas Unterschrift und Kunderas Placet zu zahlen war. Zudem gab es natürlich ein besonderes, nicht rein kulturelles, sondern durchaus auch geopolitisches Interesse an Mitteleuropa, wie es nicht zuletzt aus dem Editorial zu Heft 28, 1991 sprach:

> Les déchirements de l'Europe centrale, qui sort définitivement d'un demi-siècle (deux générations) de totalitarisme, nous ramènent à l'objet de notre constante recherche: comprendre les aléas du retour de cette partie de l'Europe à la démocratie et à l'économie de marché – et cela appelle un effort plus important encore que celui qu'exigeait l'intelligence du fonctionnement des systèmes totalitaires.

Und schließlich erbte – und reklamierte! – die Zeitschrift, *mutatis mutandis*, eben jene „mitteleuropäische Sensibilität" des Prager Modells, dessen Geschichte im zweiten Kapitel rekonstruiert wurde: den Systemflirt zwischen Politik und Kultur in feuilletonistischer Tradition;[208] die zentrale Rolle der Sozialfigur des Intellektuellen; die humanistische, genre- und disziplinenübergreifende Tradition. Und dennoch, trotz all dieser guten Gründe und Erklärungen: Eine Diskrepanz zwischen dem gesamteuropäischen Selbst- und dem primär mittel-/osteuropäischen Fremdbild der Zeitschrift bleibt. Sie lässt sich letztlich nur damit erklären, dass die Länder und Kulturen der Mitte, des Ostens und des Südostens Europas mit ihren Autoren und den diakritischen Zeichen über, unter und mitten in ihren Namen den westlichen Lesern fremd genug geworden waren, um das Bild einer Publikation zu dominieren, in der weiterhin *über die Hälfte aller veröffentlichten Texte von westeuropäischen Autoren stammten* (siehe Kasten 2). Anders gewendet: Es war bitter nötig, mit einem publizistischen Forum zur „Kontinuität des Dialogs und des Ideenaus-

Kasten 2: Autoren aus Westeuropa im Korpus von *Lettre internationale*, Paris

Artikel von Autoren aus England: 70; aus Deutschland: 66; Italien: 60; Spanien: 34; Schweden: 20; Finnland: 18; Irland: 16; Schweiz: 16; Niederlande und Belgien: jeweils 13; Dänemark: 11; Portugal, Griechenland und Österreich: jeweils 9; Norwegen: 4. Dazu kommen 184 Artikel von Autoren aus Frankreich, was einer „Lokalquote" von 17 Prozent entspricht. Insgesamt entfallen 51 Prozent der Texte im Gesamtkorpus von *Lettre internationale* auf westeuropäische Autoren.

208 Siehe zur tschechischen Kultur des Feuilletons auch die Einleitung zu LIEHM, Antonin J. und Peter KUSSI: *The Writing on the wall : an anthology of contemporary Czech literature*, Princeton: Karz-Cohl Pub 1983.

tauschs“ zwischen Atlantik und Ural beizutragen, und dadurch, im bescheidenen Rahmen des Möglichen, auf eine Normalisierung der kommunikativen Verhältnisse in Europa hinzuwirken. (Hat sich diese Situation „nach 1989“ wirklich so fundamental geändert, wie es der politische Wandel suggeriert? Sähe man gegenwärtig nicht gerne ein *Lettre*-Netzwerk, in dem sich Intellektuelle vom Atlantik bis zum Ural mit großer Selbstverständlichkeit gegenseitig zur Kenntnis nehmen können?)

So sei an dieser Stelle wenigstens *post festum* festgehalten: Die französische Ausgabe von *Lettre internationale* war, nach Maßgabe der quantitativen Anteile, die die Artikel von Autoren verschiedener Länder an ihr hatten, eine genuin *gesamteuropäische* Publikation – mit gelegentlichen Spiegelungen durch und Ausflügen auf andere Kontinente und einer relativ starken „Atlantikbrücke“ in die USA, die sich nicht zuletzt durch die Genrepräferenz für den Essay erklärt, sowie durch die *New York Review of Books* als bevorzugter Quelle (insgesamt kamen, siehe Kasten 3, etwa 8% der Artikel von US-amerikanischen Autoren).

> Kasten 3: Autoren aus außereuropäischen Ländern im Korpus von *Lettre internationale*, Paris
>
> Artikel von Autoren aus den USA: 83; aus Kanada: 28; aus Mexiko: 15; aus Südafrika: 14; aus Brasilien: 11; aus Israel: 10; aus Argentinien: 6; aus der Türkei: 6; aus Ägypten: 5.
>
> Weitere 23 außer-europäische Länder sind mit 4 oder weniger Texten im Korpus von *Lettre internationale* vertreten.

Lettre verzerrte Europas intellektuelle Geographie mithin nicht fundamental, sondern verschob die Verteilung von Zentren und Peripherien nur leicht zugunsten der kleinen Länder und Kulturen der Mitte, des Ostens und, in geringerem Maße, auch des Nordens: Frankreich „führte“ weiterhin, wenn auch nur noch durch Heimvorteil, gefolgt von den USA und England als den dominanten Ländern des Essays, wie ihn *New York Review of Books*, *London Review of Books*, *Harper's* und *New Yorker* zu lesen gaben. Sodann ein repräsentatives europäisches Mittelfeld, das sich tatsächlich vom Atlantik bis zum Ural erstreckte, mit der Tschechoslowakei, Deutschland, Italien, der UdSSR, Polen, Ungarn, Spanien und Jugoslawien. Dahinter eine Verfolgergruppe von der nordeuropäischen Peripherie mit Schweden, Finnland, Irland und eine weitere, außer-europäische, mit Kanada, Mexiko, Südafrika, Brasilien und Israel. Sicherlich: Für eine Zeitschrift, die überzeugt war, dass sich Europa „nur im Verhältnis zu den anderen Regionen der Welt definieren“ kann, wie es im ersten Editorial geheißen hatte, hätte man gerne eine größere Präsenz von arabischen Autoren gesehen, auch mehr als drei Texte aus China, zwei aus Indien und einer aus dem Iran... Doch die französische *Lettre internationale* war gesamteuropäisch auch in ihren Schwächen, Vorbehalten und blinden Flecken. Ihre Stärke lag – darin ganz Kind der Alten Welt – im Engagement für das „petit cap du continent asiatique“ (Paul Valéry), dessen kommunikativen Zusammenhalt sie stärken wollte, ohne seine kulturelle Vielfalt zu negieren. In welcher spezifischen Weise dies versucht wurde, soll zum Abschluss dieses Kapitels entlang der Gestalt der *Pariser* Ausgabe von *Lettre internationale* diskutiert werden, ehe sich Kapitel 6 diesen Fragen noch einmal aus der Perspektive des transnationalen publizistischen *Netzwerks* zuwendet.

4. Zur Collage-Gestalt von *Lettre internationale*: Painting a journal

La surréalité sera d'ailleurs fonction de notre volonté de dépaysement de tout.

André Breton, im Vorwort zu Max Ernsts La Femme 100 têtes.[209]

Im ersten Plan für die internationale Zeitschrift aus dem Jahr 1983 war *Lettre internationale* als „journal-revue" entworfen worden, als eine Zeitschrift im Zeitungsgewand, und das wurde sie auch. Ästhetisch halb angelsächsische Review à la *New York Review of Books*, halb mitteleuropäische Literaturzeitung à la *Literární noviny* wusste Antonin Liehms Publikation beim Start in Paris schon durch ihre Größe zu überraschen: „*Lettre internationale* est une revue qui ne ressemble à aucune autre. Son format ‚géant' fait qu'un numéro équivaut à un livre de 500 pages", staunte der französische Schriftsteller Yves Florenne in *Le Monde* vom 17. Dezember 1984.[210]

In der Tat war *Lettre internationale* mit dem Tabloid-Format von 275 x 370 Millimetern für die kontinentaleuropäische Tradition politisch-literarischer Publizistik geradezu extravagant groß. Klassische Vierteljahres-Zeitschriften sahen neben ihr aus wie Gebetsbüchlein; selbst Magazine wurden von *Lettre* noch um ein Drittel überragt. Am Kiosk ähnelte sie (neben ihrem amerikanischen Vorbild, der *New York Review*) den Formaten von Tageszeitungen wie *El Pais* oder, heutzutage, der *Frankfurter Rundschau*. Dass Umschlag und Kern von *Lettre internationale* vollständig auf aufgebessertem Zeitungspapier und im Rotationsdruck produziert wurden, verstärkte den Kontrast zwischen der distinguierten Gestalt und einer billigen, vergänglichen Herstellungsweise, die ihre Wurzeln im Massenzeitalter und dem Streben nach Demokratisierung der Information hatte.

Die zeitungsähnliche Aufmachung wirkte in erfrischender Weise entsakralisierend auf das ansonsten doch etwas einschüchternde Objekt: Man konnte *Lettre internationale* zum Transport knicken, beim Telefonieren darin selbstvergessen kritzeln, und beim Lesen Unterstreichungen machen oder „So ist es!" und „Von wegen!" an den Rand schreiben, und zwar mit dem Kugelschreiber, denn wer außer den ärgsten Pedanten würde auf Zeitungspapier mit Bleistift schreiben? (Dies vorbehaltlich des legitimen Einwandes, dass der Leser für den Kauf dieser „Zeitung" –

209 Zitiert von Aragon in seinem Aufsatz zur Collage-Form: ARAGON, Louis: „*La peinture au défi [1930]*", in: ARAGON, Louis: *Les collages [1965]*, Paris: Hermann 1980, S. 37–78, hier S. 44.

210 FLORENNE, Yves: „Au sommaire des revues: L'homme qui n'adhère à rien", in: *Le Monde* vom 17. Dezember 1984.

weil sie in Periodizität und Auflage eben doch keine war – den nicht ganz unerheblichen Betrag von 30 Francs ausgeben musste.)

Aufgeschlagen bot *Lettre internationale* dem Layouter auf der Doppelseite eine Montagefläche mit Platz für bis zu 24.000 Zeichen (oder 16 *feuillets*, Übersetzer-Normseiten mit 1.500 Anschlägen). Mit insgesamt meist 96 Seiten erreichte sie tatsächlich ein theoretisches „Fassungsvolumen", das dem eines Taschenbuchs von über 500 Seiten entsprach. Die verschiedenen Grafiker der Zeitschrift haben indes dankenswerterweise nie den Versuch unternommen, von der Titel- bis zur Rückseite ununterbrochenen Fließtext zu setzen, und so ist eher François Bondy zuzustimmen, der in der *Süddeutschen Zeitung* vom 5. April 1986 vorrechnete, jedes Heft der französischen *Lettre internationale* enthalte so viel Text wie ein Buch von 300 Seiten.[211] Auch mit dieser Zahl ließ sich unter Berufslesern freilich noch trefflich prahlen. Wir anderen, die zur Lektüre verführt werden müssen, wollen die Statistik lieber nicht kennen – denn für den gemeinen Leser lag der Vorteil der großen Seiten im psychologischen Trick, eben solche Textlängen gut kaschieren zu können. Wer sich auf einen fünfseitigen Essay in *Lettre internationale* einließ, hatte das Äquivalent von 20 bis 30 Buchseiten vor sich, merkte es aber erst, als ihn der Artikel schon gefangen hielt…

Herausfordernd war die Lektüre der ersten Hefte von *Lettre internationale* aber nicht nur wegen der Inhalte und der Textlängen, sondern auch wegen des Layouts. Fraglos hatte der Gestalter seine Aufgabe nicht in einem dienenden, auf die ergonomischen Aspekte des Lesens beschränkten Sinne gesehen, sondern als künstlerischen Beitrag zur gesamteuropäischen Collage, die *Lettre* sein wollte. Leider konnte der italienische Journalist und Gestalter Antonio Bellavita für diese Studie nicht mehr befragt werden, denn er verstarb 2006, und seine Agentur TOTEM-A, die für das graphische Konzept von *Lettre internationale* verantwortlich zeichnete, existiert nicht mehr. Doch es ist offensichtlich, dass hier versucht wurde, die beachtlichen Flächen der Seiten dazu zu nutzen, um Jiří Kolářs dislozierende Collagetechnik über das Titelblatt hinaus auch ins Heft hinein zu tragen: So wie die vertraute Geographie des europäischen Kontinents vom tschechischen Künstler neu arrangiert worden war, so gingen auch die von Liehm ausgewählten Texte verschiedener Provenienz und Natur im Innern des Heftes unerwartete Bezüge ein, spiegelten einander und durchkreuzten sich, und dies nicht nur im übertragenen Sinne.

Ein gutes Beispiel dafür, wie TOTEM-A versucht hatte, Liehms Idee einer internationalen Zeitschrift in eine visuelle Form zu übersetzen, bietet das Kafka-Dossier im ersten Heft.[212] Gleich drei der fünf Texte des Dossiers teilten sich hier dieselben Seiten. Zwei stammten von dem tschechischen Schriftsteller Jiří Gruša: Der eine handelte von Franz Kafka als Zeugen des (symbolischen) Moments, in dem die jüdischen, die deutschen und die tschechischen Uhren in Prag begannen, aus dem Takt zu geraten – und davon, wie sich diese zentrifugale Bewegung zuerst in der

211 BONDY, François: „Blick in ausländische Zeitschriften: Lettre, lettera, letra", in: *Süddeutsche Zeitung* vom 5. April 1986.

212 Seiten 57-80 in Heft 1 von *Lettre internationale* (Paris), siehe auch Abbildung 10.

Erfahrungswelt der jüdischen Bevölkerung der Stadt bemerkbar gemacht hatte;[213] der zweite berichtete von Jaroslav Hašek, dem Autor des *Braven Soldaten Schwejk*, von seinem Leben, seinen Kritikern und seiner Rolle als „Dada d'avant Dada" der tschechischen Literatur.[214] Dazwischen, gleichsam vermittelnd, lief eine dritte, analytischere, Studie des Philosophen Karel Kosík über das Groteske bei Hašek und Kafka. Die Stoßrichtung: Öfter mal über Kafka schmunzeln und Hašek ernst nehmen.[215] Alle drei Artikel wurden vom Grafiker bei TOTEM-A parallel zueinander montiert, und so suchte der Leser von *Lettre internationale* mit Hilfe verschiedenster Schrift-Auszeichnungen, Balken, Initiale, wiederkehrender Symbole und unterschiedlicher Spaltenbreiten seinen Weg durch die Texte, schmunzelte über eine Schwejk-Zeichnung von Josef Lada hier, erschrak über eine Schwejk-Zeichnung von George Grosz dort, geriet aus Versehen in die falsche Spalte und vermengte hoffnungslos die Lebenswege von Hašek und Kafka, um schließlich, glücklich aber erschöpft, bei den ergänzenden Lektüreempfehlungen am Ende anzulangen. Die Erfahrung erinnert bisweilen an das englische Gesellschaftsspiel des *„cross-reading"* aus dem 18. Jahrhundert, bei dem der Spaß darin bestand, die noch vergleichsweise neuen Tageszeitungen zeilenweise quer vorzulesen anstatt der ersten Spalte zunächst nach unten zu folgen und die Lektüre dann in der zweiten fortzusetzen, wie es dem Verständnis förderlich wäre. Dem *cross-reader* stellte sich die Weltlage zwar fraglos noch verwirrender dar, als sie es ohnehin schon war, aber wenigstens konnte er darüber lachen.[216]

Ähnliche intertextuelle Abenteuer hatte zu bestehen, wer im zweiten Heft von *Lettre internationale* der französischen Erstveröffentlichung eines kompletten Theaterstücks des britischen Dramaturgen Christopher Hampton folgen wollte: Visuell aufbereitet wie ein altes Revue-Stück mit Szenennummern, umflossen die *Tales from Hollywood* zunächst drei kurze *récits* von Ödön von Horváth und dann einen Essay von Heinrich Mann. Die beiden Schriftsteller waren auch im Theaterstück selbst zugegen, denn Christopher Hampton ging dort der Idee nach, Ödön von Horváth wäre nicht 1938 auf den Champs-Elysées von einem Baum erschlagen worden, sondern erfolgreich nach Hollywood ausgereist. In Vignetten ließ ihn Hampton seine Lehrjahre als Drehbuchautor machen und schickte ihn durch eine Reihe von *tête-à-têtes* und skurrilen Cocktails-Partys mit Greta Garbo, den Marx Brothers und der in Kalifornien exilierten deutschsprachigen Schriftstellerprominenz, von den Manns und Feuchtwangers bis zu Bert Brecht.[217]

Diese beiden Aperçus mögen genügen, um einen Eindruck von den Spielen zu vermitteln, die *Lettre internationale* anfangs mit ihren Lesern trieb. Die verantwort-

---

213 GRUŠA, Jiří: „Le coup de canon de la redoute Sainte-Marie", in: *Lettre internationale* (Paris), 1, 1984, S. 58–66.

214 GRUŠA, Jiří: „Une excursion du côté de l'histoire", in: *Lettre internationale* (Paris), 1, 1984, S. 58–66.

215 KOSÍK, Karel: „Hašek et Kafka ou le monde du grotesque", in: *Lettre internationale* (Paris), 1, 1984, S. 57–66.

216 Mehr zum *cross-reading* als Vorform der Montage bei MÖBIUS, Hanno: *Montage und Collage: Literatur, bildende Künste, Film, Fotografie, Musik, Theater bis 1933*, München: W. Fink 2000, S. 96–99.

217 HAMPTON, Christopher: „Histoires d'Hollywood", S. 46-62 in Heft 2 von *Lettre internationale*. Französische Bearbeitung von Vercors und seiner Frau Rita Barisse, siehe Abbildung 11.

Un écrivain tchèque, Jiří Gruša, et un écrivain américain, Philip Roth, rêvent leur propre Kafka, et le nôtre. Avec de l'humour, souvent méconnu chez le grand Pragois. Le philosophe Karel Kosik fait le rapprochement entre Kafka et Hašek, le créateur du brave soldat Chveïk.

Kafka

HASEK ET KAFKA OU LE MONDE DU GROTESQUE

Karel Kosík

Nés tous les deux la même année dans la même ville, ils ont passé la majeure partie de leur vie à Prague, écrit leurs grandes œuvres aux alentours de la première guerre mondiale et ils sont morts au début des années vingt, à un an de distance. Coïncidences bien entendu que tout cela, constatations superficielles qui ne nous renseignent guère sur les rapports entre Hašek et Kafka.

Inversons alors la question. De quel milieu sont issus des phénomènes aussi opposés que Hašek et Kafka ? Qu'est Prague pour Hašek, qu'est Prague pour Kafka ? Tous deux ont fait la gloire de leur ville natale, leur œuvre est liée à une certaine vision de Prague. « L'odyssée de Chveïk, sous garde d'honneur de deux soldats, baïonnette au canon », part de la prison de Hradčany, descend la rue Nerudova à Malá Strana, traverse le pont Charles et se termine dans le quartier de Karlín.

LETTRE

57

Abb. 10: Einstieg in das Kafka-Dossier in Heft 1
von *Lettre internationale* (Paris)

LETTRE INTERNATIONALE

Jiří Gruša

Le coup de canon de la redoute Sainte-Marie

« Raban regarda l'horloge d'une tour assez haute qui paraissait être à proximité et se trouvait dans une rue en contrebas : un petit drapeau fixé en haut de la tour flotta un instant seulement devant le cadran. Une bande de petits oiseaux s'envola en formant un plan qui oscillait, mais restait uni. Il était plus de cinq heures. Raban posa par terre sa valise cousue dans un morceau de drap noir, appuya son parapluie contre une borne et mit sa montre – c'était une montre de dame fixée à un étroit ruban noir passé autour de son cou – à l'heure de l'horloge... »

Dans *Préparatifs de Noce à la campagne*, œuvre de jeunesse de Kafka, cette évocation idyllique d'une petite ville se situe encore dans Prague avec une précision telle qu'on peut en repérer le point exact sur un plan de la ville. Prague ne s'était pas encore muée en cette contrée de partout et de n'importe où (bien qu'un œil tchèque continue à y sentir affleurer le « génie du lieu »), en ce paysage synthétique des œuvres de la maturité de Kafka.

Ce drapeau donc, était hissé sur la galerie de l'observatoire du Klementinum d'où on surveillait l'étoile de l'Empire ; nous savons que ce drapeau flottait en direction du château de Prague pour signifier que, jusqu'à nouvel ordre, on pouvait être tranquille côté astrologie. Tous les jours, sur le coup de midi, le préposé à l'heure royale et impériale lançait un signal à l'artilleur royal et impérial de la re-

Groupe intéressant que ces trois personnages — les deux gardiens encadrant le délinquant. En sens opposé, traversant le pont Charles pour monter à Strahov, chemine un autre trio, où deux gardiens conduisent le délinquant Joseph K. « vers la carrière de Strahov où l'un d'eux va lui planter un couteau au cœur ». Les deux trios traversent les mêmes lieux, mais leur rencontre ne peut avoir lieu. Chveïk a été relâché de prison le matin — comme le veut la tradition — et accomplit son périple sous escorte en plein jour, alors que des hommes coiffés de hauts-de-forme emmènent Joseph K. le soir « au clair de lune ».

Supposons toutefois une rencontre entre les deux trios. Ils se croisent sans se voir, car Joseph K. est occupé à scruter la physionomie et le comportement de ses mystérieux guides, alors que Chveïk est plongé dans une conversation avec ses gardiens. Même si nos deux trios échangent un regard, ils se voient sans reconnaître qui ils sont. A savoir ?

Pour Joseph K. le trio de Hašek est trop comique et uniquement comique, *sans cette signification plus profonde et inattendue dont la découverte ouvre le monde du grotesque* ; Joseph Chveïk lui aussi perçoit le trio de Kafka comme une apparition comique qui masque le véritable sort, grotesque et tragique, de Joseph K. Les deux groupes ne se voient que de l'extérieur, d'où leur indifférence.

Cette première rencontre possible entre Hašek et Kafka reste donc toute en surface. Partons alors des auteurs pour passer à un autre niveau, celui de l'œuvre. Est-il seulement possible de faire une comparaison, de découvrir un rapport entre les deux écrivains ? A première vue, ce rapport semble inexistant, car on lit Kafka pour l'interpréter et Hašek pour rire. Les interprétations de Kafka se comptent par dizaines et par centaines, son œuvre passe pour problématique, énigmatique, mystérieuse et chiffrée, une œuvre dont il faut d'abord se procurer le code. Chez Hašek tout paraît clair et universellement compréhensible ; l'œuvre est évidente, transparente, elle donne à rire — et rien de plus. Mais n'est-ce pas un leurre ?

Pour expliquer Kafka, les interprétations occidentales ont fait appel aux méthodes les plus diverses : psychanalyse, analyse structurelle, investigation sociologique, anthropologie, recherche des aspects théologiques, religieux et philosophiques, sans oublier l'étude de ses rapports avec la pensée juive et chrétienne, avec Kierkegaard ou Dostoïevski. Bref, on a pratiquement épuisé la gamme des interprétations possibles. Pour Hašek, en revanche, nous ne semblons disposer que d'une seule clé — et elle est fausse — le célèbre principe de « l'origine populaire ». Ce principe, loin d'ouvrir l'œuvre de Hašek, la referme, il ne nous permet aucunement d'en saisir *la problématique*.

Quel est le *sens* de l'œuvre de Hašek ? *Les Aventures du brave soldat Chveïk* manquent-elles vraiment d'unité de structure, est-ce vraiment une œuvre morcelée ? L'œuvre contient-elle la problématique du temps, du comique, du tragique, du grotesque ?

En fait, qui est Chveïk ?

CE QUE CHVEIK N'EST PAS

Chveïk est l'ordonnance de l'aumônier militaire Katz et par la suite, celle du lieutenant Lucas. Le maître donne des ordres, le valet les exécute. Le maître, c'est l'intention, le valet, l'acte. Mais puisque l'ordre est général et ne revêt sa véritable forme que dans l'acte, il peut se retourner contre le maître. Dans l'exécution de l'ordre, il se produit tant de circonstances imprévues que le maître ne reconnaît plus sa *propre* intention dans l'acte du valet. Le valet n'est que l'instrument de l'intention du maître, mais puisqu'il agit, il provoque des situations qui pervertissent les projets initiaux du maître. Le maître a besoin de son valet, il ne peut se passer de lui. Il ne peut régler ses affaires intimes sans l'intervention du valet. Le valet est indispensable. Le maître oblige le valet à s'occuper de lui et c'est pourquoi le valet connaît son maître, ses points forts et ses faiblesses. Le maître se contente du pouvoir et du rang, alors que le valet doit faire montre d'inventivité et d'esprit d'entreprise. Dans ce sens, qui est maître et qui est valet ? Qui impose sa volonté à l'autre, qui est l'élément agissant dans cette relation ?

Dans une certaine division du travail, le valet n'a qu'une seule fonction : il *amuse* son maître. Il devient alors un valet d'une catégorie particulière – le fou du roi. Il ne travaille pas des mains, mais de la tête : c'est un intellectuel. Ce bouffon est-il indépendant ? Il fait mine de l'être. Il dit des impertinences au roi et jouit à la cour d'un privilège unique, celui de « dire la vérité ». Le bouffon commente l'événement et donne de l'esprit à la cour. Mais, fonctionnaire, il doit se soumettre aux règles du jeu : ses impertinences ne peuvent être que les grossièretés d'un fou, sa vérité est toujours celle d'un bouffon. Il ne peut garder ses fonctions que tant que les autres l'acceptent et le reconnaissent comme bouffon. S'il dépasse les limites prescrites, reconnues ou tolérées, il n'est plus pris au sérieux ou commence à se prendre lui-même au sérieux : il devient ennuyeux et inutile, ou il se voit démasqué comme dévoyé, intrigant, hypocrite ou perpétuel rouspéteur. « Bien des monarques — dit Erasme — ne peuvent pas même déjeuner sans leur bouffon et le préfèrent aux philosophes qui comptent sur leur savoir et souvent n'hésitent pas à blesser avec des vérités mordantes l'ouie délicate du souverain ».

Chveïk est un valet, mais pas un bouffon. Certes, il lui arrive de se conduire en fou, mais pour être un bouffon encore faut-il mettre sa folie au service du pouvoir. Lorsque Chveïk débite des impertinences, des vérités de bouffon, il n'est pas valet face au maître, mais il est confronté à un

Jiří Gruša

Une excursion du côté de l'histoire

« A tout le personnel de l'Armée révolutionnaire tchécoslovaque l'instruction la plus formelle d'appréhender Jaroslav Hašek en quelque lieu et à quelque moment que ce soit et de le conduire sous bonne garde au tribunal révolutionnaire » est donnée en l'an 1919 par l'ordre du jour n° 203 de la Légion tchèque. Il semble bien que depuis lors les chasseurs de têtes n'ont cessé de traquer Hašek afin de l'exécuter dans quelque carrière littéraire à l'abandon. Bien entendu « l'intéressé » ne répond pas aux convocations, il se cache, il est insaisissable. Et son Joseph Chveïk (contrairement à Joseph K.) n'attendra pas non plus qu'on vienne le chercher ; une fois pris, il s'efforcera de persuader le bourreau sinon de son innocence, du moins du peu de profit qu'il y aurait à l'exécuter.

Tandis que les soldats tchèques font la chasse au traître du côté d'Omsk, « le plus grand écrivain tchèque » (titre parodique qu'il se décernait à lui-même) n'en est plus à sa première trahison. En réalité, il ne lui reste plus que l'ultime trahison, celle du bolchévisme... puis c'est le retour au pays, « les yeux tristes », pour finir d'écrire une certaine histoire « sur un crétin au régiment ». Il ne lui reste que cinq années à peine au seuil desquelles se situe ce mandat d'arrêt qui le contraint à se faire passer pour un faible d'esprit, « fils d'un colon allemand du Turkestan, muet et crétin de naissance ».

Les métamorphoses, ça le connaît. Il est passé maître du genre.

Comme pour presque tous les écrivains tchèques, il ne faut guère remonter à plus de deux générations pour retrouver ses origines campagnardes — la littérature tchèque n'est pas une litté-

La maison du Puits d'Or Il me semble alors que je ne suis pas devant ma maison,
devant un moi-même en train de dormir, et que j'ai à la fois le bonheur de sommeiller
veiller sur moi comme une sentinelle. Le terrier

lichen Grafiker von TOTEM-A und ihr Chef Antonio Bellavita waren in den 1980er Jahren übrigens durchaus keine Unbekannten: Die Agentur arbeitete oft für Medien mit dezidiert internationalem, internationalistischem und migrantischem Hintergrund, darunter die franko-maghrebinische Zeitschrift *Baraka Hebdo* und das jüdische Magazin *Passages*, wie dem Katalog einer Ausstellung zur Geschichte der ausländischen Presse in Frankreich zu entnehmen ist.[218] Aber auch Michel Butels heute legendäre Monatszeitschrift *L'Autre Journal* wurde von TOTEM-A gestaltet[219] – und eben die Pariser Ausgabe von *Lettre internationale*, deren Büro zudem praktischerweise im selben Haus in der rue des Petits Hôtels lag, in der auch die „Boutique à signes", die von TOTEM-A mit der Herstellung der Druckvorlagen beauftragt wurde, ihr Atelier hatte.[220]

Antonin Liehm wird dort mehr als einmal durch's Treppenhaus geschimpft haben – oder so stellt man es sich wenigstens vor. Denn er fand die von TOTEM-A realisierte visuelle Übersetzung seiner Zeitschriftenidee durchaus zu radikal und leserunfreundlich und war ab Heft 2 darum bemüht, das Layout sukzessive zu „zähmen" (ohne auf inhaltlicher Ebene die Idee eines „Spiegelspiels von Texten" preiszugeben).[221] Das gelang: Die Lesbarkeit stieg, doch die visuelle Kraft der ersten fünf Hefte hat die Pariser *Lettre internationale* danach nie mehr erreicht.[222]

* * *

218 ASSOCIATION GÉNÉRIQUES: *France des étrangers, France des libertés: presse et communautés dans l'histoire nationale, 1789-1989*, Paris: Mémoire génériques éditions / Editions ouvrières 1990.

219 BUTEL, Michel (Hrsg.): *L'autre journal, 1984-1992: une anthologie*, Paris: Les Arènes 2012.

220 Die Räume von TOTEM-A umwehte eine Aura des *radical chic*, vor allem aufgrund der (Vor-) Geschichte von Antonio Bellavita, der das linksradikale Verbindungsorgan *controinformazione* herausgegeben hatte. Er war eine Schlüsselfigur der „Italiens de Paris", jenem Netzwerk von Aktivisten und Journalisten, die von der italienischen Regierung der Zugehörigkeit zu den Roten Brigaden beschuldigt worden waren und denen François Mitterrand in Frankreich politisches Asyl gewährte. Was die kleine mit der Herstellung beauftragte „Boutique à signes" angeht, so erzählte mir der tschechische Dissident Jan Sekal, der später das Layout von *Lettre internationale* vorbereitete und deshalb dort regelmäßig ein- und ausging, es hätten in dem Laden ein linker Ägypter, ein exilierter Italiener sowie zwei ehemalige lateinamerikanische Guerrilleros gearbeitet, und es habe gedauert, ehe man ihn, den anti-kommunistischen Dissidenten, in diesem „nid de gauchistes" nicht mehr schief anguckte… (Gespräch mit Jan Sekal vom 27. September 2012)

221 In seinen autobiographischen Notizen schreibt Liehm, ohne Namen zu nennen: „Ein sehr guter italienischer Grafiker […] entwickelte das Layout, ein schönes, interessantes und nicht wenig bewundertes Layout, allerdings getreu seinem Credo, dass es des Grafikers Pflicht sei, dem Leser das Lesen so schwer wie möglich zu machen" LIEHM: *Minulost v pritomnosti*, S. 144.[Selbstverantwortete Übersetzung aus dem Tschechischen]

222 Ab Heft 6 fand die Zeitschrift zu einem ruhigen, zeitungsähnlichen Satzbild, das sie im Wesentlichen bis einschließlich Heft 27, 1991 beibehielt. Ab Heft 28 erschien *Lettre internationale* in verkleinertem Format von 340x240mm, ab Heft 31 zudem in anderer Papierqualität und ab Heft 32 in verändertem Layout, für das der Verlag ELTA verantwortlich zeichnete, und das *Lettre internationale* über die letzten zwei Jahre ihrer Existenz begleitete. Mit dem glossierten Umschlag, den hartweißen Seiten in Magazingröße und der Banalität eines Seitenlayouts, das an die Experimente mit Desktop-Publishing in Schüler- und Verbandszeitschriften in den frühen 1990er Jahren erinnert, fällt es weit hinter die frühen Jahre zurück und zeugt von den großen Schwierigkeiten der Zeitschrift.

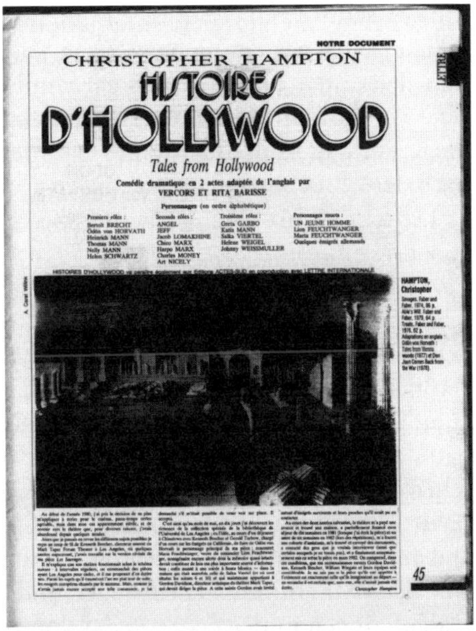

Abb. 11: Einstieg in das Theaterstück „Histoires d'Hollywood“ in *Lettre internationale* (Paris), Heft 2, 1984.

Jiří Kolářs Titelcollage versinnbildlichte als „neue Karte zur Alten Welt“ Anliegen und Ansatz von *Lettre internationale.* TOTEM-A übersetzte Kolářs Arbeit ins Heftinnere, schuf Parallelmontagen und „verrückte“ Lektürepfade und ging dabei womöglich allzu wagemutig vor. Einen Vorteil hat das „überkonzeptionelle“ Grafikdesign der ersten Hefte jedoch ganz unbestreitbar: Es stellt die Gestalt von *Lettre internationale* mit besonderer Prägnanz heraus und drängt zur Beantwortung der Frage, welche Konsequenzen es hat, den Kommunikationsraum einer Zeitschrift nach dem Bild einer transnationalen Collage zu konzipieren.

Dazu zunächst eine Anekdote, die charakteristisch ist für das Selbstverständnis von *Lettre internationale,* wie sie auch bezeichnend ist für die oft präsupponierte Erwartungshaltung gegenüber politisch-literarischen Zeitschriften, zumal „linksintellektuellen“: Dass sich diese, erstens, durch moralische Klarheit und Eindeutigkeit ihres Standpunkts auszuzeichnen hätten sowie dass, zweitens, die Meinung der veröffentlichten Autoren, allen anderslautenden Formulierungen des Impressums zum Trotz, letztlich die Position der Redaktion widerspiegele. In Heft 7, 1985, hatte *Lettre internationale* nun aber kommentarlos zwei Beiträge zur sandinistischen Revolution abgedruckt: Den einen, kritischen, hatte der mexikanische Essayist Gabriel Zaïd ursprünglich für Octavio Paz’ Zeitschrift *Vuelta* verfasst. Der andere, romantisch-antidemokratisch und prometheisch-revolutionär im Ton, kam von Sergio Ramirez, Schriftsteller und damals Vize-Präsident von Nicaragua.[223] Darauf gingen in der *Lettre*-Redaktion zwei Briefe ein. Gabriel Zaïd kritisierte Ramirez’ Text und klärte über die Verbrechen der nicaraguanischen Staatssicherheit auf. Der andere Brief war von Octavio Paz persönlich. In der französischen Übersetzung, die *Lettre internationale* in Heft 8 veröffentlichte, las er sich wie folgt:

> Je suis un lecteur, un ami et un collaborateur de *Lettre Internationale* depuis sa parution. Votre orientation est analogue à celle de *Vuelta*, revue que nous faisons à Mexico avec un groupe d’écrivains indépendants ; beaucoup de vos collaborateurs sont aussi les nôtres ; vous en Europe, nous en Amérique latine, nous combattons pour les mêmes idées, les mêmes principes. Mais les coïncidences s’arrêtent là : il y a dans le numéro 7 de *Lettre internationale* un essai de Gabriel Zaïd sur le Nicaragua.
> Malheureusement il n’est pas dit, comme cela se fait, que ce texte était paru à l’origine dans *Vuelta* ; on n’indique pas non plus que l’essai de Zaïd a été coupé et adapté.
> Mais ce sont des pecadilles. Ce qui ne l’est guère, c’est d’avoir publié à côté de l’essai de Zaïd un article de Sergio Ramirez, vice-président du Nicaragua. C’est comme si *Vuelta* publiait un texte de Kundera accompagné d’un autre du ministre de la Culture tchécoslovaque. Ou bien, par un curieux renversement de perspective, ce qui est abominable à Prague ou à Varsovie serait-il naturel et légitime à Managua où à La Havane ?[224]

Eingriffe in den Text, fehlende Quellenangaben und die sandinistische Regierungsjunta als ungebetenen Tischnachbarn... Drei ernste Vorwürfe unter demokratisch-

223 Gabriel ZAÏD, „Los Comandantes“, S. 47-65 und Sergio RAMIREZ, „Cortazar, entre nous“, S. 55-56 , beide in *Lettre internationale* (Paris) 7, 1985.

224 Brief von Octavio Paz an die Redaktion von *Lettre internationale* vom 21. Januar 1986, hier zitiert nach der französischen Übersetzung in Heft 8 von *Lettre internationale,* 1986, S. 79. Im spanischen Original im Archiv LI, AML.

sozialistischen Brüdern (mit „un fraternal saludo" hatte Paz seinen Brief beschlossen). Wenigstens die ersten beiden Kritikpunkte mussten sich die Herausgeber der französischen Ausgabe von *Lettre internationale* gefallen lassen: In der Tat redigierten Liehm und Noirot die von ihnen ausgewählten Artikel oft merklich. Nicht etwa, um sie im Sinn zu modifizieren – „Après tout, l'essentiel y est", gestand Zaïd zu – sondern um sie, aus ihrer Sicht, „lesbarer" zu machen, zu straffen, und, wo vorhanden, von Fußnoten zu befreien. In solchen Momenten zeigte sich der journalistische, antiakademische Habitus der beiden Herausgeber. Texte waren ihnen wichtig, ihre Qualität entscheidend, aber sie waren nicht sakrosankt. An den im Archiv aufbewahrten Manuskripten zeigen sich allerorten die Spuren eines routinierten, polyglotten Redakteurs, der vor dem eigenen Dilettantismus keine Angst hat, sondern ihn im Zweifelsfall zur Richtschnur für das Vorwissen nimmt, das auch bei den Lesern der Zeitschrift noch vorausgesetzt werden darf.[225] In diesem Sinne antwortete Liehm geradeheraus an Paz und Zaïd:

> Nous avons, il est vrai, coupé et remanié la version originale de l'essai de G. Zaïd (beaucoup moins d'ailleurs qu'on ne l'a fait la version autorisée parue dans le *New Republic*). Mais uniquement pour rendre le texte moins touffu et plus facilement lisible pour le lecteur français. Sans rien changer dans son esprit, son point de vue, ses jugements.[226]

Der Pariser *Lettre* war, der hochkulturvermittelnden Tradition des Prager Modells folgend, daran gelegen, die größtmögliche Leserschaft für anspruchsvolle Texte zu erreichen. Wo es Liehm möglich schien, einen Text durch editorische Eingriffe für eine sicherlich kultivierte und interessierte, aber nicht zwingend eingeweihte Öffentlichkeit zu „retten", griff er beherzt ein. Damit ist zugleich etwas über die intendierte Leserschaft von *Lettre internationale* gesagt: Liehm nannte sie „eine gewisse Elite" im Editorial zu Heft 1, und er wiederholte es 1987 in einem Gespräch mit der *taz,* wo man es seinerzeit wohl nicht so gerne las (den Interviewer ausgenommen, denn der war Frank Berberich, der im Jahr darauf die Berliner *Lettre International* gründete).[227] Die kulturelle Elite, an die sich *Lettre* mit großer Selbstverständlichkeit wenden wollte – Liehm: „Die Idee einer Kultur ohne Eliten ist nicht nur eine utopische Idee, sondern eine Dummheit"[228] –, sollte indes weder zwingend eine aus Berufslesern sein, noch ausschließlich von Großstädtern und auch nicht eine, die auf die treibenden Kräfte hinter den pointiertesten Diskursen des künstlerischen und akademischen Feldes beschränkt wäre. Stattdessen darf auch für die Pariser *Lettre* gelten, was der franko-rumänische Theaterkritiker Geor-

225 Nachvollziehen lässt sich das, zum Beispiel, an den Manuskriptmappen zu *Lettre internationale* 32, im Archiv LI, AML.

226 Antwort der Redaktion von *Lettre internationale* an Octavio Paz und Gabriel Zaid, in Heft 8, 1986, S. 79.

227 Für das Gespräch zwischen Liehm und Frank Berberich siehe: „Eine Zeitschrift für Europa", in: *Die Tageszeitung* (taz), vom 22. Mai 1987, S. 13-15, hier S. 15. Mehr zur Geschichte der Berliner *Lettre* in Kapitel 6.2.

228 Ebd.

ges Banu unlängst über die Bukarester Edition schrieb: „Ni patrimoniale, ni abusivement moderne, *La Lettre* se présente comme une assemblée familiale aux contours mouvants.“[229] Konkret stellte sich Liehm den Idealtypus des *Lettre*-Lesers wie folgt vor:

> Ich kenne eine Reiher guter ‚Intellektueller' in Prag, die Bauern und Arbeiter sind oder waren, ganz einfache Leute; das sind die Leute, die mich interessieren, Leute die lesen, die neugierig sind... Andererseits kenne ich eine Unmenge von Professoren, die mit Intellektuellen nicht das geringste gemein haben; es sind vielleicht gute Akademiker, gute Forscher, aber sie haben nicht die intellektuelle Neugier, nicht die bürgerliche Courage oder auch den Mut zur Selbstironie, die ein humanistischer Intellektueller haben sollte, für den ich eine Zeitschrift machen möchte.[230]

Für diese Leute (lies: ihn selbst) gebe es, diagnostizierte Liehm im *taz*-Gespräch von 1987, an Europas Kiosken gegenwärtig so gut wie nichts zu kaufen. Das war hyperbolisch gesprochen, aber nicht falsch und einer der Gründe für die Präsenz der Zeitschrift am Kiosk, trotz der im Vergleich zum Abonnement äußerst geringen Marge. Was reiner Snobismus hätte sein können, meinte sein Gegenteil: Die Zeitschrift übte sich im Balanceakt, einen Informations- und Kommunikationsraum für eine verstreut lebende, europäisch fühlende, kulturelle Elite bereitzustellen *und* diesen Raum so zugänglich wie möglich zu halten. Man mag das für illusorisch halten; es ließe sich argumentieren, die „Positionierung“ gehe an den Rezeptionsgewohnheiten und soziodemographischen Realitäten in den zerklüfteten Teilöffentlichkeiten moderner Massendemokratien vorbei; *Lettre* sei für Kultur- und Wissens-Eliten zu feuilletonistisch und als Feierabendlektüre für die welthungrige Provinz-Intelligenz zu streng, etc. Das mag sein, aber ernst nehmen muss man das von Liehm seit Prager Tagen verfolgte Anliegen, das eben kein Ergebnis der soziodemographischen Mediaforschung war, sondern von der alten publizistischen Maxime herrührte, derzufolge man klugen Menschen viel zutrauen könne, sie aber nicht über Gebühr langweilen dürfe – eine Faustregel, deren Spuren sich bis in die editorische Praxis der Pariser Edition hinein nachvollziehen lassen.[231]

In größere Erklärungsnot hätte die Zeitschrift durch Paz' zweiten Kritikpunkt, die fehlenden Quellenangabe, geraten können. Liehm verwies in seiner Antwort nonchalant auf einen „erreur de l'imprimerie“, der es im Einzelfall gewesen sein mag, doch es war kein Einzelfall. Es fällt schwer, sich des Eindrucks zu erwehren, dass man bei *Lettre internationale* versuchte, gegenüber der Leserschaft größere Initiativkraft zu suggerieren, als die Publikation eigentlich besaß, und dass deshalb hin

229 BANU: „*La Lettre internationale, une entente intellectuelle*“, S. 103.

230 Quelle wie FN 227.

231 Es ist wohl kein Zufall, dass der Freundeskreis, der sich nach dem Ende der französischen Ausgabe 1993 mit dem *Bulletin de Lettre internationale* um eine Renaissance der Zeitschrift bemühte, maßgeblich von Personen animiert wurde, die aus kleinen und mittleren Städten der französischen „Provinz“ stammten. Sie fühlten sich vom welthaltigen Eklektizismus in *Lettre* angesprochen und sahen in der Publikation nicht zuletzt eine willkommene Abwechslung vom *nombrilisme* der intellektuellen Hauptstadtdiskurse.

und wieder bei einer Artikelübernahme die Quellenangabe „fehlte"... Eine berechtigte und begründete Kritik der Editionspraxis von Liehms Pariser *Lettre internationale* könnte sich auf solche Momente eines allzu journalistisch-jovialen Umgangs mit Texten stützen. Was dagegen Octavio Paz schockiert hatte, die unkommentierte Gegenüberstellung der Artikel von Zaïd und Ramirez, scheint mir gerade eine der Stärken der Zeitschrift auszumachen. Liehm antwortete zu diesem dritten und entscheidenden Punkt, ich meine völlig überzeugend, an Paz und Zaid:

> [P]ublier un texte du ministre de la Culture tchécoslovaque (s'il savait écrire) à côté d'un texte de Milan Kundera, irait tout à fait dans le sens de nos idées. Ce qui est abominable à Prague et à Varsovie est aussi abominable à Managua et à La Havane. Mais il nous semble que parfois, sous un autre ciel, cela prend en sus une dimension ironique.[232]

In solchen Momenten zeigten sich die kosmopolitische Gelassenheit der Herausgeber und ihr Vertrauen in die Urteilskraft der Leser. Bedauernswert, wenn überhaupt, dass sich die Pariser *Lettre internationale* nicht häufiger zu solchen produktiven Provokationen hat entschließen können...[233] Jedenfalls hält die „Paz-Kontroverse" – in die sich seinerzeit auch Tzvetan Todorov und François Bondy einschalteten, um *Lettre* in Schutz zu nehmen[234] – die Lehre bereit, dass eine nach der Collage-Idee zusammengestellte, „eklektische" Zeitschrift, um noch einmal Cyril Connollys Taxonomie aufzugreifen, über Einzelanalysen ihrer Beiträge nur unzureichend zu fassen ist. Auch als Waffenbruder taugt ein solches Medium nur bedingt, wie der *Vuelta*-Herausgeber erfahren musste. Der politische Kurzschluss von den beiden demokratisch-sozialistischen Herausgebern auf die „Mission" ihrer Zeitschrift (Paz: „vous en Europe, nous en Amérique latine, nous combattons pour les mêmes idées") war zwar verständlich, doch er führte zu einer Fehlinterpretation. Der Pariser *Lettre* war es nicht primär darum zu tun, den demokratisch-sozialistischen, kulturell sensibilisierten Kräften in Europa zum Durchbruch zu verhelfen. Nicht darin lag das Politische dieser Zeitschrift und nicht dafür hatte sie sich „politisch zu verantworten", wenn man denn so will. Ihre Rolle war weder die von *Dissent* in den USA noch von *Esprit* in Frankreich und auch nicht von *Vuelta* in der ibero-amerikanischen Welt.[235] *Lettre* war, wie Dick Howard in seiner Einführung der Zeit-

232 Quelle wie FN 226.

233 Darf man in diesem Kontext an die, in der deutschen Öffentlichkeit so kontrovers diskutierte, Veröffentlichung des Interviews mit Thilo Sarrazin erinnern, das die Berliner *Lettre International* in Heft 86, 2009 veröffentlichte?

234 Todorov mit einem kurzen Kommentar in *Lettre internationale* 8, S. 79; François Bondy in seiner Präsentation von *Lettre* in der *Süddeutschen Zeitung* vom 5. April 1986.

235 Es scheint mir damit für den Historiker die Konsequenz verbunden, an ein „eklektisches" Forum nicht mit der Methodologie heranzutreten, die sich für „dynamische" Publikationen als produktiv erwiesen hat: In diachroner Perspektive etwa die Untersuchung von Kohärenz und Evolution inhaltlicher Positionen im Korpus der Zeitschrift; in synchroner Hinsicht die Analyse der Stellung wichtiger Redaktionsmitglieder zu den Fragen ihrer Zeit, zu rivalisierenden Publikationen, etc. All dies wäre auch für *Lettre internationale* möglich und führte doch nur zu der Erkenntnis

schrift für eine amerikanische Leserschaft treffend formulierte, kein „Wahrheitsorgan“:

> The American reader may wonder – as this one did – at some of the choices [der in *Lettre* (wieder)veröffentlichten Texte; RLS], but the context puts the pieces in a different light from the original source. *La Lettre internationale* is not an organ of truth; it is a place for questioning and questions, for the interesting and the well written; it is where one culture can meet another such that each asks the other, what does it mean to be well informed?[236]

Es gibt Zeitschriften, die Debatten innerhalb existierender Diskursgemeinschaften vorantreiben, und es gibt andere – zu wenige – die zwischen ihnen operieren und Materialien so fügen, dass sie in anderem Licht erscheinen. Der entscheidende Hinweis liegt in Liehms Antwort an Paz, Texte läsen sich anders „sous un autre ciel“, beziehungsweise in Howards Leseeindruck, der Kontext stelle die wiederveröffentlichten Artikel „in a different light from the original source“. Das wird letztlich auch Paz so gesehen haben, denn er und weitere wichtige *Vuelta*-Autoren, darunter Enrique Krauze, blieben *Lettre* erhalten (so im Mexiko-Dossier in *Lettre internationale* 13, 1987, dort dann übrigens auch mit Quellenangabe).

Vor dem Hintergrund dessen, was *Lettre* nicht war, noch einmal die Frage der Collage-Form, der die Zeitschrift, das wäre die These, tatsächlich am treffendsten beschreibt. Inwiefern? Nicht auf der Binnenebene der Texte, die Eingang in die Pariser Ausgabe fanden, denn die Toleranz für experimentelle Textformen und Schreibstile war relativ gering. Was ihre konstitutiven Elemente anging, so blieb *Lettre* dem „guten Stil“ verpflichtet, nicht unähnlich jenem Ideal der französischen *éditorialistes*, deren „aisance verbale“ und „plume agréable“ Louis Pinto am *Nouvel Observateur* analysierte.[237] (Hatte Liehm nicht an Paz geschrieben, er hätte den tschechoslowakischen Kulturminister wohl veröffentlicht, *„s'il savait écrire“*?) Einer Collage ähnelte vielmehr das Heft insgesamt, das Ensemble der Beiträge, sofern man in einer Collage, mit dem Literaturhistoriker Viktor Žmegač, den „Extremfall“ einer Montage sehen möchte, die „ausschließlich entlehnte, aus verschiedenen Quellen stammende Elemente“ enthält.[238] Darüber hinaus kann als charakteris-

---

relativ großer Disparität oder auf sinnlose Gemeinplätze oder zu Fehleinschätzungen – jedenfalls am Kern der Unternehmung vorbei.

236 Howard: *„La Lettre Internationale“*, S. 177.

237 Siehe Kapitel 4.

238 „Montage sollte man das Verfahren nennen, fremde Textsegmente in einen eigenen Text aufzunehmen, sie mit eigenem zu verbinden bzw. zu konfrontieren. Collage wäre dagegen insofern ein Extremfall von Montage, als der Text (in Analogie zu den Klebeobjekten mit verschiedenen Gebrauchsmaterialien in der bildenden Kunst) ausschließlich entlehnte, aus verschiedenen Quellen stammende Elemente enthielte.“ Žmegač, Viktor: *„Montage/Collage“*, in: Borchmeyer, Dieter und Viktor Žmegač (Hrsg.): *Moderne Literatur in Grundbegriffen*, 2. Aufl., Tübingen: M. Niemeyer 1994, S. 286–291, hier S. 286. Aragon spricht, in seinem wegweisenden Text zur Collage, in diesem Fall von „collages *purs*“ (Aragon: *„La peinture au défi“*, S. 68.). Neben diesen beiden Quellen stützen sich die nachfolgenden Ausführungen vor allem auf Hanno Möbius' umfassende Arbeit sowie, für die mitteleuropäische Seite der Dinge, auf die Studie von Anja Tippner zum Prager Surrealismus und die Dissertation von Petra James zur Collage im Werk von Bohumil

tisch für die Collage gelten, dass sie, anders als die in der Zeit engagierte Montage, primär im Raum operiert und die Objekte dort (re)arrangiert (man denke noch einmal an Jiří Kolářs Europakarte).[239]

Die Bedeutung der Collage-Form für *Lettre* wird besonders deutlich, wenn man sie gegenüber zwei verwandten Zeitschriftentypen abgrenzt: dem Magazin und der politisch-literarischen Richtungszeitschrift. Für den traditionellen Magazin-Journalismus charakteristisch ist die starke editoriale Rahmung: Redakteure vergeben Aufträge an Autoren, versehen die für's Heft verfassten Texte mit Überschriften und redigieren *Lead-ins*, die Zusammenhänge herstellen und so zu dem für Magazine typischen Leseeindruck beitragen, das Ganze sei „aus einem Guss". Politisch-literarische Zeitschriften des „dynamischen" Typs verzichten meist auf solche Verfahren, haben sie aber auch nicht nötig, denn sie werden fast immer von Redaktionsmitgliedern getragen, die selbst in „ihrer" Zeitschrift schreiben und für programmatische Kohärenz sorgen (Connollys „picked men", „trained to assault the enemy position"). In diesem Fall übernimmt die gemeinsame Mission des Kollektivs die Rolle der „unsichtbaren Hand". Zu diesem Typus gehörte die eklektische *Lettre*, wie gesagt, nicht – und für den anderen, magazinähnlichen, fehlten ihr die Mittel. Der Rückgriff auf die Collage-Form erlaubte es, aus der Not eine Tugend zu machen: *Lettre internationale* lebte, in erster Linie, vom gekonnten Übersetzen, Zusammenfügen und Arrangieren von Texten aus der ganzen Welt.

Wie ging Liehm, unterstützt von seinem Pariser Team, dabei konkret vor?[240] Ausgangspunkt für die Schwerpunkte eines Heftes war je ein starker Text, der den Horizont setzte. Gab es keinen solchen Text, oder kam *Lettre* nicht an ihn heran, nun, in diesem Fall gab es auch das Dossier nicht. Eine der Beschränkungen von *Lettre* bestand darin, dass sie aufgrund ihrer notorischen Unterfinanzierung ein Thema nur dann aufgreifen konnte, wenn es, erstens, von einem Autor bereits irgendwo auf der Welt in qualitativ überzeugender Form behandelt worden war, und, zweitens, keine wohlhabendere oder prestigeträchtigere nationale Publikation das Potential dieser Arbeit erkannt und sie für sich eingekauft hatte (hier half *Lettre* die Spezialisierung auf Textlängen, vor denen die meisten anderen Zeitschriften, gerade in Kontinentaleuropa, zurückschreckten). War hingegen ein Ausgangspunkt gefunden, so konnte die eigentliche Collage-Arbeit beginnen: Liehm suchte dann für den Text eine *Nachbarschaft* aus weiteren Essays, Analysen und Gedichten, aus anderen Ländern und Kulturen, manchmal (aber selten) auch aus anderen Epo-

---

Hrabal: MÖBIUS: *Montage und Collage*; TIPPNER: *Die permanente Avantgarde? Surrealismus in Prag*; JAMES, Petra: *Bohumil Hrabal : „Composer un monde blessant à coups de ciseaux et de gomme arabique"*, Paris: Classiques Garnier 2012.

239 MÖBIUS: *Montage und Collage*, S. 198.

240 Das Team: Neben Liehm und (bis 1991) seiner „französischen Stimme" Paul Noirot bestand es aus einer Redaktionsassistenz, die zu Beginn und gegen Ende der Zeitschrift wechselte, dazwischen jedoch fünf Jahre lang von Ghislaine Glasson Deschaumes, der späteren Herausgeberin von *Transeuropéennes*, ausgeübt wurde; aus Mira Liehm, die vor allem die Rechte einholte; aus Abdessatar Brahimi, dem Buchhalter und Faktotum für alle praktischen Belange sowie aus Jan Sekal, der sich um Ikonographie, bibliographische Recherche, Layout und Werbung kümmerte. Dazu der übliche Wanderzirkus aus Praktikanten, Freunden und sonstigen unbezahlten Mitarbeitern.

chen.[241] Jan Sekal wurde in die französische Nationalbibliothek geschickt, um gemeinfreie Illustrationen und Gravuren zu finden. Das resultierende intermediale Beziehungsgefüge hat Liehm verschiedentlich als ein „Spiegelspiel" (*jeu de miroirs*) bezeichnet.[242]

Es ist aus der Mode gekommen, auf die besonderen Begabungen und Fähigkeiten von Publizisten im gesellschaftlichen Kontext zu reflektieren. Allzu belastend liegt über dem Sujet, wenigstens in Deutschland, der Schatten von Emil Dovifats „publizistischer Persönlichkeit", jener Apotheose des Meinungsführers, der den wankelmütigen Massen die rechte Gesinnung einflößt.[243] Jenseits solcher autoritärer Phantasmen stellt sich allerdings schon die Frage, was Publizisten besser können als andere, worin ihre Aufgabe liegen könnte, wenn es die Meinungsführerschaft legitimerweise nicht mehr sein soll (und, angesichts der „Neuen Unübersichtlichkeit", auch nicht sein kann). Eine mögliche Antwort lieferte Liehm in einem größtenteils unveröffentlichten Gespräch mit der holländischen Schriftstellerin und Journalistin Aafke Steenhuis. Dort brachte er die *Collage* als einen Wirklichkeitszugang ins Spiel, den ein guter Zeitungsmacher beherrschen müsse. Es gebe, heisst es im unredigierten Transkript dieses Gesprächs, „vertikal" arbeitende, „grabende", Menschen und „horizontale", in gewisser Weise oberflächliche, die jedoch Beziehungen zwischen Dingen herzustellen vermöchten, die andere nicht sähen.[244] Sich selbst attestierte er:

> I like telephones ringing, things happening, I am a journalist, that's a curse, or a gift, you are just made like that. [...] When I say horizontal, I believe that making a newspaper is like painting a picture, *painting a journal* like this, and I also always felt it in my previous journals who were different, slightly. A newspaper is a collage, and when I say horizontal, is the possibility to associate things, I can see it here, even in this small room, that now it became a routine, because I have been doing it my whole life, because I have been looking for it, but a lot of people don't see certain things they connect, that the picture connects with the text, that the poem connects with the picture, that an event connects with another event, that a book connects with a play or whatever and I believe it is a principle of collage, and that something Dutch connects with something Hungarian. Or Czech. How? It is a certain way of thinking and I think this way, about connections, and that is what I call horizontal.[245]

---

241 Poesie war in der Pariser *Lettre* immer präsent. Noch die Ausgabe mit dem geringsten Anteil (knapp 4 % des Textvolumens), Heft 20, enthielt 21 Gedichte von 13 Autoren. Heft 16, mit dem höchsten Anteil, brachte 42 Gedichte von 28 Autoren (8,5% des Heftes). Die Lyrik wurde allerdings, von wenigen Ausnahmen abgesehen, nicht im Inhaltsverzeichnis von *Lettre* ausgewiesen, und ist in meine statistische Auswertung nicht eingeflossen.

242 So in LIEHM/LAURENT: *„La Lettre internationale ou le rêve européen d'Antonin Liehm"*, S. 41.

243 DOVIFAT, Emil: *„Die publizistische Persönlichkeit [1956]"*, in: DOVIFAT, Emil: *Die publizistische Persönlichkeit. Herausgegeben zum 100. Geburtstag*, hrsg. v. Dorothee VON DADELSEN, Berlin: de Gruyter 1990, S. 120–139.

244 Unveröffentlichtes Gespräch aus dem März 1991 zwischen Antonin Liehm und Aafke Steenhuis. Transkription (in englischer Sprache) im Archiv AJL/IMEC. 25 Seiten, hier S. 5.

245 Wie FN 244, hier S. 15. [Herv. durch mich, RLS]

Lettre bot ihren Lesern an, Beziehungen sichtbar zu machen und horizontale Bezüge dort zu schaffen, wo Vertikalität dominiert: Zwischen den Disziplinen, zwischen den Genres und den Wissensformen – Essay, Studie, Reportage, Belletristik; analytisch, deskriptiv, imaginativ –, aber auch zwischen den intellektuellen Öffentlichkeiten Europas, zwischen Nationalstaaten und Blöcken. Die Collage-Form lädt dazu ein, Resonanzen und Interferenzen zwischen scheinbar disparaten Elementen nachzugehen, wofür der Herausgeber sein Wissen, seine Sprachkenntnisse und sein geschultes Auge anbietet. Mehr nicht, denn, wie Žmegač schreibt, bleiben Collagen in letzter Instanz „vor allem ein rezeptionstheoretisches Problem": „Der Held der Montage und Collage ist im Grunde der Leser/Zuschauer, der die in der Montage enthaltenen Bezüge realisiert."[246]

Grundlegend für den erfolgreichen Pakt zwischen „Zeitungsmaler" und Leser/Betrachter ist die Bereitschaft, Kultur überhaupt als Spiegelspiel wahrzunehmen. Dies zu vermitteln fällt der Malerei in der Tat *a priori* leichter als der linearen Kulturtechnik des geschriebenen Worts – und erst recht des Films, jenes Mediums, das sich wie kein anderes mit dem Problem der Linearität konfrontiert sah und dem Fluch seit Eisenstein und Abel Gance durch Montagen und *split screens* zu entkommen versuchte.[247] Man kann nicht umhin, sich bei diesen Überlegungen zur Gestalt von *Lettre internationale* an Antonin Liehms „zweite Existenz" als Filmkritiker zu erinnern, so wie man nicht umhin kann, an das Erbe der Surrealisten und an Aragon zu denken, wenn man durch die Hefte blättert.[248] Das „Zeitschriftenmalen" erscheint vor diesem Hintergrund als ein Fluchtversuch aus der Vertikalität des Schriftdenkens und als ein Protestakt gegen das Auseinandertreten der Kulturtechniken. Dabei fungierten die großformatigen Seiten als Fluchthelfer: Sie forcierten die Interferenz zwischen den textuellen und visuellen Elementen selbst dort, wo sie nicht auf versehentliches „*cross-reading*" des Lesers zurückging. Die Beiträge in *Lettre internationale* wurden, anders als in der geschlossenen Werkform eines Buchs oder eines Sammelbandes, vom Artikelumfeld fast unweigerlich affiziert.[249] Dieser Effekt erreichte zwar nicht annähernd die synästhetische Wucht surrealistischer Collagen, doch die hätten das Vorhaben wohl auch aus der Bahn geworfen. *Lettre* wollte ja kein neuer *Minotaure* sein, sondern blieb – bei allem Willen, vielschichtiger und sinnlicher vom Weltlauf Zeugnis abzulegen als etwa *Le Débat* – ein Medium des intellektuellen Austauschs und als solches der Deliberation verpflichtet.

246 Žmegač: „*Montage/Collage*", S. 288.

247 Siehe auch zum Thema der Montage im Film ausführlich Möbius: *Montage und Collage*, Kap. 9.

248 Aragons Beschäftigung mit der Collage, die von frühen Texten wie „La peinture au défi" (1930) bis zu den späteren Auseinandersetzungen mit den politischen Collagen aus der Tschechoslowakei reicht („Adolf Hoffmeister et la beauté d'aujourd'hui", 1960), ist zusammengefasst in Aragon, Louis: *Les collages [1965]*, Paris: Hermann 1980. Aragon spricht dort von einer „Obsession" mit der Collage-Form (Ebd., S. 9.). Ein späterer Nachtrag galt übrigens Jiří Kolář („Un art de l'actualité: Jiri Kolar", 1969).

249 Nicht zwingend zum Vorteil eines Textes: David Edgars Erzählung *1997* aus Heft 1 litt, wie an früherer Stelle diskutiert, meines Erachtens nicht zuletzt unter der Stärke des ihm vorangehenden Essays von Šimečka.

Daran schließt sich ein zweite Beobachtung an, die zur Qualifizierung der Collage-Form von *Lettre internationale* angezeigt scheint: Trotz der Vielfalt, trotz vereinzelter kontroverser Texte und provokanter Fügungen, trotz der Autoren unterschiedlichster Herkunft, der variierenden Genres und der unerwarteten Assoziationen, trotz alledem ist diesem „Zeitschriftengemälde" eine gewisse Einheit, eine Ganzheit, nicht abzusprechen. Ja es scheint so, als sei das Vorhaben geradezu getragen gewesen von der Frage, wie sich eine Einheit heute noch darstellen ließe, und als habe dies – neben den erwähnten praktischen Erwägungen – zur Collage-Form geführt. Es wäre mithin, paradoxerweise, die Sorge um den Zusammenhang der Dinge und nicht so sehr ihr unwiderrufliches Zerbrochensein, die der *Lettre*-Collage zu Grunde liegt. Paradoxerweise deshalb, weil die Collage-Form, seit Dada, mit ihren paradigmatischen „Schockeffekten" und demaskierenden Konfrontationen in der Regel eben gerade einen Bruch zum Ausdruck bringen sollte.[250]

Wäre mithin auch in dieser Frage noch einmal dem mitteleuropäischen Erbe des „Prager Modells" Tribut zu zollen? Gibt es eine versöhnlichere Form der Collage, als sie die historische Avantgarde in Westeuropa proklamiert hat?[251] Entlang von Analysen der franko-polnischen Literaturhistorikerin Maria Delaperrière[252] und des Kunsthistorikers Jean Clair (letzterer als Kurator der erwähnten Ausstellung zum Wiener *fin de siècle*)[253] argumentiert die Literaturwissenschaftlerin Petra James zumindest in diese Richtung, indem sie einige Spezifika der mitteleuropäischen Avantgarde zwischen Wien und Prag herausstellt: ihren sozial inklusiven Charakter; ihre Rückbindung an die Gesellschaft; ihre besondere Vertrautheit mit der Geschichte; ihr skeptischer Grundton gegenüber dem Fortschritt.[254] So wie *Lettre internationale*, mit Blick auf ihre Leser, das Ideal des kultivierten, neugierigen Laien nicht preisgeben wollte, so oszillierte auch ihre Gestalt zwischen disruptivem Avantgardismus und inklusivem Humanismus, der gleichwohl immer die heimliche geistige Heimat der Pariser *Lettre* blieb. In einem unveröffentlichten Rückblick auf das *Lettre*-Projekt schrieb Antonin Liehm im Jahre 2000:

> Im genetischen Code der mitteleuropäischen Kultur [...], die das Paradigma der Konzeption von *LI* bildete, steht irgendwo geschrieben, daß zwischen allen ihren Komponenten ein direkter Zusammenhang besteht. Daß es nötig ist, sie als Ganzes zu begreifen und sie nicht in die Schubladen ihrer einzelnen Manifestationen zu stecken. So wie wir immer durchgesetzt haben, daß im gelesenen und geschriebenen literarischen Text jede menschliche Tätigkeit sowohl im Essay als auch in der Prosa und der Poesie Ausdruck findet, daß sie einander um weitere Dimensionen ergänzen, was

---

250 Dazu ŽMEGAČ: „*Montage/Collage*", S. 287.

251 Adorno sah, vom Standpunkt der „Unwahrheit des herrschenden Ganzen", genau dies in seiner *Ästhetischen Theorie* als eine Gefahr – und Möbius auch, wenn er warnt, es sei „mit Adorno ‚nicht zu verschweigen, daß auch im Konstruktionsprinzip [der Montage, H.M.], der Auflösung von Materialien und Momenten in auferlegte Einheit, abermals ein Glättendes, Harmonistisches, das der reinen Logizität, beschworen wird und Ideologie werden will.'" (Adorno, zitiert bei MÖBIUS: *Montage und Collage*, S. 289.)

252 DELAPERRIÈRE, Maria: *Modernisme en Europe centrale : les avant-gardes*, Paris: Harmattan 1999.

253 CLAIR/CENTRE GEORGES POMPIDOU (Hrsg.): *Vienne, 1880-1938 : l'apocalypse joyeuse*.

254 JAMES: *Bohumil Hrabal*, S. 112–115.

> letztlich ein besseres Verständnis ermöglicht. Und so hatte eine bestimmte Art von Poesie ihren festen Platz zum Beispiel auch inmitten von Essays über Ökonomie, die wiederum sogleich mit Prosatexten konfrontiert wurden. Nur auf diese Weise, haben wir uns gesagt, entsteht so etwas wie ein Schlüssel zum Ganzen.[255]

Ein Kommunikationsraum, der an der aufklärerischen Idee eines „Schlüssels zum Ganzen" festhält, sich gleichwohl vom „Universalismus der Antworten" (Souleymane Bachir Diagne) verabschiedet, und dies, ohne der Spezialisierung der Disziplinen anheimzufallen… das etwa wäre die Blaupause für jenes „Zeitschriftengemälde", an dem Liehm mit seiner Pariser *Lettre internationale* seit 1984, nicht ohne Erfolg, arbeitete. Doch dabei sollte es, wie erwähnt, nicht bleiben: Ziel war vielmehr, diese Anstrengung mit Hilfe der Editionen des *Lettre*-Netzwerks, durch Übersetzungen und redaktionellen Austausch, in den transnationalen Raum hinein zu verlängern. Von dieser europäischen Kulturpolitik mit publizistischen Mitteln und von ihrem Schicksal handelt das nächste Kapitel.

255 „Das Projekt *Lettre Internationale*". Unveröffentlichter Text von Antonin Liehm. Die deutsche Fassung wurde aus dem Tschechischen übersetzt von Markus Sedlaczek. 15-seitiges Typoskript, im Archiv der Berliner Redaktion von *Lettre International.* Datierung auf 2000 aus dem Kontext zu erschließen.

Kapitel 6
Europa à la *Lettre*.
Das *Lettre*-Netzwerk als transnationaler Kommunikationsraum in Theorie und Praxis (1984-1993)

„L'Europe sans provincialisme sans ghetto sans arme" versprach die Pariser *Lettre internationale* in ihrer Eigenwerbung; mit „EURYOPA, weit schauend, weithin donnernd" warb die Berliner Ausgabe, die sich bis zum heutigen Tag im Untertitel „Europas Kulturzeitung" nennt... Immer wieder bezogen sich die Herausgeber der verschiedenen Editionen von *Lettre internationale* in emphatischer Weise auf Europa. Allein: Welches Europa war gemeint? Welche politische, kulturelle, kommunikative Form sollte sich Europa geben? Welche Rolle käme den Intellektuellen dabei zu? Welche Perspektive gab es überhaupt für einen europäischen Kommunikationsraum, und wie hätte er auszusehen? Wie war dabei das Verhältnis von nationalen Kulturen und Traditionen zu übernationalen, kosmopolitischen Aspirationen zu denken? Sowie endlich: Wie ließen sich die aus solchen Überlegungen gewonnenen Einsichten in eine konkrete publizistische Form überführen?

Der mit diesen Fragen umrissene Themenkomplex war in den früheren Kapiteln verschiedentlich gestreift worden und konnte, was die Pariser *Lettre* anbetrifft, im vorangegangenen Kapitel entlang der Leitidee der *gesamteuropäischen Collage-Gestalt* der Zeitschrift wenigstens partiell beantwortet werden. Er soll indes im Folgenden noch einmal grundsätzlicher aufgegriffen und diesmal über die Seiten der französischen Edition hinaus für die gesamte Konfiguration des *Lettre*-Netzwerks diskutiert werden. Die Tatsache, dass Liehm sein Vorhaben nicht auf eine Ausgabe beschränkte, sondern ein europäisches Netzwerk lancierte, das, wie erwähnt, 1984 zunächst zwei, 1988 dann bereits vier und 1992 schließlich kurzzeitig bis zu zwölf parallel existierende Editionen hatte, wirft spezifische Fragen auf, die sich in klassischen „Zeitschriftenbiographien" in der Regel nicht stellen: Die Art und Funktionsweise des Netzwerks, die Sprachen- und Übersetzungsproblematik sowie die grundsätzliche Frage, weshalb es überhaupt mehr als nur einer französischen Ausgabe bedurfte.

Zunächst werden die konzeptionellen Aspekte, insbesondere die europabezogenen Leitideen des *Lettre*-Netzwerks, Thema sein. Es wird dem Leser nicht verborgen bleiben, dass auf diesen Seiten das in der Einleitung explizierte doppelte Erkenntnisinteresse – eine Dokumentation zu *Lettre* einerseits, ein übergreifender Beitrag zu den Gelingensbedingungen transnationaler Publizistik andererseits – stärker als in anderen Passagen hervortritt. Darauf folgen einige deskriptiver gehal-

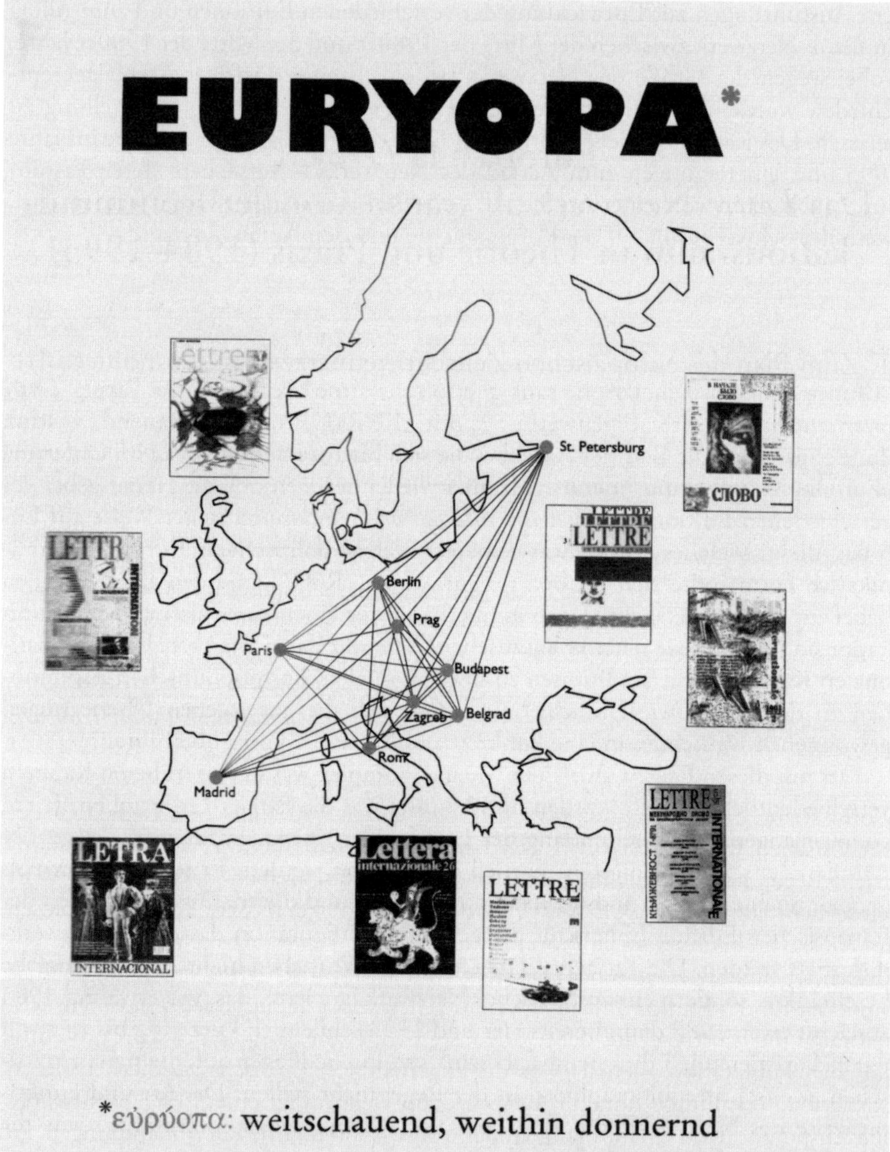

Abb. 12: Anzeige für das europäische *Lettre*-Netzwerk (1992)

tene Ausführungen zur Entwicklung der verschiedenen Editionen und zum Alltag im *Lettre*-Netzwerk zwischen der Mitte der 1980er und der Mitte der 1990er Jahre, wobei wegen der Größe des Netzwerks bei gleichzeitig dürftiger Archivlage entschieden wurde, es in diesem Punkt bei einer schlaglichtartigen Darstellung zu belassen. Das Kapitel schließt ab mit dem Ende der französischen Ausgabe im Jahre 1993 und Überlegungen zum Zerfall des Netzwerks – Tatsachen, deren Erwähnung auch dann von einer Studie zu *Lettre internationale* erwartet werden darf, wenn der Schwerpunkt auf der Vorgeschichte und den Anfängen liegt.

1. Zum Plan des europäischen Zeitschriftennetzwerks (Grundideen II)

> What would a ‚typical European' be like? And [Alexander Wat] answered: ‚Delicate, sensitive, educated, one who won't break his word, won't steal the last piece of bread from the hungry and won't report on his inmates to the prison guard…' And then added, on reflection, ‚I met one such man. He was an Armenian.'
>
> *Der polnischer Dichters Alexander Wat zu seinem Europaverständnis, nach Darstellung von Zygmunt Bauman in „An Adventure Called ‚Europe'"*.[1]

Wofür steht „Europa" heute? Als ich in den Jahren 2009–2012 als Redakteur der französischen Wochenzeitschrift *Courrier International* arbeitete, galt dort die inoffizielle Regel, nach Möglichkeit so über „Europa" zu schreiben, dass dabei das Wort selbst nicht fällt. Wer das „E-Wort" auf den Titel drucke, riskiere Verkaufseinbußen am Kiosk von bis zu zwanzig Prozent, war – und ist – in französischen Journalistenkreisen regelmäßig zu hören.[2] Das wäre einmal empirisch zu überprüfen, aber als Indikator für das Europa-Image in weiten Teilen selbst der interessierten Öffentlichkeit taugt die Faustregel aus dem Vademecum einer im Übrigen dezidiert pro-europäischen Publikation allemal. Was die angemahnte empirische Studie betrifft, so existiert sie vermutlich ohnehin bereits, denn wenn es an einem im Diskurs über den Zustand Europas nicht mangelt, dann an wissenschaftlichen Abhandlungen, an *working papers* und Statistiken aus *think tanks* und Expertengremien, an Kolloquien und Konferenzen und den zugehörigen Tagungsbänden. „Wenn man unsere Zeitschriften durchsieht", war Ingeborg Bachmann bereits zu Anfang der 1960er Jahre

1 BAUMAN, Zygmunt: *Europe : an unfinished adventure*, Cambridge; Malden: Polity 2004, S. 4–5.
2 Philippe Thureau-Dangin, der ehemalige Herausgeber von *Courrier International*, bestätigte in einer Mail vom 28. September 2014, dies sei mindestens bis zur Eurokrise 2010 „très vrai" gewesen.

im Rahmen ihrer eigenen publizistischen Unternehmungen aufgefallen, „so begegnen einem immer mehr Aufsätze, Analysen, von wenig bekannten Namen gezeichnet, aber um so fachmännischer geschrieben, mit wissenschaftlicher Akribie, als wäre Europa zu einem Gegenstand geworden, dem sich nur mehr Experten nähern dürften. [...] Man kann diesen Kontinent nur noch bewohnen und muß alles schmerzliche Nachdenken als Kompetenzüberschreitung begreifen."[3]

Bachmanns Bemerkung erwies sich, retrospektiv betrachtet, als umso hellsichtiger, da die Europäische Union im Zuge ihrer seither stark fortgeschrittenen Institutionalisierung einen immer größeren Anteil der Konnotationen des Europabegriffs auf sich vereint hat, ohne dabei die Europäer für sich einnehmen zu können. Vielmehr entwickelte sich „Europa" allzu oft zu einem *rite de passage* für Einserkandidaten des journalistischen, wissenschaftlichen und administrativen Nachwuchses, die sich mit dem Thema – stipendiengestützt und ideologisch risikolos – die ersten Sporen verdienen konnten, ehe es ernst wurde und sie die Rückkehr in die nationalen Ressorts antraten; dorthin also, wo, unbeschadet schwindender Prärogativen, weiterhin die Musik spielte.

Das Ausmaß des Haderns mit „Europa" und die Unlust vieler Intellektueller – zumal in Frankreich – sich überhaupt auf das Sujet einzulassen, sind freilich nicht gleichbleibend stark, sondern fluktuieren historisch. Wie an früherer Stelle bereits geschildert, fiel das knappe Jahrzehnt, während dessen *Lettre* in Frankreich erschien, mit einem pro-europäischen Moment zusammen. Die Europaidee vermochte in jenen Jahren einerseits das Streben nach Demokratie, Freiheitsrechten und kultureller Entfaltung zu transportieren, versprach andererseits aber auch den übernationalen Schutz vor Bedrohungen, den die Nationalstaaten nicht leisten konnten (atomare Bedrohung, Bedrohung durch den Totalitarismus, Umweltzerstörung, etc.). Damit war „Europa" für eine breite zivilgesellschaftliche Allianz und weit über das Milieu des alten „geistigen Europas" hinaus attraktiv geworden.[4] *Lettre internationale* konnte die historischen Veränderungsprozesse auf dem Kontinent kritisch begleiten, sich dabei jedoch in emphatischer Weise auf „Europa" beziehen *und* mit einem relativen Wohlwollen der politisch interessierten Öffentlichkeit rechnen. Das ist seither wieder deutlich schwieriger geworden.

„Allianz" und „Forum" heißt freilich auch, dass man aus der großen Zahl an Artikeln in *Lettre*, die in der einen oder anderen Form emphatisch von „Europa" handelten, kaum eine für alle Autoren verbindliche politische Vision für den Kontinent wird herausdestillieren können. Allenfalls ein Minimalkonsens lässt sich ausmachen, der mit dem bereits diskutierten „Orwell'schen Liberalismus" beschrieben werden kann.[5] Er blieb vor allem in der Pariser *Lettre* immer präsent und hielt die Zeitschrift anschlußfähig an das Antitotalitarismus-Verständnis der osteuropäi-

---

3 Das Zitat entstammt dem Beitrag der Schriftstellerin zur geplanten, ersten Ausgabe der *Revue Internationale*, zu deren erweiterter Herausgebergruppe sie gehört hätte: BACHMANN, Ingeborg: „*Tagebuch*", in: BACHMANN, Ingeborg: *Kritische Schriften*, hrsg. v. Monika ALBRECHT und Dirk GÖTTSCHE, München: Piper 2005, S. 381–395, hier S. 392–393.

4 Siehe ausführlicher Kapitel 5.3.

5 Siehe den Anfang von Kapitel 5.

schen Dissidenten. Für das gesamte *Lettre*-Netzwerk galt darüber hinaus sicherlich als verbindend die Bedeutung von Europa als „Schicksalsgemeinschaft", wie sie wohl oder übel aus der geteilten Geschichte der Kriege, Pogrome, Allianzen und Aussöhnungen auf dem „kleinen Kap des asiatischen Kontinents" erwachsen war.[6] Schließlich waren für die meisten Intellektuellen im Umfeld von *Lettre* der Faschismus und der Zweite Weltkrieg die prägenden Erfahrungen gewesen: Die Versöhnung nach dem Krieg voranzutreiben und ein Wiedererstarken von Antihumanismus und Kulturnegation in Europa zu verhindern, blieb für diese intellektuelle Generation immer ein transnational verbindendes Element und eine entscheidende Dimension ihres europäischen Engagements.

Doch letztlich war es, von diesem Grundkonsens abgesehen, keine *spezifische politisch-ideologische* Europavision, die Herausgeber und Beiträger von *Lettre* zusammenbrachte: „Europa" stand dort weder für das ökonomische Europa der EWG („West") noch das des COMECON („Ost"), weder für die geopolitischen Strategien von de Gaulles „Drittem Weg" noch von Gorbatschows „gemeinsamem Haus"; es ließ sich auch nicht auf die römisch-abendländische Begriffslinie eingrenzen, auch wenn mit diesen Europabildern sicherlich die Auffassungen *einzelner* Autoren treffend benannt wären.[7] Die Zeitschrift selbst jedoch führte „Europa" in erster Linie als kultureller Begriff im Titel und damit von Anfang an in einem reicheren und zugleich vageren Sinne als der politisch-ökonomische Prozess, der heute die Debatte dominiert.

Ein primär *kulturelles* Europaverständnis – das könnte nun freilich rein historisierend und gleichsam inventarisierend verstanden werden, etwa nach Art und Weise eines kulturanthropologischen Museums, das kulturelle Praktiken und Artefakte zwischen Atlantik und Ural verzeichnet und sammelt. Doch damit wäre mißverstanden, wie die Zeitschrift mit „ihrem" kulturellen Europaverständnis konkret umging: Es war ihr der Ausgangspunkt für ein Engagement, das, darin ganz Zeitschrift in aufklärerischer Tradition, stets den Kommunikationsverhältnissen *in der europäischen Gegenwart* galt. Auf diese Weise hatte das *Lettre*-Netzwerk, auf insgesamt mehr selbstverständlich-praktizierende als politisch-fordernde Art, Anteil an der kurzlebigen „intellektuellen Europäisierung" der 1980er Jahre. Wie auch in anderen Initiativen der Zeit – etwa dem Collège international de philosophie (1983 gegründet)[8] – beinhaltete „Europa" zwar weiterhin eine Verpflichtung gegenüber der Geschichte (die „Schicksalsgemeinschaft"), aber es wurde nicht essentialisiert als geographisch und kulturell ein für alle Mal feststehender Ort. Die Geschichte verpflichtete vielmehr zur Verständigung über die Zukunft, Europa war nun in erster Linie ein Projekt. Wenn sich überhaupt sinnvoll von einer „europäi-

6 Siehe dazu paradigmatisch, aus der Feder des Vorsitzenden der Freunde von *Lettre internationale*: MORIN: *Penser l'Europe*, Kap. 4.

7 Für einen historischen Überblick zu der verschiedenen Wegen, Europa symbolisch zu konstruieren siehe SCHMALE, Wolfgang: *Geschichte Europas*, Wien: Böhlau 2000.

8 Siehe zu den Ursprüngen des „Collège" den Bericht seiner Gründer CHÂTELET, François, Jean-Pierre FAYE und Jacques DERRIDA: *Le rapport bleu: les sources historiques et théoriques du Collège international de philosophie*, Paris: Presses universitaires de France 1998.

schen Identität" reden ließ, dann musste das Projekthaft-Unabgeschlossene ein konstitutiver Teil von ihr werden. Europa, schrieb Edgar Morin später einmal, sei immer „mémoire *et* projet" zugleich.[9]

Den sichtbarsten und am stärksten profilbildenden Beitrag, den Liehm und seine Kollegen bei *Lettre internationale* in diesem Sinne, das heißt mit Blick auf die Verbesserung der europäischen Kommunikationsverhältnisse, geleistet haben, betrifft sicherlich ihr Engagement für die *Reintegration der Intellektuellen aus Mittel- und Osteuropa in die gesamteuropäische Debatte.* Wie im vorangegangenen Kapitel beschrieben, hatte sich Liehm zum Ziel gesetzt, zur Kontinuität von diskursiven Kontexten zwischen Atlantik und Ural beizutragen und dafür wichtige Texte „im Westen" zugänglich zu machen. Deren Spektrum sollte alle kulturellen und intellektuellen Ausdrucksformen umfassen und nicht auf den Ausnahmezustand der „Dissidenz" und die mit ihm verbundenen, appellativen oder analytischen Genres mit unmittelbar politischem Charakter beschränkt bleiben. An früherer Stelle war die These vertreten worden, dass dies der Pariser Ausgabe trotz notorisch knapper Mittel gelungen sei. Offen geblieben war allerdings, wie genau das *Netzwerk internationaler Editionen* konzipiert war, mit dem Liehm versuchte, sein Anliegen auch über die Grenzen des französischen Sprachraums hinaus zu tragen. Welche Gestalt hatte die vorerst letzte Inkarnation des publizistischen Internationalismus, der Liehm seit Prager Tagen umtrieb; der in der Planung von *L 76* noch einmal in reformkommunistischem Gewand aufgetreten war; und den er seit dem parallelen Start der französischen und der italienischen *Lettre* im Frühsommer 1984 endlich ins Werk setzen konnte?

Welches Modell für einen europäischen Kommunikationsraum politisch-literarischer Zeitschriften? *Lettre internationale* und *Le Monde diplomatique*

Ein erstes, wesentliches – meiner Ansicht nach vielleicht das wichtigste – Charakteristikum in der Anlage des europäischen *Lettre*-Netzwerks bestand darin, dass in ihm die nationalkulturell gegliederte und geprägte Öffentlichkeitsstruktur des Kontinents nicht nur zum Ausgangspunkt der Aktivitäten gewählt wurde, sondern dass man das „Europa der Nationen" auch ernst nahm – nicht nur als das Problem, das es war (und ist), sondern ebenso als der Quell kulturellen Reichtums und demokratischer Selbstverständigung, der es auch war (und bleibt). Der Punkt ist weniger trivial, als er zunächst klingen mag. Denn in den meisten Fällen haben sich

9 MORIN, Edgar: „*L'Europe, mémoire et projet*", in: HERBOUZE, Renée (Hrsg.): *Les arpenteurs de l'Europe*, Arles; [Paris]: Actes Sud ; CulturesFrance 2008, S. 9–11. Der Sammelband enthält – sieht man vom streckenweise salbungsvollen Ton offiziöser Kulturpublizistik ab – auch über Morins kurzen Beitrag hinaus mehrere Texte, die den Geist dieser intellektuellen Europäisierung in die Gegenwart hinein zu verlängern versuchen, so wenn Olivier Py über das Odéon als „Théâtre de l'Europe" in der Nachfolge Giorgio Strehlers schreibt und Tzvetan Todorov über die „identité plurielle" des Kontinents.

transnationale publizistische Initiativen als „Gegenprogramme" explizit *jenseits* des Nationalprinzips positioniert und zwar gerade *wegen* der Dominanz der Nationenform in der Organisation des politisch-literarischen Betriebs in Europa. Dies konnte, wie in Pierre Bourdieus *Liber*-Netzwerk aus den frühen 1990er Jahren, als strategische Anleihe am pränationalen Kommunikationsideal der République des Lettres und ihrem wissenschaftlichen Universalismus geschehen oder, wie im Fall des radikalen Internationalismus seit Rosa Luxemburg, als marxistisch informierte Grundlagenkritik an der „Erfindung der Nation" als einer Ideologie, die die Erkenntnis der wahren Unterschiede unter den Menschen (Klasse, Privilegien) hemmte und damit nötige politische Bündnisse vereitelte.[10] Eine Publikation, die solche Zustände anprangerte und sich der freien Zirkulation kritischer Analysen verschrieb, so ging seither das Argument, kannte kein Vaterland und durfte es auch nicht kennen, wollte sie verhindern, wiederum den Spielregeln und Relevanzkriterien der nationalen journalistischen Felder zu erliegen.[11] Das Problem ist nicht zu leugnen, das Dilemma real, doch es stellt sich die Frage, ob die Antwort darin liegen kann, nationalkulturelle Partikularität und eingeübte Rezeptionsgewohnheiten der Leserschaft einfach auszuklammern?

Zur Klärung der konzeptionellen Herausforderungen, denen sich *Lettre* in dieser Frage gegenüber sah, bietet sich ein vergleichender Blick auf das Netzwerk von *Le Monde diplomatique* (*LMD*) an, einem weiteren, wichtigen Akteur im sonst überschaubaren Kreis transnationaler publizistischer Initiativen der jüngeren Vergangenheit. Mit 47 Ausgaben in 28 Sprachen (Stand: Februar 2013) und einer deklarierten Weltauflage von 2,4 Millionen Exemplaren handelt es sich fraglos um eine bewundernswürdige Erfolgsgeschichte und eine Ausnahmeerscheinung im Pressebetrieb.[12] Die für die Zeitschrift charakteristische Begegnung von Wissenschaftlern und Journalisten, die kritische Analysen der geopolitischen Lage zur Pariser Zentralausgabe beitragen, deren Seiten von den meisten lokalen Partnern dann größtenteils „durchübersetzt" werden, trifft landes-, sprach- und kulturüberschreitend auf zahlreiche interessierte Leser und Mitstreiter. Allerdings unter zwei

---

10 Siehe dazu ausführlicher Kapitel 1.

11 Für das klassische Kriterienset, nach dem „die Welt" Eingang in nationale Medienkontexte findet, siehe GALTUNG, Johan und Mari Holmboe RUGE: „*The Structure of Foreign News. The Presentation of the Congo, Cuba and Cyprus Crises in Four Norwegian Newspapers*", in: *Journal of Peace Research 2/1* (1965), S. 64–90.

12 Angaben nach der Website von *Le Monde diplomatique*, http://www.monde-diplomatique.fr/int. Zu Geschichte und Editionskonzept von *Le Monde diplomatique* siehe jetzt ausführlich die mediensoziologische Arbeit von HARVEY, Nicolas: *Le Monde diplomatique: un concept éditorial hybride au confluent du journalisme, de l'université et du militantisme*, Paris: Harmattan 2014. In einem früheren Artikel hatte sich Harvey der Entwicklung der Auslandsberichterstattung in der Zeitung gewidmet, dabei jedoch das Netzwerk der internationalen Editionen nicht einbezogen: HARVEY, Nicolas: „*L'internationalisation du Monde diplomatique : entre ‚cosmopolitisation' et homogénéisation éditoriale*", in: *Pôle Sud 30/1* (2009), S. 85–97. Zur deutschen Ausgabe von *Le Monde diplomatique* und ihrem Versuch, einen eigenständigeren Weg zu gehen, liegt eine Masterarbeit der deutsch-französischen Kommunikationswissenschaftlerin Lisa Bolz vor: BOLZ, Lisa: „*‚Le Monde diplomatique' allemand : Une re-création journalistique entre national et international*", Masterarbeit, Paris: Celsa/Paris IV-Sorbonne 2013.

Bedingungen: Erstens, dem gemeinsamen politisch-normativen Referenzrahmen von Altermondialismus, *tiermondisme* und dem Primat der Geopolitik – und der Beschränkung auf eben diesen Problemkreis; zweitens, einem Gebrauch, der in erster Linie ein pädagogischer und im weitesten Sinne aufklärungs- und schulungsorientierter ist, weniger einer der Selbstverständigung unter Intellektuellen und in noch geringerem Maße der Rezeption von ästhetisch-literarischen Wirklichkeitszugängen. *Cum grano salis* ließe sich der globale Autorenkreis der Pariser Zentralausgabe von *Le Monde diplomatique* vielleicht als ein Sonderfall einer *epistemic community* begreifen, nach dem Konzept des Politologen Peter M. Haas für policy-orientierte Expertennetzwerke mit gemeinsamer normativer Orientierung.[13] Ein Sonderfall, weil die „Beratungsleistung" dieser Experten nicht an etablierte Machtstrukturen gerichtet ist, sondern an die „Multitude" (Michael Hardt/Antonio Negri), wenn man denn so will, oder, nüchterner formuliert, an die globalisierungskritische Bewegung und ihre Koordinierungsinstanzen, allen voran die Nicht-Regierungsorganisation ATTAC, zu deren Gründungsmitgliedern *Le Monde diplomatique* im Übrigen gehört. Ob ein transnationales Editionsprojekt nach dem Modell von *Le Monde diplomatique* ohne diese politisch-normativ definierte *raison d'être* funktionieren und eine dauerhafte Leserschaft an sich binden könnte, darf bezweifelt werden.

Tatsächlich ist die Rolle der Zentralredaktion bei *Le Monde diplomatique* so stark und der Handlungsspielraum der lokalen Ausgaben so gering, dass man im Grunde sinnvoller von einer international aufgestellten Organisation sprechen würde als von einem Netzwerk. Dies deckt sich – trotz der sporadischen Verwendung des Begriffs „réseau"[14] – insofern auch mit der Selbstdarstellung von *Le Monde diplomatique*, wenn sie das Verhältnis der internationalen Editionen zu ihrer Zentrale nach dem Modell der „Deklination", das heißt als Ausfächerungen ein und desselben Gegenstandes, beschreibt:

---

13 „An epistemic community is a network of professionals with recognized expertise and competence in a particular domain and an authoritative claim to policy-relevant knowledge within that domain or issue-area. Although an epistemic community may consist of professionals from a variety of disciplines and backgrounds, they have (1) a shared set of normative and principled beliefs, which provide a value-based rationale for the social action of community members; (2) shared causal beliefs, which are derived from their analysis of practices leading or contributing to a central set of problems in their domain and which then serve as the basis for elucidating the multiple linkages between possible policy actions and desired outcomes; (3) shared notions of validity – that is, intersubjective internally defined criteria for weighing and validating knowledge in the domain of their expertise; and (4) a common policy enterprise – that is, a set of common practices associated with a set of problems to which their professional competence is directed, presumably out of the conviction that human welfare will be enhanced as a consequence." HAAS, Peter M.: *„Introduction: Epistemic Communities and International Policy Coordination"*, in: *International Organization 46/1* (1992), S. 1–35, hier S. 3.

14 So in der Formulierung „Un réseau inédit d'éditions internationales" im Kontext der Selbstdarstellung der internationalen Ausgaben auf der Website http://www.monde-diplomatique.fr/diplo/apropos#edinter

> *Le Monde diplomatique* est un journal international réalisé en France plus qu'un périodique français vendu à l'étranger. Il se décline en cinquante et une éditions internationales, dont une moitié est imprimée et l'autre en ligne.[15]

Die zentralisierte Funktionsweise birgt unbestreitbare Management-Vorteile (Verbundeffekte; Synergien), und sie mag für das Informationsmedium einer globalen Bewegung auch in politischer Hinsicht eine zielführende publizistische Strategie sein.[16] Wie jedoch aus dem folgenden Austausch mit der Gründerin und langjährigen Leiterin der deutschen Ausgabe von *Le Monde diplomatique*, Marie Luise Knott, deutlich wird, ist das „Durchübersetzen" einer Zentralausgabe selbst innerhalb der Grenzen einer transnationalen epistemischen Gemeinschaft nicht unproblematisch:

> *Roman Léandre Schmidt: Wie viel mussten Sie in etwa von der Pariser Ausgabe übernehmen? Wie viel konnten Sie selbst, im Sinne einer „Lokalisierung" der Berliner Edition, „beimischen"?*
>
> Marie Luise Knott: Am Anfang haben wir nur Artikel aus der französischen Ausgabe übersetzt und abgedruckt. *So sah es der Vertrag vor.* Die Idee von *taz* und *woz* [die *taz* veröffentlicht die deutsche *LMD*, die linke Wochenzeitung *woz* ist der Partner von *LMD* in der deutschsprachigen Schweiz, RLS] war natürlich die, *einen französischen linken Universalismus in die deutsche Medienwelt hineinzutragen.* Wir hatten auch den französischen Schriftzug original oben auf der Zeitung. Wir waren die deutsche Ausgabe der französischen Zeitung. Dann merkte ich, dass das nicht geht, dass man zwischendurch original auf Deutsch verfasste Texte brauchte. Dafür gab es zwei Gründe: a.) dass manchmal die französische Zeitung für uns zu Französisch war [...] b.) dass wir Perspektivwechsel suchten und manchmal ein anderes Sprachregister ersehnten. Deshalb haben wir begonnen beizumischen. In der Regel herrschte die Abmachung: höchstens 3 Seiten [...]
>
> *Welche Möglichkeiten hatten Sie, diesen Artikel aus dem Pariser Artikel-Pool auszuwählen und jenen abzulehnen?*
>
> Im Prinzip waren wir da ganz frei. Praktisch gibt es natürlich Rücksichten. Einzige Einschränkung: Wir mussten immer das Editorial drucken.[17] [...]
>
> *In welchen Fragen gab es unterschiedliche Positionierungen im Tenor zwischen Paris und Berlin? [...]*

---

15 Ebd.

16 In wie weit sie es in ökonomischer Hinsicht ist, steht auf einem anderen Blatt. Harvey notiert hierzu in seiner Studie: „C'est [...] par la traduction en langues étrangères que *le Monde diplomatique* allait connaître une explosion de la diffusion, qui n'allait cependant pas se traduire par des gains économiques importants" (HARVEY: *Le Monde diplomatique*, S. 106.) Anzunehmen ist, dass erst die testamentarische Zuwendung von Günter Holzmann (Ebd., S. 88–89.) die Internationalisierungsstrategie von *Le Monde diplomatique* überhaupt ermöglicht hat und weiterhin ermöglicht.

17 Nicolas Harvey (HARVEY: *Le Monde diplomatique*, S. 108.) präzisiert in seiner Studie, die Mitherausgeber der übersetzten Ausgaben seien „theoretisch" verpflichtet, *alle* Artikel, die von den fest angestellten Redakteuren der Pariser Ausgabe verfasst würden – und nicht nur das Editorial – zu übernehmen. Zudem dürfen die übernommenen Artikel nicht redigiert/gekürzt werden.

> […] Ja, zu Israel gab es natürlich Differenzen, zu Kuba und Chavez auch. Das sind eben deutliche kulturelle Unterschiede zwischen Frankreich und Deutschland, die sich da manifestierten. Was Israel angeht, lag die Differenz offen auf dem Tisch, ich habe dann verschiedene Texte zu Israel in die deutsche Ausgabe hineingeholt und ein Mal einen Text von Dominique Vidal nicht veröffentlicht, obwohl er der Koordinator der internationalen Ausgaben in Paris war. Das hat zwar Schwierigkeiten gemacht, aber mich nicht belastet. Das waren eben Differenzen. Mehr nicht.[18]

Was in diesen Zeilen zu Tage tritt, ist die Tatsache, dass unterschiedliche kollektive Erfahrungen und Narrative Spuren in der historischen Semantik hinterlassen haben. Die Folge können ebenso „trügerische Allianzen" sein wie „verfehlte Freundschaften": „Liberaler" sein in Washington, Stockholm oder Budapest; „Marxist" sein in Paris, Havanna oder Los Angeles; „1989" sagen in Berlin oder Peking, „68er" sagen in Prag oder Paris meint nicht dasselbe.[19] Auch ein „linker Universalismus", wie Marie Luise Knott die Hausphilosophie von *LMD* treffend bezeichnete, konnte, weil er dann doch ein französischer war, je nach Import-Kontext reizvoll oder ungenießbar erscheinen. Das resultierende Problem für die relativ machtlosen Partnerausgaben von *LMD* hat Knott wie folgt beschrieben:

> Wenn man es genau betrachtet, hatten die Franzosen einen Exportschlager und wir wollten ihn auf unsere Weise ummünzen. Ob das in Ordnung war? Für uns und die Leser sicher schon. Aber eigentlich gilt ja: Wo *Le Monde diplomatique* drauf steht ist auch *LMD* drin. Vielleicht könnte man sagen: Die Franzosen waren der festen Überzeugung, dass ihr linker Universalismus ein guter Universalismus ist, an dem auch die restliche Linke der Welt lernen kann (ATTAC!). Sie sahen und sehen nicht, wie französisch sie sind – dort wo sie gut sind (Vietnam, Afrika) ebenso wie dort, wo sie schlecht sind. Gestört an ihrer Macht hat man sich sicher überall. Aber ändern?[20]

In letzter Instanz, bemerkte Knott mit einem klarsichtigen, wenn auch nur halbernsten Kommentar zum eigenen Möglichkeitsraum, seien die Partnerausgaben von *LMD* „ja doch alle abhängig von dem Namen und von unserer ‚Kolonialmacht Frankreich'"…[21]

In der Bilanz mag man im Fall von *Le Monde diplomatique* zu der Schlussfolgerung gelangen, der übernationale Bedarf an geopolitischen Analysen und einer kritischen Begleitung der internationalen politischen Agenda rechtfertige die zentrale Organisationsstruktur, selbst wenn die Publikation dadurch Schwierigkeiten hat, kontextsensitiv auf Verständnis- und Verständigungszusammenhänge in den Ländern einzugehen, in denen sie in Übersetzung erscheint, und selbst wenn sie damit den multilingualen publizistischen Produkten von globalen Unternehmen, inter-

---

18 Briefwechsel des Autors mit Marie Luise Knott, hier Auszüge aus einem per Mail geführten Interview. Antworten von Marie Luise Knott vom 27. Oktober 2014; Herv. durch RLS.

19 Zu letzterem Punkt siehe auch Kapitel 3. Mit dem Fortbestand dieser unterschiedlichen historischen Semantiken in Europa beschäftigt sich der von Timothy Snyder geleitete Forschungsschwerpunkt „United Europe – Divided History" am Institut für die Wissenschaften vom Menschen in Wien. (http://www.iwm.at/research/focus-iv-united-europe-divided-history/)

20 Quelle wie FN 18.

21 Ebd.

nationalen Organisationen und religiösen Gruppen – rein strukturell betrachtet – stärker ähnelt, als es „*Alter*mondialisten" recht sein dürfte.[22] Für *Le Monde diplomatique* als dem internationalen Leitmedium für globalisierungskritische Analysen läuft die Nützlichkeit des „Durchübersetzens" mithin auf eine Abwägungsfrage hinaus, die vor allem eine der politischen Strategie ist. Das bedeutet aber auch: Für eine kosmopolitische Kulturzeitschrift mit Forumscharakter, die, wie *Lettre*, ein breites Spektrum an dichten Beschreibungen, Analysen und Imaginationen aus verschiedenen Ländern so zueinander in Beziehung setzen will, dass die je lokalen Rezeptionskontexte Berücksichtigung finden können, taugt das Modell des „Durchübersetzens" auf keinen Fall. *Lettre* musste den beteiligten nationalen Ausgaben mehr Autonomie einräumen. In der an früherer Stelle zitierten, unveröffentlichten Bilanz aus dem Jahr 2000 notierte Antonin Liehm:

> Wir haben – im Zusammenhang mit unserem Wissen über europäische Kultur – immer gewußt, daß in den verschiedenen Ländern unterschiedliche Lesekulturen und -traditionen, unterschiedliche Zeitungs- und Zeitschriftentraditionen bestehen, daß man also unterschiedlich, anders schreibt und liest. Also mußte jede *LI* in diesem oder jenem Land ihren eigenen Chefredakteur haben, mußte sie aus dem Original (und keinesfalls vermittelt über das Französische) übersetzen, und wenn auch große Autonomie herrschte, so verstand es sich von selbst, daß die Konzeption, das Ziel und die Mittel zu seiner Erreichung dieselben bleiben.[23]

Lässt sich das Insistieren auf der relativen Autonomie der Editionen über diese von Liehm selbst gegebenen Erklärungselemente hinaus weiter begründen? Im Unterschied zu transnationalen „epistemischen Gemeinschaften" wie der von *Le Monde diplomatique* scheint mir charakteristisch für das Profil und den Erfolg generalistisch orientierter Kulturzeitschriften ihr Bezug zu jenen allgemeinen Problemen und Fragestellungen, an denen sich eine Öffentlichkeit „abarbeitet" und die als konstitutiv für ihre Identität gelten dürfen. Dieser Bezug kann und wird, zumal bei einer Vierteljahreszeitschrift und zumal bei einer mit literarischer Sensibilität, in der Regel indirekt und mittelbar, manchmal auch verstörend oder „unzeitgemäß" sein – aber der Leser muss nachvollziehen können, weshalb er diesen oder jenen ihm angebotenen Text mit Gewinn im Moment der Veröffentlichung lesen sollte und nicht etwa einige Jahre später oder gar nicht. Wo das nicht gelingt, geht einer Zeit-Schrift

22 Um den Extrempunkt eines Kontinuums anzugeben, wäre an den *Wachtturm* der Zeugen Jehovas zu denken, eine a-nationale, multilinguale publizistische Organisation von globaler Reichweite und ein Flaggschiff missionarischer Kommunikation. Ausgehend von ihrer amerikanischen Zentralausgabe (*The Watchtower Announcing Jehovah's Kingdom*) wird die Zeitschrift in mehr als 190 Sprachen übersetzt und dann in einer Weltauflage von ca. 42 Millionen Exemplaren vertrieben. (Auflage nach Angaben der in mehr als hundert Sprachen zugänglichen Website der Zeugen Jehovas auf http://www.jw.org/de/jehovas-zeugen/aktivitaeten/veroeffentlichungen/zeitschriften-wachtturm-erwachet/)

23 „Das Projekt *Lettre Internationale*". Unveröffentlichter Text von Antonin Liehm. Die deutsche Fassung wurde aus dem Tschechischen übersetzt von Markus Sedlaczek. 15-seitiges Typoskript, im Archiv der Berliner Redaktion von *Lettre International.* Datierung auf 2000 aus dem Kontext zu erschließen.

die Bezogenheit auf ihre Zeit und ihre Umwelt verloren, die sie wesentlich ausmacht und vom Sammelband oder der Anthologie abgrenzt.[24] Nun hat aber jeder Kommunikationsraum seine spezifische, historisch ausgebildete Topographie von hypersensiblen und von tauben Zonen, von quasi-obligatorischen Wallfahrtsorten und von dunklen Winkeln, deren Existenz viele am liebsten vergessen würden. In der Auseinandersetzung mit dieser „Landschaft" gewinnen politisch-literarische Zeitschriften ihre Aufgabe, weshalb ihre Gestalt – so wäre hier die These – selbst dann eine spezifische bleiben muss, wenn sie Teil eines transnationalen Netzwerks sind, das sich die Stärkung länder- und sprachen*übergreifender* Kommunikationszusammenhänge zum Ziel gesetzt hat. Um beim konkreten Fall der vier westeuropäischen Länder zu bleiben, in denen *Lettre* vor 1989 mit eigenen Ausgaben präsent war:

- Eine in *Frankreich* erscheinende Zeitschrift – *auch* eine, die, wie *Lettre*, gar nicht Frankreich zum Thema hatte oder von Franzosen geprägt wurde – operierte in einer Öffentlichkeit, die bis heute tagtäglich mit ihrer kaum verarbeiteten Kolonialgeschichte konfrontiert ist und die, um nur eine Frage herauszugreifen, erst im neuen Jahrtausend schrittweise zu akzeptieren gelernt hat, dass man nicht gleichzeitig die Frankophonie propagieren und einen statischen Begriff vom Ideal der „französischen" Sprache und Literatur hochhalten kann.

- Eine 1984 in *Italien* gegründete politisch-literarische Zeitschrift musste einen Weg finden, sich zu den „bleiernen Jahren" zu verhalten und wurde von der Erinnerung an ihre Atmosphäre, zurecht, auch dann weiterhin beeinflusst, wenn sie den Lesern Texte aus anderen Weltzonen anbot.

- Die intellektuelle Öffentlichkeit *Spaniens* hatte, selbstverständlich, aus historischen und linguistischen Gründen einen kontroverseren, aber eben auch regeren Austausch mit lateinamerikanischen Schriftstellern als andere europäische Länder. Mit Blick auf „hypersensible" Zonen darf man bei einer Mitte der 1980er Jahre gegründeten Zeitschrift zudem davon ausgehen, dass die *transición* Spaniens vom Franquismus zur Demokratie dazugehörte, zumal dann, wenn, wie im Fall von *Letra Internacional*, die Parteistiftung der regierenden sozialistischen Partei als Herausgeber firmierte.[25]

- Eine in *Deutschland* erscheinende *Lettre International* schließlich engagierte sich ab 1988 in einer intellektuellen Öffentlichkeit, deren Topographie dem Leser vertraut genug sein wird, um es bei drei Stichpunkten zu belassen: der Historikerstreit

24 Haacke, Wilmont: *Die Zeitschrift, Schrift der Zeit*, Essen: Stamm-Verlag 1961.

25 Die Gründung von *Letra Internacional* in Spanien ging zurück auf eine Initiative von Editorial Pablo Iglesias, dem Verlagshaus der Madrider Fondación Pablo Iglesias. Die 1926 gegründete Parteistiftung der sozialistischen Partei Spaniens (PSOE) wurde in den 1980er Jahren von Salvador Clotas geleitet, der auch die Mitherausgeberschaft von *Letra Internacional* übernahm. Siehe das Schreiben von Manuel Ortuño an Antonin Liehm über die Gründungsmodalitäten von *Letra* vom 7. Januar 1985, Archiv AJL/LI, IMEC.

1986/87 über die Singularität des Holocaust; die Debatte um den angeblichen „Antirationalismus" der zeitgenössischen französischen Philosophie (Habermas/Derrida-Debatte); und die, im europäischen Vergleich, relativ große Vertrautheit deutscher Intellektueller mit Osteuropa bei gleichzeitig reservierter Aufnahme der Dissidenten, weil diese den offiziellen *détente*-Prozess stören könnten.[26]

Mit diesen allzu grob skizzierten „Landschaften" sollen spezifische Rezeptionskontexte für international zirkulierende Texte angedeutet sein. Auf solche Kontexte hinzuweisen und ihre verlegerisch-praktischen Implikationen zu berücksichtigen bedeutet keineswegs, die nationalstaatlich und -sprachlich verfassten Öffentlichkeiten normativ auszuzeichnen oder ihnen gar einen gesonderten ontologischen Status zuzuschreiben, etwa im Sinne eines *génie des langues*. Da es um gewachsene, also veränderbare und sich verändernde, historische Formationen geht, ist ebenso wenig impliziert, es sei angesichts der Lage das Beste, sie weiterhin im eigenen Saft schmoren zu lassen. Im Gegenteil: Oft erlaubt ja erst die Distanz zum Betrieb – wie sie eine „exzentrische" Herkunft oder der Wohnort in einem anderen Land mit sich bringen können – einen unverstellten Blick und damit die Entstehung wichtiger und klärender Texte. Um ein Beispiel aus der neueren deutschen Zeitgeschichte zu wählen, wäre an W. G. Sebalds *Luftkrieg und Literatur* zu denken, in dem der nach England ausgewanderte Schriftsteller 1997 die Unfähigkeit der deutschen Nachkriegsliteratur diagnostizierte, die Erfahrung des Luftkriegs literarisch angemessen zu dokumentieren.[27] Bereits sein zum selben Band zählender kritischer Aufsatz zu Werk und Person von Alfred Andersch hatte unmittelbar nach der ersten Veröffentlichung 1993, bezeichnenderweise in der Berliner *Lettre International*, eine politisch-literarische Kontroverse in Deutschland ausgelöst.[28] Ein solcher auch in „hypersensiblen Zonen" furchtloser und gelassener Kosmopolitismus kann der Debatte sicherlich nur guttun; damit der von ihm ausgehende Impuls allerdings nicht direkt am Immunsystem der intellektuellen Öffentlichkeit abprallt, kommt es auf das richtige Verhältnis zwischen der Stimulation „von außen" und der intimen Kenntnis von wunden Stellen und Bedürfnissen an, das zu dosieren in der Regel eben nur einem mit den lokalen Verhältnissen vertrauten und gut vernetzten (Mit-)Herausgeber gelingt.

Es ist kaum ein Zufall, dass, Marie Luise Knotts oben zitierter Darstellung zufolge, die „Beimischung" lokaler Texte in der deutschen Ausgabe von *Le Monde diplomatique* just in dem Moment begann, als die Berliner Redaktion „Perspektivwechsel suchte und manchmal ein anderes Sprachregister ersehnte"[29], mit anderen Worten, als die Macher der Publikation ins Auge fassten, den Schritt von der pri-

26 Ich verdanke diese vier Vignetten zur intellektuellen Lage einer Diskussion mit Frank Berberich.

27 SEBALD, W. G: *Luftkrieg und Literatur: mit einem Essay zu Alfred Andersch*, München: C. Hanser 1999.

28 „Between the Devil and the Deep Blue Sea. Alfred Andersch, das Verschwinden der Vorsehung", in *Lettre International* (Berlin), 20, 1993. Für eine Dokumentation und Fortführung der Debatte siehe HAGE, Volker: *Zeugen der Zerstörung: die Literaten und der Luftkrieg ; Essays und Gespräche*, Frankfurt: S. Fischer 2003.

29 Quelle wie FN 18.

mär politisch orientierten Bewegungszeitschrift zur Kulturzeitschrift zu tun.[30] Eine Kulturzeitschrift zerstört sich die Geschäftsgrundlage, wenn sie versucht, im Interesse eines übergeordneten Universalismus und vereinfachter Zirkulation auf eigensinnige, idiosynkratische oder phantastische Texte zu verzichten, die einem nationalen Kontext geschuldet und auf ihn verwiesen sind. Entscheidet sie sich indes für deren Veröffentlichung, so kann sie ihren internationalen Partnerausgaben diese Texte zwar weiterhin *anbieten*, sie aber nicht zur Übernahme des dergestalt „lokalisierten" Korpus *verpflichten*…

Das ist das Dilemma, dem sich jedes transnationale Zeitschriften-Netzwerk im Bereich der politisch-literarischen Debatte gegenübersieht. Die Konsequenzen dieser Gedankengänge hat Antonin Liehm in einem Gespräch beschrieben, das der Filmkritiker und Historiker Antoine de Baecque 1992 mit ihm für die *Cahiers du cinéma* führte. De Baecque fragte, wie die Pariser *Lettre*-Ausgabe an ihre Beiträge komme:

> *de Baecque : Pratiquement, comment cela se passe-t-il ? Vous contactez des intellectuels européens et vous leur commandez des textes pour des lecteurs français ?*
>
> Liehm : Très rarement. Lorsque nous contactons quelqu'un, nous lui demandons un texte écrit pour ses propres lecteurs, un texte ancré dans son identité linguistique, culturelle et historique, que nous traduisons ensuite. Un texte doit d'abord intéresser son propre public, avant, par sa valeur même, de trouver un public ailleurs. Nous ne voulons pas de texte écrit pour l'étranger, rien n'est plus artificiel – c'est la même chose pour les films d'ailleurs. Une littérature européenne ne peut se concevoir que si des textes ancrés dans une identité forte rencontrent un jour, par un hasard heureux, et la *Lettre* veut être ce ‚hasard heureux', l'altérité d'une lecture étrangère. C'est cela que j'appelle une osmose entre un texte national et le contexte européen. *Lettre internationale* veut véhiculer partout ce contexte d'écriture et de lecture : en France, l'édition accueille des textes européens traduits, tandis que les éditions étrangères prennent en compte des textes français. Notre *européanité* c'est cette osmose, ce regard qui ne broie pas les textes en une mélasse exotique. Il ne s'agit pas de ramener les différentes cultures européennes à un dénominateur commun, mais de trouver des thèmes communs amenés au dénominateur multiple des cultures européennes.[31]

In diesem Zitat sind der Internationalisierungsmodus und das Europaverständnis im *Lettre*-Netzwerk auf kompakte Weise zusammengefasst: Explizit sprach sich Liehm gegen die Praxis aus, Texte eigens für die Zirkulation im Ausland verfassen zu lassen („rien n'est plus artificiel"). Er nahm die heutige Kritik einer falschverstandenen Form von „Weltliteratur" vorweg, in der lokale Sitten und Sprachbilder nur noch in klischeehafter Form evoziert werden, um Geschichten mit „Lokalkolorit" auf dem Weltmarkt feilbieten zu können.[32] Die Reserve gegenüber artifiziel-

30 Knott konzediert, dies sei innerhalb des editorischen Konzepts von *LMD* nur bis zu einem gewissen Grad möglich und sinnvoll, was im Jahr 2006 zu ihrer Entscheidung beigetragen habe, die Redaktionsleitung abzugeben (Quelle wie FN 18).

31 LIEHM/DE BAECQUE: „*Entretien avec Antonin J. Liehm*", S. 67.

32 Die französische Übersetzerin und Übersetzungstheoretikerin Hélène Quiniou hat diese für die übernationale Konsumption produzierte Literatur dem Autor gegenüber als „Nescafé-Literatur"

len Genres erstreckte sich aber auch auf einen zweiten Texttypus, der zwar im obigen Zitat nicht erwähnt ist, dessen weitgehende Abwesenheit bei *Lettre* jedoch gerade in der Auseinandersetzung mit verwandten Publikationen auffällt: Die Rede ist von Artikeln professioneller Kulturmittler, seien es die Korrespondenten-Berichte der Tageszeitungen oder die offiziöse Sphäre der kulturdiplomatischen Publizistik, die von der UNESCO – deren viersprachige Zeitschrift *Diogène* in ihren besten, von Roger Caillois verantworteten, Jahren freilich von großer Qualität war[33] – bis zu nationalen Akteuren reicht, darunter die „Association pour la diffusion de la pensée française" in Frankreich und das „Institut für Auslandsbeziehungen" mit seiner *Zeitschrift für Kulturaustausch* in Deutschland. Anders als in all diesen Fällen lag dem *Lettre*-Netzwerk kein pädagogisches Konzept zugrunde, bei dem spezialisierte Dritte zwischen Herkunfts- und Zielöffentlichkeiten eingeschaltet werden.

Was aber bleibt, wenn sich ein übernationales Zeitschriften-Netzwerk sowohl von der universalistischen Hoffnung auf kontextungebundene Zirkulation und Rezeption verabschiedet als auch vom pädagogischen Gestus kulturerklärender Vermittlung? Nun, *Lettre internationale* beschied sich einstweilen damit, *Originalstimmen* aus anderen kulturellen und linguistischen Räumen, erstens, überhaupt bekanntzumachen, und, zweitens, so zu einem Heft zu fügen, dass wichtige und starke Texte *unter den lokalen Verhältnissen* neue Bedeutung und Relevanz gewinnen konnten. Liehm sprach dann, wie im obigen Zitat, von „glücklichen Zufällen", womit angedeutet war, dass seine Initiative grundständige und robustere Strukturen des transkulturellen Lesens und Lernens nicht ersetzen konnte und wollte; zugleich war die Formulierung jedoch Ausdruck einer falschen Bescheidenheit, denn der Gründer des *Lettre*-Netzwerks hatte sehr wohl Regeln für den inter-redaktionellen Austausch erdacht, um die Wahrscheinlichkeit dieser „glücklichen Zufälle" wenigstens zu erhöhen.

Das Redaktions-Modell „50/25/25", ein Europa der Überlappungen

Aus der bisherigen Diskussion sollte ersichtlich geworden sein, dass der Kommunikationsraum „vom Atlantik bis zum Ural", wie ihn die verschiedenen Editionen von *Lettre internationale* wiederanzuknüpfen helfen wollten, um ihn gegen die intellektuelle Teilung Europas und die „Nationalfixiertheit" (Patel) zu setzen, nicht als ein einheitlich und synchron verlaufendes „europäisches Gespräch" vorgestellt werden darf, das oberhalb der existierenden nationalen Öffentlichkeiten und über diese hinweg verliefe. Zwar wurde in den vergangenen Jahrzehnten immer wieder versucht, ein europäisches Lesepublikum auf solche Weise gleichsam „herbeizu-

bezeichnet, da sie sich in allen Sprachen auflösen lasse. Siehe in diesem Sinne auch die Kritik von APTER, Emily: *Against world literature: on the politics of untranslatability*, London: Verso 2013.

33 Siehe zu dieser heute weitgehend vergessenen Zeitschrift die Monographie von MOUTOT, Lionel: *Biographie de la revue Diogène: les „sciences diagonales" selon Roger Caillois*, Paris: Harmattan 2006.

schreiben". Doch diese Versuche, aus sehr unterschiedlichen Kontexten heraus initiiert, sind – sieht man vom diskutierten mehr globalen als europäischen Sonderfall *Le Monde diplomatique* ab – sämtlich gescheitert: Von „Europe's first national newspaper", wie sich *The European* (1990-1998), die englischsprachige Wochenzeitung des tschechoslowakisch-britischen Pressemoguls Robert Maxwell, nannte;[34] über den „transnationalen Low-Budget-Journalismus" (Marcel Machill) des multilingualen Fernsehsenders *Euronews*;[35] bis hin zu den intellektuellengeschichtlich unvergleichlich bedeutenderen, aber leider ebenso erfolglosen Versuchen, eine Art „*European Review of Books*" zu etablieren: Pierre Bourdieus *Liber*-Initiative war in diesem Zusammenhang bereits an früherer Stelle erwähnt worden, ebenso wie das experimentelle, einer transnationalen *écriture collective* verpflichtete Projekt der *Revue Internationale*, an der sich zu Beginn der 1960er Jahre zwanzig europäische „Großschriftsteller" mit Unterstützung der Verlage Suhrkamp, Einaudi und Julliard versucht hatten. Beide letztgenannten Initiativen ließen ihre Zeitschrift in die Landessprachen übersetzen, hofften jedoch – wie *Le Monde diplomatique* – darauf, ein weitgehend inhaltsidentisches „Durchübersetzen" werde ausreichen, um ihre Publikation in den intellektuellen Öffentlichkeiten der jeweiligen Sprach- und Kulturräume zu beheimaten. Das ist jedoch nicht der Fall, wenigstens nicht in Europa, wenigstens nicht bisher. Einen – trotz einer inzwischen hochkomplexen Debatte[36] – letztlich recht einfachen Grund hat der Soziologe M. Rainer Lepsius

34 Zum Medienmogul Robert Maxwell – der als Ján Ludvík Hoch 1923 in eine Jiddisch sprechende, jüdisch-orthodoxe Familie in der damaligen Tschechoslowakei (heute Ukraine) geboren wurde – und zu seiner Zeitung *The European* gibt es zahlreiche Enthüllungsbücher und Reportagen aber bisher, soweit ersichtlich, keine verlässliche Studie.

35 Zu *Euronews* siehe den instruktiven Artikel von MACHILL, Marcel: „*Mehrdimensionalität eines europäischen Journalismus-Labors. Medienindustrielle Entwicklung in Europa und Spektren transnationaler Journalismusforschung am Fallbeispiel des ersten europäischen Nachrichtenkanals Euronews*", in: KOPPER, Gerd G. (Hrsg.): *Europäische Öffentlichkeit: Entwicklung von Strukturen und Theorie*, Berlin: Vistas 1997, S. 183–208.

36 Die Argumentation überschneidet sich hier und im Folgenden teilweise mit der zunehmend unüberschaubaren Debatte von streckenweise großer Technizität, die in Politologie und empirischer Kommunikationsforschung unter dem Schlagwort des „Öffentlichkeitsdefizits" der Europäischen Union geführt wird. Je nach Kriterienset, das heisst je nach konkreter Operationalisierung von „Europäizität", besteht dieses Defizit oder nicht, was wiederum je nach normativem Hintergrund der Autoren Anlass zu Sorge gibt oder nicht. Selbst wenn diese Debatte in erster Linie das Verhältnis zwischen *Massenmedien* und *institutionellem* Europa betrifft, gibt es immer wieder Elemente, die auch für die Gelingensbedingungen eines transnationalen Netzwerks politisch-literarischer Zeitschriften relevant sind. Allerdings wird die im engeren Sinne publizistische Dimension in der Regel nur *en passant* gestreift. Einen guten Überblick bietet aus „verstehensoptimistischer" Perspektive KANTNER, Cathleen: *Kein modernes Babel : kommunikative Voraussetzungen europäischer Öffentlichkeit*, Wiesbaden: VS Verlag für Sozialwissenschaften 2004. Den Forschungsstand zu den einzelnen Teilfragen der „Europäisierungsdebatte" verdeutlichen die Beiträge in LANGENBUCHER, Wolfgang R. und Michael LATZER (Hrsg.): *Europäische Öffentlichkeit und medialer Wandel: eine transdisziplinäre Perspektive*, Wiesbaden: VS Verlag für Sozialwissenschaften 2006. Für einen kommunikationswissenschaftlichen Operationalisierungsversuch siehe z.B. die Studie von ADAM, Silke: *Symbolische Netzwerke in Europa: der Einfluss der nationalen Ebene auf europäische Öffentlichkeit; Deutschland und Frankreich im Vergleich*, Köln: von Halem 2007. Eine skeptischere Perspektive vertritt, gerade mit Blick auf die Möglichkeit „europäischer

angegeben, ohne falsche Rücksicht auf politisch vielleicht Wünschenswertes zu nehmen:

> Zentrales Medium kultureller Identität ist die Sprache. [...] Die Muttersprache ist das unmittelbar zugängliche Medium der Information und Kommunikation, aus dem sich kognitive und emotive Identifikationssymbole ausbilden. [...] Die kulturelle Integration Europas ist primär eine Übersetzungsaufgabe, die für einen kleinen Teil der europäischen Bevölkerung durch die gemeinsame Verwendung einer lingua franca erleichtert werden kann. Die kulturellen Identitäten bleiben sprachgebunden vor allem in jenen Bereichen, die eine hohe semantische Differenzierung und eigentümliche Wertladungen haben.[37]

Weil dem wohl so ist, sah sich auch ein überzeugter Europaföderalist wie Jürgen Habermas – der dem Englischen gleichwohl zutraut, perspektivisch zur europäischen „second first language" zu werden[38] – einstweilen dazu veranlasst, in der Frage der Zukunft einer europäischen (Medien-)Öffentlichkeit auf Verschränkungen, Überlappungen und osmotische Prozesse zu setzen, die von den *bestehenden* Kommunikationsstrukturen und ihren Akteuren ausgehen:

> Man darf sich die fehlende europäische Öffentlichkeit nicht als die projektive Vergrößerung einer [...] innerstaatlichen Öffentlichkeit vorstellen. Sie kann nur so entstehen, dass sich die intakt bleibenden Kommunikationskreisläufe der nationalen Arenen füreinander öffnen. [...] Die nationalen, aber ineinander übersetzten Kommunikationen [müssen sich] so miteinander verschränken, dass die relevanten Beiträge osmotisch aus den jeweils anderen Arenen aufgesogen werden.[39]

Das heisst auch: Für die „Übersetzungsaufgabe", von der Lepsius spricht, beziehungsweise die „ineinander übersetzten Kommunikationen", die Habermas erwähnt, kann die rein sprachliche Übersetzung eines ansonsten inhaltsidentischen Artikel-Korpus nicht hinreichend sein. Vielmehr ist der multilinguale und multikulturelle europäische Kommunikationsraum auf kulturelle *Transfers* angewiesen oder,

---

Massenmedien", der Berliner Soziologe Jürgen Gerhards, so bereits in GERHARDS, Jürgen: „*Westeuropäische Integration und die Schwierigkeiten der Entstehung einer europäischen Öffentlichkeit*", in: *Zeitschrift für Soziologie 22/2* (1993), S. 96–110.

37 LEPSIUS, M. Rainer: „*Die Europäische Union. Ökonomisch-politische Integration und kulturelle Pluralität*", in: VIEHOFF, Reinhold und Rien T SEGERS (Hrsg.): *Kultur, Identität, Europa: über die Schwierigkeiten und Möglichkeiten einer Konstruktion*, Frankfurt: Suhrkamp 1999, S. 201–222, hier S. 218.

38 HABERMAS, Jürgen: *Die Einbeziehung des Anderen: Studien zur politischen Theorie*, Frankfurt am Main: Suhrkamp 1996, S. 191.

39 Jürgen Habermas, zitiert von Michael Latzer und Florian Saurwein, in: LANGENBUCHER/LATZER (Hrsg.): *Europäische Öffentlichkeit und medialer Wandel*, S. 17. Siehe dazu auch KAELBLE, Hartmut: „*The Historical Rise of a European Public Sphere?*", in: *Journal of European integration history = Revue d'histoire de l'intégration européenne = Zeitschrift für Geschichte der Europäischen Integration. 8/2* (2002), S. 9–22. Für einen konkreten multilingualen „Überlappungsvorschlag" siehe die informative und gut lesbare Studie von KRAUS, Peter A.: *Europäische Öffentlichkeit und Sprachpolitik: Integration durch Anerkennung*, Frankfurt/Main; New York: Campus 2004, hier v.a. Kap. 4 und 6.

was aufs Gleiche hinausläuft, auf intelligente Formen „kultureller" Übersetzung.[40] Wogegen sofort eingewendet werden kann – wie es die Politikwissenschaftlerin Cathleen Kantner denn auch überzeugend getan hat[41] –, dass die Notwendigkeit kultureller Übersetzung für *jeden* Kommunikationsprozess gilt und dass, aus kommunikationstheoretisch-hermeneutischer Perspektive betrachtet, letztlich kein kategorialer, sondern nur ein gradueller Unterschied besteht zwischen intra- und transnationaler, intra- und translingualer Kommunikation.[42] Ich halte diesen Einwand für philosophisch überzeugend, rein persönlich für tröstlich und politisch für wichtig, um das kosmopolitische Projekt nicht leichtfertig zugunsten eines linguistischen oder kulturalistischen Ethnozentrismus preiszugeben. Aber der Elefant steht doch weiterhin im Raum: Das empirische Problem von nationalstaatlich formierten und weitgehend monolingualen Kommunikationsräumen, die sich in Europa über drei Jahrhunderte stärker innerhalb ihrer Grenzen als zwischen ihnen verdichtet haben, bleibt als praktische Herausforderung für die Publizistik bestehen. Das gilt in besonderem Maße für den Bereich des politisch-literarischen Gesprächs, der nun einmal eine „hohe semantische Differenzierung" erfordert und in dem „eigentümliche Wertladungen" (Lepsius) die Regel sind. Ein Netzwerk politisch-literarischer Zeitschriften, das es auf die Stärkung des europäischen Kommunikationszusammenhangs abgesehen hat und dafür funktionierende Lösungen finden muss – die dann auch von den Lesern als adäquat akzeptiert werden! –, sieht sich deshalb bis auf weiteres mit der Aufgabe konfrontiert, einen Mechanismus auszuarbeiten, der es *gemeinsamen* europäischen Themen erlaubt, sich *unterschiedlich* zu artikulieren.

* * *

Wie sah Antonin Liehms Lösungsvorschlag hierzu nun konkret aus? Im ersten Konzept von 1983 hatte er noch pauschal formuliert, die vier ursprünglich geplanten Ausgaben der Zeitschrift in Westeuropa (Frankreich, Italien, Spanien, Deutschland) würden zu 80 Prozent inhaltsidentisch sein können.[43] Beim Schritt in die Praxis, ab dem Sommer 1984, wurde diese Formel durch eine überzeugendere, komplexere „Überlappungsstrategie" ersetzt. Liehm beschrieb sie rückblickend wie folgt:

---

40 „Un transfert culturel est une sorte de traduction puisqu'il correspond au passage d'un code à un nouveau code," argumentiert der Germanist Michel Espagne in seinem grundlegenden Buch zur kulturellen Transferforschung: ESPAGNE, Michel: *Les transferts culturels franco-allemands*, Paris: Presses universitaires de France 1999, S. 8. Zum Thema der „kulturellen Übersetzung" siehe grundlegend BHABHA, Homi K.: *The location of culture*, London; New York: Routledge 1994. Für eine Einführung in die Debatte zudem BUDEN, Boris und Stefan NOWOTNY: „*Cultural translation: An introduction to the problem, and Responses*", in: *Translation Studies 2/2* (2009), S. 196–219.

41 KANTNER: *Kein modernes Babel*, Kap. 4.

42 „Auch im Nationalstaat findet sich eine enorme Pluralität von Sprachspielen. Die epistemischen, hermeneutischen und organisatorischen Probleme fangen beim Zuhause an. Sind nicht in erster Linie ein Problem transnationaler Kommunikation, sondern ein prinzipielles Charakteristikum moderner Gesellschaften und werden mit mehr oder weniger Erfolg gemeistert." (Ebd., S. 192.)

43 Vergleiche Kapitel 5.1 sowie den Abdruck des Entwurfs im Anhang 2.

> Im Laufe eines Jahres sollten in den weiteren Ausgaben [d.h. allen außer der Pariser *Lettre*, RLS] um die 50 % gemeinsamer Texte erscheinen, von den restlichen 50 % rekrutierte die örtliche Redaktion die Hälfte, wo sie wollte und bot sie auch den übrigen an, die verbleibenden 25 % sollten Texte mit heimischem Bezug bilden.[44]

Das „Modell 50/25/25", wie es in der Folge der Kürze halber genannt sei, lässt sich am besten aus der Perspektive einer dieser „weiteren Ausgaben" eingehender erörtern. Für die römische *Lettera* (oder die Madrider *Letra*..., etc.) bedeutete es:

1. Etwa die Hälfte ihrer Texte sollte aus dem gemeinsamen Artikel-Pool übernommen werden, den die Pariser Ausgabe bereitstellte. Diese Übernahmen würden, idealerweise, innerhalb eines Jahres nach ihrer Pariser Veröffentlichung erfolgen. Übersetzt werden sollten die Texte immer aus dem Original, zum Beispiel aus dem Polnischen im Fall von Adam Zagajewskis „Le discours secret du président", den *Lettre internationale* in Heft 9, 1986 veröffentlichte. In Rom erschien der „Discorso segreto di un presidente" im Herbstheft 1988. Die Berliner *Lettre International,* erst 1988 lanciert, ließ die (fiktive) „Geheimrede des Vorsitzenden" ebenfalls 1988 für ihr Heft 3 übersetzen... Im Modell „50/25/25" steht die „50" mithin für die *zentrifugale* Zirkulation im *Lettre*-Netzwerk, wobei es den einzelnen Ausgaben vorbehalten blieb, unter den Pariser Vorschlägen die Auswahl zu treffen.

2. Ein weiteres Viertel sollte *Lettera* (oder *Letra*..., etc.) mit Texten bestreiten, die entweder von einer anderen als der Pariser Ausgabe übernommen oder selber eingeworben wurden, in welchem Fall der Artikel dann allen anderen Editionen zur Verfügung zu stellen war. Auch diese Beiträge mussten deshalb, wie die des gemeinsamen Pariser Pools, in gewissem Umfang „reisefähig" sein, brachten jedoch andere Perspektiven als die von Liehms Pariser *Lettre* ins Netzwerk ein. Somit stehen die „25" in erster Linie für die direkte *laterale* Zirkulation unter den verschiedenen Ausgaben im *Lettre*-Netzwerk sowie in geringem Maße auch für die *zentripetale* Kommunikation, denn es gelangten auf diesem Wege auch Texte aus den anderen „*Lettres*" in den Pool der Pariser Ausgabe.

3. Das letzte Viertel von *Lettera* (oder *Letra*..., etc.) sollte aus Beiträgen bestehen, die nicht nur nach lokalen Kriterien und Vorlieben, sondern darüber hinaus ohne Rücksicht auf ihre mögliche weitere Verwendbarkeit im Netzwerk ins Blatt gehoben wurden. Die zweiten „25" symbolisieren mithin jenen Lokalisierungsanteil, der sich der Zirkulationssphäre im Netzwerk entzog und primär dazu diente, die nötige Relevanz und Rückbindung der Ausgabe am Ort ihrer Veröffentlichung sicherzustellen. Hierbei galt indes eine wichtige Einschränkung: Gerade auch in diesen Texten sollte vermieden werden, in den heimischen politisch-ideologischen Auseinandersetzungen Partei zu ergreifen. Dieses Terrain wollte Liehm, wie an früherer Stelle diskutiert, anderen überlassen, um *Lettre* als Forum „au-dessus de la mêlée" zu positionieren – und so sollten es auch die anderen „*Lettres*" halten.

---

44 Quelle wie FN 23, hier S. 6.

Mindestens drei wichtige Charakteristika treten aus der Beschreibung des Modells „50/25/25" hervor. Zunächst fällt auf, dass auch das *Lettre*-Netzwerk, schon der Anlage nach, kein horizontal-egalitäres war. Vielmehr spiegelte sich die zentrale Rolle von Antonin Liehm als „homme-carrefour", wie ihn sein Kompagnon Paul Noirot einmal genannt hat,[45] in der Architektur von „50/25/25": die zentrifugalen und zentripetalen Zirkulationen – von und nach Paris – überwogen gegenüber den lateralen. Hielte man sich an die Verfechter egalitärer Netzwerkdefinitionen, etwa den Soziologen Manuel Castells, dann wäre auch die europäische Zeitschriften-Konstellation von *Lettre* kaum unter dem Netzwerkbegriff zu subsumieren.[46] Doch wie der Historiker Christoph Boyer in einem kritischen Überblicksartikel überzeugend argumentiert, decken solche Definitionen – denen zufolge Netzwerke kein Zentrum, keine überflüssigen Knoten und auch keine systemisch dominanten aufweisen dürfen – offensichtlich nicht die historische Vielfalt von Netzwerkformationen ab.[47] So ist im Konzept von *Lettre* augenfällig, dass anders als etwa in der Organisationsstruktur von *Le Monde diplomatique*, die laterale Kommunikation unter allen „Knoten", das heißt unter allen Ausgaben, wenn nicht dominant, so doch immerhin fest eingeplant war und dass darüber hinaus die Beteiligten ein hohes Maß an Handlungsautonomie genossen. Es handelte sich durchaus um eine Netzwerkarchitektur, allerdings war es keine egalitäre, sondern eine hierarchische. Charakteristisch für diesen Typus ist, nach Boyer, dass die Verbindungen asymmetrisch verteilt sind – im hier interessierenden Fall sind die Austauschprozesse dichter zwischen der Pariser Ausgabe und den anderen als zwischen den anderen untereinander.[48] Das macht, um die Terminologie noch einen Schritt weiter auszubauen, die Pariser *Lettre internationale* zu einem Knoten von hoher Zentralität. Für Netzwerke, die einen zentralen Knoten aufweisen, findet sich in der Organisationsso-

45 Zitiert von Catherine Geoffroy, die sich mit Noirot über *Lettre* unterhalten hat, in: GEOFFROY: „*La Lettre Internationale*", S. 15.

46 Denn Castells definiert: „By definition, a network has no centre. It works on a binary logic: inclusion/exclusion. All there is in the network is useful and necessary for the existence of the network. What is not in the network does not exist from the network's perspective, and thus must be either ignored (if it is not relevant to the network's task), or eliminated (if it is competing in goals or in performance). If a node in the network ceases to perform a useful function it is phased out from the network, and the network rearranges itself – as cells do in biological processes. Some nodes are more important than others, but they all need each other as long as they are within the network. And no nodal domination is systemic." CASTELLS, Manuel: „*Materials for an exploratory theory of the network society*", in: *The British Journal of Sociology 51/1* (2000), S. 5–24, hier S. 15.

47 BOYER, Christoph: „*Netzwerke und Geschichte: Netzwerktheorien und Geschichtswissenschaften*", in: UNFRIED, Berthold, Jürgen MITTAG und Marcel VAN DER LINDEN (Hrsg.): *Transnationale Netzwerke im 20. Jahrhundert : historische Erkundungen zu Ideen und Praktiken, Individuen und Organisationen = Transnational networks in the 20th century : ideas and practices, individuals and organizations*, Wien: Akademische Verlagsanstalt 2008, S. 47–58. Zur Klärung des Netzwerksbegriffs in der historischen Intellektuellenforschung siehe auch BEILECKE: „*Netzwerke und Intellektuelle*". Für eine Anwendung auf die Zeitschriftenforschung siehe den Sammelband von GRUNEWALD, Michel und Hans Manfred BOCK (Hrsg.): *Le milieu intellectuel de gauche en Allemagne, sa presse et ses réseaux (1890-1960) = Das linke Intellektuellenmilieu in Deutschland, seine Presse und seine Netzwerke (1890-1960)*, Bern: Peter Lang 2002.

48 BOYER: „*Netzwerktheorien und Geschichtswissenschaften*", S. 49.

ziologie der Begriff des „lead-organization network" – damit scheint die Struktur von *Lettre* treffend beschrieben.[49] Grundsätzlich erhalten sich auch solche Netzwerke (im Unterschied zu klassischen Organisationen) weiterhin die Fähigkeit, „Umleitungs-Optionen" (Boyer) zu finden, „die bei Ausfall bzw. Eliminierung von Knoten das Weiterfunktionieren des Netzes in einem gewissen Ausmaß gewährleisten."[50] Doch anders als bei egalitären Netzwerken führt der Verlust der „lead-organization" in einem stark hierarchischen Netzwerk oft zu Krisen und schließlich zur Disaggregation: „Werden Knoten hoher Zentralität entfernt", so konstatiert Boyer, „neigt das Netz zum Zerfall".[51] Dies, in netzwerktheoretischen Begriffen, als Vorwegnahme zu den späteren Entwicklungen bei *Lettre internationale*: Als sich 1993 abzeichnete, dass die Pariser *Lettre* ihr Erscheinen würde einstellen müssen, riet Liehm den Herausgebern der anderen Ausgaben, die Verbindungen untereinander zu stärken und fortan die Berliner Redaktion als Haupt-Relais zu nutzen.[52] Dort mühte man sich nach Kräften, als „Ausfall-Knotenpunkt" aktiv zu werden: Bereits ab 1992 versuchte Frank Berberich, durch die Initiative für ein internes „Forum Lettre internationale", dem Zerfall des Netzwerks entgegenzusteuern, doch er konnte den Verlust der Pariser *Lettre* nur partiell kompensieren…[53]

Ein zweites Charakteristikum, das sich aus der Struktur des Modells „50/25/25" ergibt, ist der hohe Anteil an Übersetzungen. Selbst wenn man davon ausgeht, dass die letzten, der Lokalisierung dienenden, 25 Prozent sämtlich aus Texten in der Landessprache bestanden – was ja keineswegs verlangt war –, lag der theoretische Übersetzungsanteil der Ausgaben bei 75%, abzüglich der wenigen Fälle, in denen die Quellsprache eines für eine andere *Lettre* übersetzten Textes die eigene war (zum Beispiel wenn die Warschauer *Lettre po polsku,* in der kurzen Zeit ihres Erscheinens zwischen 1993 und 1994, Adam Zagajewskis „Geheimrede" abgedruckt hätte). Tatsächlich waren in der Pariser Ausgabe, wie an früherer Stelle erwähnt, in den Jahren 1984-1993 durchschnittlich 76 Prozent aller Beiträge aus einer anderen Sprache als dem Französischen übersetzt. Eine Auswertung der Inhaltsverzeichnisse der italienischen *Lettera Internazionale* zeigt, dass die Übersetzungsquote dort im Vergleichszeitraum bei durchschnittlich 82 Prozent lag.[54] Bei der Berliner *Lettre International* waren es sogar 85 Prozent (1988-1993).[55] Wurde auf den vorangegangenen Seiten die relative Autonomie im Netzwerk-Konzept von *Lettre* betont,

49 RAAB, Jörg und Patrick KENIS: „*Heading Toward a Society of Networks: Empirical Developments and Theoretical Challenges*", in: *Journal of Management Inquiry 18/3* (2009), S. 198–210, hier S. 208.

50 BOYER: „*Netzwerktheorien und Geschichtswissenschaften*", S. 49.

51 Ebd., S. 49; 55.

52 So Liehm in einem Brief vom 30. März 1994 an B. Elvin von der Bukarester *Lettre internationale*, Archiv AJL/LI, IMEC.

53 Dazu noch einmal ausführlicher im weiteren Verlauf dieses Kapitels.

54 Auswertung auf Grundlage der Inhaltsverzeichnisse von *Lettera Internazionale*, Rom, für die Jahrgänge 1984-1993 (Hefte 1-37). Den niedrigsten Anteil an Übersetzungen hatte mit 62% der Beiträge Heft 22, 1989, den höchsten Heft 26, 1990 mit 95% der Beiträge (nicht mitgezählt wurden Lyrik und Leserbriefe).

55 Auswertung auf Grundlage der Inhaltsverzeichnisse von *Lettre International*, Berlin, für die Jahrgänge 1988-1993 (Hefte 1-23). Den niedrigsten Anteil an Übersetzungen hatte mit 72% der

um wichtige konzeptionelle Unterschiede zum dominanten „top-down"-Universalismus in der Geschichte internationalistischer Medienangebote herauszuarbeiten, so vergegenwärtigen die genannten Übersetzungsquoten, dass *Lettre* trotz der Lokalisierungsmaßnahmen nicht zu einem gewöhnlichen Akteur in den nationalen Presselandschaften wurde. Vielmehr darf jedenfalls für die Pariser, die römische und die Berliner Ausgabe behauptet werden, sie hätten, in kosmopolitischer Tradition, der nationalkulturellen Abkopplung der Öffentlichkeiten durch Übersetzungen nach Kräften entgegenzuarbeiten versucht. Das Primat des Internationalen – das *Lettre* gegenüber anderen Kulturzeitschriften abhob und in der Traditionslinie transnationaler publizistischer Initiativen beheimatete – wurde in diesen Ausgaben respektiert. Etwas anders stellt sich das Bild bei der spanischen *Letra* dar, deren durchschnittliche Übersetzungsquote bei „nur" 56 Prozent lag (1986-1993).[56] Die Madrider Redaktion hat hierfür finanzielle Schwierigkeiten geltend gemacht, doch es stellt sich die Frage, ob sie nicht die Rolle ihrer Publikation von Anfang an anders interpretierte.[57] Einen Hinweis hierauf liefert die Präsentation der verschiedenen *Lettre*-Editionen am 19. Februar 1988 in der Villa Medici in Rom, bei der auch Salvador Clotas, der Herausgeber von *Letra Internacional*, sprach.[58] Zur Funktion des *Lettre*-Netzwerks führte er, auf Italienisch, damals aus:

> Io credo che la rivista Lettera Internazionale dovrebbe avere lo stimolo di voler dare a conoscere anche altre riviste nazionali. Io credo che la rivista dovrebbe in certa maniera essere il messaggero che ci permetterebbe – ad esempio a noi spagnoli – di conoscere la realtà della cultura – ecco, per esempio – italiana, ma anche altre riviste italiane che insieme a Lettera Internazionale potrebbero essere un po', diciamo, promuovere nelle altre riviste.[59]

Clotas wünschte sich also, dass jede *Lettre*-Ausgabe auch die intellektuelle Landschaft ihres *eigenen* Landes vermittle, um auf diese Weise zur ihrer besseren Kenntnis im Ausland beizutragen. Dies freilich war eben jene kulturdiplomatische Perspektive, die anderen Ländern eine intellektuelle Visitenkarte der eigenen Nation präsentiert: Mit dem Konzept des *Lettre*-Netzwerks hatte das so gut wie nichts zu tun… Deren Zeitschriften sollten ja nicht Schaufenster und „Sendboten" für das beste Eigene einer Kultur sein, sondern ein Forum, das bedeutende Texte gleich

---

Beiträge Heft 21, 1993, den höchsten Heft 11, 1990 mit 97% der Beiträge (auch hier wurden Lyrik und Leserbriefe nicht berücksichtigt).

56 Auswertung auf Grundlage der Inhaltsverzeichnisse von *Letra Internacional*, Madrid, für die Jahrgänge 1986-1993 (Hefte 1-31, jedoch ohne die Nummern 15 und 16, die nicht eingesehen werden konnten).

57 Die Angaben zu *Letra Internacional* basieren auf Gesprächen mit Antonin Liehm und Frank Berberich sowie auf einer Durchsicht der Korrespondenz mit „den Spaniern" im Archiv AJL/LI, IMEC. Es war dem Autor leider nicht möglich, mit Salvador Clotas, dem langjährigen Herausgeber von *Letra Internacional* und Vorsitzenden der Fundación Pablo Iglesias, ein Gespräch zu führen. Trotz eines ersten Kontakts mit der Redaktion im Juni 2013 blieben alle weiteren Anfragen unbeantwortet.

58 Quelle wie FN 133 in Kapitel 5.

59 Ebd., hier nach Minute 31 der Aufzeichnung.

welcher, doch primär fremder, Herkunft in den je eigenen Sprachen zugänglich machte, wo sie, Gespür des Herausgebers und handwerkliches Können vorausgesetzt, zu „glücklichen Begegnungen" mit lokalen Diskursen führen konnten. Zudem hatte der spanische Vorschlag den nicht unerheblichen konzeptionellen Haken, die „Visitenkarte" nur in spanischer Sprache vorzulegen – was letztlich die Frage aufwirft, worin die *raison d'être* einer solchen Zeitschrift überhaupt noch bestünde... Jedenfalls erklärt der Ansatz der Madrider *Letra Internacional* ihre geringere Übersetzungsquote. Er zeigt darüber hinaus, dass Netzwerke letztlich aus Einzelpersonen bestehen und editorische Konzepte mit ihnen stehen und fallen.

Das gilt grundsätzlich, jedoch *à fortiori* dann, wenn die Steuerungsmöglichkeiten sehr begrenzt sind. Darin liegt die dritte Auffälligkeit des von Liehm vorgeschlagenen Vernetzungs-Modells. Der beabsichtigte Effekt des „Pool-Konzepts" war es, dass jede Ausgabe nach *eigenen* Kriterien eine Auswahl treffen und diese dann komplettieren konnte. Das bedeutete jedoch auch, dass trotz hoher Übersetzungsquoten und partiell identischer Inhalte nicht planbar war, *wann* und *an welchen Stellen* solche Überlappungen tatsächlich zustandekommen würden. Da es zudem, anders als bei *Le Monde diplomatique*, auch kein gemeinsames Editorial in den *Lettre*-Ausgaben gab – weder von Liehm noch von einem der anderen Herausgeber verfasst[60] – blieben Form und Umfang der gemeinsamen Schnittmenge weitgehend unvorhersehbar.

Die einzige nennenswerte Ausnahme bildeten die „Correspondances", die in den meisten Ausgaben gegen Ende des Heftes platziert wurden. Sie waren 1986 auf Initiative von Tzvetan Todorov entstanden und enthielten nicht so sehr Korrespondentenberichte im landläufigen Sinne als vielmehr philosophische Briefe in der Tradition der Aufklärung. Sie wurden eigens für *Lettre* verfasst und ihre (in diesem Fall urheberrechtlich kostenfreie) Übernahme war den anderen *Lettres* nahegelegt. Die regelmäßigen Autorinnen und Autoren der „Correspondances" waren (im hier interessierenden Zeitraum bis 1993): Tzvetan Todorov (Frankreich), später abgelöst von Pascal Bruckner; Michael Ignatieff (Kanada/USA); Giulio Giorello (Italien); Milan Šimečka (Tschechien); Marina Warner (UK) sowie eine Zeit lang Rosa Maria Pereda und Juan Goytisolo (Spanien). Die Rubrik machte jedoch nur einen kleinen und letztlich nicht prägenden Anteil der *Lettres* aus und selbst bei ihr sah das Modell „50/25/25" keinen Mechanismus vor, alle Editionen zur Übernahme der „Correspondances" zu verpflichten.

Was es allerdings im *Lettre*-Netzwerk gab, war eine theoretische Interventionsmöglichkeit, um die Veröffentlichung eines lokal ins Blatt gehobenen Beitrags zu *verhindern* – denn Liehm erschien, auf dem Papier, als „Mitherausgeber" aller Ausgaben und hatte sich in Vertragsbriefen das Recht vorbehalten, gegen einen Text

60 Nach dem Ende der Pariser Ausgabe hat Liehm von dieser Regel partiell Abstand genommen und ist, auf Bitten z.B. der rumänischen Ausgabe (siehe den Brief von B. Elvin an Liehm vom 30. März 1994, Archiv LI, AML), als Autor von Artikeln und Editorials in Erscheinung getreten. Dies entsprach allerdings nicht seinem ursprünglichen Konzept.

sein Veto einzulegen.[61] Genutzt hat er diese Möglichkeit, soweit bekannt, kein einziges Mal.[62] Das „Veto-Recht“ war ein symbolischer *garde-fou*, eine Ultima Ratio, und sollte im Fall von *Lettre internationale* in seiner Bedeutung nicht überinterpretiert werden – seine Ausübung war, jedenfalls im hier interessierenden Zeitraum, allein schon deshalb kaum praktikabel, weil die Inhaltsverzeichnisse und Manuskripte der immer zahlreicheren lokalen *Lettre*-Ausgaben oft erst in Paris eintrafen, als die Hefte vor Ort längst in Druck gegangen waren…[63] E-Mail war in den 1980er Jahren, das sei erinnert, außerhalb der esoterischen Wissenschaftlerkreise des ARPA-NET unbekannt und internationale Fax-Gebühren waren zu hoch, um komplette Manuskriptstöße zu versenden. Darüber hinaus hätte eine tatsächliche editorische Kontrolle Lesekenntnisse in sämtlichen Sprachen verlangt, in denen lokale Ausgaben erschienen… ein Problem, das mit der Ausweitung des Netzwerks über die vier westeuropäischen Editionen hinaus dann auch zum Hindernis für die „laterale“ Textzirkulation unter den *Lettre*-Ausgaben wurde. Doch ehe es um die Schwierigkeiten bei der *Umsetzung* von „50/25/25“ geht, einige abschließende Gedanken zur Architektur des *Modells* als einem möglichen *modus operandi* für die transnationale Vergemeinschaftung von politisch-literarischen Zeitschriften in Europa.

* * *

Mit seinem Modell „50/25/25“ (das er selbst freilich nicht so nannte) hatte Liehm einen wichtigen und konkreten Vorschlag für einen durch politisch-literarische Zeitschriften vermittelten, europäischen Kommunikationszusammenhang gemacht, der den historisch ausgebildeten Eigenarten der intellektuellen Öffentlichkeiten Rechnung trug. Dem Entwurf lag, wie erwähnt, ein primär kulturelles Europaverständnis zu Grunde, das man, einen Begriff des französischen Philosophen Etienne Balibar aufgreifend, vielleicht als das von „nappes superposées“ beschreiben könnte.[64] Balibar hat vorgeschlagen, die politisch-kulturelle Topographie des Kontinents als „overlapping open regions“[65] zu begreifen, eine Vision, für die er Impulse aus dem historischen Mitteleuropa aufnahm und die er gegenüber drei anderen, dominanten Vorstellungen abgrenzte (diese waren: „clash-of-civilizations“, „global net-

61 Siehe den Vertragsbrief zwischen Antonin Liehm und Vuk Krnjević von der Belgrader *Lettre* vom 8. Mai 1990, Archiv LI, AML. Ähnliche Dokumente existieren für fast alle *Lettre*-Ausgaben.

62 Dies sagte mir Liehm in mehreren Gesprächen. Zur Rückversicherung wurden mehrere derzeitige und ehemalige Mitherausgeber von *Lettre*-Ausgaben gefragt (Biancamaria Bruno, Frank Berberich, Eva Karádi, Gábor Mihályi, Stefan Tafrov): Niemand konnte sich an einen Veto-Fall erinnern und auch die Archive enthalten keine Hinweise in diese Richtung.

63 Inwieweit die in nicht-juristischem Französisch abgefassten Vertragsbriefe in den jeweiligen nationalen Jurisprudenzen überhaupt bindend gewesen wären, ist eine weitere Frage, die hier nicht erörtert werden kann, obgleich sie mit Blick auf transnationale publizistische Unternehmungen im Fall eines gravierenden Dissenses nicht irrelevant wäre.

64 Balibar, Etienne: „*Europe as borderland*“, in: *Environment and Planning D: Society and Space 27/2* (2009), S. 190–215, hier S. 200.

65 Ebd., S. 210.

work“ und „center versus periphery“;[66] für die Zeit vor 1989 wäre sicherlich die Blockkonfrontation zu ergänzen). Was den Ansatz der Überlappung im hier interessierenden Sinne besonders relevant macht, ist eben seine Konzeption des Verhältnisses von Universalismus und Partikularität. Nicht unähnlich den Ausführungen von Edgar Morin zu einem komplexeren und bescheideneren Rationalismus aus dem ersten Heft der Pariser *Lettre* (siehe Kapitel 5), wäre mit Balibar die Spur eines „verkomplizierten“ und gleichermaßen bescheiden gewordenen Universalismus zu rekonstruieren. Was zeichnet ihn aus? Anders als im Ethnorelativismus des „Schocks der Kulturen“ wird die Überzeugung, dass die Entprovinzialisierung des Nationalen nötig und erreichbar ist, ebenso wenig aufgegeben wie die Gewissheit, dass Übersetzung zwar in letzter Instanz unmöglich sein mag, dass dies jedoch kein Grund sein kann, von ihr als kollektiver Aufgabe – und tagtäglich erfolgreicher Praxis! – abzurücken.[67] So steht der Universalismus weiterhin als gemeinsames Projekt, als Aspiration und Anstrengung, am Horizont. Doch im Unterschied zu den Versuchen, gleichsam hinter das Zeitalter der Nationen zurück zu einem pränationalen Kontinentalismus zu finden – und sei er, wie in Bourdieus publizistischen Initiativen, primär aus strategischen Erwägungen heraus formuliert –, trägt das Überlappungsmodell der Erkenntnis Rechnung, dass sich diese gemeinsame Anstrengung in unterschiedlicher Gestalt artikulieren muss. Der senegalesische Philosoph Souleymane Bachir Diagne hat darauf bezugnehmend in einem Dialog mit Etienne Balibar und Barbara Cassin von einem „Universalismus in Übersetzung“ gesprochen.[68] Die alte europäische Tradition des „Universalismus der Antwort“ müsse einem neuen „Universalismus der Frage“ weichen, führte Diagne aus, der, weil als Kommunikationsverhältnis gedacht, gleichwohl etwas anderes sei als reiner Relativismus.[69] Es gibt keinen Grund, Diagnes auf die postkoloniale Bedingung

66 Ebd., S. 194–198.

67 Dies ist, mit Blick auf die Übersetzung, auch die Haltung von Paul Ricœur in einer seiner letzten Veröffentlichungen: RICŒUR, Paul: *Sur la traduction*, Paris: Bayard 2004.

68 Siehe den Dialog zwischen Etienne Balibar und Souleymane Bachir Diagne sowie allgemein die Debatten aus dem Umfeld des von Barbara Cassin geleiteten *Vocabulaire européen des philosophies (Dictionnaire des intraduisibles)*. Hier vor allem: DIAGNE, Souleymane Bachir: *„L'universel en traductions. Le multiculturalisme en questions : compliquer l'universel“*, Vortrag, Paris: Centre Pompidou 2013, http://archives-sonores.bpi.fr/doc=3898?urlaction=doc&id_doc=3900 (abgerufen am 24.07.2014).

69 Ebd., nach Minute 23 der Aufzeichnung. Diagne greift zurück auf eine philosophische Diskussion über die Grundlagen des Multikulturalismus, die am wirkmächtigsten von dem amerikanischen Philosophen (und langjährigen *Dissent*-Herausgeber) Michael Walzer ausgearbeitet wurde. Siehe dazu ausführlicher WALZER, Michael: *„Nation and Universe“*, in: *The Tanner Lectures on Human Values 11* (1990), S. 509–556. An anderer Stelle hat Diagne den Zusammenhang zwischen Universalismus und Übersetzung, für den hier interessierenden Kontext, mit Rekurs auf Maurice Merleau-Ponty erörtert: „Merleau-Ponty has formulated for the postcolonial world the task of caring for an universal of *translation*: The universal is not any more the prerogative of a language, it is to be experimented and maybe ‚acquired‘ through the lateral process of translation. The postcolonial universal, the non imperial universal is precisely that: lateral. Merleau-Ponty establishes an important distinction between the two figures of universality in the following terms: ‚the equipment of our social being can be dismantled and reconstructed by the voyage, as we are able to learn to speak other languages. This provides *a second way to the universal*: no longer the

gemünzte Bemerkung nicht auch als innereuropäisches Leitbild anzunehmen, ja es scheint mir, dass die Verkomplizierungen und Brechungen im Internationalismus-Verständnis von *Lettre* eben dieser Einsicht bereits Rechnung trugen. So wie es der Tenor von Antonin Liehms Rede auf dem tschechoslowakischen Schriftstellerkongress von 1967 gewesen war, die tschechoslowakische Realität anzunehmen und auf ihre produktive Überschreitung hinzuwirken, so schien *Lettre* ab der Mitte der 1980er Jahre darum bemüht, die nationalkulturelle Topographie der europäischen Geschichte nicht zu übergehen, sondern ihre gegenwärtig besten und wichtigsten Stimmen und Timbres (vom mitteleuropäischen Feuilleton und seinem Fortleben im Samizdat bis zur französischen anthropologischen Reportage) sozusagen in Zirkulation zu bringen, sie auf Reisen zu schicken, damit sie helfen, die je lokale Ausgangslage ein Stück weit zu öffnen, zu dislozieren und zu entprovinzialisieren. Damit war einem Netzwerk von Kulturzeitschriften eine hinreichend ambitionierte Aufgabe gesetzt.

Was mithin im Zirkulationsmodell des *Lettre*-Netzwerks auf konzeptueller Ebene reaktualisiert wurde, war weniger der Universalismus der République des Lettres und sein auf einer *lingua franca* aufbauendes Kommunikationsideal als vielmehr jenes Paradigma der kulturellen Übersetzung, das einmal, mit den Namen Goethe und Humboldt verbunden, als Modell einer kommenden Weltliteratur gelten durfte, ehe sein diffiziles Gleichgewicht in der Romantik zugunsten der nationalkulturellen Affirmation aufgelöst wurde. Unbestreitbar wies das Konzept von *Lettre* wichtige Veränderungen gegenüber den Ideen aus Prager Tagen auf (allem voran der Abschied vom Marxismus) – aber in der Tradition eines *„cultural"* oder, wenn man denn so will, eines *„rooted" cosmopolitanism* bestand eine entscheidende Kontinuitätslinie zwischen dem Konzept von 1984 und jener Sensibilität, die bereits die Protagonisten des Prager Modells zwanzig Jahre zuvor ausgezeichnet hatte, nachdem sie sich aus der Kuratel des proletarischen Internationalismus der Komintern gelöst hatten.[70]

* * *

overarching universal of a strictly objective method, but a sort of *lateral universal* which we acquire through ethnological experience and its incessant testing of the self through the other person and the other person through the self. It is question of constructing a general system of reference in which the point of view of the native, the point of view of the civilized man, and the mistaken views each has of the other can all find a place – that is of constituting a more comprehensive experience which becomes in principle accessible to men of a different time and country." DIAGNE, Souleymane Bachir: *„On the Postcolonial and the Universal?"*, in: *Rue Descartes 78/2* (2013), S. 7–18, hier S. 16.

70 Zu den Begriffsprägungen des *rooted* bzw. des *cultural cosmopolitanism*, die beide Reinterpretationen der historischen Figur des kosmopolitischen Patrioten bezeichnen, siehe, unter anderen, den ghanaisch-britischen Philosophen Kwame Anthony Appiah („rooted cosmopolitanism") und den britischen Soziologen Gerard Delanty („cultural cosmopolitanism"): APPIAH: *„Cosmopolitan Patriots"*; DELANTY, Gerard: *„The cosmopolitan imagination: critical cosmopolitanism and social theory"*, in: *The British Journal of Sociology 57/1* (2006), S. 25–47. Siehe auch die Diskussion bei TARROW, Sidney G.: *„Rooted Cosmopolitans and Transnational Activists"*, in: TARROW, Sidney G.: *The new transnational activism*, New York: Cambridge University Press 2005, S. 35–56.

Zu den Akzenten, die Liehm – allem inhaltlichen Forumscharakter und aller lokaler Autonomie zum Trotz – in seinem Zeitschriftennetz dann doch gesetzt und respektiert sehen wollte, zählte, neben der Präferenz für den Essay und der Wiedereinbindung der mittel- und osteuropäischen Intellektuellen in den gesamteuropäischen Diskurs, ein besonderes Interesse für die Beiträge kleinerer Länder, nicht nur Mittel- und Osteuropas, sondern überhaupt. „[...] Nous souhaitons faire entendre distinctement la voix des petits pays, les Hollandais, les Scandinaves, les Hongrois, les Roumains, les Grecs, les Slovaques comme les Slovènes, pour ne citer que ceux-là", hatte Liehm den Lesern der ersten Pariser *Lettre*-Ausgabe mitgeteilt.[71]

Dieser programmatische Fokus verdient eine kurze Kommentierung. Warum sollte eine gesamteuropäische Zeitschrift, die an der Zirkulation der besten Essays und Analysen interessiert ist, in besonderem Maße „die Kleinen" berücksichtigen? Nun, Liehm hatte seine Karriere als Übersetzer in Prag begonnen und wusste, dass Übersetzungsentscheidungen politische Entscheidungen sind und dass sie, selbst im bescheidenen Aktionsradius einer Kulturzeitschrift, Auswirkungen auf die geistige Europa- (oder Welt-)karte der Leserschaft haben.[72] Wer sollte übersetzt werden? Wessen Stimme sollte anderen zur Kenntnis gebracht werden? Für das *Lettre*-Netzwerk gab es mindestens zwei gute Gründe, auf diese Fragen mit einer sanften Form von „positiver Diskriminierung" zugunsten der Autoren aus kleinen Sprachen und Kulturen des europäischen Kontinents zu antworten. In *verlegerisch-pragmatischer* Hinsicht sprach dafür, dass die Konkurrenz um ihre besten Texte geringer war: Sprachkenntnisse, Kontakte und Entdeckerwillen vorausgesetzt, ließen sich wichtige und exzellente Beiträge aufspüren, deren Übersetzung im zwar auflageschwachen aber prestigeträchtigen *Lettre*-Netzwerk für den Autor oder die Autorin das Versprechen auf Weiterverbreitung barg – zunächst innerhalb des Netzwerks und in zentraleren Sprachen, mittelbar, durch Literaturagenten und Lektoren, auch in Buchverlagen (übrigens eines der Argumente, dank derer *Lettre* trotz symbolischer Honorare immer wieder hervorragende Autoren für sich gewinnen konnte).[73] Nur wer irrigerweise von der Hypothese ausgeht, der Zugang zum europäischen Kommunikationsraum verlange von allen Punkten des Kontinents aus

71 „A nos lecteurs", in: *Lettre internationale* (Paris), 1, 1984, S. 94.

72 Zum Zusammenhang zwischen Übersetzungen und symbolischem Kapital siehe, mit quantitativ-statistischer Rückendeckung, den Sammelband von SAPIRO, Gisèle (Hrsg.): *Translatio: le marché de la traduction en France à l'heure de la mondialisation*, Paris: CNRS 2008. Ebenfalls in bourdieusianischer Tradition, aber mit stärker qualitativem Fokus: CASANOVA: *La république mondiale des lettres*, Kap. 4. Aus eher poststrukturalistischer Perspektive zudem VENUTI: *The Translator's invisibility*.

73 Ab 1991 verantwortete Antonin Liehm beim Verlag Christian Bourgois die Buchreihe „Bibliothèque Lettre internationale" (siehe den Vertragsbrief von Christian Bourgois an Antonin Liehm vom 5. Januar 1989, Archiv LI, AML). Es erschienen zehn Bände bis 1993, darunter ein dramatischer Dialog des Schweden Lars Kleberg, Romane der Estin Viivi Luik und des Dänen Ib Michael, aber auch wichtige historische Dokumente wie der *récit concentrationnaire* von Tadeusz Borowski und ein humoristisch-bitterer Gefängnisbericht von István Eörsi. Eine ungleich wichtigere Rolle als diese kleine Kollektion spielte gleichwohl die Weitervermittlung von *Lettre*-Autoren an größere Publikumsverlage.

gleich viel Talent und Kraft, wird leugnen können, dass mit dieser Aufspürarbeit in den kleineren Öffentlichkeiten und Sprachräumen eine nötige und lohnenswerte publizistische Tätigkeit verbunden war (und ist).[74]

Über diese verlegerischen Erwägungen hinaus gab es aber auch in rein *programmatischer* Hinsicht Argumente, die für „die Kleinen" sprachen: Liehms *itinéraire* nach 1969 – seine Erfahrungen mit der Rezeption des Prager Frühlings in den großen Öffentlichkeiten Westeuropas, aber auch seine Eindrücke im amerikanischen Exil – hatten ihn vom Nutzen der Idee überzeugt, den Stimmen der „Kleinen" im gesamteuropäischen Diskurs Gehör zu verschaffen. Zwar konzedierte er – übrigens im einzigen Text, den Liehm je selbst in der Pariser *Lettre internationale* veröffentlichte[75] –, dass es unbestreitbar einen „Provinzialismus der kleinen Kulturen" gebe. Bisweilen werde er in ihnen sogar so erdrückend gegenwärtig, dass die „kleinen Kulturen" ihren besten Köpfen den Erfolg neideten, der den Joyces, Ibsens und Hašeks jenseits der eigenen Provinz zuteil geworden war:

> [...] il est vrai aussi que les petits sont plus enclins que les grands à couvrir de boue ceux-là mêmes qui, issus de leur sein et de leur province, font connaître au monde un petit fragment de leur dimension spécifique (témoin l'attitude des Irlandais à l'égard de Joyce, celle des Norvégiens à l'égard d'Ibsen et de Munch, celle des Tchèques à l'égard non seulement de Kundera mais aussi de Dvorak ou de Hasek), ceux en l'honneur de qui ils élèveront plus tard des monuments et fonderont des musées, pour réchauffer leur propre marginalité au soleil de ces réputations mondiales.[76]

Liehm knüpfte mit diesen Überlegungen an jene Debatten an, die schon die Schriftsteller auf dem IV. Tschechoslowakischen Schriftstellerkongress von 1967 bewegt hatten und vor ihnen Generationen von Schriftsteller-Intellektuellen in Tschechien, Belgien, Irland oder Norwegen.[77] Kleine Länder und Kulturen, hatte der Philosoph Jan Patočka in seinen Schriften zur Europaidee in Böhmen gewarnt, liefen immer Gefahr, ihren kosmopolitischen Patriotismus zu Gunsten eines provinziellen aufzugeben.[78] Und portraitierte nicht schon Kafka in einem vielinterpretierten Tagebucheintrag die „kleinen Literaturen" zwar als kämpferische, aber eben auch als primär mit sich selbst beschäftigt?[79] Liehm konstatierte all diese Neigungen „der Kleinen", behandelte sie jedoch mit Nachsicht – entschuldigend wusste er anzuführen, sie seien einfach strenger mit sich selbst:

> Il n'en demeure pas moins que c'est en général chez les petits qu'on trouve les hommes qui, en soumettant *les leurs* et en se soumettant *eux-mêmes* à une critique implacable

---

74 Zur Literatur aus FN 72 sei, mit Blick auf die Ungleichheiten im Weltsprachsystem ergänzt: DE SWAAN, Abram: *Words of the World: The Global Language System*, Polity 2002.

75 LIEHM, Antonin J.: „Du provincialisme", in: *Lettre internationale* (Paris), 18, 1988, S. 71

76 Ebd.

77 Zum Europäismus des Prager Modells und zum tschechoslowakischen Schriftstellerkongress siehe Kapitel 2.

78 PATOCKA: *L'idée de l'Europe en Bohême*.

79 Siehe den Tagebucheintrag vom 25. Dezember 1911 in KAFKA, Franz: *Tagebücher 1910-1923*, hrsg. v. Max BROD, Frankfurt a.M.: S. Fischer 1948, S. 206–210.

> [...] aident à surmonter le provincialisme et le nationalisme provincial qui sont le meilleur refuge et le rempart le plus sûr du médiocre et du mauvais.[80]

Auf Phasen des „Einigelns" folgten mithin bei „den Kleinen", der Tendenz zur Selbstkritik sei dank, solche, in denen die Fenster aufgesperrt würden. Langfristig könnten sie sich, so räsonierte Liehm weiter, die Abkapselung vom Weltgeschehen einfach nicht leisten. Vielleicht sei an dieser Stelle noch einmal an Milan Kunderas berühmte Verteidigung „der Kleinen" aus den Debatten des Jahres 1968 erinnert:

> Ach, arme große Völker! Die Pforte zur Menschlichkeit ist eng, und ihr geht so schwer hindurch...
> Ich glaube an die große historische Berufung der kleinen Völker in der heutigen Welt, die den Großmächten preisgegeben ist, welche sie nach ihrem Maß glatthobeln und zurichten wollen. Indem die kleinen Völker unablässig nach ihrer Gestalt suchen und sie erschaffen, indem sie um ihre Selbständigkeit kämpfen, sorgen sie gleichzeitig dafür, daß diese Erdkugel den schrecklichen Uniformierungstendenzen widersteht, daß eine bunte Vielfalt von Traditionen und Lebensweisen funkelt, daß die menschliche Persönlichkeit, das Wunder und die Besonderheit des Menschen auf ihr zu Hause sein können. [...]
> Ja, ich bin überzeugt von der großen Berufung der kleinen Völker. Ich bin überzeugt, daß eine Welt, in der die Stimme der Guatemalteken, Esten, Vietnamesen oder Dänen nicht weniger Gehör findet als die Stimme der Amerikaner, Chinesen oder Russen, eine bessere und weniger traurige Welt wäre.[81]

Als Kundera dies im Ton der patriotischen Emphase 1968 niederschrieb, hoffte er noch darauf, die Periode der Öffnung in der Tschechoslowakei würde von Dauer sein. Es kam anders. Ob es allein die Schuld eines „Großen" war (der UdSSR), darüber ließe sich trefflich streiten, wie über die historische Belastbarkeit der „Small is beautiful"-Hypothese überhaupt. Im hier interessierenden Fall zählt etwas anderes – beachtenswert ist vor allem der Akzent in Kunderas These, der von Antonin Liehm, in den 1980er Jahren und von Paris aus, in noch einmal verstärkter Form übernommen wurde: Es ging, europapolitisch gesprochen, letztlich weniger um die innenpolitische Situation der kleinen Kulturen und um den Kampf mit ihren eigenen Dämonen als vielmehr um die Rolle, die die Rezeption ihrer besten Autoren *in den großen Öffentlichkeiten* spielen konnte. Wenn also Liehm dem *Lettre*-Netzwerk die Verteidigung „der Kleinen" ins Pflichtenheft schrieb, so war das, zumal vor dem Hintergrund der eigenen Exilerfahrungen, das Resultat einer politischen Analyse, die primär die Probleme der *großen* Kulturen Europas betraf („sous-entendu: les grandes nations parlant de ‚grandes' langues"[82]). Wenigstens wäre das die These, denn in vier der fünf *großen* Länder und Sprachen Westeuropas war das Netzwerk zunächst beheimatet und als Relais-System in diesen Öffentlichkeiten wurde es –

80 LIEHM: „Du provincialisme", S. 71.
81 Zitiert nach der deutschen Übersetzung in *Lettre International* (Berlin) 80, 2008. Für die vollständige Quelle und den Kontext der damaligen Debatte siehe Kapitel 2, FN 107.
82 LIEHM: „Du provincialisme", S. 71.

vor seiner plötzlichen „Ost-Erweiterung" nach 1989 – konzipiert.[83] So war es denn auch der „Provinzialismus der *großen* Kulturen", der Liehm wirklich Sorgen bereitete und gegen den er das *Lettre*-Netzwerk in Stellung brachte („Nous voulons lancer un constant défi à ce qu'on pourrait appeler le provincialisme des grandes cultures").[84] Nicht nur bildeten sich die „großen Kulturen" ein, sich selbst zu genügen, sondern sie schwankten zwischen Provinzialismus *und* Imperialismus – „Elles se croient investies, de droit divin, de la mission d'enrichir le monde de porter la lumière aux autres"[85] –, zwischen Isolationismus *und* der Bewunderung anderer Großmächte:

> On pourrait citer le culte que les Français vouent aujourd'hui à la culture américaine (notamment à la culture de masse), mais aussi celui des Américains pour la culture française ou européenne en général, sans parler de la Russie où les deux symptômes majeurs du provincialisme absolu – un nationalisme culturel isolationniste et une divinisation déraisonnable du *là-bas* et de *l'ailleurs* (avant tout de l'Amérique) – se fondent en un amalgame effrayant, capable d'éclipser complètement la grandeur de la culture russe.[86]

Dagegen also – bei aller Bescheidenheit, die einer Kulturzeitschrift gebührt – die Konzeption eines europäischen Kommunikationszusammenhangs, bei dem sich die Diskursräume partiell überlappen und die geschlossenen Öffentlichkeiten, vor allem die der Großen, ein Stück weit „entprovinzialisiert" werden; vorzugsweise, indem die stärksten Beiträge der „Kleinen" in sie hineingetragen werden. Indem *Lettre,* wo immer möglich, auf diese Stimmen setzte, ließ sich das politisch Angezeigte mit dem verlegerisch Nützlichen verbinden.

* * *

So ungefähr waren die, hier idealtypisch nachgezogenen, Konturen des Modells für ein europäisches Zeitschriftennetzwerk. Es war ein starker Entwurf, der die Lebenserfahrung von Liehms intellektueller Generation integrierte und einen gangbaren Weg für übernationale Publizistik in Europa aufzeigte – für eine Publizistik, die sich nicht mit dem kommunikativen Status quo zufrieden gab und dem kosmopolitischen Projekt verbunden blieb, ohne dabei der Verlockung nach einem abstrakten „Universalismus der Antworten" nachzugeben, um noch einmal Bachir Diagne zu zitieren. Es war jene Art von Unternehmung, die von einer noch jungen europäischen Medien- und Kulturpolitik als zivilgesellschaftliche Inkarnation ihres eigenen Mottos („In Vielfalt

---

83 Siehe auch Kapitel 5.1. und den weiteren Verlauf des Kapitels.

84 „A nos lecteurs", in: *Lettre internationale* (Paris), 1, 1984, S. 94.

85 LIEHM: „Du provincialisme", S. 71.

86 Ebd.; Auch hier ließe sich fragen, ob „die Kleinen" denn besser sind und wiederum antwortet Liehm, dass das nicht die Frage sei – der Provinzialismus der Kleinen reiße wenigstens nicht die ganze Welt mit in den Abgrund… „Si les Norvégiens ou les Tchèques se mettent en tête de sauver le monde au nom de leur propre grandeur ou de la grandeur de leur culture, l'humanité pourra dormir sur ses deux oreilles. Si les Américains ou les Russes conçoivent, pour les mêmes raisons, le même projet, cela finira mal." (LIEHM: „Du provincialisme", S. 71)

geeint") mit ausgestreckten Armen hätte empfangen werden können, wenn deren Institutionen die Chance erkannt hätten, die sich ihnen dort bot.[87]

Liehms publizistisches Modell war überzeugend und sinnvoll (und bleibt es, *mutatis mutandis*, bis zum heutigen Tag) – aber es barg auch einige charakteristische Schwierigkeiten, deren gravierendste sich nach 1989, im Zuge der Expansion des Netzwerks über den Kreis langjähriger Alliierter hinaus, offenbarten. Spätestens dann traten die impliziten Prämissen des *Lettre*-Modells hervor und es zeigte sich, wie hoch die Anforderungen waren, die es an alle Beteiligten stellte.

2. Anspruch und Wirklichkeit, Kosmopolitismus und Renationalisierung. Entwicklungen im *Lettre*-Netzwerk

Für den nachfolgenden Überblick zu den weiteren Entwicklungen im *Lettre*-Netzwerk ist es sinnvoll, drei Netzwerk-Phasen (und zwei „*Lettre*-Generationen") zu unterscheiden:

1. 1984–1989: die Gründung der vier westeuropäischen Ausgaben und die Existenz des Netzwerks als westeuropäisches Relais für gesamteuropäische Diskurse
2. 1989–1992: die Expansion des *Lettre*-Netzwerks in Osteuropa in der Folge der „samtenen Revolutionen" von 1989/90
3. nach 1993: das Ende der Pariser Ausgabe und der Zerfall des Netzwerks

87 Die Europäische Gemeinschaft hat Kompetenz in Kulturfragen offiziell erst seit dem Maastricht-Vertrag von 1992. Es gab jedoch zuvor punktuelle Förderungen für einzelne *Lettre*-Ausgaben, etwa über den Europarat. Die erste ging zurück auf Carlo Ripa di Meana, *Lettre*-Freund und von 1985-1989 Kommissar für Kultur unter Jacques Delors. Ripa di Meana veranlasste, dass Liehm vom Europarat einen Werkvertrag für einen „europäischen Kulturkalender" erhielt, der 1988 in mehreren *Lettre*-Ausgaben als Verlagsanzeige eingebunden wurde (so in *Lettre internationale* (Paris) 18, 1988 und in *Lettre International* (Berlin), 2, 1988). Das Honorar betrug 30.000 Francs, damals knapp 10.000 DM. (Siehe den Vertrags-Brief vom 31. März 1987, Archiv LI, AML). Eine offizielle Förderung erhielt Liehm für einzelne Ausgaben des *Lettre*-Netzwerks dann von der Europäischen Kommission: 20.000 ECU für das Jahr 1991 und 25.000 ECU für das Jahr 1992, dies allerdings nicht für das publizistische Netzwerk an sich, sondern im Rahmen zivilgesellschaftlicher Initiativen in Ost-Europa, nämlich als Beitrag zum Start der ungarischen und der tschechoslowakischen Ausgabe. Nach 1992 gab es keine weitere Förderung. Für das Jahr 1993 hatten die Pariser und die Berliner *Lettre* zusammen mit einer angedachten, in Dublin verlegten, englischsprachigen Edition einen größeren offiziellen Antrag beim „Kaleidoscope-Programm" der EG gestellt, der aber nicht bewilligt wurde (siehe die Antrags-Unterlagen im Archiv LI, AML).
Liehm hat danach noch mehrfach versucht, Subventionen von europäischen Institutionen zu erhalten. Trotz des langjährigen Aufenthalts in den USA und in Westeuropa – und einer tendenziell staatskritischeren Haltung als in früheren Jahren – wandte er sich weiterhin mit größerer Selbstverständlichkeit und größeren Hoffnungen an offizielle Stellen, um dort für seine kulturellen Initiativen Subventionen zu erbitten, als dies vielleicht „westliche" Linksintellektuelle getan hätten. Unbestreitbar hätte die *Lettre*-Initiative, dem Ansatz nach, in eine Förderung länderübergreifender Publizistik in Europa gepasst – wenn es einen solchen Fördermechanismus auf europäischer Ebene gegeben hätte (oder gäbe).

Erwähnt sei an dieser Stelle, dass es im neuen Jahrtausend vereinzelt Neugründungsversuche durch jüngere Journalisten gab, die in gewisser Hinsicht eine „3. Generation" bilden, bisher jedoch zu punktuell geblieben sind, um von einer „Nouvelle Vague" oder einer signifikanten Renaissance des *Lettre*-Netzwerks zu sprechen.[88] Doch der Reihe nach.

Phase 1: Ein westeuropäisches Relais für gesamteuropäische Diskurse (1984-1989)

Mit der Gründung der Madrider Ausgabe 1986 und der Berliner im Jahre 1988 hatte das Netzwerk die Konfiguration, die Antonin Liehm ab 1983 vorgesehen hatte: Vier Ausgaben in vier großen Verständigungssprachen des westlichen Kontinentaleuropas. Die Geschichte der Pariser *Lettre* und der römischen *Lettera* war bereits ausführlich Thema, von der spanischen *Letra* konnten wenigstens die Eckdaten erwähnt werden; nachgetragen sei an dieser Stelle ein Wort zur Gründungsgeschichte der deutschen Ausgabe.

Lettre International, Berlin

Nachdem die Pläne mit dem *Wiener Tagebuch* im Jahre 1983 noch „rechtzeitig abgeblasen" wurden, wie Martin Pollack bilanziert hatte,[89] konzentrierte sich Antonin Liehm mit der Planung einer deutschsprachigen Ausgabe wieder auf die BRD. Als frühester „Lettre-Botschafter" darf hierzulande Fritz J. Raddatz gelten. Der Wahlpariser hatte nicht nur als Erster der Pariser *Lettre* presseöffentlich zum Erscheinen gratuliert (durch eine Notiz in der *Zeit* vom 16. November 1984), sondern er war der Zeitschrift fast von Anfang an auch als Beiträger verbunden.[90] Raddatz sandte Liehm Artikelentwürfe, Korrekturen und Durchhalteparolen auf Briefpapier des Hotels Lutetia[91] – und versuchte an Marion Gräfin Dönhoff zu vermitteln, die Verlegerin der *Zeit.* Die schickte Liehm daraufhin am 2. November 1984 einen Brief voll des Lobes für die Pariser *Lettre* – verbunden mir einer Absage, was die Übernahme der deutschsprachigen Edition durch die *Zeit* betraf.[92]

Nach dem Hamburger Prolog setzten konkretere und ernsthaftere Planungsversuche im Jahre 1987 ein, diesmal zunächst auf Initiative einer Gruppe von West-Berliner Intellektuellen um den Erziehungswissenschaftler Christoph Wulf und den

88 Dies betrifft vor allem die Kopenhagener *Lettre Internationale* von 2003 und die Online-Zeitschrift „Projekt Letterra.org", die 2009 von Moskau aus lanciert wurde. Siehe für einen graphischen Überblick aller „*Lettre*-Generationen" das Schaubild in Anhang 5.

89 Siehe Kapitel 5.2.

90 Siehe zum Beispiel „Les Lumières dévorent leurs enfants", *Lettre internationale* (Paris) 3, 1984 oder „Pièces pour le procès d'Ezra Pound", *Lettre internationale* (Paris) 5, 1985.

91 Erhalten im Archiv AJL/LI, IMEC.

92 Brief von Marion Gräfin Dönhoff an Antonin Liehm vom 2. November 1984, Archiv LI, AML.

Soziologen Dietmar Kamper. Sie luden Liehm Anfang Juni 1987 nach Berlin ein, um zusammen mit den Schriftstellern und Essayisten Peter Schneider, Nicolaus Sombart und Hans Christoph Buch sowie der Soziologin Gerburg Treusch-Dieter die Möglichkeit einer deutschen Ausgabe zu sondieren.[93] Raimund Fellinger, der Cheflektor des Suhrkamp-Verlags, vertrat seinen Verlag. Denn bei Suhrkamp wurde im Juni 1987 überlegt, die deutsche *Lettre* zu verlegen, ehe man sich aus zwei Gründen dagegen entschied: Der designierte Redakteur, Hans Christoph Buch, werde „nun doch für längere Zeit nach Lateinamerika entschwinden", schrieb Siegfried Unseld Anfang Juli 1987 an Liehm. „Und das Zweite: Es muß die Frage geklärt sein, wer die Redaktion finanziert. Für einen Verlag ist das nicht möglich."[94]

Retrospektiv betrachtet ist tatsächlich fraglich, ob die Zeitschrift in einem Buchverlag gut aufgehoben gewesen wäre: Antonin Liehm berichtet, Suhrkamp habe erwogen, *Lettre* in die „edition suhrkamp" einzugliedern und somit auch im Buchformat erscheinen zu lassen.[95] Das hätte freilich kaum der ursprünglichen Konzeption entsprochen, in möglichst großer Auflage als wiedererkennbare Zeitschrift und als „Gebrauchsobjekt" in zeitungsähnlicher Aufmachung an den Kiosken präsent zu sein. Auch die Leitidee einer transnationalen Collage, die Interferenzen zwischen den Beiträgen und freie Assoziationen bei den Lesern fördert, wäre ihrer *conditio sine qua non*, der großformatigen Montagefläche, beraubt gewesen. Über produktions- und rezeptionsästhetische Fragen hinaus stand im Fall von Suhrkamp offenbar zudem die editionspolitische Bedingung im Raum, die Veröffentlichung von kritischen Artikeln über maßgebliche Suhrkamp-Autoren in *Lettre* nur nach vorheriger Zustimmung des Verlages zuzulassen;[96] jene Klausel also, die schon 20 Jahre zuvor bei den Vertragsverhandlungen über das *Kursbuch* für Diskussionen zwischen Siegfried Unseld und Hans Magnus Enzensberger gesorgt hatte, damals jedoch durch das Renommee und den Einfluss des *Kursbuch*-Herausgebers für seine Zeitschrift vorteilhafter gelöst wurde, als sich dies eine deutsche *Lettre* erhoffen durfte.[97]

Durch den Rückzug von Suhrkamp aus den Planungen eröffnete sich für die Journalisten Frank Berberich und Arno Widmann die Gelegenheit, ihren Alternativvorschlag zu konkretisieren, den sie, auf Einladung von Liehm, erstmals auf dem Berliner Treffen vorgestellt hatten. Im Kern planten sie, die Anmutung der französischen (und der italienischen) Edition zu erhalten und wie diese vierteljährlich als unabhängige Zeitschrift auf Zeitungspapier am Kiosk zu erscheinen. Dies sollte über eine Kooperation mit der *taz* ermöglicht werden, auf deren Vertriebsinfra-

93 Die Angaben zum Berliner Treffen stützen sich auf ein Gespräch mit Frank Berberich vom 29. August 2011.

94 Brief von Siegfried Unseld an Antonin Liehm vom 2. Juli 1987, Archiv LI, AML.

95 Auskunft von Antonin Liehm in einem Gespräch vom 10. Mai 2014. Frank Berberich hat dies dem Autor gegenüber bestätigt.

96 Auch diese Angabe stützt sich auf Aussagen von Liehm und Berberich.

97 Zu den Verhandlungen über das *Kursbuch*, bei denen der „denkmalschutz" (Enzensberger) letztlich „nur" das Werk von Brecht, Hesse und Frisch betraf, siehe ausführlich MARMULLA: *Enzensbergers Kursbuch*.

struktur und Anzeigenabteilung man zurückgreifen wollte. Arno Widmann arbeitete seinerzeit als Ressortleiter für Kultur bei der *taz*, Frank Berberich hatte 1979 zum Gründerkreis der alternativen Tageszeitung gehört, sich jedoch bereits Ende 1980 aus der Redaktion zurückgezogen, deren „Antiintellektualismus" er in einem Artikel kritisierte.[98] Er arbeitete seither als freier Journalist, Autor und Unternehmensberater in Frankfurt. Durch einen Artikel von Jörg Altwegg – „Der Geist von Prag weht in Paris"[99] – hatte Berberich von *Lettre internationale* erfahren und war Anfang 1987 nach Paris gereist, um dort mit Liehm jenes ausführliche Gespräch zu Konzept und Geschichte von *Lettre* zu führen, das im Vorfeld des Berliner Besuchs Ende Mai 1987 in Auszügen in der *taz* erschien und bereits an anderer Stelle Thema war.[100] Nach dem Rückzug von Suhrkamp bot sich, unverhofft, die Chance, weit stärker als ursprünglich geplant zur Realisierung einer deutschsprachigen *Lettre* beizutragen – sofern es gelang, die unterschiedlichen *stakeholder* der *taz* von dem Vorhaben zu überzeugen. Das war, aufgrund des finanziellen Wagnisses aber auch der unterschiedlichen Strömungen und Interessenkonstellationen in der Zeitung, durchaus keine Selbstverständlichkeit. Doch in mehreren Treffen konnten Liehm und seine deutschen Partner die Geschäftsführung und schließlich auch eine Mehrheit der Vollversammlung der *taz* dafür gewinnen, als Gesellschafter in die „Lettre International Verlagsgesellschaft mbH" einzusteigen. Frank Berberich wurde als Chefredakteur bestellt, die Geschäftsführung übernahm, auf Berberichs Vorschlag, in den ersten Jahren Stephan Schwardmann, heute der Geschäftsführer des Leipziger Stadtmagazins *kreuzer*.[101] Kernstück der Vereinbarung mit der *taz* war, dass sich die Zeitung mit einer substantiellen Gesellschaftereinlage in die Verlagsgesellschaft von *Lettre* einbrachte und eine Bankbürgschaft für sie zeichnete, was der jungen Zeitschrift den Start ermöglichte. Darüber hinaus hatte man einen publizistischen Coup vereinbart, um die Publikation mit einem Schlag bekanntzumachen: Die erste deutsche *Lettre International* erschien in Rekordauflage von 100.000 Exemplaren, davon wurden etwa 37.000 Exemplare anstelle der Samstagsausgabe vom 28. Mai 1988 den Abonnenten der *taz* zugestellt, ungefähr noch einmal so viele waren – ebenfalls „getarnt" im Mantel der *taz* – zum Zeitungspreis von 1,20 DM am Kiosk zu kaufen und die verbleibenden rund 30.000 Hefte konnten von Buch-

98 BERBERICH, Frank und Arno WIDMANN: „Abschied von einem lebenden Leichnam", *Die Tageszeitung* (taz) vom 28. November 1980. Siehe zu den näheren Umständen MAGENAU, Jörg: *Die taz: eine Zeitung als Lebensform*, München: Hanser 2007, S. 107.

99 ALTWEGG, Jörg: „Der Geist von Prag weht in Paris", *Frankfurter Allgemeine Zeitung* vom 30. August 1986.

100 LIEHM, Antonin und Frank BERBERICH: „Eine Zeitschrift für Europa", in: *Die Tageszeitung* (taz), vom 22. Mai 1987, S. 13-15, hier S. 15.

101 1995 hat sich die *taz* aus *Lettre* zurückgezogen und ihre Anteile an Frank Berberich übertragen, der die Berliner Ausgabe seither in Personalunion als Chefredakteur und geschäftsführender Verleger verantwortet. (Siehe die Vertragsunterlagen aus dem August 1995 im Archiv LI, AML).

handlungen kostenlos an ihre Kunden verteilt werden.[102] „Ein Wunder", gratulierte Frank Schirrmacher in der *Frankfurter Allgemeinen Zeitung.*[103]

Die weitere Geschichte der deutschen *Lettre International* verdient ihre eigene intellektuellengeschichtliche Studie[104] – festgehalten sei an dieser Stelle nur eine Auffälligkeit, die für die Konfiguration des europäischen Netzwerks in besonderem Maße relevant scheint: Anders als in der *sociabilité intellectuelle* ehemaliger Reformkommunisten aus Ost und West, deren *itinéraire* in diesem Buch im Zentrum steht und die für die Genese der Pariser, der römischen und auch der spanischen *Lettre* maßgeblich war, wurde die Berliner Ausgabe von Anfang an von einer anderen intellektuellen Generation getragen: Die Protagonisten und Unterstützer von *Lettre* in der BRD waren überwiegend frankophile, internationalistisch gesinnte Personen aus der freigeistigen Linken; sie waren, wenn man es etwas verkürzt ausdrücken darf, eher Jean Baudrillard und Michel Foucault verpflichtet als Jürgen Habermas und eher der Berliner Paris-Bar und dem Merve-Verlag verbunden als dem Suhrkamp-Verlag.

Frank Berberich (*1949) selbst hatte in den späten 1970er und frühen 1980er Jahren zu poststrukturalistischer Sprachtheorie gearbeitet und versucht, den Protagonisten der „French theory" ein Forum im deutschen Sprachraum zu geben. Neben der programmatischen Überschneidung mit den allgemeinen Zielen der Pariser *Lettre internationale* (Europa „vom Atlantik bis zum Ural", der Essay, die Beschreibung der Gegenwart) reizte ihn deshalb vor allem die Vorstellung, mit einer konsequent übernationalen Text-Collage der empfundenen Borniertheit der deutschen Linken entgegentreten zu können und damit gleich ein doppeltes Zeichen zu setzen: Erstens gegenüber den Vorbehalten, die, nicht zuletzt bedingt durch Sekundärrezeption, in deutschen Gelehrtenkreisen weiterhin gegenüber der *French theory* bestanden (das geflügelte Wort von „Lacancan und Derridada" hatte der Berliner Germanist Klaus Laermann Mitte der 1980er Jahre in einem polemischen Essay geprägt, der sich nicht zuletzt gegen den *Lettre*-Freund Dietmar Kamper richtete[105]); zweitens gegenüber dem Anti-Intellektualismus und Hyper-Lokalismus in Teilen der Alternativbewegung. „Unser Ziel bei *Lettre* war es, Deutschland internationaler zu machen", bilanzierte Berberich im Rückblick auf die Gründungszeit.[106]

Trotz unterschiedlicher Generations-Erfahrungen und intellektueller Präferenzen war die Schnittmenge mit Liehms Konzept hinreichend groß – man war von

102 Angaben auf Grundlage des 16seitigen Transkripts eines unveröffentlichten Gesprächs, das der Autor zusammen mit Caroline Schubarth bereits im November und Dezember 2005 mit Frank Berberich geführt hat. Siehe auch die Nachricht „Zeitschrift für Weltenbummler" im *Spiegel* vom 30. Mai 1988.

103 SCHIRRMACHER, Frank: „Ein Wunder, ‚Lettre International' ist da", *FAZ* vom 28. Mai 1988.

104 Einen ersten, stark medienpraktisch- und marketingorientierten Einblick vermittelt die Studienarbeit einer Arbeitsgruppe, deren Teil der Autor war: HOEGEN u. a.: *„Lettre International"*.

105 LAERMANN, Klaus: „Lacancan und Derridada. Frankolatrie: gegen die neueste Mode, den neuesten Nonsens in den Kulturwissenschaften", *Die Zeit* vom 30. Mai 1986.

106 In einem Gespräch mit dem Autor vom 20. September 2014.

Abb. 13 Frank Berberich und Antonin Liehm auf dem Kongress „Ein Traum für Europa" am 26. Mai 1988 in Berlin. Foto: Holger André, www.holger-andre.de

unterschiedlichen Punkten aus gestartet und hatte sich getroffen. In gewisser Weise fand so am Ende der 1980er Jahre zwischen dem französisch-italienisch-spanischen *Lettre*-Netzwerk und der Berliner Ausgabe endlich jene Begegnung von „Prager Marx" und „Neuer Linke" statt, die noch fünfzehn Jahre zuvor, im Mai 1969 in Paris, gescheitert war.[107] Zwar verlief die Einbindung der Berliner *Lettre* in das ältere Netzwerk nicht ohne Konflikte, aber diese waren in der Regel produktiv und erweiterten das Repertoire an Texttypen und Ausdrucksformen, auf die alle *„Lettres"* zugreifen konnten. Denn bedingt durch ihre Sozialisierung in der „Neuen Linken" – in der Außerparlamentarischen Opposition beziehungsweise deren Nachfolgern und Ausläufern in der „Sponti-Szene" und der undogmatischen Linken von Frankfurt und West-Berlin[108] – brachten die Protagonisten der deutschspra-

107 Siehe dazu ausführlich Kapitel 3. Dass es in den Jahren 1968/69 über die in dieser Arbeit rekonstruierten Fälle hinaus in systematischer Weise zu „verfehlten Begegnungen" zwischen Aktivisten aus Ost und West kam, zeigt sich nicht zuletzt auch bei einem späteren Treffen zwischen ehemaligen Prager Studentenvertretern und Rudi Dutschke. Siehe dazu DUTSCHKE, Rudi und Jacques RUPNIK: *„Das Missverständnis von 1968 – Interview mit Rudi Dutschke [Interview aus dem April 1978]"*, in: *Eurozine* (2008), http://www.eurozine.com/articles/2008-05-16-dutschke-de.html (abgerufen am 24.01.2015). Zudem RUPNIK: *„Les deux Printemps de 1968"*.

108 Für eine Geschichte dieser Entwicklungen siehe OY, Gottfried: *Die Gemeinschaft der Lüge: Medien- und Öffentlichkeitskritik sozialer Bewegungen in der Bundesrepublik*, Münster: Westfälisches Dampfboot 2001.

chigen Ausgabe neue Themen und andere Akzente ins *Lettre*-Netzwerk ein: Berberich hatte ein größeres Interesse an Trikont- und Nord-Süd-Fragen als Liehm, und er tolerierte mehr „Theorie" (mit dem großen T), inklusive der vom Prager Publizisten gefürchteten Fußnoten. Darüber hinaus hatte die Berliner *Lettre* von Anfang an eine insgesamt avantgardistischere und transgressivere Anmutung als die Pariser Ausgabe, so zum Beispiel im „Erotik"-Dossier von Heft 3, 1989, das mit einer Erzählung des französischen Schriftstellers und *Lignes*-Herausgebers Michel Surya und einem Essay von Georges Bataille aufwartete. Verstärkt wurde dieser Eindruck durch Frank Berberichs Idee, die verschiedenen Künste in surrealistischer Tradition zusammenzubringen: Er ließ die Titelseite und mehrere der großformatigen Innenseiten jeder Berliner *Lettre*-Ausgabe exklusiv von einem Künstler gestalten, wofür er auf Kontakte in Düsseldorfer, Kölner und West-Berliner Malerkreise zurückgriff (der erste Titel kam von Jörg Immendorff, es folgten Markus Lüpertz (*LI* 2), A. R. Penck (*LI* 3), Georg Baselitz (*LI* 4), Sigmar Polke (*LI* 5) und so weiter über Rebecca Horn, Albert Oehlen und Martin Kippenberger, bis fast alle, die in Künstlerkreisen Rang und Namen hatten, ihren Beitrag zur Zeitschrift leisteten).[109]

Liehm bewunderte Berberichs verlegerischen Geschäftssinn und editorischen Wagemut, hatte jedoch immer wieder auch Vorbehalte gegen eine zu „radikale" Auslegung von Ideen und Überzeugungen, die er im Grunde gleichwohl zumeist teilte. So zum Beispiel, wenn es um den Abdruck polarisierender politisch-intellektueller Positionen in *Lettre* ging: Zwar hatte Liehm in der „Paz-Affäre" von 1986 die Gegenüberstellung der Texte von Gabriel Zaïd und des Sandinisten Sergio Ramirez verteidigt,[110] doch ein Dossier im zweiten Heft der deutschsprachigen *Lettre* schien ihm problematisch: Aus Anlass der Jahrestagungen von IWF und Weltbank, die 1988 in Berlin stattfanden, hatte Berberich entschieden, auf den Schlagabtausch zwischen IWF-Kritikern und -Befürwortern „in *Lettre*-Manier" zu reagieren, das heißt durch ein Spiegelspiel von Positionen aus Geschichte und Gegenwart: *Lettre International* druckte die außerhalb von Fachkreisen wenig bekannten „Vorschläge zur Gründung einer internationalen Clearing-Union" von John Maynard Keynes, die der Ökonom 1943 als konsequent multilaterale Alternative zum Bretton-Woods-System vorgelegt hatte. Die Bedeutung des Entwurfs wurde in *Lettre* durch Artikel der Volkswirte Jan Kregel und Daniele Archibugi diskutiert.[111] Vor diesem wirtschaftshistorischen Hintergrund sollten dann Fidel Castro und Alfred Herrhausen ihre aktuellen Positionen zu einem Schuldenerlass für die Dritte Welt darlegen. Eine überzeugende Idee, die typisch war für *Lettre*, denn neben Castro, von dem es zu erwarten war, hatte sich auch der brillante und undogmatische damalige Vorstandssprecher der Deutschen Bank für einen Schuldenschnitt

109 Auch aus der kultur-affinen Werbewelt bekam die Berliner *Lettre* Unterstützung: Die frühen Kampagnen von *Lettre International* konzipierte der Düsseldorfer Werbekünstler Michael Schirner (siehe die Nachricht in *Horizont* vom 15. April 1988).

110 Siehe Kapitel 5.4.

111 John Maynard Keynes, „Vorschläge zur Gründung einer internationalen Clearing-Union" sowie Daniel Archibugi, „Duell in Bretton Woods" und Jan A. Kregel, „Keynes' Clearing-Union und die internationale Finanzkrise", alle in *Lettre International* (Berlin) 2, 1988.

Abb. 14: Titelblatt von *Lettre International* (Berlin), Heft 1, 1988.

ausgesprochen – und sich damit in eben jenen Establishment-Kreisen isoliert, als deren Inkarnation er in weiten Teilen der Linken galt. Doch die Einladung, seine Motive in *Lettre* ausführlicher zu diskutieren, nahm Herrhausen nicht an; anders Fidel Castro, mit dem Berberich ein Interview per Telex führen konnte, das dadurch unwidersprochener dastand, als es ursprünglich geplant war.[112]

Diese Situation wäre für den Totalitarismus-Kritiker Liehm ein möglicher Anlass gewesen, von seinem Veto-Recht Gebrauch zu machen, doch ein Veto sprach er nicht aus. Er akzeptierte, wenn auch (netzwerkintern) murrend, die Publikations-Entscheidung der deutschen *Lettre*, entschied aber gegen eine Übernahme des Castro-Interviews in der Pariser Ausgabe, obwohl es natürlich ein journalistischer *scoop* war. Auch in Rom und Madrid verzichtete man auf den Abdruck. *Im Zweifelsfall* blieben die Herausgeber aus Liehms älterem Netzwerk, allem Forumscharakter ihrer Publikationen zum Trotz, *in der Regel* dem antitotalitär reinterpretierten Grundton eines sozialistischen Humanismus verbunden, den die deutsche *Lettre International* immer wieder punktuell gesprengt hat (am sichtbarsten im Herbst 2009 durch das vieldiskutierte Interview mit dem damaligen Berliner Finanzsenator und Bundesbank-Vorstand Thilo Sarrazin, im Rahmen eines umfangreichen Sonderhefts mit Texten zur Stadt Berlin[113]). Es zeichnete sich auch bereits ab, dass die Berliner Redaktion einen „journalistischeren" Weg gehen würde als ihre Kollegen, was sie in späteren Jahren durch die stärkere Berücksichtigung der literarischen Reportage noch weiter akzentuierte.[114]

Allem Eigensinn, aller generationeller Spezifik und regionaler Einbettung zum Trotz, blieb die Berliner *Lettre International* gleichwohl unverkennbar eine Schwesteredition des *Lettre*-Netzwerks, aus dem sie, solange die Pariser Ausgabe noch existierte, einen signifikanten Anteil von Texten übernahm. Sie ist ein gutes Beispiel dafür, dass eine konsequent international orientierte und zu 85 Prozent (!) aus Übersetzungen bestehende Zeitschrift mit einem vergleichsweise geringen Lokalisierungsanteil erfolgreich in nationalen und lokalen Kontexten verortet werden und dort Relevanz entfalten kann, *wenn sie von diesem Ort aus gedacht wird*. Dass Frank Berberich mit „seiner" *Lettre* in späteren Jahren doch zunehmend einen eigenen Weg ging, hing vor allem mit der weiteren Entwicklung des *Lettre*-Netzwerks zusammen, weniger mit dem Netzwerkkonzept an sich, und kaum mit den punktuellen Generations-Konflikten zwischen den beiden *sociabilités intellectuelles*,

112 Fidel Castro, „Von der Pfändung schwindender Reichtümer" (Interview mit Frank Berberich), *Lettre International* (Berlin) 2, 1988.

113 In *Lettre International* (Berlin), 86, 2009.

114 „Für uns [...] war auf jeden Fall klar, dass wir uns im Unterschied zu den bestehenden *Lettres* expliziter, auch journalistischer in politische, kulturelle Diskussionen und Prozesse einmischen wollten – durchaus in Anerkenntnis des Handicaps *quarterly*-verzögerter Erscheinungsweise", bestätigte Stephan Schwardmann in einer Mail an den Autor vom 15. Juli 2013.

die 1988 in diesem „westeuropäischen Relais-System“ zusammengefunden hatten.[115]

Lettre International, London/Dublin?

Bleibt die Frage, weshalb es in diesem Netzwerk keine englischsprachige Ausgabe gab. Hierzu hatte Antonin Liehm im Konzeptpapier von 1983 festgehalten, es sei „aus semantischen Gründen“ nicht möglich und an späterer Stelle ergänzt, man könne zwar gut aus dem Englischen in eine andere Sprache übersetzen, aber nur schlecht aus einer anderen Sprache ins Englische.[116] Überzeugen kann diese Begründung nicht. Sicherlich: Der konzise Stil, der nüchterne Wortwitz und die analytische Präzision des angelsächsischen Journalismus sind eine Herausforderung für Übersetzer und Redakteure, aber die ist es auch, ein „Feuilleton-Stück“ der mitteleuropäischen Tradition, etwa von Ludvík Vaculík, nach Frankreich zu bringen (was die Pariser *Lettre* selbstverständlich tat) oder eine chinesische autobiographische Reportage von der Drastik und dem Humor eines Liao Yiwu in Deutschland einzuführen (was der Berliner *Lettre* gelang). Liehms kategorisches Ausklammern des Englischen „aus semantischen Gründen“ hält aber auch deshalb der Überprüfung nicht stand, weil er, netzwerkintern, zu mindestens einem englischsprachigen Gründungsversuch sein *placet* gegeben hat: 1993 sollte in Dublin (!) eine englischsprachige Ausgabe erscheinen, für die beim Kaleidoscope-Programm der Europäischen Gemeinschaft ein Förderantrag gestellt wurde, der jedoch keinen Erfolg hatte.[117] Dass es nie eine englischsprachige *Lettre* gab, ist wohl kaum auf übersetzungstheoretische oder gar sprachontologische Probleme zurückzuführen, sondern in erster Linie auf das Verhältnis von publizistischem Angebot und möglicher Nachfrage, beziehungsweise auf die Konstellation des Weltsprachensystems und die Grenzen des für *Lettre* Ökonomisch-Machbaren. Denn:

1. Aus den Kooperationspartnern (und sicherlich in gewisser Weise auch Vorbildern) *New York Review of Books* und *London Review of Books* – wie auch aus Kulturzeitschriften und politischen Magazinen wie *Dissent, Granta, Prospect, New Society/New Statesman, Harper's* oder *New Republic* – wären im Falle der Gründung einer englischsprachigen *Lettre* plötzlich Konkurrenten geworden. Die Situation hätte sich noch weiter verkompliziert durch den Wegfall der Übersetzungen aus eben jenen vorgenannten Zeitschriften, auf die sich die verschiedenen *Lettre*-

115 Heute ist die Berliner *Lettre International* mit einer durchschnittlich vertriebenen Auflage von 18.000 Exemplaren eine von Deutschlands maßgeblichen Kulturzeitschriften. Sie fühlt sich Liehms ursprünglicher Programmatik weiterhin verpflichtet und weist gerade mit Blick auf den Autorenstamm auch starke Kontinuitäten auf, hat sich jedoch sukzessive auch der literarischen Reportage gewidmet und ihren Blick im Zuge der Globalisierungsdebatten der 1990er Jahre und der veränderten Weltlage im neuen Jahrtausend in weit stärkerem Maße auch auf außereuropäische Entwicklungen gerichtet, als dies in Liehms ursprünglichem Konzept der Fall war.

116 Quelle wie Kapitel 5, FN 41.

117 Siehe dazu die Dokumente im Archiv LI, AML. Für eine erste Kooperation zwischen der Pariser *Lettre* und der Dubliner *Irish Review* siehe die „Editorial Note“ in *The Irish Review*, Heft 10, Frühjahr 1991, hier S. v.

Ausgaben in nicht unerheblicher Weise stützten, die einer englischsprachigen Edition jedoch selbstverständlich nicht zur Verfügung gestanden hätten (und, aufgrund der veränderten Konkurrenzlage, dann womöglich auch den anderen *Lettres* nicht mehr).

2. Mit anderen Worten: Es hätte einer signifikanten Investition und eines deutlich höheren Anteils an eigens für das *Lettre*-Netzwerk in Auftrag gegebenen Texten bedurft, um die Zeitschrift im englischen Sprachraum zu etablieren.

So schmerzhaft das Fehlen einer englischsprachigen *Lettre*-Ausgabe in einem gesamteuropäischen Netzwerk erscheinen mag, so erklärbar ist es in einer Konfiguration, die mit sehr knappen Ressourcen versuchte, die besten verfügbaren Stimmen zueinander in eine für die je lokale Leserschaft stimulierende und produktive, Collage-ähnliche Beziehung zu setzen. Dies wäre theoretisch in der „hyperzentralen" Sprache Englisch (Abram de Swaan[118]) so gut möglich gewesen wie auf Italienisch, Deutsch oder Französisch, doch *in der Praxis* waren dafür die Markteintrittskosten angesichts der spezifischen publizistischen Ökonomie des *Lettre*-Netzwerks zu hoch. Vermutlich funktioniert ein Zeitschriften-Netzwerk mit weitgehend autonom finanzierten Ausgaben (von den im vorherigen Kapitel diskutierten „Starthilfen" einmal abgesehen) am besten in „mittelgroßen" Öffentlichkeiten: In sehr kleinen Ländern und Sprachräumen fehlt, rein quantitativ, die kritische Zahl an potentiellen Lesern für eine intellektuelle Zeitschrift von konsequent internationaler Orientierung – jedenfalls wird sie dort kaum unsubventioniert am Markt existieren können; in einer hyperzentralen Sprache wie dem Englischen dagegen ist die Konkurrenz zu stark und die nötigen Investitionen sind zu hoch. Deshalb, so wäre hier die These, blieb es vor 1989 bei jenem französisch-italienisch-spanisch-deutschen Relais für gesamteuropäische Diskurse, das Antonin Liehm im Verlauf der 1970er Jahre konzipiert und ab 1983 ins Werk gesetzt hatte.

* * *

Der Koordinations- und Arbeitsmodus während dieser ersten Phase des *Lettre*-Netzwerks war lose und informell, die Zirkulation der Texte aufwendig, teuer und relativ langsam, aber sie fand statt.[119] In der Pariser Redaktion wurden die relevanten neuen Manuskripte zu Bündeln geschnürt und dann per Post an die anderen Ausgaben verschickt. In einer Kladde vermerkte Liehm oder die Redaktionsassistenz, wer wann welches Manuskript zugesandt bekommen hatte. Eine zweite Notiz, auf den Manuskript-Mappen selbst, gab nach Art eines improvisierten „Laufzettels" darüber Aufschluss, ob eine der anderen Editionen den Text übersetzt und übernommen hatte und wann er dort erschienen war.[120]

118 DE SWAAN: *Words of the World.*
119 Die nachfolgenden Angaben basieren auf Gesprächen mit Antonin Liehm, Frank Berberich, Ghislaine Glasson Deschaumes und Biancamaria Bruno.
120 Diese Kladden und Manuskript-Deckblätter liegen im Archiv LI, AML.

Für den Versand eiliger Manuskripte und Briefe, für Vorabversionen der Inhaltsverzeichnisse, Presseausschnitte oder auch nur Gedankenblitze oder Geburtstagsglückwünsche gab es zudem das Faxgerät. Sein Gebrauch – aber auch seine emotionale Besetzung – wurde seither so vollständig durch die E-Mail und andere Internetdienste ersetzt, dass an die kleine medientechnische Revolution erinnert sei: Gerade für übernationale Unternehmungen wie *Lettre* muss die „Demokratisierung" des Faxgeräts im Verlauf der 1980er Jahre ein großes Glück bedeutet haben.[121] Die sich überkreuzenden Briefe, die einander annullierenden Schreiben, die zu spät eintreffenden Manuskripte, Korrekturen und Ergänzungen… all diese Widrigkeiten des redaktionellen Alltags – die noch die Planungsarbeiten etwa der „Revue internationale" aus den 1960er Jahren geprägt und ihren Fortschritt gehemmt hatten – wurden durch das Fax, wenn nicht beseitigt, so doch erheblich reduziert.[122]

Für den Historiker freilich bedeutet das Thermopapier der frühen Faxgeräte nicht eben eine Verbesserung seiner Arbeitsbedingungen. Die ohnehin stark lückenhafte Archivsituation des *Lettre*-Netzwerks verschlechtert sich für die Zeit ab dem Ende der 1980er Jahre noch einmal deutlich, denn die inzwischen weitgehend unlesbaren Fax-Nachrichten werden an Unbrauchbarkeit nur noch von Antonin Liehms liebstem Kommunikations- und Koordinationsmedium übertroffen: dem Telefon. Ghislaine Glasson Deschaumes zufolge, die von 1987 bis 1992 in Paris die Redaktionsassistenz innehatte, klingelte es in dem kleinen Büro ohne Unterlass. Von dort aus koordinierte Liehm nicht nur die vier *Lettre*-Ausgaben, sondern auch seine regelmäßigen Beiträge in der Exilzeitschrift *Listy* und deren literarischer Sommerbeilage *Čtení na léto*, die er verantwortete, sowie die Anthologie *150.000 slov*, die er dreimal jährlich beim Kölner Exilverlag Index herausgab. Die einzigen materiellen Spuren dieser Aktivität sind zwei massive Rolodex-Rollkarteien mit Telefonnummern und zahllose „semiautomatische Telefonzeichnungen", die sich um Manuskript-Deckblätter, Rechnungen und andere Papiere ranken.[123]

* * *

In dieses bescheidene, materiell wie personell prekäre und daher phasenweise unstete, alles in allem aber doch funktionierende transnationale Kommunikations- und Zirkulationssystem hinein, das sich zwischen dem Pariser Büro und den Ausgaben in Rom, Madrid und Berlin in der zweiten Hälfte der 1980er Jahre etabliert

121 Das mag erklären, warum manche Publizisten, Schriftsteller und Literaturagenten, die schon in den 1980er Jahren aktiv waren, noch heute mit großer Selbstverständlichkeit ihre Faxnummer herausgeben, um damit jene intermediäre Arbeitsebene aus schneller persönlicher Erreichbarkeit und Distanz der Schriftform anzubieten, die für uns Nachgeborene mit einer E-Mail-Adresse verbunden ist.

122 Siehe zur unzureichenden Kommunikations-Infrastruktur der „Revue Internationale" (1960-1963), bei der ein großer medientechnischer Vorteil gegenüber den transnationalen Zeitschriftenideen der Vorkriegszeit gleichwohl im Xerox-Kopiergerät bestanden hatte, SCHMIDT: *Die unmögliche Gemeinschaft*, S. 109–116.

123 Nachzuvollziehen im Archiv AJL/LI, IMEC.

hatte, brach das „Weltereignis 1989" (Jacques Rupnik). Bei Antonin Liehm führte es einen Moment lang zu einer „Schockstarre" – so jedenfalls hat es Ghislaine Glasson Deschaumes damals wahrgenommen. Dann, in den Wochen um die Jahreswende 1989/90, als die Zeitungen tagtäglich aus Mittel- und Osteuropa berichteten und all jene Autoren veröffentlichten, die man zuvor in spezialisierten Osteuropa-Zeitschriften oder eben in *Lettre* suchen musste, erschien das nächste Heft der Pariser Ausgabe: Ab dem 15. Dezember 1989 lag es an den Kiosken, kontrapunktisch, mit einem Dossier zu Belgien („Le sourire des Belges").[124] Im Rahmen des Möglichen hatte das *Lettre*-Netzwerk den Fall des Eisernen Vorhangs immer vorweggenommen – als es dann tatsächlich so kam, änderte sich wenig an der Komposition der Ausgaben, deutlich weniger jedenfalls als bei all jenen Zeitungen und Zeitschriften, die plötzlich das „andere Europa" entdeckten. Wichtige Reportagen und Analysen etwa von Timothy Garton Ash, der mit Texten wie „The Revolution of the Magic Lantern" in jenen Monaten weltweite Bekanntheit erlangte, erschienen in Übersetzung in *Lettre*[125] – aber Garton Ashs Essays waren dort auch zuvor bereits veröffentlicht worden (in Paris zum Beispiel in den Heften 2, 5, 8, 9, 10). Nicht anders verhielt es sich mit György Konrád, Milan Šimečka oder Václav Havel… „L'Histoire aidant, nous avons fait école", konstatierte Liehm in einem Editorial aus dem Herbst 1990.[126] So erklärt sich, dass beim Lesen in den *Lettre*-Jahrgängen 1989-1991 der Eindruck von inhaltlicher und thematischer Kontinuität überwiegt; die *Rahmenbedingungen* und die *Konfiguration* des transnationalen Netzwerks freilich veränderten sich im selben Zeitraum fundamental, denn mit der Wiederherstellung der bürgerlichen Freiheitsrechte in Mittel-, Ost- und Südosteuropa waren dort die Voraussetzungen für eigene *Lettre*-Editionen gegeben.[127]

---

124 Heft 23, 1989.

125 „La révolution de la lanterne magique", *Lettre internationale* (Paris) 24, 1990; „Prag. Laterna Magica", *Lettre internationale* (Berlin) 8, 1990.

126 Editorial zu *Lettre internationale* (Paris) 26, 1991.

127 Auch im Hinblick auf Antonin Liehms Tätigkeit außerhalb von *Lettre internationale* begann für ihn, als die „Schockstarre" überwunden war, eine Phase „größter Aktivität" (so Ghislaine Glasson Deschaumes), bei der er auch wieder stärker politisch in Erscheinung trat. So wirkte Liehm 1991 auf Einladung von François Mitterrand und Václav Havel als Delegierter an der kurzlebigen „Confěderation européenne" mit (siehe dazu MITTERRAND, François und Václav HAVEL (Hrsg.): *Assises de la Confédération européenne: Prague, juin 1991*, La Tour d'Aigues: Editions de l'aube 1991.) Er multiplizierte seine Teilnahme an Kongressen, Kolloquien und in Gremien zu europapolitischen „Wende-Initiativen", wie eine Fülle von Dokumenten in den beiden Archiven belegt (Archiv AJL/LI, IMEC; Archiv LI, AML).

Phase 2: Ein Netzwerk vom Atlantik bis zum Ural (1989-1993)

Bereits im Frühsommer 1989 gingen in der Pariser Redaktion erste Anfragen von Autoren, Freunden und Bekannten aus Mittel- und Osteuropa ein, die *Lettre*-Editionen in ihren Heimatländern gründen wollten. Stück für Stück formalisierten sich diese Kontakte, und das *Lettre*-Netzwerk trat in seine zweite Phase: Innerhalb von drei Jahren wandelte es sich von einem westeuropäischen Relais für gesamteuropäische Diskurse mit vier Ausgaben zu einem Netzwerk, das 1993 tatsächlich „vom Atlantik bis zum Ural" reichte und zwölf parallel erscheinende, eigenständige Editionen umfasste.

* * *

Die ersten Initiativen zur „Ost-Erweiterung" des Netzwerks waren von Jugoslawien und Polen ausgegangen, doch die Polen mussten letztlich mit am längsten auf „ihre" *Lettre* warten – bis 1993, dann erschien *Lettre internationale po polsku* („auf Polnisch"), doch leider nur für die Zeit von zwei Ausgaben. In Belgrad dagegen konnte der Plan für *Međunarodno pismo* („Lettre internationale") unmittelbar, noch 1989, umgesetzt werden – als 40-seitige Beilage von *Knjizevnost*, der offiziellen Zeitschrift des Schriftstellerverbandes.[128] Der Anspruch des Herausgebers Jovan Hristić war es, eine pan-jugoslawische Edition auf Serbokroatisch zu publizieren, allerdings erschien sie in kyrillischer Schrift... Kroatische Schriftsteller aus dem Umfeld des Zagreber PEN-Zentrums, die sich von dieser Belgrader Ausgabe nicht ausreichend repräsentiert fühlten, gründeten 1991 *Lettre internationale, hrvatsko izdanje* („kroatische Ausgabe"). Später kam in Skopje unter der Leitung des Dichters Blagoja Risteski Platnar auch noch eine mazedonische Ausgabe hinzu.[129]

Es fehlen dem Autor die Sprachkenntnisse, um die latenten Konflikte und später punktuell wohl auch offenen Feindseligkeiten zwischen den jugoslawischen *Lettre*-Editionen angemessen zu rekonstruieren und anders als durch Gemeinplätze zu bewerten (etwa: pan-jugoslawischer Anspruch in Serbien, nationale Autonomiebestrebungen in den anderen ehemaligen Teilrepubliken). Hingewiesen sei gleichwohl darauf, dass es in diesem Zusammenhang zum einzigen Fall kam, in dem sich Antonin Liehm letztlich zu einer *öffentlichen* Distanzierung von einer *Lettre*-Ausgabe entschied.

Angedeutet hatte sich der Konflikt über das Selbstverständnis von *Lettre internationale* ab September 1991: Zwar hatte Antonin Liehm noch im Editorial des Pariser Hefts 29, 1991, stolz verkündet, die soeben lancierte kroatische Ausgabe versammle, „dans l'esprit de la *Lettre*", Kroaten, Serben und Slowenen im Herausgeberkreis; doch als sich der Kroatienkrieg intensivierte und schließlich auch Zagreb erreichte,

---

128 Die erste Kontaktaufnahme ist ein Brief an Liehm vom 13. April 1989, auf Deutsch verfasst. Die weitere Korrespondenz zwischen Liehm und der Belgrader Edition erfolgt dann wechselweise auf Englisch, Französisch oder Serbo-Kroatisch. Archiv LI, AML (Ordner „L.I. étrangères").

129 Siehe dazu die, allerdings sehr vereinzelte, Korrespondenz im Archiv LI, AML (Ordner „L.I. étrangères").

veränderte sich dort die Stimmung und ein Ton der nationalen Selbstbehauptung setzte sich in der Zeitschrift durch. Am 19. September 1991, nach einer Nacht der Bombardierung der Stadt durch die Jugoslawische Volksarmee, schickten die Herausgeber der Zagreber Ausgabe ein Fax nach Paris, in dem sie um die Veröffentlichung eines SOS-Rufes in allen anderen *Lettre*-Editionen baten. In dem Fax hieß es, das Ausmaß der Gewalttaten in Kroatien habe nun „les contours nets d'un génocide, et de ‚culturocide'" erreicht. Und weiter:

> [...] Toute cette barbarie inimaginable [de la dernière armée stalinienne ; gemeint war die von Serben dominierte Jugoslawische Volksarmee, RLS] devrait servir à effacer notre identité et restaurer le régime totalitaire, empêcher la Croatie de se joindre à l'Europe, de couper les premiers bourgeons de sa démocratie. Devant le ‚fauvisme' de cette armée les mots de liberté, de justice, de vérité, d'amour et surtout de culture sont évidemment vides de sens [...]
> Devant cette tuerie, nous ne pouvons plus nous taire – la tragédie croate est aussi celle de l'Europe. Une prise de conscience plus rapide en Occident accompagné d'un engagement minime pourrait peut-être sauver beaucoup de vies [...][130]

Liehm war kein „Jugo-Nostalgiker", aber er bedauerte den Auflösungsprozess des Vielvölkerstaats, und er wollte vor allem verhindern, dass über das *Lettre*-Netzwerk Nachrichten verbreitet wurden, die in Ton und Rhetorik am Topos „kroatischer Kultur vs. serbischer Barbarei" anknüpften. Deshalb verweigerte er die Veröffentlichung des SOS-Rufes und schrieb noch am selben Tag zurück:

> Chers amis, nous pensons beaucoup à vous et nous faisons ce que nous pouvons.
> Mais la paix ne viendra pas si vous mêmes ne lancez pas des appels courageux à la raison et à la négociation. Il est vrai qu'il faut beaucoup de courage pour le faire aujourd'hui.
> Donc courage ! Vous pourrez être sûrs que nous signerons tous de tels appels.
> LETTRE INTERNATIONALE.[131]

In wie weit es ausreichte, angesichts der Gewalt und der Kriegshandlungen im Jugoslawien der ersten Hälfte der 1990er Jahre weiterhin ausschließlich auf nichtmilitärische Konfliktschlichtungsversuche zu setzen, war natürlich eine bedeutende Frage, zu der sich in jenen Monaten jeder europäische Intellektuelle zu verhalten hatte, ehe sie oder er in der Öffentlichkeit intervenierte. Jörg Requate und Matthias Vollert haben diese Debatte in ihrer Diskursanalyse deshalb im Anschluss an Klaus Eder als ein „europäisches issue" bezeichnet, an dem entlang sich ein transnationaler Kommunikationszusammenhang ausbildete – wenn auch nur in der Form eines „koordinierten Dissenses".[132] Hier braucht von diesem „Krieg der In-

130 Fax von *Lettre internationale* (Zagreb) an Antonin Liehm vom 19. Februar 1992, Archiv LI, AML (Ordner „L.I. étrangères").

131 Fax von Antonin Liehm an die Herausgeber der Zagreber *Lettre internationale* vom 19. Februar 1992, Archiv LI, AML (Ordner „L.I. étrangères").

132 REQUATE, Jörg und Matthias VOLLERT: *„Die Lieben und die Bösen' – Zur Diskussion um den Jugoslawienkonflikt in Deutschland und Frankreich (1990 bis 1996)"*, in: REQUATE, Jörg und Martin SCHULZE WESSEL (Hrsg.): *Europäische Öffentlichkeit : transnationale Kommunikation seit dem 18. Jahrhundert*, Frankfurt/Main; New York: Campus 2002, S. 295–325, hier S. 324.

tellektuellen" allerdings nur ein sehr spezifischer Aspekt interessieren – denn maßgeblich für die Verständigung im übernationalen *Lettre*-Netzwerk war zunächst allein die Frage, wie sich dessen Akteure *in ihren Publikationen* zu verhalten hatten und welche Rolle ein solcher publizistischer Verbund in Kriegszeiten überhaupt spielen konnte. Waren das „Primat des Internationalen" und das Gebot, die lokalisierten „25 Prozent" jeder Ausgabe nicht für innenpolitische Stellungnahmen von Autoren des eigenen Landes zu nutzen, in Kriegszeiten überhaupt weiter aufrechtzuerhalten? Anders gefragt: Wie lange konnte man sich, wie lange durfte man sich „au-dessus de la mêlée" halten?

Das *Lettre*-Konzept stand vor einer Bewährungsprobe. Ob es sie letztlich bestand, ist eine Interpretationsfrage. Ich würde dafür argumentieren, dass es sie nicht bestand – und, so wie es angelegt war, auch kaum bestehen konnte. Ghislaine Glasson Deschaumes erinnert sich, dass Liehm einige Wochen nach dem Zagreber SOS-Ruf einen Hinweis des kroatisch-ukrainischen Schriftstellers, Literaturwissenschaftlers, Kosmopoliten und *Lettre*-Freundes Predrag Matvejević erhielt: Das kroatische Winterheft 1991/1992, habe er Liehm gewarnt, sei im Ton eines der nationalen Affirmation und enthalte mehrere Texte, die geeignet seien, den Nationalismus der Kriegsparteien weiter anzuheizen.[133] Liehm schickte daraufhin am 17. Februar 1992 ein weiteres Fax nach Zagreb, um Slobodan Novak und Ana Prpić, die dortigen Herausgeber, daran zu erinnern, dass *Lettre*-Ausgaben nicht dazu dienen dürften, Innenpolitik zu betreiben.[134] Er informierte die Zagreber, dass er sich genötigt sehe, öffentlich auf Distanz zu Heft 3 der kroatischen *Lettre* zu gehen und er schloss:

> Vous comprenez bien que ceci n'a rien à voir avec mes sentiments pour vous ou pour la Croatie. Mais la *Lettre internationale* est un journal tel qu'il est, et vous le savez bien. Et vous comprenez aussi qu'il ne faut pas compromettre l'avenir parce que la même situation peut malheureusement surgir ailleurs à n'importe quel moment.[135]

Wie angekündigt hieß es dann tatsächlich im Editorial zu Heft 32, 1992 der Pariser Ausgabe:

> Notre édition de Zagreb (Croatie) n'a apparemment pas compris que *Lettre internationale* ne sert aucun intérêt ou sentiment national, serait-il français ou croate, allemand ou serbe, tchèque ou slovaque, hongrois ou roumain, etc. Nous comprenons naturellement la situation de nos amis croates et serbes, et la tragédie de leur pays nous crève le cœur. Mais c'est dans les situations difficiles que les intellectuels et leurs entreprises sont mis à l'épreuve. Ainsi devons-nous récuser toute responsabilité pour le n° 3 de l'édition de Zagreb, avec le ferme espoir qu'il ne s'est agit là que d'un ma-

133 Angaben auf Grundlage eines Gesprächs mit Ghislaine Glasson Deschaumes.

134 Brief von Antonin Liehm an M. Novak, Mme Prpic, M. Katunaric (Lettre internationale Zagreb) datiert auf den 17. Februar 1991, tatsächlich vom 17. Februar 1992, Archiv LI, AML (Ordner „L.I. étrangères").

135 Ebd.

lentendu, explicable, et de vicissitudes qui, en fin de compte, renforcent l'une des idées fondamentales de *Lettre internationale*.[136]

Die kroatischen Herausgeber fühlten sich missverstanden, denn sie sahen keinen Widerspruch zwischen ihrer Parteinahme und dem Konzept von *Lettre* und begründeten dies Liehm gegenüber in einem Brief vom 20. Februar 1992 wie folgt:

> Nous avons estimé [...] que toute édition de LI est censée refléter en quelque sorte le pays où elle paraît, et nous sommes actuellement non seulement en état de guerre, mais aussi en train de subir des dangers vraiment existentiels étant donné les dévastations énormes de la Croatie.[137]

Was hier deutlich wird, ist ein Zielkonflikt im „patriotischen Kosmopolitismus", der von den Kroaten, unter dem Eindruck des Krieges, in die eine, von Liehm in die andere Richtung aufgelöst wurde. Liehms Verständnis von *Lettre* war, das wurde nun vielleicht noch einmal deutlicher und expliziter als zuvor, das einer konsequent kosmopolitischen Publikation – und Kosmopolit sein heißt seit den Stoikern, wie die Philosophin Martha Nussbaum formuliert hat, im Moment eines *Konflikts* zwischen patriotisch-nationalen und übernationalen Werten den letzteren die *„primary allegiance"* zu gewähren.[138] Zwar hatte Liehm in seinem Brief an die Zagreber Redaktion konzediert, dass es Situationen gebe, in denen der Standpunkt von *Lettre* – „au dessus de la mêlée" – den beteiligten Herausgebern als Intellektuellen unmöglich oder unerträglich erscheinen könne. Wenn dem so sei, argumentierte er, müsse eine lokale Edition eben ihr Erscheinen suspendieren, bis ihre Veröffentlichung im Geiste von *Lettre* wieder möglich werde:

> Je comprends naturellement que votre situation est difficile et qu'il est peut-être même impossible de se tenir aux exigences qui président à la publication même de *Lettre internationale* dans n'importe quelle langue [...] Mais dans ce cas là il n'y qu'une seule solution : arrêter la publication de L.I., au moins temporairement.[139]

Liehms kategorische Haltung in dieser Frage diente dem Schutz des transnationalen Kommunikationszusammenhangs, wie ihn *Lettre* kultivieren sollte. Erlaubte es die politische Situation nicht, ihn weiter aufrechtzuerhalten, dann war es in seinen Augen für diese besondere Publikation das geringere Übel, sie vorübergehend nicht weiter erscheinen zu lassen, besser jedenfalls als ihre *raison d'être* preiszugeben.

Mit historischem Abstand betrachtet, wird aus diesem Briefwechsel und der Krise im Frühjahr 1992 deutlich, dass bereits zehn Jahre zuvor in die Konzeption des *Lettre*-Netzwerks mehrere implizite Prämissen des „Prager Modells" übernom-

136 Editorial zu *Lettre internationale* (Paris) 32, 1992. Dass es fast unmöglich war, in diesem Konflikt nicht vor jemandes Karren gespannt zu werden, zeigt ein Brief von Jovan Hristić, dem Herausgeber der Belgrader Ausgabe, der Liehm am 14. April 1992 süffisant mitteilte, er finde Liehms Distanzierung von der Zagreber Ausgabe „excellent"... Archiv LI, AML (Ordner „L.I. étrangères").

137 Antwort der kroatischen Redaktion an Antonin Liehm vom 20. Februar 1992, Archiv LI, AML (Ordner „L.I. étrangères").

138 NUSSBAUM: *„Patriotism and Cosmopolitanism"*.

139 Quelle wie FN 134.

men worden waren, die nach 1989 mit der neuen europäischen Realität kollidierten: Geschaffen wurde das *Lettre*-Netzwerk ursprünglich, um der Teilung Europas wenigstens auf dem Feld des kulturellen und intellektuellen Diskurses entgegenzutreten – es diente der Überwindung von Kommunikationsbarrieren. Liehm und die anderen Beteiligten hatten Mechanismen erdacht, um die Abkapselung der Öffentlichkeiten zu reduzieren, um Texte trotz politischer und infrastruktureller Hemmnisse zirkulieren und Diskurse stärker überlappen zu lassen. Sie wandten sich gegen die Einschränkung der Grund- und Freiheitsrechte in Mittel- und Osteuropa, gegen die Nabelschau, die Selbstzufriedenheit und die *idées reçues* in Westeuropa und gegen den Provinzialismus überall. Dagegen stellten sie die Idee eines wiederangeknüpften europäischen Kommunikationszusammenhangs, einer Form von République des Lettres, allerdings einer multilingual reinterpretierten, die auch den kulturellen Eigensinn respektierte, ohne ihn zu essentialisieren. Liehm würde es vielleicht anders formuliert haben als der Mitteleuropäer Peter Glotz, doch dessen Wort, man müsse sich *„ein modernes Kakanien zumindest als Utopie erhalten*", bleibt auch für das *Lettre*-Netzwerk, in der Nachfolge des „Prager Modells", gültig und erklärungskräftig.[140] Es gibt ein Gespräch aus dem Dezember 1989, das Liehm mit Redakteuren der kleinen Genfer Zeitschrift *Drôle de vie* geführt hat. Es sei daraus eine längere Passage zitiert, weil Liehm an dieser Stelle ungewohnt explizit und freizügig über seine tieferen politischen Überzeugungen gesprochen hat – über jene persönlichen Motive, die durch den Forumscharakter, die Montagetechnik und die relative „Unsichtbarkeit" der Herausgeber in *Lettre* meist verdeckt bleiben, deshalb aber nicht weniger handlungsanleitend wirken. Auf die Frage der Journalisten, ob die Europaidee, wie sie *Lettre* transportiere, nicht bloß ein alter eurozentrischer Traum sei, antwortete Liehm:

> Je ne crois pas. Peut-être chez quelques-uns, mais qu'ils le veuillent ou non l'Europe n'est plus et ne sera jamais plus le centre du monde. Cette idée de l'Europe s'est faite pour deux raisons: D'abord en opposition à ce désastre du XIXè siècle qui s'appelle le nationalisme, qui a amené deux guerres mondiales et plusieurs autres guerres en un siècle, et

140 GLOTZ, Peter: *„Integration und Eigensinn: Kommunikationsraum Europa – eine Chimäre?*", in: ERBRING, Lutz (Hrsg.): *Kommunikationsraum Europa*, Konstanz: Ölschläger/UVK 1995, S. 17–26, hier S. 22. Das vollständige Zitat des SPD-Vordenkers hätte als Strategiepapier für das *Lettre*-Netzwerk dienen können, es lautet nämlich: „An dieser Stelle will ich die Katze aus dem Sack lassen und deutlich sagen, daß ich die These, eine kritische, die Bürgerrechte sichernde Öffentlichkeit sei übernational nicht organisierbar, für resignativen Unsinn halte. Der moderne, demokratische Vielvölkerstaat ist – wie zum Beispiel die Schweiz zeigt – durchaus darstellbar. Man muß sich ein modernes Kakanien zumindest als Utopie erhalten; und es wäre ein interessanter Auftrag an Kommunikationsgeschichtler, zu analysieren, wie die Kommunikationsprozesse im – allerdings nicht demokratisch organisierten – Österreich-Ungarn des späten neunzehnten oder frühen zwanzigsten Jahrhunderts verliefen. Die Abstoßung und Anziehung der Metropole Wien und der kleinen Metropolen Budapest, Prag, Agram [=Zagreb], Laibach [=Ljubljana] und so fort müßte ein hochinteressanter Forschungsgegenstand sein. Wir Heutigen müssen uns allerdings fragen, wer in unseren Vielvölkerstaaten die Rolle des übernationalen Adels spielen soll, wie wir das Problem der Gemeinsprache der Bürokratie lösen und wie wir erreichen wollen, daß – symbolisch gesprochen – die wesentlichen Posten der Armee nicht alle durch Serben besetzt werden. Wohin das führt, hat man in Jugoslawien gerade besichtigen können."

> la deuxième pour des raisons économiques, parce que les marchés nationaux, le marché de l'état-nation, ne suffisent pas dans le contexte mondial. Je viens d'une partie de l'Europe où de telles structures ont existé, je veux parler de l'Empire austro-hongrois, tout le monde en a profité, cela n'a jamais gêné l'épanouissement des cultures nationales. Si l'Empire des Habsbourg avait été capable de se transformer en un Commonwealth ou en une Confédération, il existerait encore. Les Russes ont le même problème aujourd'hui: l'Empire russe va-t-il se désintégrer ou pourra-t-il devenir une confédération? l'intérêt de toutes les Républiques qui forment l'Empire soviétique est qu'il se transforme et qu'ainsi les peuples qui le composent gardent ce grand marché, sans quoi ils vont tous périr de faim. On pourra finalement, je l'espère, fermer la porte sur le XIXè siècle et ce désastreux XXè siècle. Ainsi, je l'espère, les Etats-nations vont s'affaiblir à l'intérieur de l'Europe et le rôle des régions et des ethnies se renforcera. L'Europe peut former un cadre dans lequel le problème allemand sera résorbé; c'est là également que se trouve la solution des questions basque et irlandaise. Le problème yougoslave qui est, à mon avis, et sans qu'on s'en rende compte, le plus grave problème de l'Europe aujourd'hui, ne peut pas être résolu à l'intérieur de la Yougoslavie. L'Europe n'est pas un choix, c'est une nécessité.[141]

Wenige Jahre später bewies sich, wie hellsichtig diese Worte waren, doch wenn man sie weiterhin gerne öffentlich zitiert sähe, dann beweist dies eben auch, dass die europäische Realität nach 1991 nicht den hier vorgezeichneten Linien einer postnationalen Föderation nach „kakanischem" Vorbild folgte, ja dass sich diese Idee noch nicht einmal in Intellektuellenkreisen nachhaltig etablieren konnte. Statt eines starken Europaföderalismus, wie ihn Liehm zur Lösung der deutschen, der baskischen und der irischen Frage und für die Zukunft Jugoslawiens erhoffte – ein wenig, wie ihn schon Hannah Arendt während des Zweiten Weltkrieges für Europa und für die Zukunft der Juden und zur Lösung des Israel-Palestina-Konflikts erhofft hatte[142] –, statt dieses föderalen Weges war es vielmehr zu einer Renationalisierung des europäischen Kommunikationsraums gekommen, zu einem Wiedererstarken ethno-nationaler Identitätskonstruktionen und das, punktuell, selbst bei Autoren und Akteuren aus dem Umfeld des *Lettre*-Netzwerks.

Man kann sich des Eindrucks nicht erwehren, dass Liehm und das alte Netzwerk insgesamt recht unvorbereitet von diesen Entwicklungen getroffen wurden.[143] *Lettre* war, der Struktur nach, ein Kind aus „Friedenszeiten" – beziehungsweise eines des „Kalten" Krieges: Man hatte das „Primat des Internationalen" netzwerkintern nie auf die Probe stellen müssen. Der erste Schritt, die Wiederherstellung demokratischer „Normalität" in Mittel- und Osteuropa, hatte alle Beiträger selbstverständlich geeint und zusammengebracht. Nach „1989" jedoch, mit der „Rückkehr der Geschichte", hätte es eines neu verhandelten Minimalkonsenses bedurft, vielleicht auch einer Neuausrichtung, um zum Beispiel die Frage zu klären, wie – und ob – *Lettre* doch würde *als Netzwerk* politisch Stellung beziehen, Partei ergrei-

141 LIEHM/ACEVEDO/LIPSCHUTZ: „*L'Europe des Lettres*", S. 6.

142 Siehe zu Arendts Föderalismus u.a. BUTLER, Judith: „*‚I merely belong to them' (The Jewish Writings by Hannah Arendt)*", in: *London Review of Books 29/9* (2007), S. 26–28.

143 Gemeint sind die Organisationsstrukturen des *Lettre*-Netzwerks. In einzelnen Artikeln wurde sehr wohl immer wieder vor der Renationalisierung Europas gewarnt, so durch Eric HOBSBAWM, „Après l'Empereur", in *Lettre internationale* (Paris) 33, 1992, S. 91.

fen und sich engagieren müssen, wenn, wie bei der Fatwa gegen Salman Rushdie oder bei der Belagerung von Sarajevo, die elementaren Grundlagen des kosmopolitischen Zusammenlebens attackiert wurden.[144] Über solche Fragen wäre vor dem Hintergrund der veränderten Weltlage erneut zu diskutieren und unter den *Lettre*-Herausgebern Einigkeit herzustellen gewesen, doch das erwies sich als äußerst schwierig – nicht zuletzt, weil das Netzwerk in den zwei Jahren zwischen der ersten Belgrader Ausgabe von 1989 und dem Konflikt mit der Zagreber *Lettre* aus dem Frühjahr 1992 so schnell gewachsen war.

* * *

Denn nach der Belgrader *Lettre* war es in kurzer Folge zu weiteren Gründungen in Prag (1990/91), Budapest (1991), Zagreb (1991), St. Petersburg (1991), Bukarest (1992), Sofia (1992), Warschau (1993) und Skopje (1995) gekommen. Darüber hinaus hatten die dänischen Journalisten Claus Clausen und Peter Madsen zwischen 1990 und 1992 eine „pan-skandinavische" *Lettre* mit Beiträgen in Dänisch, Schwedisch und Norwegisch geplant, von der jedoch nur eine einmalige Ausgabe unter der Leitung des Schriftstellers Carsten Jensen erschien.[145]

Langfristig etablieren konnten sich von all diesen Editionen der „2. Generation" letztlich nur die rumänische und die ungarische, zwischen denen und den vier *Lettres* der „1. Generation" auch die laterale Kommunikation, das heißt der direkte Austausch ohne Liehms Vermittlung, funktionierte (und in gewissem Umfang bis heute funktioniert):

- In Bukarest wurde *Lettre* durch den renommierten Theaterkritiker B. Elvin (eigentlich Elvin Bernstein, 1917-2010) herausgegeben und maßgeblich geprägt. Die Finanzierung der Zeitschrift lag fast vollständig in den Händen des rumänischen Kulturinstituts, sie erschien in einer Auflage von etwa 5000 Exemplaren und brauchte sich bis in die jüngste Vergangenheit hinein um ihr ökonomisches Überleben keine Sorgen zu machen. *Lettre internationale, ediţia română* war (und bleibt, seit B. Elvins Tod unter der Leitung von Irina Horea) in Rumänien eine gut eingeführte und weithin respektierte Zeitschrift mit stark kulturellem und literarischem Profil.[146]

- Auch in Budapest konnte *Lettre* im politisch-literarischen Leben Fuß fassen, wobei neben der materiellen Unterstützung durch die Soros-Stiftung vor allem das intel-

---

144 Dies sind zwei Fälle, in denen sich die deutsche *Lettre International*, jedoch bereits weitgehend außerhalb des *Lettre*-Netzwerks, in späteren Jahren engagiert hat.

145 Angaben auf Grundlage von Auskünften des Journalisten Andreas Harbsmeier, der 2003 in Kopenhagen eine „rein" dänische Edition lancierte, die er bis Ende 2007 als Vierteljahreszeitschrift und dann weitere drei Jahre als Jahrbuch herausgab.

146 Angaben zur Finanzierung auf Grundlage eines Gesprächs mit Antonin Liehm vom 2. Juli 2013; Auflageangaben auf Grundlage eines Faxes von B. Elvin an Antonin Liehm vom 30. März 1994, Archiv AJL/LI, IMEC.

lektuelle Prestige des Freundeskreises der Zeitschrift eine Rolle spielte. Die Idee für diesen mit prominenten Schriftstellern wie Péter Esterházy, György Konrád, Miklós Mészöly und den Philosophen Ágnes Heller und Ferenc Fehér besetzten Beirat ging auf Gábor Mihályi zurück, den ersten Budapester *Lettre*-Herausgeber.[147] Mihályi hatte zu Liehms reformkommunistischem Netzwerk aus den 1960er Jahren gezählt – er war damals Redakteur der offiziellen „Zeitschrift für Weltliteratur" (*Nagyvilág*) und hatte Liehm im Jahre 1968 kennengelernt, als dieser als „Botschafter" des Prager Frühlings zu einer Gesprächsrunde im Budapester Schriftstellerverband angereist war.[148] Als sich Mihályi und Liehm nach 1989 wiedertrafen, um *Magyar Lettre internationale* auf den Weg zu bringen, war Mihályi der „aktivistischere" geblieben, der sich von der Zeitschrift eine politischere, stärker an den drängenden Aufgaben der Zeit orientierte Ausrichtung erhoffte, vor allem, um offensiv gegen den neuen Nationalismus in seinem Land und in Europa allgemein vorgehen zu können – worüber er mit Liehm einen regen und bis heute lesenswerten, freundschaftlichen Briefwechsel führte.[149] Es kam über diese Fragen schließlich zu einem Zerwürfnis zwischen Mihályi und dem zweiten ungarischen Gründungsredakteur Miklós Hernadi, der die Zeitschrift verließ und später die ungarische Ausgabe der (neo)konservativen amerikanischen Publikation *Commentary* gründete.[150] Ersetzt wurde er durch Eva Karádi, die heutige Herausgeberin, die *Lettre* und ihren Trägerverein – die „Magyar Lettre Foundation" – relativ zügig auf einen eher kulturdiplomatisch-institutionellen Pfad setzte: Sie organisierte Festivals im Austausch mit offiziellen Kulturinstituten, Stiftungen und EU-Institutionen. Gábor Mihályi war mit diesen Entwicklungen nicht einverstanden und zog sich zurück. Fraglos gelang es durch den neuen Kurs, die Publikation zu verstetigen, allerdings wurde ihr durch die Einbindung in den semi-offiziellen „Europa-Betrieb" die politische Spitze genommen. Der innereuropäische Ost-West-Dialog liegt, im Unterschied zur Entwicklung etwa der Berliner *Lettre*, bis zum heutigen Tag im Fokus von *Magyar Lettre internationale*, die in einer Auflage von etwa 1000 Exemplaren weiterhin in Budapest erscheint.[151]

Waren die Budapester und die Bukarester *Lettre*, im Kern, Gründungen, die auf die bekannten *sociabilités intellectuelles* ehemaliger Reformkommunisten zurückgingen, so sei durch zwei weitere Schlaglichter, auf die bulgarische und die tschechische Ausgabe, auf die Präsenz einer, neben der reformkommunistischen aus Liehms

147 Schriftliche Auskunft von Eva Karádi in einer Mail an den Autor vom 23. Juni 2013.

148 Angaben auf Grundlage eines 12-seitigen, unveröffentlichten Dokuments mit Gábor Mihályis Erinnerungen an *Lettre*, das er dem Autor am 18. Oktober 2014 zugesandt hat.

149 Einsehbar im Archiv LI, AML (Ordner „L.I. étrangères") und im Archiv AJL/LI, IMEC. Heute ist Mihályi der Ansicht, *Lettres* Positionierung „au-dessus de la mêlée", die er seinerzeit gleichwohl respektierte, sei ein Fehler gewesen, der nicht nur die ungarische *Lettre* um potentielle Leser gebracht habe: „I understand only now that Antonin's conception not to deal with the internal problems of the country where *Lettre* appeared was a misjudgment. It meant that we stepped out deliberately from the mainstream of interest." Quelle wie FN 148.

150 Quelle wie FN 147.

151 Ebd.

und der „post-68er" Linken aus Berberichs Umfeld, *dritten* intellektuellen Generation im *Lettre*-Netzwerk nach 1989 hingewiesen:

- Stefan Tafrov (*1958), der unmittelbar nach der Gründung der bulgarischen *Lettre* durch die Dichterin Blaga Dimitrowa von ihr die Leitung der Zeitschrift übernahm (denn Dimitrowa wurde 1992 zur Vizepräsidentin Bulgariens ernannt), gehörte zur jüngeren Generation anti-kommunistischer Dissidenten aus Mittel- und Osteuropa. Dies spiegelte sich in der bulgarischen *Lettre* in einem besonderen Interesse an zivilgesellschaftlichen Anliegen und Themen, die „im Westen" mit den neuen sozialen Bewegungen assoziiert waren (vor allem Ökologie, aber auch Frauenrechte und die Gleichstellung von religiösen, ethnischen und sexuellen Minderheiten). Tafrov hat nach seiner relativ kurzen Tätigkeit für *Lettre* eine Karriere als hoher Diplomat seines Landes begonnen – seine politischen Überzeugungen bezeichnet der heutige UN-Botschafter Bulgariens als „liberal-konservativ".[152]

- Verstärkt wurde der Einfluss der jüngeren Generation von Dissidenten im *Lettre*-Netzwerk durch den Redakteur der tschechischen *Lettre internationale*, Tomáš Vrba und durch Liehms Stiefsohn, Štěpán Benda, der sich ebenfalls bei der Prager *Lettre* engagierte. Von 1991 bis 1994 erschien sie unter der Obhut der wiedergegründeten *Literární noviny.* In seiner Autobiographie notierte Liehm zum Start der Prager Ausgabe:

  > Ich muss zugeben, dass ich mich wie neu geboren fühlte. Letztlich war es doch nicht umsonst, die vergangenen zwanzig Jahre hatten auf diesen Punkt hingesteuert. Die Tschechoslowakei wird zügig nach Europa zurückkehren, und wir werden dabei helfen, den Zusammenhang zu erneuern, der unterbrochen worden war und ohne den es nicht geht.[153]

  Doch die zu zwei Dritteln auf Tschechisch und einem Drittel auf Slowakisch veröffentlichte Prager *Lettre* konnte sich unter den neuen Verhältnissen in Liehms alter Heimat nie recht etablieren und fand auch nicht die erhoffte Unterstützung durch die neuen Bewohner der Prager Hofburg.

Es ließe sich noch viel zu jeder einzelnen Ausgabe des Netzwerks berichten, doch das würde den Rahmen dieser Studie zur Genese von *Lettre internationale* sprengen. Deutlich wurde hoffentlich, dass es *Lettre* – unbeschadet der Kurzlebigkeit mehrerer Editionen – phasenweise in bis zu zwölf autonom verantworteten und finanzierten, aber parallel erscheinenden Editionen in zwölf Sprachen gab, und dass die Herausgeber aus mindestens drei unterschiedlichen intellektuellen Generationen stammten (siehe im Überblick in Kasten 4).[154] Was die Gesamtauflage

---

152 Angaben auf Grundlage eines Gesprächs von Stefan Tafrov mit dem Autor am 19. Juli 2013.

153 LIEHM: *Minulost v přítomnosti*, S. 148. [Selbstverantwortete Übersetzung aus dem Tschechischen]

154 Es ließe sich mit einigem Recht für elf Sprachen argumentieren, doch der Redakteur der Belgrader *Lettre* hatte im Dezember 1991 in einem Brief an Liehm Wert darauf gelegt, dass es sich fortan um eine „Serbian" und keine „SerboCroat edition" mehr handle, womit wohl auch die

Kasten 4: Überblick der internationalen Editionen des *Lettre*-Netzwerks, 1984-heute

1. **Paris/Französisch; *Lettre internationale*; 1984-1993, 1994-1999 (als *Bulletin de Lettre internationale*), 1999-2000 (als *Nouvelle Lettre internationale*); maßgebliche Personen: Antonin Liehm**
2. **Rom/Italienisch; *Lettera Internazionale*; 1985-2015; maßgebliche Personen: Federico Coen, Biancamaria Bruno**
3. **Madrid/Spanisch; *Letra Internacional*; 1986-heute; maßgebliche Personen: Salvador Clotas, Manuel Ortuño**
4. **Berlin/Deutsch; *Lettre International*; 1988-heute; maßgebliche Personen: Frank Berberich**
5. Belgrad/Serbokroatisch; *Lettre internationale/Međunarodno pismo*, als Beilage (in kyrillischer Schrift) zu КЊИЖЕВНОСТ (*Knjizevnost*); 1989-2003(?); maßgebliche Personen: Jovan Hristić, Vuk Krnjević
6. Prag/Tschechisch (⅔) und Slowakisch (⅓); *Lettre internationale čtvrtletník (Vierteljahreszeitschrift Lettre internationale)*; 1990-1994; maßgebliche Personen: Tomáš Vrba
7. **Budapest/Ungarisch; *Magyar Lettre internationale*; 1991-heute; maßgebliche Personen: Gabor Mihályi, Miklos Hernadi, Eva Karádi**
8. Zagreb/Kroatisch; *Lettre internationale, hrvatsko izdanje* (Kroatische Ausgabe); 1991-1996(?); maßgebliche Personen: Slobodan Novak, Ana Prpić
9. Leningrad-St. Petersburg/Russisch; ВСЕМИРНОЕ СЛОВО (*Vsemirnoie Slovo – „Weltwort“*); 1991-1999(?); maßgebliche Personen: Alexander Ninov
10. **Bukarest/Rumänisch; *Lettre internationale : ediţia română*; 1992-heute; maßgebliche Personen: B. Elvin (Elvin Bernstein), Irina Horea**
11. Sofia/Bulgarisch; Списание *Lettre internationale (Zeitschrift Lettre internationale)*; 1993-2000(?); maßgebliche Personen: Blaga Dimitrowa, Stefan Tafrov
12. Warschau/Polnisch; *Lettre Internationale po polsku*; erschienen sind nur zwei Hefte (Heft 1, 1993/94 und Heft 2-3,1994); maßgebliche Personen: Jacek Kurczewski, Ewa Michalska
13. Skopje/Mazedonisch; *Lettre Internationale*; 1995(?)-2000(?); maßgebliche Personen: Blagoja Risteski Platnar
14. Kopenhagen/dänisch; *Lettre internationale*; 2003-2007 (sowie von 2008-2010 als Jahrbuch); maßgebliche Personen: Andreas Harbsmeier, Karsten Wind Meyhoff (In der Nachfolge einer 1990-92 geplanten skandinavischen Lettre-Ausgabe)
15. Moskau/Russisch; проект *Letterra.org* (Projekt Lettre); 2009-heute (nur online); maßgebliche Personen: Oleg Nikiforov

Ausgaben in ***fetter*** *Schrift konnten sich nachhaltig in den jeweiligen Ländern etablieren.*

Sprache gemeint war… Brief von Vuk Krnjević an Antonin Liehm vom 12. Dezember 1991, Archiv LI, AML (Ordner „L.I. étrangères“).

dieses publizistischen Netzwerks betrifft, so wird die Wahrheit irgendwo zwischen den insgesamt 120.000 Heften gelegen haben, die Liehm im Editorial von *Lettre internationale* (Paris) 30, 1991 angab und den 70.000 Exemplaren, die George Soros am 26. April 1993 kalkulierte.[155] Genug Hefte jedenfalls, um dem Journalisten Burkhard Müller-Ullrich zuzustimmen, der Liehms *Lettre*-Netzwerk einmal augenzwinkernd als „Europas kleinster Presse-Multi" vorgestellt hat.[156] Sicherlich auch genug Sprachen, Sensibilitäten und Arbeitstechniken, um beim Gründer dieses transnationalen Europa-Netzwerks – der, darin ganz „Multi-untypisch", für seine Arbeit kein Gehalt bezog – zunehmend für Kopfzerbrechen zu sorgen.

Phase 3: Das Ende der Pariser *Lettre* und der Zerfall des europäischen Netzwerks

> Wenn Sie zwei oder drei kleine Kinder haben, können Sie ihnen sagen, was sie tun sollen, und die Ausführung auch kontrollieren. Wenn aber die Zahl oder das Alter der Kinder wächst – und damit auch Ihr Alter –, dann können Sie ihnen letzten Endes nur soviel sagen: Hier ist meine Telefonnummer, wenn ihr mich braucht, ruft mich an.
>
> *Antonin Liehm, im Rückblick auf die Dynamik im* Lettre-*Netzwerk nach 1989.*[157]

Bereits Anfang 1990, als die Belgrader *Lettre*-Beilage einige Male erschienen war und weitere Editionen ihre Veröffentlichung vorbereiteten, hatte sich gezeigt, welch hohe Anforderungen Liehms Zeitschriften-Modell an alle Beteiligten stellte. Dabei ging es zunächst noch nicht um die politischen Differenzen, die später zu Tage traten und bereits angesprochen wurden, sondern um „Handwerkliches": Liehm hatte den Eindruck gewonnen, die Belgrader Redaktion verstehe die Pariser *Lettre* als eine Art Steinbruch, aus dem *ad libitum* die Artikel der bekanntesten Autoren entnommen werden könnten. Das Ergebnis sei dann jedoch keineswegs wofür *Lettre* stehe, sondern eine „poubelle à textes", eine Texthalde, wie er unmittelbar nach dem ersten Heft irritiert nach Belgrad geschrieben hatte.[158] Darin lag in der Tat eine der großen Gefahren der Collage-Gestalt: Die Montage von Ensembles aus aktuellen Beiträgen einerseits und Übersetzungen aus anderen Publikatio-

155 Quelle des Briefes von Soros wie Kapitel 5.2, FN 123.

156 Müller-Ullrich, Burkhard: „Europas kleinster Presse-Multi", *Der Standard* vom 5./6. August 1989.

157 Quelle wie Kapitel 5, FN 255, hier S. 7.

158 Brief von Antonin Liehm an Vuk Krnjević vom 10. August 1989, Archiv LI, AML (Ordner „L.I. étrangères").

nen anderseits, aus Neuem und Bestehendem, war eine hohe Kunst, in der es sich mit jedem Heft neu zu beweisen galt.[159] Wo sie nicht glückte, blieb vom „Spiegelspiel“ im besten Fall eine Anthologie übrig – die gerade in Osteuropa im Sinne einer nachholenden Aneignung von Auslandsliteratur sicherlich ihre Berechtigung hatte, wenn sie auch nicht der *Lettre*-Idee entsprach[160] –, im schlechtesten Fall wurde es jene „poubelle à textes“, bei der weder der innere Bezug der Beiträge zueinander, noch der Veröffentlichungsgrund jedes einzelnen Textes mehr ersichtlich war.

Vor diesem Hintergrund sandte Liehm am 17. Januar 1990 einen Rundbrief an alle *Lettre*-Redaktionen, den auch die später gegründeten, zusammen mit einem einseitigen Rahmenvertrag, sozusagen als „Start-Paket“ erhielten.[161] In der *lettre circulaire* erinnerte er,

1. dass die Ausgaben – trotz ihrer Unabhängigkeit und ihrem jeweiligen „caractère national“-*Lettre*-Ausgaben zu bleiben hätten, was eben auch heiße, 50-60% der von der Pariser Ausgabe ausgewählten Texte binnen eines Jahres zu übernehmen
2. dass jede Ausgabe nach ihrem Gusto ein Inhaltsverzeichnis zusammenstelle, dieses dann jedoch rechtzeitig vor der Veröffentlichung nach Paris zu schicken sei
3. dass *Lettre* eine internationale Zeitschrift sei und eines ihrer wichtigsten Merkmale darin bestehe, vor allem Übersetzungen zu veröffentlichen („en principe 75%“)
4. dass die Artikel in Landessprache auch die anderen Editionen interessieren und dort ohne eine „exzessive Zahl an erklärenden Fußnoten“ zu veröffentlichen sein müssten
5. dass literarische wie auch nicht-literarische Beiträge in *Lettre* immer literarischen Ansprüchen zu genügen hätten und dass Literatur in jedem Heft präsent sein solle
6. dass das Layout den Texten zu dienen habe und nicht umgekehrt
7. dass die Bio-Bibliographien in der Marginalienspalte zum Konzept von *Lettre* gehörten und nach Möglichkeit zu übernehmen seien
8. und dass jeder Text ausschließlich aus der Originalsprache [und nicht etwa einer „Relaissprache“ wie dem Englischen, dem Französischen oder dem Deutschen, RLS] übersetzt werden solle. Die hohe Qualität der Übersetzungen sei schließlich die „condition sine qua non de l'existence de la revue“.

---

159 Frank Schirrmacher hatte das sofort gesehen und in seiner euphorischen Grußadresse an *Lettre* gewarnt: „[…] die Gefahr zum Organ von Zweitpublikationen zu werden, ist die eigentliche Gefahr, die ‚Lettre' droht“. Quelle wie FN 103.

160 Man vergleiche die Rolle der „auslandsvermittelnden Zeitschriften“ während der „reeducation“-Phase in der deutschen Nachkriegszeit (*Lancelot*, *Story*, u.a.m.). Siehe dazu die Analyse von OSTER, Patricia: *„Die Zeitschrift als Ort der Konstitution eines ‚transnationalen' kulturellen Feldes: Lancelot – der Bote aus Frankreich und Die Wandlung“*, in: OSTER, Patricia und Hans-Jürgen LÜSEBRINK (Hrsg.): *Am Wendepunkt: Deutschland und Frankreich um 1945 : zur Dynamik eines transnationalen kulturellen Feldes = Dynamiques d'un champ culturel transnational : L'Allemagne et la France vers 1945*, Bielefeld: Transcript 2008, S. 231–248.

161 „Lettre circulaire envoyée à toutes les rédactions étrangères“ vom 17. Januar 1990, Archiv LI, AML.

Worauf Liehm allen anderen Herausgebern ein frohes neues Jahr wünschte und ein baldiges Treffen in Budapest ankündigte.[162] Eigentlich hatte er nur die Grundlagen von *Lettre internationale* erinnert und schriftlich niedergelegt – die reine Existenz dieses Rundbriefs verdeutlicht, dass das publizistische Konzept den neu Hinzutretenden eben nicht mehr im selben Grade selbstverständlich und verbindlich erschien (und, wie an der spanischen *Letra* diskutiert, auch manchen Ausgaben der „1. Generation" nicht unbedingt). Liehm konnte die Grundsätze in Erinnerung rufen, systematisch über ihre Einhaltung wachen konnte er nicht. Der Autonomiegrad der *Lettres* war sehr hoch – gerade auch im Vergleich zu „durchübersetzten" editorischen Konzepten wie dem von *Le Monde diplomatique* –, was auch hieß, dass es starker, gleichermaßen redaktionell wie verlegerisch begabter Talente in jedem Land bedurfte, zwischen denen belastbare Vertrauensverhältnisse entstehen mussten. Netzwerke bleiben – anders als Organisationen – letztlich abhängig von der Qualität der Beziehungen zwischen Einzelpersonen und dem Vorverständnis unter ihnen. Erfolgreiche Netzwerke gründen denn auch, wie Boyer in seiner Analyse notiert hat, „[...] oft auf älteren, mit Blick auf das Netz hin umfunktionierten sozialen Substraten, auf langfristig gewachsene Motivationen und Einstellungen."[163] Das war bei Liehms transnationaler *sociabilité intellectuelle* ehemaliger Reformkommunisten sicherlich der Fall; was die „Begegnung" mit der Berliner Redaktion anbetraf, so hatte es genug Zeit gegeben, die Ernsthaftigkeit und das Einverständnis aller Beteiligten in Vorgesprächen zu überprüfen – beziehungsweise punktuell Dissense festzuhalten. In den turbulenten Monaten nach „1989" fehlte dafür die Zeit. (Vielleicht auch der Wille – wer würde den Beiträgern und Weggefährten aus der Dissidenz verwehren wollen, sich ihr ehemaliges Relais-System anzueignen? Doch wie es Štěpán Benda in einem Gespräch ausdrückte: Nicht jeder mutige Dissident ist auch ein guter Publizist...[164])

* * *

Die Archive von *Lettre internationale* enthalten kaum Dokumente, die Einblick in den „interredaktionellen Alltag" während der zweiten Phase des Netzwerks gewähren. Eine der wenigen Ausnahmen ist die schriftliche Zusammenfassung eines Redaktionstreffens aller Ausgaben, jener Zusammenkunft, die Liehm in seinem Rundbriefversprochen hatte.[165] Sie fand – auf Einladung von Gábor Mihályi[166] – schließlich am 24. Mai 1991 in Budapest statt, wo sich aus Anlass des Starts der ungarischen *Lettre* die Vertreter der Pariser, der Berliner, der Budapester, der römischen, der St. Petersburger, der Sofiaer, der Belgrader, der Zagreber und der Prager Ausgabe einfanden.[167]

---

162 Ebd.

163 Boyer: *„Netzwerktheorien und Geschichtswissenschaften"*, S. 55.

164 Štěpán Benda im Gespräch mit dem Autor am 5. Juli 2013.

165 Das Protokoll ist überschrieben „Quelques moments de la conférence des rédactions de LETTRE INTERNATIONALE tenue le 24 mai 1991 à Budapest", siehe auch FN 135, in Kapitel 5.

166 Siehe den Einladungsbrief von Gábor Mihályi vom 14. April 1991, Archiv LI, AML.

167 Es gab nur wenige „offizielle" Redaktionskonferenzen nach 1989: Eine erste im Winter 1990/91 in Graz und eine dritte am 23. und 24. Oktober 1992, erneut in Budapest. Zwar fanden infor-

Aus dem Protokoll werden mehrere Schwierigkeiten in der konkreten Organisation transnationaler publizistischer Netzwerke ersichtlich, von denen die meisten allerdings bereits angesprochen wurden, sodass nur zwei Problemkomplexe noch einmal exemplarisch herausgehoben seien:

- Die Sprachenfrage: Alle am *Lettre*-Netzwerk beteiligten Herausgeber waren polyglott und fanden, wenn sie sich nicht ohnehin auf Französisch austauschten (der inoffiziellen Netzwerksprache gerade der „älteren Generation"), immer eine Verständigungssprache (meist Englisch oder Deutsch, manchmal aber auch Russisch oder Italienisch). Doch niemand außer Liehm konnte zum Zeitpunkt der größten Ausdehnung des Netzwerks weiterhin über zwei Drittel der Ausgaben problemlos lesen… Deshalb richtete Gábor Mihályi beim Budapester Treffen vor allem an die tschechische, die kroatische und die serbische Ausgabe den Wunsch, sie möchten doch bitte den versandten Original-Manuskripten Zusammenfassungen auf Französisch, Deutsch oder Englisch beilegen, die Ungarn würden es künftig auch tun. Tomáš Vrba von der tschechischen *Lettre* wandte zwar ein, er scheue den zusätzlichen Aufwand und vertraue ganz dem Urteil seiner Übersetzer, doch die Mehrheit der Herausgeber gelangte zu der Überzeugung, dies sei, gerade zur Stärkung der lateralen Zirkulation unter den Ausgaben, ein sinnvoller Vorschlag.
- Die Rechtefrage: Mira Liehm, die sich bei der Pariser *Lettre* um das Rechtemanagement und die Kontakte zu den Literaturagenten und Verlagen kümmerte, beklagte den laxen Umgang der neuen Ausgaben mit Abdruck- und Übersetzungsrechten. Daraufhin gab es, laut Protokoll, den folgenden Schlagabtausch:

> Mira Liehm : „[…] Pour donner un exemple, les Tchèques n'ont pas négocié les droits pour H. G. Gadamer ni pour S. Sontag; les Hongrois n'ont pas négocié les droits pour S. Frears, Dürrenmatt, Eco; les Croates n'ont pas les droits pour Nooteboom ni pour Trevor Roper. On peut avoir des ennuis. Espérons que puisqu'il s'agit des premiers numéros, les auteurs vont s'apitoyer sur les pauvres pays de l'Est. Mais on ne peut pas continuer de cette façon."
>
> T. Vrba et A. Prpic : „Nous avons travaillé comme cela pendant 40 ans."
>
> A. Liehm : „Si vous voulez rentrer en Europe, il faut travailler comme l'on travaille en Europe." […]
>
> Gábor Mihályi : „Peut-on demander une subvention à l'Unesco ?"
>
> A. Liehm : „L'Unesco est fauché."[168]

So also lagen die Dinge 1991, wenn man den konzeptionellen Überbau für einen Moment beiseite lässt. Von der Lektüre des Protokolls bleibt der Eindruck einer tendenziellen Überforderung angesichts der Aufgaben, die das multilinguale und

melle Zusammenkünfte immer wieder am Rande der Frankfurter Buchmesse statt, doch für transnationale Treffen aller Ausgaben fehlte dem *Lettre*-Netzwerk das Geld – und Videokonferenzsysteme, die es einfacher gemacht hätten, existierten noch nicht…

168 Quelle wie FN 165, hier S. 2.

konsequent kosmopolitische *Lettre*-Netzwerk an alle Beteiligten stellte: Nicht nur war es bereits hinreichend schwierig, sich überhaupt als politisch-literarische Publikationen in den jeweiligen Ländern zu etablieren – es galt *darüber hinaus* auch noch das Netzwerk am Laufen zu halten und alle anderen mit Informationen zu versorgen. Von den Herausgebern wurden dabei umfassende Sprachkenntnisse und eine aktive Kommunikationskultur verlangt, grenzen- und disziplinenüberschreitende Neugier sowie eine Arbeitsbereitschaft, die angesichts der knappen Ressourcen oft genug die Preisgabe von Familienleben und Freizeit umfasste. Diese Belastung konnten in der ersten Euphorie nach 1989 leichter toleriert werden als zwei Jahre später; vermutlich hatten sich die neuen Herausgeber zudem mehr Unterstützung „aus Europa" erhofft – ein wenig in infrastruktureller Hinsicht von der Pariser *Lettre*-Redaktion (die man sich, als externer Beiträger, vielleicht größer und stärker vorgestellt hatte, als sie eigentlich war), vor allem aber in Form von Anerkennung und Subventionen durch öffentliche Institutionen. Die waren jedoch entweder tatsächlich „blank", wie die Unesco, oder sie zeigten, wie die Europäische Kommission, nach der kurzen Förderphase der Jahre 1989-1991 zunehmend weniger Interesse daran, publizistische Initiativen zu finanzieren, die sie nicht selbst initiiert hatten. Hinzu kam, dass, wie an früherer Stelle erwähnt, jene formellen und informellen Infrastrukturen der „Osteuropa-Förderung" nach 1991 abgebaut wurden, aus denen das *Lettre*-Netzwerk einen Teil seiner Subventionen erhielt:[169] Der „Oxford Fund" CEEPP stellte seine Förderung 1991 ein und löste sich wenig später auf; George Soros beendete seine Überweisungen auf Liehms Schweizer *Lettre*-Konto offenbar ebenfalls 1993 und ließ fortan nur noch einzelne osteuropäische Editionen (v.a. Budapest, Sofia, Skopje) über lokale Ableger der offiziellen Soros-Stiftungen teilfinanzieren; es ist davon auszugehen, dass auch die Zuwendungen von polnischen und ungarischen Exilorganisationen und Einzelpersonen aus West-Europa und den USA, die ja primär Interesse am Systemwandel in ihren Heimatländern gehabt hatten, in dieser Zeit versiegten.

Kurzum: Dem *Lettre*-Netzwerk – das nie als klassisches „Ost-West-Netzwerk" wahrgenommen werden wollte und doch auch diese Funktion übernahm – ging mit der politischen Transformation in Mittel- und Osteuropa der „besondere Förderungsgrund" verloren. Die Entzauberung der (nun nicht mehr „gekidnappten") Mitte Europas vollzog sich rasch: Die großen Öffentlichkeiten des Westens kehrten zu ihren eigenen Problemen zurück und verloren das Interesse an den kleinen Ländern der neuen europäischen Peripherie... Wie die Literatursoziologin Ioana Popa in ihrer statistischen Auswertung zeigen konnte, nahmen die Übersetzungen aus osteuropäischen Sprachen jedenfalls in den französischen Verlagen bereits 1992 wieder ab.[170]

So war 1992 nicht nur das Jahr, in dem Liehm stellvertretend für *Lettre* den „Stendhal-Preis" für die „Verdienste um den Europäischen Einigungsprozess" entgegennahm, sondern auch der Moment, in dem im *Lettre*-Netzwerk der Blues einsetzte. Einige Ausgaben hörten auf, andere begannen, sich graduell vom Netzwerk zu lösen

169 Siehe auch Kapitel 5.2.

170 Popa: *Traduire sous contraintes*, S. 535.

und einen eigenen Weg zu gehen. Dieser Prozess wurde durch die Jugoslawien-Krise von 1992 etwas und im Jahr darauf stark beschleunigt, denn 1993 musste Antonin Liehms Pariser *Lettre internationale*, nach 37 Heften, ihr Erscheinen einstellen.

* * *

Am 18. Dezember 1993 erfuhren die Leser des Brüsseler *Le Soir* aus ihrer Tageszeitung:

> „LETTRE INTERNATIONALE", UNE MORT ANNONCEE
> Organisée dans la cadre de la présidence belge du Conseil des ministres de la Communauté européenne et à l'initiative d'Éric Thomas, ministre de la Culture de la communauté française de Belgique, la rencontre intitulée « L'Europe et la résonance des livres » s'est donc déroulée pendant deux jours à l'Académie royale de langue et de littérature françaises et a mis en présence des critiques venus de toutes les formes de médias.
> Ce jeudi, elle s'est terminée dans le désarroi, par l'annonce que « Lettre internationale », le prestigieux journal cosmopolite, grand défenseur des petites cultures, était à terme menacé de disparition – dans sa version française à tout le moins, la version « matricielle ». C'est Antonin J. Liehm, son fondateur et l'un des invités de la rencontre, qui a annoncé la triste nouvelle.
> Rappelons que la « Lettre internationale », à laquelle de multiples noms prestigieux ont offert leur concours (Morin, Eco, Goytisolo, Semprun, etc.), n'a cessé depuis sa création, en 1984, de favoriser le dialogue inter et intra-européen. Sa disparition nous ferait bien mal augurer du succès de l'action culturelle menée par une CE qui donne si souvent l'impression d'être dominée par le pouvoir de l'argent.
> M[ichel] G[rodent].[171]

Tatsächlich hatte Liehm zwei Tage zuvor in Brüssel das Ende der Pariser *Lettre* bekanntgegeben und in einem Vortrag über seine fruchtlosen Versuche berichtet, die Finanzierung des *Lettre*-Netzwerks, mindestens jedoch der Pariser Ausgabe, zu sichern.[172] Im Archiv von *Lettre* geben zwei Ordner mit Korrespondenz Aufschluss darüber, wie wenig Interesse gerade in Brüssel an diesem einzigartigen, gesamteuropäischen Netzwerk intellektueller Zeitschriften bestand – Liehm war als Bittsteller so lange von einer „direction générale" an die nächste verwiesen worden, bis er die Segel strich. In Paris dagegen zeigte das Kulturministerium zunächst mehr Verständnis – verlangte jedoch als Gegenleistung für weitere Hilfen, dass Liehm seine Zeitschrift endlich bei einem Verlag unterbringe. Nun waren in der Vergangenheit, wie für Le Seuil und den *Nouvel Observateur* an früherer Stelle gezeigt, sämtliche Versuche in diese Richtung gescheitert: „Oui, c'est très bien, et puis, après tout, on a d'autre chose à faire", hatte Edgar Morin eine im Pariser Presse-Establishment verbreitete Haltung zum *Lettre*-Projekt resümiert. Um dennoch an die Mittel des

171 GRODENT, Michel: „‚Lettre internationale', une mort annoncée", *Le Soir* (Brüssel) vom 18. Dezember 1993, online zugänglich unter: http://archives.lesoir.be/medias-lettre-internationale-une-mort-annoncee_t-19931218-Z07LQP.html

172 Eine 10-seitige Transkription des Audiomitschnitts von Antonin Liehms Vortrag am 16. Dezember 1993 in Brüssel liegt im Archiv AJL/LI, IMEC.

Kulturministeriums (bzw. des Centre National du Livre, CNL) zu kommen, schloss Liehm 1991 einen weitreichenden Gesellschaftervertrag („location-gérance") mit Michel Burton, dem Verleger des Fachverlags „Editions Littéraires Techniques et Artistiques" (ELTA), der in jenen Monaten durch Investitionen in mehrere „intellektuelle Medien" in Paris von sich reden gemacht hatte.[173] Bereits auf dem Budapester Treffen aller *Lettre*-Ausgaben, dem er beiwohnte, hatte Burton dann vollmundig verkündet: „La *Lettre* vit dans l'économie de survie [...] Il faut essayer de se débarrasser de l'économie de survie, passer à l'économie de la réussite."[174] Dabei könne er helfen. Was heute wie ein Prototyp der Ankündigungen klingt, die zwanzig Jahre später in zahlreichen Redaktionen von *Los Angeles Times* bis *The New Republic* zu hören waren, ehe diese demontiert wurden, war auch für die „Überlebensökonomie" von *Lettre internationale* alles andere als der erhoffte Rettungsanker: Zwar erhielt ELTA die Subventionen des CNL, um das weitere Erscheinen von *Lettre* zu ermöglichen[175] – doch dann stellte sich heraus, dass der Verlag die Rechnungen der Übersetzer und der Druckerei nicht beglich, schließlich auch den Redaktionshilfen keine Gehälter mehr zahlte und *Lettre* nach anderthalb Jahren auf größeren Schulden sitzen ließ als je zuvor. Darüber gab es einen Gerichtsprozess, den *Lettre* gewann, doch zu spät, um sich vom erlittenen Schaden zu erholen.[176] Es würde zu weit führen an dieser Stelle auf weitere Details einzugehen: Im Ergebnis stand die ohnehin finanzschwache und vom Rückgang der „Osteuropa"-Subventionen noch weiter prekarisierte Pariser *Lettre internationale*, nach achteinhalb Jahren und 35 Heften, im Dezember 1992 vor dem finanziellen Aus.[177]

Dann geschah, was im Geburtsland der Intellektuellen in solchen Fällen Tradition hat: Edgar Morin und Liehm sandten einen Brief an Kulturminister Jack Lang, der flankiert wurde von einer Petition von 72 Intellektuellen, die sich für den Erhalt von *Lettre internationale* aussprachen. Sie warnten, völlig zu Recht, mit dem Ende der französischen Ausgabe stehe das ganze europäische Netzwerk vor der Auflösung und damit ein seltener „trait d'union entre le Nord et le Sud, l'Est et l'Ouest de notre continent."[178] Darüber hinaus appellierten Predrag Matvejević und Adam Michnik mit zwei Offenen Briefen in *Le Monde* an Politik und Presse,

173 Der Pachtvertrag ist vom 8. August 1991, Archiv AJL/LI, IMEC. Zu Burton siehe die Notiz „Le renouveau de Burton" in *L'Express* (Paris) vom 5. Dezember 1991. Heute konzentriert sich Michel Burton wieder auf klassische Bracheninformationsmedien, wie die Website seiner Kommunikationsagentur MBC verdeutlicht: http://www.groupembc.com.

174 Quelle wie FN 165.

175 Es handelte sich um 900.000 Francs, damals rund 30.500 DM (1991). Siehe das Schreiben von Edgar Morin und Antonin Liehm an Kulturminister Jack Lang vom 3. Februar 1993, Archiv LI, AML.

176 Urteil des „Tribunal de Commerce de Paris" vom 12. Oktober 1993, Archiv LI, AML.

177 Der Interessierte findet die vollständige Korrespondenz zum Rechtsstreit zwischen *Lettre* und ELTA in einem Dossier, das der Aragon-Freund Liehm mit „Lettres à Elta" betitelt hat. Freilich enthält die Mappe, anders als die literarische Vorlage, keine Liebesbriefe. Archiv AJL/LI, IMEC.

178 Petition an Jack Lang vom Dezember 1992, Archiv LI, AML. Die Liste prominenter Unterzeichner umfasste, neben vielen anderen: Jean Baudrillard, Tahar Ben Jelloun, John Berger, Cornelius Castoriadis, Jean Daniel, Luc Ferry, Bronislaw Geremek, André Glucksmann, André Gorz, Julia Kristeva, Milan Kundera, Bernard-Henri Lévy, Gilles Martinet, François Maspero, Olivier Mongin, Marthe Robert, Jorge Semprun, André Siniavski, Philippe Sollers.

die bevorstehende Schließung abzuwenden. Es fand sich daraufhin tatsächlich noch einmal ein Kleinverlag (die „Editions Dursus"), der *Lettre internationale*, wiederum mit Hilfe einer CNL-Subvention, zwei Ausgaben lang verlegte (Hefte 36 und 37, 1993). Im Frühjahr und Sommer 1993 wurden erneut Hilfsgesuche nach Brüssel gesandt, die ohne Erfolg blieben. Dann war es zu spät: Die Peripetien der Jahre 1991-1993 hatten die Pariser *Lettre* viele Leser gekostet – eine Abrechnung vom 14. Juni 1993, nach dem Erscheinen von Heft 37, zeigt, dass die Zeitschrift zu diesem Zeitpunkt nur noch über 1525 zahlende (und 228 nicht-zahlende) Abonnenten verfügte;[179] und auf George Soros' Angebot aus dem April 1993, ein Konsortium zur nachhaltigen Finanzierung des europäischen Netzwerks von *Lettre* zu gründen und einen *matching fund* aufzulegen, war keine weitere Institution eingegangen…[180]

So kam es im Dezember 1993 zum erwähnten Vortrag in Brüssel, über den *Le Soir* berichtete. Am 11. Januar 1994 gab der Historiker und damalige Feuilletonredakteur Michael Jeismann die Nachricht vom Ende der französischen *Lettre* an die Leser der *Frankfurter Allgemeinen Zeitung* weiter: „Der Riß" war seine Notiz treffend überschrieben, in der Jeismann diagnostizierte:

> Der Tod der französischen Ausgabe ist […] mehr als ein verlegerischer Mißerfolg. Eine der wichtigsten europäischen Kulturspangen ist auseinandergerissen. Der Geist von Prag weht in Paris nicht mehr wie einst.[181] Aber auch als er noch wehte, war er, mit Ausnahme von *Le Monde*, für keine französische Tageszeitung der Beachtung wert. Allem hochfliegendem Europa-Pathos zum Trotz droht man in Frankreich wieder in die Provinz zurückzusinken. Schlimmeres kann man diesem Land, kann man Paris, der Hauptstadt der europäischen Kultur, nicht nachsagen.[182]

Das war, mit Blick auf die „europäische Kulturspange" und den Effekt, den das Ende der Pariser Ausgabe auf den gesamteuropäischen Kommunikationsraum der *Lettres* hatte, gut gesehen. Was indes die kulturpolitische Verantwortlichkeit für das endgültige finanzielle Aus der Europa-Zeitschrift anging, so lag sie mindestens so sehr in Brüssel wie in Paris, weshalb es nur konsequent war, dass das Ende von *Lettre internationale* dort angekündigt wurde – vor einem Publikum mit mehreren Kommissionsvertretern.

Antonin Liehm war zu diesem Zeitpunkt 70 Jahre alt und hatte, beginnend mit den ersten Planungen im *Listy*-Umfeld von 1969, fast 25 Jahre in die Realisierung von *Lettre* investiert. Er habe nun keine Lust mehr, Leuten hinterherzulaufen, sagte er in seiner Brüsseler Bilanz – und er stellte die Pariser *Lettre* ein. Es kam dann wie erwartet: Ohne sie fehlte dem *Lettre*-Netzwerk der innere Zusammenhalt. Liehm

179 „Edition des Ventilations" überschriebenes Dokument, datiert auf dem 14. Juni 1993, Archiv LI, AML.

180 Siehe zu diesem Brief Kapitel 5.2, FN 123.

181 Jörg Altwegg hatte *Lettre internationale* unter dem Titel „Der Geist von Prag weht in Paris" den Lesern der *Frankfurter Allgemeinen Zeitung* am 30. August 1986 bekanntgemacht und zur Lektüre empfohlen.

182 JEISMANN, Michael (jei): „Der Riß", *Frankfurter Allgemeine Zeitung* vom 11. Januar 1994.

hatte, dank der verschiedenen Stationen seines eigenen Lebensweges und der Glaubwürdigkeit seines Engagements, die verschiedenen *sociabilités intellectuelles* im *Lettre*-Netzwerk zunächst zusammenführen und anschließend, durch die Texte der Pariser Ausgabe gepaart mit regelmäßiger „Telefondiplomatie“, in Kontakt halten können. Dieses System war in der Phase des rapiden Wachstums des *Lettre*-Netzwerks nach 1989 an seine Grenzen gestoßen, worauf sich Frank Berberich, ab Mitte 1992, dafür einsetzte, die Zirkulation im Netzwerk stärker zu formalisieren. Er regte ein „Forum Lettre Internationale“ an, um den internen Transformationsprozess einzuleiten. Aus der Korrespondenz wird deutlich, dass die Diskussion angestoßen war und gewisse Aussichten auf Erfolg hatte. So antwortete Federico Coen am 16. Juli 1992 nach Berlin:

> Dear Frank,
> I share your proposal for a Forum Lettre Internationale, which Liehm has passed to me. I worry too about the gap among the various editions in the choice of the subjects, and also in the quality of the texts that we publish. The informal coordination that Liehm offers is useful, but it becomes difficult because of the increasing number of our editions. The consequences are those that you indicate: difficulty in having texts which are written for us, proportional higher costs of the copyrights (because each edition buys them separately), difficulty in selling ads to the multinational firms, which could be interested in a *truly European review*. [...] We have to adopt a *formal* mechanism of coordination, fixing a number of rules valid for all of ours.[183]

Im Moment seines (nominell) größten Erfolges hätte das *Lettre*-Netzwerk für diesen notwendigen Transformationsprozess nicht *weniger*, sondern *mehr* Unterstützung gebraucht als je zuvor. Niemand kann wissen, ob die Neuausrichtung geglückt wäre – die inhaltlichen Differenzen traten, wie diskutiert, bereits Jahre zuvor zu Tage. Womöglich hätte sich das publizistische Europa-Netzwerk ohnehin aufgelöst – doch die Chance zur nachhaltigen Institutionalisierung haben die Akteure nie erhalten, weil ihnen im falschen Augenblick der Boden unter den Füßen weggezogen wurde.

Einige Privatpersonen in Frankreich waren über die mangelnde öffentliche Solidarität so enttäuscht, dass sie sich zu einem Verein zusammenschlossen, um mit einem *Bulletin de Lettre internationale* die Arbeit von *Lettre* fortzuführen, bis die Umstände ein offizielles Wiedererscheinen ermöglichen würden.[184] Von 1999-2000 ließ sich Liehm sogar selbst noch einmal, vier Ausgaben lang, zur Herausgabe einer *Nouvelle Lettre internationale* im Lyoner Verlag Golias überreden – doch das waren, unbeschadet guter Texte, die auch in diesen Heften zu finden waren, letztlich Epiphänomene, die am Auseinanderdriften des Netzwerks nichts mehr ändern konnten. Der kritische Moment, an dem es für die verschiedenen Editionen von *Lettre internationale* darum gegangen wäre,

183 Fax von Federico Coen an Frank Berberich vom 16. Juli 1992, Kopie an Antonin Liehm im Archiv LI, AML.

184 Das *Bulletin* erschien von 1994 bis 1999, siehe zum Editionsverlauf auch das Schaubild in Anhang 4.

1. sich über sich selbst und den politischen Minimalkonsens im Europa „nach 1989“ zu verständigen
2. die allzu personengebundenen Strukturen aus den 1980er Jahren auf formellere Zirkulationsregeln umzustellen
3. die technologische Kommunikations-Infrastruktur zu modernisieren und zu professionalisieren
4. offensiv in den europäischen Öffentlichkeiten als das Medium in Erscheinung zu treten, in dem die Grundlagen einer künftigen, europäischen „Politik der Intellektuellen“ verhandelt werden können

– dieser entscheidende Moment waren die Jahre 1991-93 und in eben dieser Zeit fehlten dem *Lettre*-Netzwerk und seinem Gründer Antonin Liehm die Ressourcen und die Kraft für eine weitere, gemeinsame Anstrengung.

Schluss

> L'institution de la presse, comme l'ont montré les historiens, est étroitement associée à celle des nations modernes. Comment la transnationaliser, en contrepoint de la mondialisation de l'information ? Les tentatives de traduction simultanée ou de ‚couplage' entre journaux de plusieurs pays n'ont encore jamais très bien fonctionné. Sachant que cela exige des moyens qui risquent d'être inabordables pour un quotidien en pleine crise financière, je dirai cependant que c'est l'un des principaux chantiers d'une dé-provincialisation de l'information. Elle fait partie des recours dont nous avons besoin pour créer ou recréer de la délibération et du conflit, en un mot du politique, à travers les frontières.
>
> *Etienne Balibar, in einem Beitrag vom 18. Februar 2014 zur Zukunft der Tageszeitung* Libération.[1]

Der Moment, in dem es gilt, dieses Manuskript abzuschließen, fällt zusammen mit einer der gravierendsten Krisen des europäischen Projekts seit dem Ende des Zweiten Weltkriegs. Der Integrationsprozess steht am Scheideweg: Er hat viele Kritiker, darunter nicht wenige enttäuschte Europa-Freunde und engagierte Demokraten verschiedenster Couleur, aber auch eine Handvoll „politischer Unternehmer", die sich von einer kulturellen, ökonomischen und politischen Renationalisierung des Kontinents Opportunitäten versprechen, sowie einige erbitterte Feinde.[2] Manche Beobachter sehen angesichts der verfahrenen Lage kaum mehr eine Zukunft für die Union,[3] andere versuchen die Krise als Möglichkeit zu begreifen, um das unvollendete Projekt einer politischen Verfassung für Europa in Angriff zu nehmen.[4]

Welche Rolle können politisch-literarische Zeitschriften in dieser Situation spielen? Auch die standhaftesten Verteidiger der Bedeutung von aufgeklärter Elitenkom-

1 Balibar, Etienne: „Recréer de la délibération", in: *Libération* (Paris) vom 18. Februar 2014, online zugänglich unter http://ecrans.liberation.fr/ecrans/2014/02/18/recreer-de-la-deliberation_981248

2 Zu letzteren siehe, auf ihre paroxysmalen Ausprägungen verdichtet, jetzt Leggewie, Claus: *Anti-Europäer: Breivik, Dugin, al-Suri & Co.*, Berlin: Suhrkamp 2016.

3 So Offe, Claus: *Europa in der Falle*, Berlin: Suhrkamp 2016.

4 Etwa Guérot, Ulrike: *Warum Europa eine Republik werden muss! Eine politische Utopie*, Bonn: Dietz 2016.

munikation werden, eingedenk der Wirkungsmöglichkeiten von Intellektuellen, kaum behaupten wollen, die aktuelle Krise Europas sei durch den Mangel an transnationalen politisch-literarischen Gesprächszusammenhängen hervorgerufen worden – und durch die Beseitigung dieses Mangels zu beenden. Das hieße, mit Ulrich Beck gesprochen, die Ebene des ideengeschichtlichen Kosmopolitismus verwechseln mit der realen „Kosmopolitisierung" der europäischen Gesellschaften, die ein viel bedeutenderes *Agens* ist.[5] Globalisierungs- und Europäisierungsprozesse sind auf der Ebene der Lebensentwürfe angelangt, beeinflussen, was Menschen für möglich und was für gerecht halten und mit wem sie sich vergleichen. Selten wurde das so deutlich wie in den vergangenen Monaten. *Par la force des choses* waren die Bürgerinnen und Bürger Europas aufgerufen, über sich und ihr Leben in einem kosmopolitisierten Europa nachzudenken. Von der Minderheit einmal abgesehen, die den Kopf in den Sumpf nationalautoritärer Realitätsverweigerung steckt, kann man als Zeitgenosse den Eindruck gewinnen, dass es durchaus ein wachsendes Bewusstsein für die substantiellen Herausforderungen der europäischen Gegenwart gibt: Wie soll das europäische Sozialmodell künftig aussehen („neuer europäischer Sozialvertrag")? Wer ist ein Bürger Europas? Wie wird man es und was bedeutet es? Was muss getan werden, um die Europäische Union demokratischer zu verfassen? Welche Rolle kann und soll sie im Globalisierungsprozess spielen? Über diese (und weitere) Leitfragen eines europäischen Gesellschaftsmodells für das 21. Jahrhundert wird man sich in den kommenden Monaten und Jahren auf vielen Ebenen und in unterschiedlichen Formaten austauschen müssen. Um den immer gleichen Pflichtreden zu Europa etwas entgegensetzen zu können, gilt es zur Kenntnis zu nehmen, was diesseits des expliziten Europadiskurses längst an sozialen, politischen, ästhetischen Praxisfeldern existiert, die im europäischen Kommunikationsraum zu einander in Beziehung treten und sich aneinander reiben. Dazu könnten politisch-literarische Zeitschriften mit ihren traditionell hohen Freiheitsgraden sicherlich einen Beitrag leisten, wenigstens was den Prozess der Selbstaufklärung ihrer traditionellen Leserschichten anbetrifft. Ein intellektueller Europäisierungsprozess, der das europäische Denken gewissermaßen auf die Höhe der realgeschichtlichen europäischen Verwicklung, den Kosmopolitismus auf die Höhe der Kosmopolitisierung, zu bringen hätte.

Ein solches Programm ist – will man es recht angehen und dabei das anspruchsvolle Publikum überzeugen – freilich leichter eingefordert als ins Werk gesetzt. Es müsste jedenfalls auch Ideen zur Stärkung der transnationalen Durchlässigkeit des Mediensystems umfassen, das, wie Balibar anmerkt und wie es auch in diesem Buch Thema war, bisher zu den mit am stärksten „nationalisierten" Gesellschaftsbereichen zählt. Die Geschichte transnationaler Publizistik zeigt: Auch größte konzeptionelle Ingeniosität schützt in dieser Frage vor Scheitern nicht, macht es allerdings weniger zwingend als bei den leider immer noch verbreiteten Versuchen, Europamedien wie Girlanden übers Land zu hängen und darauf zu hoffen, dass sich schon jemand daran erfreuen werde. Mit Blick auf die Gelingensbedingungen

5 Siehe zu dieser Unterscheidung BECK, Ulrich: *Der kosmopolitische Blick oder: Krieg ist Frieden*, Frankfurt am Main: Suhrkamp 2004.

transnationaler Medien in Europa ist es des Autors Hoffnung, dass die Studie zu *Lettre internationale*, jenseits ihres zeitschriftenbiographischen Aspekts, in wenigstens zweifacher Hinsicht instruktiv sein konnte:

1. Zum Einen und zunächst war es mir ein Anliegen, auf die *historische Spezifik* jeder europäischen Zeitschriftenidee hinzuweisen, ohne deshalb gewisse Kontinuitätslinien zu negieren. Wenn etwa, wie häufig geschehen, Philosopheme der République des Lettres und der Aufklärung den Intellektuellen späterer Epochen als regulative Idee dienten, an denen sich die gegenwärtigen Verhältnisse messen lassen mussten, so geschah dies doch immer vor dem Hintergrund einer besonderen historischen Situation und im Interesse einer intellektuellen Generation, die der konkreten Reaktualisierung dann ihren besonderen „Sound" verlieh. Im Fall des reformkommunistischen Netzwerks, das in diesem Buch rekonstruiert wurde, waren es unter anderem das Erbe des mitteleuropäischen, humanistischen Europäismus, die Erfahrung des Stalinismus und die daraus resultierende Verteidigung der Sozialfigur des Intellektuellen, sowie, in späteren Jahren, ein gewisser Orwell'scher Liberalismus, der noch viele Jahre später bei *Lettre internationale* nachhallte. Dabei war der Kooperationsmodus in Liehms transnationalen Projekten immer auf die Beseitigung von Kommunikationsbarrieren angelegt, wie sie das gespaltene Europa vor 1989 charakterisierten, baute zugleich jedoch auf die fraktionsübergreifende Solidarität (auch finanzieller Art) im Kampf um eine „Offene Gesellschaft" zwischen Atlantik und Ural. Inhaltlich betrachtet hat die Pariser *Lettre internationale* sicherlich in dieser Frage ihre stärksten Texte veröffentlicht und auch ihre größten Erfolge vorzuweisen. Und seither? Hat sich die Aufgabe des aus diesem Geist entwickelten europäischen Zeitschriftennetzwerks zwar keineswegs erübrigt – doch Akteure, die sich der Herausforderung etwa vor dem Hintergrund der aktuellen Krise erneut stellen wollen, wären sicherlich schlecht beraten, die von Liehm in seiner Zeit erarbeitete, *konkrete Gestalt* der Europazeitschrift einfach wiederaufleben zu lassen.

2. Worin die besonderen Herausforderungen dieser Art von Unternehmung *in Europa* liegen, darüber konnte die Auseinandersetzung mit *Lettre internationale* gleichwohl hoffentlich auch *über den Einzelfall hinaus* in einigen Punkten Aufschluss geben. Aus Anlass des 50jährigen Bestehens der *New York Review of Books* hat Timothy Garton Ash kürzlich formuliert:

   > Indeed, despite several brave European attempts to create a pan-European intellectual review, *The New York Review* is the closest thing we Europeans have had to a European Review of Books.[6]

   Das mag so sein, wenigstens für den besprochenen Zeitraum und für Garton Ashs intellektuelle Generation – und zugleich verdeutlicht eben jenes Jubilä-

6 Garton Ash, Timothy: „*From the Lighthouse. The World and the NYR After Fifty Years*", in: *The New York Review of Books 60/17* (2013), S. 51–53, hier S. 51.

umsheft, in dem der Text erschien, dass die *New York Review of Books* letztlich kein Modell für eine *European Review of Books* abgeben kann: Die Ausgabe enthielt 26 Beiträge – von Ian Buruma über Paul Krugman zu Zadie Smith –, darunter, soweit es sich überschauen lässt, keine einzige Übersetzung. Eine analog konstruierte und operierende *European Review of Books* hätte ihre liebe Not, mit einer zentralen Redaktion der Realmontage der europäischen Wirklichkeit mit ihrer konstitutiven Mehrsprachigkeit und der Heterogenität ihrer Kulturlandschaften auch nur annähernd gerechtzuwerden.

Es führt kein Weg daran vorbei, die *Idee einer europäischen Zeitschrift* vom „kosmopolitischen Blick" (Ulrich Beck) her zu entwickeln, der *von mehreren Orten aus* auf einen transnationalen Kooperationsmodus zielt. Die Überlappungs-, Verflechtungs- und Kooperationsmetaphorik darf dabei nicht schon deshalb suspekt sein, weil sie im europäischen Kontext vielleicht etwas abgedroschen ist. Sie ist abgedroschen, weil es anders nicht geht. Das hat Antonin Liehm im Verlauf seiner langen publizistischen Karriere klarer erkannt als viele andere, und er hat mit der Netzwerkarchitektur der *Lettre*-Editionen bis hin zum Zirkulationsmodell (das ich „50/25/25" genannt habe) einen konkreten Vorschlag, eine *roadmap*, zur partiellen Verdichtung des intellektuellen Kommunikationszusammenhangs in Europa vorgelegt. An diese Überlegungen wird man, *mutatis mutandis*, anknüpfen können.

Zu den Gelingensbedingungen von politisch-literarischen Zeitschriften gehört allerdings auch die von Etienne Balibar im obigen Zitat *en passant* konzedierte ökonomische Herausforderung. Bekanntlich ist schon die Existenz auf dem *nationalen* Markt für diesen Medientypus alles andere als einfach: Subventionen durch Verlage, Unternehmensstiftungen, Privatvermögen und die öffentliche Hand sind, in Geschichte *und* Gegenwart, eher die Regel als die Ausnahme des Genres. Eine konsequente *Europäisierung* führt jedoch – vor allem durch die Notwendigkeit der Übersetzung, aber auch durch den gesteigerten Koordinierungs-, Lizenzierungs- und Abrechnungsaufwand – zu einem weiteren Anstieg der Kosten, dem, jedenfalls bis auf weiteres, keine entsprechende Gewinnaussicht gegenübersteht.

Für die politisch-literarische Presse ist „Europäisierung", selbst in ihrer oben diskutierten Vernetzungs-Variante, weiterhin ein „Wettbewerbsnachteil". An den ökonomischen Reproduktionsbedingungen für übersetzungslastige, transnational operierende Medien hat sich übrigens auch durch die Digitalisierung kaum etwas geändert. Man wird deshalb nicht umhinkommen, über intelligente Fördermechanismen nachzudenken, mit denen die *spezifischen Mehrkosten*, die bei transnationalen Medienkooperationen in Europa entstehen, abgefangen werden können. Das wird die inhaltlichen Herausforderungen nicht lösen (und neue Probleme schaffen), aber es steigert die Wahrscheinlichkeit, dass es konzeptionell überzeugenden Kooperationen von politisch-literarischen Zeitschriften in mehreren europäischen Ländern und Sprachen *à terme* gelingt, einen Modus der nachhaltigen Institutionalisierung zu finden. Dann ließe sich wohl von einer „European Review of Books" sprechen – und darin läge eine würdige Reaktualisierung von Antonin Liehms bis heute wegweisendem Engagement für Europa.

Danksagung

Dieses Buch hätte, darin seinem Gegenstand verwandt, ohne ein transnationales intellektuelles Netzwerk nicht entstehen können. Auch wenn der Autor die alleinige Verantwortung trägt, was er gerne tut, haben doch mehrere *intellectual communities* und Einzelpersonen auf die eine oder andere Weise mitgewirkt. Es ist mir angenehm, ihnen an dieser Stelle danken zu dürfen.

Zuvorderst gilt mein Dank Antonin Liehm, der mir die Archive geöffnet hat, Frank Berberich, Biancamaria Bruno, Ghislaine Glasson Deschaumes und zahlreichen weiteren ehemaligen und derzeitigen „*Lettristen*". Zudem den Weggefährten, Zeitzeugen und Beobachtern, die sich die Zeit für Interviews und Briefwechsel genommen haben.

Betreut wurde diese Arbeit, die der Universität Bielefeld und Sciences-Po Paris im Mai 2015 als deutsch-französische Dissertation vorgelegen hat, von den Historikerinnen Ingrid Gilcher-Holtey und Emmanuelle Loyer. Beide haben auf so engagierte wie freundlich-kollegiale Art die Verfertigung begleitet und mir wichtige Anregungen gegeben. Dasselbe gilt für Jörg Requate, Jakob Vogel und Johannes Grave, die der Prüfungskommission angehörten. Denke ich an „Bielefeld" (doch doch, das kommt vor), so denke ich aber auch an meinen Freund und Kollegen Henning Marmulla, mit dem es sich wunderbar über die Welt der Zeitschriften reden lässt. Bei „Sciences-Po" zudem an Jacques Rupnik und Marc Lazar, die beide ihre umfassende Kenntnis der in diesem Buch berührten Forschungsfelder in Diskussionen mit mir geteilt haben. Ihnen allen herzlichen Dank.

Neben „Bielefeld" und „Sciences-Po" müssen weitere Orte genannt werden, an denen aus dem anfänglichen Interesse an transnationaler Publizistikgeschichte während der Jahre 2009-2015 ein Buch wurde: Da wäre, vor allem zu Beginn der Arbeit, die Bauhaus-Universität Weimar, wo ich von den Diskussionen mit Friedrich Balke, Maria Muhle, Simon Roloff und Antonia von Schöning profitiert habe. Dann die Archivorte IMEC in Caen, AML in Brüssel und die AdK Berlin, ohne die dieses Buch natürlich undenkbar wäre. Die magische Abbaye d'Ardenne des IMEC war zudem, dank der Gastfreundschaft von Nathalie Léger, Albert Dichy, Yoann Thommerel und André Chabin, der Ort einer Tagung zu *Lettre internationale.*

Eine wichtige Station, auch im Hinblick auf den Praxistest einiger Ideen, war die Pariser Redaktion von *Courrier International,* wo ich von 2009-2012 als Redakteur arbeiten durfte. Hierfür stehe ich vor allem bei Philippe Thureau-Dangin und Isabelle Lauze in der Schuld, ich möchte aber auch Catherine André, Marc-Olivier Bherer, Bérangère Cagnat, Lucie Geffroy und Eric Maurice erwähnen. Sie alle sind, durch das gemeinsame Engagement für eine europafreundliche und weltoffene französische Gesellschaft, zu Freunden geworden. Aus Paris dürfen zudem Emmanuel Alloa, Alice Béja, Lucie Campos, Marc-Olivier Padis und Gérard Wormser nicht fehlen, die wichtige Diskussionspartner in Fragen der „intellektuellen Europäisierung" waren.

New York, wo ich in den Jahren 2012-2014 meinen Lebensmittelpunkt hatte, lag nur nach Kilometern fernab der europäischen Öffentlichkeit. In vielen Gesprächen zeigte sich, dass die Wertschätzung für das europäische Projekt und die Sorge um seine Zukunft dort bisweilen größer sind als auf dem gegenwärtig so ratlos und erschöpft wirkenden Kontinent selbst. In diesem Sinne möchte ich Larry Wolff und Edward Berenson an der NYU und Andrew Arato und Jeremy Varon an der New School for Social Research für die großzügige Aufnahme an ihren Institutionen danken. Ohne sie hätte ich nicht das Privileg des Gastrechts genossen. Einen früheren Forschungsaufenthalt an der Columbia University verdanke ich Bruce Robbins, Emrah Efe Khayyat und, was die Finanzierung angeht, der Rotary International Foundation und dem Engagement von Andreas Eckhardt in Bonn. Festhalten möchte ich auch die New Yorker Diskussionen mit Robert Harvey, David Marcus, Christian Marxsen, Hélène Quiniou, Hendrikje Schauer und Robert Zwarg. Vor allem jedoch habe ich Dick Howard zu danken, der diese Arbeit in zahlreichen Gesprächen kommentiert und begleitet hat.

Schließlich denke ich, wenn's um Danken für die vorliegende Druckfassung geht, vor allem an „Marbach" und „Essen": Marcel Lepper und das Team des Forschungsreferats am Deutschen Literaturarchiv haben mir das Wiederankommen in Deutschland erleichtert und eine zusätzliche Recherchephase ermöglicht. Eine neue Wirkungsstätte konnte ich, dank Claus Leggewie, seither am Kulturwissenschaftlichen Institut in Essen finden. Auch dafür habe ich zu danken.

Die Drucklegung wurde vom Beihilfefonds Wissenschaft der VG Wort gefördert. Zwei Lektoren, Andreas Knop beim Wilhelm Fink Verlag und mein Vater Heinz-Ottmar Schmidt, haben das Buch besser gemacht. Gewidmet ist es Florence und unseren Kindern Adrian und Valentin.

Quellen und Literatur

1. Quellen

Archive

Privatarchiv Antonin Liehm/Lettre internationale (Sigel im Text: Archiv AJL/LI, IMEC)
Bei diesem nicht inventarisierten Konvolut handelt es sich um das Privatarchiv von Antonin Liehm, schwerpunktmäßig (aber nicht ausschließlich) aus den Jahren nach seiner Emigration 1969 bis zum Ende der 1980er Jahre. Es ist seit 2013 im Bestand des Institut Mémoires de l'Edition Contemporaine (IMEC) in Caen, Frankreich, wo es als Fonds Lettre internationale/Antonin Liehm gegenwärtig erschlossen wird.

Verlagsarchiv Lettre internationale (Sigel: Archiv LI, AML)
Der gegenwärtig noch nicht inventarisierte Archivbestand (Fonds Lettre internationale) liegt in den Archives et Musée de la littérature (AML) der Brüsseler Bibliothèque royale. Er enthält vor allem Dokumente aus dem redaktionellen Tagesgeschäft von *Lettre internationale* aus den 1980er und 1990er Jahren (Vorbereitung der Hefte, Manuskripte, allgemeine Redaktionskorrespondenz, Finanzierung), darüber hinaus vereinzelt Planungsdokumente. Eine Inventarisierung ist für die kommenden Jahre geplant.

Nachlass Günter Grass (Sigel: Nachlass Grass, AdK)
Im Nachlass von Günter Grass in der Akademie der Künste Berlin (AdK) konnten die für die Planung der Zeitschrift *L 76* relevanten Mappen konsultiert werden.

Weitere Archive
Punktuell wurde auf Dokumente und Auskünfte folgender Archive zurückgegriffen: Archiv des Central and Eastern European Publishing Project, CEEPP (jetzt in Amsterdam); Archiv von Noam Chomsky am MIT (Boston); Archiv des Zeitschriftenprojekts *Liber* im Nachlass von Pierre Bourdieu am Collège de France (Paris); Archiv der sozialen Demokratie (Bonn); Archiv des Gottlieb-Duttweiler-Instituts (bei Zürich).

Gespräche und Briefwechsel

Gespräche und Briefwechsel mit Protagonisten des Lettre-Netzwerks
Antonin Liehm, Dezember 2006, 06.09.2007, 23.07.2009, 15.06.2010, 24.01.2011, 09.06.2011, 24.08.2011, 06.09.2011, 03.04.2012, 28.09.2012, 07.12.2012 (alle in Paris), 02.07.2013 in Prag, 10.05.2014 telefonisch.

Frank Berberich (LI Berlin), November/Dezember 2005, 29.08.2011, 20.09.2012 und weitere Termine (alle in Berlin), 20.09.2014 telefonisch.

Biancamaria Bruno (LI Rom), 16.09.2012 in Hamburg

Ghislaine Glasson Deschaumes (LI Paris), 2012 in Paris

Jan Sekal (LI Paris), 27.09.2012 in Paris

Stefan Tafrov (LI Sofia), 19.07.2013 in New York

Sowie schriftliche Auskünfte von Eva Karádi und Gábor Mihályi (beide LI Budapest), Stephan Schwardmann (LI Berlin), Andreas Harbsmeier (LI Kopenhagen)

Gespräche mit Zeitzeugen und Wissenschaftlern

Štěpán Benda, 05.07.2013 in Berlin

Pascale Casanova, 24.05.2011 in Paris

Pierre Grémion, 20.03.2013 in Paris

Dick Howard, 16.05.2012 und weitere Termine (alle in New York)

Marie Luise Knott, 13.12.2005 in Berlin, danach schriftlich

Edgar Morin, 03.04.2012 in Paris

Jacques Rupnik, 26.06.2013 in Paris

Tzvetan Todorov, 27.09.2012 in Paris

Dumitru Tsepeneag, 26.09.2012 in Paris

Nadia Urbinati, 21.04.2014 in New York

Sowie schriftliche Auskünfte von Günter Grass, Annette Laborey, Martin Pollack, Thomas Rothschild.

2. Literatur

Nicht in das Literaturverzeichnis aufgenommen wurden Artikel aus Zeitungen und Magazinen. Ebenfalls nicht berücksichtigt wurden Beiträge, die in den verschiedenen Editionen des Netzwerks von Lettre internationale *erschienen sind.*

ABROSIMOV, Kirill: „*Die Genese des Intellektuellen im Prozess der Kommunikation: Friedrich Melchior Grimms ‚Correspondance littéraire', Voltaire und die Affäre Calas*", in: *Geschichte und Gesellschaft 33/2* (2007), S. 163–197.

ABROSIMOV, Kirill: „*Französische Aufklärer auf der Suche nach einer ‚Weltliteratur'. Zur Kooperation zwischen dem ‚Journal étranger' und der ‚Correspondance littéraire' von F. M. Grimm*", in: EIBACH, Joachim und Horst CARL (Hrsg.): *Europäische Wahrnehmungen 1650-1850: interkulturelle Kommunikation und Medienereignisse*, Hannover: Wehrhahn 2008, S. 207–228.

ACKERMANN, Ulrike: *Sündenfall der Intellektuellen: ein deutsch-französischer Streit von 1945 bis heute*, Stuttgart: Klett-Cotta 2000.

ADAM, Silke: *Symbolische Netzwerke in Europa: der Einfluss der nationalen Ebene auf europäische Öffentlichkeit; Deutschland und Frankreich im Vergleich*, Köln: von Halem 2007.

ALBÉRÈS, René Marill: *L'aventure intellectuelle du XXe siècle: panorama des littératures européennes, 1900-1959*, 2. erg. Aufl., Paris: Albin Michel 1959.

ALBRIGHT, Madeleine Korbel: „*The Role of the Press in Political Change: Czechoslovakia 1968*", Dissertation, New York: Columbia University 1976.

ALTHUSSER, Louis, Jacques RANCIÈRE und Pierre MACHEREY: *Lire le Capital (I)*, Paris: Maspéro 1965.

ANDERSON, Benedict: *Imagined Communities: Reflections on the Origin and Spread of Nationalism [1983]*, 3., überarb. Aufl., London: Verso 2006.

ANDERSON, Perry: „*Internationalism: A Breviary*", in: *New Left Review 14* (2002), S. 5–25.

ANDRÉ, Catherine (Hrsg.): „*Courrier international*“ *1991-2011, une contre-histoire. 20 ans d'actualité vue d'ailleurs*, Paris: Flammarion/Courrier international 2010.

APPIAH, Kwame Anthony: „*Cosmopolitan Patriots*“, in: *Critical Inquiry 23/3* (1997), S. 617–639.

APTER, Emily: *Against world literature: on the politics of untranslatability*, London: Verso 2013.

ARAGON, Louis: „*Rede in Prag*“, in: *Sinn und Form 14/5–6* (1962), S. 922–929.

ARAGON, Louis: „*Ce roman que je tiens pour une œuvre majeure*“, in: KUNDERA, Milan: *La Plaisanterie*, Paris: Gallimard 1968, S. i–vi.

ARAGON, Louis: „*La peinture au défi [1930]*“, in: ARAGON, Louis: *Les collages [1965]*, Paris: Hermann 1980, S. 37–78.

ARAGON, Louis: *Les collages [1965]*, Paris: Hermann 1980.

ARENDT, Hannah: *The origins of totalitarianism*, New York: Harcourt, Brace & World 1966.

ARON, Raymond: *Démocratie et totalitarisme*, Paris: Gallimard 1965.

ASPATURIAN, Vernon V, Jiri VALENTA und David P BURKE (Hrsg.): *Eurocommunism between East and West*, Bloomington: Indiana University Press 1980.

ASSOCIATION GÉNÉRIQUES: *France des étrangers, France des libertés: presse et communautés dans l'histoire nationale, 1789-1989*, Paris: Mémoire génériques éditions / Editions ouvrières 1990.

BACHMANN, Ingeborg: „*Tagebuch*“, in: BACHMANN, Ingeborg: *Kritische Schriften*, hrsg. v. Monika ALBRECHT und Dirk GÖTTSCHE, München: Piper 2005, S. 381–395.

BAERNS, Barbara und Juliana RAUPP (Hrsg.): *Information und Kommunikation in Europa: Forschung und Praxis = Transnational communication in Europe: Practice and research*, Berlin: Vistas 2000.

BAGGIONI, Daniel: *Langues et nations en Europe*, Paris: Payot & Rivages 1997.

BALIBAR, Etienne: „*Europe as borderland*“, in: *Environment and Planning D: Society and Space 27/2* (2009), S. 190–215.

BANU, Georges: „*La Lettre internationale, une entente intellectuelle*“, in: *Atelier du roman 64* (2010), S. 99–104.

BAROLINI, Helen: „*The Shadowy Lady of the Street of Dark Shops*“, in: *VQR – The Virginia Quarterly Review 74/2* (1998), http://www.vqronline.org/essay/shadowy-lady-street-dark-shops (abgerufen am 25.02.2014).

BARTHES, Roland: „*Vie et mort des revues [1982]*“, *Œuvres complètes*, Bd. 5, Paris: Seuil 2002, S. 774–781.

BARTOSEK, Karel: *Les aveux des archives: Prague-Paris-Prague, 1948-1968*, Paris: Seuil 1996.

BAUD, Michiel und Willem Van SCHENDEL: „*Toward a Comparative History of Borderlands*“, in: *Journal of World History 8/2* (1997), S. 211–242.

BAUER, Otto: *Die Nationalitätenfrage und die Sozialdemokratie*, Wien: Verlag der Wiener Volksbuchhandlung Ignaz Brand 1907.

BAUMAN, Zygmunt: „*Intellectuals in East-Central Europe: Continuity and Change*“, in: SCHÖPFLIN, George und Nancy WOOD (Hrsg.): *In search of Central Europe*, Cambridge, UK: Polity Press 1989, S. 70–90.

BAUMAN, Zygmunt: *Europe : an unfinished adventure*, Cambridge; Malden: Polity 2004.

BECK, Ulrich und Edgar GRANDE: „*Jenseits des methodologischen Nationalismus : aussereuropäische und europäische Variationen der Zweiten Moderne*“, in: *Soziale Welt : Zeitschrift für sozialwissenschaftliche Forschung und Praxis 61/3–4* (2010), S. 187–216.

BECK, Ulrich: *Der kosmopolitische Blick oder: Krieg ist Frieden*, Frankfurt am Main: Suhrkamp 2004.

BEHRING, Eva, Alfrun KLIEMS und Hans-Christian TREPTE (Hrsg.): *Grundbegriffe und Autoren ostmitteleuropäischer Exilliteraturen 1945-1989 : ein Beitrag zur Systematisierung und Typologisierung*, Stuttgart: Franz Steiner Verlag 2004.

BEHRINGER, Wolfgang: *Im Zeichen des Merkur : Reichspost und Kommunikationsrevolution in der Frühen Neuzeit*, Göttingen: Vandenhoeck & Ruprecht 2003.

BEILECKE, François: „*Netzwerke und Intellektuelle. Konzeptionelle Überlegungen zur politischen Rolle eines zivilgesellschaftlichen Akteurs*", in: BEILECKE, François und Katja MARMETSCHKE (Hrsg.): *Der Intellektuelle und der Mandarin : für Hans Manfred Bock*, Kassel: Kassel Univ. Press 2005, S. 49–65.

BENDA, Stepan und Antonin J. LIEHM: „*Štěpán Benda im Gespräch mit Antonín Liehm (Teil 1)*", in: DANYEL, Jürgen, Jennifer SCHEVARDO und Stephan KRUHL (Hrsg.): *Crossing 68/89 : Grenzüberschreitungen und Schnittpunkte zwischen den Umbrüchen = Překračování hranic a průsečíky mezi přelomy*, Berlin: Metropol 2008, S. 80–93.

BENDA, Stepan und Antonin J. LIEHM: „*Štěpán Benda im Gespräch mit Antonín Liehm (Teil 2)*", in: DANYEL, Jürgen, Jennifer SCHEVARDO und Stephan KRUHL (Hrsg.): *Misunderstanding 68/89 : fremde Zeitgenossen und umstrittene Deutungen = Misunderstanding 68/89 : cizí současníci a sporné výklady*, Berlin: Metropol 2008, S. 256–277.

BENDER, Hans: „*Reflexionen über Zeitschriften*", in: ARNOLD, Heinz Ludwig (Hrsg.): *Literaturbetrieb in Deutschland*, Stuttgart: Edition Text+Kritik im Richard Boorberg Verlag 1971, S. 224–233.

BENDER, Peter: *Neue Ostpolitik, vom Mauerbau zum Moskauer Vertrag*, München: Deutscher Taschenbuch Verlag 1986.

BENJAMIN, Walter: „*Zum gegenwärtigen gesellschaftlichen Standort des französischen Schriftstellers [1934]*", in: BENJAMIN, Walter: *Gesammelte Schriften*, Bd. II.2, hrsg. v. Rolf TIEDEMANN und Hermann SCHWEPPENHÄUSER, Frankfurt am Main: Suhrkamp 1977, S. 776–803.

BERGER, John: „*Ernst Fischer: A philosopher and death*", in: BERGER, John: *Selected essays*, New York: Pantheon Books 2001, S. 403–412.

BERING, Dietz: *Die Intellektuellen : Geschichte eines Schimpfwortes*, Frankfurt/M: Klett-Cotta 1982.

BHABHA, Homi K.: *The location of culture*, London; New York: Routledge 1994.

BLAHA, Jaroslav: „*Antonin Liehm*", in: *Le Courrier des pays de l'Est 1058/6* (2006), S. 94–96.

BLANCHOT, Maurice: „*Les intellectuels en question*", in: *Le Débat 29* (1984), S. 3–28.

BOBBIO, Norberto: „*Die Zukunft der Demokratie*", in: *Prokla 15/61* (1985), S. 23–40.

BOCK, Hans Manfred: „*Der Intellektuelle und der Mandarin? Zur Rolle des Intellektuellen in Frankreich und Deutschland*", in: DEUTSCH-FRANZÖSISCHES INSTITUT (Hrsg.): *Frankreich-Jahrbuch 1998 : Politik, Wirtschaft, Gesellschaft, Geschichte, Kultur [Schwerpunkt : Intellektuelle in der französischen Gesellschaft]*, Opladen: Leske + Budrich 1998, S. 35–51.

BOCK, Hans Manfred: „*Von der Stellvertretung zur Selbstinszenierung. Medienintellektuelle in Frankreich*", in: WILLEMS, Herbert und Günter BURKART (Hrsg.): *Theatralisierung der Gesellschaft*, Wiesbaden: VS, Verlag für Sozialwissenschaften 2009, S. 81–99.

BÖDEKER, Hans Erich: „*Aufklärung als Kommunikationsprozeß*", in: *Aufklärung 2/2* (1988), S. 89–111.

BÖDEKER, Hans Erich: „*Journals and Public Opinion: the Politicization of the German Enlightenment in the Second Half of the Eighteenth Century*", in: HELLMUTH, Eckhart (Hrsg.): *The Transformation of Political Culture: England and Germany in the Late Eighteenth Century*, London: German Historical Institute 1990.

BOLTON, Jonathan: *Worlds of dissent : Charter 77, the Plastic People of the Universe, and Czech culture under communism*, Cambridge, Mass: Harvard University Press 2012.

BOLZ, Lisa: „*‚Le Monde diplomatique' allemand : Une re-création journalistique entre national et international*", Masterarbeit, Paris: Celsa/Paris IV-Sorbonne 2013.

BÖSCH, Frank: *„Europäische Medienereignisse"*, in: *EGO (Europäische Geschichte Online)* (03.12.2010), http://www.ieg-ego.eu/de/threads/europaeische-medien/europaeische-medienereignisse (abgerufen am 26.08.2013).
BOSCHETTI, Anna (Hrsg.): *L'espace culturel transnational*, Paris: Nouveau monde éditions 2010.
BOSSHART, David: *Politische Intellektualität und totalitäre Erfahrung : Hauptströmungen der französischen Totalitarismuskritik*, Berlin: Duncker & Humblot 1992.
BOTS, Hans und Christiane BERKVENS-STEVELINCK (Hrsg.): *Les grands intermédiaires culturels de la république des lettres : études de réseaux de correspondances du XVIe au XVIIIe siècles*, Paris: Champion 2005.
BOTS, Hans und Françoise WAQUET: *La République des lettres*, Paris; Brüssel: Belin ; De Boeck 1997.
BOUDIC, Goulven: *„Esprit", 1944-1982 : les métamorphoses d'une revue*, Paris: Éd. de l'IMEC 2005.
BOURDIEU, Pierre: *„Die Erfindung des totalen Intellektuellen"*, in: *Romanistische Zeitschrift für Literaturgeschichte 5/4* (1981), S. 385–391.
BOURDIEU, Pierre: *Homo academicus*, Paris: Editions de Minuit 1984.
BOURDIEU, Pierre: *„The Corporatism of the Universal: The Role of Intellectuals in the Modern World"*, in: *Telos 81* (1989), S. 99–110.
BOURDIEU, Pierre: *„Les conditions sociales de la circulation internationale des idées"*, in: *Romanistische Zeitschrift für Literaturgeschichte 14/1* (1990), S. 1–10.
BOURDIEU, Pierre: *„Liber continue..."*, in: *Actes de la recherche en sciences sociales (Liber supplement) 1* (1991), S. 84.
BOURDIEU, Pierre: *Les règles de l'art : genèse et structure du champ littéraire*, Paris: Seuil 1998.
BOURDIEU, Pierre: *Das politische Feld : zur Kritik der politischen Vernunft*, Konstanz: UVK 2001.
BOYER, Christoph: *„Netzwerke und Geschichte: Netzwerktheorien und Geschichtswissenschaften"*, in: UNFRIED, Berthold, Jürgen MITTAG und Marcel VAN DER LINDEN (Hrsg.): *Transnationale Netzwerke im 20. Jahrhundert : historische Erkundungen zu Ideen und Praktiken, Individuen und Organisationen = Transnational networks in the 20th century : ideas and practices, individuals and organizations*, Wien: Akademische Verlagsanstalt 2008, S. 47–58.
BRACKE, Maud: *Which socialism? whose detente? West European communism and the Czechoslovak crisis, 1968*, New York: Central European University Press 2007.
BRECKMAN, Warren: *Adventures of the symbolic. Post-Marxism and radical democracy*, New York: Columbia Univesity Press 2013.
BREUILLY, John: *Nationalism and the state*, 2. Aufl., Chicago: University of Chicago Press 1994.
BRÜGGEMANN, Michael u. a.: *„Transnationale Öffentlichkeit in Europa: Forschungsstand und Perspektiven"*, in: *Publizistik 54/3* (2009), S. 391–414.
BRUNSSEN, Frank: *„Günter Grass and the Cold War"*, in: *Journal of Contemporary European Studies 15/2* (2007), S. 149–162.
BUDEN, Boris und Stefan NOWOTNY: *„Cultural translation: An introduction to the problem, and Responses"*, in: *Translation Studies 2/2* (2009), S. 196–219.
BUSEK, Erhard, Gerhard WILFLINGER und Milovan DJILAS (Hrsg.): *Aufbruch nach Mitteleuropa : Rekonstruktion eines versunkenen Kontinents*, Himberg: Wiener Verlag 1986 (Edition Atelier von Wiener Journal und Herold Verlag).
BUTEL, Michel (Hrsg.): *L'autre journal, 1984-1992: une anthologie*, Paris: Les Arènes 2012.
BUTLER, Judith: *„,I merely belong to them' (The Jewish Writings by Hannah Arendt)"*, in: *London Review of Books 29/9* (2007), S. 26–28.

CACCAMO, Francesco: *Jirí Pelikán : un lungo viaggio nell'arcipelago socialista*, hrsg. v. FONDAZIONE CRAXI, Venedig: Marsilio 2007.

CALHOUN, Craig (Hrsg.): *Habermas and the public sphere*, Cambridge, Mass.: MIT Press 1992.

CALLAHAN, Kevin: „*„Performing Inter-Nationalism" in Stuttgart in 1907: French and German Socialist Nationalism and the Political Culture of an International Socialist Congress*", in: *International Review of Social History 45/1* (2000), S. 51–87.

CAMERA DEI DEPUTATI (ARCHIVIO STORICO) (Hrsg.): *Inventario del Fondo Jirí Pelikán*, Roma: Camera dei deputati 2003.

CARON, Jean-Claude und Michel VERNUS: *L'Europe au XIXe siècle : des nations aux nationalismes, 1815-1914*, Paris: A. Colin 1996.

CARRILLO, Santiago: *„Eurokommunismus" und Staat*, Hamburg/Westberlin: VSA 1977.

CASANOVA, Pascale: *„La revue Liber. Réflexions sur quelques pratiques de la notion d'autonomie relative*", in: PINTO, Louis, Gisèle SAPIRO und Patrick CHAMPAGNE (Hrsg.): *Pierre Bourdieu, sociologue*, Paris: Fayard 2004, S. 413–429.

CASANOVA, Pascale: *La république mondiale des lettres*, 2., überarb. Aufl., Paris: Seuil 2008.

CASTELLS, Manuel: *„Materials for an exploratory theory of the network society*", in: *The British Journal of Sociology 51/1* (2000), S. 5–24.

CASTORIADIS, Cornelius: *„Les destinées du totalitarisme [1981]*", in: TRAVERSO, Enzo (Hrsg.): *Le totalitarisme: Le XXe siècle en débat*, Paris: Seuil 2001, S. 731–748.

CAUTE, David: *The dancer defects: the struggle for cultural supremacy during the Cold War*, Oxford; New York: Oxford University Press 2003.

CHARLE, Christophe, Jürgen SCHRIEWER und Peter WAGNER (Hrsg.): *Transnational intellectual networks : forms of academic knowledge and the search for cultural identities*, Frankfurt; New York: Campus 2004.

CHARLE, Christophe: *Naissance des „intellectuels" : 1880-1900*, Paris: Les Éditions de Minuit 1990.

CHARLE, Christophe: *Les intellectuels en Europe au XIXe siècle. Essai d'histoire comparée*, Paris: Seuil 1996.

CHARLE, Christophe: *Le siècle de la presse : 1830-1939*, Paris: Seuil 2004.

CHARTIER, Roger: *Les origines culturelles de la Révolution française*, Paris: Seuil 1990.

CHÂTELET, François, Jean-Pierre FAYE und Jacques DERRIDA: *Le rapport bleu: les sources historiques et théoriques du Collège international de philosophie*, Paris: Presses universitaires de France 1998.

CHIARLONI, Anna: *„Liber' – Bourdieus Netzwerk zwischen Ost und West. Ein Werkstattbericht*", in: HUGET, Holger, Chryssoula KAMBAS und Wolfgang KLEIN (Hrsg.): *Grenzüberschreitungen : Differenz und Identität im Europa der Gegenwart*, Wiesbaden: VS Verlag für Sozialwissenschaften 2005, S. 133–138.

CHRISTOFFERSON, Michael Scott: *French intellectuals against the left : the antitotalitarian moment of the 1970's*, New York: Berghahn Books 2004.

CLAIR, Jean und CENTRE GEORGES POMPIDOU (Hrsg.): *Vienne, 1880-1938 : l'apocalypse joyeuse*, Paris: Centre Georges Pompidou 1986.

COHN-BENDIT, Daniel: *Le Gauchisme, remède à la maladie sénile du communisme*, Paris: Seuil 1968.

COLEMAN, Peter: *The liberal conspiracy : the Congress for Cultural Freedom and the struggle for the mind of postwar Europe*, New York; London: Free Press ; Collier Macmillan 1989.

CONNOLLY, Cyril: *„Little Magazines [1964]*", in: CONNOLLY, Cyril: *The evening colonnade*, New York: Harcourt Brace Jovanovich 1975, S. 375–386.

CORBIN, Anne-Marie: *„Le Congrès pour la liberté de la culture: une entreprise européenne?*", in: FLEURY, Antoine und Lubor JÍLEK (Hrsg.): *Une Europe malgré tout, 1945-1990 : contacts*

et réseaux culturels, intellectuels, et scientifiques entre Européens dans la guerre froide, Brüssel; New York: P.I.E. Peter Lang 2009, S. 153–165.
COULMAS, Peter: *Weltbürger. Geschichte einer Menschheitssehnsucht*, Rowohlt, Reinbek 1990.
COURTOIS, Stéphane und Marc LAZAR: *Histoire du Parti communiste français*, Paris: Presses universitaires de France 1995.
CRICK, Bernard: *George Orwell, a life*, Boston: Little, Brown 1980.
CUSSET, François: *French theory : Foucault, Derrida, Deleuze & Cie et les mutations de la vie intellectuelle aux Etats-Unis*, Paris: La Découverte 2003.
DAHRENDORF, Ralf: „*Die Sache mit der Nation*", in: *Merkur 44/500* (1990), S. 823–834.
DAIX, Pierre: *Aragon, une vie à changer*, Paris: Seuil 1975.
DAIX, Pierre: *Les hérétiques du P.C.F.*, Paris: Robert Laffont 1980.
DAIX, Pierre: *Les lettres françaises : jalons pour l'histoire d'un journal, 1941-1972*, Paris: Tallandier 2004.
DANIEL, Jean: *L'Ère des ruptures*, Paris: Grasset 1979.
DARNTON, Robert: *The literary underground of the Old Regime*, Cambridge, Mass.: Harvard University Press 1982.
DASPRE, André: „*Les Lettres françaises' et les écrivains tchécoslovaques de 1968-72*", in: VOISINE-JECHOVA, Hana (Hrsg.): *Images de la Bohême dans les lettres françaises : réciprocité culturelle des français, tchèques et slovaques*, Paris: Presses de l'Université Paris-Sorbonne 2004, S. 69–80.
DAVID, Yasha, Jean-Pierre MOREL und CENTRE GEORGES POMPIDOU (Hrsg.): *Le siècle de Kafka*, Paris: Centre Georges Pompidou 1984.
DEBRAY, Régis: *Le pouvoir intellectuel en France*, Paris: Ramsay 1979.
DELANTY, Gerard: „*The cosmopolitan imagination: critical cosmopolitanism and social theory*", in: *The British Journal of Sociology 57/1* (2006), S. 25–47.
DELAPERRIÈRE, Maria: *Modernisme en Europe centrale : les avant-gardes*, Paris: Harmattan 1999.
DESANTI, Dominique: *Les staliniens, 1944-1956 : une expérience politique*, Paris: Fayard 1975.
DE SWAAN, Abram: „*Pour une sociologie de la société transnationale*", in: *Revue de synthèse 119/1* (1998), S. 89–111.
DE SWAAN, Abram: *Words of the World: The Global Language System*, Polity 2002.
DEUTSCH, Karl W.: *Nationalism and Social Communication : An inquiry into the foundations of nationality*, 2. Aufl., Cambridge, Mass.: M.I.T. Press 1966.
DEUTSCH, Karl W.: *Nationalism and its alternatives*, New York: Knopf 1969.
DEUTSCHER, Isaac: *Heretics and renegades, and other essays*, London: H. Hamilton 1955.
DIAGNE, Souleymane Bachir: „*L'universel en traductions. Le multiculturalisme en questions : compliquer l'universel*", Vortrag, Paris: Centre Pompidou 2013, http://archives-sonores.bpi.fr/doc=3898?urlaction=doc&id_doc=3900 (abgerufen am 24.07.2014).
DIAGNE, Souleymane Bachir: „*On the Postcolonial and the Universal ?*", in: *Rue Descartes 78/2* (2013), S. 7–18.
DOVIFAT, Emil: „*Die publizistische Persönlichkeit [1956]*", in: DOVIFAT, Emil: *Die publizistische Persönlichkeit. Herausgegeben zum 100. Geburtstag*, hrsg. v. Dorothee VON DADELSEN, Berlin: de Gruyter 1990, S. 120–139.
DUFOIX, Stéphane: *Politiques d'exil : Hongrois, Polonais et Tchécoslovaques en France après 1945*, Paris: Presses universitaires de France 2002.
DUTSCHKE, Rudi und Jacques RUPNIK: „*Das Missverständnis von 1968 – Interview mit Rudi Dutschke [Interview aus dem April 1978]*", in: *Eurozine* (2008), http://www.eurozine.com/articles/2008-05-16-dutschke-de.html (abgerufen am 24.01.2015).
EDER, Klaus: „*Zur Transformation nationalstaatlicher Öffentlichkeit in Europa*", in: *Berliner Journal für Soziologie 10/2* (2000), S. 167–184.

EDER, Klaus: „*Europa als besonderer Kommunikationsraum*“, in: *Berliner Journal für Soziologie 17/1* (2007), S. 33–50.
EISENSTEIN, Elizabeth L.: *Grub Street abroad : aspects of the French cosmopolitan press from the age of Louis XIV to the French Revolution*, Oxford; New York: Clarendon Press 1992.
ESPAGNE, Michel: *Les transferts culturels franco-allemands*, Paris: Presses universitaires de France 1999.
FALK, Barbara J.: *The dilemmas of dissidence in East-Central Europe: citizen intellectuals and philosopher kings*, Budapest: Central European University Press 2003.
FELSCH, Philipp: *Der lange Sommer der Theorie: Geschichte einer Revolte ; 1960-1990*, München: Beck 2015.
FISCHER, Ernst: *Kunst und Koexistenz. Beitrag zu einer modernen marxistischen Ästhetik*, Reinbek bei Hamburg: Rowohlt 1966.
FISCHER, Ernst: *Erinnerungen und Reflexionen*, Reinbek bei Hamburg: Rowohlt 1969.
FLEURY, Antoine und Lubor JÍLEK (Hrsg.): *Une Europe malgré tout, 1945-1990 : contacts et réseaux culturels, intellectuels, et scientifiques entre Européens dans la guerre froide*, Brüssel; New York: P.I.E. Peter Lang 2009.
FLYNN, Bernard: *The philosophy of Claude Lefort: interpreting the political*, Evanston: Northwestern University Press 2005.
FRANK, Robert: „*Les contretemps de l'aventure européenne*“, in: *Vingtième Siècle. Revue d'histoire 60* (1998), S. 82–101.
FRANK, Robert: „*Raymond Aron, Edgar Morin et les autres: le combat intellectuel pour l'Europe est-il possible après 1950 ?*“, in: BACHOUD, Andrée, Josefina CUESTA und Michel TREBITSCH (Hrsg.): *Les intellectuels et l'Europe de 1945 à nos jours*, Paris: Harmattan 2009, S. 77–89.
FRENCH, Alfred: *Czech writers and politics, 1945-1969*, Boulder; New York: East European monographs 1982.
FRIEDEMANN, Peter und Lucian HÖLSCHER: „*Internationale, international, Internationalismus*“, in: BRUNNER, Otto, Werner CONZE und Reinhart KOSELLECK (Hrsg.): *Geschichtliche Grundbegriffe; historisches Lexikon zur politisch-sozialen Sprache in Deutschland*, Bd. 3, Stuttgart: Klett-Cotta 1982, S. 367–397.
FRIEDRICH, Carl J. und Zbigniew BRZEZINSKI: *Totalitarian dictatorship and autocracy*, Cambridge: Harvard University Press 1956.
FURET, François: *Penser la Révolution française*, Paris: Gallimard 1978.
GABLER, Andrea: *Antizipierte Autonomie : zur Theorie und Praxis der Gruppe „Socialisme ou Barbarie“ (1949-1967)*, Hannover: Offizin 2009.
GALLUS, Alexander: *Heimat „Weltbühne“: eine Intellektuellengeschichte im 20. Jahrhundert*, Göttingen: Wallstein 2012.
GALTUNG, Johan und Mari Holmboe RUGE: „*The Structure of Foreign News. The Presentation of the Congo, Cuba and Cyprus Crises in Four Norwegian Newspapers*“, in: *Journal of Peace Research 2/1* (1965), S. 64–90.
GARTON ASH, Timothy (Hrsg.): *Freedom for publishing, publishing for freedom : the Central and East European Publishing Project*, Budapest: Central European University Press 1995.
GARTON ASH, Timothy: „*From the Lighthouse. The World and the NYR After Fifty Years*“, in: *The New York Review of Books 60/17* (2013), S. 51–53.
GELLNER, Ernest: *Nations and Nationalism [1983]*, 2. Aufl., Cornell University Press 2008.
GEOFFROY, Catherine: „*La Lettre Internationale: une revue européenne*“, D.E.S.S. (Master), Grenoble: Université des Sciences Sociales Grenoble II 1988, http://www.enssib.fr/bibliotheque-numerique/documents/63600-la-lettre-internationale-une-revue-europeenne.pdf (abgerufen am 12.09.2014).

GERBER, Jan: „*Slánský-Prozess*“, in: DINER, Dan (Hrsg.): *Enzyklopädie jüdischer Geschichte und Kultur*, Bd. 5, Stuttgart: Verlag J.B. Metzler 2011, S. 508–513.

GERHARDS, Jürgen: „*Westeuropäische Integration und die Schwierigkeiten der Entstehung einer europäischen Öffentlichkeit*“, in: *Zeitschrift für Soziologie 22/2* (1993), S. 96–110.

GIESEN, Bernhard: *Die Intellektuellen und die Nation : eine deutsche Achsenzeit*, Frankfurt am Main: Suhrkamp 1993.

GILCHER-HOLTEY, Ingrid: *Die Phantasie an die Macht : Mai 68 in Frankreich*, Frankfurt am Main: Suhrkamp 1995.

GILCHER-HOLTEY, Ingrid: „*Der Transfer zwischen den Studentenbewegungen von 1968 und die Entstehung einer transnationalen Gegenöffentlichkeit*“, in: KAELBLE, Hartmut, Martin KIRSCH und Alexander SCHMIDT-GERNIG (Hrsg.): *Transnationale Öffentlichkeiten und Identitäten im 20. Jahrhundert*, Frankfurt/Main; New York: Campus 2002, S. 7–33.

GILCHER-HOLTEY, Ingrid (Hrsg.): *Zwischen den Fronten : Positionskämpfe europäischer Intellektueller im 20. Jahrhundert*, Berlin: Akademie Verlag 2006.

GILCHER-HOLTEY, Ingrid: „‚*Don Quichote des Malheureux*‘: *Voltaire und die Affäre Calas [1997]*“, in: GILCHER-HOLTEY, Ingrid: *Eingreifendes Denken : die Wirkungschancen von Intellektuellen*, Weilerswist: Velbrück Wissenschaft 2007, S. 15–38.

GILCHER-HOLTEY, Ingrid: „*Prolog: Eingreifendes Denken*“, in: GILCHER-HOLTEY, Ingrid: *Eingreifendes Denken : die Wirkungschancen von Intellektuellen*, Weilerswist: Velbrück Wissenschaft 2007, S. 7–14.

GILCHER-HOLTEY, Ingrid: „*Nachwort*“, in: VOLTAIRE: *Die Affäre Calas : Über die Toleranz*, hrsg. v. Ingrid GILCHER-HOLTEY, Berlin: Insel Verlag 2010, S. 250–294.

GLOTZ, Peter: „*Integration und Eigensinn: Kommunikationsraum Europa – eine Chimäre?*“, in: ERBRING, Lutz (Hrsg.): *Kommunikationsraum Europa*, Konstanz: Ölschläger/UVK 1995, S. 17–26.

GLUCKSMANN, André: *La cuisinière et le mangeur d'hommes : essai sur les rapports entre l'État, le marxisme et les camps de concentration*, Paris: Seuil 1975.

GLUCKSMANN, André: *Les maîtres penseurs*, Paris: B. Grasset 1977.

GOLAN, Galia: *The Czechoslovak reform movement; communism in crisis, 1962-1968*, Cambridge University Press 1971.

GOTTRAUX, Philippe: „*Socialisme ou Barbarie*“ *: un engagement politique et intellectuel dans la France de l'après-guerre*, Lausanne: Payot 1997.

GRASS, Günter und Pavel KOHOUT: *Briefe über die Grenze; Versuch eines Ost-West-Dialogs*, Hamburg: C. Wegner 1968.

GRASS, Günter: „*Orwells Jahrzehnt I – Rede im Landtagswahlkampf Baden-Württemberg (Februar 1980)*“, *Werkausgabe in zehn Bänden, Band IX*, Darmstadt: Luchterhand 1987, S. 775–788.

GRASS, Günter: „*Sieben Thesen zum demokratischen Sozialismus*“, *Werkausgabe in zehn Bänden, Band IX*, Darmstadt: Luchterhand 1987, S. 640–644.

GREBING, Helga: *Der Revisionismus: von Bernstein bis zum „Prager Frühling“*, München: Beck 1977.

GRÉMION, Pierre: „*Culture, échanges, droits : Helsinki et la suite*“, in: *Esprit 54* (1981), S. 79–91.

GRÉMION, Pierre: *Paris-Prague : la gauche face au renouveau et à la régression tchécoslovaques, 1968-1978*, Paris: Julliard 1985.

GRÉMION, Pierre (Hrsg.): *Preuves, une revue européenne à Paris*, Paris: Julliard 1989.

GRÉMION, Pierre: *Intelligence de l'anticommunisme : le Congrès pour la liberté de la culture à Paris (1950-1975)*, Paris: Fayard 1995.

GRÉMION, Pierre: „*La réception des dissidences à Paris*“, in: LE GLOANNEC, Anne-Marie und Aleksander SMOLAR (Hrsg.): *Entre Kant et Kosovo. Etudes offertes à Pierre Hassner*, Paris: Presses de Sciences Po 2003, S. 377–403.

GRUNEWALD, Michel und Hans Manfred BOCK (Hrsg.): *Le milieu intellectuel de gauche en Allemagne, sa presse et ses réseaux (1890-1960) = Das linke Intellektuellenmilieu in Deutschland, seine Presse und seine Netzwerke (1890-1960)*, Bern: Peter Lang 2002.

GRUNEWALD, Michel und Hans Manfred BOCK: „*Zeitschriften als Spiegel intellektueller Milieus. Vorbemerkungen zur Analyse eines ungeklärten Verhältnisses*", in: GRUNEWALD, Michel und Hans Manfred BOCK (Hrsg.): *Le milieu intellectuel de gauche en Allemagne, sa presse et ses réseaux (1890-1960) = Das linke Intellektuellenmilieu in Deutschland, seine Presse und seine Netzwerke (1890-1960)*, Bern: Peter Lang 2002, S. 21–32.

GUÉROT, Ulrike: *Warum Europa eine Republik werden muss! Eine politische Utopie*, Bonn: Dietz 2016.

GUILHOT, Nicolas: „*Une vocation philanthropique. George Soros, les sciences sociales et la régulation du marché mondial*", in: *Actes de la recherche en sciences sociales 151–152/1* (2004), S. 36–48.

GUILHOT, Nicolas: „*A Network of Influential Friendships: The Fondation Pour Une Entraide Intellectuelle Européenne and East–West Cultural Dialogue, 1957–1991*", in: *Minerva: A Review of Science, Learning & Policy 44/4* (2006), S. 379–409.

GUISNEL, Jean: „*Libération*", *la biographie*, Paris: La Découverte 1999.

HAACKE, Wilmont: *Die Zeitschrift, Schrift der Zeit*, Essen: Stamm-Verlag 1961.

HAAS, Peter M.: „*Introduction: Epistemic Communities and International Policy Coordination*", in: *International Organization 46/1* (1992), S. 1–35.

HABERMAS, Jürgen: „*Die Neue Unübersichtlichkeit. Die Krise des Wohlfahrtsstaates und die Erschöpfung utopischer Energien*", in: *Merkur 39/1* (1985), S. 1–14.

HABERMAS, Jürgen: *Strukturwandel der Öffentlichkeit: Untersuchungen zu einer Kategorie der bürgerlichen Gesellschaft [1962]*, 1., um ein Vorwort erg. Aufl., Suhrkamp 1990.

HABERMAS, Jürgen: *Die Einbeziehung des Anderen: Studien zur politischen Theorie*, Frankfurt am Main: Suhrkamp 1996.

HAGE, Volker: *Zeugen der Zerstörung: die Literaten und der Luftkrieg ; Essays und Gespräche*, Frankfurt: S. Fischer 2003.

HAMON, Hervé und Patrick ROTMAN: *Les intellocrates : expédition en haute intelligentsia*, Paris: Éditions Ramsay 1981.

HAMON, Hervé und Patrick ROTMAN: *Génération*, Paris: Seuil 1987.

HAMŠÍK, Dušan: *Writers against rulers*, New York: Random House 1971.

HARVEY, Nicolas: „*L'internationalisation du Monde diplomatique : entre ‚cosmopolitisation' et homogénéisation éditoriale*", in: *Pôle Sud 30/1* (2009), S. 85–97.

HARVEY, Nicolas: *Le Monde diplomatique: un concept éditorial hybride au confluent du journalisme, de l'université et du militantisme*, Paris: Harmattan 2014.

HAUPT, Georges: *Socialism and the Great War; the collapse of the Second International*, Oxford: Clarendon Press 1972.

HAUSCHILD, Sonja: „*Propheten oder Störenfriede? Sowjetische Dissidenten in der Bundesrepublik Deutschland und Frankreich und ihre Rezeption bei den Intellektuellen (1974-1977)*", Diplomarbeit, Saarbrücken: Universität des Saarlandes 2005, http://epub.ub.uni-muenchen.de/1359/ (abgerufen am 13.08.2016).

HAUSWEDELL, Tessa: „*Writing the New European Identities? The Case of the European Cultural Journal Eurozine*", in: BONDEBJERG, Ib (Hrsg.): *Media, democracy and European culture*, Bristol: Intellect 2008, S. 237–252.

HAVLÍČEK, Dušan: *Listy v exilu : obsahová analýza časopisu Listy, který v letech 1971 až 1989 vydával v Římě Jiří Pelikán*, Olomouc: Burian a Tichák 2008.

HEISLER, Josef B.: *Praga 1968. Le idee del Nuovo corso. Literární listy marzo-agosto 1968*, Bari: Laterza 1968.

HERMET, Guy, Pierre HASSNER und Jacques RUPNIK (Hrsg.): *Totalitarismes*, Paris: Economica 1984.

HOBSBAWM, Eric J.: „*Working-class internationalism*", in: HOLTHOON, F. L. van und Marcel van der LINDEN (Hrsg.): *Internationalism in the Labour Movement, 1830-1940*, Leiden: E.J. Brill 1988, S. 1–16.

HOBSBAWM, Eric J.: *Nations and Nationalism since 1780: Programme, Myth, Reality*, 2. Aufl., Cambridge University Press 1992.

HOBSBAWM, Eric J.: *Nationen und Nationalismus : Mythos und Realität seit 1780 [1990]*, München: dtv 1996.

HOBSBAWM, Eric J.: *The Age of Revolution, 1789-1848 [1962]*, New York: Vintage Books 1996.

HOCHGESCHWENDER, Michael: *Freiheit in der Offensive? : der Kongress für Kulturelle Freiheit und die Deutschen*, München: Oldenbourg 1998.

HOEGEN, Sara u. a.: „*Friedrichstraße/Ostsee für Lettre International*", Diplomkommunikationsprojekt, Berlin: Universität der Künste 2006, http://primo.kobv.de/UDK:udk_aleph000294328 (abgerufen am 14.10.2014).

HÖLSCHER, Lucian: „*Öffentlichkeit*", in: BRUNNER, Otto, Werner CONZE und Reinhart KOSELLECK (Hrsg.): *Geschichtliche Grundbegriffe; historisches Lexikon zur politisch-sozialen Sprache in Deutschland*, Bd. 4, Stuttgart: Klett-Cotta 1978, S. 413–467.

HÖLSCHER, Lucian: *Öffentlichkeit und Geheimnis : eine begriffsgeschichtliche Untersuchung zur Entstehung der Öffentlichkeit in der frühen Neuzeit*, Stuttgart: Klett-Cotta 1979.

HOLTHOON, F. L. van und Marcel van der LINDEN (Hrsg.): *Internationalism in the Labour Movement, 1830-1940*, Leiden: E.J. Brill 1988.

HOLÝ, Jiří: *Writers under siege : Czech literature since 1945*, Brighton: Sussex Academic Press 2008.

HOURMANT, François: „*‚Tel quel' et ses volte-face politiques (1968-1978)*", in: *Vingtième Siècle. Revue d'histoire 51/1* (1996), S. 112–128.

HOURMANT, François: „*Autour de la dissidence. L'intelligentsia française entre célébration et identification ennoblissante*", in: *Revue historique* (1997), S. 223–250.

HOURMANT, François: *Le désenchantement des clercs : figures de l'intellectuel dans l'après-Mai 68*, Rennes: Presses universitaires de Rennes 1997.

HOWARD, Dick: *The Marxian legacy*, London: The Macmillan Press 1979.

HOWARD, Dick: „*La Lettre Internationale*", in: *Telos 63* (1985), S. 177–178.

HOWARD, Dick: *The specter of democracy*, New York: Columbia University Press 2002.

HROCH, Miroslav: *Das Europa der Nationen : die moderne Nationsbildung im europäischen Vergleich*, Göttingen: Vandenhoeck & Ruprecht 2005.

HRUBY, Peter: *Fools and heroes : the changing role of Communist intellectuals in Czechoslovakia*, Oxford ; New York: Pergamon Press 1980.

HUGHES, Kenneth: „*The Marxist Debate, 1963*", in: FLORES, Angel (Hrsg.): *The Kafka debate : new perspectives for our time*, Staten Island, N.Y.: Gordian Press 1977, S. 51–59.

INTERNATIONAL PRESS INSTITUTE (Hrsg.): „*Svoboda*"; *the press in Czechoslovakia 1968*, Zürich: International Press Institute 1969.

JACHEC, Nancy: „*The Société Européenne de Culture's Dialogue Est-Ouest 1956: Confronting the ‚European Problem'*", in: *History of European Ideas 34/4* (2008), S. 558–569.

JACHEC, Nancy: *Europe's intellectuals and the cold war: the society of European culture and post-war politics, culture and international relations*, London: I.B. Tauris 2015.

JAMES, Petra: *Bohumil Hrabal : „Composer un monde blessant à coups de ciseaux et de gomme arabique"*, Paris: Classiques Garnier 2012.

JAWORSKI, Rudolf: „*Die aktuelle Mitteleuropadiskussion in historischer Perspektive*", in: *Historische Zeitschrift 247* (1988), S. 529–550.

JOHNSON, Uwe und Siegfried UNSELD: *Der Briefwechsel*, hrsg. v. Eberhard FAHLKE und Raimund FELLINGER, Frankfurt: Suhrkamp 1999.

JUDT, Tony: „*The Rediscovery of Central Europe*", in: GRAUBARD, Stephen R. (Hrsg.): *Eastern Europe, Central Europe, Europe*, Boulder: Westview Press 1991 (Daedalus), S. 23–58.

JUDT, Tony: *Postwar : a history of Europe since 1945*, London: Vintage 2010.

JULIAN, Robert: „*Lettre Internationale: An Essay in European Journalism*", in: *Salmagundi 92* (1991), S. 179–187.

JULLIARD, Jacques und Michel WINOCK (Hrsg.): *Dictionnaire des intellectuels français : les personnes, les lieux, les moments*, 2., Aufl., Paris: Seuil 2002.

JURT, Joseph: „*,Les intellectuels': ein französisches Modell*", in: HANUSCHEK, Sven, Therese HÖRNIGK und Christine MALENDE (Hrsg.): *Schriftsteller als Intellektuelle : Politik und Literatur im Kalten Krieg*, Niemeyer 2000, S. 103–133.

KAELBLE, Hartmut, Martin KIRSCH und Alexander SCHMIDT-GERNIG: „*Zur Entwicklung transnationaler Öffentlichkeiten und Identitäten im 20. Jahrhundert. Eine Einleitung*", *Transnationale Öffentlichkeiten und Identitäten im 20. Jahrhundert*, Frankfurt/Main; New York: Campus 2002, S. 7–33.

KAELBLE, Hartmut: „*The Historical Rise of a European Public Sphere?*", in: *Journal of European integration history = Revue d'histoire de l'intégration européenne = Zeitschrift für Geschichte der Europäischen Integration. 8/2* (2002), S. 9–22.

KAFKA, Franz: *Tagebücher 1910-1923*, hrsg. v. Max BROD, Frankfurt a.M.: S. Fischer 1948.

KANT, Immanuel: „*Beantwortung der Frage: Was ist Aufklärung? [1784]*", in: KANT, Immanuel: *Was ist Aufklärung? : ausgewählte kleine Schriften*, hrsg. v. Ernst CASSIRER und Horst D. BRANDT, Hamburg: F. Meiner Verlag 1999, S. 20–27.

KANTNER, Cathleen: *Kein modernes Babel : kommunikative Voraussetzungen europäischer Öffentlichkeit*, Wiesbaden: VS Verlag für Sozialwissenschaften 2004.

KAPLAN, Frank L.: „*The Writer as Political Actor in Czechoslovak Society: A Historical Perspective*", in: *East European Quarterly 7/2* (1973), S. 199–220.

KAPLAN, Frank L.: *Winter into spring : the Czechoslovak press and the reform movement, 1963-1968*, Boulder; New York: East European Quarterly 1977.

KARNER, Stefan (Hrsg.): *Prager Frühling : das internationale Krisenjahr 1968*, Köln-Weimar-Wien: Böhlau 2008.

KAUPPI, Niilo: *Tel quel, la constitution sociale d'une avant-garde*, Helsinki: Societas Scientiarum Fennica 1990.

KOCH, Ursula E.: „*Bausteine zu einer europäischen Kommunikationsgeschichte. Acht Jahrhunderte Deutschland und Frankreich: Vorbild, Gegner, Partner*", in: ERBRING, Lutz (Hrsg.): *Kommunikationsraum Europa*, Konstanz: Ölschläger/UVK 1995, S. 253–290.

KOCKA, Jürgen: „*Die Ambivalenz des Nationalstaats – Zur Zukunft einer europäischen Staatsform*", in: DELGADO, Mariano und Matthias LUTZ-BACHMANN (Hrsg.): *Herausforderung Europa : Wege zu einer europäischen Identität*, München: C.H. Beck 1995, S. 28–50.

KOHOUT, Pavel: *Aus dem Tagebuch eines Konterrevolutionärs*, Luzern; Frankfurt a.M.: C.J. Bucher 1969.

KOŁAKOWSKI, Leszek: *Main currents of Marxism: its rise, growth, and dissolution*, Oxford: Oxford University Press 1978.

KOŁAKOWSKI, Leszek: „*In Praise of Exile [1985]*", in: ROBINSON, Marc (Hrsg.): *Altogether elsewhere : writers on exile*, Winchester, MA: Faber and Faber 1994, S. 188–192.

KOMJÁT, Irén: *Die Geschichte der Inprekorr : Zeitung der kommunistischen Internationale (1921-1939)*, Frankfurt am Main: Marxistische Blätter 1982.

KONRÁD, György: *Antipolitik : mitteleuropäische Meditationen*, Frankfurt am Main: Suhrkamp 1985.

KOSELLECK, Reinhart: *Kritik und Krise : eine Studie zur Pathogenese der bürgerlichen Welt*, Frankfurt a.M.: Suhrkamp 1976.

KOSÍK, Karel: *Die Dialektik des Konkreten : eine Studie zur Problematik des Menschen und der Welt [1963]*, Frankfurt: Suhrkamp 1976.

KRAJEWSKI, Markus: *Restlosigkeit : Weltprojekte um 1900*, Frankfurt am Main: Fischer Taschenbuch Verlag 2006.

KRAMER, Lloyd S.: *Threshold of a new world: intellectuals and the exile experience in Paris, 1830-1848*, Ithaca: Cornell University Press 1988.

KRAUS, Peter A.: *Europäische Öffentlichkeit und Sprachpolitik: Integration durch Anerkennung*, Frankfurt/Main; New York: Campus 2004.

KRISCH, Henry: „*George Soros*", in: FORSYTHE, David P. (Hrsg.): *Encyclopedia of Human Rights*, London: Oxford University Press 2009.

KRISTEVA, Julia: *Fremde sind wir uns selbst*, Frankfurt a.M.: Suhrkamp 1990.

KROLL, Thomas: *Kommunistische Intellektuelle in Westeuropa : Frankreich, Österreich, Italien und Grossbritannien im Vergleich (1945-1956)*, Köln: Böhlau 2007.

KRONES, Susanne: *Akzente im Carl Hanser Verlag: Geschichte, Programm und Funktionswandel einer literarischen Zeitschrift 1954-2003*, Göttingen: Wallstein 2009.

KUNDERA, Milan, Aleksandr SOLZENICYN und Pavel KOHOUT: *Reden zum IV. Kongress des Tschechoslowakischen Schriftstellerverbandes : Prag, Juni 1967*, Frankfurt am Main: Suhrkamp 1968.

KUNDERA, Milan: „*Prague, poème qui disparaît*", in: *Le Débat 2* (1980), S. 48–65.

KUNDERA, Milan: „*Quelque part là-derrière*", in: *Le Débat 8* (1981), S. 50–63.

KUNDERA, Milan: „*Un occident kidnappé ou La tragédie de l'Europe centrale*", in: *Le Débat 27* (1983), S. 3–23.

KUNDERA, Milan: *Le livre du rire et de l'oubli [1978]*, überarb. und korr. Aufl., Paris: Gallimard 1985.

KUNDERA, Milan: „*The Celebration and the Guests (An Open Letter from Milan Kundera to Antonin Liehm)*", in: *Salmagundi 92* (1991), S. 188–189.

KUSIN, Vladimir V.: *The intellectual origins of the Prague spring; the development of reformist ideas in Czechoslovakia, 1956-1967*, London: Cambridge University Press 1971.

KUSIN, Vladimir V.: *Political grouping in the Czechoslovak reform movement*, New York: Columbia University Press 1972.

KUSIN, Vladimir V. (Hrsg.): *The Czechoslovak reform movement, 1968*, Santa Barbara: ABC-Clio 1973.

KUSIN, Vladimir V.: *From Dubček to Charter 77 : a study of „normalization" in Czechoslovakia, 1968-1978*, New York: St Martin's Press 1978.

LABROUSSE, Elisabeth: *Pierre Bayle*, Den Haag: M. Nijhoff 1963.

LACROIX, Justine: *La pensée française à l'épreuve de l'Europe*, Paris: Grasset 2008.

LANGENBUCHER, Wolfgang R. und Michael LATZER (Hrsg.): *Europäische Öffentlichkeit und medialer Wandel: eine transdisziplinäre Perspektive*, Wiesbaden: VS Verlag für Sozialwissenschaften 2006.

LANGEWIESCHE, Dieter: „*Kommunikationsraum Europa: Revolution und Gegenrevolution*", in: LANGEWIESCHE, Dieter (Hrsg.): *Demokratiebewegung und Revolution 1847 bis 1849 : internationale Aspekte und europäische Verbindungen*, Karlsruhe: G. Braun 1998, S. 11–35.

LAURIEN, Ingrid: „*Zeitschriftenlandschaft Bundesrepublik Deutschland*", in: *L'80. Zeitschrift für Politik und Literatur 46* (1988), S. 107–126.

LEFORT, Claude und Pierre ROSANVALLON: „*The Test of the Political: A Conversation with Claude Lefort*", in: *Constellations 19/1* (2012), S. 4–15.

LEFORT, Claude: *Un homme en trop : réflexions sur „L'archipel du Goulag"*, Paris: Seuil 1976.

LEFORT, Claude: *L'invention démocratique : les limites de la domination totalitaire*, Paris: Fayard 1981.

LEGGEWIE, Claus: *Anti-Europäer: Breivik, Dugin, al-Suri & Co.*, Berlin: Suhrkamp 2016.

LENNARTZ, Franz: *Deutsche Schriftsteller des 20. Jahrhunderts im Spiegel der Kritik : 845 Einzeldarstellungen in alphabetischer Folge mit Werkregister und dokumentarischem Anhang*, Stuttgart: Alfred Kröner Verlag 1984.

LEPENIES, Wolf: *Qu'est-ce qu'un intellectuel européen ? : Les intellectuels et la politique de l'esprit dans l'histoire européenne. Chaire européenne du Collège de France, 1991-1992*, Paris: Seuil 2007.

LEPSIUS, M. Rainer: „*Die Europäische Union. Ökonomisch-politische Integration und kulturelle Pluralität*", in: VIEHOFF, Reinhold und Rien T SEGERS (Hrsg.): *Kultur, Identität, Europa: über die Schwierigkeiten und Möglichkeiten einer Konstruktion*, Frankfurt: Suhrkamp 1999, S. 201–222.

LE RIDER, Jacques: *La Mitteleuropa*, Paris: Presses universitaires de France 1994.

LE RIDER, Jacques: „*Mitteleuropa, Zentraleuropa, Mittelosteuropa: A Mental Map of Central Europe*", in: *European Journal of Social Theory 11/2* (2008), S. 155–169.

LÉVY, Bernard-Henri: *La barbarie à visage humain*, Paris: B. Grasset 1977.

LIEHM, Antonin J., Edgar ACEVEDO und Pierre LIPSCHUTZ: „*L'Europe des Lettres. Entretien avec Antonin Liehm, directeur de la Lettre Internationale*", in: *Drôle de vie (Genf) 4* (1990), S. 4–6.

LIEHM, Antonin J. und Ulrike ACKERMANN: „*Lettre Internationale – ein europäisches Projekt. Gespräch mit Antonin Liehm*", in: *Die Neue Gesellschaft/Frankfurter Hefte 7* (1992), S. 619–630.

LIEHM, Antonin J. und Antoine DE BAECQUE: „*Entretien avec Antonin J. Liehm*", in: *Cahiers du cinéma 455/456* (1992), S. 66–68.

LIEHM, Antonin J. und François EYCHART: „*Paris… Prague, entretien avec Antonin Liehm*", in: *Faites entrer l'infini 24* (1997), S. 25–27.

LIEHM, Antonin J. und Karel KOSIK: *Letteratura e dissenso nell'Europa dell'Est*, Venedig: La biennale di Venezia; Marsilio Editori 1977.

LIEHM, Antonin J. und Peter KUSSI: *The Writing on the wall : an anthology of contemporary Czech literature*, Princeton: Karz-Cohl Pub 1983.

LIEHM, Antonin J. und Anne LAURENT: „*La Lettre internationale ou le rêve européen d'Antonin Liehm*", in: *La Revue des revues 2* (1986), S. 39–42.

LIEHM, Antonin J. und Roman SCHMIDT: „*Enzyklopädist des Internationalen. Ein Gespräch mit Antonin Liehm*", in: *Sens public* (2007), http://www.sens-public.org/spip.php?article492&lang=fr (abgerufen am 11.01.2013).

LIEHM, Antonin J. und George R. URBAN: „‚*Eurocommunism' and Prague Spring*", in: URBAN, George R. (Hrsg.): *Communist reformation : nationalism, internationalism, and change in the world Communist movement*, New York: St. Martin's Press 1979.

LIEHM, Antonin J.: *Rozhovor*, Prag: Ceskoslovenský spisovatel 1966.

LIEHM, Antonin J.: „*Entretien avec Ludvik Vaculik*", in: *Les Temps Modernes 263* (1968), S. 1824–1838.

LIEHM, Antonin J.: *Gespräch an der Moldau. Das Ringen um die Freiheit der Tschechoslowakei*, Wien; München; Zürich: Molden 1968.

LIEHM, Antonin J.: „*Pour une politique culturelle socialiste*", in: *Les Temps Modernes 263* (1968), S. 1816–1823.

LIEHM, Antonin J.: „*The Mosaic of Czech Culture in the Late 1960s: The inheritors of the Kafka-Hašek dialectic*", in: *Mosaic 1/3* (1968), S. 12–28.

LIEHM, Antonin J.: *The politics of culture*, New York: Grove Press 1968.

LIEHM, Antonin J.: „*The Prospects of Socialist Humanism*“, in: COATES, Ken (Hrsg.): *Essays on socialist humanism, in honour of the centenary of Bertrand Russell 1872-1970*, Nottingham: Spokesman Books 1972, S. 109–122.

LIEHM, Antonin J.: „*Kafka dix ans après*“, in: *Les Temps Modernes 323bis* (1973), S. 2253–2296.

LIEHM, Antonin J.: *Closely watched films; the Czechoslovak experience*, White Plains: International Arts and Sciences Press 1974.

LIEHM, Antonin J.: *Le Passé présent. Le socialisme oriental face au monde moderne*, Paris: J.-C. Lattès 1974.

LIEHM, Antonin J.: „*The Intellectuals on the New Social Contract*“, in: *Telos 1975/23* (1975), S. 156–164.

LIEHM, Antonin J.: *The Milos Forman stories*, White Plains: International Arts and Sciences Press 1975.

LIEHM, Antonin J. (Hrsg.): *Socialisme à visage humain : les intellectuels de Prague au centre de la mêlée*, Paris: Albatros 1977.

LIEHM, Antonin J.: „*The Prague Spring and Eurocommunism*“, in: *International Journal 33/4* (1978), S. 804–819.

LIEHM, Antonin J.: „*Mon exil: de Prague à Paris via New-York*“, in: ASSOCIATION POUR LE DÉVELOPPEMENT DE L'HISTOIRE ET DE LA RECHERCHE EN AUVERGNE (Hrsg.): *Le Migrant : France, terre de migrations internes, terre d'immigration : actes du colloque d'Aurillac, 5-7 juin 1985*, Aurillac: Editions Gerbert 1985, S. 143–150.

LIEHM, Antonin J.: „*Dalla cultura alla politica*“, in: LEONCINI, Francesco (Hrsg.): *Che cosa fu la „Primavera di Praga"? : idee e progetti di una riforma politica e sociale*, Manduria: Piero Lacaita editore 1989, S. 127–150.

LIEHM, Antonin J.: *Generace*, Prag: Československý spisovatel 1990.

LIEHM, Antonin J.: „*The Role of Culture Under the Communist and Post-Communist Eras*“, in: GARDNER, Hall, Elinore SCHAFFER und Oleg KOBTZEFF (Hrsg.): *Central and southeastern Europe in transition : perspectives on success and failure since 1989*, Westport: Praeger 2000.

LIEHM, Antonin J.: *Minulost v pritomnosti*, Brno: Host 2002.

LIEHM, Antonin J.: „*Die Literatur des anderen Europa. Ein Stück Roth in Prag*“, in: *Du 740* (2003), S. 82–83.

LIEHM, Antonin J.: „*Que faire ?*“, in: FAŁKOWSKI, Wojciech und Antoine MARÈS (Hrsg.): *Intellectuels de l'Est exilés en France*, Paris: Institut d'études slaves 2011, S. 63–68.

LIEHM, Antonin J.: „*Que faire ?*“, in: WOJCIECH FAŁKOWSKI und ANTOINE MARÈS (Hrsg.): *Intellectuels de l'Est exilés en France*, Paris: Institut d'études slaves 2011, S. 63–68.

LIEHM, Antonin J.: *Názory tak řečeného Dalimila*, Prag: Dokořán 2014.

LIEHM, Mira und Antonin J. LIEHM: *The most important art : Soviet and Eastern European film after 1945*, Berkeley: University of California Press 1977.

LINDER, Christian: *Das Schwirren des heranfliegenden Pfeils : Heinrich Böll : eine Biographie*, Berlin: Matthes & Seitz 2009.

LONDON, Artur: *L'aveu : dans l'engrenage du Procès de Prague*, Paris: Gallimard 1970.

LOYER, Emmanuelle: „*Introduction: Mai 68 dans le monde. Le jeu d'échelles*“, in: *Histoire@Politique. Politique, culture, société 6* (2008), http://www.histoire-politique.fr/index.php?numero=06&rub=dossier&item=61 (abgerufen am 08.08.2016).

LUXEMBURG, Rosa: „*Der Wiederaufbau der Internationale*“, in: *Die Internationale; Zeitschrift für Praxis und Theorie des Marxismus 1/1* (1915), S. 4–15.

LYOTARD, Jean-François: *Tombeau de l'intellectuel : et autres papiers*, Paris: Editions Galilée 1984.

MACHILL, Marcel: „*Mehrdimensionalität eines europäischen Journalismus-Labors. Medienindustrielle Entwicklung in Europa und Spektren transnationaler Journalismusforschung am*

Fallbeispiel des ersten europäischen Nachrichtenkanals Euronews", in: KOPPER, Gerd G. (Hrsg.): *Europäische Öffentlichkeit: Entwicklung von Strukturen und Theorie*, Berlin: Vistas 1997, S. 183–208.

MAGENAU, Jörg: *Die taz: eine Zeitung als Lebensform*, München: Hanser 2007.

MAGRIS, Claudio: *Der habsburgische Mythos in der modernen österreichischen Literatur [1963]*, überarb. Aufl., Wien: Zsolnay 2013.

MAKARENKO, Vadim: „*Europa: changing the way Europe is reported*", Reuters Institute Fellowship Paper, University of Oxford 2013, http://www.wincott.co.uk/fellowships/papers/Makarenko.pdf (abgerufen am 18.04.2014).

MARÈS, Antoine und André KASPI (Hrsg.): *Le Paris des étrangers : depuis un siècle*, Paris: Imprimérie nationale 1989.

MARÈS, Antoine: „*Réflexions sur les événements de 1968 et leurs racines*", in: WELLNER-POSPÍŠIL, Michael und Jean-Gaspard PÁLENÍČEK (Hrsg.): *Culture tchèque des années 60*, Paris: L'Harmattan 2007, S. 15–39.

MARJANOVI , Vladislav: „*L'idée d'Europe centrale: une contribution de l'Autriche aux échanges Est-Ouest*", in: FLEURY, Antoine und Lubor JÍLEK (Hrsg.): *Une Europe malgré tout, 1945-1990 : contacts et réseaux culturels, intellectuels, et scientifiques entre Européens dans la guerre froide*, Brüssel; New York: P.I.E. Peter Lang 2009, S. 71–88.

MARMULLA, Henning: „*Internationalisierung der Intellektuellen? Möglichkeiten und Grenzen einer ‚communauté internationale' nach dem Algerienkrieg*", in: GILCHER-HOLTEY, Ingrid (Hrsg.): *Zwischen den Fronten : Positionskämpfe europäischer Intellektueller im 20. Jahrhundert*, Berlin: Akademie Verlag 2006, S. 179–200.

MARMULLA, Henning: *Enzensbergers Kursbuch : eine Zeitschrift um 68*, Berlin: Matthes & Seitz 2011.

MARX, Karl und Friedrich ENGELS: *Manifest der Kommunistischen Partei [1848]*, Stuttgart: Reclam 1969.

MATEJKA, Ladislav: „*Milan Kundera's Central Europe*", in: *Cross Currents 9* (1990), S. 127–134.

MATONTI, Frédérique: *Intellectuels communistes: essai sur l'obéissance politique. La nouvelle critique, 1967-1980*, Paris: La Découverte 2005.

MATTELART, Armand: *L'histoire de l'utopie planétaire*, Paris: La Découverte 2000.

MICHNIK, Adam: „*Le nouvel évolutionnisme [1977]*", in: KENDE, Pierre und Krzysztof POMIAN (Hrsg.): *1956 : Varsovie-Budapest : la deuxième révolution d'Octobre*, Paris: Seuil 1978, S. 201–214.

MIŁOSZ, Czesław: *Verführtes Denken*, Köln: Kiepenheuer & Witsch 1953.

MITTERRAND, François und Václav HAVEL (Hrsg.): *Assises de la Confédération européenne: Prague, juin 1991*, La Tour d'Aigues: Editions de l'aube 1991.

MÖBIUS, Hanno: *Montage und Collage: Literatur, bildende Künste, Film, Fotografie, Musik, Theater bis 1933*, München: W. Fink 2000.

MORIN, Edgar: *Penser l'Europe*, Paris: Gallimard 1987.

MORIN, Edgar: „*L'Europe, mémoire et projet*", in: HERBOUZE, Renée (Hrsg.): *Les arpenteurs de l'Europe*, Arles; [Paris]: Actes Sud ; CulturesFrance 2008, S. 9–11.

MOUFFOK, Linda: „*Pierre Bourdieu et l'Europe*", Masterarbeit, Paris: Universität Paris I (Sorbonne) 2005.

MOUTOT, Lionel: *Biographie de la revue Diogène: les „sciences diagonales" selon Roger Caillois*, Paris: Harmattan 2006.

NADEAU, Maurice: *Histoire du surréalisme suivie de documents surréalistes*, Paris: Seuil 1964.

NAVRÁTIL, Jaromír (Hrsg.): *The Prague spring 1968: a national security archive documents reader*, New York: Central European University Press 1998.

NEGT, Oskar und Alexander KLUGE: *Öffentlichkeit und Erfahrung: zur Organisationsanalyse von bürgerlicher und proletarischer Öffentlichkeit*, Frankfurt am Main: Suhrkamp 1972.

NEIDHARDT, Friedhelm und Jürgen GERHARDS: „*Strukturen und Funktionen moderner Öffentlichkeit. Fragestellungen und Ansätze*“, in: MÜLLER-DOOHM, Stefan und Klaus NEUMANN-BRAUN (Hrsg.): *Öffentlichkeit, Kultur, Massenkommunikation : Beiträge zur Medien- und Kommunikationssoziologie*, Oldenburg: BIS 1991, S. 31–89.

NETTL, J. P.: *Rosa Luxemburg*, London; New York: Oxford U.P. 1969.

NEUBAUER, John und Borbála Zsuzsanna TÖRÖK (Hrsg.): *The exile and return of writers from East-Central Europe : a compendium*, Berlin; New York: Walter de Gruyter 2009.

NEUHAUS, Volker: *Günter Grass. Schriftsteller, Künstler, Zeitgenosse: eine Biographie*, Göttingen: Steidl 2012.

NEUMANN, Iver B.: *Uses of the other: „The East“ in European identity formation*, Minneapolis: University of Minnesota Press 1999.

NOIRIEL, Gérard: *Le creuset français: histoire de l'immigration, XIXe-XXe siècle*, 2., überarb. Aufl., Paris: Éditions du Seuil 2006.

NOIROT, Paul: *La mémoire ouverte*, Paris: Stock 1976.

NORA, Pierre: „*Que peuvent les intellectuels?*“, in: *Le Débat 1* (1980), S. 3–19.

NORA, Pierre: „*Ecrivez, on ne vous lira pas*“, in: *Le Débat 19* (1982), S. 1–8.

NUSSBAUM, Martha C.: „*Patriotism and Cosmopolitanism*“, in: *Boston Review* (11.1994), http://bostonreview.net/BR19.5/nussbaum.php (abgerufen am 02.01.2013).

OFFE, Claus: *Europa in der Falle*, Berlin: Suhrkamp 2016.

OLIVERA, Philippe: „*Le sens du jeu*“, in: *Actes de la recherche en sciences sociales* (1996), S. 76–84.

OLIVERA, Philippe: „*Aragon, ‚réaliste socialiste‘*“, in: *Sociétés & Représentations 15/1* (2003), S. 229.

ORY, Pascal: *L'entre-deux-mai: histoire culturelle de la France, mai 1968-mai 1981*, Paris: Seuil 1983.

ORZOFF, Andrea: *Battle for the castle. The myth of Czechoslovakia in Europe, 1914-1948*, New York: Oxford University Press 2009.

OSTER, Patricia: „*Die Zeitschrift als Ort der Konstitution eines ‚transnationalen‘ kulturellen Feldes: Lancelot – der Bote aus Frankreich und Die Wandlung*“, in: OSTER, Patricia und Hans-Jürgen LÜSEBRINK (Hrsg.): *Am Wendepunkt: Deutschland und Frankreich um 1945 : zur Dynamik eines transnationalen kulturellen Feldes = Dynamiques d'un champ culturel transnational : L'Allemagne et la France vers 1945*, Bielefeld: Transcript 2008, S. 231–248.

OSTERKAMP, Ernst: „*Neue Zeiten – neue Zeitschriften. Publizistische Projekte um 1800*“, in: *Zeitschrift für Ideengeschichte 1/2* (2007), S. 62–78.

OY, Gottfried: *Die Gemeinschaft der Lüge: Medien- und Öffentlichkeitskritik sozialer Bewegungen in der Bundesrepublik*, Münster: Westfälisches Dampfboot 2001.

PATEL, Kiran Klaus: *Nach der Nationalfixiertheit : Perspektiven einer transnationalen Geschichte ; Antrittsvorlesung, 12. Januar 2004, Humboldt-Universität zu Berlin, Philosophische Fakultät I, Institut für Geschichtswissenschaften*, Berlin: Humboldt-Univ. 2004.

PATOCKA, Jan: *L'idée de l'Europe en Bohême*, Grenoble: Jérôme Millon 1991.

PELIKÁN, Jiří: *S'ils me tuent ...*, Paris: Grasset 1975.

PERINA, Rudolf Vilem: „*Intellectuals and political change in Czechoslovakia : a history of Literární Noviny and its contributors, 1952-1969*“, Dissertation, New York: Columbia University 1977.

PICABIA, Francis: *391, revue publiée de 1917 à 1924 (Réédition intégrale)*, hrsg. v. Michel SANOUILLET, Paris: Terrain vague : Losfeld/Pierre Belfond 1975.

PIERPONT, Claudia Roth: *Roth unbound : a writer and his books*, New York: Farrar, Straus and Giroux 2013.

PINTO, Louis: „*Les affinités électives. Les amis du Nouvel Observateur comme ‚groupe ouvert‘*“, in: *Actes de la recherche en sciences sociales 36/1* (1981), S. 105–124.

PINTO, Louis: *L'intelligence en action : le Nouvel observateur*, Paris: A.-M. Métailié 1984.

PLUET-DESPATIN, Jacqueline: „*Une contribution à l'histoire des intellectuels: les revues*", in: MICHEL TREBITSCH und NICOLE RACINE (Hrsg.): *Sociabilités intellectuelles : lieux, milieux, réseaux*, Paris: Institut d'histoire du temps présent 1992, S. 125–136.

POLLAK, Michael: „*Vienne fin de siècle. Les limites de l'exemple historique*", in: *Vingtième Siècle. Revue d'histoire 1/4* (1984), S. 49–64.

POMIAN, Krzysztof: „*Dissident*", in: *Le Débat 50* (1988), S. 200–201.

POPA, Ioana: „*Un transfert littéraire politisé. Circuits de traduction des littératures d'Europe de l'Est en France, 1947-1989*", in: *Actes de la recherche en sciences sociales 144/1* (2002), S. 55–69.

POPA, Ioana: „*Le réalisme socialiste, un produit d'exportation politico-littéraire*", in: *Sociétés & Représentations 15/1* (2003), S. 261.

POPA, Ioana: *Traduire sous contraintes: Littérature et communisme, 1947-1989*, Paris: CNRS 2010.

POPA, Ioana: „*La circulation transnationale du livre : un instrument de la guerre froide culturelle*", in: *Histoire@Politique 15/3* (2011), S. 25–41.

POPKIN, Jeremy D.: *News and politics in the age of revolution : Jean Luzac's Gazette de Leyde*, Ithaca: Cornell University Press 1989.

POTEL, Jean-Yves: „*La parole à la dissidence. ‚L'Alternative', revue pour les droits et les libertés démocratiques en Europe de l'Est (1979-1985)*", in: *Drôle d'époque 20* (2007), S. 63–71.

PROSS, Harry: *Publizistik : Thesen zu einem Grundcolloquium*, Neuwied u. Berlin: Luchterhand 1970.

PUCHNER, Martin: *Poetry of the revolution : Marx, manifestos, and the avant-gardes*, Princeton: Princeton University Press 2006.

RAAB, Jörg und Patrick KENIS: „*Heading Toward a Society of Networks: Empirical Developments and Theoretical Challenges*", in: *Journal of Management Inquiry 18/3* (2009), S. 198–210.

RAABE, Paul: „*Die Zeitschriften als Medium der Aufklärung [1974]*", in: RAABE, Paul (Hrsg.): *Bücherlust und Lesefreuden : Beiträge zur Geschichte des Buchwesens im 18. und frühen 19. Jahrhundert*, Stuttgart: Metzler 1984, S. 106–116.

RANCIÈRE, Jacques: *La leçon d'Althusser*, Paris: Gallimard 1974.

RASMUSSEN, Anne: „*L'internationale scientifique (1890-1914)*", Dissertation, Paris: E.H.E.S.S. 1995.

RENOLIET, Jean-Jacques: *L'Unesco oubliée : la Société des nations et la coopération intellectuelle, 1919-1946*, Paris: Publications de la Sorbonne 1999.

REQUATE, Jörg und Martin SCHULZE WESSEL: „*Europäische Öffentlichkeit: Realität und Imagination einer appellativen Instanz*", in: REQUATE, Jörg und Martin SCHULZE WESSEL (Hrsg.): *Europäische Öffentlichkeit : transnationale Kommunikation seit dem 18. Jahrhundert*, Frankfurt/Main; New York: Campus 2002, S. 11–39.

REQUATE, Jörg und Matthias VOLLERT: „*‚Die Lieben und die Bösen' – Zur Diskussion um den Jugoslawienkonflikt in Deutschland und Frankreich (1990 bis 1996)*", in: REQUATE, Jörg und Martin SCHULZE WESSEL (Hrsg.): *Europäische Öffentlichkeit : transnationale Kommunikation seit dem 18. Jahrhundert*, Frankfurt/Main; New York: Campus 2002, S. 295–325.

REQUATE, Jörg: *Journalismus als Beruf : Entstehung und Entwicklung des Journalistenberufs im 19. Jahrhundert : Deutschland im internationalen Vergleich*, Göttingen: Vandenhoeck & Ruprecht 1995.

REQUATE, Jörg: „*Öffentlichkeit und Medien als Gegenstände historischer Analyse*", in: *Geschichte und Gesellschaft 25/1* (1999), S. 5–32.

REVEL, Jacques: *Jeux d'échelles : la micro-analyse à l'expérience*, Paris: Gallimard 1996.

RICŒUR, Paul: *Sur la traduction*, Paris: Bayard 2004.

RIEFFEL, Rémy: *La tribu des clercs : les intellectuels sous la Ve République, 1958-1990*, Paris: Calmann-Lévy/CNRS éditions 1993.
RIESE, Hans-Peter (Hrsg.): *Since the Prague spring : the continuing struggle for human rights in Czechoslovakia*, New York: Random House 1979.
RIOUX, Jean-Pierre und Jean-François SIRINELLI (Hrsg.): *Pour une histoire culturelle*, Paris: Seuil 1997.
RITTERSPORN, Gábor T., Malte ROLF und Jan C. BEHRENDS: „*Von Schichten, Räumen und Sphären: Gibt es eine sowjetische Ordnung von Öffentlichkeiten?*", in: RITTERSPORN, Gábor T., Malte ROLF und Jan C. BEHRENDS (Hrsg.): *Sphären von Öffentlichkeit in Gesellschaften sowjetischen Typs : zwischen partei-staatlicher Selbstinszenierung und kirchlichen Gegenwelten*, Frankfurt am Main: Lang 2003, S. 389–421.
RIZEK, Martin: *Comment devient-on Kundera? : images de l'écrivain, écrivain de l'image*, Paris: Harmattan 2001.
ROBINS, Ron: „*Historians and the nation state*", in: IRIYE, Akira und Pierre-Yves SAUNIER (Hrsg.): *The Palgrave dictionary of transnational history*, Basingstoke; New York: Palgrave Macmillan 2009, S. 486–493.
RODOGNO, Davide, Bernhard STRUCK und Jakob VOGEL (Hrsg.): *Shaping the Transnational Sphere: Experts, Networks and Issues from the 1840s to the 1930s*, New York: Berghahn Books 2014.
ROLLAND, Romain: *Journal des années de guerre 1914-1919 : notes et documents pour servir à l'histoire morale de l'Europe de ce temps*, Paris: Albin Michel 1952.
RUPNIK, Jacques: „*Le totalitarisme dans la pensée politique à l'Est*", in: *L'Autre Europe 6* (1985), S. 15–22.
RUPNIK, Jacques: *The other Europe*, London: Weidenfeld and Nicolson 1988.
RUPNIK, Jacques: „*Dissidents des pays de l'Est*", in: JULLIARD, Jacques und Michel WINOCK (Hrsg.): *Dictionnaire des intellectuels français : les personnes, les lieux, les moments*, 2., Aufl., Paris: Seuil 2002, S. 431–432.
RUPNIK, Jacques: „*Les deux Printemps de 1968*", in: *Études 408/4085* (2008), S. 585–592.
RUPNIK, Jacques (Hrsg.): *1989 as a Political World Event: Democracy, Europe and the New International System in the Age of Globalization*, New York: Routledge 2014.
SAID, Edward W.: „*Reflections on Exile*", in: ROBINSON, Marc (Hrsg.): *Altogether elsewhere : writers on exile*, Winchester, MA: Faber and Faber 1994, S. 137–149.
SAPIRO, Gisèle: *La guerre des écrivains : 1940-1953*, Paris: Fayard 1999.
SAPIRO, Gisèle (Hrsg.): *Translatio: le marché de la traduction en France à l'heure de la mondialisation*, Paris: CNRS 2008.
SAPIRO, Gisèle (Hrsg.): *L'espace intellectuel en Europe. De la formation des Etats-nations à la mondialisation, XIXe-XXIe siècle*, Paris: La Découverte 2009.
SARTRE, Jean-Paul: „*Die Abrüstung der Kultur. Rede auf dem Weltfriedenskongreß in Moskau*", in: *Sinn und Form 14/5–6* (1962), S. 805–15.
SARTRE, Jean-Paul: „*Der Sozialismus, der aus der Kälte kam*", in: LIEHM, Antonin J.: *Gespräche an der Moldau. Über humanen Sozialismus. Mit dem Essay von Jean-Paul Sartre: Der Sozialismus, der aus der Kälte kam*, München: Kindler 1970, S. 7–46.
SARTRE, Jean-Paul: „*Le socialisme qui venait du froid*", in: LIEHM, Antonin J.: *Trois générations. Entretiens sur le phénomène culturel tchécoslovaque*, Paris: Gallimard 1970, S. I–XXXI.
SATTERWHITE, James H.: *Varieties of Marxist humanism : philosophical revision in postwar Eastern Europe*, Pittsburgh: University of Pittsburgh Press 1992.
SAUNDERS, Frances Stonor: *Who paid the piper? The CIA and the Cultural Cold War*, London: Granta Books 1999.
DI SCALA, Spencer: *Renewing Italian socialism : Nenni to Craxi*, New York: Oxford University Press 1988.

SCHENK, Frithjof Benjamin: „*Mental Maps. Die Konstruktion von geographischen Räumen in Europa seit der Aufklärung*", in: *Geschichte und Gesellschaft 28/3* (2002), S. 493–514.

SCHIEWE, Jürgen: *Öffentlichkeit: Entstehung und Wandel in Deutschland*, Paderborn: F. Schöningh 2004.

SCHLERETH, Thomas J.: *The cosmopolitan ideal in Enlightenment thought, its form and function in the ideas of Franklin, Hume, and Voltaire, 1694-1790*, Notre Dame: University of Notre Dame Press 1977.

SCHLÖGEL, Karl: *Die Mitte liegt ostwärts : Die Deutschen, der verlorene Osten und Mitteleuropa*, Berlin: Siedler 1986 (Corso).

SCHLÜTER, Kai: *Günter Grass im Visier : die Stasi-Akte : eine Dokumentation mit Kommentaren von Günter Grass und Zeitzeugen*, 2., durchgesehene Aufl., Berlin: Links 2010.

SCHMALE, Wolfgang: *Geschichte Europas*, Wien: Böhlau 2000.

SCHMEITZNER, Mike (Hrsg.): *Totalitarismuskritik von links : deutsche Diskurse im 20. Jahrhundert*, Göttingen: Vandenhoeck & Ruprecht 2007 (Schriften des Hannah-Arendt-Instituts für Totalitarismusforschung 34).

SCHMIDT, Rainer: *Die Wiedergeburt der Mitte Europas : politisches Denken jenseits von Ost und West*, Berlin: Akademie Verlag 2001.

SCHMIDT, Roman: *Die unmögliche Gemeinschaft: Maurice Blanchot, die Gruppe der rue Saint-Benoît und die Idee einer internationalen Zeitschrift um 1960*, Berlin: Kadmos 2009.

SCHMIDT, Roman: „*Utopisch scheitern. Zwei Zeitschriftenprojekte*", in: *Wespennest 158* (2010), S. 63–66.

SCHNEIDER, Franz: „*Presse, Pressefreiheit, Zensur*", in: BRUNNER, Otto, Werner CONZE und Reinhart KOSELLECK (Hrsg.): *Geschichtliche Grundbegriffe; historisches Lexikon zur politisch-sozialen Sprache in Deutschland*, Bd. 4, Stuttgart: Klett-Cotta 1978, S. 899–927.

SCHORSKE, Carl E.: *Fin-de-siècle Vienna: politics and culture*, New York: Knopf 1979.

SCHWARZMANTEL, John: „*Nationalism and Socialist Internationalism*", in: BREUILLY, John (Hrsg.): *The Oxford Handbook of the History of Nationalism*, Oxford: Oxford University Press 2013, S. 635–654.

SEBALD, W. G: *Luftkrieg und Literatur: mit einem Essay zu Alfred Andersch*, München: C. Hanser 1999.

SÈDE, Gérard DE, Antoine BERMAN und François LOURBET (Hrsg.): *Pourquoi Prague ? Le dossier tchécoslovaque*, Paris: Tallandier 1968.

SETON-WATSON, Hugh: *Nations and States: An Enquiry into the Origins of Nations and the Politics of Nationalism*, Boulder: Westview Press 1977.

ŠIK, Ota: *Der dritte Weg; die marxistisch-leninistische Theorie und die moderne Industriegesellschaft*, Hamburg: Hoffmann und Campe 1972.

ŠIMKO, Dušan: „*Czechoslovakian refugees in Western, Central, and Northern Europe since 1968*", in: BADE, Klaus J. (Hrsg.): *The encyclopedia of migration and minorities in Europe : from the seventeenth century to the present*, Cambridge ; New York: Cambridge University Press 2011, S. 308–310.

SIRINELLI, Jean-François: *Générations intellectuelles : effets d'âge et phénomènes de génération dans le milieu intellectuel français*, Paris: Centre national de la recherche scientifique 1987 (Les cahiers de l'IHTP 6).

SIRINELLI, Jean-François: *Génération intellectuelle : khâgneux et normaliens dans l'entre-deux-guerres*, Paris: Fayard 1988.

SIRINELLI, Jean-François: „*Génération et histoire politique*", in: *Vingtième Siècle. Revue d'histoire 22* (1989), S. 67–80.

SIRINELLI, Jean-François: *Intellectuels et passions françaises : manifestes et pétitions au XXe siècle*, Paris: Fayard 1990.

SIRINELLI, Jean-François: *Sartre et Aron, deux intellectuels dans le siècle*, Paris: Hachette Littératures 1999 (Collection Pluriel).

SKILLING, Harold Gordon: *Czechoslovakia's interrupted revolution*, Princeton: Princeton University Press 1976.

SKILLING, Harold Gordon: *Charter 77 and human rights in Czechoslovakia*, London; Boston: Allen & Unwin 1981.

SKILLING, Harold Gordon: *Samizdat and an independent society in Central and Eastern Europe*, Columbus: Ohio State University Press 1989.

ŠKVORECKÝ, Josef (Hrsg.): *Nachrichten aus der ČSSR: Dokumentation der Wochenzeitung „Literární listy" des Tschechoslowakischen Schriftstellerverbandes Prag, Februar-August 1968*, Frankfurt am Main: Suhrkamp 1968.

SNYDER, Louis L.: *Macro-nationalisms : a history of the pan-movements*, Westport: Greenwood Press 1984.

STERN, Carola: *Doppelleben : eine Autobiographie*, Köln: Kiepenheuer & Witsch 2001.

SUNTRUP, Jan Christoph: *Formenwandel der französischen Intellektuellen: eine Analyse ihrer gesellschaftlichen Debatten von der Libération bis zur Gegenwart*, Münster: Lit-Verlag 2010.

SUNTRUP, Jan Christoph: *„Zur Rolle der »Medienintellektuellen« – eine kritische Phänomenologie"*, in: *Leviathan 41/1* (2013), S. 164–187.

SVITAK, Ivan: *„Intellectuals and Workers in Czechoslovak Democratization"*, in: *New Politics* (1969), S. 50–59.

SVITAK, Ivan: *„[Rezension zu:] Antonin Liehm, The Politics of Culture"*, in: *The American Political Science Review 67/3* (1973), S. 1073–1074.

TARROW, Sidney G.: *„Rooted Cosmopolitans and Transnational Activists"*, in: TARROW, Sidney G.: *The new transnational activism*, New York: Cambridge University Press 2005, S. 35–56.

TAVIANI, Ermanno: *„Lucio Lombardo Radice e gli intellettuali del dissenso"*, in: *Studi Storici 45/3* (2004), S. 837–871.

TÉTART, Philippe: *Histoire politique et culturelle de France observateur, 1950-1964 : aux origines du Nouvel observateur*, Paris: Harmattan 2000.

THIBAUD, Paul: *„A propos des revues, à propos de l'intelligentsia, à propos de cette revue"*, in: *Esprit 1/3* (1977), S. 519-528.

THIELKING, Sigrid: *Weltbürgertum : kosmopolitische Ideen in Literatur und politischer Publizistik seit dem achtzehnten Jahrhundert*, München: Fink 2000.

THIESSE, Anne-Marie: *La création des identités nationales : Europe XVIIIe-XXe siècle*, Paris: Seuil 1999.

THOMAS, Daniel C.: *The Helsinki effect : international norms, human rights, and the demise of communism*, Princeton: Princeton University Press 2001.

TIPPNER, Anja: *Die permanente Avantgarde? Surrealismus in Prag*, Köln; Weimar; Wien: Böhlau 2009.

TRAVERSO, Enzo: *„Introduction: Le totalitarisme, jalons pour l'histoire d'un débat"*, in: TRAVERSO, Enzo (Hrsg.): *Le totalitarisme: Le XXe siècle en débat*, Paris: Seuil 2001, S. 9–110.

TREBITSCH, Michel: *„Avant-Propos : La chapelle, le clan et le microcosme"*, in: MICHEL TREBITSCH und NICOLE RACINE (Hrsg.): *Sociabilités intellectuelles : lieux, milieux, réseaux*, Paris: Institut d'histoire du temps présent 1992, S. 11–21.

TREBITSCH, Michel: *„Die Intellektuellen und die Europaidee im 20. Jahrhundert"*, in: DEUTSCH-FRANZÖSISCHES INSTITUT (Hrsg.): *Frankreich-Jahrbuch 1998 : Politik, Wirtschaft, Gesellschaft, Geschichte, Kultur [Schwerpunkt : Intellektuelle in der französischen Gesellschaft]*, Opladen: Leske + Budrich 1998, S. 121–132.

TREBITSCH, Michel: *„L'Histoire des intellectuels en France: Nouvelles approches"*, in: BEILECKE, François und Katja MARMETSCHKE (Hrsg.): *Der Intellektuelle und der Mandarin : für Hans Manfred Bock*, Kassel: Kassel Univ. Press 2005, S. 23–48.

TREINER, Sandrine: „*La revue ‚Arguments' 1956-1962 : un lieu de rencontre d'itinéraires intellectuels et politiques*", Dissertation, Paris: Institut d'études politiques 1987.

TRILLING, Lionel: „*George Orwell and the Politics of Truth*", in: *Commentary 13* (1952), S. 218–227.

TROEBST, Stefan: „*‚Osten sind immer die Anderen!' – ‚Mitteleuropa' als exklusionistisches Konzept*", in: *Deutschland-Archiv (Bundeszentrale für politische Bildung)* (2012), http://www.bpb.de/geschichte/zeitgeschichte/deutschlandarchiv/132980/osten-sind-immer-die-anderen?p=all (abgerufen am 10.06.2014).

TROJANOVÁ, Kamila: „*Kulturní publicista A. J. Liehm*", Diplomarbeit, Prag: Karls-Universität 2013, https://is.cuni.cz/webapps/zzp/detail/104288/ (abgerufen am 23.12.2014).

[TSCHECHOSLOWAKISCHES] JUSTIZMINISTERIUM (Hrsg.): *Prozess gegen die Leitung des staatsfeindlichen Verschwörerzentrums mit Rudolf Slansky an der Spitze*, Prag: Orbis 1953.

URBAN, Rudolf: „*Der verwegene Geist – Der IV. tschechoslowakische Schriftstellerkongress und seine Folgen*", in: *Osteuropa 3* (1968), S. 176–198.

VAISSIÉ, Cécile: „*Entre ‚ingénieurs des âmes', ‚intelligent' et ‚dissidents'. Y a-t-il des intellectuels en Russie soviétique ?*", in: LEYMARIE, Michel und Jean-François SIRINELLI (Hrsg.): *L'histoire des intellectuels aujourd'hui*, Paris: Presses universitaires de France 2003, S. 363–378.

VENUTI, Lawrence: *The Translator's invisibility: a history of translation*, 2. Aufl., London: Routledge 2008.

VERDÈS-LEROUX, Jeannine: *Au service du parti : le Parti communiste, les intellectuels et la culture (1944-1956)*, Paris: Fayard/Ed. du Minuit 1983.

VERDÈS-LEROUX, Jeannine: *Le réveil des somnambules : le Parti communiste, les intellectuels et la culture, 1956-1985*, Paris: Fayard/Ed. du Minuit 1987.

VOIGT, Sebastian: *Der jüdische Mai ‚68: Pierre Goldman, Daniel Cohn-Bendit und André Glucksmann im Nachkriegsfrankreich*, Göttingen: Vandenhoeck & Ruprecht 2015 (Schriften des Simon-Dubnow-Instituts Leipzig 22).

VORMWEG, Heinrich: *Der andere Deutsche : Heinrich Böll : eine Biographie*, Köln: Kiepenheuer & Witsch 2000.

WAGNER, Peter: *Sozialwissenschaften und Staat : Frankreich, Italien, Deutschland 1870-1980*, Frankfurt; New York: Campus Verlag 1990.

WAHNICH, Sophie: *L'impossible citoyen : l'étranger dans le discours de la Révolution française*, Paris: Albin Michel 1997.

WALZER, Michael: „*Nation and Universe*", in: *The Tanner Lectures on Human Values 11* (1990), S. 509–556.

WEBER, Eugen: *Peasants into Frenchmen : the modernization of rural France, 1870-1914*, Stanford: Stanford University Press 1976.

WEBER, Ingmar: „*Der Beirat des Hermann Luchterhand-Verlages: Mitbestimmung der Autoren*", in: ALTENHEIN, Hans und Stephan FÜSSEL (Hrsg.): *Die Politisierung des Buchmarkts : 1968 als Branchenereignis : Hans Altenhein zum 80. Geburtstag gewidmet*, Wiesbaden: Harrassowitz 2007, S. 243–347.

WERNER, Michael und Bénédicte ZIMMERMANN: „*Vergleich, Transfer, Verflechtung. Der Ansatz der Histoire croisée und die Herausforderung des Transnationalen*", in: *Geschichte und Gesellschaft 28/4* (2002), S. 607–636.

WESTERMAN, Frank: *Engineers of the soul : in the footsteps of Stalin's writers*, London: Harvill Secker 2010.

WILKE, Jürgen: „*‚Auf dem Weg zur Großmacht': Die Presse im 19. Jahrhundert*", in: WIMMER, Rainer (Hrsg.): *Das 19. Jahrhundert : sprachgeschichtliche Wurzeln des heutigen Deutsch*, Berlin; New York: W. de Gruyter 1991, S. 73–94.

WILKE, Jürgen: *Grundzüge der Medien- und Kommunikationsgeschichte*, 2., überarb. Aufl., Stuttgart: UTB 2008.

WILKE, Jürgen: *„Zensur und Pressefreiheit"*, in: *EGO (Europäische Geschichte Online)* (18.04.2013), http://www.ieg-ego.eu/de/threads/europaeische-medien/zensur-und-pressefreiheit-in-europa/juergen-wilke-zensur-und-pressefreiheit (abgerufen am 06.09.2013).

WINOCK, Michel: *Le siècle des intellectuels*, Paris: Seuil 1999.

WINTER, Astrid: *Metamorphosen des Wortes : der Medienwechsel im Schaffen Jiří Kolářs*, Göttingen: Wallstein 2006.

WOLFF, Larry: *Inventing Eastern Europe: The Map of Civilisation on the Mind of the Enlightenment*, Stanford: Stanford University Press 1994.

WOLFF, Larry: *„Die Erfindung Osteuropas: Von Voltaire zu Voldemort"*, in: KASER, Karl (Hrsg.): *Europa und die Grenzen im Kopf*, Klagenfurt [u.a.]: Wieser 2003 (Wieser Enzyklopädie des europäischen Ostens 11), S. 21–34.

ZIMMERMANN, Susan: *„International – transnational. Forschungsfelder und Forschungsperspektiven"*, in: UNFRIED, Berthold, Jürgen MITTAG und Marcel VAN DER LINDEN (Hrsg.): *Transnationale Netzwerke im 20. Jahrhundert: historische Erkundungen zu Ideen und Praktiken, Individuen und Organisationen = Transnational networks in the 20th century: ideas and practices, individuals and organizations*, Wien: Akademische Verlagsanstalt 2008, S. 27–46.

ŽMEGAČ, Viktor: *„Montage/Collage"*, in: BORCHMEYER, Dieter und Viktor ŽMEGAČ (Hrsg.): *Moderne Literatur in Grundbegriffen*, 2. Aufl., Tübingen: M. Niemeyer 1994, S. 286–291.

ZOPPEL, Christina: *„Linientreue und Liberalität – Die Rezeption der zeitgenössischen österreichischen Literatur im kommunistischen ‚Tagebuch', 1950-1960"*, Magisterarbeit, Wien: Universität Wien 1995, http://www.wienbibliothek.at/sites/default/files/files/buchforschung/zoppel-christina-tagebuch.pdf (abgerufen am 20.07.2016).

ZWARG, Robert: *Die Kritische Theorie in Amerika: Das Nachleben einer Tradition*, Göttingen: Vandenhoeck & Ruprecht 2017.

Anhänge

1. Editorial von *Lettre internationale* (Paris), 1, 1984

A NOS LECTEURS

Cette place vous est désormais réservée. Nous ne l'occupons, dans ce premier numéro, que pour pouvoir vous dire ce que nous tentons et qui nous sommes. Puis vous jugerez sur pièces.

Le temps de l'aventure européenne est venu. Nous ne lançons pas une publication qui se réclamerait de l'Europe, ou porterait seulement son étendard, mais un périodique qui paraîtra avec à peu près le même contenu dans différents pays et en différentes langues. Qui ne s'adresse donc pas aux seuls lecteurs concernés d'un pays en particulier, mais à tous ceux de notre vieux continent. Nous souhaitons que nos auteurs, français, anglais, allemands, italiens, espagnols, tchèques, hongrois, russes ou polonais ne traitent pas des seuls problèmes de leurs pays, ne se réfèrent pas à leurs seules cultures nationales mais que chacun parle aussi des autres et aux autres.

Nous voulons lancer un constant défi à ce qu'on pourrait appeler le provincialisme des grandes cultures. Les petits pays, les cultures confinées par l'espace et la langue à un domaine et à un champ étroits, ne peuvent se permettre de se refermer sur eux-mêmes, de se donner l'illusion de l'autosuffisance. Ils sont naturellement contraints de s'ouvrir au monde, de s'en nourrir, ne serait-ce que pour affirmer face à lui leur propre originalité. Les grandes cultures ne ressentent pas cette exigence, ou ne l'éprouvent pas avec la même acuité. Elles s'autorisent ainsi les conforts d'un surprenant provincialisme, comme en témoignent bien des œuvres soviétiques, américaines même, et plus encore celles des grands pays européens.

Nous voudrions permettre à nos lecteurs, le plus souvent possible, de voir par les yeux des autres et aussi de se voir par les yeux des autres.

Quand nous parlons d'Europe, nous prenons en compte bien évidemment cette entité culturelle qui s'est constituée au long des millénaires et sur laquelle pèsent, sans pour autant l'altérer fondamentalement, les divisions politiques actuelles, expressions des rapports de force du monde d'aujourd'hui. Nous parlons donc d'une Europe « de l'Atlantique à l'Oural » et, dans ce concert, nous souhaitons faire entendre distinctement la voix des petits pays, les Hollandais, les Scandinaves, les Hongrois, les Roumains, les Grecs, les Slovaques comme les Slovènes, pour ne citer que ceux-là.

Nous voudrions que l'Europe centrale aussi bien que l'Europe de l'Est, dont la Russie, ne soient plus présentées comme relevant d'un autre monde lointain, audible aux seuls moments de crise ou à l'occasion de telle ou telle dissidence, mais que leurs voix originales, si souvent étouffées, soient entendues régulièrement et que se rétablisse ainsi, par delà les clivages politiques et institutionnels, une continuité de dialogue et d'échanges d'idées.

Comme le montre bien ce premier numéro, être Européens, concevoir et faire une publication européenne, ne signifie en rien se fermer au reste du monde. Nous sommes convaincus que l'Europe ne peut se définir que par rapport aux autres parties du globe, que la culture européenne ne saurait survivre – si elle a jamais

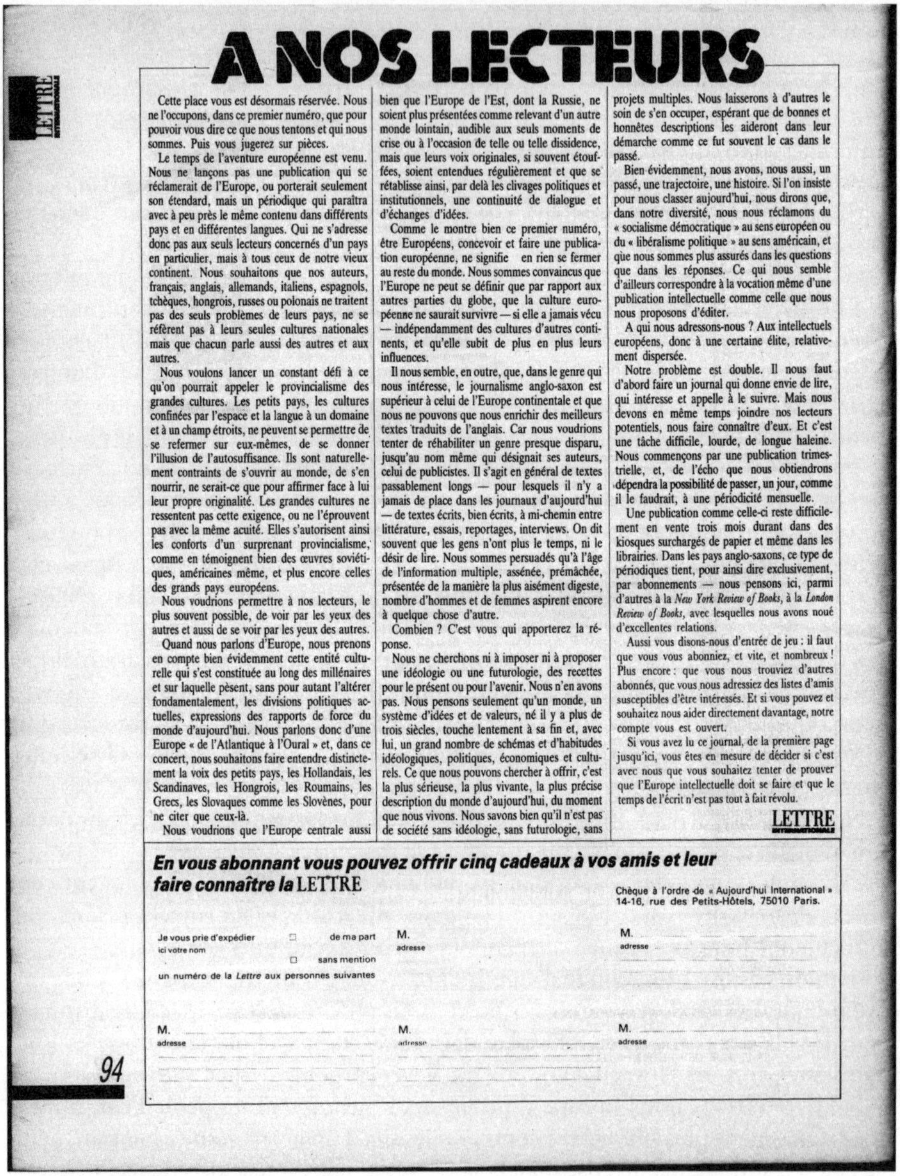

LETTRE

A NOS LECTEURS

Cette place vous est désormais réservée. Nous ne l'occupons, dans ce premier numéro, que pour pouvoir vous dire ce que nous tentons et qui nous sommes. Puis vous jugerez sur pièces.

Le temps de l'aventure européenne est venu. Nous ne lançons pas une publication qui se réclamerait de l'Europe, ou porterait seulement son étendard, mais un périodique qui paraîtra avec à peu près le même contenu dans différents pays et en différentes langues. Qui ne s'adresse donc pas aux seuls lecteurs concernés d'un pays en particulier, mais à tous ceux de notre vieux continent. Nous souhaitons que nos auteurs, français, anglais, allemands, italiens, espagnols, tchèques, hongrois, russes ou polonais ne traitent pas des seuls problèmes de leurs pays, ne se réfèrent pas à leurs seules cultures nationales mais que chacun parle aussi des autres et aux autres.

Nous voulons lancer un constant défi à ce qu'on pourrait appeler le provincialisme des grandes cultures. Les petits pays, les cultures confinées par l'espace et la langue à un domaine et à un champ étroits, ne peuvent se permettre de se refermer sur eux-mêmes, de se donner l'illusion de l'autosuffisance. Ils sont naturellement contraints de s'ouvrir au monde, de s'en nourrir, ne serait-ce que pour affirmer face à lui leur propre originalité. Les grandes cultures ne ressentent pas cette exigence, ou ne l'éprouvent pas avec la même acuité. Elles s'autorisent ainsi les conforts d'un surprenant provincialisme, comme en témoignent bien des œuvres soviétiques, américaines même, et plus encore celles des grands pays européens.

Nous voudrions permettre à nos lecteurs, le plus souvent possible, de voir par les yeux des autres et aussi de se voir par les yeux des autres.

Quand nous parlons d'Europe, nous prenons en compte bien évidemment cette entité culturelle qui s'est constituée au long des millénaires et sur laquelle pèsent, sans pour autant l'altérer fondamentalement, les divisions politiques actuelles, expressions des rapports de force du monde d'aujourd'hui. Nous parlons donc d'une Europe « de l'Atlantique à l'Oural » et, dans ce concert, nous souhaitons faire entendre distinctement la voix des petits pays, les Hollandais, les Scandinaves, les Hongrois, les Roumains, les Grecs, les Slovaques comme les Slovènes, pour ne citer que ceux-là.

Nous voudrions que l'Europe centrale aussi bien que l'Europe de l'Est, dont la Russie, ne soient plus présentées comme relevant d'un autre monde lointain, audible aux seuls moments de crise ou à l'occasion de telle ou telle dissidence, mais que leurs voix originales, si souvent étouffées, soient entendues régulièrement et que se rétablisse ainsi, par delà les clivages politiques et institutionnels, une continuité de dialogue et d'échanges d'idées.

Comme le montre bien ce premier numéro, être Européens, concevoir et faire une publication européenne, ne signifie en rien se fermer au reste du monde. Nous sommes convaincus que l'Europe ne peut se définir que par rapport aux autres parties du globe, que la culture européenne ne saurait survivre — si elle a jamais vécu — indépendamment des cultures d'autres continents, et qu'elle subit de plus en plus leurs influences.

Il nous semble, en outre, que, dans le genre qui nous intéresse, le journalisme anglo-saxon est supérieur à celui de l'Europe continentale et que nous ne pouvons que nous enrichir des meilleurs textes traduits de l'anglais. Car nous voudrions tenter de réhabiliter un genre presque disparu, jusqu'au nom même qui désignait ses auteurs, celui de publicistes. Il s'agit en général de textes passablement longs — pour lesquels il n'y a jamais de place dans les journaux d'aujourd'hui — de textes écrits, bien écrits, à mi-chemin entre littérature, essais, reportages, interviews. On dit souvent que les gens n'ont plus le temps, ni le désir de lire. Nous sommes persuadés qu'à l'âge de l'information multiple, assénée, prémâchée, présentée de la manière la plus aisément digeste, nombre d'hommes et de femmes aspirent encore à quelque chose d'autre.

Combien ? C'est vous qui apporterez la réponse.

Nous ne cherchons ni à imposer ni à proposer une idéologie ou une futurologie, des recettes pour le présent ou pour l'avenir. Nous n'en avons pas. Nous pensons seulement qu'un monde, un système d'idées et de valeurs, né il y a plus de trois siècles, touche lentement à sa fin et, avec lui, un grand nombre de schémas et d'habitudes idéologiques, politiques, économiques et culturels. Ce que nous pouvons chercher à offrir, c'est la plus sérieuse, la plus vivante, la plus précise description du monde d'aujourd'hui, du moment que nous vivons. Nous savons bien qu'il n'est pas de société sans idéologie, sans futurologie, sans projets multiples. Nous laisserons à d'autres le soin de s'en occuper, espérant que de bonnes et honnêtes descriptions les aideront dans leur démarche comme ce fut souvent le cas dans le passé.

Bien évidemment, nous avons, nous aussi, un passé, une trajectoire, une histoire. Si l'on insiste pour nous classer aujourd'hui, nous dirons que, dans notre diversité, nous nous réclamons du « socialisme démocratique » au sens européen ou du « libéralisme politique » au sens américain, et que nous sommes plus assurés dans les questions que dans les réponses. Ce qui nous semble d'ailleurs correspondre à la vocation même d'une publication intellectuelle comme celle que nous nous proposons d'éditer.

A qui nous adressons-nous ? Aux intellectuels européens, donc à une certaine élite, relativement dispersée.

Notre problème est double. Il nous faut d'abord faire un journal qui donne envie de lire, qui intéresse et appelle à le suivre. Mais nous devons en même temps joindre nos lecteurs potentiels, nous faire connaître d'eux. Et c'est une tâche difficile, lourde, de longue haleine. Nous commençons par une publication trimestrielle, et, de l'écho que nous obtiendrons dépendra la possibilité de passer, un jour, comme il le faudrait, à une périodicité mensuelle.

Une publication comme celle-ci reste difficilement en vente trois mois durant dans des kiosques surchargés de papier et même dans les librairies. Dans les pays anglo-saxons, ce type de périodiques tient, pour ainsi dire exclusivement, par abonnements — nous pensons ici, parmi d'autres à la *New York Review of Books*, à la *London Review of Books*, avec lesquelles nous avons noué d'excellentes relations.

Aussi vous disons-nous d'entrée de jeu : il faut que vous vous abonniez, et vite, et nombreux ! Plus encore : que vous nous trouviez d'autres abonnés, que vous nous adressiez des listes d'amis susceptibles d'être intéressés. Et si vous pouvez et souhaitez nous aider directement davantage, notre compte vous est ouvert.

Si vous avez lu ce journal, de la première page jusqu'ici, vous êtes en mesure de décider si c'est avec nous que vous souhaitez tenter de prouver que l'Europe intellectuelle doit se faire et que le temps de l'écrit n'est pas tout à fait révolu.

LETTRE

En vous abonnant vous pouvez offrir cinq cadeaux à vos amis et leur faire connaître la LETTRE

Chèque à l'ordre de « Aujourd'hui International » 14-16, rue des Petits-Hôtels, 75010 Paris.

Je vous prie d'expédier ☐ de ma part
ici votre nom
☐ sans mention
un numéro de la *Lettre* aux personnes suivantes

M.
adresse

M.
adresse

M.
adresse

M.
adresse

M.
adresse

94

vécu – indépendamment des cultures d'autres continents, et qu'elle subit de plus en plus leurs influences.

Il nous semble, en outre, que, dans le genre qui nous intéresse, le journalisme anglo-saxon est supérieur à celui de l'Europe continentale et que nous ne pouvons que nous enrichir des meilleurs textes traduits de l'anglais. Car nous voudrions tenter de réhabiliter un genre presque disparu, jusqu'au nom même qui désignait ses auteurs, celui des publicistes. Il s'agit en général de textes passablement longs – pour lesquels il n'y a jamais de place dans les journaux d'aujourd'hui – de textes écrits, bien écrits, à mi-chemin entre littérature, essais, reportages, interviews. On dit souvent que les gens n'ont plus le temps, ni le désir de lire. Nous sommes persuadés qu'à l'âge de l'information multiple, assénée, prémâchée, présentée de la manière la plus aisément digeste, nombre d'hommes et de femmes aspirent encore à quelque chose d'autre.

Combien ? C'est vous qui apporterez la réponse.

Nous ne cherchons ni à imposer ni à proposer une idéologie ou une futurologie, des recettes pour le présent ou pour l'avenir. Nous n'en avons pas. Nous pensons seulement qu'un monde, un système d'idées et de valeurs, né il y a plus de trois siècles, touche lentement à sa fin et, avec lui, un grand nombre de schémas et d'habitudes idéologiques, politiques, économiques et culturels. Ce que nous pouvons chercher à offrir, c'est la plus sérieuse, la plus vivante, la plus précise description du monde d'aujourd'hui, du moment que nous vivons. Nous savons bien qu'il n'est pas de société sans idéologie, sans futurologie, sans projets multiples. Nous laisserons à d'autres le soin de s'en occuper, espérant que de bonnes et honnêtes descriptions les aideront dans leur démarche comme ce fut souvent le cas dans le passé.

Bien évidemment, nous avons, nous aussi, un passé, une trajectoire, une histoire. Si l'on insiste pour nous classer aujourd'hui, nous dirons que, dans notre diversité, nous nous réclamons du « socialisme démocratique » au sens européen ou du « libéralisme politique » au sens américain, et que nous sommes plus assurés dans les questions que dans les réponses. Ce qui nous semble d'ailleurs correspondre à la vocation même d'une publication intellectuelle comme celle que nous nous proposons d'éditer.

A qui nous adressons-nous ? Aux intellectuels européens, donc à une certaine élite, relativement dispersée.

Notre problème est double. Il nous faut d'abord faire un journal qui donne envie de lire, qui intéresse et appelle à le suivre. Mais nous devons en même temps joindre nos lecteurs potentiels, nous faire connaître d'eux. Et c'est une tâche difficile, lourde, de longue haleine. Nous commençons par une publication trimestrielle, et, de l'écho que nous obtiendrons dépendra la possibilité de passer, un jour, comme il le faudrait, à une périodicité mensuelle.

Une publication comme celle-ci reste difficilement en vente trois mois durant dans des kiosques surchargés de papier et même dans les librairies. Dans les pays anglo-saxons, ce type de périodiques tient, pour ainsi dire exclusivement, par abonnements – nous pensons ici, parmi d'autres à la *New York Review of Books*, à la *London Review of Books*, avec lesquelles nous avons noué d'excellentes relations.

Aussi vous disons-nous d'entrée de jeu : il faut que vous vous abonniez, et vite, et nombreux ! Plus encore : que vous nous trouviez d'autres abonnés, que vous nous adressiez des listes d'amis susceptibles d'être intéressés. Et si vous pouvez et souhaitez nous aider directement davantage, notre compte vous est ouvert.

Si vous avez lu ce journal, de la première page jusqu'ici, vous êtes en mesure de décider si c'est avec nous que vous souhaitez tenter ce prouver que l'Europe intellectuelle doit se faire et que le temps de l'écrit n'est pas tout à fait révolu.

LETTRE INTERNATIONALE

2. Entwurf zur „internationalen Zeitschrift" [1983]

LA REVUE INTERNATIONALE

L'idée générale

1/ Une revue européenne, publiée en quatre langues dans quatre pays (français, allemand, italien, espagnol/. Revue centrée sur l'Europe 'de l'Atlantique à l'Oural' Pas de version anglaise (pour des raisons de sémantiques) mais une collaboration très étroite avec des revues anglaises et américaines /The New York Review of Books, The London Review of Books, The New Society, Dissent etc./

2/ Un défi au 'provincialisme des grandes cultures' Les quatre versions seront à 80% indentiques dans leur contenu. Une grande attention aux textes provenant des pays plus petits. Les textes ne s'adressant pas nécessairement au public, aux lecteurs de la langue dans laquelle ils lisent: l'idéal serait de faire parler les étrangers sur les problèmes français, allemands, italiens, espagnols et ainsi sortir de tout esprit de clocher et offrir aux lecteurs une autre perspective que celle dans laquelle ils percoivent les problèmes normalement.

3/ Réhabiliter ce qu'on appelle en allemand 'Publizistik', le genre de l'article-essai-reportage-littérature, par exemple un journalisme 'orwellien' etc. La qualité du texte est le critère décisif. La revue offre la possibilité de publier des textes de 20-30 pages

4/ Une revue non-idéologique, non-futurologique, pas académique ou bien théorique, mais visant surtout à décrire le monde d'aujourd'hui au moment où finit une époque commencée probablement il y a trois cents ans et où les grands systèmes issus du 19ème siècle, c'est à dire le libéralisme et le collectivisme, n'offrent plus des solutions valables à la majorité de la population du monde. Donc décrire

2

sous aspect politique, économique, littéraire, artistique, sociologique, philosophique etc. avec un maximum d'honnêteté et sans trops essayer d'interpréter ou bien formuler des projets. Surtout des questions et des incertitudes, le moins possible de certitudes et de réponses.

L'idée technique

1/ Quatre fois par an, format et présentation d'un journal 'tabloïd' d'à peu près 50-60 pages (240 pages approximativement de texte dactylographié, c'est à dire cca 10-12 textes par numéro /. Papier journal /rotatif/, pas de photos, uniquement des dessins sans texte, anciens et contemporains. Publicité culturelle, petites annonces internationales. Pas de rubriques, sauf celle des Lettres à l'éditeur qui abritera d'éventuelles discussions et polémiques concernant des textes publiés.

2/ Dans chacune des langues le journal -revue sera attaché à un journal - revue existants qui fournira l'infrastructure et un co-rédacteur /co-directeur/ entièrement responsable de la fabrication et de la perfection linguistique de l'édition dans telle ou telle langue. Comme le rédacteur des quatre éditions, A.J.Liehm, lui aussi disposera du droit de veto. Pas de conseil de rédaction mais un cercle d'amis et d'experts dans le monde entier. Au possible dans chaqun des quatre pays une sorte de club , un point de rencontre d'intellectuels locaux et étrangers.

3/ Des traductions (80% du contenu de chaque numéro) devront être de haute qualité(le lecteur ne doit pas avoir l'impression d'un journal traduit) et correctement payés. Les honoraires(autour de 200,-$ par texte) seront payés pour chacune des éditions.

4/ Tirage envisagé autour de 10.000 exemplaires par version. Une subvention couvrira tout déficit possible.

3. Projektskizze aus den Vorbereitungen zu *Lettre internationale* [1983]

Il nous semble que quelquechose est en train de finir, a commence de toucher a sa fin. Quelquechose qui est né en Europe a la fin du seizième, au début du dix huitième siècle. Un concept de l'histoire, de la société, de l'homme. Un concept, qui a atteint son apogée au dix-neuvième siècle et emmena, au vigntième siècle, le réalisation des deux utopies, les deux nées des memes racine /Solzhénitsyne ne se trompe pas/: l'utopie libérale et l'utopie collectiviste, Au centre des deux utopies, réalisées en Amérique et en URSS, il y a le meme homme maitre incontesté de son destin, maitre de la nature, dont il peut puiser des richesses inépuisables et toujours plus grandes, qui, par son travail assidu, réalise son propre progrès et sa propre ascencion, et par là le progrès de sa société et de l'humanité toute entière. Dans une de ces utopies réalisées, l'homme est entièrement libre et c'est par cette liberté qu'il contribue le mieux a la prosperité de sa sociétée. Dans l'autre il peut déterminer ce qui sert le mieux la société et son progrès, l'organiser dans ce but reconnu et renoncer a sa liberté pour devenir en premier lieu l'instrument de l'état rationnel. Les deux utopies peuvent se réclamer de succès incontestables, mais peuvent en meme temps etre accusées des horreurs immesurables, de souffrances terribles, dont furent frappés des millions et des millions d'etre humains, victimes d'autres etres humains au service de l'utopie.

Les deux utopies et leurs système devaleurs sont en crise aujourd'hui et avec eux meme le concept d'homme qui les engendra, avec sa morale, son attitude envers la nature, envers la sociéte, anvers d'autres etres humains, envers soi meme. La société européenne qui succèda a celle du moyen age est de nouveau arrivée au carrefour. Les deux utopies réalisées ne semblent plus etre des modèles, et elles ne proposent certainement pas des réponses et des solutions aux questions, au problèmes et aux besoins de la majorité de l'humanité. Nous n'avons pas de réponses ou de solutions a proposer, ne nous sommes ni des idéologues, ni des futurologues. Mais il nous semble qu'il faut poser pas mal de questions et faire un effort pour décrir – non pas définir – où nous sommes, où nous nous trouvons.

En essayant de faire exactement ceci, en tant que journalistes, essayistes, ecrivains intellectuels qui croient encore aujourd'hui a la force de l'écriture, nous nous proposons de sortir de l'esprit de clocher, de nous opposer à ce qu'on pourrait appeler 'le provincialisme des grands pays'. des petits pays ne peuvent pas se permettre d'etre provinciales, car elles sont trop ptites pour un luxe pareil. Mais les grands, les Etats Unis, la France, l'Allemagne, l'Angleterre, la Russie – pour rester dans le contexte de la civilisation européenne ou occidentale – non seulement le peuvent , mais le font depuis le moment où ils sont devenus grands. Nous voulo

2

grands. Nous voulons donc nous adresser aux lecteurs dans les différents grands pays, dans leur propre langue, au nom des autres. Nous voudrions ne pas publier un seul texte qui s´adresserait uniquement lecteurs Francais /Allemands etc./, qui serait plus intéressant et plus compréhensibles à eux qu´aux autres. Et nous aimerions que tous y soient vus surtout par les autres, donc le Francais par les Allemands, les Italiens par les Francais et vice versa, tous les trois par les Américains ou les Anglais / et vice versa encore/ etc. En meme temps, en parlant d´Europe et d´Européens, nous parlons naturellement de l´Europe toute entière et nous voulons la faire entendre où bien elle se trouve, pourvu que la voix, le texte ont cette valeur de voix, de texte que nous chercheons

En parlant de l´idéologie ou des utopies, nous ne nous proposons ni de comparer l´une et l´autre ou la troisième ou quatrième, ni de les relativiser une par l´autre. Ce jeu nous parait assez futile est peu intéréssant. De meme , ne nous sommes ni des admirateurs de tout Américains , ni antiaméricains dans aucun sens de ce mot. Aussi bien ne nous sommes ni antisovétiques, anticommunistes ou antimarxistes. essayant de garder des trois une percpetion qui n´offense pas l´intelligence.

Mais nous sommes les enfants /un peu viellis/ de lagauche européenne /et aussi, si vous le voulez, de ce qu´on appelle aux USA le libéralisme/. Nous placant dans la perspective socialiste nous ne pouvons en meme temps ne pas nous rendre compte d´un phénomène typique pour l´époque que nous vivons et qui nous intéresse: Les Soviétiques ont inventé pour leur ´socialisme au pouvoir´ l´étiquette ´le socialisme réel´ /Realsozialismus/ ou bien ´le socialisme tel qu´il existe´. Il nous semble que ceci est vrai partout, et non seulement en URSS et dans son orbite. Le socialisme soviétique ou bien hongrois ou yugoslave sont des socialisme ´réels´, tels qu´ils existent, aussi bien que le socialisme /au pouvoir/ francais, grec, espagnol ou /en opposition/ anglais, allemand, italien, portugais etc. Et bien sur suédois ou autrichien. Donc, le compromis d´un concept / et ses variations/ avec une réalité historique, politique, economique, culturelle a un moment donné. C´est la descriptions de ces différents compromis ou ajustements qui nous intéresse et qui nous semble etre intéressante meme à ceux qui cherchent des réponses ou qui croient en avoir.

Notre gamme sera vaste, de la politique et de l´économie à la culture et l´art /meme des textes littéraires/ , mais il n´y aura quand meme pas de place pour l´idéologie et la futurologie et leur querelles. Sans nier leur importance elles ne semblent pas en ce moment faire partie de ce que nous voulons faire. Nous nous proposons de suivre les textes plus qu´en proposer de les, et nous voudrions profiter de ce que l´ecriture continental peut epprendre de l´ecriture - du journalisme, du reportage, de l´essai - anglosaxons.

3

Quelques données concrètes

La version allemande sera attachée au Wiener Tagebuch de Vienne sous le titre TAGEBUCH INTERNATIONAL et paraitra en janvier 1984 (on cherche un journal pour assurer la distribution en Allemagne et en Suisse/.

[redacted]

en Italie avec Mondoperaio (titre: MONDINTERNAZIONALE). Dans les deux cas d'autres options sont encore possibles.

Dans la table de matièrs du No. 1 on relève:

H.-M. Enzensberger: l'automne suédois
Gyorgy Konrad: L'ecrivain en tant que propriété d'état
Alan Riding: La révolution et l'intellectuel en Amérique latine
Juan Goytisolo: Le chat qui un jour traversa le rue de Bièvre
Carlos Fuentes: Le discours de Harvard
Roy Medvedev: La mort politique de Brejnev
Vittorio Strada: De Marx à Staline - de Staline à Marx
Nadine Gordimer: La vie dans l'interregnum
Karel Kosík, Jirí Grusa: Hasek et Kafka
Philip Roth: Devant un portrait de Kafka
Jan Kott: Petits traités sur la sexualité et l'éroticisme
John Berger: Petites moralités

Manquent encore des textes francais ou il y a plusieurs options.

4. Editionsverlauf von *Lettre internationale* (Paris) und Nachfolgeprojekten

Lettre internationale
n° 1, Juni 1984 – n° 37, Juni 1993

Herausgeber:
Antonin Liehm, Paul Noirot
(Noirot bis Heft 23)

Verlage:
Heft 1-12 (1984-87):
S.A.R.L. Aujourd'hui International
Geschäftsführer:
Henri Blanc (=Paul Noirot)

Heft 13-29 (1987-91):
S.A.R.L. Lettre internationale
Geschäftsführer:
Heft 13 (1987): Claude Winter
Heft 14-29 (1987-91): Catherine Winter

Heft 30-35 (1991-92):
ELTA S.A.
Verleger:
Michel Burton

Heft 36-37 (1992-93):
Editions Dursus
Verleger:
Philippe Garnier

ISSN 0762-3690

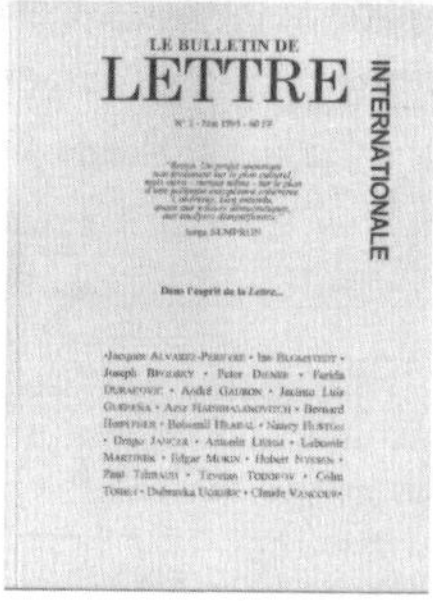

Le Bulletin de Lettre internationale
n° 0 im Oktober 1994;
n° 1, Januar 1995 – n° 14, 1999

Herausgeber:
Antonin Liehm

Verlag:
Association des Amis de
Lettre internationale
(Heft 7-14 in Verbindung mit
Mille et une nuits/Arte éditions)

ISSN 1253-5273

La Nouvelle Lettre internationale
n° 1, Oktober 1999 –
n° 4, Oktober 2000

Herausgeber:
Antonin Liehm

Verlag:
Golias (Villeurbanne bei Lyon)
Verleger:
Luc Terras, in Verbindung mit
Association des amis de
Lettre internationale

ISSN 1297-8183

5. Übersichtskarte des europäischen *Lettre*-Netzwerks

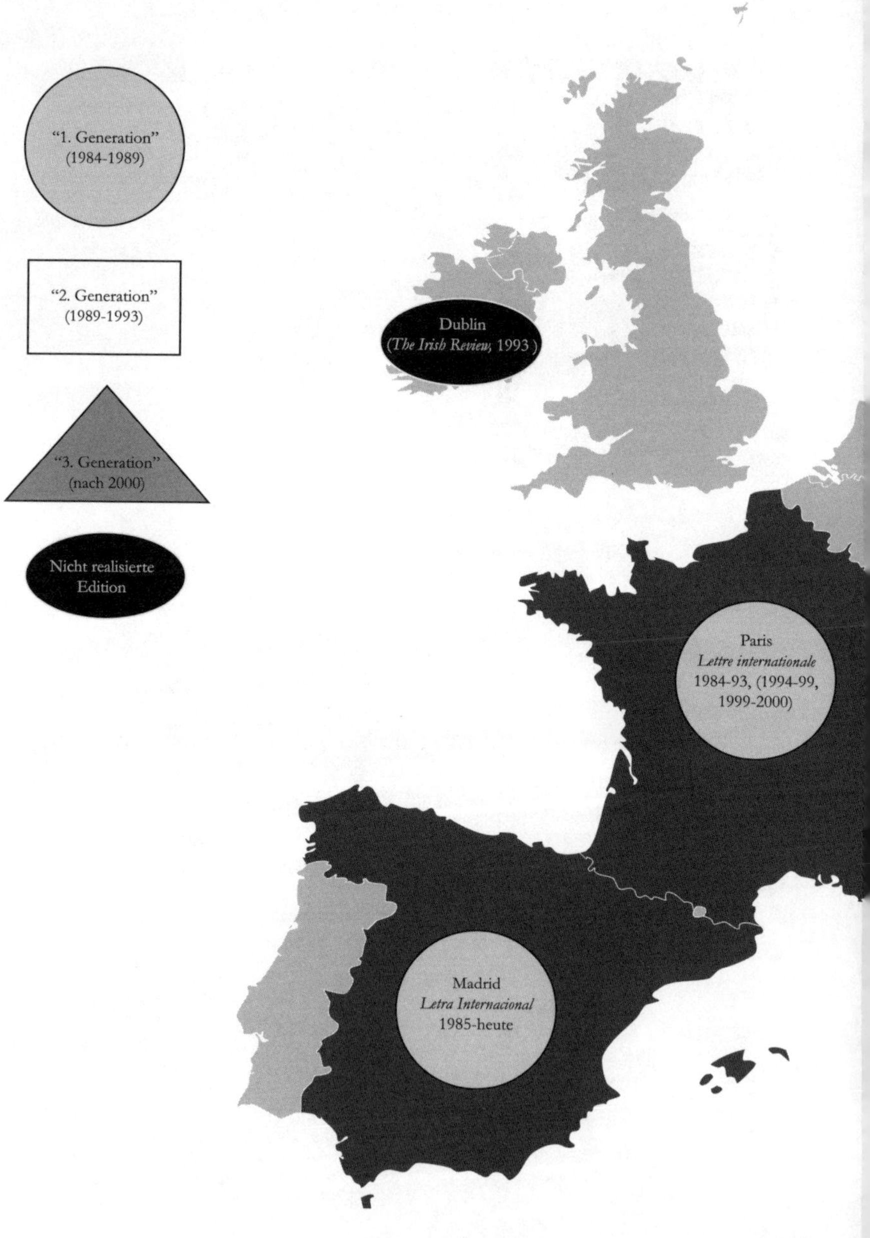

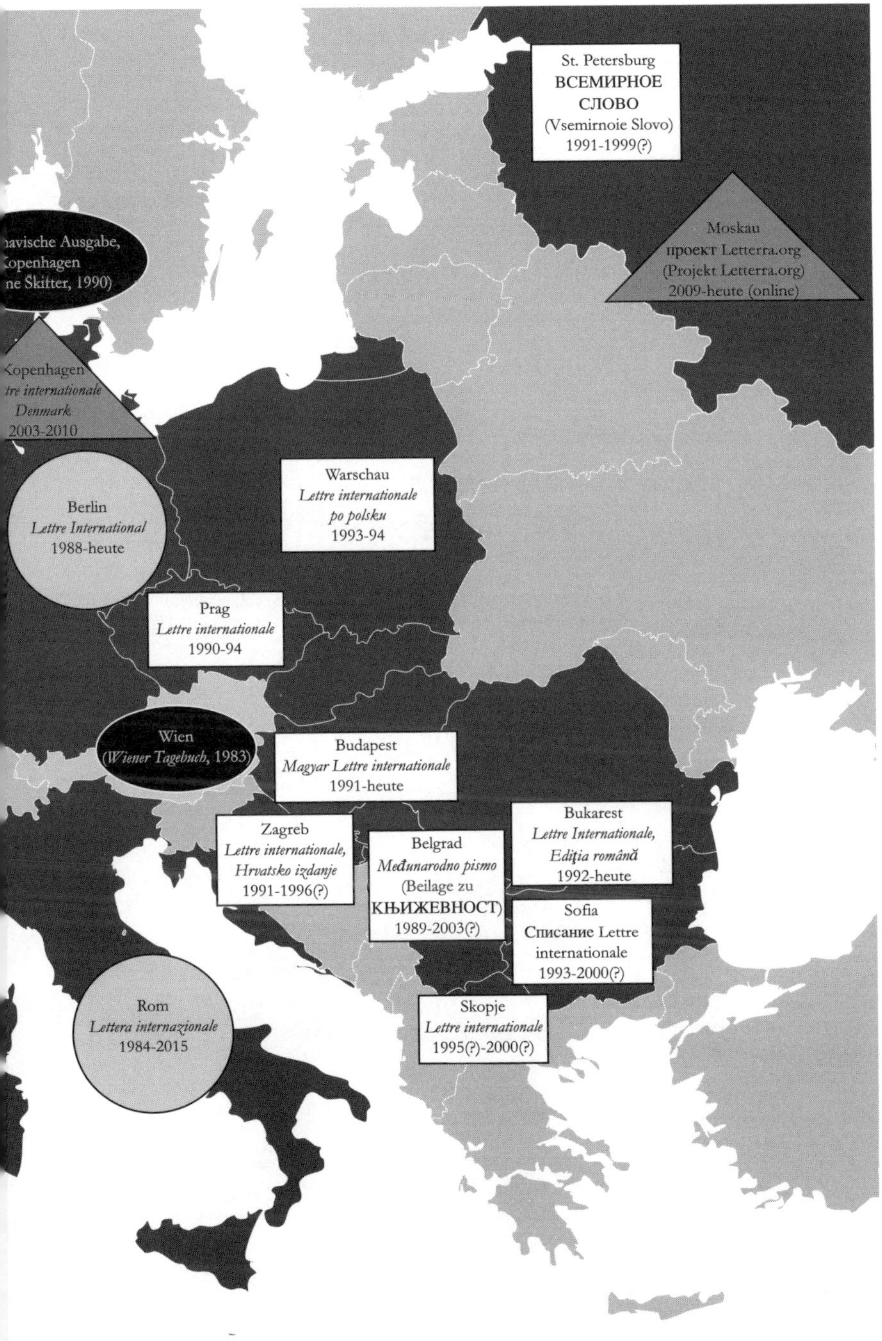
St. Petersburg
ВСЕМИРНОЕ СЛОВО
(Vsemirnoie Slovo)
1991-1999(?)
Moskau
проект Letterra.org
(Projekt Letterra.org)
2009-heute (online)
avische Ausgabe,
Kopenhagen
ne Škitter, 1990)
Kopenhagen
tre internationale
Denmark
2003-2010
Berlin
Lettre International
1988-heute
Warschau
Lettre internationale
po polsku
1993-94
Prag
Lettre internationale
1990-94
Wien
(Wiener Tagebuch, 1983)
Budapest
Magyar Lettre internationale
1991-heute
Zagreb
Lettre internationale,
Hrvatsko izdanje
1991-1996(?)
Belgrad
Međunarodno pismo
(Beilage zu
КЊИЖЕВНОСТ)
1989-2003(?)
Bukarest
Lettre Internationale,
Ediţia română
1992-heute
Sofia
Списание Lettre
internationale
1993-2000(?)
Skopje
Lettre internationale
1995(?)-2000(?)
Rom
Lettera internazionale
1984-2015